Anonymus

Quellen und Darstellungen zur Geschichte Niedersachsens

Anonymus

Quellen und Darstellungen zur Geschichte Niedersachsens

ISBN/EAN: 9783741171970

Hergestellt in Europa, USA, Kanada, Australien, Japan

Cover: Foto ©ninafisch / pixelio.de

Manufactured and distributed by brebook publishing software (www.brebook.com)

Anonymus

Quellen und Darstellungen zur Geschichte Niedersachsens

Quellen und Darstellungen

zur

Geschichte Niedersachsens.

Herausgegeben

vom

Historischen Verein für Niedersachsen.

Band XVI.

Das Stapel- und Schiffahrtsrecht Mindens
vom Beginn der preußischen Herrschaft 1648
bis zum Vergleiche mit Bremen 1769.

Hannover und Leipzig.
Hahn'sche Buchhandlung.
1904.

Das
Stapel- und Schiffahrtsrecht Mindens

vom Beginn der preußischen Herrschaft 1648
bis zum Vergleiche mit Bremen 1769.

Im Auftrage des Historischen Vereins für Niedersachsen

bearbeitet

von

Dr. Gerhard Noack.

Hannover und Leipzig.
Hahn'sche Buchhandlung.
1904.

Buchdruckerei Friedrich Culemann. Hannover.

Meinen Eltern!

Inhalt.

Einleitung.

		Seite
Begriff des Stapelrechts.		1

I. Teil.

Das Stapel- und Schiffahrtsrecht Mindens vom Beginn der preußischen Herrschaft im Jahre 1648 bis zum Jahre 1719. . . . . 6—37

- I. Zusammenstellung der Nachrichten über die frühere Ausübung beider Privilegien. 6
- II. Das Minder Stapel- und Schiffahrtsrecht vom Westfälischen Frieden bis zur 1. Konferenz zu Hameln. 12
- III. Streitigkeiten mit Bremen, Hessen-Kassel und Hannover über die Holzverschiffung. Repressalien Hannovers und Verhandlungen darüber bis zur 2. Konferenz zu Hameln 1710. 24
- IV. 2. Konferenz in Hameln. Versuche Preußens, gemeinsam mit den andern Weserstaaten gegen Bremen vorzugehen. Lage in Minden. 32

II. Teil.

Der Prozeß am Reichskammergericht zwischen Minden und Bremen 1719—1749. . . . . 38—87

- I. Von der Erteilung des Holzmonopols an Kulenkamp bis zur Erhebung der Klage in Wetzlar. 38
- II. Neue Bremer Repressalien; Verhandlungen bis zum Interimsvergleich 1720. 42
- III. Eingreifen Hannovers. Ergebnislose Verhandlungen über Aufhebung der Hameler Holzsperre und des Lüneburger Salzmonopols. 58
- IV. Neue Verwicklungen mit Bremen wegen Festsetzung des marktgängigen Preises. Zusammengehen mit Hannover. Kündigung des Interimsvergleiches. Privilegien für Kulenkamp sowie für die Bremer Reich und Hufschläger. 61
- V. Wiederaufnahme des Prozesses. Verhandlungen Bremens in Berlin 1733. Neuer Streit mit Hannover 1734. Fortgesetzte Verschleppung des Prozesses. Lage in Minden (1740). 67
- VI. Tatkräftige Bemühungen um Beendigung des Prozesses. Frage der Kammerzieler. Reise Culemanns nach Wetzlar 1746. Absetzung des Prokurators Hofmann und 2. species facti Mindens. Veröffentlichung des Urteils (28. III. 1749). 80

III. Teil.

Von der Beendigung des Prozesses 1749 bis zum Vergleiche mit Bremen 1769. . . . . 88—97

- I. Streitigkeiten wegen der Quadersteine. 88
- II. Verhandlungen mit Bremen bis zum Abschlusse des Vergleiches. . . 91

Beilagen.

- I. Auszug aus den Bremer Abgabe-Rollen. 98
- II. Verzeichnis der Zölle an der Weser. 100

Quellen und Literatur für das Stapelrecht Mindens.

Die vorliegende Arbeit ist in erster Linie aus den Akten des Königl. Geheimen Staats-Archives in Berlin geschöpft. Hier bot sich reiches und für das 18. Jahrhundert ziemlich lückenloses Material. Zur Ergänzung wurden die Akten des Königl. Staats-Archives zu Münster herangezogen. Endlich verwertete ich die Protokolle der Minder Stadt-Regiments von 1711 und 1729 dem Archive der Königl. Regierung zu Minden.

Die aus dem Berliner Geheimen Staats-Archive benutzten Akten befinden sich der großen Mehrzahl nach in Rep. 33, Nr. 77 und 77 c; weitere in Rep. 89, Nr. 77 d, Nr. 114, 115 und 240 e. In Betracht kommen ferner die Akten des General-Direktoriums, Abt. Minden-Ravensberg, Titel 51, Nr. 166.

Die Akten des Königl. Staats-Archives Münster sind bezeichnet: Kriegs- und Domänen-Kammer Minden II.

Bis etwa 1700 ist das Aktenmaterial ziemlich lückenhaft, doch liefern die Akten aus späterer Zeit wertvolle Ergänzungen.

Die Literatur über das Minder Stapelrecht ist äußerst dürftig. Nur Falke, Geschichte des deutschen Handels, und Stieda im Handwörterbuch der Staatswissenschaften, 2. Aufl., VI p. 992 ff. geben einen kurzen Abriß über die Entwickelung des Minder Stapelrechts; sonst haben sich nur kurze Bemerkungen. Benutzt sind folgende Werke:

Joh. Bocerus. De origine et celebritate urbis Mindae ad ripam Visurgis.... vitae brevis declaratio. Roßod 1563.

J. A. Crusius. Jus statutarium rei publicae Mindensis 1674.

(E. A. F. Culemann.) Mindische Geschichte. Minden 1747/48.

E. A. F. Culemann. Sammlung derer vornehmsten Landes-Verträge des Fürstentums Minden. Minden 1748.

v. Kamptz. Die Provinzial- und statutarischen Rechte der preußischen Monarchie. II. Teil, p. 406 ff. Berlin 1827.

Patje. Kurzer Abriß des Fabriken-Gewerbes und Handlungs-Zustandes in den Churbraunschweig.-Lüneburg. Landen. Göttingen 1796.

F. Philippi. Zur Verfassungsgeschichte der westfälischen Bischofsstädte. Osnabrück 1894.

Spannagel. Minden und Ravensberg unter brandenburg.-preußischer Herrschaft 1648—1719. Hannover und Leipzig 1894.

P. F. Weddigen. Statistische Übersicht von Westfalen. Berlin 1791.

P. F. Weddigen. Westphäl. Magazin 1787.

P. Wigand. Die Provinzialrechte des Fürstentums Minden.... nebst ihrer rechtsgeschichtlichen Entwickelung und Begründung aus den Quellen dargestellt. Leipzig 1834.

Einleitung.

Das Stapelrecht ist „die Befugnis, die durch- oder vorbeiziehenden Kaufleute zu nötigen, ihre Waren auf bestimmte Zeiten in der Stapelstadt auszulegen und sie den Bürgern zum Verkaufe anzubieten"[1]). Stapula est privilegium urbi collatum sistendi et ab instituto cursu retrahendi merces exoticas, quas negotiator importat, ut nimirum eo loco stabulentur ac conquiescant, quo venum prostituantur ...[2]).

Sein Ursprung ist ungewiß. Namentlich im 17. und 18. Jahrhundert wurde die Frage nach seiner Entstehung öfter untersucht, aber sehr verschieden beantwortet. Winckler wies z. B. die Ansicht ab, daß das Stapelrecht von den Griechen übernommen sei und setzte den Anfang der deutschen Stapelrechte in die Zeit kurz vor Karl dem Großen[3]). Andere sahen im Stapelrecht eine Einrichtung der Hanse[4]). Danz war der Meinung, das

---

[1]) C. J. A. Mittermaier, Grundsätze des gemeinen deutschen Privatrechts II, § 574, p. 848. Regensburg 1847. J. C. Fischer, Lehrbegriff sämtlicher Kameral- und Polizey-Rechte, II. Band. § 390. Frankfurt a. O. 1785. Vom Marktrechte, wie es z. B. Würzburg besaß, unterscheidet sich das Stapelrecht durch die Anwendung von Preistagen auf die feilgebotenen Waren. Im Bedarfsfalle mußte wenigstens ein Teil des Stapelgutes zu diesem Preise verkauft werden. Hoepfl, Fränkische Handelspolitik im Zeitalter der Aufklärung; Bayerische Wirtschafts- und Verwaltungsstudien Band 3, p. 201. Erlangen und Leipzig 1894. [2]) Haltaus, Glossarium Germanicum medii aevi. Spalte 1730. „Stapel". Leipzig 1758. [3]) Joh. Ant. Winckler, De jure Stapulae. 1711. Nach Eichhorn, Deutsche Staats- und Rechtsgeschichte. V. Aufl., II, p. 479, findet den Ursprung der Stapelrechte „unzweifelhaft" in den von Karl dem Großen bestimmten Stapelplätzen für den Slawenhandel. Capitulare von 805, § 7. De negotiatoribus qui partibus Sclavorum et Avarorum pergant, quousque procedere cum suis negotiis debeant: id est partibus Saxoniae usque ad Bardaenowic . . et ad Schezla . . et ad Magadoburg . . et ad Erpesfurt . . et ad Halazstat . . ad Forachheim et ad Breemberga et ad Ragenisburg . . et ad Lauriacum. Monumenta Germaniae hist. Leges II. Band 1, p. 123, 1883. F. Keutgen, Urkunden zur städt. Verfassungsgeschichte. Berlin 1899, p. 40, Nr. 69. [4]) Herm. Haggaeus, De Jure Stapulae. Wittenberg 1668. Georg W. Kählewein, Jus Stapulae vulgo das Stapelrecht. Leipzig 1702. Joh. W. Winckfeld, Commentatio de Stapula p. 23. 24. Düsseldorf 1786.

Stapelrecht habe sich aus der Befugnis einzelner Städte entwickelt, die Waren anhalten und ausladen zu lassen; erst allmählich sei dann durch Privilegien oder Gewohnheitsrecht der Feilbietungs- oder Umladezwang für die Waren zur Einführung gelangt¹). In gleicher Weise will heute Inama-Sternegg das Stapelrecht in engster Anwendung nur auf den Gütertransport bezogen wissen, dem aus fiskalischen Rücksichten Verpflichtungen wie Zoll, Krahnrecht, Umladezwang auferlegt wurden, die Ausladen und Wiegen der Waren nach sich zogen²). Durchaus als Gewohnheitsrecht faßt auch Schmoller das Stapelrecht auf, für dessen Ausbildung daher kein bestimmter Zeitpunkt festzustellen sei³).

Es wird allmählich an Handelsstraßen in einigen Verkehrsmittelpunkten entstanden sein. Bei zunehmender Konkurrenz eilten dann diese Städte, ihre bisherigen Handelsvorteile rechtlich sicher zu stellen; andere wieder bemühten sich, dieses wertvolle Privileg zu erwerben⁴).

Freilich kommen nicht alle Städte Privilegien für ihre seit altersher besessenen Stapelrechte aufweisen. Es wurde daher juristischer Grundsatz, auch ein immemoriali praescriptione geübtes Stapelrecht sei unanfechtbar. Im allgemeinen wurde es nur durch kaiserliche Verleihung erworben, zu der aber seit der Wahlkapitulation Ferdinands III. die Zustimmung der Kurfürsten erforderlich war⁵).

Aus dem Grundsatze: „Feilbietung von Waren während einer gewissen Frist in der Stapelstadt" wurde das Stapelrecht auf sehr verschiedene Art ausgebildet, so daß unter den Juristen keineswegs Einhelligkeit über Definition und Einteilung herrscht⁶).

Das Stapelrecht bezog sich gewöhnlich nur auf bestimmte Waren, die

---

¹) W. A. f. Danz, Handbuch des heutigen deutschen Privatrechts IV, § 464, p. 479 ff. Schweinfurt 1801. ²) Inama-Sternegg, Deutsche Wirtschaftsgeschichte III¹, p. 258. ³) J. Schmoller, Die Handelssperre zwischen Brandenburg und Pommern im Jahre 1562, Zeitschr. für preußische Geschichte und Landeskunde, XIX. p. 207. 1882; vergl. auch Rotteck und Welcker Staatslexikon, Band VIII, Stapelrecht. 8. Aufl. 1865, und B. van Aljewijf, Geschiedenis van het Dordtsche Stapelrecht. Leydener Diss. 's Gravenhage 1900, p. 118, These 2. ⁴) Windscheid a. a. O. p. 26 ff. Inama-Sternegg a. a. O. p. 217 bezeichnet als ältestes Reichsstapelrecht das von Speyer aus der Zeit Heinrichs V. Im Gebiete der Hanse fanden sich die privilegierten Flußstapelplätze am frühesten an der Oder: Das Stapelprivileg Stettins stammt aus dem Jahre 1298, das Frankfurts aus dem Jahre 1253. W. Stein, Beiträge zur Geschichte der deutschen Hanse. Gießen 1900, p. 50 und 58. ⁵) Danz a. a. O. Thesauri practici Besoldiani Continuatio 1699, p. 555. Staffelgerechtigkeit. Mäßener, Capitulatio Harmonica 1697. ⁶) Vergl. Beseler, System des gemeinen deutschen Privatrechts III, § 219, p. 285, Anm. 10. Berlin 1855 und Danz a. a. O. p. 488.

im Privileg genannt waren; nur wenn dies nicht der Fall war, wurden alle Waren als stapelpflichtig angesehen¹). Zuweilen waren auch nur die in einer bestimmten Richtung zu Lande oder zu Wasser ankommenden Waren stapelbar, so z. B. in Minden. Manche Städte begnügten sich mit der einfachen Feilbietung der Waren für bestimmte Frist, die meist drei Tage betrug, aber auch, wie in Laibach, bis auf 6 Wochen ausgedehnt wurde¹). In weiterer Ausdehnung war mit dem Stapelrechte der Umladungszwang in Transportmittel der eignen Bürger verbunden, z. B. in Bremen. Hiermit war bei Flußstapelrechten öfter auch noch die Rangfahrt verknüpft, d. h. die Mitglieder der Schiffergilde mußten in bestimmter Reihenfolge abfahren und die inzwischen angekommenen umladepflichtigen Güter mitnehmen³).

Wenn aber Beseler und auch Eichhorn den Umladezwang als Stapelrecht schlechthin bezeichnen, Roscher und Johann Georg Büsch das Umladerecht als niedrigsten Grad des Stapelrechtes ansehen, so ist das wohl nicht angängig, selbst wenn sich das Stapelrecht aus ähnlichen, dem Gütertransport auferlegten Zwangsrechten entwickelt hat⁴). Eine Vergleichung der älteren Autoren, denen das Stapelrecht noch eine lebendige Einrichtung war, zeigt aber deutlich, daß damals unter Stapelrecht schlechthin stets auch die Feilbietung von Waren verstanden wurde⁵). In Minden ist z. B. nie von einem Umladezwange die Rede gewesen.

---

¹) Haggenus a. a. O. § 18. Mühlewein a. a. O. p. 29. Besoldus Thesaurus practicus auctior 1897, p. 898. Windscheid a. a. O. p. 89. Danz a. a. O. Dagegen Jasma-Sternegg a. a. O. p. 259: in der Regel ist das Stapelrecht auf alle Güter angewendet worden. ²) Johannes Falke, Geschichte des deutschen Handels. Leipzig 1858—1860. II, p. 83. Zuweilen hatten auch nur einzelne Waren längere Stapelfrist, so z. B. in Dordrecht der Wein: bis 1342 14 Tage, von da ab 8 Tage. Rijswijk a. a. O. p. 80 und 86. ³) Roscher, System der Volkswirtschaft III, § 21. Über Reihefahrt auf der Elbe vergl. z. B. Martin Kriele, Die Regulierung der Elbschiffahrt 1819—1821. Straßburg 1894, p. 8. Über Rangfahrt auf Main und Neckar vergl. Zoepfl a. a. O. p. 94 ff. 213, 94. 250 ff. Auf dem Rhein bestand die Rang- oder Beurtfahrt bis tief ins 19. Jahrhundert. E. Gothein, Geschichtliche Entwickelung der Rheinschiffahrt im 19. Jahrhundert. Schriften des Vereins für Sozialpolitik, Cl. Die Schiffahrt der deutschen Ströme, 2. Band. Leipzig 1903. Chr. Eckert, Rheinschiffahrt im 19. Jahrhundert. Staats- und sozialwissenschaftliche Forschungen, Band XVIII, Heft 5. Leipzig 1900. Hier auch reiches Literaturverzeichnis über die rheinischen Stapelrechte. — Für die Weserschiffahrt beanspruchte die Schiffergilde zu Münden ein Reihefahrtsrecht, das aber durch den brandenburgisch-braunschweig-lüneburg. Vergleich von 1680 nicht anerkannt wurde. ⁴) Beseler a. a. O. Eichhorn, Deutsche Staats- und Rechtsgeschichte II, § 312, p. 473. V. Aufl. Roscher a. a. O. Joh. Georg Büsch, Darstellung der Handlung. 3. Buch, Kap. 3, p. 230. Hamburg 1792. ⁵) So erklärt z. B. Dordrecht 1590, das Feilbieten wäre „talderprincipaelste effect... van den

Ähnlich verhält es sich mit einem andern Grade des Stapelrechts, bei dem die Waren nur an die Bürger der Stapelstadt verkauft werden durften, der Handel von Gast mit Gast verboten war[1]. Hierfür ist in der Literatur der Ausdruck jus emporii (Stadteinlagerrecht) gang und gäbe geworden[2]. Schon Windler[3] wendet sich gegen diese Unterscheidung von jus stapulae und jus emporii; Besoldus gebraucht beide Ausdrücke als durchaus gleichbedeutend. Für diesen Gebrauch zeugt ferner die Überschrift des Minder Stapelprivilegs von 1627: „Aurea bulla ... über die Staffel-Gerechtigkeit oder das Jus Emporii", und noch 1740 heißt es im Kammergerichtsurteile über den Stapelrechtsprozeß zwischen Bremen und Minden: in possessione vel quasi Juris liberae praeternavigationis item Emporii ac Stapulae. Minden hat aber niemals den Handel von Gast mit Gast verboten. Die bis heute herrschend gebliebene Unterscheidung zwischen beiden Rechten ist eine rein theoretische[4].

Als weiteste Ausbildung des Stapelrechtes ist anzusehen der Verkaufszwang und entsprechend das Verbot, die eingebrachten Waren aus der Stapelstadt wieder herauszuführen. Nur diese Art will Kühlewein als Stapelrecht in vollem Umfange anerkennen[5].

Als Folgerung aus dem Stapelrechte ergab sich der Straßenzwang, d. h. die Kaufleute mußten bestimmte Straßen einhalten und durften die

---

Stapel". Rijswijk a. a. O. p. 104; und ibidem p. 88: „Im allgemeinen kann man sagen, daß im Mittelalter das Verlaufen der Güter noch den Hauptbestandteil des Stapelhalters ausmachte." [1] Über das Gästerecht der Hanse vergl. W. Stein a. a. O. p. 83 ff., p. 66—70, 127 ff. In Wien wurde durch das Stadtrecht Leopolds VI. (spätestens 1221) den fremden (oberdeutschen) Kaufleuten nur erlaubt, während einer gewissen Frist (2 Monate) ihre Waren allein an Wiener Bürger zu verkaufen. Die übrig gebliebenen Waren durften dann nach Zahlung von Ausfuhrgebühren auf einer freigegebenen Straße wieder aus Wien geschafft werden. Zugleich wurde der Handel nach Ungarn den fremden überhaupt verboten. Zimmermann, Geschichte der Stadt Wien. I. 1897. Urtikel: Handel, Verkehr und Münzwesen von Arnold Luschin v. Ebengreuth p. 412. [2] Danz a. a. O. Beseler a. a. O. Mittermaier a. a. O. Jnama-Sternegg a. a. O. p. 259. Schönberg, Handbuch der politischen Ökonomie II³, p. 209. K. F. Eichhorn, Einleitung in das deutsche Privatrecht, § 388, p. 647. 3. Aufl. Göttingen 1820. In der Staats- und Rechtsgeschichte a. a. O. zieht Eichhorn dagegen auch die „Befugnis, den Verlauf solcher Waren an Bürger, wenigstens das Feilbieten derselben, zu verlangen", zum Stadteinlagerrechte. [3] Windler a. a. O. §§ 4 und 5. [4] Vergl. auch J. C. Fischer, Lehrbegriff ic. Band II. § 387. Emporia, und die scharfe Kritik bei Windscheid a. a. O. p. 42—48 emporium sei nichts als Handelsstadt schlechthin. Entsprechend nennt J. L. Klüber, Öffentliches Recht des teutschen Bundes und der Bundesstaaten. 4. Aufl. Frankfurt a. M. 1840, jus emporii die Erteilung von Handelsprivilegien für Gemeinheiten, Sozietäten und einzelne. [5] Kühlewein a. a. O. Kap. XII.

Stapelstadt nicht umgehen. Dieser Zwang war am stärksten bei dem Leipziger Stapelrechte, das sich über einen Raum von 15 Meilen im Umkreise erstreckte¹).

Sekundär war mit dem Stapelrecht wohl auch verbunden²) die Abgabe des Niederlagsgeldes und die Verpflichtung, beim Aus- oder Abladen der Waren den städtischen Krahn zu benutzen, das Krahnrecht³).

Für das Stapelrecht wurde vielfach auch der Name Niederlage, Niederlagsrecht gebraucht⁴), womit im eigentlichen Sinne kein Feilbietungszwang verbunden war.

Die verschiedenen Grade des Stapelrechtes werden mit Schmoller am besten so einzuteilen sein⁵): 1) Feilbietung der Waren während einer gewissen Frist; 2) außerdem Umladezwang und Zahlung eines Niederlagsgeldes; 3) Verkaufspflicht der Waren schlechthin.

In der ersten Zeit waren diese Stapelrechte durchaus von günstigem Einfluß auf den Handel, worüber heute allgemeine Uebereinstimmung herrscht. Sie entsprachen dem Geiste des mittelalterlichen Verkehrsrechtes, das „nicht auf Freiheit, sondern auf Zwang und Kontrolle nach Anschauung der Berufs- und Standesgenossen" beruhte⁶). Befördert wurden sie namentlich durch die Hanse. Sie verhüteten eine Zerstreuung und Zersplitterung des Handels und gaben Käufern wie Verkäufern bequeme Gelegenheit zur Erledigung ihrer Geschäfte. Sie wurden erst beschwerlich, als sie in allzu großer Zahl auftraten, die Handelsstraßen dadurch in eine Menge kleiner Abschnitte zerlegten und die Beförderung der Waren unendlich verzögerten. Namentlich trat ihre Verkehrshinderlichkeit in die Augen, als der moderne

---

¹) Danz a. a. O. p. 488, Anm. b. Dieser Straßenzwang wurde seit etwa 1732 ausgeübt und von Preußen lebhaft bekämpft, das 1747 als Gegenmaßregel das Magdeburger Stapelrecht wiederherstellte. A. Koser, Preußische Staatsschriften aus der Regierungszeit König Friedrichs II. Band II, p. 320—325. Berlin 1885. Auch für Wien hatte Rudolf von Habsburg bei Verschärfung der Stapelbestimmungen strengen Straßenzwang eingeführt. Zimmermann a. a. O. p. 414. ²) Die größeren Stapelplätze lagen (mit Ausnahme Leipzigs) alle an Flüssen, und zwar namentlich an solchen Stellen, wo entweder wichtige Landstraßen die Flüsse kreuzten oder die Schiffahrt zum Wechsel der Transportmittel gezwungen war. W. Stein a. a. O. p. 32—34. ³) Beseler a. a. O. Mittermaier a. a. O. Danz a. a. O. F. Ch. J. Fischer, Geschichte des teutschen Handels. Band II, p. 293, Hannover 1785, schreibt, die große Niederlage oder das Stapelrecht, verbunden mit Krahnrecht und Straßenzwang, würde irrig oft jus Emporii genannt. ⁴) Danz a. a. O. J. C. Fischer, Lehrbegriff ꝛc. Band II. § 300. Beseler a. a. O. und Mittermaier a. a. O. identifizieren dagegen Niederlagsrecht und jus emporii, wie es Fischer (Anm. 1) tadelt. ⁵) Schmoller a. a. O. p. 208. ⁶) L. Goldschmidt, Handbuch des Handelsrechtes I, p. 142. 3. Aufl. Stuttgart 1891.

Großhandel sich ausbildete und der Kaufmann nicht mehr selbst seine Waren begleitete. Schon früh zeigten sich diese Mißstände. Aber noch das ganze 18. Jahrhundert hindurch wurde mit größter Zähigkeit an diesen allmählich vollkommen überlebten Einrichtungen festgehalten ¹). Mehr und mehr nahmen freilich die Städte vom Feilbietungszwange Abstand und erhoben statt dessen eine Abgabe als Rekognitionsgebühr für das Stapelrecht, das schließlich zum Teil eine Art Verkehrszoll wurde. War Umladung mit dem Stapelrechte verbunden, so blieb dies indes fast stets bestehen, so daß öfter für die Umladung der Ausdruck „Stapelrecht" im Gebrauche blieb ²).

Hamburg allein verzichtete freiwillig schon im 18. Jahrhundert auf sein Stapelrecht, die übrigen wurden erst durch den Wiener Kongreß und die folgenden Flußschiffahrtsakten beseitigt ³).

---

¹) Die Literatur des 18. Jahrhunderts steht im allgemeinen ganz auf Seiten des Stapelrechts, nur Büsch und Windscheid sind heftige Gegner. Welche Bedeutung die Stapelrechte in der Handelsgeschichte gewonnen hatten, zeigt die Bemerkung bei Gothein a. a. O. p. 6: „um den Erwerb und die Behauptung (des verhängnisvollen Stapelprivilegs) drehte sich die Handelsgeschichte der Städte Köln und Mainz und des ganzen Rheinhandels recht eigentlich". ²) Kriele a. a. O. Exkurs über Stapelrecht. Rijswijk a. a. O. p. 96. 99. 102. Speyer hielt im 18. Jahrhundert die Stapelgüter nicht mehr an, der Schiffspatron aber „muß die Fahrleute allhier bezahlen, als wenn die Waren ausgeladen und wirklich in das Kaufhaus gebracht worden wären". Brief Speyers an Würzburg 1727, vergl. Zoepfl a. a. O. p. 68; ferner vergl. für Köln und Mainz Eckert a. a. O. p. 4, wo jedoch die Bemerkung, Speyer habe erst später (als Köln und Mainz) Stapelrecht beansprucht, falsch ist. ³) Vergl. W. Stieda im Handwörterbuch der Staatswissenschaften. 2. Aufl. Band VI p. 992 ff. „Stapelrecht". Bluntschli und Brater, Deutsches Staatswörterbuch, „Schiffahrtsgesetze". A. Mallinkrodt, Magazin der Geschichte, Geographie und Statistik von Westphalen, p. 800 ff. Dortmund 1816. Text der Flußschiffahrtsakten bei Emminghaus, Corpus Juris Germanici. 2. Aufl. p. 678 ff. 707 ff. 741 ff. Jena 1844. Kläber a. a. O. Kap. XXII, § 663 ff. Anzuführen ist auch G. Schmoller, Studien über die wirtschaftliche Politik Friedrichs des Großen. ⸗ Jahrbuch für Gesetzgebung, Verwaltung und Volkswirtschaft im deutschen Reich. 8.—11. Jahrgang. Leipzig 1884—1887.

I. Teil.

Das Stapel- und Schiffahrtsrecht Mindens vom Beginn der preußischen Herrschaft im Jahre 1648 bis zum Jahre 1716.

1. Zusammenstellung der Nachrichten über die frühere Ausübung beider Privilegien.

Minden leitete sein Stapelrecht auf Getreide, Bau- und Floßholz seit undenklicher Zeit her, ohne daß darüber besondere Urkunden vorhanden waren. Sehr verbreitet war die Ansicht, die Stadt habe sich dieses Recht wahrscheinlich mit dem Eintritt in den Hansebund 1412 oder 1417 [1]) erworben, da angeblich jedes Mitglied dieses Bundes an sich zur Ausübung des Stapelrechtes befugt war [2]).

Aus dieser frühen Zeit sind uns keinerlei Nachrichten überkommen; von Streitigkeiten hören wir zum ersten Male zu Anfang des 16. Jahrhunderts. Bremen suchte die freie Schiffahrt Mindens auf der Weser durch Erhebung von Abgaben sowie durch Verkaufszwang der ankommenden Waren oft zu hindern. Minden klagte 1507 und dann ausführlich 1511 auf dem Lübecker Hansetage; dieser verwies jedoch beide Städte auf einen Vergleich [3]).

19 Jahre später, am Ostertage 1530 (17. April), wurde Minden von Herzog Heinrich dem Jüngeren von Braunschweig-Lüneburg in einem „pergamentenen Briefe" unter anderen Vergünstigungen das Recht verliehen, daß kein barnholt durch de Weserdael gestadet werden schale, womit also das bisherige Stapelrecht, soweit Brennholz in Frage kam, zu

---

[1]) Minder species facti gegen Bremen 1736. Bericht des Minder Magistrats vom 20. XII. 1718. Tatsächlich wird Minden schon auf dem Roßloer Hansetage von 1293 aufgeführt. Hanserezesse 1256—1430. Band 1, p. 84. [2]) Vergl. die in der Einleitung p. 1 zitierten Ansichten von Haggarus und Rühlewein. [3]) Hanserezesse 1477—1530. Band 5 und 6. F. J. C. Fischer, Geschichte des teutschen Handels, II, p. 531, und Falke, Geschichte des deutschen Handels, II, p. 309 verlegen diese Verhandlungen wohl irrtümlich in das Jahr 1517. Bei Fischer a. a. O. II, p. 299 findet sich übrigens ein weiterer Irrtum, der sich bei v. Kamptz, Die Provinzial- und Statutar-Rechte in der preuß. Monarchie, Teil 2, p. 408, Nr. 30, Berlin 1827, wiederholt: Minden ist mit Hannov.-Münden verwechselt.

einem Verbot der Durchführung erweitert wurde. Dies war für die Stadt namentlich wegen des ausgedehnten Brauereibetriebes von Nutzen, da so ein übermäßig hoher Holzpreis nach Möglichkeit verhindert wurde. Daß in dieser Zeit auch das Stapelrecht in vollem Umfange geübt wurde, bezeugen mehrere Bremer Schreiben aus den Jahren 1632, 53 und 66, in denen die Bitte um mäßige Ausmessung des Kornes zum Ausdruck kam[1]). 1641 erhielt nun Bremen von Karl V. eine Bestätigung und Erweiterung seines Privilegs vom Jahre 1111, in dem Heinrich V. der Stadt volle Gewalt und unumschränkte Gerichtshoheit über die untere Weser verliehen hatte. Nach dem Wortlaut dieses Privilegs war die Stadt ferner berechtigt, Fischerei auszuüben und freie Schiffahrt bis nach Münden hinauf zu treiben, wofür ihr auferlegt wurde, die Seeräuber zu verfolgen sowie Tonnen und Baken im Fahrwasser der Weser auszulegen, letzteres gegen eine geringe Abgabe der fremden Schiffer.

Ebenso bestätigte noch im gleichen Jahre 1641 Karl das althergebrachte Stapelrecht Bremens. Hierauf und auf die schon 1111 erworbene unbeschränkte Gerichtshoheit über die untere Weser gründete sich der Anspruch Bremens, alle als stapelbar aufgeführten Waren dem Verkaufszwange zu unterwerfen. Bei strenger Handhabung dieser Bestimmungen konnte der Weserhandel Mindens offenbar sehr geschädigt werden. Demgegenüber mußte es die Stadt als einen großen Erfolg betrachten, als ihr der nämliche Kaiser Karl am 4. Januar 1552 zu Innsbruck der guten Dienste halber, die sie ihm geleistet hatte, ein Privileg verlieh, wonach „Burgermeister | Rath und gantze Gemeind der Stadt Minden und ihre Nachkommen hinführo zu ewigen Zeiten unwiederrufflich auff dem Wasser | die Weser genand | auff und ab und für die Stadt Bremen und sonst allenthalben ihrer Notturfft und Gelegenheit nach | . . . frey unverhindert Schiffen | auch allerley Kauffmannschafft an Handthierung treiben | und üben sollen | und mügen | ohne gemelter Stadt Bremen Irrung | Einrede oder Verhinderung."

Minden solle jedoch gehalten sein, die Weserzölle in dem bisher üblichen Maße weiter zu entrichten. Die Urkunde fährt dann fort:

„Ob aber gemelte Stadt Bremen von uns oder unsern Vorfahren im Reiche | Römischen Keysern und Königen hierwieder gefreyet wehre oder noch würde | So setzen und wollen wir doch | daß solche Freyheit hierwieder kein Statt noch Macht haben | noch verstanden werden | sonder gantz krafftloß und von unwürden sein | und gedachten Burgermeister Rath und Gemeind der Stadt Minden | und ihre Nachkommen an dieser unser Freyheit und Begnadigung gar keinen Schaden | bringen oder gebehren

---

[1]) Repliqschrift Mindens gegen Bremen vom Dezember 1719.

solle. | Denn wir die alle und jede so viel die hierwieder wahren | oder verstanden werden möchten | hiermit ganz abstellen, vernichten und wiederrufen | von obberührter unserer Keyserlichen Macht Vollkommenheit."

Diese letzte so scharf gegen Bremen gerichtete Klausel schien nun für immer die völlige Freiheit des Minder Handels zu verbürgen. Tatsächlich ist aber die Stadt dieses Rechtes nie ganz froh geworden, denn fortan bestritt und bekämpfte es Bremen aufs äußerste, das sich die Durchbrechung des eigenen Stapelrechts natürlich nicht gefallen lassen wollte. Bremen hielt sich dafür umsomehr berechtigt, als Karl V. der Stadt nach der Entzweiung im Schmalkaldischen Kriege im Jahre 1554 ein Restitutionsedikt gegeben hatte.

Dieses Edikt erklärte alle inzwischen erfolgten Beseitigungen von Privilegien für null und nichtig. Für eine solche Beseitigung sah nun Bremen das Minder Privileg von 1552 an; es ging aber weiter und versagte dem Minder Stapelrechte jede Anerkennung. Dadurch wurden diese beiden Privilegien in so enge Verbindung gebracht, daß eine Darstellung der Geschichte des einen notwendig auch das andere mitberücksichtigen muß.

Eine Zeitlang scheint es freilich zwischen beiden Städten verhältnismäßig friedlich zugegangen zu sein; die beiderseitigen Handelsbeziehungen sind damals wahrscheinlich nicht allzu rege gewesen. Die einzigen vorliegenden Nachrichten sind die schon erwähnten Bremer Schreiben von 1553 und 66.

Gegen Ende des XVI. Jahrhunderts wurde nun aber vom Bischof Anton von Minden, Grafen von Schaumburg, das Minder Brennholzprivileg angefochten, mit heimlicher Unterstützung und Aufmunterung Bremens, wie man später stets von Minden aus behauptete. Die Stadt sah sich dadurch veranlaßt, Klage am Reichskammergerichte zu erheben, das am 18. September 1595 den beklagten Bischof zur Darlegung seiner Gegengründe aufforderte. Dieser zog es jedoch vor, dem nicht Folge zu leisten, und der Prozeß blieb liegen; Minden aber sah darin mittelbar natürlich eine Bestätigung seines Rechtes[1]).

Von dieser Zeit ab war es mit dem ungestörten Genusse der städtischen Handelsgerechtsame eigentlich vorbei, und zwar war direkt oder indirekt fast immer Bremen der Gegner.

Wenn einmal berichtet wird, Bremen habe 1595 seinen des Korns halber begonnenen Prozeß nicht fortgeführt, so scheint das allerdings nur auf einer Verwechselung mit der angeführten Sache des Mindener Bischofs Anton zu beruhen, da sich sonst keinerlei Nachricht darüber findet.

1602 klagten indes die Bremer über den Minder Stapelzwang beim dortigen Bischof Christian, der selbst mit der Stadt darüber in Streit geraten war.

---

[1]) Schreiben Mindens an den Kurfürsten vom 21. X. 1700.

Nach den Minder Angaben begann Bremen damals deshalb einen Prozeß am Kammergerichte einzuleiten, der jedoch abgebrochen wurde, als Bischof Christian selbst 1613¹) in gleicher Angelegenheit Klage erhob und auch am 27. November ein mandatum inhibitorium cum clausula sub et obreptitie erwirkte. Minden wurde hierin verboten, Korn anzuhalten oder sonst auf irgend eine Weise der Schiffahrt Schwierigkeiten in den Weg zu legen, da dies durch das Natur- und Völkerrecht untersagt wäre, die fürstlichen Zölle auch sehr schäbige und da endlich dem Bischofe, nicht aber der Stadt die Gerichtshoheit über die öffentlichen Straßen zuständig. Minden ließ es sich natürlich nicht nehmen, dagegen seinen Standpunkt zu verteidigen, und zwar mit solchem Glücke, daß der Bischof am 18. Dezember 1615 mit seinem Antrage, die Stadt zu verurteilen, abgewiesen und vielmehr beschieden wurde, auf die Gegenschriften näher einzugehen. Das unterblieb aber seinerseits, sodaß auch diesmal wie 1695 die Stadt sich des Erfolges rühmen konnte. Christian trat übrigens später wieder zu ihr in freundschaftliche Beziehungen und verweigerte dem Stapelrechte nicht länger die Anerkennung.

Als so Bremens bisheriger Verbündeter zurücktrat, versuchte die Stadt noch einmal, selbständig in Speyer vorzugehen und reichte 1619 eine längere Beschwerdeschrift ein, die aber Minden sofort durch Hinweis auf die Bremer Schreiben von 1532, 58 und 68 widerlegte. Damit fand der Streit vorläufig ein Ende; in erster Reihe trug hierzu der langjährige Krieg mit bei, der ja schon in den 20er Jahren Niedersachsen sehr in Mitleidenschaft zog. Minden wurde schwer belastet, als es von Tilly besetzt wurde: es mußte ihm Proviant wie Artillerie liefern und auch einige Kompagnien selbst aufstellen.

Als Entschädigung für die gebrachten Opfer suchte nun Minden, durch Tilly's Fürsprache unterstützt, eine Bestätigung seiner Privilegien nach und entsandte zu diesem Zwecke Deputierte, die über 1¹/₂ Jahre am kaiserlichen

---

¹) Die unmittelbaren Nachrichten aus dieser Zeit sind nur sehr dürftig; zunächst ein Brief Bischofs Christians an Minden v. 8. IV. 1603, der auf die Klagen Bremens und Mündens wegen Holzanhaltung in Minden bezugnimmt und die Stadt auffordert, sich am 17. V. zu verantworten. Ferner eine Art Protokoll über Verhandlungen vom 10. VIII. 1611: die Mindener berufen sich hier auf ihr Holzprivileg gegenüber den vorgebrachten Anschuldigungen, beteuern, sie hätten nicht übermäßig Korn ausmessen lassen, und klagen über Bremen, das ihnen keine freie Fahrt trotz des Privileges von 1552 gestatten wolle. Die Räte des Bischofs protestieren dagegen, daß Minden irgendwie Jurisdiktion über die Schiffahrt auf der Weser haben solle. Endlich ist ein Schreiben vom 29. VIII. 1611 vorhanden, in dem die Stadt ihr jus emporii für seit Menschengedenken hergebracht erklärt, demnach hierfür eine Art Jurisdiktion über die Schiffahrt in Anspruch nimmt.

Hoflager verweilten¹). Die Bemühungen blieben nicht vergeblich; in Anbetracht der um die kaiserliche Sache erworbenen Verdienste gab Ferdinand II. einen kaiserlichen Schutzbrief und erneuerte das Privileg Karls V. von 1552. Am bedeutungsvollsten war es jedoch, daß er gleichzeitig eine ausführliche Bestätigung des Stapelrechtes gab, die die bisherige Gewohnheit genau formulierte und die Stadt gegen alle Angriffe mißgünstiger Gegner sicherstellen sollte. Es ist dies die am 12. August 1627 zu Wien ausgestellte Aurea bulla Kaysers Ferdinandi secundi Für die Stadt Minden | über die Staffel-Gerechtigkeit | oder das Jus Emporij cam generali Privilegiorum Confirmatione. Hierdurch wird festgestellt, „daß nun hinführo in ewige Zeit ein jeder Schiffahrender auff der Weser, wer der auch sey | alles Getraid | so da ist an Korn | Rocken | Gersten | Weitzen | Mehl und dergleichen sachen | auch Baw- und Flößholtz so vor Minden nacher Bremen | oder andere Orther | auch sonsten fürters in Holl- oder Seeland | auch andere exotische Provintzen und Königreiche | fürüber geschiffet oder geflößet werden will | vorherr in gedachter Stadt Minden 3 Tage lang gegen dem gemeinen Werth feil gebotten und niedergelegt | auch ehender nicht von bannen weiteres paßirt werden soll." Alle diesem Stapelrechte entgegenstehenden Privilegien sollten ungültig sein und neue dagegen nicht mehr erteilt werden dürfen. Minden sollte auch seines Rechtes nicht verlustig gehen, selbst wenn es dieses hundert oder mehr Jahre lang nicht in Anwendung bringen würde.

Zum Schluß wurde ausdrücklich hervorgehoben, daß dieses Privileg nur „von newem verwilliget" sei, und noch einmal eine Bestätigung aller Mindener Rechte und Freiheiten im allgemeinen gegeben²).

Die Stadt eilte, dieses wichtige Dokument dem alten Gegner Bremen in aller Form Rechtens mitteilen zu lassen, und zwar im Oktober 1628. Die Hansestadt lehnte zunächst die durch den Kammergerichtsnotar Leonhardus v. Bippen überreichten Kopien als unglaubwürdig ab, nach Einsicht in das Original aber entschloß man sich sofort, gegen dieses den Bremer Rechten äußerst schädliche erschlichene Privileg beim Kaiser zu appellieren (21. November 1628).

Angeführt wurde dagegen, es gereiche allen Weseranwohnern sowie dem gesamten Handel zu größtem Schaden, vor allem dem Bremer Brennholzhandel. Bremen bestritt ferner die Fähigkeit Mindens, eine Niederlagsgerechtigkeit zu erwerben, da es garnicht eine selbständige Stadt war,

---

¹) Bericht des Minder. Magistrats, 20. XII. 1718. E. A. F. Culemann, Mindische Geschichte, Minden 1747/48, Teil 5, p. 196. ²) Gedruckt bei Peter Lucius, Rinteln 1629, und im Anhang zu Crusius, Jus statutarium rei publicae Mindensis 1674.

sondern dem Bischofe unterstand. Überdies sollte auch noch von alten Zeiten her ein Prozeßverfahren über einen Minder Anspruch, Stapelrecht zu besitzen, im Gange sein. Weiter wurde als Unwahrheit bezeichnet, daß Minden in äußerste Armut geraten wäre und daß es ein Privileg über die freie Schiffahrt besäße.

In den Kriegsstürmen verhallte indes dieser Protest wirkungslos, Minden kam nicht einmal zu einer Gegenerklärung, die Bremer Appellation wurde völlig vergessen [1]).

Auf den Krieg wird es in gleicher Weise zurückzuführen sein, daß bis zum Jahre 1650 vom Minder Stapelrechte außer einer kurzen Nachricht nicht das geringste berichtet wird. In einem späteren Schreiben wird nämlich behauptet, Minden habe etwa 3 Jahre lang sein Stapelrecht ausgeübt und die Schiffer zu drei Liegetagen gezwungen, dann aber begonnen, statt dessen eine Geldabgabe zu erheben [2]). Zu Beschwerden aber ist es damals kaum gekommen; die Zeit rohester Gewalt war nicht dazu angetan, lange Streitigkeiten über den Bestand oder Nichtbestand von Gerechtsamen zu begünstigen.

Zu erwähnen ist nur, daß Georg von Braunschweig 1634 Minden eroberte und 1635 in dem von ihm geschlossenen „Homagialreceß" der Stadt alle Privilegien, also auch das Stapelrecht, bestätigte — eine Tatsache, auf die sich Minden später den hannoverschen Anfeindungen gegenüber zu berufen pflegte. Auch nach Beendigung des großen Krieges fließen die Quellen über das Stapelrecht erklärlicherweise zunächst sehr spärlich, alles mußte sich in die neuen Verhältnisse erst finden und nach der äußersten Erschöpfung durch dreißigjähriges Streiten wieder Kraft zu gewinnen suchen.

Immerhin tauchen in der letzten Hälfte des 17. Jahrhunderts, zwar abgerissen und dürftig, aber doch in der Hauptsache sämtliche Streitpunkte wegen der in Frage stehenden Privilegien auf, über die dann bis 1769 fast unaufhörlich verhandelt worden ist.

II. Das Minder Stapel- und Schiffahrtsrecht vom Westfälischen Frieden bis zur 1. Konferenz zu Hameln 1696.

Der Westfälische Frieden brachte auch für Minden eine tief einschneidende Veränderung. Das bisherige Bistum ging in brandenburgischen Besitz über. Nach langen Verhandlungen mit den Schweden, die die Stadt besetzt hielten und in der Osnabrücker Friedensakte eine ausdrückliche Bestätigung der

---

[1]) Beilage V zur Bremer Exceptionsschrift. [2]) Schreiben der Blothoer Schiffer an die Ravensberg. Reg. 17. X. 1650.

städtischen Rechte und Privilegien durchgesetzt hatten, fand im Oktober 1649 die Besitzergreifung des Landes statt, am 22./23. Februar 1650 folgte die Huldigung vor dem Kurfürsten Friedrich Wilhelm in Petershagen, im November des gleichen Jahres räumten endlich auch die Schweden die so lange besetzt gehaltene Stadt[1]).

Vom gleichen Jahre stammen bereits die ersten Anfeindungen des Stapelrechts. Blothoer Schiffer beschwerten sich im Mai bei der Ravensberger Regierung, in Minden müßte jedes vorbeifahrende Schiff 2—5 Taler Abgabe zahlen. Der Magistrat entschuldigte das mit der Unzuverlässigkeit der Wrogeverordneten[2]) und verfügte, es solle fortan streng nach dem Wortlaut des Stapelrechts verfahren werden.

Die Blothoer waren hiermit noch weniger zufrieden und bestritten die Rechtmäßigkeit des Stapelrechts überhaupt. Es sollte durch den westfälischen Frieden aufgehoben sein, da es nach dem Beginn des Normaljahres 1624 bewilligt war. Infolgedessen könnte auch die insgesamt erfolgte Bestätigung aller Minder Privilegien durch den Kurfürsten dem Stapelrechte nicht mehr zu gute kommen. Die Stadt wehrte sich hiergegen energisch und war um so zuversichtlicher, als mittlerweile die Regierung von Berlin her den Befehl erhalten hatte, die Stadt bei ihrem Stapelrechte zu schützen. Es ließ sich dann der Magistrat auf keine längere Entgegnung mehr ein und verwies etwaige Kläger an den kompetenten Richter, nämlich an den Kaiser oder das Reichskammergericht.

Damit scheint der Streitfall in der Hauptsache erledigt gewesen zu sein, denn aus einer neuen erfolglosen Beschwerde der Blothoer ergibt sich, daß Minden sein Stapelrecht streng weiter ausübte[3]).

Dies rief schon bald neuen Widerspruch hervor, und zwar seitens der Braunschweiger Herzöge.

Diesen war jetzt, da das so lange durch Männer ihres Geschlechts geleitete Bistum brandenburgisch geworden war, ein dort ausgeübtes Stapelrecht sehr lästig. So heißt es denn in ihrem Schreiben, die Stadt maße sich ein angeblich 1628 erteiltes Stapelrecht an; damals aber hätte sich

---

[1]) Spannagel, Minden und Ravensberg unter brandenburg-preuß. Herrschaft von 1648—1719. Hannover und Leipzig 1894, p. 35—40. [2]) Die Wrogeverordneten waren mit der Aufsicht über das Stapelrecht betraut. Vgl. auch Kriele, Die Regulierung der Elbschiffahrt 1819—21. Strohburg 1894. Wroge bedeutet eigentlich Nachprüfung der Gefäße auf ihre Richtigkeit. Philippi, Zur Verfassungsgeschichte der westfälischen Bischofsstädte, Osnabrück 1894, p. 72. [3]) Blothische Schiffer an die Ravensbergische Regierung 14. X. 1650, 14. V. 1650, 27. VI. 1650, 17. X. 1650; Minder Magistrat an die Regierung zu Minden 25. VI. 1650, 24. I. 1651; Klage der Blothoer Schiffer 15. V. 1651.

der niedersächsische Kreis in größter Verwirrung befunden, das Haus Braunschweig wäre überdies bei Erteilung des Privilegs nicht im mindesten gehört worden, obwohl dadurch der freie Handel auf und an der Weser sowie das dem Braunschweigischen Hause zustehende Zollregal aufs empfindlichste geschädigt würden[1].

Allen Widerlegungen zum Trotz wiederholen sich diese Vorwürfe, nur vermehrt und erweitert, fast ein ganzes Jahrhundert hindurch. Eine Antwort auf dieses erste Braunschweiger Schreiben ist allerdings nicht erhalten, vielleicht nie abgesandt worden, da sich sonst wohl daran eine weitere Erörterung geschlossen hätte und man in Minden wohl hoffte — später verfuhr man öfters so —, Braunschweig werde sich bei diesem einen Schriftstück beruhigen.

Daß sich Minden durchaus noch nicht als brandenburgische Territorialstadt fühlte[2], zeigt das Gesuch an den Kaiser aus dem Jahre 1653[3], worin die Stadt um Bestätigung ihrer Privilegien bat, und zwar 1) des Privilegs von 1552, 2) des Privilegs de non arrestando, 3) ihres Juris Emporii, 4) des Protectorii Caesarei perpetui.

Man darf wohl auch annehmen, daß die Gegnerschaft der Braunschweiger und Bremer, die sich 1628 in der erhobenen Appellation zuletzt deutlich geäußert hatte, mitgewirkt haben wird.

Diese dem Kaiser Ferdinand III. unterbreitete Bitte erregte in Berlin den größten Unwillen. Schon die Minder Regierung hatte beantragt, beim Stapelrechte wenigstens die Klausel einzuschieben, es solle den brandenburgischen Untertanen oberhalb Minden nicht nachteilig sein, während die Bestätigung des kaiserlichen Privilegs selbstredend ganz verworfen wurde[4]. Daraufhin erhielten die Minder Abgesandten in Regensburg durch den dortigen brandenburgischen Gesandten zunächst die Weisung, ihr Geschäft einzustellen; sollte sich später irgend eine kaiserliche Bestätigung wirklich als nötig und nützlich herausstellen, so wollte man freilich der Stadt keine Hindernisse in den Weg legen[5]. Ausführliche Nachrichten fehlen, indes ergibt sich aus einer Eingabe Mindens von 1654[6], daß Ferdinand III. mindestens das Stapelrecht

---

[1] Schreiben Aug. Christian Ludwigs und Georg Wilhelms von Braunschweig vom 25. V. / 6. VII. 1651. [2] Vergleiche auch Spannagel a. a. O., p. 38. Minden hatte nur widerwillig sich dem Übergange in brandenburgische Herrschaft gefügt; namentlich war es zu lebhaften Streitigkeiten über die Aufnahme einer Garnison gekommen, bis Minden in Garnisonreß (17. II. 1650) nachgeben mußte. [3] Bitte Mindens an den Kaiser um Bestätigung der Privilegien. 20./30. V. 1653. [4] Bericht der Minder Regierung 7./17. Juli 1653. [5] Restript an den Gesandten in Regensburg 81. VII. 1653. [6] Eingabe der Minder Abgeordneten 23. XI. 1654.

bestätigt hat. Diese Eingabe richtet sich gegen die Braunschweiger Beschwerden, die also aufrecht erhalten waren. Minden suchte hier die Berliner Regierung für den Fortbestand des Stapelrechts dadurch zu interessieren, daß es dessen Wichtigkeit für billige Verproviantierung der Garnison betonte.

Die brandenburgische Regierung stand der Stadt, die zu Ende des dreißigjährigen Krieges lebhaft nach Reichsfreiheit gestrebt hatte[1]), immer noch mißtrauisch gegenüber; zudem war das Stapelrecht bei strenger Anwendung auf die übrigen brandenburgischen Untertanen diesen äußerst lästig. Besonders zeigte sich die Regierung auch für die vier preußischen Flußzölle zu Blotho, Hausberge, Petershagen und Schlüsselburg besorgt, deren Erträge möglichst gesteigert werden sollten. Auf der andern Seite war Minden durch den Krieg furchtbar mitgenommen, und die Regierung mußte jedes Mittel freudig begrüßen, das der Stadt wieder etwas aufhelfen konnte. Hier erwartete man nun aber äußerst viel von den segensreichen Wirkungen des Stapelrechts, und es hatte ja auch tatsächlich für Brandenburg keinen Sinn, auf dem kleinen ihm zugehörigen Weserteile mit Zollermäßigungen und Handelserleichterungen vorzugehen, falls die Nachbarn nicht ihrerseits das Gleiche taten. Dazu war aber bei der Menge der Zollstellen — 23 von Münden bis Elsfleth — gar keine Aussicht.

Längere Jahre hindurch scheinen keine neuen Proteste gegen das Stapelrecht erfolgt zu sein. Der Handel begann sich langsam etwas zu erholen; die Streitigkeiten mit Braunschweig sind wohl nicht sehr bringender Natur gewesen, zogen sich auch später gerade mit diesem Gegner äußerst in die Länge. Auch Bremen war nach den Schlägen des Krieges noch nicht in der Lage, sofort wieder gegen Minden vorzugehen, während die Minder, wie man später im Laufe des Wetzlaer Prozesses erfährt, damals bei der Vorbeifahrt vor Bremen sich den hier erhobenen Abgaben unterwarfen.

Wie der Krieg alle bestehenden Verhältnisse zerrüttet hatte, zeigt auch die Bitte der Minder Regierung aus dem Jahre 1671 an den Kurfürsten, für die Wiederherstellung der alten brandenburgischen Zollfreiheit zu Elsfleth Sorge zu tragen[2]).

Am 31. März 1623 hatte nämlich Graf Anton Günther von Oldenburg ein kaiserliches Privileg für einen dort anzulegenden Zoll erhalten. Um aber die brandenburgische Zustimmung hierzu zu gewinnen, waren von ihm bereits vorher (20. VI. 1622) alle damaligen und künftigen brandenburgischen Untertanen vom Zollzwange befreit worden[3]).

---

[1]) Vergl. Spannagel a. a. O. 19—21. [2]) Bericht der Minder Regierung 2. IV. 1671. [3]) Gewerbsleißiges Deutschland u. s. w. 1807. Teil X, p. 356. Der Zoll wurde durch Vergleich zwischen Bremen und Oldenburg am 7. Mai 1820 aufgehoben. Släber a. a. O. § 646c. Zum Vergleich sei angeführt, daß am Rhein von Straßburg bis zur holländischen Grenze 32 anerkannte Zölle bestanden. Solheim a. a. O. p. 4.

Diese Befreiung hatte allerdings für die Minder nur Wert, wenn Bremen das Privileg Karls V. von 1552 anerkannte. Aber schon 1673 beginnen wieder wie früher die Klagen darüber, daß Bremen gegen dieses Privileg die Mindner Schiffer nicht vorbeifahren lasse. Namentlich wurde dies des Bieres wegen unangenehm empfunden, das damals noch Haupterwerbszweig in Minden war und reichlichen Absatz nach ziemlichen Entfernungen hin fand[1]).
Lange Jahre hindurch hielten die Minder mit größter Zähigkeit am Bierbrauen fest, nachdem der größte Teil der Absatzgebiete schon längst verloren war. Alle Versuche der Regierung, durch Einführung neuer Gewerbe der Stadt aufzuhelfen, scheiterten an dem eigensinnigen Widerstande der Einwohner. Namentlich der Brauerei halber wurde auch das alte Privileg für so wichtig gehalten, wonach kein Brennholz an der Stadt vorbei geflößt werden durfte. Mit peinlicher Genauigkeit wurde darauf geachtet und sofort in Berlin Beschwerde erhoben, als 1675 die Mindische Regierung Klappholz passieren ließ.
Diese verteidigte sich gegen die Vorwürfe damit, daß Klapp- und Brennholz wohl zu scheiden seien. Ersteres war, wie sie ausführte, nur allerbestes Buchenholz ohne jeden Fehler, das in gewisser Art behauen und zu Treppen und Fässern gebraucht wurde. Freilich durfte die Stadt laut Stapelrecht auch dieses Holz anlaufen, aber nur zu einem dem wahren Werte entsprechenden Preise[2]). In Berlin fand dieser Standpunkt der Mindischen Regierung volle Billigung, im übrigen aber wurde betont, Minden sollte bei allen seinen Rechten geschützt werden[3]). Möglicherweise bezieht sich diese letzte Bemerkung auf das Recht der freien Schiffahrt; denn daß der kurfürstliche Geheime Rat hierbei Minden durchaus unterstützen wollte, erhellt aus einem Befehle an die dortige Regierung vom Jahre 1676, über dieses Recht genaue Informationen einzusenden, damit diese bei passender Gelegenheit Bremen mitgeteilt werden könnten. Fraglich bleibt, ob diese Absicht zur Ausführung gelangt ist[4]).

---

[1]) Die Berl. Geh. Räte an Bremen $\frac{8.}{13.}$ III. 1073. Über das Minder Bier heißt es in Marpergers Kauffmanns Magazin, Hamburg 1706, p. 103: „Minder Bier in Westphalen, ein zwar schwaches und den Namen mit der That führendes Bier, wird sehr den Kranken, sonderlich den Febricitanten zur Abkühlung recommendiret. Es sollen daßelbe sonderlich die Studenten zu Rinteln gern trincken u. s. f." Im Gegensatz hierzu wird von Boccrus De origine, antiquitate et celebritate urbis Mindae . . . . . Rostock 1563 die Güte des Minder Bieres gepriesen. [2]) Bericht der Minder Regierung $\frac{3.}{13.}$ V. 1675. [3]) Restript an die Minder Regierung $\frac{11.}{21.}$ V. 1675. [4]) Restript an die Minder Regierung $\frac{21. II.}{2. III.}$ 1676.

Einige Jahre verliefen nun ruhig, bis 1680 neue Angriffe gegen Minden erfolgten, und zwar diesmal von brandenburgischer Seite selbst. Auch von Blotho aus waren Klagen gegen Minden erhoben worden, daß die dortigen Wrogeverordneten ohne alle Not Blothisches Holz und Getreide anhielten, während sie das fremder Schiffer unbehelligt ließen — eine Nachricht, die vielleicht geeignet ist zu erklären, warum die letzten Jahre ohne erneute Proteste der Nachbarn vergangen waren¹). Die Minder Regierung wurde mit einer Untersuchung der Angelegenheit und etwaiger Entschädigung der Kläger betraut, doch fehlen auch hier genauere Nachrichten. Aus dem späteren Gebrauch und der Fassung des Restriptes läßt sich aber schließen, daß die Regierung von der Stadt Minden verlangte, das Stapelrecht eignen Untertanen gegenüber möglichst nicht anzuwenden. Demgemäß wird wohl auch damals die Entscheidung gefallen sein. Die selbstherrlichen Gelüste der Stadt waren jetzt verschwunden, sie hatte sich wenige Jahre vorher (1674) auch der Einführung der kurfürstlichen Accise gefügt²).

Ganz ähnlicher Art wie die eben erwähnte war eine Klage, die zwei Jahr später 1682 Bremen erhob. Vor allem beschwerte man sich über die Beschlagnahme von Klappholz; die Regierung verfügte hierauf, das Holz sei unverzüglich frei zu geben und fortan nicht mehr anzuhalten³). Es wurde von Bremen ferner der niedrige Preis für das ausgemessene Korn bemängelt und lebhaft über die Bestechlichkeit und Unzuverlässigkeit der Wrogeverordneten geklagt, die öfter von den Schiffern Geld erpreßten⁴). Wie die Antwort hierauf lautete, ist leider nicht ersichtlich, doch wurde späterhin Mindischerseits stets behauptet, Bremen habe sich in den achtziger Jahren des 17. Jahrhunderts, auch in Zeiten der Teuerung, den Bestimmungen des Stapelrechts unterworfen. Überdies erging 1683 ein Befehl an die Mindische Regierung, das Stapelrecht aufrechtzuerhalten und den Magistrat gegen dawiderhandelnde Kaufleute und Schiffer zu unterstützen. Der Handel sollte aber nicht über Gebühr belästigt werden⁵). Zwei Jahre später erfolgte sogar die Verfügung, das Stapelrecht streng auszuüben und niemand von den 3 Liegetagen zu befreien. Der Magistrat war nämlich in den letzten fruchtbaren Jahren milder verfahren, da niemand das zu Wasser durchgehende Korn kaufen wollte. Jetzt in den Zeiten einer Teuerung war man freilich wieder darauf angewiesen⁶).

¹) Restript an die Minder Regierung $\frac{28. XI.}{8. XII.}$ 1680. ²) Spannagel a. a. O., p. 89.

³) Minder Regierung an den Magistrat $\frac{27. VI.}{7. VII.}$ 1682. ⁴) Restript an die Minder Regierung $\frac{2}{12}$. I. 1682. ⁵) Restript an die Minder Regierung 30. III. 1683. ⁶) Minder Regierung an Minder Magistrat $\frac{6.}{15.}$ II. 1685. Antwort des Magistrates $\frac{13.}{23.}$ II. 1685.

Sowie diese Maßregel durchgeführt wurde, kamen neue Klagen von Bremen. Darauf wurde von Berlin aus angeregt, die Minder Regierung möge ein Reglement über die Ausübung des Stapelrechtes erlassen¹).

Der Minder Magistrat wies, wie zu erwarten, die Bremer Klagen als unbegründet zurück und äußerte sich sehr befriedigt über die großen Vorteile, die das Stapelrecht bei der letzten Teuerung gewährt hatte. Ferner bat er, der Kurfürst möge sich bei Bremen für die Anerkennung des Minder Schiffahrtsprivilegs verwenden und darauf hinwirken, daß die 1 Taler betragende Accise auf Minder Bier in Bremen ermäßigt werde.

Die Bitte wurde in Berlin wohlwollend aufgenommen, doch ließ man keine Unklarheit darüber, daß sich die Anerkennung des Schiffahrtsprivilegs durch Bremen kaum werde ermöglichen lassen²).

Von den nächsten Jahren sind uns keinerlei Nachrichten überkommen, bis sich 1693 die Beschwerden von Bremen und Blotho über zu niedrige Preisansetzung erneuerten.

Bei der angestellten Untersuchung ergaben sich dann auch ernste Mißstände bei der Handhabung des Stapelrechtes durch die Wrogeverordneten. Diese aus den ärmsten Kreisen der Stadt hervorgegangenen Aufseher ließen sich leicht bestechen und erlaubten dann vorzeitige Abfahrt, oder sie suchten auch allerlei Gebühren unberechtigterweise für sich zu erheben. Der Magistrat versprach durchgreifende Abhülfe und erließ mit Genehmigung der Regierung am 18. VI. 1693 ein Edikt über die Ausmessung des Korns und über die Preisfestsetzung. Diese Anordnung wurde nun aber von den vereinigten Schiffern Bremens, Mündens und Blothos sehr angefochten, die außerdem noch Schadenersatz für die von den Wrogeverordneten erpreßten Gelder verlangten. Es kam darüber zu langwierigen Verhandlungen und zahlreichen Terminen vor der Minder Regierung, die sich sehr am einen Ausgleich bemühte. Über das Ergebnis dieser Streitigkeiten ist nichts bekannt³).

Wenn ein Ausgleich stattgefunden hatte, so war er jedenfalls nicht von langer Dauer. Denn schon im Jahre 1695 kamen abermals Beschwerden Bremens, und zwar über die Anhaltung von Klappholz⁴).

¹) Reskript an die Minder Regierung 27. I. 1686. ²) Bericht Mindens an den Kurfürsten $\frac{1}{11}$. III. 1686. Reskript an die Minder Regierung 18. III. 1686. ³) Protokolle der Regierung zu Minden vom 8. I. u. 28. II. 1693. Bericht des Minder Magistrats vom 19. VI. 1693. Zahlreiche Regierungsprotokolle aus dem Jahre 1693 (Kriegs- und Dom.-Kammer Minden II, Kgl. Staats-Archiv Münster). ⁴) Remonstration der Minder Regierung an Bremen $\frac{5.}{16.}$ XII. 1695.

Diesmal stand nun aber die Minder Regierung durchaus auf Seiten der Stadt. Sie verkannte freilich nicht, daß sich hier städtische und Schifffahrtsinteressen gegenüberstanden, aber sie fürchtete für den völligen Ruin der Stadt, falls das Holzprivileg nicht ausnahmslos geübt würde. Bremen erlebte so eine völlige Ablehnung, zumal Klappholz erst seit etwa 20 Jahren hatte passieren dürfen, so daß die Zurücknahme dieser Erlaubnis nicht als Neuerung bezeichnet werden konnte.

In der letzten Zeit war, wie die Minder Regierung schrieb, eben ein Auge zugedrückt worden oder die Wrogeverordneten hatten sich bestechen lassen. Seit 1695 war nun aber der Holzmangel allzu auffällig geworden, und bei einer angestellten Untersuchung ergab sich, daß alljährlich große Massen reinen Brennholzes unter dem Namen Klappholz vorbei gingen, ohne in Minden ausgelaben zu werden, wodurch dann eine ganz unleidliche Preissteigerung eingetreten war. Der große Holzverbrauch fand seine Erklärung in der bedeutenden Bremer Ausfuhr, besonders nach England. Jetzt wurde nun aber die Verschiffung von Klappholz durch Minden rundweg verboten, während bezüglich des Bauholzes weiter nach den Stapelrechtsbestimmungen verfahren werden sollte. Diese Gelegenheit wurde gleichzeitig von Minden zu einem neuen Versuche benutzt, die Beseitigung der dem Minder Bier in Bremen gemachten Schwierigkeiten zu erreichen, aber vergebens.

In der gleichen Zeit rührten sich auch wieder lebhafter die braunschweigischen Vorstellungen, da der neue Kurstaat, die Hauptmacht an der unteren Weser, die verkehrshinderliche brandenburgische Enklave Minden erklärlicherweise nur noch lästiger empfand als früher.

Schon seit langen Jahren — gleich nach Beendigung des dreißigjährigen Krieges — bestanden Differenzen zwischen den Mündischen und Blothischen Schiffergilden, die weitaus die bedeutendsten an der ganzen schiffbaren Weser waren.

Nach hannoverscher Behauptung[1]) hatte vor dem großen Kriege überhaupt kein Blothoer Schiffer in Münden Ladung nehmen dürfen; als aber Münden durch den Krieg äußerst mitgenommen war, hatten die Blothoer das Verbot völlig durchbrochen. Allmählich kam dann auch die Mündener Schiffergilde wieder empor und suchte nun das Vorrecht zu behaupten, daß fremde Schiffer in Münden erst dann Ladung nehmen durften, wenn alle einheimischen versehen waren. Seit etwa 1654 war darüber ein erbitterter Streit zwischen den beteiligten Schiffergilden entstanden und nach längeren Verhandlungen schon für 1674 eine Konferenz zu Minden angesetzt worden. Jedoch erst

---
[1]) Schreiben Georg Ludwigs von Hannover 28. IV. 1714.

1680 (30. Oktober) kam es in Hannover zu einem Vergleiche. Hiernach sollte jedes Ladevorrecht der Münder wegfallen und ihnen nur darin ein Vorzug bewilligt werden, daß sie mit einem Schiff und zwei Böden hintereinander fahren konnten, während die Blotho-Mindischen Schiffer nur einen Bock an das Schiff hängen durften¹). Sehr bald schon kamen lebhafte Beschwerden der letzteren über diesen Vergleich, durch den sie sich äußerst benachteiligt fühlten. Lange Zeit bemühte man sich aber brandenburgischerseits vergeblich, Hannover hierüber zu erneuten Erörterungen zu veranlassen. 1695 stand Bartholdi, der brandenburg-preußische Sekretär zu Hannover, darüber in Verhandlungen mit dem Grafen von Platen, der aber die im Prinzip bereits genehmigte Kommission immer weiter hinauszuschieben versuchte, entsprechend der bisher hierbei von Hannover befolgten Taktik. So kam er denn auch plötzlich mit Beschwerden über die Holzanhaltung zu Minden, die angeblich unter Berufung auf ein ungewisses und unbekanntes kaiserliches Recht geschah. Namentlich der Vizekanzler Hugo suchte diese Angelegenheit möglichst aufzubauschen, worauf sich Bartholdi bereit erklärte, darüber auf der Konferenz mit verhandeln zu wollen.

Von Berlin erging sofort ein Befehl nach Minden, über das Stapelrecht genauen Bericht einzusenden und jeden Mißbrauch abzustellen. Hannover zögerte indes mit ausführlicher Begründung seiner Vorwürfe, und Bartholdi befürchtete, man werde sie als ein Mittel benutzen, um die Verhandlungen der Kommission über die Münder Angelegenheit zu stören und fruchtlos zu machen²).

---

¹) Gewerbfleißiges Deutschland X, p. 356, führt vier Arten Weserfahrzeuge auf: Große Bremer Böcke 30—40 Last Tragfähigkeit; Alter oder Hinterhang 20—25 Last Tragfähigkeit; Bulle 10 Last Tragfähigkeit; Kl. Dielenkähne. Damit stimmt nicht die Bezeichnung „Bock" im Vergleich von 1680, wo ein Schiff von 18—20 Last Tragfähigkeit gemeint ist. Die Hannoveraner beschuldigten übrigens die Blothoer, die Bullen eingeführt zu haben, um die Bestimmung betreffs der Böcke zu umgehen. (Bericht Bartholdis $\frac{12.}{22.}$ XII. 1695). Ferner sollen sie auch die Tragfähigkeit der Schiffe vermehrt haben, um den Vorzug der Münder auszugleichen. Dann würden aber die oben im S. D. angegebenen Maße nicht stimmen, denn der Vergleich meint mit einem „Schiffe" ein Fahrzeug mindestens von der Größe des Bremer Bocks, wie sich aus einer hannoverschen Berechnung von 1714 ergibt, nach der die Münder etwa 100 Last, die Blothoer etwa 80 Last auf Grund des Vergleiches laden konnten. Vergl. auch Webbigens Westphäl. Magazin III. H. XI. 1787. „Bei gutem Fahrwasser können in einen Schiffsbod 50 Fuder, in den Hinterhang und den Bullen 30—40 Fuder Roggen geladen werden." ²) Berichte Bartholdis aus Hannover vom $\frac{24.\ XI.}{4.\ XII.}$ $\frac{12.}{22.}$ XII., $\frac{15.}{26.}$ XII. 1695. Reskripte an Bartholdi $\frac{7.}{17.}$ $\frac{17.}{27.}$ $\frac{21.}{31.}$ XII. 1695. Reskripte an die Münder Regierung $\frac{7.}{17.}$ $\frac{17.}{27.}$ XII., $\frac{22.\ XII.\ 1695}{1.\ I.\ 1696}$.

Allmählich kamen jedoch die Angriffe zum Vorschein. Ferdinand II. hätte, so wurde behauptet, kein Recht gehabt, im Kriege Privilegien zu verleihen, überdies erkläre der Westfälische Friede alle nicht rechtmäßigen Stapelrechte ausdrücklich für ungültig, auch hätte das Minder Privilig nicht die Zustimmung des Kurfürstenkollegs gefunden. Endlich bezweifelte man, daß von dem Stapelrecht in Minden überhaupt oft Gebrauch gemacht worden war. In Berlin beeilte man sich, noch vor der Konferenz eine ausführliche Widerlegung nach Hannover mitzuteilen, um die Rechtmäßigkeit des Minder Verfahrens darzutun¹). Da Hannover zunächst nur die Holzanhaltung beanstandet hatte, wurden die bereits im gleichen Jahre in Bremen abgegebenen Erklärungen wiederholt und hinzugefügt, der Preis für das Reis Brennholz sei von 4—5 auf 6—9 Taler gestiegen. Überhaupt sei der Kurfürst von Hannover am Klappholzhandel gar nicht interessiert, er erhalte für Klapp- und Brennholz auf dem Stamm bei seinen Holzverkäufen den gleichen Preis, sodaß nur wenige Händler aus dem Preisunterschiede beider Holzarten Vorteil zögen. Dieser etwas summarischen Entgegnung der Minder Regierung ließ der Magistrat bald noch eine ausführlichere folgen, in der auf die Privilegien von 1530 und 1552 verwiesen, sowie nachdrücklich betont wurde, 1627 sei nur um Erneuerung des seit undenklichen Zeiten hergebrachten Stapelrechts nachgesucht worden.

Den Braunschweigern war aber nach Darlegung des Magistrates überhaupt schon jede Möglichkeit eines Widerspruchs dadurch genommen, daß Herzog Georg, der Vater des regierenden Kurfürsten, 1635 alle städtischen Privilegien bestätigt hatte.

Auch mit der Zustimmung des Kurfürstenkollegs befand sich Hannover im Irrtum. Diese war damals noch gar nicht erforderlich und wurde erst durch spätere Wahlkapitulationen festgesetzt²). Eben so falsch wurde auch der Westfälische Friede gegen Minden ins Feld geführt, denn er erkannte ja in einem Artikel alle Gerechtsame der Stadt an.

Gegen den letzten hannoverschen Einwand, das Stapelrecht sei nie zur vollen Ausübung gebracht worden, fühlte sich Minden auf jeden Fall durch den Wortlaut des Privilegs gesichert, der den Einwohnern bei der Ausübung des Stapelrechts völlig freie Hand ließ.

Nach Zurückweisung der hannoverschen Klagen ging dann der Magistrat sogar beschwerdeführend gegen Münden und Hameln vor. Münden gestattete trotz des Vergleiches von 1680 fremden Schiffern nicht eher Ladung

---

¹) Bericht der Minder Regierung vom $\frac{12}{22}$. XII. 1695.   ²) Zum ersten Male führte Ferdinands III. Wahlkapitulation das Verbot neu einzurichtender Stapelrechte ohne kurfürstliche Bewilligung ein. Capitulatio Harmonica v. Mülbraer. 1697.

zu nehmen, als bis die eignen volle Fracht hätten, Hameln ließ kein Brennholz mehr passieren, hatte ganz neuerdings eine Niederlage errichtet und forderte von jeder Last Korn 24 Silbergroschen Abgabe. Bei Übersendung dieses Magistratsberichts schlug die Regierung zugleich vor, den Bürgermeister Cuhlemann, als wohlbewandert in den Rechten und Privilegien der Stadt, zur bevorstehenden Konferenz mit Hannover hinzuzuziehen. Diese war mittlerweile auf den Mai 1696 festgesetzt worden. Inzwischen gab noch ein Irrtum Bartholdis zu mannigfachen Schreibereien Anlaß. Er glaubte nämlich, Kaiser Matthias habe bereits ein Stapelprivileg für Minden erteilt, demgegenüber natürlich die Haupteinwendungen Hannovers hinfällig gewesen wären, aber es stellte sich schließlich heraus, daß dies angebliche Privileg vom 81. Oktober 1614 nur eine Bestätigung desjenigen von 1552 war¹).

Die Konferenz hatte inzwischen eine weitere Verschiebung erfahren, und es verstrich darüber der ganze Sommer, so daß die Mindener Regierung noch einmal Veranlassung nahm, ihr Verfahren in einem direkten Schreiben an die hannoverschen Geheimen Räte zu rechtfertigen. Daraus geht hervor, daß einige hannoversche Schiffer aus Polle sich mehrmals nicht um das Verbot der Klappholzverschiffung gekümmert hatten und auch trotz dann über ihr Holz verhängter Arreste heimlich von Minden abgefahren waren, bis sie endlich in Schlüsselburg angehalten und mit einer Strafe von 200 Talern belegt wurden.

Die Regierung hebt wieder und wieder den außerordentlichen Holzmangel hervor, der sie gezwungen hatte, auch im Winter 1695 96 alles herabkommende hannoversche Holz zwangsweise verkaufen zu lassen, freilich gegen Zahlung eines angemessenen Preises²).

Am 7. September 1696 begann dann tatsächlich die so lange geplante Konferenz zu Hameln, an der Deputierte von Kurbrandenburg, Kurbraunschweig und Bremen teilnahmen. Ihre Beratungen drehten sich in der Hauptsache um die Streitigkeiten zwischen Blotho und Münden und führten zur Aufstellung einer Anzahl von Vergleichspunkten, die später den beiderseitigen Regierungen zur Genehmigung vorgelegt werden sollten. Nach zehn Tagen wurden die Verhandlungen abgebrochen. Die brandenburgischen Deputierten drängten nämlich auf Beendigung der Konferenz, da ein Besuch des Kurfürsten in Minden auf seiner Durchreise bevorstand. Über das Mindener Stapelrecht enthält weder der vom Kanzler Danckelman nach Berlin ab-

---

¹) Reskripte an die Mindener Regierung 16./26. IX. 1696, 13./23. X. 1696. ²) Mindener Regierung an Churf.-Braunschweig 17./27. VI. 1696.

geftattete Bericht¹), noch der Bergleichsentwurf auch nur ein Wort. Die gegenseitigen Beschwerden waren zwar zur Sprache gekommen, es hatte sich aber keine Einigung darüber erzielen lassen. Die Kurbraunschweiger Deputierten hatten vielmehr die hier von brandenburgischer Seite gemachten Vorschläge rundweg abgelehnt, nach denen Minden Klappholz an der Stadt vorbei lassen wollte, falls ihr die gleiche Menge Brennholz zu angemessenem Preise geliefert würde, während die bisher erhobenen Strafgelder beiderseits zurückerstattet werden sollten. Die Holzsperre zu Hameln wurde nämlich äußerst streng gehandhabt, so daß für abwärts gehendes Holz stets eine größere Summe als Sicherheit dafür hinterlegt werden mußte, daß dieses Holz dem Verlangen Hannovers gemäß an Minden völlig stapelfrei vorbeiging. Sobald die Flöße oder Holzkähne wieder hannoversches Gebiet berührten, wurden sie genau nachgemessen, ob in Minden-Ravensberg auch nichts davon verkauft war. Unter diesen Umständen war natürlich ein bedeutenderer Holzhandel auf der Weser nur möglich, falls in Minden offiziell oder von den bestochenen Wrogeverordneten Nachsicht geübt wurde.

Aus den nicht allzureichlichen Nachrichten über die Verhandlungen zu Hameln ist soviel ersichtlich, daß sich Hannover hier Minden gegenüber ganz unversöhnlich zeigte und zum Schluß auch jede Anerkennung des Stapelrechtes rundweg verweigerte. Hannover nahm dann im nächsten Jahre die Verhandlungen wegen des Klappholzes noch einmal auf und lud zu einer neuen Konferenz ein; Minden aber hielt nach den Verhandlungen zu Hameln ein günstiges Ergebnis für ausgeschlossen und antwortete ablehnend²).

In Berlin war man freilich auch fernerhin stets zu großer Rücksichtnahme auf Hannover bereit, so daß z. B. 1699 von hier aus die Ausübung des Stapelrechts hannoverschen Untertanen gegenüber lebhaft getadelt und für die Zukunft ganz verboten wurde³). Minden war mit einer solchen Politik der Mäßigung, die der Aufgabe der Privilegien gleichkam, durchaus nicht einverstanden; da die Gegenpartei keine Nachgiebigkeit zeigte und die Hameler Sperre in voller Strenge bestehen blieb, so wollte die Stadt von ihrem guten Rechte auch nicht abgehen. Dieser Haltung schloß sich die dortige Regierung an und verteidigte das Verfahren der Stadt, die nur wenig Korn hatte ausmessen lassen; die Eigentümer des Kornes hatten damals

---

¹) Bericht Danckelmans vom $\frac{7.}{17.}$ X. 1696. Protokoll der Konferenz vom 28. VIII. $\frac{7.}{7. IX.}$ - $\frac{7.}{17.}$ IX. 1696. ²) Hannov. Geh. Räte an Regierung zu Minden 22. V. und 29. VI. 1697. Minder Regierung an Hannov. Geh. Räte 18. VI. 1697. ³) Reskript an die Minder Regierung 27. V. 1699. Hannov. Geh. Räte an Minder Regierung 20. I. 1699. Minder Magistrat an Minder Regierung 23. II. 1699.

auch keine Klage erhoben, sondern sich die Ausübung des Stapelrechtes gefallen lassen.

Einer von ihnen hatte freilich vorher versucht, sich dem Stapelrechte dadurch zu entziehen, daß er eine halbe Stunde oberhalb Minden sein Korn auslud und es auf der Achse weiter schaffen wollte. Daran war er aber gehindert und genötigt worden, sein Getreide auf dem Wasserwege weiter zu führen. —

Vielleicht geht man nicht fehl mit der Annahme, die auffällige Haltung des Geheimen Rats zu Berlin Hannover gegenüber sei beeinflußt worden durch die Verhandlungen über die Erhebung Brandenburg-Preußens zum Königreiche.

III. Streitigkeiten mit Bremen, Hessen-Kassel und Hannover über die Holzverschiffung, Repressalien Hannovers und Verhandlungen darüber bis zur 1. Konferenz zu Hameln 1710.

Im Jahre 1699 rührte sich nach mehrjähriger Pause auch Bremen wieder und erhob laute Klagen über die Anhaltung des Korns. Es war damals ein teures Jahr, und man sah sich auf den Getreideüberschuß der weiter aufwärts gelegenen Gebiete angewiesen.

So wandte sich denn Bremen an den Kurfürsten von Brandenburg und bat um Befreiung des Korns vom Minder Stapelrechte für diesen Fall. Der Kurfürst entschied demgemäß, aber man sträubte sich in Minden aufs äußerste, dem Befehle nachzukommen, und sandte zur Begründung dieser Haltung eine lebhafte Beschwerde über Bremen nach Berlin[1]. Die Stadt wandte sich namentlich gegen die von Bremen erfolgte Anfechtung des Stapelrechts von 1627 und wies darauf hin, daß bereits vor dieser Neubewilligung unzweifelhaft ein Stapelrecht in Minden ausgeübt war, wie es am besten die früheren Streitigkeiten mit Bremen bezeugten. Bremen weigerte auch dem Schiffahrtsrechte Mindens die Anerkennung in der Besorgnis, wie Dandelman gegenüber einmal geäußert war, daß sich sonst der gesamte Handel von Bremen nach Minden ziehen würde. Überdies hatten jetzt die Bremer von Oldenburg den Elsflether Zoll gepachtet und verlangten nun auch Zoll von brandenburgischen Untertanen, trotz aller Hinweise auf die bewilligte Zollfreiheit. Veranlassung zu weiteren Klagen gab die von jeder Last Korn geforderte Abgabe von zwei Scheffeln für das

---

[1] Reskript an die Minder Regierung $\frac{8.}{13.}$ XII. 1698. Eingabe Mindens $\frac{10.}{20.}$ XII. 1698. Bremen an Minder Regierung 24. XII. 1698.

städtische Magazin in Bremen. Zuletzt wies Minden noch darauf hin, daß gerade in diesem teuren Jahre die Stadt auf die Vorteile des Stapelrechts angewiesen war, zumal eine vom Kurfürsten zugesagte Sendung Getreide aus Preußen des stürmischen Wetters halber nicht hatte verschickt werden können¹).

In Berlin fanden diese Beschwerden kein geneigtes Gehör. Es ergingen energische Befehle, das Stapelrecht mäßig zu gebrauchen. Auf eine nochmalige Bittschrift Mindens wurde dann aber gestattet, zwei Scheffel vom Fuder Getreide ausmessen zu lassen, und auch Bremen gegenüber die Erwartung ausgesprochen, es werde nun der Schiffahrt keine weiteren Hindernisse in den Weg legen. Andernfalls sollte Minden gehalten sein, von den Bremer Getreideschiffen Abgaben in gleicher Höhe zu erheben²).

Im letzten Schreiben an Bremen hatte der Kurfürst zwar erklärt, fortan solle Minden sein Stapelrecht uneingeschränkt gebrauchen, aber noch im selben Jahre 1699 erzwang er, bestimmt durch die Rücksicht auf den Landgrafen von Hessen-Kassel, eine abermalige Durchbrechung der städtischen Gerechtsame.

Der Bremer Bürger Koch bat nämlich in Berlin um die Erlaubnis, 4—5000 Klafter Holz aus hannoverschen und hessischen Forsten an Minden stapelfrei vorüberführen zu dürfen, was ihm im April unter der Bedingung erlaubt wurde, gegen den marktgängigen Preis der Stadt soviel Holz zu überlassen, als sie bedurfte. Minden erhob dagegen sofort lebhaften Widerspruch und erreichte dadurch vorläufig wenigstens eine geraume Verzögerung, wiewohl die Minder Regierung durchaus für Genehmigung der Kochschen Bitte war und von Berlin aus wiederholt Reskripte in diesem Sinne ergingen. Die Stadt berief sich hingegen stets auf ihre Privilegien und den übermäßig gestiegenen Holzpreis, eine Folge der allzu großen Bremer Holzausfuhr nach England. Überdies fürchtete man, bei Genehmigung der Kochschen Bitte würden bald hessische und hannoversche Untertanen mit gleichen Anträgen an den Kurfürsten herantreten, die dann auf lebhafte Unterstützung der hannoverschen Geheimen Räte rechnen konnten.

Die Entscheidung fiel aber schließlich trotz aller dieser Vorstellungen Mindens zuungunsten der Stadt. Zugleich wurde die Menge des von Koch zu liefernden Holzes auf 600 Klafter bemessen und dem Magistrat für die Zukunft die Anhaltung von Klappholz überhaupt verboten.

Hiermit war diese Angelegenheit aber noch nicht erledigt. Denn im

---

¹) Eingabe Mindens vom 8. I. 1699.   ²) Eingabe Mindens vom 8. I. 1699. Reskript an die Minder Regierung 16. II. 1699.   Schreiben Bremens an Minden 31. I. 1699.   Antwort an Bremen 17. und 20. II. 1699.

— 26 —

Juni 1700 sah sich Landgraf Karl von Hessen-Kassel zu einem persönlichen Schreiben an den Kurfürsten veranlaßt, um den Koch'schen Antrag dadurch zu unterstützen.

Er war besonders interessiert, da er zum erstenmale an einen Bremer Holz verkauft hatte und ihm sehr an ungestörter Fortsetzung dieses Handels lag. So war er bereit, Mindens Stapelrecht anzuerkennen, falls das unverkauste Holz nach drei Liegetagen stromabwärts weitergehen dürfte[1]).

Auf dieses Schreiben hin schlug nun die Minder Regierung vor, hessisches Holz gegen Ursprungszeugnisse an Minden vorüber zu lassen, da die Stadt dorther noch nie Holz bezogen hatte, sondern stets nur aus der Schaumburger und Hameler Gegend. Für Klappholz sollte die gleiche Menge Brennholz geliefert werden.

So hatte auch die Regierung ihre Ansicht zu Gunsten der Stadt geändert, gewiß ein Zeichen, wie groß der Holzmangel in Minden sein mußte, da ja an sich freie Holzverschiffung den vier kurfürstlichen Zöllen nur zustatten kam.

Diesen Vorschlägen entsprechend wurde der Landgraf beschieden, so daß die Angelegenheit nun endgültig geregelt schien. Koch erhielt die Genehmigung, vorerst 2000 Reis seines Holzes vorbeizuschiffen[2]). Da erhoben sich unerwartet neue Schwierigkeiten. Ende August 1700 waren zwei hessische Deputierte in Minden eingetroffen, um die Holzverschiffung auch für künftige Fälle zu regeln. In der stattgehabten Konferenz ergab sich, daß Koch reines Brennholz und nicht, wie nach bisheriger Minder Anschauung, Klappholz hatte. Gegen die Verschiffung von Brennholz in solchem Maße war nun aber ebenfalls die Mindensche Regierung. Da jedoch die Sache mit Koch schon so weit gediehen war, schlug sie vor, zunächst zwei seiner Schiffe passieren zu lassen; sollte man in Berlin auch bezüglich des übrigen Holzes auf der früheren Ansicht beharren, so müßte Koch nnbedingt wenigstens eine größere Menge Holz an Minden abgeben. Das hatten die hessischen Unterhändler zuguterletzt auch noch ablehnen wollen mit der Begründung, Koch könnte das Reis Holz nicht unter 6½ Taler abgeben, während zu normalen Zeiten der Preis in Minden 5—5½ Taler betrug[3]).

Infolge dieser neuen Schwierigkeiten lief noch ein weiteres Schreiben vom Landgrafen[4]) ein, das den Befehl nach Minden veranlaßte, das Holz

---

[1]) Reskripte an die Minder Regierung 14. IV., 30. X., 9. XI. 1699. Eingabe Mindens 16. VII. 1699. Bitte Kochs an den Kurfürsten d. X. 1699. Schreiben des Landgrafen 26. VI. 1700. ⁶) Antwort an den Landgrafen 24. VII. 1700. Berichte der Minder Regierung 15. VII. und 81. VIII. 1700. ⁶) Bericht der Minder Regierung vom 31. VIII. 1700. ⁴) Schreiben des Landgrafen Karl von Hessen vom 9. IX. 1700.

nicht länger aufzuhalten, falls nicht neue Einwände dagegen zu machen wären ¹). Diese ließen denn auch seitens der Stadt nicht auf sich warten; sie klagte namentlich über die Einmischung der Regierung in die Handhabung des Stapelrechts und verlangte dringend, Koch dürfe diesen Handel keinesfalls weiter treiben, falls er diesmal noch stapelfrei an Minden vorbeikommen sollte ²). Drei Wochen später fühlte man sich veranlaßt, noch eine weitere Darlegung nach Berlin einzusenden und auf die 1595 gegen den Bischof von Minden erfolgte Bestätigung des Holzprivilegs hinzuweisen, auf Grund deren Kurfürst Friedrich Wilhelm früher einmal Bremer Bürgern die schon ausgestellten Freipässe wieder entzogen hatte. Im übrigen erinnerte der Magistrat gegen die hessischen Ausführungen daran, daß das Stapelrecht in dieser Frage gar keine Rolle spiele, wie es vom Landgrafen immer angenommen werde ³).

Trotz dieser Schreiben sah man sich jedoch in Berlin aus Gefälligkeit gegen den Landgrafen veranlaßt, die Bitte Kochs im vollen Umfange zu genehmigen, gab aber der Stadt die Versicherung, der Kurfürst werde sie fernerhin bei ihrem Holzprivilege schützen ⁴).

Die Minder Regierung fand dann auch noch eine Gelegenheit, ihre Ansicht der in Berlin herrschenden anzupassen, darin, daß der Landgraf den Gewinn des Holzes angeblich in edelster Weise zum Bau einer Stadt für die zahlreichen refugiés verwenden wollte ⁵).

So war denn die Entscheidung endgültig zu Ungunsten der Minder Rechte gefallen, aber es waltete über diesem Unternehmen ein eigner Unstern. Da mittlerweile der Herbst weit vorgeschritten war, mußte mit der Versendung des Holzes bis zum nächsten Frühjahr (1701) gewartet werden. Hier kam das Holz aber nur bis Hameln und verfiel dort der Sperre, da ja an Minden eine gewisse Menge davon verkauft werden mußte ⁶). Die Minder Regierung witterte hinter diesem Verfahren eine gemeinsame Verabredung Hannovers und Lippes, um den auf Minden ausgeübten Druck noch zu verschärfen, da erst kürzlich Hannover einen derartigen Ton in einem Schreiben angeschlagen hatte. Die Regierung wandte sich nun sofort ihrerseits mit Beschwerden an Hannover, wobei sie von Berlin aus unterstützt wurde. Gleichzeitig wurde Hannover neuerdings der Gedanke einer Konferenz nahe gelegt, um die bestehenden Streitigkeiten beizulegen ⁷).

Damit aber vorläufig das Kochsche Holz überhaupt nur frei kam, sah

---

¹) Reskript an die Minder Regierung 18. IX. 1700. ²) Bericht des Minder Magistrats 30. IX. 1700. ³) Bericht des Minder Magistrats vom 21. X. 1700. Vergl. auch p. 7 und 10 über das Holzprivileg. ⁴) Reskript an die Minder Regierung 30. X. 1700. ⁵) Bericht der Minder Regierung 21. XI. 1700. ⁶) Bericht der Minder Regierung 10. III. 1701. ⁷) Bericht der Minder Regierung vom 17. III. 1701.

sich die Regierung genötigt, auch noch von der Lieferung der festgesetzten 600 Klafter gänzlich abzusehen, da nur so die hannoverschen Bedingungen — völlige Stapelfreiheit und sogar Verbot, freiwillig Holz an Minden zu verlaufen — erfüllt waren. Der Magistrat versuchte freilich noch einmal, sich in Berlin durch entrüstete Klagen Gehör zu verschaffen, aber vergeblich[1]).

Hannover ging indes unbeirrt weiter vor und ließ auch anderes für Minden bestimmtes Holz trotz der Vermittelungsversuche von Minder Magistratsbeamten in Hameln festhalten. Vergeblich war ebenso eine fernere Vorstellung der Berliner Geheimen Räte; sie hatte nur die Folge, daß Hannover jede Verbindlichkeit der Minder Privilegien von 1580 und 1627 für sich selbst rundweg ableugnete und die ergriffenen Repressalien für ein höchst gerechtfertigtes Mittel erklärte, zumal die Klagen auf der Hameler Konferenz 1696 kein Gehör gefunden hätten und eine 1607 hierüber an Bartholdi überreichte Resolution nicht einmal beantwortet worden wäre[2]). In die vorgeschlagene neue Konferenz wollte man einwilligen, nachdem Minden auf seinen Anspruch der Holzanhaltung förmlich verzichtet hätte.

Noch ausführlicher legte Hannover der Minder Regierung seinen Standpunkt dar. Das Privileg von 1530 gelte nur für Holz, das im Bereiche des Stiftes Minden geschlagen sei, nur derartiges Holz sei der Verkaufspflicht unterworfen. Daß irgend ein Braunschweiger Herzog dies Recht einmal anerkannt hätte, sei überdies auch unter keinen Umständen für die jetzige kurfürstliche Linie bindend.

Für die lange Ausübung des Stapelrechts, heißt es weiter, war immer noch kein Beweis erbracht, mit keinem Worte würden auch durch den Wortlaut des Privilegs alte Rechte bestätigt — ein sehr hinfälliger Einwand, da ausdrücklich die Worte: „von neuem verwilliget" vom Stapelrechte gebraucht werden. Ebenso findet sich auch wieder die längst abgetane Behauptung, der Westfälische Friede habe bereits das Stapelrecht aufgehoben, und zum Schluß wird als letzter Trumpf ausgespielt, auf alle diese schon in Hameln erhobenen Vorwürfe habe Cuhlemann damals nicht das geringste zu erwidern vermocht. Bei freier Schiffahrt würde sich Minden am besten stehen; aus diesem Gesichtspunkte mußte Hannover auch den erneuten Vorschlag ablehnen, für jedes Floß Klappholz zwei Flöße Brennholz an die Stadt zu liefern.

Infolge dieser schroffen Haltung des Nachbars sah der Minder Magistrat die Rettung einzig und allein in einem kräftigen Schutze durch

---

[1]) Eingabe Mindens vom 19. und 26. III. 1701.   [2]) Schreiben an die hannoverschen Geh. Räte 2. IV. 1701. Von der Resolution ist sonst keine Nachricht erhalten. Sie dürfte mit den von Hannover 1697 auch in Minden angebahnten Verhandlungen in Verbindung stehen (vergl. p. 23).

den Landesherrn. Dieser ließ sich noch einmal über die ganze Sachlage ausführlichen Bericht erstatten, ohne daß hierbei wesentliche neue Gesichtspunkte zu Tage gefördert wurden. Nur die Behauptung Hannovers, auch die Hameler Sperre gehe auf ein althergebrachtes Holzanhaltungsrecht zurück, ließ sich damit abtun, daß Minden etwa 20 Jahre früher einmal eine große Sendung Holz aus den Corveischen Forsten ohne alle Schwierigkeit an Hameln vorbeibekommen hatte. In sehr ausführlicher Weise suchte man dann mit Heranziehung des genauen Wortlauts zu beweisen, Artikel 9 des Westfälischen Friedens, der unrechtmäßige Zölle u. f. w. beseitigte, könnte unmöglich auf Minden bezogen werden. Zudem hatten die Hameler Schiffer nach Minder Angabe am 18. Juni 1650 einstimmig zugegeben, daß Minden von jeher ein Stapelrecht ausgeübt habe. Nachdem dann die Regierung unter Hinweis auf ein Branntweinausfuhrverbot Hannovers dargelegt hatte, allein durch „zwingende Notwendigkeit" lasse sich die Behandlung des Holzes zu Minden vollauf rechtlich begründen, verwahrte sie sich schließlich gegen den Vorwurf, die vor einigen Jahren verhafteten hannoverschen Schiffer schlecht behandelt zu haben, und machte den Vorschlag, statt der bestechlichen Wrogevorstandenen den Wichgrafen und Bürgermeister mit der Aufsicht über das Stapelrecht zu betrauen.

In Berlin entschloß man sich nun abermals, diese Angelegenheit auf einer Konferenz mit Hannover zu regeln, zumal eine solche über eine Frage anderer Art in Aussicht stand. Die Minder Regierung erhielt wieder die Anweisung, ihr Möglichstes zu einem gütlichen Vergleiche beizutragen, soweit dies ohne Verletzung der Minder Privilegien angängig wäre[1]. Die geplante Konferenz kam indessen nicht zustande und die ganze Sache wurde bis 1704 verschleppt, wo die alten Klagen über die Hameler Sperre sowie die Vergleichsvorschläge sich wiederholten[2].

Hannover fühlte sich aber Minden gegenüber in günstiger Position und lehnte ab, trotzdem die Minder Kommissare von Berlin aus schon ernannt waren. Sicher war man in Hannover über die Notlage der Stadt nicht im unklaren, wo für ein Reif Holz bereits der abnorm hohe Preis von 10 Talern gezahlt werden mußte, sodaß Brauerei und Accise weiter sehr empfindlichen Schaden erlitten. Um so eher konnte man auf der Gegenseite hoffen, Minden werde zuletzt auf die Forderung, alle seine Ansprüche aufzugeben, bedingungslos eingehen. Dazu stimmt es, wenn die Minder Regierung jetzt nur eine ausweichende Antwort erhielt, als sie ein früher von Hannover gestelltes Verlangen erfüllen und Klapphotz gegen Aufhebung der Hameler Sperre unbehelligt lassen wollte.

---

[1] Restript an die Minder Regierung 12. IX. 1701. [2] Restript an die Minder Regierung 1. VI. 1704. Bericht der Minder Regierung 16. V. 1704.

Minden versuchte deshalb immer wieder, bei den Koch'schen Holzverschiffungen sein Stapelrecht geltend zu machen und wenigstens eine teilweise Abgabe des Holzes zu erzwingen, aber alles dies war vergeblich, da Hannover sonst in Hameln und Stolzenau überhaupt kein Koch'sches Holz hätte passieren lassen [1]).

Neue Aussichten auf Einigung mit Hannover schienen sich nun aber im Jahre 1707 zu bieten, wo der Berliner Reg.-Rat v. Guericke in Geschäften zu Hannover war und von Berlin den Befehl hatte, sich der Beschwerden des Weserhandels halber anzunehmen. Sehr hoffnungsvoll war man in Minden von Anfang an nicht, und sehr mit Recht. Die hannoverschen Räte hielten Guericke hin, waren nicht genügend vertraut mit der Sache und zeigten wenig Interesse. So ergab sich auch hier nur wieder, daß Hannover den Minder Privilegien schroff ablehnend gegenüberstand; Guericke richtete in dieser Sache garnichts aus und alles blieb beim alten. Minden hatte seinerseits die Zumutung der dortigen Regierung, auf das — anscheinend nicht allzu gut begründete — Stapelrecht gegen Aufhebung der Hameler Holzsperre zu verzichten, entschieden abgelehnt [2]).

Allmählich mußte sich so Minden an den Zustand gewöhnen, sein Holz nur noch unterhalb Hamelns beziehen zu können, aber natürlich zeigte bei diesem Sperrsysteme der Weserhandel schnellen Rückgang und von einer wirtschaftlichen Hebung Mindens konnte gar keine Rede sein. Daß aus den nächsten Jahren keine weiteren Nachrichten über das Stapelrecht vorliegen, darf wohl nur als Zeichen des äußerst geringen Holzhandels auf der Weser gedeutet werden.

Das letzte Stündlein der Schiffahrt überhaupt schien gekommen zu sein, als Hannover seit 1709 dazu überging, auch das Korn, den zweiten wichtigen Handelsartikel auf der Weser [3]), in Hameln anhalten zu lassen, unter der Begründung, Minden messe übermäßig viel Getreide zum Teil unter dem Einkaufspreise aus. Anfangs hatte man noch einen versöhnlichen Ton angeschlagen und selbst darauf hingewiesen, daß der schon in den letzten Zügen liegende Weserhandel nicht ganz vernichtet werden möge. Dann aber wurde wieder scharf und rundweg verlangt, Minden solle sein

---

[1]) Reskript an die Minder Regierung 2. VII. und 16. XI. 1705.   [2]) Reskript an die Minder Regierung 12. III. 1707. Berichte von v. Guericke 24. III., 2. IV., 20. IV., 2. IX. 1707. Berichte von Minden an v. Guericke 17. III., 80. III., 7. IV. 1707. Minder Regierung an Minder Magistrat 10. V. 1707. Antwort des Magistrats 28. V. 1707.   [3]) Joh. Falke, Geschichte des deutschen Handels, Teil 2, p. 804, nennt Minden neben Höxter, Hannover, Hildesheim, Braunschweig und Göttingen Sammelbecken für Ausfuhrgetreide. In unserer Zeit hat das für Minden keine Richtigkeit. Ebensowenig kann in diesem Zeitraum eine wichtige Handelsstraße von Frankfurt a. M. nach Minden bestanden haben, wie Falke, Teil 2, p. 47, angibt.

unberechtigtes Stapelrecht überhaupt ganz aufgeben, da sonst in Hoya und Nienburg entsprechende Mengen Minder Getreides ausgemessen werden würden¹).

Wieder taucht nun preußischerseits das Allheilmittel der Konferenz auf, zugleich mit der üblichen Anweisung, auf Hannoveraner das Stapelrecht nur sehr mäßig anzuwenden.

Trotz alledem hielt aber Hannover die Kornschiffe in Hameln an, was endlich ein mattes Beschwerdeschreiben von Berlin aus zur Folge hatte. Hierin wurde die Abstellung aller etwa eingerissenen Mißstände zugesagt, aber auch der Erwartung Ausdruck gegeben, Hannover werde das Stapelrecht an sich anerkennen und nicht Maßnahmen dagegen ergreifen, die den Handel aufs äußerste schädigen müßten. Besser als durch gegenseitige gewaltsame Selbsthülfe werde man auf einer Konferenz zur Einigung gelangen; bis dahin werde Hannover das Korn gegen Ursprungsatteste, daß es nicht aus diesem Kurstaate stamme, wie früher hoffentlich unbehelligt lassen²).

In seiner Antwort lehnte jedoch Hannover jede Anerkennung des Minder Stapelrechtes wiederum rundweg ab und verwarf deshalb auch eine Konferenz hierüber als zwecklos, während es eine solche über einen neuen Schleusenbau zu Hameln seinerseits vorschlug, um hierdurch sein Interesse am Weserhandel zu betätigen³). Auf das Verbot der Kornausfuhr übergehend, bemerkte die Regierung, daß sich die Berechtigung zu einem solchen Schritte wohl nicht bestreiten lasse. Das Korn der Minder Schiffer war, wie es jetzt hieß, auch nur angehalten worden, um es auf seinen Ursprung zu prüfen, da trotz aller Verbote viel Korn ins Hessische u. s. w. ausgeführt wurde. Um Preußen Entgegenkommen zu beweisen, ging man nun auf den Vorschlag der Ursprungszeugnisse ein und wollte sich auch unter Umständen mit einer eidlichen Versicherung über die Herkunft des Getreides begnügen.

Damit war nun wenigstens ein leidliches Auskunftsmittel gegeben, das sich aber in seiner Durchführung doch als sehr unbequem und kostspielig für die betroffenen Schiffer erwies, zumal da nach den Aussagen der Beteiligten gerade nur preußischen Untertanen solche Schwierigkeiten beim Ausstellen der Pässe gemacht wurden. Dabei stiegen die Kosten wegen der nötig gewordenen Reisen nach Hannover oft zu ansehnlicher Höhe⁴).

Da nun aber dieses schroffe Vorgehen des Nachbarstaates erst jüngeren Datums war, so bat die Minder Regierung, noch einmal von Berlin aus

---
¹) Schreiben Hannovers an die Minder Regierung 3. VI. 1709, 14. IX. 1709.
²) Reskript an die Minder Regierung 6. XII. 1709. Schreiben der Minister an Hannover 6. XII. 1709. ³) Schreiben Hannovers an die Berliner Minister 5. II. 1710.
⁴) Bericht der Minder Regierung 17. VII. 1710.

auf Hannover einzuwirken, damit dieses auf der von Preußen angenommenen Konferenz über den Schleusenbau doch auch das Stapelrecht mit zur Verhandlung zuließe. Anfang August 1710 stellte denn auch die Berliner Regierung ein derartiges Ersuchen an Hannover, das sich diesmal zugänglicher zeigte und dem geäußerten Wunsche willfahrte ¹). So schien nun Aussicht zu sein, daß die schon so lange währenden, immer wiederholten Streitigkeiten zwischen den Untertanen beider Kurstaaten endlich in Güte beigelegt würden.

IV. 2. Konferenz in Hameln.
Versuch Preußens, gemeinsam mit den andern Weserstaaten gegen Bremen vorzugehen. Tage in Minden.

Am 2. September 1710 fanden sich die beiderseitigen Unterhändler in Hameln ein, um die 14 Jahre vorher abgebrochenen Erörterungen zu einem gedeihlichen Ende zu führen.

Für den Weserhandel war die Beseitigung des sogenannten Hamelschen Loches, einer Untiefe, die jährlich viele Havarien herbeiführte, von größter Bedeutung. Hannover wollte nun dort eine neue Schleuse anlegen, wobei die Schiffer durch erhöhte Abgaben zu den Kosten mit herangezogen werden sollten. Dies war das hier weniger in Betracht kommende Hauptthema der Tagung, zu der auch als Bremer Deputierte Dr. Köhne und der Ratsverwandte Löhning gekommen waren; Hannover hatte den Hof- und Konsistorialrat Haltorff abgeordnet, während die preußische Sache durch den Mindener Regierungsrat Ilgen und den Bielefelder Kammerrat Vogl vertreten war. Jede Partei ergriff hier die Gelegenheit, die gegeneinander vorliegenden Beschwerden zu erörtern; namentlich sah sich hier zunächst Bremen angegriffen, und zwar von den preußischen Abgesandten, die so vielleicht ganz politisch handelten und wenigstens auf einem Gebiete eine Interessengemeinschaft mit Hannover herstellen wollten.

Wie aus dem Protokolle hervorgeht, wurde besonders die Höhe der Abgaben zu Bremen bemängelt, daß nämlich von den Waren Tonnen- und Baden-, sowie Geleitsgeld und Akzise gezahlt werden mußten, daß von jeder Last Getreide überdies zwei Scheffel als Abgabe für das städtische Magazin verlangt wurden, während Gerste überhaupt nicht über Bremen hinaus verschifft werden durfte, sondern dort einem Verkaufszwange unterlag.

Natürlich kamen auch wieder die hohen Auflagen auf Mindener Bier sowie die Erschwerung des Schiffahrtsprivilegs zur Sprache, aber doch nicht,

¹) Schreiben der Berliner Minister an Hannover 2. VIII. 1710.

wie man eigentlich erwarten sollte, in erster Reihe, wohl weil Hannover hierbei gar nicht interessiert war.

Die Preußen verlangten Abstellung der Lieferung von zwei Scheffel Korn und Freigabe des Gerstenhandels, im übrigen Ermäßigung der verschiedenen Abgaben, wogegen sich die Bremer auf das alte Herkommen und ihr Stapelprivileg von 1541 beriefen. Wahrscheinlich kamen ihnen diese Angriffe gänzlich überraschend und waren sie infolgedessen auf ausführlichere Entgegnungen nicht vorbereitet; Cuhlemann und Vogt erklärten sich denn auch durch ihre Angaben ganz und gar nicht befriedigt und hatten die Genugtuung, daß die hannoverschen Abgeordneten sich hierin mit ihnen völlig einverstanden zeigten.

Nun mußten aber die Differenzen mit Hannover auch zur Sprache kommen. Vor allem wurden hier die beschwerlichen Ursprungszeugnisse für das Korn und die Höhe der Zölle beanstandet, da man hierbei vielleicht am ersten auf Einigung hoffte. Doch schon bei diesem Punkte erklärte Hattorf, sich auf nichts einlassen zu können, da er ohne eine Instruktion hierüber sei. Indes versicherte er, bei den Zöllen sei keinenfalls eine Neuerung vorgenommen. Andrerseits brachte er, wie zu erwarten stand, die alten Klagen über Minden vor und drohte mit weiterer Aufrechterhaltung der Hameler Holzsperre und mit Kornausmessung; alle Versuche der Preußen, ihn vom Rechte Mindens zu überzeugen, blieben völlig vergeblich. Um nun aber nicht ganz ergebnislos auseinander zu gehen, stellten die Deputierten wenigstens einige Vergleichsvorschläge auf, die die beiden preußischen Abgesandten ad referendum nehmen wollten:

1) Korn soll in Minden nur im Falle großen Bedarfs, nicht aber zum Zwecke des Weiterverkaufs ausgemessen werden;
2) dies soll auch nur im Falle größter Not stattfinden;
3) diese wird dann als bestehend anerkannt, wenn im Fürstentum Minden ein Zuschlag auf Korn gemacht ist;
4) die Kaufleute bezw. Eigentümer des Korns dürfen nicht Schaden durch den Preis erleiden; deshalb sollen die Magistrate von Münden und Hameln bei Kornverschiffungen durch Atteste die dortigen Preise angeben;
5) das bisher gezahlte Wrogegeld soll abgeschafft werden;
6) von einem Fuder darf nur ein Braunschweiger Scheffel (oder 2 Himbten) ausgemessen werden[1]);

---
[1]) Himten ein ehemals niedersächsisches größeres Getreidemaß (M. Heyne). Zuschlag — Sperre, Verbot der Ausfuhr (nur in Niedersachsen, Abelung). Das Wroge-

7) die Schiffer dürfen nicht länger aufgehalten werden, als unbedingt zur Kornausmessung nötig ist ¹).

Damit wurde die Konferenz abgebrochen. In Minden empfand man die hannoverschen Vorschläge als ganz maßlos, und es erhob sich eine heftige Bewegung gegen sie, die deren unbedingte Ablehnung verlangte. Im ganzen wird man einer Kritik über diese Konferenz zustimmen, die 30 Jahre später gefällt wurde ²), wonach die preußischen Unterhändler es an energischer Verfechtung der Minder Rechte durchaus fehlen ließen und der alten Politik einer gütlichen Einigung mit Hannover nicht entsagen konnten. Hierbei darf freilich nicht vergessen werden, daß sie nach zwei Seiten hin Front zu machen und ja auch anscheinend gegen Bremen Hannovers Beistand gewonnen hatten. Sehr bald sah sich aber die Minder Regierung zu dem unangenehmen Eingeständnis genötigt, Bremen nähme nicht die geringste Rücksicht auf die zu Hameln vorgebrachten Beschwerden und hätte einem Minder Kaufmann von 33 Last nach Holland gehenden Roggens 66 Scheffel bremisch als Magazinkorn abverlangt. In diesem Falle ließ es freilich die Regierung an Energie nicht fehlen und vergalt an gerade vorübergehendem Bremer Korn Gleiches mit Gleichem, ein Verfahren, das auch in Berlin durchaus Billigung fand ³).

Kurze Zeit darauf suchte man sogar die übrigen Weserinteressenten gegen Bremen in Bewegung zu setzen. Zum Vorwand mußte hierbei wieder der Hameler Schleusenbau dienen, über den immer noch nicht das letzte Wort gesprochen war. Deshalb wurde Hannover zu einer abermaligen Konferenz aufgefordert, zu der auch Münster, Paderborn und Hessen-Kassel herangezogen werden sollten. In der Tat aber gedachte man, bei dieser Gelegenheit die übrigen zu gemeinsamem Vorgehen gegen Bremen mit fortzureißen, da man auf Hannovers Mitwirkung nach den jüngsten Erörterungen zu Hameln sicher rechnete. Auf diese Weise konnte vielleicht auch Minden wieder zu dem Genuß seines Schiffahrtsprivilegs gelangen. Bis dahin sollte gegen Bremen das Stapelrecht in voller Schärfe zur Anwendung kommen, während Hannover gegenüber immer noch der alte Optimismus waltete: die Vergleichsvorschläge wurden zwar auch für unannehmbar erklärt, aber man erwartete sicher, Hannover werde sich schon zufrieden geben, falls nur die Mißstände bei Handhabung des Stapelrechts durch die

---

geld wurde den Brogverordneten für ihre Dienste bei der Ausübung der Stapelrechtsbestimmungen gezahlt. ¹) Ausführlicher Bericht der Minder Regierung über die Hameler Konferenz, abgestattet am 21. X. 1710. ²) Gutachten Weinreichs über die Differenzen mit Hannover 21. VII. 1740. ³) Bericht der Hofkammer an die Geheimen Räte zu Berlin 6. XII. 1710.

Brogeverordneten erst beseitigt wären [1]). Gleichzeitig ging ein Schreiben mit dem Konferenzvorschlag an den Landgrafen Karl von Hessen-Kassel ab, worin indessen die Erörterungen über Bremen den breitesten Raum einnehmen. Falls, so hieß es, der Zusammentritt der Konferenz sich hinausschieben sollte, möchte der Landgraf schon vorher gemeinsam mit Preußen und Hannover gegen die Reichsstadt vorgehen [2]). Hier jedoch mußte die Berliner Regierung eine Abweisung erfahren; der Landgraf stimmte zwar der Konferenz zu, war aber der Ansicht, daß die gegen Bremen zu ergreifenden Schritte am besten dort verhandelt würden. Unter diesen Umständen war die Gefahr für Bremen natürlich nicht groß [3]).

Die Minder Regierung hatte sich mittlerweile mit Hannover über Maßregeln gegen Bremen in Verbindung gesetzt; aber auch diese Verhandlungen zogen sich sehr in die Länge. In Berlin ließ man freilich den einmal gefaßten Gedanken nicht mehr fallen und drückte noch im Jahre 1712 Minden gegenüber den festen Entschluß aus, dem Schiffahrtsrechte wieder zu voller Geltung zu verhelfen, damit die Minder so von der brandenburgischen Zollfreiheit zu Elsfleth mehr Vorteil ziehen könnten. Minden sollte ein entsprechendes Schreiben aufsetzen und zur Genehmigung einsenden. Allein auch das kam nicht zur Ausführung, da man in Minden erst das Ergebnis des hierüber mit Hannover stattfindenden Gedankenaustausches abwarten wollte. Darüber vergingen fast zwei volle Jahre, bis von dort aus in der Tat ein sehr scharfes Schreiben an Bremen abging mit der Drohung, die Waren vor Bremen auf die Achse zu laden, die Stadt so zu umgehen und erst unterhalb Bremen die Fahrt auf dem Wasser fortsetzen zu wollen. Etwas mehr als diese sonderbare Drohung haben vielleicht angekündigte Repressalien gewirkt [4]).

Nachdem man in Berlin hiervon Kenntnis bekommen hatte, beeilte man sich, ein fast wörtlich gleichlautendes Schriftstück an Bremen abzusenden, worin Bremen noch vorgeworfen wurde, es wolle den ganzen Weserhandel an sich ziehen [5]). Wenn hierbei besonders auf das gute Einvernehmen mit Hannover hingewiesen wird, so erscheint das etwas eigentümlich, denn erst wenige Monate vorher war es wieder zu langwierigen Auseinandersetzungen über die alten Streitfragen gekommen. Darüber, daß der Weserhandel fast zu gänzlicher Bedeutungslosigkeit herabgesunken war, kann kaum ein Zweifel bestehen. Anfang 1714 war nun Hannover von Preußen dafür verantwortlich gemacht worden, und zwar sollten die Abgaben zu Münden

[1]) Reskript an die Minder Regierung 24. I. 1711. [2]) Schreiben an den Landgrafen von Hessen-Kassel 24. I. 1711. [3]) Antwort des Landgrafen 26. II. 1711. [4]) Hannov. Geh. Räte an Minden 29. V. 1714. Bericht der Minder Regierung 21. VI. 1714. [5]) Schreiben an Bremen 30. VI. 1714.

und Hameln sowie das Schiffahrtsvorrecht der Münbener einzig und allein den gänzlichen Verfall veranlaßt haben. Diese Behauptung blieb natürlich nicht unwidersprochen, und ihre völlige Grundlosigkeit wurde des langen und breiten dargetan, indem sich Hannover auf den 1660 geschlossenen Vergleich berief, wobei Münden angeblich ein ganz außerordentliches Entgegenkommen bewiesen hatte. Hannover suchte dann, wie leicht verständlich, nachzuweisen, daß im Gegenteil dem Minder Stapelrechte der Niedergang der Schiffahrt zur Last zu legen sei. Als einzige Abhülfe wurde dringend die Annahme der Vorschläge von 1710 anempfohlen, woraus Minden freilich keineswegs eine Anerkennung seines Stapelrechtes folgern dürfte [1]).

Bremen wird wohl kaum über den Grad der Einigkeit zwischen Berlin und Hannover im Irrtum gewesen sein und deshalb keine allzugroße Bestürzung über die beiden Drohnoten empfunden haben. Dementsprechend fiel denn auch die Antwort an Preußen aus. In der Form äußerst zuvorkommend, zeigte sie tatsächlich doch nicht im geringsten Entgegenkommen [2]). Bremen erklärte sich schmerzlich berührt, daß den offenbaren Verleumdungen einiger Minder Kaufleute solches Gewicht beigelegt worden sei und behauptete, alle 1710 mit Recht hervorgehobenen Mißstände gänzlich abgestellt zu haben, während die neuerlichen Beschwerden sich gegen sehr berechtigte und althergebrachte Bestimmungen richteten. Das Magazinkorn z. B. müsse ohne Ausnahme bei Kornausfuhr aus Bremen auch von den eigenen Bürgern geliefert werden, wie dies in der 1483 veröffentlichten „Kündigen Rolle" vorgeschrieben wäre, so daß die fremden Schiffer sich hierdurch unmöglich beeinträchtigt fühlen könnten, umsomehr, als alle Fremden durch den Wortlaut des Stapelrechtes eigentlich gehalten wären, all' ihr Getreide in Bremen zu verkaufen.

Wenn Fremden also Kornausfuhr gestattet wurde, so mußte sie demnach noch als besondere Vergünstigung angesehen werden. Der Verkaufszwang der Gerste sollte gleichfalls auf dem Stapelrechte beruhen. Alle nicht stapelbaren Güter durften dagegen an Bremen vorbeigehen, ohne daß Minden sich etwa hierfür noch auf ein besonderes Recht berufen könnte, da das Privileg von 1552 ausdrücklich nur die Worte enthielte „bis vor die Stadt Bremen", d. h. „bis an die Stadt heran". Diese unsinnige Auslegung wurde übrigens bei Bremen trotz aller Minder Widerlegungen fortan sehr beliebt.

---

[1]) Schreiben Hannovers vom 29. IV. 1714.   [2]) Schreiben Bremens vom 24. VII. 1714. Hannover hatte in seinem Berichte an die Minder Regierung 28. V. 1714 Mitteilung vom Schreiben an Bremen gemacht, dabei aber auch Klage erhoben, daß in Minden die Vorschläge der Hamelschen Konferenz von 1710 doch nicht befolgt worden.

Zu Hameln war auch die Bremer Webbeordnung angefochten worden, wonach Fremder mit Fremdem nicht handeln durfte; hierfür berief sich nun die Stadt auf das Beispiel fast aller Haupthandelsstädte Deutschlands, die hierin das gleiche Verfahren beobachteten, denn es wäre durchaus berechtigt und sogar Rechtsnorm, daß die Bürger einer Stadt vor Fremden Vorteile im Handel genießen müßten. Zum Schluß gab Bremen Aufklärung über die Verwendung der übrigen beanstandeten Abgaben: die sogenannte Akzise war nur ein Weserzoll wie alle übrigen auch, mit denen der Fluß so überreich gesegnet war. Geleits-Geld erhob man zwecks Austiefung der Weser; Schlachtgeld¹) war zur Erhaltung der Schlacht notwendig, während für Tonnen- und Balengeld diese so äußerst wichtigen Fluß- und Seezeichen gelegt wurden.

Diese Bremer Entgegnungen wurden natürlich von Berlin aus nach Hannover mitgeteilt, aber damit fand die gemeinsam unternommene Aktion auch ihr vorläufiges Ende, und es blieb nach so langjährigen Verhandlungen alles beim alten; weder Hannover noch Bremen gegenüber hatte Minden in den strittigen Fragen irgend welchen Erfolg errungen.

Die Stadt bot bei dem Regierungsantritt Friedrich Wilhelms I. ein Bild traurigen Verfalls; 65 Jahre brandenburgischer Herrschaft hatten nicht vermocht, ihr nach den Schlägen des dreißigjährigen Krieges neuen Aufschwung zu verleihen. Die kleine Enklave an der Weser lag zu weit von der Hauptmacht des Staates entfernt, um hier wirksamen Rückhalt zu gewinnen.

Immer anmaßender wurde Hannover in seinen Forderungen, so daß es im Jahre 1716 den Zeitpunkt für gekommen hielt, Minden gegen Aufhebung der Hameler Sperre den völligen Verzicht auf sein Stapelrecht zuzumuten.

Gegen dies Äußerste erhob sich jedoch allerseits Protest; die Stadt, die durch allzu zähes Festhalten am althergebrachten den Niedergang selbst mitverschuldet hatte, sah in ihren Gerechtsamen ihr kostbarstes Gut und rechnete mit größter Sicherheit auf einen neuen Aufschwung, wenn es nur gelang, den Privilegien allgemeine Geltung und Anerkennung zu verschaffen²). Mehr als bisher wandten nun auch die Behörden Minden ihr Interesse zu. Es begann eine Periode, da man tatkräftig die Stadt zu heben suchte und hierfür auch behördlicherseits die Beibehaltung und wirksame Ausübung der städtischen Handelsrechte als bestes Hülfsmittel ansah³).

¹) Schlacht aus Pfählen, Gitterwerk, Mauerung hergestellte Befestigung der Flußufer, besonders wo Schiffe anlegen sollen. (Grimm, Wörterbuch.) ²) Salochien Weinreichs 26. VII. 1740. ³) Das Stadtreglement für Minden vom 10. VI. 1711. § 14 hatte dem Wichgrafen und Stadtrichter vorgeschrieben, die Liegezeit stapelbaren Gutes möglichst auf ½—1 Tag zu beschränken.

II. Teil.
Der Prozeß am Reichskammergericht zwischen Minden und Bremen 1719—1749.

I. Von der Erteilung des Holzmonopols an Kulenkamp bis zur Erhebung der Klage in Wetzlar.

Am 3. August 1716 erließ Friedrich Wilhelm I. ein Patent, das zur Ansässigmachung in Minden aufforderte und·ben neuen Bürgern weitgehende Begünstigung zusagte, ihnen u. a. zehnjährige Steuerfreiheit verhieß.

Es sollte dies ein Mittel sein, die Städte in ihrem Gedeihen durch Heranziehung neuer Gewerbe und Ausdehnung des Handels zu unterstützen, und gehörte mit zu den Kolonisationsbestrebungen des Königs, die freilich weit überwiegend dem östlichen Hauptteile seiner Länder zu gute kamen[1]).

Auf Grund der gemachten Verheißungen ließ sich auch ein Bremer Bürger und Kaufmann Kulenkamp bewegen, sein altes Bürgerrecht aufzugeben und nach Minden überzusiedeln, in der Erwartung, dort seinen Holzhandel mit Hülfe der Stapel· und Schiffahrtsprivilegien in weit ausgedehnterem Maße als bis dahin betreiben zu können.

In Bremen rief seine Absicht sofort allgemeines Mißfallen hervor, und der damalige Präsident der Bürgerschaft, Löhne, erklärte ihm persönlich, Bremen erkenne unter keinen Umständen Mindens Gerechtsame an.

Drohungen von anderer Seite blieben ebenfalls nicht aus, so daß Kulenkamp mit großen Anfeindungen seiner bisherigen Mitbürger rechnen mußte. Nichtsdestoweniger führte er, wohl im Vertrauen auf den zugesicherten königlichen Schutz, seine Absicht aus, ließ sich in Minden nieder und erhielt dort am 14. Februar 1717 auf 12 Jahre die Berechtigung, allein das Minder Stapelrecht auf Holz ausüben zu dürfen. Ein ähnliches

---

[1]) Im Berliner Geh. St.·A. hat sich das fragliche Edikt nicht finden lassen. Jedoch dürfte es sich mit Sicherheit auf die Kolonisation von Minden·Ravensberg bezogen haben, da gleiche oder ähnliche Edikte vom 16. III. 1718, 23. III. 1722, 17. VI. 1741 für diese westlichen Territorien vorhanden sind. Geh. Staats·Archiv. Gen.·Dir. Minb.·Ravensb. Titel 81. Kolonistensachen.

Monopol wurde ihm auch noch für Leinsamen bewilligt, jedoch schon nach einem Jahre infolge von Protesten der Landbewohner, besonders aus dem Ravensbergschen, wieder aufgehoben.

Wirklich nahm durch ihn nun der Holzhandel Mindens großen Aufschwung, aber es ist doch ein Zeichen für die Verarmung der Stadt, daß ein Fremder hinzugezogen werden mußte, damit überhaupt das Holzprivileg wieder ausgenutzt werden konnte; in den letzten Jahren hatte kein einziger Bürger mehr Holzhandel getrieben und das Brauereiwesen lag schon längst gänzlich darnieder[1]).

Wie schon im Jahre 1707 sah sich die Regierung von neuem veranlaßt zu der Anfrage: ob die Stadt nicht soweit auf ihr Stapelrecht Verzicht leisten wollte, daß Hannover die Holzsperre zu Hameln aufheben würde? Nach reiflicher Ueberlegung antwortete der Magistrat schließlich doch ablehnend, aber sein Bericht entrollt ein trauriges Bild von der Lage der Stadt.

Der Kornhandel war ganz unbedeutend geworden, da die Einwohner von Schaumburg es jetzt vorzogen, ihr Getreide nach Osnabrück, Bielefeld, Vlotho zu bringen, statt nach dem verödeten Minden. So bot das Stapelrecht noch die einzige Möglichkeit, sich Korn zu verschaffen. Nach Aufhebung des Stapelrechtes, schrieb der Magistrat, würden die Schiffer und Kaufleute von Münden und Hameln vollends zu Herren der Weserschiffahrt werden und neben ihrem Kornhandel noch einen bedeutenden Holzhandel nach Bremen anfangen, während Minden von der Aufhebung der Hameler Sperre kaum Vorteil zu erwarten hätte.

Bei dieser Sachlage brachte Aulenkamp zunächst neues Leben in den Handel der Stadt. Bremen machte ihm gegenüber zwar schon in der ersten Zeit seine Drohungen wahr, suchte ihm auf jede Weise Hindernisse in den Weg zu legen und beschlagnahmte noch 1717 3000 Klafter seines Holzes, die weserab an der Stadt vorbeigehen sollten. Energische Drohungen mit Repressalien seitens der Minder Regierung bewirkten jedoch sehr schnell die Freigabe der angehaltenen Bestände. Aulenkamp wurde während der nächsten zwei Jahre unmittelbar in seinem Handel nicht mehr gestört. Bei Regelung seiner Privatverhältnisse in Bremen begegnete er allerdings großen Schwierigkeiten und gelangte auch zu der Ansicht, seine frühere Heimatsstadt suche

---

[1]) Holzhändler war nur der Schiffer Konrad Voß aus Vlotho, der 1712 an der Minder Brücke durch Havarie sein Schiff verloren und als Entschädigung die Erlaubnis erhalten hatte, 4000 Klafter oberhalb Hameln gekauftes Brennholz an Minden stapelfrei vorbeibringen zu dürfen. Auch hier waren alle Proteste der Stadt vergeblich gewesen, zumal Koch verstorben war und bei seinem Tode von den ihm bewilligten 5000 Klaftern Holz erst 1000 verflößt hatte. Reskript vom 29. I. 1712 an die Minder Regierung. Minder Regierung an Magistrat 22. II. 1712.

Hannover zu bewegen, ihm im dortigen Lande seinen Holzhandel zu unterbinden ¹).

Im Jahre 1718 hatte nun Bremen Deputierte nach Hannover gesandt, um sich über ein gemeinsames Vorgehen gegen die schlechten Münzen von Osnabrück, Lippe und dem Münsterlande ins Einvernehmen zu setzen. Der preußische Resident zu Bremen, Tileman, argwöhnte aber hinter dieser offiziellen Angabe, daß sich tatsächlich die Besprechungen gegen die Mindener Rechte und gegen das darauf gestützte Monopol Kulenkamps richten sollten ²).

Die Berichte des Hamburger Agenten Burchard widersprachen zwar dieser Vermutung, aber in Berlin hatte man es schon vorher für geraten gehalten, die Aufmerksamkeit der Mindener Regierung auf diesen Punkt zu lenken und zu eigener Information Bericht über die Streitigkeiten mit Bremen einzufordern. Die Regierung begnügte sich hierbei für die Begründung des Stapelrechts mit einer aus den vorhandenen Akten geschöpften Darstellung und wiederholte ebenso die alten Anklagen gegen Bremen, auf die aber etwas näher eingegangen wurde. So wollte man in Minden wissen, Bremen habe 1709/10 86000 Taler allein aus dem Verkaufe des gelieferten Magazinkorns gezogen: was für einen nicht unbedeutenden Kornhandel sprechen würde ³).

Ebenso wie für Gerste beanspruchte die Stadt jetzt auch einen Verkaufszwang für die Steinkohlen, die sämtlich ans Schmiedeamt geliefert werden mußten, und ferner großenteils für Holz; hierfür sollten so niedrige Preise gezahlt werden, daß die Bremer Händler in Schottland gerade das Doppelte dafür erzielten. Um die Höhe der Abgaben ganz klar zu legen, folgte eine Berechnung, nach der von einer Last Getreide zu zahlen war:

Akzise	. . . .	1 Taler	—	Groschen	—	Pfennige
Convoy-Geld	.	—	„	2	„	— „
Tonnen-Geld	,	—	„	3	„	6 „
Schlacht-Geld	.	—	„	18	„	— „
Wippe-Geld	. .	—	„	2	„	4 „

---

¹) Kulenkamp konnte insofern im Hannoverschen Holzhandel betreiben, als sein Holz in Minden ja stapelfrei war. Berichte der Mindener Regierung 21. III. 1720. Memorial Kulenkamps an die Mindener Regierung 6. X. 1721. Memorial Kulenkamps an die Mindener Regierung 3. XI. 1733. Erklärung Kulenkamps vom 29. XI. 1718 als Anlage G zur Klage beim Kammergericht. Bericht des Mindener Magistrats vom 4. I. 1720. ²) Bericht Tilemans. Bremen 16. III. 1718. Berichte Burchards, Hamburg, 29. III. und 6. IV. 1718. Reskript an die Mindener Regierung 22. III. 1718. ³) Im Jahre 1718 galten 2 Scheffel Korn etwa 6 Taler; legt man diesen Preis auch für 1709.10 zu Grunde, so waren von Bremen $\frac{36000}{5}$ = 7200 Last Getreide ausgeführt worden.

In ähnlicher Weise waren die übrigen Kaufmannsgüter belastet. Da nun Karl V. alle der freien Schiffahrt Mindens entgegenstehenden Bremer Rechte für kraftlos erklärt hatte, so richtete die Regierung an den König das Ersuchen, behufs Abschaffung der dortigen „Neuerungen" Vorstellungen beim Kaiser zu erheben[1]).

Unterdessen hatte sich ergeben, daß Tilemans Vermutung keineswegs grundlos gewesen war, wenn er auch nicht ganz das Richtige getroffen hatte. Wie man in Berlin erfuhr, war der Bremer Syndikus Mindemann nach Wien gesandt worden mit dem Auftrage, dort beim Reichshofrat u. a. auch über das Minder Stapelrecht Beschwerde zu führen. Daß sich Hannover einem Vorgehen Bremens sofort anschließen würde, davon war man in Berlin überzeugt, zumal Mindemann dem damals in Wien befindlichen Agenten Burchard gegenüber derartige Äußerungen machte und ferner betonte, wie auch Preußen von dem Monopole eines Minder Bürgers gar keinen Vorteil haben könnte. Burchard sprach infolgedessen die Befürchtung aus, Bremen möchte in Wien einen Prozeß anstrengen. Währenddessen hatte sich der Minder Regierungsrat v. Osten zu persönlicher Verhandlung nach Bremen begeben, die indes erfolglos blieb, ohne daß wir Näheres darüber erfahren. Daraufhin stellte Mindemann dem preußischen Agenten eine Zusammenstellung der Bremer Beschwerdepunkte zu und äußerte noch persönlich, seine Vaterstadt sei durch ein Kulenkamp überdies verliehenes Salzmonopol sehr gereizt. Burchard befürchtete auch hier als Folge eine Einigung Bremens mit Hannover, zumal da dieses wegen der Lüneburger Salzsiedereien in der Frage des Salzhandels äußerst empfindlich war[2]).

Von Minden aus suchte man die völlige Belanglosigkeit der Beschwerden darzutun. Die Vorwürfe gegen das Monopol wurden mit der Erklärung abgewiesen, es könnte Bremen ganz gleichgültig sein, ob ein Minder Bürger oder alle sich der Vorteile des Stapelrechts bedienten. Da ferner Kulenkamp für das den fremden Schiffern abzulaufende Holz einen von der Reglerung festgesetzten Preis zu zahlen hätte, wäre auch hier kein Anlaß zur Klage.

Weiter hatte Bremen angeführt, Monopole wären dem preußischen Handel selbst schädlich, da Vielheit der Handelsleute für Staats- wie Privatinteresse das vorteilhafteste wäre. Auch das ließ sich kaum auf den damaligen Weserhandel anwenden, wo in den letzten 20 Jahren überhaupt nur wenige Bremer einen ziemlich geringfügigen Holzhandel getrieben hatten.

---

[1]) Bericht der Minder Regierung vom 15. September 1718. [2]) Restript an Burchard 6. VIII. 1718. Berichte Burchards, Wien, 6. VIII., 14. IX., 21. IX., 14. X. 1718. Über Lüneburgs Salzmonopol vergl. unten p. 59 und 62.

Auch der preußische Leinenhandel hatte sich, entgegen der Bremer Ansicht, in der letzten Zeit gehoben; er ging überdies meist nach Hamburg, wo bessere Preise erzielt wurden als in Bremen, so daß er von der dortigen Holzausfuhr unabhängig war [1]).

Solche Minder Erwiderungen konnten Bremen unmöglich beschwichtigen, mußten im Gegenteil den Konflikt nur noch verschärfen, zumal die alten Klagen über die Bremer Bedrückungen aufs lebhafteste wiederholt wurden, namentlich wegen der großen Abgaben für Minder Bier [2]).

Unter diesen Umständen hielt es Burchard für das geratenste, diese Erklärungen dem Bremer Syndikus gar nicht erst mitzuteilen, der seines Erachtens daraufhin sofort Klage beim Reichshofrat erhoben hätte [3]). Der Bruch mit Bremen war freilich auch seiner Ansicht nach unvermeidlich, und so gab er den Rat, dem Gegner zuvorzukommen und in Wetzlar einen Prozeß anzustrengen, wo eher auf ein günstiges Urteil gerechnet werden könnte als in Wien beim Reichshofrat. Dieser Vorschlag wurde in Berlin unverzüglich angenommen und der Hofrat Canngießer in Wetzlar sofort damit betraut, gegen Bremen wegen der Angriffe auf die Minder Privilegien zu klagen und auf ein mandatum de non amplius turbando s(ine) c(lausula), sowie auf eine citatio ad videndum se incidisse in poenam privilegio insertam anzutragen. Für das nötige Material hatte die Minder Regierung zu sorgen.

Damit trat der Streit um die Privilegien der Weserschiffahrt in ein neues Stadium: das höchste Gericht des Reiches hatte über die Ansprüche der Gegner zu entscheiden [4]).

II. Neue Bremer Represalien; Verhandlungen bis zum Interimsvergleich 1720.

Durch den geschilderten Verlauf der Dinge sah sich nun auch der Minder Magistrat veranlaßt, weiteres Material gegen Bremen zusammenzustellen, wobei sich freilich wenig Neues fand. Besonderen Anstoß erregte es, daß Kulenkamp gezwungen worden war, für ein von Norwegen kom-

---

[1]) Beim Leinwandtypart wurde Holz als Unterlage gebraucht, falls das Schiff etwas Wasser zöge. Es war nun ein bremisches Argument, daß der Leinwandhandel Schaden leiden müßte, falls die Holzausfuhr zurückgänge. [2]) Jede Tonne Minder Bier zahlte 1 Taler Akzise, das doppelt so große Halbfaß Zerbster, Braunschweiger oder Bodenwerder Bier nur 16 Groschen. [3]) Berichte Burchards vom 19. X. und 12. XI. 1718. [4]) Bericht Burchards aus Wien 12. XI. 1718. Reskript an Canngießer 22. XI. 1718. Reskript an die Minder Regierung 22. XI. 1718. Bericht Canngießers, Wetzlar, 3. XII. 1718.

mendes Schiff einen Bremer Faktor zu ernennen, nur um die Vorbeifahrt zu ermöglichen. Der Magistrat erinnerte ferner an die Bremer Schreiben von 1532, 1553 und 1566, die ja schließlich mit der Bitte um mäßige Anwendung des Stapelrechtes indirekt dieses schon anerkannt hatten. Der ernstliche Wille Bremens zu gütlicher Einigung wurde durchaus bezweifelt, da es seine Neuerungen angeblich auf gar keine Privilegien stützen konnte, denn das sogenannte Stapelrecht sollte nur festsetzen, daß gewisse Viktualien in der Stadt nach „billigem Werte" verkauft werden müßten. Laut Zeugenverhör konnte auch nicht einmal altes Herkommen für Wippe-, Schlacht- ic. Geld beansprucht werden. Zum Schluß bemühte sich der Magistrat zu beweisen, daß von alter Zeit her kein Prozeßverfahren mehr in der Schwebe wäre, da nämlich Minden so auf alle Fälle für die Dauer des jetzigen Prozesses sein Stapelrecht ausüben durfte, während andernfalls die Stadt sich der Anwendung der betreffenden Privilegien enthalten mußte. Tatsächlich waren ja nun aber alle gegen die in Frage stehenden Rechte angestrebten Klagen im Sande verlaufen und stets in einer für Minden günstigen Lage abgebrochen worden, so daß nach Ansicht des Magistrates unmöglich von Litispendenz die Rede sein konnte[1]).

Mit Benutzung dieser Angaben, deren Wahrheit 7 alte Minder Bürger eidlich bezeugt hatten, verfaßte dann Canngießer die beim Kammergerichte einzureichende Klage. Sie wies zunächst auf das Alter und die bisherige ruhige Ausübung des Stapelrechtes hin, zählte dann die unrechtmäßigen Bremer Bedrückungen und Abgaben[2]) auf und beantragte endlich eine citatio ad videndum se incidisse in poenas Privilegiis Caesareis insertas und ein mandatum inhibitorium de non turbando in Possessione vel quasi Juris liberae praeternavigationis, item Emporij et Stapulae, exigendo nova vectigalia vel onera, sed omnia in pristino Privilegiis Caesareis conformi statu relinquendo et coutm ea de facto noviter arrogata cassando S. C. annexa citatione solita.

Zahlreiche Anlagen waren der Klage beigefügt. Abschriften von Privilegien und deren Bestätigungen sowie Protokolle über Aussagen der Bürger. Nach 1653 hatte Minden übrigens keine kaiserlichen Bestätigungen mehr nachgesucht; welche Schwierigkeiten schon damals von Berlin gemacht wurden, ist bereits erwähnt[3]), besonders aber scheute die Stadt die damit verbundenen hohen Kosten und glaubte sich auch durch den Artikel im Westfälischen Frieden, der die Anerkennung der städtischen Rechte aussprach, genügend gesichert.

[1]) Memorial Mindens vom 20. XII. 1718.   [2]) Klage Mindens am Reichskammergerichte vom 17. I. 1719.   [3]) Vergl. p. 14.

Bei der Einreichung der Klage war der Gedanke von 1712 wieder aufgenommen und der Nachdruck auf das Recht der freien Schiffahrt gelegt worden, während das Stapelrecht erst sehr in zweiter Linie in Betracht kam. Bremen blieb es vorbehalten, gerade diesen Punkt aufs schärfste zu betonen, so daß hierdurch der Streit um beide Privilegien unlösbar miteinander verquickt wurde. Auf Seiten des Klägers aber wurde stets der Schein aufrecht erhalten, als ob Bremen ganz allein die Stapelrechtsfrage in Wetzlar aufgerollt hätte.

Infolge des schnellen preußischen Vorgehens war es nun tatsächlich gelungen, einer etwaigen Klage Mindemanns in Wien zuvorzukommen. Ebenso glatt schien sich der Gang des Prozesses zu gestalten; denn bereits 4 Tage nach Einleitung des Verfahrens, am 21. Januar 1710, erkannte das Kammergericht auf das beantragte Mandat, während freilich die Citation wegen mangelnder Begründung vorläufig noch abgeschlagen wurde. Canngießer selbst hatte schon bei der Einreichung die Mangelhaftigkeit der vorgebrachten Gründe empfunden und war besonders im Zweifel gewesen, ob die betreffenden Privilegien auch jedesmal den Übertretern in aller Form zur Kenntnis gebracht waren; daher durfte er nicht schreiben, Bremen habe vorsätzlich und in böser Absicht gehandelt[1]).

Das Mandat wurde am 27. Januar ausgefertigt und durch einen Kammerboten der beklagten Stadt überbracht, die in üblicher Weise hierdurch die Aufforderung erhielt, am 60. Tage nach Zustellung des Schriftstücks in Wetzlar ihre Zustimmung zu erklären oder einen Gegenbeweis anzutreten.

Wenn man dem Berichte des Kammerboten trauen darf, so rief das Kammergerichtsschreiben bei Magistrat und Kaufmannschaft Bremens große Bestürzung hervor; offenbar hatte man hier von dem preußischen Vorgehen noch keinerlei Nachricht gehabt. Canngießer schöpfte daraus schon die Hoffnung, der Gegner möchte gütliche Einigung mit Minden suchen. Aber wie sollte er sich darin täuschen.

Der Wert des ergangenen Mandats wurde übrigens in Berlin anscheinend weit überschätzt: man schlug hier nämlich seine Veröffentlichung durch den Druck vor. Davon riet Canngießer eindringlich ab, denn vor dem Schlußspruche war noch gar nichts gewonnen und es kam alles auf die in Aussicht stehenden Erklärungen der Gegenpartei an[2]).

Diese zeigte große Zuversicht und bemühte sich sehr, wie man bald in Berlin erfuhr, den Gegenbeweis möglichst eindringlich und gewichtig zu

---

[1]) Bericht Canngießers vom 28. I. 1710. Canngießer an die Minder Regierung 24. I. 1710.   [2]) Reskript an Canngießer und die Minder Regierung vom 25. III. 1710.

gefallen; von Nachgiebigkeit war keine Rede. Die umfangreiche Arbeit kostete indes viel Zeit, und so verstrichen fast die gesamten 60 Tage (verlängert durch 4 Wochen Ferien des Kammergerichts), ohne daß die Stadt etwas von sich hätte hören lassen. Gerade aber, als der preußische Anwalt Dr. Hofmann weitere Schritte unternehmen wollte, bat der bremische Anwalt Dr. Goy um eine weitere Frist von ein bis zwei Monaten, die auch bewilligt wurde trotz Hofmanns Protestes, daß gegen ein mandatum s. c. Exzeptionsschriften nicht angenommen werden dürften. Unter diesen Umständen war auch ein weiterer Antrag seinerseits auf ein sogenanntes mandatum arctius cum declaratione in poenam et expensas erfolglos [1]).

So war denn die erste Verzögerung im Prozeßgange bereits da, zumal sich Goy seinen Termin noch einmal verlängern ließ; endlich, Ende Juni konnte Canngießer seiner Regierung eine Abschrift der Bremer Darlegungen zusenden, die den Standpunkt der Stadt in ausführlichster Weise beleuchteten.

Bremen berief sich namentlich auf das von Karl V. 1541 bestätigte und erweiterte Privileg von 1111 [2]). Da nun diese Vergünstigung ob bene merita erteilt war, auch die Verpflichtung bezüglich der Seeräuber enthielt, so verfocht Bremen die Ansicht, nicht einmal der Kaiser könne dieses einmal getane Zugeständnis widerrufen. Damit fiel denn freilich auch das Minder Schiffahrtsrecht von 1352, und die gegen Bremen gerichtete Klausel war völlig wirkungslos. Minden sollte, der Behauptung Bremens nach, überdies sein Recht nur dadurch von Karl erhalten haben, daß es sich vom Schmalkaldischen Bunde lossagte und das Interim annahm. Ferner war damals unterlassen worden, die Bremer bei Erteilung dieses Privilegs zu benachrichtigen, wie dies nötig gewesen wäre, da es sich um Eingriffe in ihre Rechte handelte. Darum folgerte der Magistrat, das Schiffahrtsrecht des Klägers dürfe keinenfalls weiter ausgelegt werden, als dies mit dem Wortlaute der älteren Bremer Rechte sich vertrüge, zumal diese durch das Restitutionsedikt von 1554 eine unanfechtbare Bestätigung gefunden hätten [3]).

Nur soweit brauchte eigentlich die Entgegnung Bremens zu gehen, aber nicht genug damit, es wurde zugleich auch dem Stapelrechte Mindens in bündigster Form die Anerkennung verweigert.

Ein guter Teil der Gründe ist schon von früher her bekannt: die Erteilung in Kriegszeiten, die Aufhebung durch Art. 9 § 1 des Westfälischen Friedens, die auch hier unterbliebene Zuziehung Bremens sowie die

---

[1]) Berichte Canngießers vom 29. IV. und 6. V. 1719. [2]) Vergl. darüber p. 8. [3]) Vergl. darüber p. 9.

fehlende Zustimmung der Kurfürsten. Neu wurde im Anschluß an das Privileg von 1111 vorgebracht, das Stapelrecht wäre der verbrieften Bremer Freiheit: bis Münden „ohne männiglichen Eintrag und Verhinderung" fahren zu dürfen, durchaus entgegen. Ebenso wenig könnte Minden nachweisen, die Anhaltung des Kornes und Holzes seit Menschengedenken ungehindert geübt zu haben. Hierbei wurde noch besonders betont, daß Klappholz überhaupt nicht Stapelgut sei, da es im Privileg nicht besonders genannt wäre und unmöglich unter Bau- und Floßholz zu rechnen sei, so daß hierdurch Kulenkamps Monopol sich als völlig unberechtigt erwies.

Im Gegensatz zu Minden vertrat Bremen auch sehr bestimmt die Anschauung, daß doch ein altes Prozeßverfahren zwischen beiden Städten noch im Gange sei, da eine Antwort auf die Appellation von 1628 noch immer ausstände.

Es blieb nun noch übrig, die Beschwerden der Minder über die Höhe der Abgaben zurückzuweisen. Man berief sich hierbei wieder, wie schon 1710 zu Hameln¹), auf altes Herkommen, dann auf die 1489 veröffentlichte Kündige Rolle und belegte alles durch zahlreiche Schreiben aus früheren Zeiten. Im einzelnen wurden die Abgaben mit den gleichen Gründen verteidigt wie im Jahre 1714, nur kam jetzt alles in bedeutend breiterer Form zur Auseinandersetzung.

Auf Grund aller dieser Ausführungen wurde schließlich dem Kammergericht die Bitte unterbreitet, das ergangene Mandat zu widerrufen und die vom Könige von Preußen als Fürsten von Minden erhobene Klage abzuweisen.

Mit einigen Worten ist noch auf die, wie angegeben, zur Bestätigung der Privilegien angeführten Schreiben einzugehen; sie sind meist nicht beweiskräftig. Die Grafen von Oldenburg bitten z. B. um Zollfreiheit für ihre Waren als Fürstengut, während die Minder Schreiben von 1598, 1612 und 1655 auch nirgends irgend welche Rechte anerkennen; 1598 wird nur eine Konferenz vorgeschlagen; 1612 bittet man allerdings, die aus Holland herbeigeführten Waren eines Minders nicht anzuhalten, aber mit dem Zusatze: gemäß den jüngsten Verhandlungen zu Petershagen ²). 1655 handelt es sich endlich um die Audienz eines Minder Bevollmächtigten, der abgesandt war, weil Bremen damals das städtische Bier nicht hatte vorbeilassen wollen. Immerhin zeigen diese Schriftstücke, daß Minden sein Schiffahrtsrecht keines-

¹) Vergl. p. 32 ff. Konferenz zu Hameln. ²) Von diesen Verhandlungen wird sonst nichts berichtet; sie haben sich auf die Behandlung der weserauf kommenden Waren erstreckt, über die damals Streitigkeiten entstanden waren. Bremen hatte bis dahin noch niemals aus Holland kommende „selle" Waren angehalten und tat dies damals nur, um gegen die ungerechte Kornausmessung zu Minden Repressalien zu ergreifen (Minder Replik).

wegs beständig und ungestört ausgeübt hat. Erwähnenswert sind noch die Schreiben der dortigen Regierung von 1665 und 67, wo Kohlen aus dem fiskalischen Steinkohlenbergwerke so lange in Bremen angehalten worden waren, bis ihre Eigenschaft als Fürstengut zweifellos klargestellt wurde. Hieraus geht deutlich hervor, daß bereits damals das Verlangen bestand, alle Kohlen an das Schmiedeamt abzuliefern.

Diese sogenannte Exzeptionsschrift wurde, wie schon angedeutet, im Laufe des Januars 1710 in Wetzlar übergeben. Ein Rückblick auf die von beiden Parteien vorgebrachten Darlegungen zeigt, daß entschieden jeder Teil gute Gründe und Belege für seine Anschauung hatte ins Feld führen können. Die Schwierigkeit einer klaren Entscheidung beruht in der äußerst verwickelten Situation, die Karl V. durch seine mannigfachen einander geradezu ausschließenden und dabei mit allen möglichen Klauseln versehenen Privilegien geschaffen hatte, wobei noch weiter die Unklarheit dadurch vermehrt wird, daß diese Verleihungen zumeist nur Bestätigungen altüberkommener Gewohnheiten sein sollten [1]).

Da die Bremer Schrift die Mindener Argumente in vielen Punkten doch sehr in Frage stellte, so wurde natürlich preußischerseits eine Beantwortung für unumgänglich notwendig gehalten und wiederum der Mindener Magistrat mit dieser Arbeit betraut. Sie scheint indes dort ziemliche Mühe verursacht zu haben und nahm so lange Zeit in Anspruch, daß eine Verlängerung des zur Verfügung stehenden Termins (21. Septbr.) zunächst bis zum 19. Dezember nötig wurde [2]).

Mit Schuld trug an dieser Verzögerung, daß Bremen Mitte Juli doch noch zwei Abgeordnete zu persönlicher Verhandlung nach Minden gesandt hatte, aber mit so wenig genügenden Vorschlägen, daß die Besprechungen völlig ergebnislos verlaufen waren [3]).

Mitte November 1719 war der Magistrat endlich nach heftigem Drängen seitens der Regierung so weit, wenigstens eine vorläufige Entgegnung auf die Bremer Ausführungen nach Berlin zur Genehmigung einzusenden, wobei schon, einem vorher geäußerten Verlangen entsprechend, Vorschläge für einen etwaigen Vergleich angefügt waren [4]).

Ohne irgend einen neuen Gesichtspunkt wurden hier in alter Weise die früheren Beschwerden hergezählt und dann dem Erstaunen Ausdruck ver-

---

[1]) Vergl. das Bremer Privileg von 1541, p. 8 und von 1554, p. 9, das Mindner Privileg von 1652, p. 8.   [2]) Berichte Canngießers aus Wetzlar vom 27. VI., 16. VIII. und 5. IX. 1719. Reskripte an die Mindner Regierung vom 6. VII. und 20. VIII. 1719. Reskripte an Canngießer 12. IX. 1719.   [3]) Kurzer Bericht Culemanns aus Minden an Canngießer vom 11. VIII. 1719.   [4]) Bericht der Mindner Regierung vom 17. November 1719.

ließen, daß man in Berlin noch nicht zu Repressalien geschritten sei, da sich Bremen doch ganz offenbar, laut seiner Exzeptionsschrift, ein dominium Visurgis und ein Monopol aller Zölle anzueignen suchte und überdies wider die Reichsgesetze und das Völkerrecht den Weserhandel sperrte. Immerhin war man geneigt, die Ausgleichsverhandlungen neben dem Fortgange des Prozesses weiterzuführen, und stellte dafür folgende Vorschläge auf:

1) Bremen gewährt den Mindener Bürgern volle Freiheit der Schiffahrt.

2) Es verzichtet auf die Erhebung von Schlacht-, Wippe-, Geleits- und Akzise-Geld, falls die Mindener Fahrzeuge in Bremen nicht anlegen.

3) In Bremen haben die Mindener gleiche Freiheiten, wie umgekehrt die Bremer in Minden.

4) Minden verpflichtet sich, den Handel nicht zu hemmen; es ist ferner bereit

5) das Tonnengeld schlechthin, sowie

6) Schlacht- und Wippegeld zu entrichten im Fall der Benutzung, sowie unter gleicher Bedingung

7) Geleitsgeld.

Endlich will man sich

8) der Akzise unterwerfen und auch das Magazinkorn liefern, wenn Mindener Getreide in Bremen verkauft wird.

9) Das „weil besser gegründete Mindener Stapelrecht" soll Bremen gegenüber nicht in weiterem Umfange zur Ausübung gelangen, als umgekehrt geschieht.

10) Minden behält sich nur vor, auch fernerhin alles Brennholz dem Verkaufszwange zu unterwerfen.

Das Ministerium in Berlin lehnte es nun aber ab, seinerseits diese Vorschläge zu unterbreiten, da Bremen der langen Verzögerung Mindens in Wetzlar halber immer widerspenstiger zu werden und zu glauben schiene, der Gegner könnte überhaupt nichts Rechtes mehr vorbringen. Aus dem gleichen Grunde wurde dringend die Fertigstellung der Replik gefordert[1]), jedoch vergeblich, denn Canngießer mußte am 19. Dezbr. abermals eine weitere Hinausschiebung beantragen. Dies veranlaßte denn die Minister des auswärtigen Departements zu einem scharfen Tadel an die Mindener Regierung, da es auf das Kammergericht einen schlechten Eindruck machen mußte, wenn der Kläger immer die Termine verlängern ließ.

Mittlerweile war die Replik endlich Ende Dezember in Wetzlar eingetroffen, aber ohne Berliner Genehmigung, so daß sie erst wieder dorthin

---

[1]) Reskript an die Mindener Regierung vom 1. XII. 1710.

eingesandt werden mußte, was eine neue Verzögerung von mehreren Wochen
bedeutete, bis sie dann endlich dem Kammergerichte eingereicht werden konnte.
Der Magistrat gab sich hier zunächst den Anschein, als ob die Bremer
Schrift eigentlich gar keine Erwiderung verdiente, da sie nirgends nach-
wiese, worin die Anklage irgendwie wahrheitswidrig wäre. Schließlich
erklärte man sich aber doch bereit, die Auslassungen des Gegners „in einigen
Punkten zu beleuchten", wobei jedes einzelne Argument in weitschweifigster
Weise mit zahlreichen Belegen und Zitaten aus juristischen Werken versehen ward, so daß die Replik ungeheuer breit wurde. Das Meiste ist
einfach zu übergehen, nur einige Hauptpunkte sollen kurz hervorgehoben
werden.

Zunächst wurde Bremens Recht, den Weserhandel ganz sperren zu
dürfen, heftig bekämpft und deshalb auf die Reichsabschiede verwiesen, dann
erklärt, die Bremer Privilegien von 1541 könnten unmöglich das seit mindestens 1412 bestehende Minder Stapelrecht beseitigen. Ebenso wurden alle
Einwände gegen die Gültigkeit der Klausel in der Urkunde von 1552 abgelehnt, zumal Mindens Rechte im Bremer Restitutionsedikte von 1554
nicht ausdrücklich als beseitigt erwähnt waren. Bezüglich der angemaßten
Bremer Oberhoheit wurde darauf verwiesen, wie sich dazu wohl die andern
Fürsten an der Weser stellen dürften, und später eindringlich versichert, daß
Hannover und Braunschweig ebenso wenig wie diese auch das sogenannte
jus prohibendi navigationem anerkannten, zumal der Wortlaut des Privilegs von 1111 eine solche Auslegung gar nicht zuließe. Nicht einmal zu
seinem Stapelrechte sollte Bremen befugt sein, da in der angeführten Urkunde
von 1541 sich auch die Worte fanden, daß „die Kaufleute im Verkaufen und
langen Aufhalten wider die Billigkeit nicht beschwert werden sollten". Nachdrücklich wurde ferner betont, der Kaiser könne auch in Kriegszeiten voll-
gültige Verleihungen ausstellen, und überdies wäre der Schmalkaldische Krieg
1552 längst beendet gewesen. Damals wäre endlich auch eine Zustimmung
der Kurfürsten noch gar nicht nötig gewesen, und die entgegengesetzte Ansicht
Bremens müßte um so wunderlicher erscheinen, als in den Bremer Privilegien selbst von einer solchen Bewilligung gar keine Rede wäre.

Das dortige Stapelrecht hatte der Magistrat bereits als schlecht be-
gründet bezeichnet; nun beanstandete er überdies die beliebige Auslegung des
Ausdruckes Viktualien im Bremer Privileg und bestritt lebhaft, daß Bremen
aus seinem Stapelprivileg die Berechtigung zu den mindischerseits gerügten
Abgaben herleiten dürfte, da dort ausdrücklich Steigerung der Zölle verboten
wäre und die Privilegbestätigung von 1111 nur eine kleine Umlage zur
Bestreitung der Unkosten für die Baken gestattete, während allein schon die
Akzise eine sehr große Summe eintrüge. Ferner wäre auch in den Reichs-

abſchieden verwehrt, ſolche Abgabe ohne kaiſerliche Genehmigung einzuführen, und eine ſolche herbeizuſchaffen ſollte Bremen, wie man in Minden meinte, wohl ſchwer fallen, beſonders da die angeblichen großen Ausgaben für Tonnen und Baken ſowie Geleit nach einer dort aufgeſtellten Berechnung höchſtens 50 Taler jährlich betragen könnten.

Zuletzt verſuchte der Magiſtrat die Widerlegung der von Bremen gegen das eigne Stapelrecht erhobenen Angriffe, da er durchaus leugnete, daß die Reichsſtadt beſtändig dieſem Rechte widerſprochen hatte. Er ſuchte darzulegen, wie man den Appellationsprozeß als längſt beendigt anſehen müßte, da von ſeiner Partei in dieſer Angelegenheit weitere Schritte unternommen waren. Endlich wurde noch auseinandergeſetzt, daß Kulenkamps Monopol ganz berechtigt wäre und daß Bremen nach wie vor ungehinderte Schiffahrt bis Münden freiſtände, ſofern es nur in Minden ſich dem dortigen Stapelrechte fügte.

In Berlin wurde die Replik, ohne Schwierigkeiten zu machen, genehmigt und daraufhin von Canngießer in Wetzlar übergeben. Nunmehr war Bremen wieder an der Reihe, mit einer Duplik darauf zu antworten, und ſo bot ſich bereits die beſte Ausſicht, daß auch dieſer Prozeß die am Kammergerichte übliche Zeitdauer erreichen würde.

Wenn aber Minden gehofft hatte, mit der Einſchlagung der via juris werde die via facti verlaſſen werden — ſo hatte der Magiſtrat ſich einmal geäußert —, täuſchte es ſich darin nur allzuſehr.

Nach den vergeblichen Verhandlungen im Juli 1719 hatte ſein Gegner nicht geſäumt, trotz des im Gange befindlichen Prozeſſes Repreſſalien zu ergreifen. Noch ehe die Replik überreicht wurde, tobte bereits wieder die direkte Fehde zwiſchen beiden Städten. Kulenkamp, jetzt von ſeinen früheren Mitbürgern ſo grimmig gehaßt und verfolgt, war der Anlaß geweſen, und es kam ſo weit, daß faſt für ein Jahr die Klage am Kammergerichte in Berlin und Minden dieſen Tätlichkeiten und ihren Folgen gegenüber völlig in den Hintergrund trat.

Wie ſchon kurz angedeutet, war es Kulenkamps wegen bereits Anfang 1719 zu unangenehmen Verhandlungen gekommen, da er angeblich in ſeiner Heimatſtadt noch große Summen ſchuldete und deshalb ſeine ganze noch dort befindliche Habe zurückbehalten wurde. Durch Vermittlung Tilemans kam es ſchließlich zu einer Einigung, wobei dieſer aber durchaus den Eindruck gewann, daß ungeheuer ſcharf hierbei gegen Kulenkamp vorgegangen wurde [1]).

---

[1]) Geh. Staatsarchiv Rep. 32, Nr. 77c. Ziemlich zahlreiche Verhandlungen vom 25. II. bis 10. VI. 1719.

Als nun im Herbste eine neue Klappholzsendung von ihm nach Bremen kam, belegte man sie mit Beschlag, während seit 1717 sein Holz bis dahin nie wieder angehalten worden war. Jetzt sah sich sogar sein dortiger Faktor, ein Bürger, genötigt, ihm den ferneren Dienst aufzukündigen. Selbst als einige Einwohner einen Teil des betreffenden Holzes kaufen wollten, wurde ihnen das verwehrt. Diesem gewaltsamen Vorgehen setzte auch die Mindener Regierung, natürlich nach eingeholter Genehmigung, ihrerseits Repressalien entgegen; freilich sollte sie dabei glimpflich und schrittweise vorgehen und sie sofort abstellen, falls Bremen Nachgiebigkeit zeigte [1].

Dieses Verfahren muß in Bremen doch tiefen Eindruck gemacht haben, denn Ende Januar 1720 wurde der Vize-Syndikus Kohnen nach Berlin abgesandt, um dort über die Streitpunkte gütliche Verhandlungen einzuleiten. Die Stadt wandte sich auch direkt an die Regierung zu Minden und ersuchte um vorläufige Einstellung der Beschlagnahmungen Bremer Güter; dies wurde hier aber abgelehnt, da nicht ersichtlich war, ob das Kulenkampsche Holz auch freigegeben werden sollte [2].

Dieses war nun keineswegs der Fall; Bremen suchte vielmehr seine Maßregeln damit zu rechtfertigen, daß ein großer Teil des Holzes gar nicht Kulenkamp, sondern seinem Bruder gehörte. Ferner warf man ihm seinen ungebührlich hohen Verdienst von 2000 Talern vor und behauptete schließlich, sein Holz könnte durch die wenigen Wochen des Bremer Aufenthaltes auch nicht viel mehr verderben, da es angeblich schon anderthalb Jahr im Wasser lag. Letzteres bestritt Kulenkamp durchaus, aber auch die beiden ersten Angaben sind nicht im geringsten stichhaltig. In Wahrheit war natürlich das Monopol der tiefste Grund, weil es dem Bremer Holzhandel die schwerste Konkurrenz machte; aber Kulenkamp hatte auch nicht so Unrecht, wenn er auf die Bremer Forderungen Gerste, Kohlen und Holz dem Verkaufszwange zu unterwerfen, als etwas ganz ähnliches verwies [3].

Beiderseits blieben also die Repressalien vorläufig weiter bestehen, wenn Canngießer auch Bedenken in Berlin äußerte, da sie wegen der Reichsfundamentalgesetze am Kammergerichte stets als sehr anstößig empfunden würden [4].

Unterdessen war Kohnen in Berlin eingetroffen und hatte bei dem General-Kriegs-Kommissariat um eine Kommission behufs der gewünschten Verhandlungen nachgesucht, wobei er zugleich eine kurze Darstellung der Streitigkeiten einreichte. Wenige Tage später bat er förmlich um Auf-

---

[1] Berichte des Minder Magistrats vom 29. XII. 1719 und 4. I. 1720. Reskript an die Minder Regierung 9. I. 1720.   [2] Bericht Tilemans vom 27. I. 1720. Minder Regierung an Bremen 27. I. 1720.   [3] Bericht Kulenkamps an den König 26. I. 1720.   [4] Bericht Canngießers 8. II. 1720.

hebung der Repressalien, da Bremens Vorgehen nur bezwecken wollte, daß Kulenkamp auf Grund des dortigen Stapelrechts sein Holz zu einem angemessenen Preise verkaufte. Kohnen sah sich zu dieser Bitte veranlaßt, da Minden von neuem Freigabe des Holzes gegen Bezahlung der üblichen Abgaben gefordert und durchaus abgelehnt hatte, das Holz zurückzunehmen oder zu einem Preise in Bremen zu verkaufen, wie er vor Kulenkamps Zeit in Minden gewesen war [1]).

Kohnens Ansinnen wurde jedoch nicht nur verworfen, sondern die Beschlagnahme Bremischer Güter auf Blothoschen Bereich ausgedehnt. Auch Bremen beharrte weiter auf seinem Standpunkte, zeigte aber ebenso fortgesetztes Bemühen, die Verhandlungen in Berlin förmlich einzuleiten. Über einen Monat zögerte man hier; endlich war Kohnens wiederholter Antrag von Erfolg begleitet und er durfte eine Antwort Bremens auf die im vergangenen Jahre von Minden vorgeschlagenen Vergleichspunkte übergeben [2]).

Es wurde hierin zwar die Nachgiebigkeit von der Stadt sehr betont, aber die Zugeständnisse waren den Mindern doch gar nicht genügend. Ihr Schiffahrtsrecht wurde wieder in alter Weise bekämpft und Bremen wollte zwar schließlich im Prinzip die Vorbeifahrt gestatten, aber nur gegen Zahlung von Akzise, Geleits-, Tonnen- und Schlachtgeld, wobei überdies gänzlich ausgenommen sein sollten: 1) alle im Stapelprivileg von 1541 genannten Waren, 2) Steinkohlen und Eichenholz laut „Kündiger Rolle". Wenn allerdings von diesen ein genügender Stapelvorrat vorhanden wäre, wollte man über die Vorbeiführung des übrigen mit sich reden lassen.

Bewilligt wurde ferner, daß die Minder Akzise und die übrigen Abgaben nur in dem Fall zahlen sollten, daß sie anlegten.

Für die Berechtigung der Akzise berief man sich übrigens auf ein Erkenntnis des Reichshofrates gegen den Grafen von Oldenburg im Jahre 1638.

Bei einem Vergleiche dieser Zugeständnisse mit den Minder Vorschlägen fällt in die Augen, daß Bremen nur in ganz nebensächlichen Punkten nachgab, zumal es am Schlusse seiner „Erklährung" wieder die heftigsten Anklagen gegen das Minder Stapelrecht erhob, dem auch alle kaiserlichen Be-

---

[1]) Eingaben Kohnens vom 8. und 15. II. 1720.   [2]) Bericht Tilemans vom 17. II. 1720. [3]) Eingabe Kohnens vom 18. III. 1720. „Senatus Bremensis deutliche und letztere Erklährung auf der von der Stadt Minden projektierte puncton Eines zu treffen gütlichen accomodements, worinn dieselbe per deferenco vor Ihro Kgl. Maj. der Stadt Minden verschiedener Sache mit Hinansetzung ihres eigen nutzens accordiret, welches sie bis dahero niemahlen besessen". Dattert 11. III. 1720. Hieraus geht hervor, daß die von Minden aufgestellten Vergleichspunkte Bremen doch mitgeteilt sein müssen, wahrscheinlich durch Tileman, der mehrmals seiner Vermittelungsversuche in seinen Berichten erwähnt.

ftätigungen nicht helfen könnten, da es eben von vornherein unrechtmäßig
erteilt wäre.

Minden hatte sich das Anhaltungsrecht des Brennholzes vorbehalten
wollen, aber auch hier bestritt der Gegner das uralte Herkommen durchaus
und wollte nur zugestehen, daß die Minder sich das Holz für ihren Eigen-
bedarf um marktgängigen Preis sollten kaufen können, wobei aber das
Klappholz seines höheren Wertes und der Ausfuhr nach England halber
nicht mit einbegriffen sein sollte.

Bremen betonte endlich: nach den Reichsgesetzen habe es ein Recht
gehabt, Kulenkamps Holz anzuhalten, da er gegen seinen früheren Bürgereid
handle und zudem durch die Wahlkapitulationen alles „monopolische Wesen"
verboten sei.

Diese Bremer Darlegungen fanden in Berlin insofern günstigen Boden,
als man hier bei weiterer Fortsetzung und Ausdehnung der preußischen
Repressalien eine Klage Bremens am Reichshofrat zweifellos befürchten zu
müssen glaubte und sich so einem Vergleiche sehr geneigt zeigte.

In Minden war dies nun freilich nicht der Fall; hier glaubte die
Regierung ganz und gar nicht an die Absicht des Gegners, sich noch einen
neuen Prozeß aufzubürden. In Bezug auf die Bremer Zugeständnisse wies
sie ganz richtig darauf hin, diese wären so geringfügig, daß sich Minden
kaum schlechter stehen dürfte, selbst wenn die Entscheidung in Wetzlar ganz
ungünstig ausfiele. Kulenkamp selbst wäre durch die unaufhörlichen Plackereien auch schon so entmutigt, daß er sich mit Wegzugsgedanken trüge, was
unter den damaligen Verhältnissen für den städtischen Handel einen schweren
Schlag bedeuten würde. Sein Holzmonopol fand in Minden an Regierung
und Magistrat warme Verteidiger, denn es stände, wie man schrieb, mit den
Stapelrechtsbestimmungen ganz im Einklang.

Von den Korntagen wurde versichert, daß sie stets nach den Preisen
der Umgegend und besonders Bremens geregelt würden, eine Übervorteilung
der Verkäufer also nicht stattfinden könnte. Großes Erstaunen hatte übrigens die Bremer Forderung, das Eisen nicht mehr durch die Stadt zu
lassen, hervorgerufen, da in Minden von einem derartigen Anspruche nie
etwas bekannt gewesen war und Kulenkamp noch in den letzten beiden
Jahren über 2000 Zentner verschifft haben wollte. Ganz ähnlich sollten
die Verhältnisse mit dem Eichenholze liegen, wo Bremen nunmehr verlangte,
daß Balken und Bauholz an den städtischen Bauhof, alles übrige aber an
die Kimker verkauft würde¹).

---

¹) Der Kimker baut Seriwaner.

Gegenüber der Bremer Behauptung von der Geringfügigkeit ihrer Abgaben sah sich der Magistrat zu der Feststellung veranlaßt, sie wären dreimal so hoch als die sonstigen Weserzölle, denn es mußten z. B. von schottischem Salz [1]) ca. 8 %, von Korn 6³/₄ %, von Leinsamen 2¹/₄ % des Wertes gezahlt werden.

Als letzter Punkt blieb noch die Streitfrage über die Behandlung des Holzes zu Minden übrig; hierin irgendwie sich auf Verhandlungen näher einzulassen, wurde aber rundweg abgelehnt, da das Recht der Stadt über jeden Zweifel erhaben sei. Klappholz mußte unter allen Umständen wenigstens stapelbar bleiben, denn früher war es als Brennholz behandelt worden, ohne daß von Bremen lange Zeit Einspruch dagegen laut geworden war [2]).

Trotz dieser geharnischten Erklärungen kam man in Berlin aber mehr und mehr zu der Einsicht, ein Vergleich mit Bremen würde das geratenste sein; freilich wünschte man hierbei das Stapelrecht Mindens aufrecht zu erhalten und auch den Fortgang des Prozesses dadurch nicht zu hindern [3]). Dieser gute Vorsatz wurde jedoch durch die „abregierte Gegenremonstration" Kohnens auf die letzten Minder Darlegungen sehr erschwert, denn diese wurden hier völlig zurückgewiesen. Unter anderm führte Kohnen aus, Minder Schiffe könnten gar nicht in die See fahren, sondern müßten schon vorher ihren Inhalt in Seeschiffe umladen, und zwar könnte dies nur in Bremen geschehen, weil es weiter keinen geeigneten Hafen gäbe. Dann wandte er sich gegen die Behauptung, daß die Bremer Bewilligungen allzu nichtssagend sein sollten, und legte dar, wie weserabwärts mit Leinen, Garn, Pottasche und Steinen, weserauf mit Butter, Fellen, Heringen ꝛc. auch über Bremen hinaus von Minden ein ganz lebhafter Handel betrieben werden könnte.

Das Anhaltungsrecht des Eisens war seiner Angabe nach schon sehr alt, nur in letzter Zeit äußerst milde gehandhabt. Bezüglich des Klappholzes war er dann zu einem neuen Zugeständnis bereit: Bremen wollte es frei passieren lassen, wenn Minden das gleiche bewilligte. Da Minden sich übrigens stets auf die bisherige freie Holzverschiffung Kulenkamps berief, so erinnerte der Syndikus daran, daß seine Vaterstadt 1717 nur bedingungsweise mit Vorbehalt aller Rechte und in der Hoffnung auf baldige Beseitigung des Monopols das angehaltene Holz wieder freigegeben

---

[1]) Der Zoll für schottisches Salz bestand übrigens nur theoretisch, da Hannover schon seit längerer Zeit durch seine Lande auch die Durchfuhr verboten hatte. [2]) Dies sind die einigermaßen neuen Gesichtspunkte in der sehr breit gehaltenen Minder Entgegnung; sämtliche alten Argumente waren selbstredend auch wieder möglichst wirkungsvoll verwendet worden. [3]) General-Kriegs-Kommissariat an Ilgen 18. III. 1720.

habe. Im folgenden suchte er die Geringfügigkeit der Bremer Abgaben zu beweisen, die bis auf das Schlachtgeld auch alle von den Bürgern getragen werden müßten und trotz der gegenteiligen Minder Behauptung nicht die Hälfte des Elsflether Zolles ausmachten.

Die Regierung ließ auf diese Argumente Kohnens hin nochmals in Minden nach etwaigen weiteren Privilegbestätigungen nachforschen und verlangte zugleich die Ansicht der dortigen Regierung darüber zu hören, wie weit die Nachbarstaaten durch die preußischen Repressalien in Mitleidenschaft gezogen würden. Irgend eine derartige Beeinträchtigung wurde jedoch in Minden durchaus geleugnet. Neue Dokumente waren freilich nicht mehr aufzufinden gewesen, und so zählte der Magistrat an dessen Stelle noch einmal ausführlich her, inwiefern Minden sein Stapelrecht schon seit mindestens 1412 ausgeübt hatte [1]).

Inzwischen gelang es Kohnen, schon vor dem Eintreffen dieses Berichtes in Berlin hier durch seine Vorstellungen einen Umschwung herbeizuführen. Er wies namentlich darauf hin, daß vor Aufhebung der preußischen Repressalien Kulenkamps Holz unter keinen Umständen freikommen würde. Daraufhin wurde von den Ministern Ende März die Abstellung der Beschlagnahmungen verfügt, natürlich ohne daß dadurch der geringste Zweifel an der Berechtigung der Minder Privilegien zum Ausdruck kommen sollte.

Gleichzeitig ergingen strikte Befehle an Kulenkamp, sein Holzmonopol nicht in ungebührlicher Weise auszudehnen, da dies ohne weiteres Beschwerden der am Weserhandel beteiligten Reichsstände nach sich ziehen müßte [2]).

In Minden war man jedoch nicht gesonnen, den Berliner Anordnungen unverzüglich Folge zu leisten, sondern wandte sich zunächst noch einmal an Bremen mit dem Erbieten, die Repressalien gegen Freigabe des Holzes aufzuheben. Zugleich versprach man, Kulenkamp werde in Zukunft sein Monopol streng in den Grenzen des Stapelrechts ausüben, wogegen die Minder Regierung aber forderte, daß die Minder in Bremen mit allen Waren nur noch 3 Stapeltage zu halten brauchten [3]).

Bremen vermied in seiner Antwort jedes Eingehen auf die gemachten Vorschläge (wohl weil Kohnen über die gleichen Fragen in Berlin verhandelte), begnügte sich vielmehr mit großen Klagen und vielen Ausbrüchen des Bedauerns, daß „umb eines Menschen intendirten eigennützigen Vorteils willen" solche Mißverständnisse entstanden wären und teilte dann das Anerbieten Bremer Kaufleute mit, das fragliche Holz zu einem angemessenen

---

[1]) Reskript an die Minder Regierung vom 24. III. 1720. Bericht der Minder Regierung und des Magistrats vom 27. III. 1720.   [2]) Reskript an die Minder Regierung vom 26. III. 1720.   [3]) Bericht der Minder Regierung vom 13. IV. 1720.

Preise abzunehmen. Es erklärte jedoch, weitere Sendungen Kulenkamps weder passieren noch verlaufen zu lassen, da gegen das reichsgesetzlich verbotene Monopol nur ganz gerechtfertigte Maßnahmen ergriffen wären [1]). Dieser Ton war wenig angetan, in Minden versöhnliche Stimmungen zu erwecken. Das Mißfallen darüber wurde durch Berichte Tilemans noch gesteigert, laut denen auch eine teilweise Verschiffung des Holzes nicht gestattet werden sollte.

Die Regierung stellte darauf in Berlin vor, wie starr sich Bremen in der Frage der Vorbeischiffung zeigte, wodurch der Vorteil der Elsflether Zollfreiheit für Minden ganz hinfällig würde. Preußischerseits müßten die Repressalien deshalb eher noch verschärft werden, da jeder an der Weser nur auf seinen Vorteil bedacht wäre und die eignen Privilegien bis aufs äußerste zu behaupten suchte. Als bestes Beispiel hierfür wurde auf Hannover in der Sache des Lüneburger Salzmonopols verwiesen.

Mittlerweile hatte sich Kulenkamp bereit erklärt, auf sein Privileg überhaupt verzichten zu wollen, falls Bremen die Forderung der drei Stapeltage für alle Minder Waren bewilligte. Bremen dachte indes nicht im geringsten daran, hierauf einzugehen; Rohnen betonte im Gegenteil, Minden stelle trotz des ungeheuer großen Entgegenkommens von Bremen so übertriebene Ansprüche, daß jede Hoffnung auf gütlichen Vergleich zu schwinden beginne. Um aber die Verhandlungen doch nicht ganz erfolglos abbrechne zu müssen, schlug er vor, man sollte wenigstens das Klappholz beiderseits völlig freigeben — ein Anerbieten, das einen ganz einseitigen Vorteil der Bremer in sich schloß, denn das Klappholz kam nur für die Ausfuhr in Betracht, die natürlich Bremen in festen Händen hatte [2]).

Immerhin kam auch hier das General-Kriegs-Kommissariat dem Bremer Unterhändler entgegen, wenn es sich zu dem Befehle an Kulenkamp geneigt zeige, daß er Klappholz nur noch 3 Tage lang anhalten dürfte, falls er mit den Eigentümern über den Preis sich nicht einigen könnte. Bremen sollte als Gegenleistung allerdings völlige Freiheit der Klappholzverschiffung verbürgen. Auch das Kommissariat sah dies nur für einen vorläufigen Notbehelf an und war der Ansicht, einen endgiltigen Vergleich der Zukunft anheimstellen und das Urteil im Prozesse abwarten zu müssen. Wie schon so oft, spielte übrigens auch hier die Besorgnis vor einem hannoverschen Vorgehen mit hinein. Rohnen hatte nämlich verlauten lassen, Hannover werde mit den übrigen Weserinteressenten gemeinsame Sache machen und alles Klappholz im Braunschweigischen festhalten [3]).

---

[1]) Schreiben Bremens vom 30. III. 1720. [2]) Eingabe Rohnens vom 13. IV. 1720. [3]) General-Kriegs-Kommissariat an den Etats- und Kriegsminister v. Ilgen 19. IV. 1720.

Unterdessen stellte sich heraus, daß durch die verfügten preußischen Repressalien nicht allein die Bremer, wie beabsichtigt war, Schaden erlitten, sondern auch preußische Untertanen sich zu Klagen darüber veranlaßt sahen. Es war nämlich auch ein größerer Posten weseraufwärts kommenden Leinsamens angehalten worden, der für Ravensberg bestimmt war. Der Geheime Rat Durham in Herford machte darauf aufmerksam, welchen Schaden die Spinnerei erleiden würde, falls die Leinsaat nicht bald frei käme, da die Saatzeit schon fast vorüber wäre, und äußerte zugleich die Hoffnung, Bremen werde sich daraufhin auch willfähriger erweisen. Diese von eigner Seite erhobenen Beschwerden waren dann Veranlassung zu energischen Befehlen nach Minden, neue Repressalien fürderhin zu unterlassen, da, wie es auch hier wieder heißt, überdies Zwistigkeiten mit Hannover deshalb zu befürchten wären [1]).

Jetzt fügte man sich in Minden; ja, die Stadt war sogar bereit, auf ihre Privilegien ganz zu verzichten, sofern Kurbraunschweig und Bremen ihrerseits freien Handel gestatten und keine Waren ausschließen würden. Hiermit nahm man also die einst von Hannover geäußerte Ansicht auf, daß sich Minden bei völlig unbeschränktem Weserhandel am besten stehen würde [2]).

Gleichzeitig versuchte es Bremen noch einmal mit seinem Vorschlage, das Klappholz beiderseits unbehelligt zu lassen. Demgegenüber blieb aber das General-Kriegs-Kommissariat auf der Forderung der drei Liegetage bestehen und überreichte am 3. Mai 1720 dem Bremer Syndikus eine entsprechende Resolution in der sicheren Hoffnung, daß sich dieser auch mit einer solchen Fassung des Vergleiches zufrieden geben werde [3]).

Lohnen beharrte jedoch auf seiner ablehnenden Haltung, so daß die preußischen Unterhändler schließlich einen letzten Versuch machten und in Minden anfragten, ob man nicht dort eventuell geneigt wäre, die Forderung der Stapeltage fallen zu lassen. Allein auch hier muß eine verneinende Antwort erfolgt sein [4]), denn am letzten Mai ging von Berlin ein Schriftstück nach Bremen ab, das die frühere Resolution wörtlich wiederholte, auf die Frage der Liegetage gar nicht weiter einging, sondern nur die Erwartung aussprach, daß durch diesen Vergleich Bremens Beschwerden gehoben, mithin die beiderseitig in Anwendung gekommenen Zwangsmittel überflüssig würden.

---

[1]) Bericht Durhams aus Herford 20. IV. 1720. Reskript an die Minder Regierung 27. IV. 1720. [2]) Bericht der Minder Regierung vom 2. V. 1720. [3]) Resolution des General-Kriegs-Kommissariats an Lohnen 3. V. 1720. General-Kriegs-Kommissariat an Ilgen 3. V. 1720. Reskript an die Minder Regierung 7. V. 1720.
[4]) Die Antwort Mindens ist nicht erhalten.

Diesmal sah sich das Kriegs-Kommissarial in seiner Hoffnung nicht
getäuscht; einige Zeit scheint man zwar in Bremen geschwankt zu haben,
aber im letzten Drittel des Juni erklärte der Magistrat schließlich doch seine
Einwilligung¹). Jetzt endlich kam auch Kulenkamps Holz frei und dementsprechend
fielen die von Minden aus verhängten Arreste.

III. Eingreifen Hannovers.
Ergebnislose Verhandlungen über Aufhebung der Hameler
Holzsperre und des Lüneburger Salzmonopols.

Durch den Interimsvergleich war nun wenigstens mit Bremen in
einem der Hauptstreitpunkte ein modus vivendi gefunden, und es ließ sich
hoffen, daß der fernere Verlauf des Prozesses von solchen etwas gewalt-
tätigen Zwischenfällen frei bleiben würde. Daß Minden so von dieser Seite
her etwas Luft bekam, war aber auch dringend nötig. 1720 wurde ein Jahr
schwerer Bedrängnis für die Stadt und ihre Privilegien, denn Kohnens
Drohung hatte sich verwirklicht und Hannover trotz der stets so vorsichtigen
Haltung der preußischen Behörden dem Vorgehen Bremens sich angeschlossen.

Die ersten Anfänge der neuen Verwickelung reichen schon weiter zurück; bereits 1718 hatten die hannoverschen Geheimen Räte über das an
Kulenkamp verliehene Holzmonopol Klage geführt und um die Wiederherstellung der freien Schiffahrt gemäß dem Natur- und Völkerrechte ersucht²).

In Minden hatte man es für das beste gehalten, darauf gar nicht zu
antworten, vermutlich weil man doch keine Hoffnung mehr hegte, in Verhandlungen mit Hannover etwas ernstliches zu erreichen.

Letzteres hatte sich auch längere Zeit bei dem bestehenden Zustande
beruhigt und nichts gegen Kulenkamp unternommen. Mit dem April 1720
änderte sich jedoch diese Haltung durchaus.

Zunächst wurde einem Blothischen Schiffer ein Holzfreipaß bei Hameln
mit der Begründung abgeschlagen, erst müßten zu Minden die Beschwerden
wegen des Kulenkampschen Monopols abgestellt werden; bann aber gelangte
nach Berlin die Nachricht, Hannover habe Ende März an die an der Weser
beteiligten Reichsstände ein Schreiben mit Beschwerden über Minden und
Vorschlägen zu gemeinsamer Abwehr erlassen. Zusammen mit Kohnens
Äußerungen wirkte das natürlich äußerst unangenehm in Berlin. Wie
dadurch die Verhandlungen mit Bremen beeinflußt wurden, haben wir

---
¹) Bremen an die Regierung zu Minden 29. VI. 1720.   ²) Hannoversche
Geheimen Räte an die Regierung zu Minden 8. Septbr. 1718.

bereits gesehen; die Regierung entschloß sich aber auch zu Vorbeugungsmaßregeln und bat direkt in Hannover um Aufklärung, da doch ein solches einseitiges Vorgehen dem bisherigen guten Einvernehmen durchaus widerspräche. Sogleich wurde auch bekannt gegeben, daß Kulenkamp auf sein Holzprivileg verzichten wolle, und versichert, das Stapelrecht sollte den hannoverschen Untertanen in Nichts zum Nachteil gereichen[1]).

Hannover antwortete wegen des erlassenen Rundschreibens ausweichend, es habe nur dem freien Weserhandel dienen sollen. Im übrigen wurde der Freude darüber Ausdruck verliehen, daß das Stapelrecht gefallen sei, denn so faßte man die Äußerung des preußischen Schreibens auf. Falls darüber noch eine besondere Mitteilung in aller Form käme, sollte auch sofort die Holzsperre bei Hameln aufhören, wovon das Minder Brauergewerbe sicher den größten Vorteil haben würde[2]).

Natürlich dachte man in Berlin nicht daran, die hannoversche Auslegung gelten zu lassen, jedoch war man weiter eifrig auf einen Vergleich mit Hannover bedacht und verlangte dafür Vorschläge von der Minder Regierung[3]).

Dort war aber unterdessen die Bremer Zustimmung zum Interimsvergleiche eingetroffen, und es wurde infolgedessen der Einspruch Hannovers nicht mehr allzu ernst genommen, da die Regierung die Überzeugung hatte, Hannover wäre nur durch Bremen zu seinem Vorgehen veranlaßt worden und würde sich nun auch bald beruhigen. Zudem wurde eine Einigung mit Hannover längst nicht für so nötig befunden als die mit Bremen, denn von einer Aufhebung des Hameler Verbotes hatte Minden kaum Vorteil für seinen Holzhandel zu erwarten, da angeblich das Holz oberhalb Hamelns für Minder Verhältnisse viel zu hoch im Preise stand. Kulenkamp hatte freilich mit solchem Holze gehandelt, aber es eben nicht in Minden verkauft, sondern auf Grund seiner alten Handelsbeziehungen von Bremen her ausgeführt, und es war ja eine alte Minder Klage, daß die Bremer bei der Holzausfuhr, besonders nach Schottland, übermäßig hohen Gewinn hätten. Kulenkamp brauchte also die hohen Holzpreise an der Oberweser nicht zu scheuen.

Weit drückender als die Sperre zu Hameln wurde in Minden das Lüneburger Salzprivileg empfunden. Diesem gegenüber war man auch zu Zugeständnissen in der Ausübung des Stapelrechts bereit und erbot sich demgemäß, „wegen der Niederlagsgerechtigkeit der Disposition Sr. königl.

---

[1]) Schreiben der Berliner Geheimen Räte an Hannover 27. IV. 1720. [2]) Hannoversche Geheime Räte an die Berliner Geheimen Räte 4. V. 1720. [3]) Restript an die Minder Regierung 15. VI. 1720.

Majestät von Groß-Britannien zu geleben", falls Hannover die Durchfuhr schottischen Salzes gestatten, in Hameln Abhilfe schaffen und zur Abstellung der Bremer Auflagen beitragen wolle¹).

Daß der Kurstaat darauf nicht eingehen würde, ließ sich voraussehen; in der Tat scheint aber der Minder Magistrat mit seiner Behauptung Recht gehabt zu haben, daß Hannover dem Beispiele Bremens folgen und sich auch zufrieden geben werde. Es fehlen nämlich alle Nachrichten über weitere Verhandlungen, und nach mehreren früheren Fällen erscheint es als durchaus glaubhaft, daß man den Streit beiderseits einschlafen ließ, bis eine neue Gelegenheit ihn einmal wieder zu frischem Auflodern brachte.

In Minden schien sich die Sachlage nun wieder ganz friedlich anzulassen, denn Kulenkamp erbot sich Ende des Jahres 400 Taler jährlich zur Akzise zu zahlen, wenn sein früheres Holzmonopol wiederhergestellt würde, auf das er wegen der Verhandlungen mit Bremen und Hannover hatte verzichten müssen²).

Das General-Kriegs-Kommissariat sprach sich indes aufs schärfste gegen dieses Gesuch aus, indem es auf die langen hierdurch hervorgerufenen Streitigkeiten verwies und die Minder Privilegien, auf die das Monopol sich nur stützen konnte, nun selbst als höchst unsicher und zweifelhaft hinstellte, wobei sämtliche von den Gegnern bisher vorgebrachten Gründe wiederholt wurden; namentlich habe Minden sein Schiffahrtsrecht bei Bremen nie zur Anerkennung und Ausübung bringen können. Neue preußische Repressalien würden den Weserhandel vollends vernichten; zudem müßte anerkannt werden, daß Bremen im Vergleiche Zugeständnisse gemacht hätte, so daß auch Preußen an die seinigen gebunden wäre. Ferner könne man erwarten, daß durch die sicher bevorstehenden Gegenmaßnahmen Bremens wie Hannovers das Land weit mehr Schaden leiden würde, als die 400 Taler der Akzise Vorteil brächten, wobei das Kriegs-Kommissariat auch sehr richtig betonte, daß von dem Monopole einzig und allein Kulenkamp und kein einziger Minder weiter Vorteil haben werde. Damit war diese Frage zu ungunsten des Antragstellers entschieden, und der König lehnte deshalb auch eine zweite Eingabe gleicher Art ab³).

---

¹) Bericht der Minder Regierung und des Magistrats 29. VI. 1720. ²) Eingabe Kulenkamps vom 26. XII. 1720. ³) Eingaben Kulenkamps vom 26. XII. 1720 und 19. VIII. 1721. Reskript an die Minder Regierung vom 17. I. 1721. General-Kriegs-Kommissariat an Ilgen 29. VIII. 1721.

IV. Neue Verwicklungen mit Bremen wegen Feststellung des marktgängigen Preises. Zusammengehen mit Hannover. Kündigung des Interimsvergleiches. Privilegien für Kulenkamp, sowie für die Bremer Reiche und Huffschläger.

Mehrere Monate waren für Minden in völliger Ruhe verstrichen, da kam im Sommer 1721 eine neue Störung mit Bremen, hervorgerufen durch eine Lücke des vorläufigen Vergleiches; es fehlte hier nämlich jede Festsetzung, wie denn der „billige", d. h. marktgängige Preis in Minden berechnet werden sollte.

Ende Mai fuhren nun einige Bremer Schiffer mit Holz die Weser hinunter und stellten es die üblichen drei Tage in Minden zum Verkauf, wobei sie für das Schock 10 Taler forderten. Die Minder[1]) wollten jedoch nur höchstens 8 Taler dafür geben, erboten sich sogar, für 9½ Taler das Holz in Bremen selbst zum Verkaufe zu stellen, und belegten schließlich unter Zustimmung der Regierung den ganzen Posten mit Beschlag. Dagegen legte nun der Bremer Magistrat lebhafte Verwahrung ein, denn aus dem Anerbieten der Minder ginge deutlich hervor, daß sie das Holz gar nicht nötig gehabt hätten. Kulenkamp sollte auch kein Holz nie unter 11— 13 Taler pro Schock in Bremen verkauft haben. Das Ministerium entschied auf diese Beschwerden, daß der Interimsvergleich strengstens eingehalten werden solle, ohne aber den Kernpunkt, die Preisfestsetzung, näher zu berühren[2]).

Demgegenüber machten sich aber in Minden Einflüsse geltend, die dieses Übereinkommen durchaus verwarfen, da es Minden nicht den geringsten Nutzen brächte, und tatkräftiges Vorgehen gegen die Bremer Abgaben verlangten.

Namentlich Turham, der vor zwei Jahren zur Versöhnlichkeit geraten hatte, war jetzt ein Mann der scharfen Tonart geworden, nachdem er sich von der Höhe der Abgaben in der Hansestadt genauere Kenntnis verschafft hatte. Er forderte dringend, Bremer Vermittelungsvorschlägen kein Gehör mehr zu geben, sondern sich mit Hannover zu vereinigen und hier zunächst die ungehinderte Einfuhr schottischen Salzes, sowie die Aufhebung der Sperre zu Hameln auszuwirken[3]).

Ließ sich dies bei Hannover durchsetzen und zugleich ein gemeinsames Vorgehen gegen Bremen erreichen, so war freilich Mindens Stellung ganz

---
[1]) Außer Kulenkamp wird jetzt auch ein Kaufmann Spanmann als Holzhändler angeführt.   [2]) Schreiben Bremens vom 20. VIII. und 18. X. 1721.   [3]) Bericht Turhams aus Minden 20. Septbr. 1721.

bedeutend gebessert, aber Hannover war bisher ein unentwegter Gegner und fast stets ein Anwalt Bremischer Beschwerden und Klagen gewesen.

Nichtsdestoweniger entschloß sich die Regierung auf Durhams Vorstellungen, die vielleicht schon auf ähnliche Erwägungen in Berlin getroffen sein mögen, ein derartiges Ersuchen an Hannover zu richten. Die heißen Punkte, das schottische Salz und die Holzsperre, ließ man freilich lieber außer Spiel und regte nur ein gemeinsames Einschreiten gegen die übermäßige Höhe der Bremer Abgaben an, wie man es preußischerseits schon 1710 auf der 2. Konferenz zu Hameln vorgeschlagen hatte. Unmittelbar begründet wurde dieses preußische Anerbieten mit dem Hochmute Bremens, der seit der Entfernung der Bremer ganz unerträglich gewachsen wäre¹). Auf den ersten Blick muß es auffällig erscheinen, daß die Geheimen Räte zu Berlin auf ein Zusammenwirken mit Hannover gegen Bremen rechneten. Seine Erklärung findet dies in der politischen Machtverschiebung nach dem Zusammenbruche der schwedischen Großmachtstellung, wodurch Hannover die bisherigen schwedischen Herzogtümer Bremen und Verden gewann und so ein unbequemer Nachbar der freien Reichsstadt wurde. Namentlich hegte man hier die größten Besorgnisse, daß bei der bevorstehenden Investitur Hannovers mit den neuen Erwerbungen alle Rechte Bremens gewahrt blieben.

So war eine ziemliche Spannung zwischen den alten Freunden eingetreten; Hannover erklärte sofort seine Zustimmung zu dem preußischen Vorschlage und erließ ungesäumt ernstliche Vorstellungen nach Bremen. Leicht ließ man sich jetzt auch bereit finden, das Mindener Schiffahrtsrecht förmlich anzuerkennen. Infolgedessen suchte man nun in Berlin auch eine Einigung mit Hannover über die sonstigen Streitpunkte herbeizuführen. Mindischerseits wurden bei den darüber gepflogenen Unterhandlungen wieder am meisten die Unzuträglichkeiten des Lüneburger Salzmonopols betont, wodurch auch die preußischen Zölle Schaden litten, da sonst ein schwunghafter Handel mit dem besseren und billigeren schottischen Salze getrieben werden konnte. Man glaubte überdies, Lüneburg wäre nicht im Besitze einer kaiserlichen Bestätigung für sein beanspruchtes Monopol. Die schon einmal gemachten Vergleichsvorschläge wurden wiederholt, wogegen Minden auf sein Stapelrecht völlig zu verzichten bereit war, falls auch Bremen zur Nachgiebigkeit gezwungen würde. Andernfalls sollte wenigstens das Stapelrecht den Hannoveranern gegenüber äußerst milde gebraucht werden²).

---

¹) Berliner Geheimen Räte an Hannover 28. IX. 1721. ²) Hannoversche Geheime Räte an die Berliner Geheimen Räte 16. X. 1721. Minister Kraut an Ilgen 25. X. 1721. ³) Reskript an die Minder Regierung 20. I. 1722. Bericht Mindens 30. I. 1722.

Die Minder Regierung spendete den Vorschlägen des Magistrats ihren vollen Beifall, bezweifelte aber sehr, ob Hannover sich auf die Durchfuhr schottischen Salzes einlassen würde; vielleicht wäre aber durch direkte Verhandlungen in London hierin etwas zu erreichen.

In Berlin schloß man sich den letzten Bedenken der Minder Regierung durchaus an, da ein kaiserliches Privileg für das Lüneburger Monopol tatsächlich vorhanden war. Dazu trat der Umstand hinzu, daß es sehr im Interesse der Magdeburger Salzsiedereien lag, wenn das Lüneburger Monopol aufrecht erhalten blieb.

Von diesem Gesichtspunkt aus wurde es für das Beste gehalten, an die Differenzen mit Hannover gar nicht zu rühren, zumal die Überzeugung sich Bahn gebrochen hatte, die Streitpunkte wären in der Tat nicht allzu schwerwiegend. Freilich wünschte man in Berlin keineswegs, daß Minden sich aller seiner Gerechtsame Hannover gegenüber entäußern sollte [1]).

In der Folge gestalteten sich nun auch die Beziehungen zu diesem Nachbarstaate weiterhin günstig, da von Bremen keine befriedigenden Erklärungen wegen der Beschwerden zu erlangen waren und beide Staaten infolgedessen weiter gegen Bremen zusammenhielten.

Von dieser Sachlage hatte natürlich auch Kulenkamp Kenntnis bekommen, und er unterließ nicht, unter Hinweis auf die ihm früher erteilten Versprechungen und Privilegien sein Heil noch einmal zu versuchen und namentlich gegen den Interimsvergleich zu protestieren, der die Minder zwang, auch in Bremen drei Stapeltage zu halten [2]).

Diesen Anstrengungen seiner Gegner gegenüber zeigte sich Bremen bemüht, den preußischen König zum Festhalten am Vergleiche zu bestimmen, wie er ja selbst noch kürzlich eine dahingehende Erklärung abgegeben hatte. Indes die daraufhin zielenden Bemühungen waren vergeblich, denn Preußen hatte sich entschlossen, die Gunst der Lage auszunutzen und den Minder Ansprüchen nach Möglichkeit Geltung zu verschaffen.

Bremen versuchte nun wieder in erster Linie Hannover zu beruhigen und gab dem hannoverschen Residenten Moye seine Privilegien zur Einsicht, der aber darin keine Berechtigung zu den gerügten Abgaben entdecken konnte, worauf Kohnen zu persönlicher Verhandlung nach Hannover ging, ohne doch etwas ausrichten zu können [3]).

Nachdem man in Berlin hierüber aufgeklärt war, auch erfahren hatte, daß der Bremer Syndikus Mindemann in Wien nur der Investitur Han-

---

[1]) Bericht der Minder Regierung vom 12. II. 1722. Reskript an die Minder Regierung 21. II. 1722. Reskript an das Minder Kommissariat 14. II. 1722. [2]) Eingabe Kulenkamps vom 6. X. 1721. [3]) Berichte Tilemans aus Bremen 16. XII. 20. XII. und 31. XII. 1721, 3. I. und 24. I. 1722.

nover* wegen anwesend war, aber nichts gegen Minden vorzubringen hatte, entschlossen sich die Minister zu scharfen Maßregeln gegen Bremen.

Zunächst wurde nur die sofortige Abstellung der von Minden gerügten Mißstände verlangt und gedroht, sich sonst mit Hannover ins Einvernehmen zu setzen; dann aber erfolgte unmittelbar darauf die Ankündigung, Preußen halte sich an den Vergleich vom Mai 1720 nicht mehr gebunden. Dieser Schritt wurde damit begründet, man habe fälschlicherweise den Behauptungen Rohnens Glauben geschenkt, daß Bremen von jeher Klappholz unter die stapelbaren Güter gerechnet hätte. Demnach erging an die Stadt die Aufforderung, auf die drei Liegetage zu verzichten, während sie in Minden für Bremer Schiffer weiter bestehen bleiben sollten.

Mit der Preisfestsetzung, hieß es weiter, werde fortan das Mindische Kommissariat betraut sein, und zwar sollte der Bremer Preis abzüglich Fracht und Spesen bis Minden zu grunde gelegt werden [1]).

Bremen zögerte lange mit einer Antwort, bemühte sich aber eifrigst, Hannover zufrieden zu stellen, während nach Tilemans Bericht nur wenig Hoffnung auf Bewilligung der preußischen Forderungen vorhanden war. Wenn Tileman freilich befürchtete [2]), Bremen sei vielmehr entschlossen, den Prozeß in Wetzlar tätiger zu betreiben, so stellte sich das sehr bald als grundlos heraus. Bremen hatte nur bei Münster, Lippe und Hannover Erkundigungen über die Behandlung dortiger Untertanen in Minden eingezogen und war geneigt, die hohe Akzise auf Minder Bier etwas zu erniedrigen, sofern nur mit dem Klappholz wieder etwas mehr Freiheit verstattet wurde, da die Kaufleute bekanntlich das Holz als Unterlage für die Leinwand bei der Ausfuhr nach England benutzten [3]).

Tilemans Ansicht nach war Bremen immer noch zu einem Vergleiche geneigt, denn die Sorgen wegen der Investitur Hannovers hätten sich noch vermehrt.

Eine solche Stimmung gelangte freilich in einem Bremer Schreiben an den preußischen König nicht zum Ausdruck. Zwar spricht aus ihm deutlich die Bestürzung über die unvermutete Aufhebung des Vergleiches und Festsetzung des Holzpreises durch das Kommissariat, aber der Bremer Rat faßt nochmals alle Gegengründe gegen das Minder Stapelrecht zusammen und gibt in dieser Frage keinen Schritt nach, sondern betont, einzig

---

[1]) Schreiben an Bremen 10. I. 1722.   [2]) Bericht Tilemans 10. II. 1722.
[3]) Schreiben der Hannoverschen Geheimen Räte 24. II. 1722. Bericht Dr. Hofmanns aus Wetzlar 25. II. 1722. Bericht Tilemans 25. II. 1722. Eine Antwort Bremens vom 14. II. 1722 auf das preußische Schreiben ist nicht erhalten.

— 65 —

und allein Minden sei Schuld an der Vernichtung des einst so blühenden Weserhandels ¹).

Preußischerseits wurden die Verhandlungen nun vorläufig ganz abgebrochen; auch mit Hannover stockte der Verkehr. Zwar kamen von dort Ende des Jahres 1722 Vorschläge zu einem Vergleiche, die aber von Minden aus gar nicht beantwortet zu sein scheinen. Jedenfalls hatte Hannover die alten unbefriedigenden Anerbietungen — Aufhebung der Holzsperre gegen Verzicht auf das Stapelrecht — nur wiederholt ²).

Im Frühjahr 1723 kam nun aber aus Bremen die Nachricht, Kohnen verhandele noch immer mit Hannover, und eine gütliche Einigung scheine in Aussicht zu stehen. In Berlin war davon nicht das geringste bekannt; es erging deshalb sofort eine Anfrage nach Hannover mit der Erklärung, auch Preußen sei sehr für einen Vergleich mit Bremen, so daß es wohl am besten wäre, wenn alle drei Teile zugleich miteinander verhandelten. Die Antwort lautete jedoch dahin, es wäre noch zu keinem Abschlusse mit Bremen gekommen; sollte endlich eine befriedigende Nachricht von dort eintreffen, würde sie sofort vertraulich nach Berlin mitgeteilt werden.

Hier aber wurde dem Verbündeten anscheinend wenig Vertrauen in dieser Angelegenheit entgegengebracht, denn die letzte Auskunft befriedigte keineswegs und man bat nochmals um Bericht auch über die bisher gepflogenen Verhandlungen. Zugleich sprach man die Hoffnung aus, Hannover werde nichts dem Interesse des Königs und seiner Untertanen Widersprechendes bewilligen, nur durch größte Einigkeit sei Bremen „zur raison zu bringen". Umgehend drückten die Geheimen Räte zu Hannover ihr Einverständnis aus; ob freilich irgendwelche Verhandlungen im Gange waren, darüber schwiegen sie auch diesmal wieder; indes scheint man in Berlin auf weitere Anfragen verzichtet zu haben ³).

Dies sind für längere Zeit die letzten Nachrichten; weder mit Bremen, noch mit Hannover wurden neue Einigungsversuche gemacht.

Nach und nach wurde sogar Kulenkamps Privileg in gewissem Sinne wiederhergestellt. Zwar waren bis 1725 seine dahingehenden Bemühungen vergeblich, da Spanmann ⁴) Einspruch erhob. Kulenkamp trat dann aber in Verbindung mit einem Blothischen Schiffer Voß, der als Entschädigung für eine erlittene Havarie ⁵) vom Könige schon 1712 die Erlaubnis erhalten

---

¹) Schreiben Bremens an den König 12. III. 1722.   ²) Reskript an die Mindener Regierung und das Kommissariat 4. XII. 1722; alle weiteren Nachrichten fehlen.
³) Bericht Tilemans 7. IV. 1723.   Schreiben an die Geheimen Räte zu Hannover 18. IV. und 1. V. 1723.   Antworten derselben 22. IV. und 9. V. 1723.   ⁴) Vergl. p. 61 Anm. 1   ⁵) Vergl. p. 30 Anm. 1.

hatte, 4000 Klafter Brennholz an Minden vorbeizuführen. Weiter erklärte sich Kulenkamp bereit, die Kosten für den Wetzlarer Prozeß zu tragen, und erhielt daraufhin tatsächlich noch 1725 die Bewilligung, die Hälfte des ankommenden Holzes auflaufen zu dürfen [1]).

Wie wenig überhaupt trotz aller Verhandlungen und Prozesse die Mindner Privilegien gegebenenfalls von der höchsten Stelle Preußens beachtet wurden, zeigt folgendes Vorkommnis. Die Bremer Kaufleute Reich und Huffschläger hatten dem Könige für seine Riesengarde ein paar „lange Kerls" zu verschaffen gewußt und dafür schon unter dem 23. Januar 1723 die Erlaubnis erhalten, 8000 Klafter Brennholz sowie je 100 Floß Klappholz und Pipenstäbe [2]) an Minden ungehindert vorbeiflößen zu dürfen. Der Magistrat suchte auf jede Weise diese Durchbrechung der Privilegien zu verhindern, mußte sich aber mit einem Vertrage begnügen, wonach zwar die beiden Kaufleute nur 120 Floß Klappholz oder Pipenstäbe und 1200 Klafter Brennholz vorbeibringen durften, jedoch in verschiedenen Posten und auf beliebige Namen Bremer Bürger, während nicht einmal der Magistrat bis zur Beendigung dieser Transporte irgend jemandem Freipässe sollte ausstellen können. Damit war also für Holz den Bremern der Handel auf der Weser für mehrere Jahre ganz freigestellt und das Mindner Stapelprivileg völlig außer Kraft gesetzt [3]).

Die Verschiffung des Holzes zog sich lange hin, und zwar brachte nun jeder beliebige Bremer Bürger gegen eine Bescheinigung der betreffenden Kaufleute sein Holz an Minden vorbei, so daß Kulenkamp endlich in gleicher Weise verfuhr und auch seinerseits fremden Schiffern gegen eine Gebühr Holzpässe auf seinen Namen ausstellte. Von seiten der Mindner lief keine Klage darüber ein, denn auch Spanmann hatte sein Holzgeschäft wieder aufgegeben und der Handel der Stadt lag völlig darnieder.

Im Jahre 1725 suchte sich nun die Kammer der so überaus traurigen Lage der Stadt anzunehmen und betonte in Berlin, daß nur durch kräftigste Geltendmachung der Privilegien Minden wieder zu einiger Blüte gelangen könnte. Namentlich dürften keine Befreiungen vom Stapelrechte mehr gestattet werden. Aber diese Anregung scheint nur in einem Punkte in Berlin Beachtung gefunden zu haben: die Kammer hatte nämlich zum Schluß an den Wetzlarer Prozeß erinnert, in dem immer noch kein Urteil erfolgt war [4]).

---

[1]) Bericht der Mindner Regierung vom 8. X. 1733. [2]) Pipenstäbe wurden von den Böttchern zu Fässern ꝛc. gebraucht. [3]) Bericht der Mindner Regierung vom 8. X. 1733. [4]) Bericht der Mindner Kammer vom 4. V. 1725.

V. Wiederaufnahme des Prozesses.
Verhandlungen Bremens in Berlin 1733. Neuer Streit mit Hannover 1734. Fortgesetzte Verschleppung des Prozesses. Lage in Minden.

Fast könnte es scheinen, als wäre der Prozeß über den Vorgängen der letzten Jahre in Berlin ganz in Vergessenheit geraten. Leider war auch der Prokurator Dr. Hofmann, wie sich später herausstellte, eine ganz nachlässige und unfähige Persönlichkeit, der stets des äußersten Ansporns bedurfte, um nur überhaupt über den Stand des Prozesses Auskunft zu erteilen. Jetzt wurde er nun bringend dazu von Berlin aus aufgefordert. Da stellte sich dann heraus, daß bereits am 18. November 1720 vom Gegenanwalte eine Duplikschrift eingereicht war. Zwar hatte man sich damals preußischerseits zu einer Triplik bereit erklärt, aber diese war immer noch nicht eingelaufen. So lautete der Bericht des Herrn Prokurators, der wahrscheinlich sonst noch weiter dazu geschwiegen hätte; um so länger konnte er ja seine Sporteln einstreichen. Es finden sich nicht einmal Nachrichten, ob er 1720 wenigstens die Ankunft der Bremer Duplik mitgeteilt hat. In diesem Falle würde man in Berlin die gleiche Schuld an der Verschleppung tragen.

Wie dem auch sei, erst jetzt wurde der Minder Regierung aufgetragen, gemeinsam mit der dortigen Kriegs- und Domänen-Kammer die nötig gewordene Triplik abzufassen, womit der Geheime Kriegs- und Domänenrat Culemann betraut wurde. Jedoch sollte die Fertigstellung nicht so schnell von statten gehen. Culemann starb sehr bald über seiner Arbeit, die dann 1728 dem Kommissionsrate und Bürgermeister Havermann aufgetragen wurde. Dieser ließ jedoch volle zwei Jahre nichts von sich hören, bis dann im Juli 1730 dem Magistrate der Befehl zuging, schleunigst die Triplik fertig zu stellen. Auch so dauerte es noch bis zum Juli 1732, ehe sie nach Berlin eingesandt werden konnte [1]. Sie war, wie der Kriegsrat Weinreich berichtet, nach dem Muster der Bremer Duplik zwar sehr weitläufig, aber doch ganz gut verfaßt; immerhin könnte man den Inhalt der drei Buch Papier, die sie umfaßte, bequem auf drei Bogen zusammenfassen [2].

---

[1] Reskript an den Minder Magistrat 25. VII. 1730. Regierung an Kriegs- und Domänen-Kammer zu Minden 20. V. 1732. [2] Reskript an Hofmann 27. I. 1725. Reskript an die Minder Regierung 24. II. 1725. Bericht der Minder Regierung 31. III. 1725. Es kam hierbei zu einem Konflikt zwischen Regierung und Kammer; letztere fühlte sich zurückgesetzt, daß die Regierung in erster Linie die Berichte über das Stapelrecht lieferte und sie selbst nur hinzugezogen wurde. Nach längerem Schriftwechsel hierüber kam endlich der Befehl, Regierung und Kammer sollten conjunctim die Prozeßangelegenheiten verhandeln.

— 68 —

Der Grund für die außerordentliche Verschleppung bis zum Jahre 1730 bleibt verborgen, zumal für die dazwischen liegenden Jahre über den Prozeß wieder keine Nachricht vorhanden ist. Aber auch um die übrige Überlieferung für diese Zeit steht es traurig bestellt.

Allmählich hatte sich in Minden beim Magistrate die Sitte eingebürgert, die Schiffer mit stapelpflichtiger Getreideladung gegen eine Vergütung von 18—21 Groschen zum Besten des dortigen Waisenhauses vor Ablauf der drei Liegetage zu entlassen, falls gerade keine Nachfrage nach Getreide in der Stadt vorhanden war.

Da die Schiffer meist noch stapelfreie Güter geladen hatten, wollte man so dem Handel etwas entgegenkommen und hoffte weniger den Widerspruch der Nachbarn gegen das Stapelrecht herauszufordern, damit nicht etwa Bremen auf diese Weise Unterstützung fände. Die Kammer befürchtete nun, durch die beschleunigte Abfahrt der Kähne könnten Zollunterschlagungen begünstigt werden, und sah die lästige Handhabung des Stapelrechtes überhaupt nicht gern. Da sie nun ferner mit der Aufsicht über die Stadtangelegenheiten betraut war, hielt sie sich zu dem Befehle an den Schiffsaufseher für berechtigt, nur nach Anweisung der Kammer die stapelhaltenden Schiffer zu entlassen. Darüber kam es zu lebhaften Streitigkeiten mit der Stadt, die sich auf § 30 des Stadtreglements berief, der dem Magistrate die Ausübung des Stapelrechtes zusprach¹), und sich hierbei der stillen Unter-

---

¹) Reglement und Instruktion für den Stadt-Magistrat zu Minden war datiert Berlin, den 14. Juli 1723. Der hier in Betracht kommende § 30 lautet: „Bey der von der Stadt Minden wohl hergebrachten Stapel-Gerechtigkeit wollen Er. Königl. Maj. dieselben in alle Wege mainteniren, und nicht zugeben, daß selbige gekränket werde. Weilen aber notorium ist, daß solch Recht nicht allein von denen Bremern, sondern auch von dem Churhause Braunschweig contradiciret und in Zweifel gezogen wird und dann der Stadt Minden aus vielen wichtigen Considerationen nicht zu rathen seyn möchte, sich hochgedachtern Hause ins Auge zu setzen und wieder deren Unterthanen das jus stapulae allemahl juxta vigorem zu exerciren, so finden Er. Königl. Maj. für dienlich und gut, daß man solchenen juris gegen die Hannoverschen hinführo mit mehrer Moderation sich bediene, und auch sonsten auf Mittel gedenke, wie dieselbe zur Ruhe gebracht und zum wenigsten von der Bremischen Partihe abgelenket werden mögen, weshalb auch Er. Königl. Maj. des Magistrats Vorschläge und unvorgreifliche Gedanken von dero Kriegs und Dom. Cammer, welcher es zufördern zu befördern ist, erwarten wollen. Inmittelst soll es mit der Administration erwehnten Stapel-Rechts ferner, wie bisher geschehen, gehalten und die mit stapelbaren Güthern ankommende Schiffe von denen Visitatoren verab wohl visitiret, mithin die Zoll- und Fracht-Briefe eingesehen, darauf auch von dem Senatore Wesseling darüber ein kurzes Protocoll abgefasset, und solchernächst von dem warthaltenden Bürgermeister ratione des Verlaufes die Billigkeit nach dem Herkommen verabredet werden; Wann aber hiebey an Seiten der Schiffer ein strafbarer Exceß oder sonst etwas zweifelhaftes vorgehen würde, so lieget

ſtützung ſeitens der Regierung zu erfreuen hatte. Die Miniſter entſchieden demgemäß im großen und ganzen zu Gunſten der Stadt, wenn auch die beiden Bürgermeiſter v. Huß und Habermann wegen ihres ſtörrigen Verhaltens der Kammer gegenüber einen Verweis erhielten. So blieb es bei der mäßigen Anwendung des Stapelrechts auf Getreide — Holz kam ja vorläufig gar nicht mehr in Frage —, wozu auch das Stadtreglement von 1723 ausdrücklich aufforderte, ſo weit Hannoveraner davon betroffen wurden [1]).

Sonderbar bleibt es, daß auch in Minden ſelbſt der Prozeß während der letzten Jahre ſo wenig Intereſſe erweckt hatte; jetzt, nach Ablieferung der Triplikſchrift im Jahre 1732, wurde man aber allmählich doch um den langen Gang des Rechtshandels beſorgt und ſuchte eine ſchnellere Beendigung herbeizuführen, zumal man ſchon durch die Duplik Bremens inſofern überrumpelt war, als nach den Reichskammergerichtsbeſtimmungen in einer causa mandatorum nur eine Replik noch angenommen werden ſollte. Der Magiſtrat hielt es für das geeignetſte, wenn jemand perſönlich die Triplik in Wetzlar überreichte, „täglich und ſtündlich" die Verteilung der Akten überwachte und ſo vielleicht noch erreichte, daß auf dem nächſten Publikationstage das Urteil veröffentlicht würde [2]). Dazu verſtand man ſich in Berlin freilich nicht, nur wurde den preußiſchen Prokuratoren — zu Dr. Hofmann war noch der Bremer Anwalt Dr. Goy getreten — eifrige Tätigkeit in dieſer Sache anempfohlen [3]).

Zu gleicher Zeit ſandte Bremen zur Doppelhochzeit im preußiſchen Königshauſe zwei Abgeordnete, Kohnen und Schumacher, nach Berlin und ſuchte dabei die Gelegenheit wahrzunehmen, um gegebenenfalls einen neuen Vergleich in der Mindiſchen Angelegenheit abſchließen zu können. Man ging auch preußiſcherſeits darauf ein; freilich ließ der eine der drei Miniſter des auswärtigen Departements, v. Thulemeyer, ſofort den Gedanken laut werden, die Bemühungen der Bremer ſeien vollkommen überflüſſig, wenn ſie nicht beſſere Vorſchläge als 1720 zu bieten hätten.

---

dem Bürgermeiſter ob, die Sache zur Deciſion des Magiſtrats auszuſtellen, welcher zuförderſt beswegen an die Kr. und Dom. Cammer referiren muß, und im übrigen hat erwehlter Beſſeling die davon auflommende Gelder zu berechnen." Von den Vorſchlägen, die der Magiſtrat Hannovers wegen machen ſollte, hören wir nichts. — In § 35 wurde dem Commercien-Collegium die Sorge für den Weſerhandel übertragen und möglichſte Beförderung des Wetzlarer Prozeſſes anbefohlen. ¹) General-Dirkl. an die Kammer zu Minden 11. XI., 1. XII. 1730. Berichte der Kammer 11. XL, 12. XII. 1730 und 4. I. 1731. Immediat-Eingabe des Magiſtrats 8. XI. 1730. General-Dirkt. an die Kammer 10. I. und 18. I. 1731. ²) Eingabe des Minder Magiſtrats 30. X. 1732. ³) Reſkript an Dr. Hofmann und Dr. Goy 16. V. 1783. Goy führte die Anwaltsgeſchäfte für Bremen in dieſem Prozeſſe übrigens weiter.

Die Eingabe der Unterhändler suchte zunächst, wie zu erwarten, den Verdacht weit abzuweisen, als ob Bremen etwa aus Furcht vor einem ungünstigen Ausgange des Prozesses zu dem Vergleiche die Hand reiche; dies geschah vielmehr allein „aus besonderer Verehrung für den König". Geklagt wurde dann namentlich über das Darniederliegen des Holzhandels, an dem natürlich das neue Monopol Kulenkamps einzig und allein die Schuld tragen sollte, während tatsächlich Reich und Hufschläger noch einen bedeutenden Teil ihres Holzquantums nicht zur Verschiffung gebracht hatten.

Bremen wollte im übrigen zwar zugestehen, daß Minden mit den in den eignen Privilegien nicht besonders genannten Waren freien Handel bis zur See treiben dürfte; das Mindener Stapel- und Schiffahrtsrecht aber wurde mit den schon so überaus oft vorgebrachten und ebenso oft von Minden bekämpften Argumenten verworfen, ebenso jeder Angriff auf die angeblich zu hohen Abgaben der Hansestadt von vornherein abgewiesen.

Irgendwelche Verhandlungen über die letzten Punkte lehnten die Minister nun aber rundweg ab, da man entschlossen war, hierüber das Urteil des Kammergerichts abzuwarten. Ebenso war man sich durchaus darüber einig, daß Bremen andere Vorschläge machen müßte, wenn es überhaupt auf einen Erfolg der Besprechungen rechnen wollte. Nur über die Kulenkamp neuerdings gemachten Vorwürfe verlangten die Minister Aufklärung, um hierin den Bremern entgegentreten zu können.

Fast komisch wirkt es, wenn dann Dr. Hofmann noch den Auftrag erhält, den Prozeß der Vergleichsverhandlungen halber ja nicht allzu eifrig zu betreiben, sondern nur soweit, als die Umstände und das Interesse Mindens es erforderten — ein Befehl, der dem „eifrigen" Hofmann wahrscheinlich sehr willkommen gewesen sein wird[1].

Daß Bremen eigentlich des Rechtshandels müde war, zeigt ganz deutlich das Ansuchen der beiden Unterhändler, Preußen möchte den Prozeß doch „aufrufen" lassen, mit der recht durchsichtigen Begründung, daß Minden unmöglich auf ein günstiges Urteil rechnen könne. Um den Ministern die Annahme dieses Vorschlages zu erleichtern, erklärte sich Bremen gleichzeitig bereit, die Abgabe vom Mindener Bier von 1 Taler auf 16 Groschen = 1 Gulden, sowie Geleits- und Tonnengeld auf ein Viertel des bisherigen Betrages zu ermäßigen.

Natürlich wurde Minden hierüber zu einem Gutachten aufgefordert, welches jedoch so lange auf sich warten ließ, daß die beiden Bremer Ver-

---

[1] Kredetiv für Dr. Franc. Bohnen und H. G. Schumacher 6. V. 1788. Eingabe beider 14. V. 1788. Bericht v. Broichs über die 1. Konferenz 20. V. 1788. Urteil Weinreichs über die Eingabe 19. V. 1788. Reskript an Dr. Hofmann 30. V. 1788.

mittler unterdessen zurückberufen wurden, da die übrigen Verhandlungen auch schriftlich fortgeführt werden könnten. Dies war schon kein günstiges Zeichen für den Erfolg der Bremer Bemühungen, wie denn auch aus dem ganzen bisherigen Verlauf ersichtlich wird, daß Preußen den Einigungsversuchen auf Grund der unbefriedigenden Angebote sehr kühl gegenüberstand.

Der endlich Anfang Oktober einlaufende Minder Bericht lautete schließlich ebenfalls ablehnend, wobei in weitschweifigster Weise die ganze Sachlage erörtert wurde. Die Bremer Vorschläge bezeichnete hier die Regierung geradezu als lächerlich, denn die geringe Ermäßigung der Bierabgabe könnte auch nicht mehr helfen, da der Bremer Absatz dem Minder Biere bereits völlig verloren wäre und kaum zurückerobert werden könnte. Jeder Einigungsversuch wurde schließlich abgelehnt und der Antrag gestellt, den Wetzlarer Prozeß durch einen besonderen Abgesandten lebhafter betreiben zu lassen, da Hofmann allzu langweilig und schläfrig sei. Im gleichen Sinne hatte sich schon früher der Magistrat geäußert und dringend gebeten, die an Reich und Huffschläger erteilte Vergünstigung zu widerrufen, da in den letzten zehn Jahren noch nicht die Hälfte ihres Holzquantums verschifft war. Ferner hatte die Stadt auf die immer erneuten Intriguen Bremens bei Hannover aufmerksam gemacht, denen hoffentlich nun durch den zu erwartenden Spruch des Kammergerichts bald der Boden entzogen würde[1]).

In Berlin wünschte man auch sehnlichst das Ende der Streitigkeiten mit Bremen herbei, jedoch konnte kein Ausweg gefunden werden, woher die Mittel für den vorgeschlagenen besondern Minder Abgesandten genommen werden sollten, denn die Stadt erklärte, die Kosten unmöglich tragen zu können. So begnügte man sich denn auch diesmal damit, den beiden preußischen Anwälten sowie den Assessoren Brand und v. Dandelman die Beschleunigung der Gerichtsverhandlungen angelegentlichst zu empfehlen[2]).

Die erwähnte Bemerkung des Minder Magistrats über die Bremer Intriguen dürfte durch neu entstandene Schwierigkeiten zu erklären sein. Das zu Beginn der zwanziger Jahre so freundschaftliche Verhältnis zu Hannover war schon bald nach 1725 wieder recht erkaltet[3]), so daß Minden jetzt den hannoverschen Schiffern gegenüber energischer aufzutreten begann. Darüber war bereits Ende 1731 eine scharfe Beschwerde von Hannover aus eingelaufen, die genau wie früher dem Minder Stapelrechte jede Anerkennung versagte und sich auf ein angebliches Privileg von

---

[1]) Memorial Kahrens und Schumachers 19. VI. 1733. Bitte um Rezrbitiv d. VII. 1733. Bericht der Minder Regierung 6. X. 1733. Bericht des Magistrats 11. VII. 1733. [2]) Depart. des Auswärt. an General-Direktr. 13. XI. 1733. Entwurf 31. XII. 1733. Reskripts nach Wetzlar 5. II. 1734. [3]) Vergl. Ranke. Sämtl. Werke, 27. und 28. Band, p. 72 ff.

1274 für das Haus Braunschweig-Lüneburg berief, wodurch diesem freie Weserschiffahrt zugesichert würde¹). Es ist nicht ersichtlich, ob Minden darauf etwas entgegnet hat; wahrscheinlich war bis auf weiteres die Sache mit dem Schreiben Hannovers erledigt, und es wurden gegen dortige Schiffer wieder etwas mildere Saiten aufgezogen. Ende 1733 kam es nun aber zu neuen Zerwürfnissen, an denen allein die Kriegs- und Domänenkammer sowie Kulenkamp die Schuld trugen. Letzterer hatte sich erboten, für Kammerzwecke im März 1739 400 Schock tannene Bohlen und Dielen aus dem Hessischen oder herzoglich Sächsischen zum Selbstkostenpreise nach Minden zu liefern, in der stillen Voraussetzung, daß dieses Holz in Münden als Fürstengut behandelt werden würde. Ebenso war natürlich angenommen, daß nicht der ganze Vorrat von der Kammer für ihre fiskalischen Bauten gebraucht würde, wobei Kulenkamp mit der Verwertung des Restes schließlich doch noch seinen Vorteil gefunden hätte.

Die Kammer war gern auf diesen Vorschlag eingegangen und hatte auch bei Hessen und Sachsen-Meiningen Freipässe erwirkt, so daß der Holztransport glücklich bis nach Münden gelangte. Hier aber erhoben sich Schwierigkeiten, da bei Hannover kein Paß nachgesucht war; jedoch erklärte sich der Magistrat bereit, das Holz passieren zu lassen, falls die Kammer es als ihr Eigentum bezeugen und anerkennen würde, daß die freie Verschiffung nicht später einmal als Grund gegen das Stapelrecht der Stadt verwendet werden sollte. Höchst sonderbarer Weise behauptete nun Kulenkamp, durch diesen Bescheid gezwungen worden zu sein, das Holz ohne Verdienst an die dortigen Händler zu verkaufen, und bat daraufhin, die Kammer möchte die von den Käufern weiter verschifften Dielen und Bohlen bei Minden mit Beschlag belegen. Dies geschah auch, als einige der Münder Schiffer mit einem Teile des Holzes anlangten, das sie überdies bereits an einen Minder Bürger verkauft hatten.

Da Magistrat und Regierung von diesen Maßnahmen nicht benachrichtigt waren, gerieten sie in das größte Erstaunen, als von Berlin mehrere hannoversche Beschwerdeschreiben übersandt wurden.

In Hannover war man insofern falsch berichtet, als man dem Magistrate die Anhaltung des Holzes auf Grund des Stapelrechtes zur Last

---

¹) Schreiben Hannovers nach Münden 10. XII. 1781. Das Privileg aus dem 13. Jahre der Regierung Richards war fälschlich auf 1274 datiert. In Wahrheit ist es aus dem Jahre 1270 (H. Sudendorf, Urkundenbuch der Herzöge von Braunschweig und Lüneburg, Teil I, Nr. 71, Hannover 1859). König Richard bestätigt hier den Verlauf von Zoll, Lehen und Geleit von Ludolf von Dassel an Albrecht von Braunschweig (vergl. Sudendorf a. a. O. Nr. 70). Maximilian erneuerte diese Gerechtsame am 13. September 1502 in Innsbruck. (Kopie im Geh. Staats-Archiv. Rep. 32, Nr. 77c.)

legte. Aus dessen Verhalten geht aber hervor, daß er auf diese Hannoveraner das Stapelrecht gar nicht anzuwenden beabsichtigte, wieder ein deutlicher Beweis, wie vorsichtig man dem mächtigen Nachbar gegenüber auftrat und wie dessen Beschwerde von 1731 immer noch nachwirkte.

Übrigens war diese Milde nur bis zum Ausgang des Prozesses geplant; wurde hier das Stapelrecht anerkannt, so wurden natürlich auch die hannoverschen Anfeindungen hinfällig, und es lag durchaus im Willen der maßgebenden Stellen zu Berlin, dann die volle Strenge des Stapelrechtes gegen jedermann unterschiedslos anzuwenden. Aber bis dahin war man mit Bremen so beschäftigt, daß man allen weiteren Zwistigkeiten gern aus dem Wege ging.

Die Minder Kammer suchte nun ihr Verhalten in Berlin zu rechtfertigen und erklärte, schon 1732 wäre eine ähnliche Holzsendung ebenfalls in Münden angehalten worden, und zwar auf Veranlassung der dortigen Schiffer, die das Recht der Weiterführung für sich in Anspruch nahmen. Darüber war es in der Folge zum Streit zwischen zwei dortigen Schiffer-Gesellschaften gekommen mit der Wirkung, daß das Holz den ganzen Winter über im Wasser blieb und dann an eine dieser Vereinigungen verkauft werden mußte; schließlich wurde in Minden ein Rückkauf des Holzes nötig. Als nun Kulenkamp wieder solche Schwierigkeiten fand, war die Ansicht der Kammer, sich mit Hülfe des eignen städtischen Stapelrechts dagegen zu schützen, zumal preußischerseits im Vergleiche von 1680 nur das Ladevorrecht der Münder, nicht aber ihr Stapelrecht anerkannt sei. Die Unrichtigkeit der letzten Behauptung konnte nun zwar in Berlin schnell genug festgestellt werden, denn aus der Einsicht in das Dokument ergab sich die Anerkennung des fraglichen Rechtes aufs klarste.

Die Minister wie auch die Minder Regierung mißbilligten deshalb die von der Kammer verfügte Beschlagnahme durchaus, besonders da ein hannoverscher Paß nicht nachgesucht und Kulenkamp gar nicht zum Verkauf genötigt worden war, während das Verhalten der Münder Schiffer auch kein Recht zu derartigen Maßregeln geben konnte.

Demgemäß wurden die nötigen Befehle erlassen und eine entsprechende Mitteilung nach Hannover geschickt, wobei man nicht vergaß, nachdrücklich gegen jede Antastung des Minder Stapelrechts Verwahrung einzulegen, dasjenige Mündens aber trotz der schon erfolgten förmlichen Anerkennung „an seinen Ort gestellt ließ".

Die Minder Kammer gab sich freilich noch nicht ganz zufrieden und wollte den genauen Wortlaut des Münder Stapelrechts sich vorlegen lassen, um zu ersehen, ob auch Holzflöße Stapel halten müßten. In Berlin fand dieser Vorschlag jedoch keine Gegenliebe, da er nur zu neuen Unannehmlichleiten mit Hannover geführt hätte und Münden sich überdies auch auf das alte Herkommen berufen konnte, falls nicht nachweislich Neuerungen in der Behandlung der Holzflöße vorgenommen waren. Der Kammer wurde anheimgestellt, sich darüber genauere Auskunft zu verschaffen und diese nach Berlin mitzuteilen; allein man scheint jetzt dort die Aussichtslosigkeit eines weiteren Vorgehens eingesehen zu haben, und der Bericht unterblieb [1]). Nachdem so diese Differenzen mit Hannover leidlich befriedigende Erledigung gefunden hatten, wobei diesmal von beiden Seiten ein näheres Eingehen auf die alte Hauptstreitfrage des Minder Stapelrechts ganz vermieden worden war, wandte sich das Interesse endlich wieder stärker dem Wetzlarer Prozesse zu. Natürlich war gar kein Gedanke auf Erfüllung der in Minden geäußerten Hoffnung gewesen, daß in einem halben Jahre das Urteil gesprochen werden würde. Da auch in keiner Hinsicht ein Erfolg der an die Assessoren und Prokuratoren erlassenen Aufforderungen zu verspüren war, so sah sich der Minder Magistrat zu einem neuen Versuche veranlaßt, die Absendung eines besonderen Bevollmächtigten zu erlangen.

Etwas mehr Beförderung glaubte man nun freilich auch von Dr. Hofmann erwarten zu können; man hatte nämlich einen Hauptgrund seiner Unlust in den mangelhaften Zahlungen Kulenkamps entdeckt, der sich zur Tragung der Prozeßkosten verpflichtet hatte, aber zur Erfüllung seines Versprechens vom Magistrate erst energisch gemahnt werden mußte.

An und für sich stand sowohl das auswärtige Departement wie auch das General-Direktorium dem Minder Antrage auch diesmal wieder sehr wohlwollend gegenüber, aber ebenso wie auch im folgenden Jahre 1735, wo sich das gleiche Spiel wiederholte, scheiterte die Sendung an dem Umstande, daß sich keine Quelle finden wollte, aus der die nötigen Mittel hätten entnommen werden können [2]).

Mittlerweile war in Wetzlar von Bremen sogar eine Quadruplik eingereicht worden (9. April 1734). Hofmann hatte zwar gegen ihre Annahme sofort Protest eingelegt, aber der Ausgang blieb insofern völlig zweifelhaft, als das Kammergericht vorläufig nicht darüber Beschluß zu fassen für gut fand.

---

[1]) Schreiben Hannovers nach Berlin 4. und 21. I. 1734. Bericht der Minder Kammer 11. III. 1734. Bericht der Minder Regierung 81. I. 1734. Bericht Weinreichs 3. V. 1734. Schreiben nach Hannover 27. V. 1734. Bericht der Minder Kammer 4. VI. 1734. Depart. des Auswärt. an General-Direkt. 20. VIII. 1734. Unhaltierter zusammenfassender Bericht Weinreichs (nach 1740). [2]) Bericht des Minde Magistrats vom 20. VIII. 1734. General-Direkt. an Depart. des Auswärt. 7. IX. 1734. Eingabe Mindens an den König 17. X. 1735. General-Direkt. an Depart. des Auswärtigen 12. IV. 1735.

Nachdem in Berlin über den Minder Antrag genügend hin und her beraten war, gingen schließlich wieder die Befehle an die Assessoren sowie Hofmann ab, sich der Sache möglichst anzunehmen, worauf letzterer den langen Prozeßgang aus der Überlassung der 17 Assessoren erklärte und schließlich selbst um Unterstützung durch einen besonderen Minder Delegierten bat. Er war allmählich so alt geworden, daß er die Anwaltschaft nicht länger zu führen vermochte.

Obwohl die Absendung eines Minder Bevollmächtigten vom Ministerium direkt befohlen wurde, ohne die dortige Kämmereikasse in Anspruch zu nehmen, war selbst dies vergeblich, da mit dem General-Direktorium über die Aufbringung der Kosten keine Einigung erzielt werden konnte [1]).

Im Laufe des Jahres 1785 war auch der alte Dr. Hofmann gestorben, und auf Vorschlag des Minder Magistrates wurde seine Vollmacht auf seinen Sohn übertragen [2]). Dieser schien sich anfangs seiner Aufgabe mit ziemlichem Fleiße zu widmen und berichtete, von Bremen sei am 19. Juni 1785 eine species facti in der „Leserei" des Kammergerichts eingelaufen, die aber ebenso wenig wie die noch nicht zu den Akten gezogene Quadruplik Einfluß ausüben würde, da nach sicherer Auskunft die Prozeßakten bereits vor einem Jahre zur Berichterstattung verteilt waren. Es käme also nur auf fleißiges „Sollicitieren" an, um die Veröffentlichung des Urteils zu beschleunigen.

Diese sichere Auskunft war nur leider völlig falsch; ebensowenig kann es mit der Einreichung der species facti, über die Hofmann auch gar nichts Näheres erfahren konnte, seine Richtigkeit haben, da diese Bremer Darlegung erst vom Jahre 1788 datiert ist und ganz offenbar die Minder sogenannte Gegen-species facti beantwortet.

In Berlin schenkte man aber natürlich den Angaben des preußischen Anwalts Glauben und hielt eine Gegen-species facti für nötig, während zugleich den beiden Assessoren in Wetzlar die Aufforderung zuging, dahin zu wirken, daß auf Quadruplik und species facti keine Rücksicht genommen würde. Nun war aber Brand Badener und von Dandelman nach Hofmanns Angabe schon seit längerer Zeit unpäßlich, so daß beide nicht viel ausrichten konnten, besonders da die Uneinigkeit im Assessoren-Kollegium zu großen Klagen Veranlassung gab [3]).

In Minden hatte man sich währenddessen mit der Fertigstellung der gewünschten Schrift sehr beeilt und sie in der verhältnismäßig kurzen Zeit

---

[1]) Eingabe Mindens 17. X. 1785. Reskripte nach Wetzlar 19. XI. 1785.
[2]) Bericht des Minder Magistrates 4. XI. 1785. Reskript an die Minder Kammer 29. XI. 1785. [3]) Berichte Hofmanns aus Wetzlar 15. VI. 1785, 14. IV. 1786, 5. VI. 1786. Reskripte nach Wetzlar 19. V. 1786.

von 3 Monaten bis Ende August beendet. In Berlin wurde nun beschlossen, sie unter strenger Geheimhaltung drucken und an die Assessoren des Kammergerichts verteilen zu lassen. Um hierfür die Kosten aufzubringen, war sonderbarerweise schnell Rat geschafft: sie sollten aus den Minder Akzise-Überschüssen gedeckt werden [1]).

Diese neueste Darlegung Mindens war eine nochmalige sehr umfangreiche und übersichtliche Zusammenstellung alles dessen, was von beiden Seiten bisher im Prozesse vorgebracht war, wobei 31 Beilagen von Privilegien rc. noch zu näherer Erläuterung dienen mußten. Die Anordnung war so, daß zunächst sämtliche Argumente Bremens angeführt und dann erst widerlegt wurden. Erwähnenswert ist vielleicht aus den weitläufigen Beweisen und Entgegnungen, die zumeist nur längst Gesagtes wiederholen, daß mit besonderem Nachdruck das angebliche Schiffahrtssperrrecht und das sogenannte Begnadigungsedikt Bremens von 1554 bekämpft wurden, letzteres namentlich mit dem Hinweise, daß auch Minden 1547 ein solches erhalten habe. Weiter wurde immer wieder betont, daß weder 1595 noch 1615 noch 1628 die gegen Minden begonnenen Prozesse fortgeführt waren, mithin also kein Verfahren mehr in der Schwebe sein konnte.

Aus den ganzen Darlegungen wurden endlich folgende Schlußfolgerungen gezogen:

Das Minder Schiffahrts-, sowie das Stapelrecht sind zweifellos sichergestellt; die Minder sind bei Ausübung dieser ihrer Privilegien freventlich von Bremen beeinträchtigt worden, das sein eigenes Stapelrecht viel zu weit ausgedehnt und wider reichsgesetzliches Verbot neue Zölle am Weserstrome angelegt hat [2]).

Für die Verteilung der Druckexemplare an die Assessoren hatte Dr. Hofmann zu sorgen, der aber allmählich ganz in die Bahnen seines Vaters eingelenkt war und nicht mehr das geringste Interesse für Beendigung des Prozesses zeigte, ja, zwei Jahre lang überhaupt keine einzige Mitteilung darüber nach Berlin oder Minden gelangen ließ. Die Minder Kammer machte schließlich auf diese außerordentliche Saumseligkeit aufmerksam, worauf Hofmann natürlich von Entschuldigungen überfloß, aber zugeben mußte, daß vorläufig noch immer keine Aussicht auf baldige Veröffentlichung des Urteils

---

[1]) Bericht der Minder Kammer 29. VI. 1736. Reskripte an die Minder Kammer 4. VII. und 11. XII. 1736. [2]) Bei dieser Gelegenheit fällt wieder ein eigentümliches Licht auf das Verhältnis von Kammer und Regierung in Minden; letztere konnte nur durch Anfragen des auswärtigen Departements und weiter durch Befehl des General-Direktoriums die Uebermittelung der species facti erlangen. Vergl. p. 67, Anm. 2.

war, da die Akten sich wieder in der Leserei befanden. Hieraus geht deutlich die Unrichtigkeit seiner früheren Behauptung hervor, daß sie bereits zur Verteilung an die Referenten gekommen wären.

In Berlin und Minden scheint man sich bis dahin freilich immer noch mit der Hoffnung auf baldige Beendigung des Verfahrens getragen zu haben, denn Dandelman hatte den Auftrag erhalten, möglichst noch vor seiner Abreise aus Wetzlar die Urteilsverkündigung zu bewirken [1]).

Gleichzeitig reichte nun aber Bremen seine species facti ein, in der nach längerer Einleitung, die alle Schuld für die große Weitschweifigkeit der Prozeßakten auf die Gegenpartei schob, vier Fragen formuliert wurden, um jedem Unparteiischen Bremens Recht klar und deutlich auseinander zu setzen:

„I. Ob und wie weit der Stadt Minden anmaßliche und dem libello (d. h. der sogenannten Gegen-species facti) beigefügte privilegia den Rechten nach validiren? oder was dagegen mit Recht einzuwenden?

„II. Ob die Stadt Bremen nicht vermöge der Privilegiorum und in specie ihres Stapel-Rechts den transitum etwas einzuschränken, wohl befuget?

„III. Wie weit die Stadt Bremen ferner berechtiget und in immemoriali possessione von ein und anderen nicht in bero Privilegio Juris Stapulae nominatim exprimirten Waaren deren Vorbeyschiffung zu inhibiren?

„IV. Ob dem Mindischen Vorgeben nach in der Wahrheit begründet, daß die Stadt Bremen nova vectigalia et onera dem commercio zum Schaden eingeführet oder aufgesetzet habe?"

Die Form der Fragestellung läßt schon deutlich die darauf erfolgende Antwort erkennen. Auch hier kann davon abgesehen werden, die Einzelheiten wiederzugeben; auf die Minder Widerlegungen und Entgegnungen wird von Bremen so gut wie keine Rücksicht genommen. Neu ist nur die Behauptung, die Stadt habe 1628 den Appellationsprozeß weiter geführt; leider wird nur unterlassen, dafür den geringsten Beweis anzuführen.

Interessant ist jedoch, wie die bessere Berechtigung des Bremer Stapelrechts gegen das Minder verteidigt wird: Seestädte müßten stets einen gewissen Vorrat von allerlei Waren haben, deshalb wäre von jeher bei ihnen das Verbot freier Vorbeifahrt und der Verkaufszwang üblich gewesen. Bremen sei nun für eine solche bevorzugte Stapelstadt besonders geeignet, während Minden das in keiner Weise von sich sagen könnte.

---

[1]) Eingabe der Minder Kammer 6. III. 1738. Bericht Hofmanns 7. V. 1738.

In der Tat hatte diese Bremer Darlegung besonders für die ältere Zeit große Berechtigung. Aber auch Bremen kann doch der Vorwurf nicht erspart bleiben, daß es viel zu starr und engherzig an damals schon überlebten Rechten festhielt, während es solche bei Minden scharf bekämpfte und deutlich das ungeheuerliche Handels- und Verkehrshindernis empfand.

Diese species facti wurde äußerst geheim gehalten und blieb auch der Gegenpartei völlig verborgen, aber wahrscheinlich in erster Linie nur deshalb, weil es Hofmann an jedem ernstlichen Versuche fehlen ließ, ihrer habhaft zu werden; denn trotz des heftigen Tadels, den er sich 1738 zugezogen hatte, kamen im nächsten Jahre wieder die gleichen Klagen über seine Trägheit und Nachlässigkeit. Daraufhin ließ es denn das Auswärtige Departement an Deutlichkeit ihm gegenüber nicht mehr fehlen, worauf er sich endlich zu einem eingehenden Berichte bequemte, aus dem aber auch nur hervorging, daß so recht eigentlich niemand am Kammergerichte Auskunft über den Stand des Prozesses geben konnte oder wollte [1]).

Wieder verstrich ein Jahr, ohne daß irgend ein Fortschritt bemerkbar wurde, so daß man zu argwöhnen begann, Bremen begünstige die Verschleppung, die vom General-Direktorium selbst für die Verhältnisse des Kammergerichts als ganz ungebührlich empfunden wurde. Man befürchtete auch — sehr mit Recht, wie sich herausstellte — eine Abneigung der Kammerrichter grade Preußen gegenüber, weil nämlich größere Summen der erhöhten Kammerzieler rückständig waren. Das Auswärtige Departement pflichtete der Besorgnis des General-Direktoriums durchaus bei, konnte aber auf Bezahlung auch keine Hoffnung machen, da der König sogar angeordnet hatte, dem Kammergerichte selbst die Zieler in der alten Höhe nicht mehr zu leisten. Man suchte nun eifrigst nach einem andern Mittel, das Kammergericht zu schnellerer Arbeit zu veranlassen, ohne aber ein erfolgverheißendes entdecken zu können.

Auch mit dem Tode Friedrich Wilhelms I. trat zunächst keine Änderung in dem bestehenden Zustande ein. Die Vollmacht für Hofmann wurde leider ebenfalls erneuert, wahrscheinlich noch für längere Zeit [2]).

---

[1]) General-Direktorium an Depart. des Auswärt. 19. V. 1739. Reskripte vom 18. VI. und 4. VII. 1789 an Hofmann. Berichte Hofmanns vom 22. VI. und 4. VIII. 1739. Hofmann war übrigens unbefangen genug, als Antwort auf den scharfen Tadel der Minister um den Ratstitel zu bitten, nachdem er vorher seine Treue und Emsigkeit zu loben versucht hatte. Seine Bitte wurde nun zwar in Berlin mit verdientem Stillschweigen übergangen, aber man scheint hier tatsächlich noch einmal wieder ihm größeres Vertrauen entgegengebracht zu haben. [2]) General-Direkt. an Depart. des Auswärt. 19. IV. 1740. Antwort 7. V. 1740. Reskript an Hofmann 7. VI. 1740.

Seit geraumer Zeit kommt im Jahre 1740 wieder einmal direkte Kunde über die Lage in Minden; Kulenkamp hatte nämlich um Erneuerung seines abgelaufenen Privilegs über die Holzverschiffung gebeten, welcher der Magistrat, wie schon früher, lebhaft widersprach. Es sollen überhaupt keine Befreiungen vom Stapelrechte mehr gestattet werden; denn auf diese Weise würde der Widerspruch Hannovers nur verstärkt, während Minden von diesem erneuten Monopole eher noch Schaden haben könnte, da Kulenkamp nunmehr auch unterhalb Hamelns Holz aufzukaufen gedachte. Zudem verlautete in der Stadt, er sei nur der Strohmann für fremde, vermutlich Bremer Händler, da ihm selbst die Mittel zu einem so ausgedehnten Betriebe fehlen müßten. Außerdem war vorauszusehen, daß das Monopol abermals die heftigsten Angriffe der Nachbarn herausfordern würde, zumal sich Mindens Klage gegen ähnliche monopolistische Forderungen der Bremer richtete.

Aus solchen Erwägungen heraus wurde dann Kulenkamps Ansuchen auch von den Behörden abgelehnt.

Bei dieser Gelegenheit war die schlaffe Handhabung des Stapelrechtes wieder zur Sprache gekommen, die ja 1730 ausdrücklich gebilligt worden war. Mittlerweile hatte man es aber dahin kommen lassen, daß auch Klappholz fast stets stapelfrei behandelt wurde, da sich dafür in der Stadt doch keine Verwendung fand, während die Getreideschiffe meist nach einem halben Tage oder auch nur 6 Stunden Aufenthalt ihre Fahrt fortsetzen durften.

Diesem Verfahren zollten die Behörden nun aber nur geringen Beifall, ja man war jetzt fest entschlossen, auch gegen Hannover schärfere Saiten aufzuziehen, nachdem festgestellt war, daß das Hameler Verbot keinen Schaden tat. Damit war der Minder Magistrat ebenfalls einverstanden, besonders da die hannoverschen Einwände gegen das Stapelrecht sich nie als sehr stichhaltig erwiesen hatten und leicht zu widerlegen waren; Geheimrat Weinreich, der Referent im Departement des Auswärtigen, sprach selbst seine Verwunderung darüber aus, daß bisher auf die hannoverschen Proteste immer so viel Rücksicht genommen war.

Die endgültige Entscheidung zog sich freilich noch länger hin; es war nämlich das Bedenken erhoben worden, die Zölle würden sehr leiden, wenn die Hannoveraner Stapel in Minden halten müßten und deshalb ihr Holz und Getreide vielleicht überhaupt nicht mehr versenden würden. Dagegen war sofort bemerkt worden, daß Hannover selbst dann um so größeren Schaden leiden dürfte; denn es gab nur 4 preußische, aber nicht weniger als 12 hannoversche Zölle an der Weser.

Überhaupt ließ sich erwarten, daß der Zollausfall nur wenige Monate dauern würde, weil Hannover auf die Ausfuhr seines Getreides und Holzes angewiesen war und der Wasserweg doch immer der bequemste und billigste blieb.

Immerhin erregte diese Zollfrage Bedenken in Berlin, und General-Direktorium wie Auswärtiges Departement suchten sich gegenseitig hierin die Verantwortung zuzuschieben. Leider sind die definitiven Beschlüsse nicht erhalten, doch läßt sich aus den Verhandlungen schließen, daß das General-Direktorium am Ende Ausübung des Stapelrechtes im vollen Umfange anordnete. Aus späteren Beschwerden ergibt sich ferner, daß es damals namentlich Münden gegenüber stets so gehandhabt wurde. Neu war auch die Verfügung, der Magistrat solle das zum Verkauf gestellte Quantum stapelpflichtigen Kornes sowie den dafür festgesetzten Preis jedesmal durch Ausrufer bekannt geben. Die Stapelfreiheit des Klappholzes scheint übrigens in der Folgezeit meist fortbestanden zu haben. Wie erwähnt, hatte Minden dafür gar keine Verwendung, das Stapelprivileg ließ sich verschieben deuten, ebenso war in diesem Falle die Kammer für Stapelfreiheit¹).

VI. Tatkräftige Bemühungen um Beendigung des Prozesses. Frage der Kammerzieler. Reise Culemanns nach Wetzlar 1746. Absetzung Hofmanns und zweite species facti Mindens. Veröffentlichung des Urteils (28. März 1749).

Während der zuletzt geschilderten, ziemlich ausgedehnten Verhandlungen hatte Dr. Hofmann ungestörte Muße in Wetzlar. Erst im Laufe des Jahres 1742 wiederholten sich die Mindener Bemühungen, auf irgend welche Weise das Urteil zu beschleunigen. Da immer noch keine Aussicht auf Bezahlung der rückständigen Kammerzieler war, so glaubte man, wenigstens durch ein persönliches Schreiben von Berlin aus an den Kammerrichter etwas in der Sache erreichen zu können.

Dieser Vorschlag stieß aber beim Auswärtigen Departement auf Schwierigkeiten. Dort war nämlich soeben erst eine Mahnung des Kammergerichts wegen der Zieler eingetroffen, die aus den bekannten Gründen unbeantwortet blieb; die Minister sahen sich nun auch nicht in der Lage, beim Kammerrichter Grafen v. Virmond Vorstellungen wegen des Prozesses zu erheben. So war man nach wie vor auf den äußerst zweifelhaften Erfolg der Hofmannschen Tätigkeit angewiesen²).

---

¹) General-Direkt. an Depart. des Auswärt. 16. VI. 1740. Antwort 16. VIII. 1740. Bericht Weinreichs 20. VII. 1740. General-Direkt. an Depart. des Auswärt. 3. I. 1741. Gutachten Weinreichs 13. II. 1741. Depart. des Ausw. an General-Direkt. 16. II. 1741. ²) General-Direkt. an Depart. des Auswärt. 11. XII. 1742. Antwort 31. XII. 1742. Reskript an Hofmann 31. XII. 1742. Antwort Hofmanns 11. I. 1743.

Im Jahre 1744 wurde wieder angeregt, ein Schreiben an Birmond zu erlassen, doch war der Erfolg der gleiche; auch Hofmann mußte erst energisch an seine Pflichten erinnert werden. Von allen Seiten wurde übrigens betont, daß die rückständigen Gelder als Hauptgrund für die Verschleppung anzusehen seien; allein in dieser Frage blieb die Haltung der Behörden unverändert, während man sich schließlich doch entschloß, dem Kammerrichter persönlich den Prozeß anzuempfehlen. Dieser gab darauf die immerhin erfreuliche Nachricht: die Akten seien verteilt, und er werde bei den Referenten sein Möglichstes zur Fertigstellung des Berichtes versuchen. Im Auswärtigen Departement waren allerdings auch jetzt noch die Erwartungen auf Erfolg sehr gering; man beharrte hier auf der Ansicht, ein besonderer Bevollmächtigter würde die besten Dienste leisten, oder hier widerstrebte das General-Direktorium der leidigen Geldfrage halber[1]).

Trotz der Versicherungen des Grafen von Birmond zog sich jedoch der Prozeß weiter und weiter hin, ohne daß sich ein Erfolg der bisherigen Bemühungen absehen ließ.

Zwischendurch wäre es fast zu neuen Streitigkeiten mit Hannover gekommen, weil Münden angeblich den Holzpreis in unleidlicher Weise gesteigert hatte und nur 18 dortige Händler Holz vorbeiflößen durften. Minden hat bereits um wirksame Gegenmaßregeln, als sich herausstellte, daß der Münder Magistrat an der Preissteigerung ganz unschuldig war, worauf weitere Schritte unterblieben. Aus diesen Vorgängen läßt sich ferner ersehen, daß Minden in letzter Zeit Holz oberhalb Mündens bezogen hatte und daß mithin die Hameler Sperre nicht mehr sehr scharf gehandhabt werden konnte, wenn sie auch formell unverändert noch lange Zeit fortbestand[2]).

War hier ein Zerwürfnis mit Hannover glücklich vermieden worden, so wäre es einige Zeit später fast ebenfalls zum Streite mit Braunschweig-Wolfenbüttel gekommen. Im Februar und März 1747 wurde nämlich in Minden auf fürstlich Wolfenbüttelsche Rechnung nach Bremen geflößtes Holz angehalten und zum Teil verkauft, weil die Schiffer keine fürstlichen Pässe hatten und erklärten, das Holz solle an Bremer Kaufleute verkauft werden. Der Magistrat wollte darum das Holz nicht als Fürstengut ansehen und deshalb nicht zoll- und stapelfrei passieren lassen. Nach längeren Verhandlungen

---

[1]) Bericht Hofmanns vom 8. IV. 1744. Depart. des Auswärt. an den Grafen v. Birmond 4. VII. 1744. Antwort Birmonds aus Neerßen 1. VIII. 1744. Bemerkungen Weinreichs zum Bericht des General-Direktoriums vom 30. V. 1744. [2]) Departement des Auswärtigen an die hannoverschen Minister 7. VIII. 1745. Antwort 6. IX. 1745.

wurde diese Frage indes so erledigt, daß die fürstlich braunschweig-lüneburgischen Geheimen Räte November 1747 erklärten, fortan stets fürstliche Pässe an ihre Schiffer auszustellen. In solchem Falle sollten die betreffenden Güter nach Verfügung der preußischen Minister nirgends angehalten werden¹).

1747 scheint man in Minden überhaupt wieder schärfer die Privilegien ausgeübt zu haben, denn man machte die Entdeckung, daß eine Menge Brennholz trotz des Holzprivilegs an Minden vorbeigebracht wurde, nämlich als Unterlage für die eigentliche Schiffsladung, die so vor Nässe bewahrt werden sollte. Da hierzu aber viel zu viel Holz genommen wurde, so setzte die Kammer fest, daß nur für solche Güter, die durch Nässe verdorben werden könnten, Holz, und zwar nicht mehr als 2 Klafter, zur Unterlage genommen werden dürfte²).

Mit dem Jahre 1746 tritt endlich auch ein erfreulicher Wechsel in der Behandlung des Prozesses ein, wenn auch anfangs der Tod des Referenten v. Heynitz vor Beendigung seiner Arbeit eine neue Verzögerung in kaum absehbare Zeit zu bedeuten schien. Heynitz war aber vom oberfächsischen Kreis präsentiert und ein heftiger Gegner Preußens gewesen, der an seinem Referate so gut wie nichts getan hatte.

Wenn es nun gelang, trotz der großen Mißstimmung des Kammergerichts einen willfährigen Referenten zu bekommen, so war damit schon sehr viel gewonnen. Zugleich berichtete der Agent Ziegler rückhaltslos über die Unfähigkeit Hofmanns; er trüge zum großen Teil die Schuld daran, wenn in der Mindischen Sache immer noch kein Urteil gesprochen wäre.

Diese Nachrichten hatten die beste Wirkung: von Berlin aus wurde dem Minder Geheimen Justiz- und Regierungsrat Culemann, der zugleich auch Bürgermeister war, aufgetragen, anläßlich einer Urlaubsreise nach Heilbronn in Wetzlar selbst einmal nach dem Stande der Dinge zu schauen und dabei gleich ein neues Schreiben an den Kammergerichtsverweser Grafen v. Wied³) zu übergeben. Culemanns Bemühungen mußte es sehr unterstützen, daß er auch dem Verlangen nach den Kammerzielern kein schroffes Nein mehr entgegenzusetzen brauchte, sondern zu der Erklärung ermächtigt wurde, der König „würde sich darüber mit nächstem zu des Cammer-Gerichts Vergnügen deklarieren".

Culemann kam gegen den 20. Mai nach Wetzlar und fand zwar bei

---

¹) Geh. Staats-Archiv Rep. 32 nr. 115. ²) Minb. Kammer an die Schiffergilde zu Blotho 24. I. 1747. Die beiden Nachrichten sind schon hier mitgeteilt, um die Darstellung des Prozeßausganges nicht zu zerreißen. ³) Der neue Kammerrichter Fürst v. Hohenlohe-Bartenstein hatte sein Amt noch nicht angetreten.

allen Assessoren persönliche Verehrung für Preußens siegreichen König, stets aber auch die Mahnung an die rückständigen Gelder; manche antworteten überhaupt nicht auf seine Fragen, sondern erwiderten nur, ob er denn nicht endlich über die Kammerzieler zusagende Mitteilungen machen könnte. Der preußische Unterhändler gelangte so durchaus zu der Ansicht, ehe sie sich hierin nicht befriedigt sähen, könnte auf keinen großen Eifer ihrerseits gerechnet werden. Besonders tadelten sie, daß gerade aus Minden die Zieler nicht einmal nach dem alten Fuße bezahlt würden, was sonst wenigstens aus allen Provinzen geschähe.

Bei seiner weiteren Tätigkeit machte nun Culemann mit Hülfe des eifrigen und dienstbeflissenen Ziegler noch eine höchst erfreuliche Entdeckung; er fand nämlich in der Leserei die so lange verborgen gebliebene Bremer species facti, auf die er bei näherer Einsicht doch noch eine Erwiderung für nötig erachtete, während eine Antwort auf die endlich 1746 vom Kammergerichte angenommene Quadruplik völlig überflüssig erschien.

Über Hofmann gewann auch Culemann ein höchst ungünstiges Urteil, so daß in Berlin seine Ersetzung durch Ziegler beschlossene Sache wurde.

Es war jetzt auch ein neuer Referent ernannt: der bisherige Korreferent Gudenus, über den sich Culemann günstig äußerte. Ein neuer Korreferent sollte erst bestellt werden, wenn Gudenus mit seiner Arbeit fertig wäre¹).

So war denn eine entscheidende Wendung in der Behandlung des Prozesses vollzogen. Ziegler widmete sich seinem neuen Amte mit größtem Eifer, wobei er anfangs freilich harten Stand hatte, weil der alte eigensinnige Hofmann durchaus nicht seine Stelle räumen wollte, gegen Zieglers Maßnahmen am Gerichte protestierte, lange Beschwerden nach Berlin richtete und schließlich nur verzichten wollte gegen ein jährliches Gnadengeschenk von 50 Talern oder eine einmalige Abfindung von 1000 Talern. Zuletzt fügte er sich aber, als er von Minden sein letztes Gehalt erhielt und die Akten ausliefern mußte; Ziegler konnte nun unbehelligt seines Amtes walten²).

Unterdessen war Culemann mit seiner Beantwortung der Bremer species facti im September fertig geworden und stellte sie nach erfolgter Genehmigung und Drucklegung Ziegler im Oktober zu als „Anhang und

¹) Bericht des Agenten Ziegler aus Wetzlar 6. III. 1746. Reskript an Culemann 7. V. 1746. Berichte Culemanns 25. V. und 21. VI. 1746. ²) Reskript an Hofmann 18. VI. 1746. Eingabe Hofmanns 1. VII. 1746. Reskripte an Ziegler 18. VI. und 24. X. 1740. General-Direkt. an Depart. des Auswärt. 14. VI. und 12. IX. 1740. Bericht Zieglers 2. VII. und 19. VII. 1740.

Fortsetzung der den 5. Juli 1737 ad Lectoriam Illustrissimi Camerae Imperialis Iudicii eingereichten Facti speciei in Sachen ꝛc."

Neue Gesichtspunkte wußte Culemann freilich auch nicht mehr anzubringen, sondern die alten nur etwas umzugestalten und gegen die Bremer Behauptungen geschickt zusammenzustellen. Zu langer Erörterung kam besonders noch immer Mindens Stellung im Schmalkaldischen Kriege, weil Bremen von seiner Behauptung nicht abging, 1552 im Kampfe mit dem Kaiser gestanden zu haben. Zum Schluß wurde darauf hingewiesen, daß die Bremer sich Rulenkamps halber — der mittlerweile gestorben war — an die preußischen Gerichte hätten wenden müssen, falls er sich wirklich für jedes Floß Eichen- oder Bauholz 5—6 Taler Zoll angemaßt hätte.

Ziegler überreichte auch diese Ausführungen der Wetzlarer Leserei, wobei der bremische Anwalt sich freilich rührte und sie zur Kenntnisnahme und Beantwortung verlangte. Ziegler protestierte jedoch gegen diese neue Verzögerung mit Erfolg, da es keine Quintiplik war, Bremen also zu einer Entgegnung kein Recht hatte [1]).

Etwa zur selben Zeit wurde nun tatsächlich anbefohlen, die Minder Kammerzieler wieder zu zahlen, so daß man wenigstens hierin den Wünschen des Kammergerichts entsprach. Ebenso erging wiederum ein Schreiben an den Kammerrichter Fürsten Hohenlohe-Bartenstein mit der Bitte, die Verteilung der Akten zu beschleunigen.

Der König hatte sich nämlich über den Stand des Prozesses Bericht erstatten lassen, da er direkte Handelsverbindungen mit Frankreich plante und der Prozeß für den Weserhandel natürlich große Bedeutung hatte [2]).

Im nächsten Jahre, 1748, glaubte Ziegler endlich mitteilen zu können, daß beide Referenten mit ihren Arbeiten fertig wären; er knüpfte daran die Bitte um ein weiteres Schreiben an Hohenlohe, da so der Prozeß noch vor dessen Abreise auf seine Güter zum Austrag kommen könnte. Dem Wunsche des Profurators wurde sofort in Berlin entsprochen, jedoch ergab sich aus der Antwort des Kammerrichters, daß der Korreferent noch an der Arbeit wäre und der König deshalb der Sache einen kleinen Anstand geben müßte. So brachte auch dies Jahr nicht die Entscheidung, was freilich nicht hinderte, daß sich in Minden bereits Gerüchte von einem ungünstigen Urteil verbreiteten, wozu vielleicht die Sendung eines neuen Bremer Bevollmächtigten nach Wetzlar Veranlassung war. Nach Zieglers Ansicht sollte dieser Syndikus die Sache nur noch weiter zu verschleppen suchen [3]).

---

[1]) Bericht des Minder Magistrats 4. IX. 1747. [2]) General-Direkt. an Depart. des Auswärt. 15. VIII. und 12. IX. 1747. Schreiben an Hohenlohe 28. IX. 1747. Bericht der Minder Kammer vom 15. IX. 1747. [3]) Bericht Culmanns aus Minden

Selbst in Wetzlar begann man preußischerseits für einen ungünstigen Ausfall zu fürchten, so weit das Stapelrecht in Frage kam. Minden sah sich dadurch veranlaßt, noch in elfter Stunde ein Promemoria einzubringen, das Bremen bezichtigte, ganz unberechtigterweise das Stapelrecht mit hineingezogen zu haben; in Wahrheit drehe sich der Streit nur um das Minder Recht der freien Weserschiffahrt.

Ziegler bat währenddessen um Unterstützung, möglichst durch einen Minder Bevollmächtigten, da der neue Syndikus des Gegners großen Eifer zeige. In gewohnter Weise begnügten sich jedoch die Berliner Behörden mit einem Schreiben an Hohenlohe, worauf dieser antwortete: die Entscheidung stehe ganz nahe bevor[1].

Am 28. März erfolgte diese in der Tat, nachdem der Prozeß volle 30 Jahre gewährt hatte. Das Urteil lautete folgendermaßen:

„In Sachen Weyland Herrn Friederich Wilhelm, jetzo Herrn Friederich, „König in Preußen, Churfürsten zu Brandenburg, als Fürsten zu Minden, „wieder Bürgermeister und Rath der Stadt Bremen, Mandati inhibi„torii de non turbando in possessione vel quasi juris liberae „praeternavigationis, item Emporii ac Stapulae, nec exigendo „nova vectigalia vel onera sine — de relinquendo vero omnia in „pristino statu et contra ea noviter arrogata cassando, ac de„super causata damna cum omni interesse defundendo C. C. „Ist die Sache von Amtswegen vor beschloßen angenommen, darauf „allem Vor- und Anbringen nach zu Recht erkannt, daß die Stadt Minden „sowohl bei ihrem jure Emporii und Stapulae, in so weit selbiges „hergebracht, wie auch der Vorbeyschiffung aller Waaren, nur mit Aus„nahme derer im Bremischen Privilegio vom 27ten Julii 1541 benannten „und deren Stein Kohlen, nicht minder, daß die Umladung, wie Her„kommens geschehe, jedoch dergestalt, daß die Minder mit langem Aufenthalt „und wieder die Billigkeit in Preys nicht beschweret werden, zu belaßen.

„Wegen des Eysens aber, Holtzes und Quadersteinen beyden Par„theyen ein beßerer Beweis in possessorio zu reserviren, und übrigens „accise, Schlacht, Tonnen oder Bad, Wipp-Krahn und Convoye-Geld, „nebst denen Zwey Scheffel Magazin-Korn, wiewohl dieses letztere nur „in dem Fall, wann eine freye Vorbeyschiffung des Getreydes nach der „See verstattet wird, wie es herkömmlich, von Klägern zu entrichten sey.

---

18. VII. 1748. Schreiben an Hohenlohe 22. VII. 1748. Antwort 1. IX. 1748. Eingabe des Gottfried Clausen aus Minden 18. I. 1749.   [1] Bericht Dr. Nalands aus Wetzlar 18. III. 1749. General-Direkt. an Depart. des Auswärt. 11. II. und 20. II. 1749. Schreiben an Hohenlohe 21. II. 1749. Antwort 20. III. 1749.

„Wobeneben jedem Theil sein in petitorio habenbes Recht unbenommen, „sondern vorbehalten bleibet.

„Als wir hiermit erkennen, belaßen, ausnehmen, reserviren und vor-„behalten; die Gerichts-Kosten an diesem Kayserlichen Cammer-Gericht „derentwegen aufgelaufen, aus bewegenden Ursachen gegeneinander com-„pensirend und vergleichend.

„Dann Lt. Ziegler seines unterm 12ten Februarii nuperi, merita „causae tractirenden weitläufigen Recesses halber, in die Straf nach „Ermäßigung fällig ertheilt.

„Alles von Rechtswegen."

Bei näherer Betrachtung ließ das Urteil doch recht viel an der notwendigen Deutlichkeit zu wünschen übrig, so daß die anfänglich frohe Stimmung in Minden bald zu weichen begann. Immerhin war wenigstens das Stapelrecht gesichert und damit die Quelle zu neuen Streitigkeiten mit Hannover verstopft. Betrübend war es freilich, daß die Umladung und die Abgaben bestehen blieben, sowie daß das Schiffahrtsrecht doch nur sehr teilweis anerkannt war.

Es wurde dann die Frage erörtert: ob sich die Stadt bei diesem Urteile beruhigen solle; nach eingehender Prüfung der offenstehenden Revisionswege kam aber allgemein die Ansicht zum Durchbruch, man solle auf jede Anfechtung des ergangenen Urteils verzichten, zumal sehr richtig darauf aufmerksam gemacht wurde, daß sich im Revisionswege eine neue Entscheidung für absehbare Zeit überhaupt nicht würde erzielen lassen und der Minder Magistrat seiner Erklärung nach auch nichts Neues zur Sache mehr beizubringen wußte.

Ebenso wurde der Vorschlag des Minder Magistrats gebilligt, das Urteil durch öffentlichen Anschlag bekannt zu machen, damit sich fortan jeder Handeltreibende danach richten konnte. Nur für die Behandlung von Holz, Eisen und Quadersteinen in Bremen ließ sich nichts Bestimmtes verfügen. Es wurde zwar darüber Bericht aus Minden verlangt; dieser konnte aber nicht erstattet werden, da sich kein Schiffer oder Händler mehr fand, der je mit Holz, Quadersteinen oder Eisen an Bremen vorbeigeschifft wäre, und auch niemand aus eigner Kenntnis bezeugen konnte, daß es früher stattgefunden hatte. Vor der Hand ließ sich hier also kein besserer Beweis führen, als in den Akten geschehen war, nach denen allein Kulenkamp mit Holz und, wenigstens in den ersten Jahren, auch mit Eisen gehandelt hatte [1].

---

[1] Berichte des Minder Magistrats vom 8. und 11. IV. sowie 25. VII. 1749. Bericht der Minder Kammer 8. IV. 1749. Bericht Culmanns 18. IV. 1749. Rescript an die Minder Kammer 14. V. 1749.

Kaum war das Urteil in Bremen und Minden verkündet und nach Möglichkeit gedeutet worden, so kam es auch bereits wieder zu neuen Differenzen. Der Bremer Magistrat hatte nämlich von 100 Tonnen weserauf gehenden Leinsamens eines Minders die Bezahlung der Akzise verlangt, und zwar auf Grund des ergangenen Kammergerichtsspruches, während der Minder Magistrat unter Berufung auf dasselbe Erkenntnis dagegen protestieren zu müssen glaubte, denn seines Erachtens durfte die Akzise nur von stapelbaren Gütern erhoben werden. Der Magistrat sah keinen weiteren Ausweg, um solchen Unannehmlichkeiten endgültig ein Ende zu machen, als beim Kammergerichte um Erläuterung der Sentenz zu bitten. Damit stieß er nun aber in Berlin auf Widerspruch, wo ein solcher Schritt für völlig zwecklos erklärt wurde.

Schließlich war wohl auch unschwer aus der Fassung des Urteils zu ersehen, daß Bremen in jedem Falle zur Erhebung der Akzise befugt war; so wurde in Berlin das Minder Ansinnen abgelehnt. Die Stadt mußte sich bei dem Bremer Verfahren beruhigen [1]).

---

[1]) Bericht der Minder Kammer 16. I. 1760. Depart. des Auswärt. an General-Direktorium 7. III. 1760.

III. Teil.
Von der Beendigung des Prozesses 1749 bis zum Vergleiche mit Bremen 1769.

I. Streitigkeiten wegen der Quaderfteine.

Über ein Jahrzehnt hindurch herrschte nun nach der Beendigung des Prozesses Friede und Eintracht zwischen den Nachbarn, die so lange mit einander im Streite gelegen hatten.

Daß sich Mindens Handel durch die jetzt unanfechtbare Ausübung des Stapelrechts und durch die wenigstens teilweis errungene Freiheit der Schiffahrt in den ersten zehn Jahren nennenswert gehoben hätte, ist nirgends ersichtlich und kaum anzunehmen. Die Bremer beherrschten nach wie vor den Handel der unteren Weser; wahrscheinlich ist nur selten ein Minder Schiffer an Bremen vorbeigefahren. Für diese Annahme spricht auch, daß die Schriftsteller des 18. Jahrhunderts nirgends Mindens Handel oder Stapelrecht erwähnen¹). Als das letztere durch das Urteil des Kammergerichts rechtlich unanfechtbar wurde, da war es doch bereits eine überlebte Einrichtung, die der Stadt keinen größeren Vorteil mehr bringen konnte.

Bis 1764 währte so der friedliche Zustand in der Weserschiffahrt.

Bereits vorher war in Berlin auf Mittel und Wege gesonnen worden, wie Minden von seinem Rechte der freien Schiffahrt besseren Gebrauch machen könnte. Dementsprechende Weisungen hatte der Kammerpräsident v. Dacheroden in Minden erhalten.

Seinen Angaben nach war es ihm in den letzten Jahren auch bereits geglückt, Fabriken anzulegen sowie einen direkten Handel mit der Ost- und Nordsee anzubahnen. Tatsächlich war so erst den Bremern eine kleine Konkurrenz entstanden.

---
¹) So auch bei Besoldus Thesaurus practicus auctior 1697. Joh. E. Blacher De jure Stapulae 1711. Herm. Haggaeus De jure Stapulae 1668.

Von größerer Bedeutung für die Weserschiffahrt waren mittlerweile Quadersteine geworden, die im Hessischen gebrochen und (natürlich auf Rechnung von Bremer Kaufleuten) meist nach Amsterdam versandt wurden. Bremen konnte diesen Handel fast als sein Monopol betrachten: die Besitzer der Steinbrüche befanden sich in schlechter Vermögenslage und waren stets auf Vorschüsse angewiesen, wofür sie beständig die Quadersteine an Stelle der Abschlagszahlungen geben mußten.

Durch die bisherigen Erfolge ermutigt, versuchte nun Dacheroden 1763 dieses Geschäft den bisherigen Abnehmern zu entziehen und den Mindern zuzuwenden. Auch dieser Plan glückte ihm, und die Steinbrüche gingen in die Pacht mehrerer Bürger über, namentlich des Kommerzienrates Harte. Die Bremer bemerkten von den ganzen Verhandlungen nicht früher etwas, als bis ihnen die Vorschüsse zurückgezahlt und gleichzeitig in Hamburg und Amsterdam Bekanntmachungen erlassen wurden, wonach man sich künftig der Grau- und Quadersteine halber an das Hartesche Kontor in Minden wenden möchte.

Die Bremer erhoben sofort dagegen Widerspruch und suchten währenddessen mit den neuen Pächtern ein Abkommen zu treffen. Als hier aber alle Verhandlungen vergeblich waren, wurden plötzlich die drei ersten Steinschiffe der Minder in Bremen in Beschlag genommen, während bisher den Bremern in Minden nie die geringste Schwierigkeit gemacht war, da ja die Quadersteine mit zu den 1749 unentschieden gebliebenen Punkten gehörten.

Dacheroden wollte überdies wissen, daß vorher einzelne mit Quadersteinen beladene Minder Schiffe in Bremen unbehelligt gelassen waren, wonach also Bremen bisher in dieser Frage den gleichen Standpunkt wie Minden eingenommen hätte. Der Kammerpräsident wandte sich in dieser Angelegenheit zunächst an den preußischen Agenten Selperth in Bremen. Dieser riet, direkt an den König zu gehen und etwaigen Maßnahmen Bremens zuvorzukommen.

Daraufhin zögerte Dacheroden keinen Augenblick, über die letzten beiden Bremer Steinschiffe Arrest zu verhängen, als diese gerade an Minden vorbeifahren wollten. Zunächst gab es große Aufregung in Bremen, dann aber kam das Anerbieten, für die beschlagnahmten Harteschen Steine einen sehr hohen Preis zu zahlen. Es war ebenso vergeblich, wie die Sendung von Bevollmächtigten nach Minden. Durch Bremen beeinflußt, legte sich sogar die hessische Regierung ins Mittel und suchte um Freigabe der in Minden festgehaltenen Steine nach, worauf sie die höfliche Antwort erhielt, sie möchte sich doch auch in Bremen für die dort beschlagnahmten Steine verwenden, die ja ebenfalls in Hessen gebrochen wären.

Bereits im Mai 1764 hatten auch die Minister vom Auswärtigen Departement ein sehr scharf gehaltenes Schreiben nach Bremen gerichtet, das mit den unangenehmsten Maßnahmen drohte, falls die Steine nicht sofort freigegeben würden.

Noch vor dem Einlaufen dieser Ankündigung hatte sich der Bremer Magistrat schon seinerseits mit bitteren Klagen über das Mindener Vorgehen nach Berlin gewandt, denn seit über 300 Jahren wären die Steine stets als stapelbar in Bremen behandelt worden, wie dies auch schon durch die „kündige Rolle" ausgesprochen und bisher von allen Nachbarn anerkannt wäre; Minden hätte allerdings noch nie Grausteine verschickt¹). Schließlich wurde natürlich die Bitte ausgesprochen, in Minden die Freigabe der Steine veranlassen zu wollen; Bremen bedauerte dabei aufs tiefste, daß das nachbarliche Einvernehmen durch diesen Vorfall so gestört war und wollte gern zu gütlicher Einigung die Hand bieten.

Sofort nach Empfang der Berliner Drohungen folgten weitere Ausführungen, in denen sehr richtig bemerkt wurde, Minden habe nie Stapelrecht für Grausteine verlangt, der Streit gehe also nur um die Frage der freien Verschiffung vor Bremen, die das Kammergericht offen gelassen hatte. Demnach mußte bis auf weiteres der status quo ante aufrecht erhalten bleiben, d. h. bis zur besseren Beweisführung Mindens sollten die Steine stapelbar bleiben. Man sah aber in Bremen durchaus ein, daß weitere Verhandlungen notwendig wurden, und betonte nochmals, wie sehr man zu einem Vergleiche darüber geneigt war.

Um diese Gesinnung auch zu betätigen, ließ dann der Magistrat die Harteschen Steine frei, jedoch gegen Bezahlung der üblichen Abgaben und nach vollzogener Umladung.

Auf eine Anfrage von Berlin her stimmte Dacheroden sofort zu, Ausgleichsverhandlungen mit Bremen zu eröffnen, da seines Erachtens die Umladung sich nur auf die stapelbaren Güter und die Steinkohlen²) beziehen durfte. Denn sonst war ja auch der im Prozeßurteil bewilligte Rest des alten Schiffahrtsrechtes völlig illusorisch, da doch stets ein zeitraubender Aufenthalt in Bremen stattfinden würde, wogegen die Klausel im Urteil deutlich sprach.

Verfehlt war es freilich, wenn Dacheroden die Abgaben auch nur im Falle der stattgehabten Umladung zahlen wollte, und weiter sogar ein Stapelrecht Mindens auf Quadersteine als möglich hinstellte. Er ging hier in

---

¹) Hiermit steht freilich Dacherodens Angabe im Widerspruch, ohne daß dies in der Folge aber Beachtung fand. ²) Die Steinkohlen waren 1549 von Karl V. den stapelbaren Gütern, die im Privileg von 1541 genannt waren, hinzugefügt worden.

seinem Eifer für die Belebung des Minder Handels zu weit; voller Befriedigung führte er noch einmal alles an, was er bereits erreicht hatte, und betonte wieder und wieder, man müsse die günstige Gelegenheit benutzen, um den Bremern im Alleinhandel auf der Weser etwas Abbruch zu tun.

Für die Zukunft setzte er große Hoffnungen auf die Leinhandlungssozietät, denn er war der Meinung, daß Bremen in der Hauptsache durch seinen ausgedehnten Leinenhandel zu so hoher Blüte gelangt wäre. Eine gleiche Handelsblüte erwartete er für Minden, sofern nur die Weserschiffahrt unterhalb Bremens frei von Hindernissen sein würde.

Dacheroden hoffte ferner, Bremen werde bei der damaligen Macht und Größe Preußens den Minder Handelsplänen nicht mehr den gleichen Widerstand entgegensetzen wie stets bisher.

Seine Pläne fanden in Berlin volle Anerkennung; zugleich wurde ihm nahegelegt, etwa im Laufe des Winters 1764/65 persönlich nach Bremen zu reisen und dort die Verhandlungen zu eröffnen.

Die Überhäufung des Kammerpräsidenten mit Geschäften ließ es aber nicht zur Ausführung dieses Beschlusses kommen, so daß die Angelegenheit einer langen Verschleppung anheimzufallen schien, als sie durch einen neu auftauchenden Plan wieder in den Vordergrund des Interesses trat [1].

II. Verhandlungen mit Bremen bis zum Abschlusse des Vergleiches.

Für die sehr umfangreich gewordenen fiskalischen Salztransporte [2] hatte man in Minden eine Niederlage etwa bei Elsfleth oder noch besser in Bremen selbst für sehr wünschenswert empfunden, da man dort bequem in die Seeschiffe umladen und leicht Rückfracht für die Weserkähne erhalten konnte. Dieser Plan konnte freilich nur verwirklicht werden, falls mit Bremen in der Handels- und Schiffahrtsfrage ein völliges Einvernehmen hergestellt war.

Zu diesem Zwecke erfolgte von den Minder Behörden noch einmal eine erschöpfende Darstellung der Ereignisse seit 1740, wobei sie immer noch

---

[1] Berichte Dacherodens vom 10. V. und 25. IX. 1764. Schreiben Bremens vom 16. und 26. V. 1764. Schreiben des Ministeriums an Bremen vom 19. V. 1764. Schreiben Dacherodens an Selperth vom 7. V. 1764. [2] Das Königliche Salzwerk bei Rehme an der Werre war 1758 erbaut, dann 1764 bedeutend erweitert worden, nachdem zwei neue stärkere Soolequellen aufgefunden waren. Weddigens Westphäl. Magazin III. Heft 10. 1787. Das Mindensche Salzwerk war das sleishste im Gebiete Preußens und versorgte die Provinzen Minden, Ravensberg, Tecklenburg, Lingen und Ostfriesland. Beruh. Friedrich der Große IV. S. 448.

daran festhielten, daß nur solche Abgaben in Bremen von den nicht stapelpflichtigen Waren erhoben werden dürften, die zur Sicherheit der Schiffahrt dienten; demnach war man nur bereit, einzig und allein Tonnengeld zu zahlen, da nach dem Wetzlarer Urteile das Privileg von 1552 für alle Waren, mit Ausnahme der im Bremer Stapelprivileg genannten, in Kraft sein sollte.

Unter dieser Voraussetzung kamen folgende Bedingungen für den abzuschließenden Vergleich in Vorschlag:

1) Bremen ermäßigt die Abgaben für stapelbare Güter.
2) Stapelfreie Waren sind in Bremen der Umladung nicht unterworfen, und
3) sie zahlen nur Tonnengeld.
4) Für Holz, Eisen, Quadersteine ist eine dienliche Auskunft zu treffen.

Dieser letzte Punkt wurde noch bestimmter dahin gefaßt: man müßte auf Stapelfreiheit bringen, sich aber unter Umständen zur Zahlung eines mäßigen Konventionsgeldes bereit erklären.

In Berlin sah sich das General-Direktorium veranlaßt, noch einige weitere Bedingungen aufzustellen, nämlich:

1) Anerkennung des Minder Stapelrechtes in allen Punkten durch Bremen.

2) Genaue Abgrenzung und Definition der beiderseitigen Stapelrechte, namentlich auch des beiderseits beanspruchten jus emporii, da dieses, streng genommen, den Verkauf von Fremdem an Fremde ausschließe. Endlich sollte

3) mit ausdrücklichem Vorbehalte, daß nur stapelbare Güter umgeladen zu werden brauchten, über eine in Bremen zu errichtende Niederlage verhandelt werden.

Das Auswärtige Departement stimmte diesem Entwurfe durchaus zu und zog ihn der ebenfalls wieder in Vorschlag gebrachten „Deklaration" des Urteils durch das Kammergericht bedeutend vor[1]).

So erging denn bald ein neuer entsprechender Vorschlag an Bremen, das ihn sofort mit großer Genugtuung annahm und den Stadtsyndikus Dr. Post sowie den Stadtrichter Dr. Smidt zu Kommissaren ernannte; preußischerseits waren es die Minder Kammerräte Piper und Naze. Die ferneren preußischen Verfügungen zogen sich nun aber sehr in die Länge, da die Kommission nicht eher zusammentreten sollte, als bis Piper eine

---

[1]) Bericht der Minder Kammer vom 21. II. 1766. General-Direkt. an Depart. des Auswärt. 29. IV., 19. VI., 9. XII. 1766. Depart. des Auswärt. an GeneralDirekt. 9. VI., 21. VII., 13. IX. 1766. Schreiben an Bremen 21. VII. 1766. Antwort Bruuns 30. VIII. 1766. Über das jus emporii vergl. Einleitung p. 4.

andere Kommission wegen der Justiz-Ämtereinrichtung in den westlichen Provinzen erledigt hätte. Erst Ende Dezember 1766 wurde die Vollmacht der Kommissare ausgefertigt¹), und dann im März des nächsten Jahres auf Bitte der Stadt Minden hin der zweite Bürgermeister, Kriminalrat v. b. Beck, zum dritten preußischen Kommissar ernannt, eine Wahl, die in Bremen gern gesehen wurde²). Bereits Ende Januar war auch die genaue Instruktion für die Kommissare entworfen und genehmigt worden. Darnach sollten die Bevollmächtigten — außer den schon genannten Punkten — auf die Festlegung einer breitägigen Liegefrist in Bremen bringen. Tonnen- und Batengeld sowie die 2 Scheffel Magazinkorn bei freier Vorbeifahrt waren zu bewilligen, Akzise- und Geleitsgeld aber ganz abzulehnen. Dagegen war man geneigt, Krahn-, Wipp- und Schlachtgeld im Bedarfsfalle zu zahlen. Falls Bremen auf diese Vorschläge nicht einginge, sollten die Kommissare mit energischen Repressalien drohen. Zuletzt wurde ihnen aufgegeben, möglichst die Aufhebung des Bremer Stapelrechtes auf Wein zu erreichen.

Der Zusammentritt der Kommission verzögerte sich aber sehr; Piper und v. d. Beck starben darüber; an ihre Stelle traten Juli 1768 der Kammerrat Dach und der Bürgermeister Kahlert.

Bremen sah sich nach dem Vorgange Preußens gleichfalls veranlaßt, in der Person des Ratsherrn und Richters Dr. Schöne einen dritten Kommissar zu ernennen, während für den zum Bürgermeister gewählten Senator Smidt der Senator und Stadtrichter Dr. Wahls eintrat.

Die Verhandlungen sollten nun baldigst in Bremen beginnen. Da die Stadt Minden aber — freilich vergeblich — die ihr zubilligte Hälfte der Konferenzkosten von sich abzuwälzen versuchte, so entstand eine neue Verzögerung, bis endlich Ende April 1769 die Minder Bevollmächtigten abreisten.

Die Verhandlungen begannen am 2. Mai und dauerten zunächst, bei zwei bis drei Sitzungen in der Woche, bis zum 20. Mai³).

---

¹) Vollmacht für Piper und Rake vom 26. XII. 1766. ²) General-Direkt. an Depart. des Auswärt. 9. III. 1769. Depart. des Auswärt. an Bremen 24. III. 1769. Antwort Bremens 15. IV. 1769. Reskript an die Minder Kammer 15. I. 1767. Bericht der Kammer 15. II. 1767. Die Kosten für die Konferenz wurden so verteilt, daß die Kämmereikasse und die Obersteuerkasse je die Hälfte tragen sollten. Schließlich wurde aber am 19. XII. 1769 verfügt, von den sich auf 1340 Taler und 15 Groschen belaufenden Kosten sollten die Extraordinarien- und die Kämmereikasse je die Hälfte tragen. ³) Instruktion für die Kommissare vom 29. I. 1767. Reskripte an die Minder Kammer vom 15. I. und 10. II. 1767. Bericht der Kammer vom 15. II. 1767. Reskript an die Kammer vom 12. VII. 1768. Schreiben Bremens an die Minder Kammer vom 13. VIII. 1768 und 4. I. 1769. Minder Kammer an Minder Magistrat vom 22. II. und 29. III. 1769. Bericht der Minder Kammer den 8. IV. 1769.

Bremen war zunächst noch der Ansicht, es sollten nur die 1749 unentschieden gebliebenen Punkte, also Holz, Eisen und Quadersteine, zur Sprache kommen. Die dortigen Kommissare waren daher anfangs sehr überrascht, als auch die übrigen preußischen Beschwerden und Forderungen vorgebracht wurden, namentlich erklärten sie sich mit der preußischen Deutung des Kammergerichtsurteils nicht einverstanden, wonach nur stapelbare Güter der Umladung und den gewöhnlichen Abgaben unterworfen sein sollten.

Von Anfang an bewiesen jedoch die Bremer große Nachgiebigkeit, wohl in dem Gefühle, daß ihre Zugeständnisse bei den veränderten Zeiten in Wahrheit gar nicht sehr bedeutend waren, während auch die Minder Räte kein allzugroßes Gewicht mehr auf ihr Stapelrecht legten und Neigung zeigten, es als Kompensationsobjekt gegen Bremer Bewilligungen in der Schiffahrtsfrage zu gebrauchen.

Im Laufe der Verhandlungen gestanden die Bremer zu, Quadersteine[1]) und Eisen stapelfrei zu lassen; nur das Holz sollte Stapelgut bleiben, falls nicht Minden ebenfalls auf sein Holzanhaltungsrecht verzichten wolle. Dies lehnten die Kommissare aber von vornherein ab. Auch die von den Preußen bei der Definition der Stapelrechte geforderte Einschränkung der Liegezeit wurde zugebilligt und diese fortan auf vier Tage, mit Ausschluß des Ankunftstages und der Feiertage, bemessen. Der marktgängige Preis für Stapelgut sollte nach Angabe des vereidigten Maklers oder nach Ausweis der Hamburger und Amsterdamer Preiskurante bestimmt werden.

Fest blieb Bremen dagegen in der Abgabenfrage, zumal das Kammergerichtsurteil für Bremen durchaus günstig lautete und auch ein unbeschränktes Recht der freien Schiffahrt noch keine Zollfreiheit in sich geschlossen hätte. Wieder und wieder betonten die Unterhändler, nur der Name der Akzise führe die Preußen irre, tatsächlich wäre es ein Flußzoll wie jeder andere, der für durch- und ausgeführte Waren zu zahlen sei.

Da das Geleitsgeld damals zur Austiefung der Weser verwandt wurde, fiel es nach Bremer Ansicht unter die von Preußen an sich bewilligten, der Schiffahrt nutzbringenden Abgaben; Krahn- und Wippgeld endlich sollte nur im Benutzungsfalle erhoben werden, wogegen sich natürlich nichts einwenden ließ.

Die geforderte Unterscheidung von stapelbaren und stapelfreien Gütern hinsichtlich der Abgaben wurde demgemäß von Bremen abgelehnt, da sich im Wetzlarer Urteil kein Anhalt hierfür fand und ein gewisser Unterschied

---

[1]) Nirgends findet sich eine Bemerkung, wie es in der Zwischenzeit mit den Steinschiffen gehalten war; wahrscheinlich durften sie nur nach erfolgter Umladung und Zahlung der Abgaben ihre Fahrt fortsetzen.

bereits insofern bestanden hatte, als Geleitsgeld und Akzise von stapelbaren und dem Verkaufszwang bisher unterliegenden Waren nicht erhoben wurde.

Als letzter Punkt blieb noch die Umladung übrig: hier machte sich Bremen auch den Standpunkt der preußischen Vorschläge zu eigen. Die Bremer erhoben in den beiden letzten Konferenzen am 18. und 20. Mai noch Vorwürfe gegen die Ausübung des Stapelrechtes zu Minden, namentlich weil auch aufwärts gehendes Getreide angehalten wurde. Die Kommissare erklärten dies aber für durchaus herkömmlich und infolgedessen für erlaubt nach dem Wortlaut des Urteils von 1749.

Bei der Preisfestsetzung in Minden wurden, wie die Kommissare weiter ausführten, die Bremer Kurante zu grunde gelegt. Ebenso konnte es kein Anlaß zu Beschwerden sein, wenn die Schiffer eine kleine Gebühr ans Waisenhaus entrichten mußten, falls sie vor Ablauf der 3 Liegetage abfahren durften.

Nachdem die in Bremen geführten Verhandlungen soweit gediehen waren, reichte der Bremer Magistrat darüber ein Promemoria in Berlin ein und sprach hierbei die Hoffnung aus, man werde die Nachgiebigkeit der Hansestadt anerkennen und die nach vielen Zusammenkünften so festgestellten Vergleichspunkte annehmen.

Das Departement des Auswärtigen war auch tatsächlich ebenso wie die Minder Kommissare über die weitgehenden Zugeständnisse sehr erfreut und glaubte nicht, daß sich noch mehr würde erreichen lassen; die Minder Kammer dagegen bemängelte einmal, daß die Liegezeit von vier Tagen zu lang wäre und auf drei herabgesetzt werden müßte; dann aber erhob sie schwere Bedenken, daß das Holz, immer noch der wichtigste Handelsartikel auf der Weser, fernerhin Stapelgut bleiben sollte. Sie machte darum den Vorschlag, man wolle in Minden alles Holz und Getreide der Bremer unbehelligt und stapelfrei lassen, wenn es auf eigne Rechnung Bremer Kaufleute ginge; dafür sollte Bremen auch noch Holz und Wein für stapelfrei erklären[1]).

Ferner beantragte die Kammer immer noch, die Zahlung der Akzise abzulehnen, da ein derartiger Zoll von Kaiser und Ständen des Reiches nicht bewilligt wäre. Hierbei ließ sich jedoch irgend ein weiterer Erfolg nicht erzielen, so daß die nur noch privatim geführten Verhandlungen ins Stocken gerieten. Am 10. und 18. Juli fanden noch zwei offizielle Konferenzen statt, in denen die Bremer eine Einschränkung der Liegefrist auf 8 Tage zugestanden, aber neben den Amsterdamer und Hamburger Preiskuranten auch den marktgängigen Preis als Basis für die Preisfestsetzung behalten wissen wollten. Über die Stapelfreiheit des Holzes konnte man sich nicht

---

[1]) Mit französischem Wein hatte sich in Minden, nach Dacherodens Angabe, ein lebhafter Handel entwickelt.

einigen, während die preußischen Kommissare den Anspruch Bremens auf Akzise und Geleitsgeld für gerechtfertigt anerkannten; den Wein wollte Bremen nur gegen Bezahlung sämtlicher Umgelder passieren lassen. Die Kommissare baten schließlich um ihre Abberufung, da sie doch nicht mehr erreichen könnten.

Die Mindener Kammer wollte jedoch den Bremern die Akzise durchaus nicht bewilligen und verlangte ferner, nur die Hamburger und Amsterdamer Preiskurante sollten für die Preisfestsetzung maßgebend sein. So schienen an diesen Punkten und an der Differenz über die Behandlung des Holzes die Verhandlungen ganz scheitern zu sollen. Da wurde der ostfriesische Kammerpräsident von Hagen beauftragt, auf einer Durchreise durch Bremen Ende Juli 1769 einen letzten Versuch zu machen, die Parteien zu einigen, und das gelang ihm innerhalb eines Tages: Bremen bewilligte die Stapelfreiheit für Holz, Preußen die Akzise.

Demnach kam man zur Festsetzung folgender Vergleichspunkte:

Bremen bewilligt

1) die freie Vorbeischiffung nicht stapelbarer Waren; Stapelgut soll nur drei Tage — ohne Ankunfts- und Abfahrtstage — zum Verlaufe stehen; der marktgängige Preis wird nach den Hamburger und Amsterdamer Preiskuranten festgesetzt.

2) Mindener Eisen, Holz, Gips und Quadersteine sind fortan in Bremen stapelfrei.

3) Dagegen zahlen die Mindener Tonnen- und Geleitsgeld unterschiedslos, Wipp- und Krahngeld nur bei Benutzung.

4) Auch der Weserzoll, die Akzise, früher Ziese genannt, wird von Minden bewilligt.

5) Bremen macht sich zugleich verbindlich, alle diese Abgaben, von denen ein genauer Tarif dem Vertrage beigefügt werden soll, niemals zu erhöhen.

Beide Städte garantieren sich ferner ihre Stapelrechte, soweit sie nicht durch den Vergleich Änderungen erlitten haben.

Dieser Entwurf fand in Berlin Genehmigung, und endlich, am 28. August wurde die Vergleichsurkunde von den beiderseitigen Bevollmächtigten unterzeichnet [1]. Minden hatte also auf die Stapelfreiheit des Weines verzichtet, dafür aber an seinem eignen Stapelrechte nicht die geringste Einbuße erlitten [2].

---

[1] Dieser Vergleich ist zusammen mit dem 1749 ergangenen Urteile abgedruckt in Weddigens Westphäl. Magazin Bd. III. Heft IX. 1787. [2] General-Direktorium an Depart. des Auswärt. 6. VI. 1769. General-Direkt. an die preuß. Kommissare

Die preußischen Kommissare konnten deshalb mit großer Befriedigung auf das Erreichte sehen; es war weit mehr, als sich je nach der bisherigen Haltung Bremens hätte erwarten lassen.

So waren nun alle Schwierigkeiten und Streitpunkte auch mit Bremen beseitigt, nachdem schon das Wetzlarer Urteil den hannoverschen Beschwerden den Boden entzogen hatte. Minden war nach Jahrhunderten dazu gekommen, seine Privilegien als allgemein anerkannt und gesichert betrachten zu können. Ohne Streitigkeiten ging es freilich auch in der Folgezeit nicht ab. Mehr und mehr trat zu Tage, daß diese Rechte aus vergangenen Zeiten sich überlebt hatten. Das Stapelrecht diente schließlich nur noch dem Eigennutze weniger Mindener Kaufleute, hinderte und schädigte aber in hohem Grade Handel und Verkehr auf und an der Weser, die sich gerade im letzten Drittel des 18. Jahrhunderts nach langem Verfall erfreulich entwickelt hatten. So kamen neue und heftige Anfeindungen von Bremen, Münden und auch Vlotho gegen das Mindener Stapelrecht. Lebhaften Widerhall fanden sie um das Jahr 1800 bei dem Freiherrn vom Stein; als Oberpräsident in Minden bemühte er sich angelegentlich um die gänzliche Aufhebung des Stapelrechts. Allein dies konnte auch er noch nicht erreichen; schließlich zog er „sich gegenüber dem Eigennuß auf den Buchstaben des kaiserlichen Privilegiums und das landesherrliche Dispensationsrecht zurück"[1]). Nominell bestand das Stapelrecht Mindens noch über zwei Jahrzehnte: erst durch die Weserschiffahrtsakte vom 10. September 1823 und durch eine Separatkonvention vom gleichen Tage wurden sämtliche Stapel- und Zwangsumschlagsrechte sowie alle Begünstigungen für Schiffergilden und Korporationen aufgehoben[2]).

---

20. VI. 1769. General-Direkt. und Depart. des Auswärt. an die preuß. Kommissare 1. VIII. 1769. Undatiertes Pro Memoria Bremens. Bericht von v. Hagen, Zurich 24. VII. 1769. Berichte der Kommissare aus Bremen vom 23. V. und 19. VII. 1769 nebst Konferenzprotokollen. Berichte der Minder Kammer vom 27. V. und 26. VII. 1769. ') Vergl. R. Lehmann: Freiherr vom Stein. Band I, p. 198—198. Leipzig 1902. Dem Weser- und Elbhandel sollte namentlich das preußische Deklarationspatent vom 16. April 1766 aufhelfen, das eine vollständige Sperre des Rheinhandels bei Wesel anordnete. Die Straßen von Bremen sowie Hamburg (über Verden) nach Minden, Kassel und weiter nach Franken waren auf diese Weise sehr in Aufnahme gekommen. Der Verkehr entwickelte sich hier zu größter Blüte in den Jahren der französischen Revolution bis zur Besetzung Hannovers durch die Franzosen. Vergl. Hoepfl, Preußische Handelspolitik ꝛc. p. 188, 272 und 302; ebenso die Bemerkung über den Ertrag der 4 preußischen Zölle, unten p. 100. ²) J. L. Klüber, Öffentliches Recht des teutschen Bundes ꝛc. § 584. B. Rassindrodt, Magazin der Geschichte, Geographie und Statistik... von Westphalen. S. 306. Dortmund 1816.

Anlage I.

Auszug aus den Bremer Abgabe-Rollen.

		Tonnen-geld Grotr, Schwar	Geleits-geld Grotr	Krahn- u. Wippgeld Grotr	Schlacht-geld Grotr
1	Balken, eichen . . . . pro St.	6	—	—	—
2	„ buchen . . . . . „	3	—	—	—
2a	Bandholz . . . . 1000 St.	3	3	—	—
3	Bier . . . . Tonne	1	1	⅟₄	—
4	Bohnen . . . . Last	5	6	—	—
5	Branntwein . . . . Oxhoft	6	6	aufleg. 4½ grs abtragen 1 Gr.	Stück 12
6	Brot, weiß . . . . . Tonne	1	1	—	—
7	Buchweizen . . . . . . Last	4	—	auftragen 10 abtragen 8	—
8	Butter . . . . . . Tonne	3	3	—	—
9	Dielen, tannene . . . Schock	4	4	—	—
10	„ eichen . . . . 100 St.	12	Stiege 2	—	36
10a	Eisen . . . 100 ℔ ob. Waage	1	1	—	Last 36
	Eisen-Gewicht . . . . 100 ℔	2½	—	—	—
11	Erbsen . . . . Last	6	12	—	—
12	Gerste . . . . „	3	6	pro Sack ½	—
13	Gerstengrütze . . . . . . „	6	—	—	—
14	Grausteine . . . . . Fuder	2	1	—	—
15	Hafer . . . . Last	3	4	—	—
16	Hering . . . . „	4	Tonne 1	Last auftragen 8 abtragen 6	1 Thl.
	„ . . . . Tonne	2½	1	—	—
17	Holz, Brennholz . . 1000 St.	2	—	—	—
	Klappholz, buchen 120 St.	3	} 4	—	—
	„ eichen, v. 6—8 Fuß, 120 St.	6			
	Piepenstäbe, das große 100	3	2	—	—
18	Leinsamen . . . . . . Last	12	Tonne 1	auftragen 6 abtragen 6	Last 36
19	Linnen, Schiffspfund oder Pfund schwer = 3 Centn.	4 2½	4	Baden 6	Packen 6
20	Mauersteine . . . 1000 St.	2	2	—	—
21	Roggen . . . . Last	4	8	—	1 Thl.
22	Salz, einkommend . . pro Last	3	3	1	88
	„ ausgehend . . . Tonne	2½	—	—	—
23	Steinkohlen . . . . . Last	9	3	—	—
24	Weizen . . . . Last	6	12	—	1 Thl.
25	Wein, Rheinw. . . . Fuder	12	Ohm 3	—	—
	„ Franz. . . . . Oxhoft	3	2	auftragen 1½ abtragen 1½	3
	„ Span. . . . . . Ohm	2	Pfeife 8	Pieg auft. 9 abt. 2½	—

Akzise.

	Waren		Durchgehend	Verlauft in Bremen
1	Minder Bier . . . . . ¼ Tonne mit 2 Ring.		16 Grote	16 Grote
	„ „ „ „ „ 3 „		24 „	24 „
	„ „ „ „ „ 4 „		32 „	32 „
	1668 beschlossen: 1 Tonne Minder Bier soll 1 Thl., 1 Doppeltonne 2 Thl. geben, von der Konsumtion aber befreit sein.			
2	Bohnen . . . . pro Last		—	48 Grote
3	Titlen . . . . Stück		—	1½ Schwar.
4	Gerste . . . . Scheffel		—	1 Gr. 3 Schw.
5	Hafer . . . . Last		—	24 Grote
6	Klappholz, seit 1679 verschiedener Tarif, je nach der Länge des Holzes.			
	„ pro großes Hundert, Länge 3½—4 Fuß		—	54 Grote
	„ „ „ „ 4½—5 „		—	1 Thl.
	„ „ „ „ 5½—6 „		—	1¼ „
	„ „ „ „ 6½—7 „		—	1½ „
7	Leinwand . . . . das ℔ sch.		8 Grote	8 Grote
8	Leinsaat . . . . Tonne		6 „	6 „
9	Piepenstäbe . . . . 100 St.		12 „	12 „
10	Roggen . . . . Last		—	64 „
11	Salz . . . . Tonne		4 „	4 „
12	Wein, Rhein. . . . . Ohm		24 „	16 „
	„ Französ. . . . . „		16 „	12 „
13	Branntwein, Rhein. . . . . „		36 „	48 „
	„ Braunschw. . . . . „		24 „	32 „
14	Weizen (durfte nur nach Lichtmeß passieren) . . .		1 Thl.	—

Alles, was nicht näher bezeichnet war, zahlte

Tonnengeld: von 5 Bremer Mark . . . 1 Grote
oder 1 Thl. Bremer Courant 2½ Schwar.
Geleitsgeld: vom Pfund schwer . . . . 4 „
von 1 Thl. Wert . . . . 2½ „
Krahn- u. Wippgeld: vom Pfund schwer in Tonnen oder Fässern . . . . . . 1½ „
in Ballen oder Packen . . 1 „
Akzise: vom Pfund schw. (= 3 Centn.) 6 „

Dieser kurze Auszug berücksichtigt nur die für den Weserhandel hauptsächlich in Betracht kommenden Waren.

Anlage II.

Zölle an der Weser.

			Entfernung.
1.	Münden	hannoverisch	—
2.	Gieselwerder	hessisch	2 Meilen
3.	Herstelle	paderbornisch	2 "
4.	Laurnsörde	hannoverisch	½ "
5.	Holzminden	braunschweiglich	2 "
6.	Polle	hannoverisch	1 "
7.	Grohnde	"	2 "
8.	Hameln	"	1½ "
9.	Rumbeck	hessisch	1 "
10.	Rinteln	"	1 "
11.	Erder	lippisch	1 "
12.	Vlotho	preußisch	1 "
13.	Hausberge	"	1½ "
14.	Petershagen	"	1½ "
15.	Schlüsselburg	"	2 "
16.	Stolzenau	hannoverisch	1½ "
17.	Landesbergen	"	½ "
18.	Nienburg	"	1½ "
19.	Hoya	"	2 "
20.	Inschede	"	2½ "
21.	Dreye	"	2 "
	Von Dreye bis Bremen		1 "
22.	Elsfleth	oldenburgisch	—

Dies Verzeichnis stammt aus dem Jahre 1785 (G. St.-A. Rep. 82, Nr. 77). 1787 wird der Ertrag der 4 preußischen Zölle auf 6000—6500 Taler angegeben, wobei Minden noch Zollfreiheit genoß. Zugleich wird bemerkt, daß sich schon hieraus die Beträchtlichkeit des Handels ermessen lasse. (Webbigens, Westphäl. Magazin. Band III, Heft IX.) In einer Zusammenstellung von 1710 (G. St.-A. Rep. 82, Nr. 114) werden statt Herstelle — Beverungen, und statt Erder — Barenholz aufgeführt; endlich wird zwischen Grohnde und Hameln noch ein weiterer hannoverscher Zoll zu Ohsen genannt.

Berichtigungen.

p. 5. Zeile 2 von unten lies: Anm. 3 statt Anm. 1.
p. 10. Zeile 14 lies: 1595 statt 1695.
p. 24. Überschrift von III. lies: bis zur 2. Konferenz statt bis zur 1.
p. 32. Zeile 6 von unten lies: Balen statt Baden.
p. 47. Zeile 8 lies: Juni 1719 statt Januar 1719.

Quellen und Darstellungen
zur
Geschichte Niedersachsens.
Band XVII.

GUSTAV ADOLFS
PLÄNE UND ZIELE IN DEUTSCHLAND UND DIE HERZÖGE ZU BRAUNSCHWEIG UND LÜNEBURG.

VON

JOH. KRETZSCHMAR.

HANNOVER UND LEIPZIG.
HAHNSCHE BUCHHANDLUNG.
1904.

QUELLEN UND DARSTELLUNGEN

ZUR

GESCHICHTE NIEDERSACHSENS.

HERAUSGEGEBEN
VOM
HISTORISCHEN VEREIN FÜR NIEDERSACHSEN.

BAND XVII.
GUSTAV ADOLFS PLÄNE UND ZIELE IN DEUTSCHLAND UND DIE HERZÖGE
ZU BRAUNSCHWEIG UND LÜNEBURG.

VON
JOH. KRETZSCHMAR.

HANNOVER UND LEIPZIG.
HAHNSCHE BUCHHANDLUNG.
1904.

Gustav Adolfs
Pläne und Ziele in Deutschland und die Herzöge zu Braunschweig und Lüneburg.

von

JOH. KRETZSCHMAR.

HANNOVER UND LEIPZIG.
HAHNSCHE BUCHHANDLUNG.
1904.

Vorwort.

Vorliegende Studie ist eine Vorarbeit zu einer demnächst erscheinenden Darstellung des Heilbronner Bundes; sie war erforderlich, da die bisherigen Arbeiten keine genügende Auskunft über die Grundfrage gaben, warum die deutschen Stände so rasch sich von den Schweden abwandten, ja zum Teil ihre Gegner wurden, obwohl sie doch eben erst von ihnen vor dem drohenden papistischen Joche gerettet worden waren. Das einfach mit politischer Unfähigkeit oder Undankbarkeit abzufertigen, ist doch nicht mehr ohne weiteres angängig. Jene Grundfrage hängt vielmehr aufs engste mit dem ganzen politischen System zusammen, das von Gustav Adolf entworfen und verfolgt worden war; sie hängt ebenso eng mit jener anderen zusammen nach den Ursachen, warum die deutschen Stände — vor allem die mächtigsten unter ihnen, die Kurfürsten — dem Schwedenkönige von Anfang an so kühl und misstrauisch begegneten. Für beide Fragen geben uns die Akten manche neue Auskunft, die ich hier darzulegen versucht habe; vor allem waren es die mit den deutschen Ständen abgeschlossenen oder entworfenen Verträge des Königs, die mir den Weg gewiesen haben. Sie liegen jetzt in der vortrefflichen Bearbeitung der Sverges traktater Bd. V (her. von C. Hallendorff) vor. Unter ihnen nehmen die Verhandlungen mit Brandenburg, Mecklenburg und Braunschweig eine hervorragende Stellung ein. Über erstere wird binnen kurzem ein Aufsatz von mir in den Forschungen zur brandenburgischen Geschichte erscheinen. Für Mecklenburg kann ich auf die im Anhang abgedruckte Relation Cothmanns verweisen, die mit der von v. d. Decken veröffentlichten Relation des Lampadius (Herzog Georg II no 83) zu den lehrreichsten Aktenstücken für diese Fragen gehört.

Die Verhandlungen mit Braunschweig und Lüneburg waren in ihrem wahren Verlaufe so gut wie unbekannt. Zudem waren die gesamten politischen und militärischen Verhältnisse in Niedersachsen bisher derartig unklar und entstellt wiedergegeben, dass bei ihrer Wichtigkeit eine neue Darstellung nach dem in Hannover und Wolfenbüttel vorhandenen reichen Aktenmateriale unerlässlich erschien; danach ergiebt sich doch ein wesentlich anderes Bild. Die politischen Verhältnisse, in der Hauptsache eben jene Allianceverhandlungen sind ausserordentlich charakteristisch für Gustav Adolfs Vorgehen, auch sind wir hier in der Lage, die ganze Entwickelung in allen ihren Phasen verfolgen zu können. Da sie aufs tiefste von den militärischen Verhältnissen beeinflusst wurden, war auch ihre Darstellung nicht zu umgehen. So werden die beiden ersten Kapitel ihre Rechtfertigung finden als Vorläufer des dritten, das seinerseits wieder die Antwort auf die vorher gestellten Fragen giebt.

Im Anhange habe ich zunächst eine Reihe von Vertragsentwürfen in extenso abgedruckt, da ihr Wortlaut unentbehrlich ist. Hallendorff hat von den braunschweig-lüneburgischen Entwürfen nur den sogenannten Hollischen Rezess gegeben, sie alle zu bringen, lag ja ausserhalb des Rahmens seiner Aufgabe. Der dann folgende Briefwechsel Gustav Adolfs mit den Welfenherzögen ist in seiner Gesamtheit so wichtig, dass seine Veröffentlichung geboten erschien; bis auf einige wenige Stücke war er unbekannt. Die vereinzelten anderen Schreiben, die ich mit beigefügt habe, gehören zur Sache. Bei dem Abdruck dieser Aktenstücke habe ich die moderne Orthographie durchgeführt und alle Kurialien, soweit sie entbehrlich waren, gestrichen.

Die Daten in der Darstellung sind nach dem neuen Kalender gegeben. Die Zitate „Kal.", „Zelle" bezeichnen Akten-Abteilungen des hiesigen königlichen Staatsarchivs.

Hannover, den 21. April 1904.

Inhalt.

		Seite
1. Kapitel.	Diplomatische Verhandlungen mit den Herzögen zu Braunschweig und Lüneburg	1
2. Kapitel.	Kriegsereignisse in Niedersachsen	85
3. Kapitel.	Gustav Adolfs Pläne und Ziele in Deutschland	159

Beilagen.

I. **Alliancen.**
  1. s. d. (1631 Nov. Braunschweig). Erstes Projekt einer Alliance mit Braunschweig (Entwurf des GMs v. Olenhusen) 223
  2. s. d. (1631 Nov. Halle). Zweites braunschweigisches Projekt (Entwurf Engelbrechts) 227
  3. 1631 Nov. 28. (Dez. 8.) Halle. Drittes braunschweigisches Projekt. (Hallischer Resess) 231
  4. 1631 Dez. 6. (16.) Zelle. Erstes Projekt einer Alliance mit Zelle . 234
  5. s. d. (1631 Dez. Frankfurt a. M.) Viertes braunschweigisches Projekt. (Entwurf der braunschweigischen Gesandten) 241
  6. 1631 Dez. 31. (Jan. 10.) / 1632 Jan. 10. (20.) Frankfurt a. M. Fünftes braunschweigisches Projekt. (Entwurf Sattlers, mit den Abänderungen der braunschweigischen Gesandten) 247
  7. 1632 Febr. 5. (15.) Frankfurt a. M. / 1632 Juni 18. (28.) Braunschweig. Sechstes braunschweigisches und zweites zellisches Projekt 278
  8. s. d. (1631 Mai. Küstrin). Erstes Projekt einer Alliance mit Kurbrandenburg 301
  9. s. d. (1631 Mai. Köln a. d. Spree). Nebenvertrag dazu 308
  10. 1631 Juni 25. (Juli 5.) Köln a. d. Spree. Kurbrandenburg an den Grafen Adam von Schwarzenberg 311
  11. 1632 Mai 18. (28.) Güstrow. Relation Cothmanns, Kanzlers von Mecklenburg-Güstrow, über die Allianceverhandlungen mit Gustav Adolf in Frankfurt a. M. 316
      Darin: Oxenstiernas Allianceentwurf mit den mecklenburgischen Abänderungsvorschlägen 343

II. **Briefwechsel Gustav Adolfs mit den Herzögen zu Braunschweig und Lüneburg, nebst einigen anderen verwandten Aktenstücken (Nr. 12—124)** 363

I.
Diplomatische Verhandlungen.

Von allen Ständen des niedersächsischen Kreises waren die Herzöge von Braunschweig und Lüneburg die mächtigsten, sie zu gewinnen hatte infolgedessen Gustav Adolf ein besonderes Interesse.

Das Welfenhaus hatte sich nach der Zersplitterung in kleine und kleinste Fürstentümer damals soweit konsolidiert, dass nur noch zwei regierende Linien vorhanden waren, die durch Herzog Christian in Zelle und Herzog Friedrich Ulrich in Wolfenbüttel vertreten wurden. Die zellischen Nebenlinien in Harburg und Dannenberg entzogen wohl dem Fürstentum Lüneburg eine Anzahl ertragreicher Ämter, waren aber politisch und auch sonst ohne Bedeutung, da die Landeshoheit der Hauptlinie in Zelle vorbehalten war. Als Ersatz dafür konnten die Stifter Minden und Ratzeburg gelten, deren Bischöfe Herzog Christian und sein jüngerer Bruder August von Zelle waren. Beide regierende Herren waren unbeerbt; Herzog Christian unvermählt, während Herzog Friedrich Ulrich in kinderloser Ehe' lebte. Da Nachkommenschaft von ihm nicht zu erwarten war, stand der Anfall des Hauses Wolfenbüttel an Zelle bevor.

Von den beiden regierenden Linien war die zu Wolfenbüttel bei weitem die bedeutendere, sie vereinigte die sehr fruchtbaren Fürstentümer Braunschweig, Kalenberg und Göttingen sowie den grösseren Teil des Bistums Hildesheim, das sogenannte „grosse Stift", in einer Hand, zu denen die Grafschaften Honstein und Reinstein und ein Teil der Grafschaft Hoya kamen; eine kluge und energische Finanzpolitik der Vorgänger Friedrich Ulrichs hatte die Einkünfte des Landes sehr gesteigert, vor allem die reichen Schätze des Harzes wieder erschlossen. Dazu kam, dass der Herzog von Wolfenbüttel neben dem Erzbischof von Magdeburg auch ausschreibender Fürst des niedersächsischen Kreises war. Von dieser bedeutenden Stellung hatte der mörderische Krieg aber wenig übrig gelassen, da der Landesfürst selbst seiner schwierigen Aufgabe nicht im geringsten gewachsen war. Sehr ungleich seinem glänzend begabten Vater war der unselbständige Herzog ganz in den Händen seiner Berater, die sich — nachdem 1622 das schamlose Regiment der v. d. Streithorst beseitigt war — seitdem wenigstens aus ehrlichen Leuten zusammensetzten. Aber kein hervorragender Mann befand sich darunter, der in der schwierigen Situation hätte helfen können, als Tillys Scharen hereinbrachen. Das unglückliche Land war der Spielball der feindlichen Parteien geworden. Nachdem der Dänenkönig Christian IV. aus dem Felde geschlagen, war der Herzog völlig in der Hand der Kaiserlichen und Ligisten; sie hatten seine Residenz Wolfenbüttel erobert und hielten ihn hier so gut wie gefangen.[1]) Wallenstein und seine Generale hatten ein Augenmerk auf das reiche Land gerichtet und fanden beim Kaiser volle Unterstützung; ein Teil nach dem anderen ward dem Herzog entrissen und verschenkt: die Grafschaft Honstein erhielt der kaiserliche Rat Graf Simon von Thun als Unterpfand, die Grafschaft Reinstein Maximilian von Waldstein, Blankenburg erhielt der Graf Merode. Ein grosser Teil der hoyaschen Ämter und einige kalenbergische waren dem Grafen Tilly für seine bekannte Forderung von 400000 T. verpfändet, ja es drohte im weiteren Verlauf dieser Sache der Verlust des ganzen Fürstentums Kalenberg.

Das Restitutionsedikt von 1629 brachte einen neuen Schlag. Seit über 100 Jahren befanden sich die Herzöge von Wolfenbüttel im rechtmässigem Besitze des sogenannten grossen Stifts Hildesheim, das ihnen im Frieden von Quedlinburg 1523 zugesprochen worden war; die Bischöfe von Hildesheim mussten sich seither mit den drei Ämtern Steuerwald, Marienburg und Peine begnügen. Jetzt wurde das grosse Stift vom Herzog zurückgefordert, sammt allen Einkünften, die die Herzöge seit 1523 daraus gezogen hatten: dass

---

[1]) H. Fr. Ulrich an H. Christian, dd. Wolfenb. 1631 Aug. 29: sein Abgesandter, Hofrat Götz von Olenhusen, werde berichten, wie er hier in servitute gehalten werde und dass er nicht länger hier ohne Gefahr bleiben könne. — Der Herzog beabsichtigte damals sich nach Dänemark zu begeben, was Tilly aber nicht gestattete (Tilly an H. Fr. Ulrich, dd. Halberst. 1631 Aug. 4. — Zelle 11. 94.)

die Herzöge seither rechtmässig vom Kaiser mit dem grossem Stifte belehnt worden waren, wurde dabei nicht der Beachtung gewürdigt. Mit Hülfe der Tillyschen Truppen war es ein leichtes den Spruch des Reichskammergerichts durchzusetzen. So war von der alten Macht und Grösse, wie sie noch Herzog Heinrich Julius besessen hatte, nichts mehr vorhanden. Das Herzogtum Braunschweig war völlig in der Hand Tillys, der alle Festungen — grosse wie kleine — besetzt hielt: Münden, Göttingen, Erichsburg, Northeim, Hameln, Neustadt a. R., Kalenberg, Wolfenbüttel u. a.

Im Gegensatze zu Wolfenbüttel war das Fürstentum Lüneburg ziemlich glimpflich davon gekommen. Herzog Christian war ein alter Herr (geb. 1566), der in Devotion gegen den Kaiser verharrt war und sich von der dänischen Expedition fern gehalten hatte. Auch hier hatte Tilly zwar alle militärisch wichtigen Plätze besetzt: Einbeck, die Hauptstadt des Fürstentums Grubenhagen, das damals mit Lüneburg vereint war, Minden, Nienburg, Winsen a. d. L. u. a. — nur seine Residenz Zelle hatte sich der Herzog freigehalten — auch wurde die Kontribution des Landes dem ligistischen Heere zugeführt, es geschah aber in verhältnismässiger Ordnung und ohne Beeinträchtigung der landesfürstlichen Rechte und Hoheiten des Herzogs. Man hatte sich geduckt, um den Sturm über sich wegbrausen zu lassen.

Dagegen verfolgte man in Zelle mit grosser Sorge die schlimme Entwickelung in den braunschweigischen Stammlanden, die ja nach dem Tode Friedrich Ulrichs an die zellische Linie fallen mussten und die man mit Recht für äusserst gefährdet ansah. Und derjenige, der in diesen Punkten von allen zellischen Prinzen am meisten interessiert war, war Herzog Georg, der jüngste unter ihnen, den allein unter sechs Brüdern das Los zur Heirat und Fortpflanzung des Geschlechts bestimmt hatte.

Er war, obwohl selbst kein regierender Fürst, der berechtigte Hüter des gesamten Hausbesitzes, da er das dynastische Interesse für seine Kinder zu wahren hatte. Zudem war er von allen welfischen Brüdern und Vettern der talentvollste; und da er seiner Neigung zufolge sich dem Kriegshandwerke gewidmet hatte, so war er auch allein unter ihnen derjenige, welcher in dieser kriegerischen Zeit seinen Mann zu stellen vermochte. Das alles verschaffte ihm neben den beiden regierenden Fürsten eine bedeutende, ja schliesslich überragende Stellung.

Herzog Georg, der im besten Mannesalter stand (geb. 1582), war 1626 in kaiserliche Dienste getreten, in der ausgesprochenen Absicht, auch die Länder Friedrich Ulrichs dem welfischen Hause zu erhalten: er sah sich aber in seinen Hoffnungen gründlich getäuscht. Als er im Winter 1629/30 aus Italien vom Kriegsschauplatze heimkehrte, war er entschlossen, den kaiserlichen Dienst zu quittieren.¹) Er, wie so viele mit ihm, erhofften die Rettung von dem Schwedenkönige Gustav Adolf, mit dem er bereits in Verbindung getreten war. Schwerlich hat Herzog Georg dabei im Einverständnisse mit seinem Bruder Christian gehandelt, gewiss aber nicht ohne dessen Wissen.

Die früheste Nachricht, die wir über Georgs Verbindung mit Gustav Adolf haben, stammt bereits aus dem Jahre 1629: in diesem Jahre sandte Herzog Georg den Dr. Johann v. Drebber, Kanzler in Harburg, nach Stockholm,²) bot dem Könige seine Dienste an und bat um seine Hülfe für die Evangelischen und um Wiederaufrichtung des fürstlichen Hauses. Näheres wissen wir leider nicht. Der König nahm das wohl auf und beauftragte seinen Rat, Ritter Christoph Ludwig Rasch, den er nach Norddeutschland sandte, mit den weiteren Verhandlungen.³) Da Rasch, ohne den Herzog zu kompromittieren, nicht selbst zu ihm kommen konnte, schickte er den Joh. v. Drebber als Unterhändler nach dem Herzberg (der Residenz Herzog Georgs), wo am 15. April 1630 die Unterredung stattfand.⁴) Sein Auftrag bestand nur darin, den Herzog zur Absendung einer vertrauten Person nach Hamburg zu vermögen, um Raschs Proposition zu vernehmen. Das wurde auch alsbald so geregelt, dass Herzog Georg hiermit den Obersten und Landdrosten der Grafschaft Diepholz, Curt Plato gen. Gehlen beauftragte, und versprach zu Pfingsten (19. Juni) in Zelle dessen Relation ent-

---

¹) 1630 Febr. 18. H. Georg an H. Christian. (Zelle 11. 92a.) v. d. Decken I Nr. 74, hat falsches Datum.

²) Kreditif oder Instruktion für Joh. v. Drebber sind nicht erhalten; auch über die Zeit der Sendung ist nichts näheres bekannt; über sein Anbringen unterrichtet uns das Schreiben des Ritters Rasch, dd. Bremen 1630 Mai 30. (Kal. 16. A. 605.)

³) Kreditif, dd. Upsala 1029 Dez. 23. (Ebd.) Beil. Nr. 12.

⁴) Eigenhändige Relation des Dr. Johann von Drebber an den Ritter Rasch. Beil. Nr. 13.

gegenzunehmen. In Gesprächen aber ging man weiter, der Herzog war eifrig bemüht, seiner Verehrung und Bewunderung für den Schwedenkönig Ausdruck zu geben — im Gegensatz zu dem Dänenkönige — dessen militärisches Genie ihm Arnim oft und viel gerühmt habe; nichts wünsche er lieber, als in des Königs Dienste zu treten, wozu er als Reichsfürst befugt sei; doch hindere die augenblickliche gefährliche Lage der Herzogtümer, dass er dies offen, mit der Absicht gegen den Kaiser zu ziehen, tun und mit selbstgeworbenem Volke zum König stossen könne. Man kam überein, es so zu formulieren, dass Georg dem Könige wider alle seine Feinde, Polen, Russen und andere Nachbarn dienen wolle, doch so „dass S. F. G. wider die kaiserliche Majestät zu dienen nicht wolle verpflichtet sein": damit behielt er sich selbst vor, im gegebenen Falle diese Verpflichtung fallen zu lassen. Auch gab der Herzog den Wunsch zu erkennen, dass der König ihm die Bestallung anbieten möchte.

Der Legat Rasch war freilich nicht in der Lage, auf die Wünsche des Herzogs etwas bestimmtes zuzusagen, seine Instruktion gebot ihm offenbar nur, des Herzogs Vorschläge und Wünsche entgegenzunehmen. Dementsprechend forderte er den Herzog auch auf, solche dem Könige mitzuteilen.¹) Leider sind wir über den weiteren Gang der Verhandlungen nicht hinreichend unterrichtet. Vor Pfingsten war Georg bereits in Zelle und von hier schrieb er dem Könige²) der Anweisung Raschs entsprechend, bezog sich auf seine frühere nach Stockholm gesandte Resolution und erbot sich abermals „E. K. W. militärische disegni in allen Occasionen nicht allein tätig zu sekundieren, sondern auch mit persönlichen oder andern angenehmen Diensten in vorfallenden Expeditionen Ihr

---

¹) Rasch an H. Georg, dd. Bremen 1630 Mai 30 (Kal. 16. A. 605): „S. K. M. ist zwar auf Mittel und Wege bedacht gewesen, wie E. F. D. angenehme und gefällige Vorschläge getan werden möchten; allein weil S. K. M. zweifeln müssen, ob auch zur Zeit meiner Herauskunft aus Schweden oder bei der Negotiation mit E. F. D. der Zustand dero Hauses oder des allgemeinen Wesens also beschaffen sein würde, dass zu S. K. M. Belieben oder E. F. D. Gefallen solche auf die Bahn gebracht und mit Nutzen zu Werke gerichtet werden möchten: Als hat S. K. M. fürs beste angesehen, E. F. D. freiem Willen und arbitrio frei und anheimb zu stellen, was sie S. K. M. für Vorschläge tun wollten, und auch zu erwarten, was weiter E. F. D. gute Meinungen und hochvernünftige Einratungen mit sich bringen möchten".

²) H. Georg an GAdolf, dd. Zelle 1630 Juni 19. (Ebd.) — Beil. Nr. 14.

wirklich beizutreten; verstellen aber dabei zu E. K. W. Diskretion, wie Sie uns deswegen zu employieren gemeint." Jetzt Truppen zu werben und dem König zuzuführen sei bei der Lage der Fürstentümer unmöglich, sich ohne Truppen beim Könige einzufinden sei ihm disreputierlich, auch sei dem Könige mit seiner Person allein wenig gedient. Auch bat er — wie mit Dr. Drebber verabredet war — bei seiner Bestallung einzufügen, dass er wider Reich und Kaiser zu dienen nicht verpflichtet sei; versicherte aber, „dass wir solch Reservat ex dictamine der itzigen Läufte nur zu unsers fürstlichen Hauses und Angehörigen Sicherheit blosslich zu prätexieren gemeint".

Zu gleicher Zeit schrieb er dem Kaiser und Wallenstein seine Bestallung als kaiserlicher Oberst auf.[1])

Dem Könige war mit diesem Anerbieten wenig gedient, er hatte wohl auf ein tätiges Eingreifen und Mitwirken des Herzogs gerechnet, und auf eine Erhebung im Braunschweigischen gehofft, wie es in Magdeburg oder Württemberg erfolgte: das hätte die Kaiserlichen von ihm abgezogen, sie gezwungen, sich zu zersplittern und ihm seine ersten schweren Schritte auf deutschem Boden wesentlich erleichtert. Er war wenig erfreut über den kühlen, fast feindlichen Empfang, der ihm von den deutschen evangelischen Ständen geboten wurde, auf deren Mitwirkung und Erhebung er in erster Linie rechnen musste. So sieht es bitterem Hohn und Spott verzweifelt ähnlich, wenn der König auf des Herzogs Schreiben ihm versicherte,[2]) wie wohl ihm seine Erklärung getan habe und wie es seine bei der grassierenden allgemeinen Schlafsucht fast erstorbenen Hoffnungen wieder erweckt habe, dass ein so hohes Haus sich mit ihm konjungieren und dass der Herzog persönlich in seine Dienste zu treten entschlossen sei: „möchten wünschen, die Konjunktur wäre bereits ins Werk gesetzt", fügt er hinzu! Er bat ihn nochmals, eine Armee auf die Beine zu bringen, wozu es ihm an Mitteln bei der guten Gelegenheit mit den reichen Städten Braunschweig und Lüneburg nicht fehlen könne. Sein

---

[1]) Zelle 1630 Juli 5. v. d. Decken I, Nr. 75 und 76. Die Konzepte zu diesen beiden wichtigen Schreiben sind von dem zellischen Kanzler Dr. Merckelbach abgefasst (Zelle 11. 92a): der beste Beweis, dass dieser Schritt H. Georgs nach Verabredung mit seinem Bruder geschah.

[2]) G Adolf an H. Georg, a. d. (1630 Mitte Juli), im Feldlager bei Alt-Stettin. (Kal. 16. A. 305.) Beil. Nr. 15.

Anerbieten, in des Königs Dienste zu treten, nahm er mit Dank an und betonte, dass er seine Waffen „im wenigsten nicht wider das römische Reich oder einigen dessen rechtmässigen Stand, sondern vielmehr dessen Turbatoren und gemeinen Reiche Zerstörer führe"; von dem vom Herzog verlangten Reservat kein Wort. Über die weiteren Verhandlungen wissen wir leider nichts; sie führten aber zu einem vorläufigen Resultate, das ganz den Wünschen des Herzogs entsprach. Am 5. November 1630[1]) nahm er den Herzog in seine Dienste „in Anwartung", wonach sich Herzog Georg verpflichtete, bei allen Offensiv- oder Defensivkriegen des Königs mit benachbarten Potentaten ihm eine Armada deutschen Volkes zuzuführen oder persönlich sich beim Könige einzustellen und wider dessen Feinde sich gebrauchen zu lassen. Dafür sagte ihm der König ein Jahrgehalt von 5000 Rt. zu. Auch willigte Gustav Adolf in das ausbedungene Reservat, dass er nicht verpflichtet sein solle wider das h. römische Reich zu dienen.

Damit fanden diese Verhandlungen zwischen Gustav Adolf und dem Herzog Georg ihren vorläufigen Abschluss; den Revers zu der Bestallung gab Herzog Georg erst ein halbes Jahr später, am 1. Mai 1631 von sich.[2]) Die Gründe dieser Verzögerung werden wir in denselben Bedenken zu suchen haben, die die gefährliche militärische Lage der Herzogtümer ihm bisher eingegeben hatte; offenbar aber auch in der Rücksicht auf seinen Bruder Christian.

Über dessen Haltung der neuen Konstellation gegenüber sind wir nicht ausgiebig genug unterrichtet, um sicher urteilen zu können. Herzog Christian hielt grosse Stücke auf seinen jüngeren Bruder; das hinderte aber nicht, dass oft beider Ansichten über die zu ergreifenden Massregeln weit auseinander gingen. Herzog Christian hatte wie alle deutschen Fürsten ein sehr lebhaftes Gefühl für seine reichsfürstliche Stellung, die er wie sie im wesentlichen vom dynastischen Gesichtspunkte aus betrachtete. In diesem Glauben fühlte er sich so souverän wie irgend ein gekröntes Haupt, der Kaiser oder der König von Schweden; für Beeinträchtigung seiner Rechte und Hoheiten war er wie alle seine Mitstände äusserst empfindlich; so litt auch er schwer unter den Massregeln des

---

[1]) Patent des Königs, dd. Stralsund 1630 Nov. 5. v. d. Decken I Nr. 79.
[2]) Ebd. I Nr. 80.

Kaisers, die die so schwer erworbene Stellung der Reichsfürsten zu untergraben drohten. Können wir daher dem Zeugnisse des Herzogs Georg selbst glauben — und es liegt kein Grund vor, daran zu zweifeln — so stand auch Herzog Christian im April 1630, noch ehe der König von Schweden deutschen Boden betreten hatte, dessen Vorhaben durchaus sympathisch gegenüber,[1]) ja es waren zellische Räte, die dem Dr. Drebber — über dessen schwedische Vermittlerrolle man in Zelle keinen Zweifel haben konnte — vertraulich mittellten, dass Dänemark jetzt Anstrengungen mache, sich mit dem Hause Zelle auszusöhnen: eine Andeutung, die natürlich Drebber ganz richtig dahin deutete, dass man sich beeilen müsse, Herzog Georg und damit mehr oder weniger das ganze fürstliche Haus dem Schwedenkönige zu verpflichten. Selbstverständlich war es auch, dass seine religiösen Überzeugungen den Herzog zu dem Schwedenkönig hinüberzogen, die zumal durch das Restitutionsedikt auf das schwerste verletzt worden waren. Herzog Christian hat auch seinem Bruder Georg keine Schwierigkeiten gemacht, als dieser die kaiserliche Bestallung aufzugeben sich entschloss.[2]) Dass sich aber Herzog Christian nicht alsbald zu einem offenen Hervortreten für Gustav Adolf entschliessen konnte, war selbstverständlich, da sein Land völlig in der Hand der Feinde war und Christian selbst kaum einen Soldaten hatte.

Mit der Zeit aber hat sich am zellischen Hofe ein Umschwung zu Ungunsten Gustav Adolfs vollzogen, dessen Ursachen noch einer genaueren Untersuchung bedürfen. Vor allem konnte man sich nicht die Gefahren verhehlen, die ein so völliger Systemwechsel mit sich bringen musste. Bisher hatte Herzog Christian mühsam die Neutralität aufrecht erhalten, und wenn sie ihm auch manches schwere Opfer kostete, so hatte er doch immerhin die Genugtuung, dass in seinen Ländern noch leidlich geordnete und auch noch erträgliche Zustände herrschten. Ging er zu den Schweden über, so war sein Land vorerst den Feinden schutzlos preisgegeben, die aus den festen Plätzen an den Grenzen, wie Stade, Nienburg, Minden, Hameln, Wolfenbüttel u. a. — von denen aus das Land immer zu brandschatzen war — zu vertreiben nicht so einfach war. Wer gab auch Sicherheit, dass Gustav Adolfs Expedition

---

[1]) Die oben genannte Relation Drebbers an Rasch. Beil. Nr. 18.
[2]) H. Christian an H. Georg, dd. Zelle 1630 Febr. 23 (Zelle 11. 92a) und oben S. 6 a. 1.

glücklich endigen und nicht dasselbe Schicksal haben würde, wie die König Christians u. a.? War das Schicksal der benachbarten mecklenburgischen Herzöge nicht drohend genug, oder noch besser, das des eigenen Vetters in Wolfenbüttel? Sicher war doch auch, dass man auf jeden Fall noch ganz andere Anforderungen zu gewärtigen hatte, als bisher, und auch in Zelle wird nicht unbekannt geblieben sein, dass Gustav Adolf mit seinen evangelischen Glaubensgenossen ziemlich unsanft umsprang: Pommern hatte er zum Anschlusse gezwungen, indem er seine Kanonen auf Stettin richtete, selbst einem Kurfürsten von Brandenburg war es nicht besser gegangen. Und welche Bedingungen pflegte er von ihnen zu fordern: absolutes Kriegsdirektorium, Einräumung der Festungen und dergl., die aus den Bundesgenossen doch mehr oder weniger wehrlose Vasallen machten. Dass er auf die Rechte selbst seines nächsten Anverwandten, des Kurfürsten von Brandenburg, keine Rücksicht nahm, hatte sein gewaltsames Vorgehen in Preussen bereits gezeigt.

In Zelle war man deshalb bereitwillig auf den Gedanken der gemeinsamen Selbsthilfe eingegangen, der auf dem von Kursachsen einberufenem Konvente zu Leipzig zum Ausdrucke kam, und war man über manches Beschwerliche, das dem Vorgehen Gustav Adolfs anhaftete, vielleicht noch nicht unterrichtet, so wurde man es ganz gewiss hier im Verkehr mit den kurbrandenburgischen, kursächsischen u. a. Räten, die sich bisher allen Werbungen und Lockungen des Königs gegenüber ablehnend verhalten hatten. Die Werbungen, die der Konvent vorschrieb, war man entschlossen, auszuführen,[1] weiter wollte man aber nicht gehen.[2] Und schien denn nicht das furchtbare Strafgericht, das gerade jetzt in nächster Nähe über die unglückliche Stadt Magdeburg hereinbrach, dem recht zu geben? Hatte der König den Aufstand dort nicht gutgeheissen und unterstützt — wo war aber in der Not die versprochene Hilfe geblieben?

[1] Am 9. Sept. 1631 wurde die 1. Kompanie zu Fuss, die der Herzog durch Gerd Dietrich Feuerschütz hatte werben lassen, gemustert; es waren 110 Mann, zu denen am 16. Dez. noch weitere 100 Mann hinzukamen. Im Nov. 1631 empfingen der Rittmeister Hans v. Petersdorff and Jobst v. Weyhe Werbegelder für je 1 Kompanie zu Fuss und zu Ross, die am 22. Jan. 1632 in Winsen a. L. gemustert wurden. (Zellische Kammerrechnungen 1631/2.)

[2] H. Christian an H. Adolf Friedrich von Mecklenburg, dd. Zelle Juli 22. (Zelle 11. 92.)

Dazu kam nun, dass die erste Bekanntschaft, die man mit dem Heere des Königs machte, nicht dazu angetan war, die vorhandene Abneigung zu vermindern.

Am 12. Juli überschritt der König die Elbe bei Tangermünde und die Altmark war alsbald in seinen Händen; seine Scharen aber streiften rings umher und suchten namentlich das Fürstentum Dannenberg arg heim; sogleich liefen von allen Seiten die schlimmsten Klagen über das Rauben und Plündern der schwedischen Soldateska ein,[1]) besonders hatten sie es auf das Vieh, die Pferde und Getreide abgesehen, aber auch sonst wurde gestohlen und das Land rein ausgeplündert, als wenn man es mit dem Feinde zu tun hätte. Noch nie im ganzen Kriege ist so tyrannisch mit Ausplünderung der Leute prozediert worden, als jetzt von den Schweden, berichtet der Bürgermeister von Schnackenburg;[2]) ja, es war so arg, dass das Gerücht Glauben fand, das Fürstentum Lüneburg sei der Plünderung preisgegeben. Das war natürlich Unsinn, denn der König hat nie das entsetzliche Hausen der zügellosen Soldateska gebilligt und hat sich redlich bemüht, dem Einhalt zu tun; er konnte dem aber bei aller Strenge nicht einmal bei derjenigen Armee Herr werden, die unmittelbar unter seinem Kommando stand, und musste es gegen seinen Willen gehen lassen wie es ging; da er nicht in der Lage war, seine Truppen regelmässig zu besolden, so waren die Truppen darauf angewiesen ihren Unterhalt selbst zu requirieren, und die üblen Folgen waren an der Tagesordnung. Gerade damals befand er sich in arger Geldnot.[3]) Nicht ohne Grund — man muss das offen zugeben — machte der König die nicht schwedischen Elemente dafür verantwortlich, dass die bisherige Disziplin in der königlichen Armee untergraben worden sei. Unter ihnen bildeten natürlich die deutschen Truppen — Knechte wie Offiziere — die Hauptmasse und gerade sie waren durch den langjährigen Krieg schon längst aller Zucht und Ordnung entwöhnt. „Es wäre an dem, sagte der König zu zellischen Gesandten,[4]) dass

---

[1]) A**. In Zelle 11. 93a.
[2]) Ebd. — H. Ernst Julius von Dannenberg an Gustav Adolf, dd. Dannenberg 1631 Aug. 14 (Vaterl. Archiv 1829, II. 115): Beschwerde über die unerhörten Pressuren „dergleichen uns bei währendem Kriegswesen noch nie betroffen".
[3]) Oxenst. skrifter. II. 1. Nr. 535 und 536 und Relation Bodenteichs und v. d. Wenses, Beil. Nr. 25.
[4]) Rel. der zell. Gesandten, Beil. Nr. 25 (Zelle 11. 92.)

unter seiner Armada gleichsam eine Konfluenz allerhand Volks, welche allemal so eben im Zaum nicht könnten gehalten worden, angesehen die Wahrheit zu sagen sie nicht sonderlich gezahlt würden".

Gustav Adolf hatte seinen Rat Dr. Joh. Salvius zu den Verhandlungen mit den niedersächsischen Ständen ausersehen.[1] Erst Ende Juni konnte sich derselbe an den Hof zu Zelle wenden, da ihn bisher Verhandlungen mit dem Kreistag zu Hamburg (dem Zelle fern geblieben war) und den Hansastädten in Anspruch genommen hatten. Er gab zunächst den Wunsch des Königs zu erkennen, auch mit dem Herzog von Lüneburg ein Bündnis zu schliessen, wie es bereits mit Kurbrandenburg, Pommern, Mecklenburg, Weimar, Hessen und Württemberg geschehen sei — wobei er allerdings den Mund etwas voll nahm.[2] Auf Verlangen des Herzogs[3] muss dann Salvius Ende Juli in Zelle gewesen sein. Obwohl wir über diese Verhandlungen selbst nicht unterrichtet sind, wissen wir doch, dass sie keineswegs nach dem Wunsche des Königs ausfielen. Der Herzog blieb bei seinem Beschlusse, zwar nicht von dem evangelischen Wesen abzusetzen, aber sich auf die Ausführung der Leipziger Beschlüsse zu beschränken.[4]

Inzwischen traf vom Könige, der sich wie erzählt mit seinen Truppen dem Fürstentume Lüneburg genähert hatte, direkt die Aufforderung ein, seinen Teil bei dem allgemeinen Werke mit zu tragen und wegen Verabreichung der für die Armee nötigen Verpflegung ihm Kommissare zuzusenden.[5] Herzog Christian konnte sich dem nicht entziehen und ordnete Gesandte an den König nach Werben ab,[6] durch die er sich zwar — unter Berufung auf

[1] Kreditif an die zu Hamburg versammelten niedersächsischen Stände, dd. Spandau 1631 Mai 31; Kreditif an H. Christian, bereits dd. Demmin 1631 Febr. 24. Beil. Nr. 17. (Zelle 11. 02.)

[2] dd. Bremen 1630 Juni 24 (Ebd.), Salvius an H. Christian und besonders Salvius an den Statthalter Julius von Bülow in Zelle, „auf dessen Rat der Herzog am meisten höre". Letzteres Schreiben trägt den bedeutungsvollen Kanzleivermerk: „Dieses Schreiben ist aus erheblichen Ursachen nicht beantwortet".

[3] dd. Juli 9, Ebd.

[4] H. Christian an den H. Adolf Friedrich von Mecklenburg, dd. Zelle Juli 22, der die Werbungen des Salvius durch Schreiben dd. Juni 23 und Juli 17 unterstützt hatte. Ebd.

[5] dd. Werben 1631 Juli 22. (Ebd.) Vaterl. Archiv 1826, II. S. 9. Beil. Nr. 21.

[6] Den Hofrichter Chr. v. Bodenteich und Hilmar v. d. Wense. Instruktion dd. Zelle 1631 Juli 28. (Ebd.) Dazu H. Christian an GAdolf, dd. Zelle, 1631 Juli 28.

die mit Salvius soeben gepflogenen Verhandlungen — erbot, des
Königs Wünschen zu willfahren, soweit es die erschöpften Kräfte
des Landes gestatteten, in der Hauptsache aber Beschwerde über
die Exzesse der schwedischen Soldateska führte, und das in ziemlich
schroffer Form: der König sei doch seiner eigenen Verkündigung
nach nicht zur Unterdrückung, sondern zur Rettung der bedrängten
Glaubensgenossen erschienen. Um seinen Beschwerden mehr Nachdruck
zu geben, forderte er auch seinen Vetter in Dannenberg,
Herzog Julius Ernst, dessen Land ja in erster Linie von den
Plünderern heimgesucht worden war, auf, ebenfalls Gesandte zum
Könige abzuordnen, was dieser auch tat.[1])

Die Gesandten fanden einen entsprechenden Empfang.[2]) Unter
Darlegung seines Rechtes sich selbst vor dem Kaiser zu schützen,
wenn ihn die Stände des Reichs nicht zu schützen vermöchten, beklagte
der König selbst die Ausschreitungen der Truppen, die ihm
von allen Seiten zugeströmt wären und die er nicht so in Zaum
zu halten vermochte, da sie nicht sonderlich bezahlt würden. Der
König fügte die bittere Pille hinzu: die Gesandten sollten sich an
die Offiziere selbst wenden, die wüssten, dass er das Rauben und
Plündern verboten hätte: das seien ihre Verwandte und Landsleute,
auf bessere Ordnung könne er den Herzog nicht vertrösten.
Auf des Herzogs Anerbietungen dankte er weder, noch ging er
überhaupt auf sie ein: er wisse selbst noch nicht wohin ihn der Krieg
führen werde, je weiter er den Lüneburgern bliebe, um so besser
für sie, desto angenehmer würde er ihnen sein. Des Salvius
Relation habe er noch nicht erhalten. Mit einem Grusse an den
Herzog verabschiedete er die Gesandten.

Der Krieg rief den König wie bekannt sehr bald wieder nach
Osten, Kursachsen zu Hülfe, in Werben blieb nur eine starke Besatzung
unter dem Obersten Tanpadel, mit dem es nach langem

(Zelle 11. 93a.) Beil. 22, 23, 24. — Damals muss H. Christian selbst dem Tilly
von diesen Vorfällen und von der Notwendigkeit den Schweden zu kontribuieren
Mitteilung gemacht haben, denn Tilly riet dem Herzog selbst (dd. Leipzig
Aug. 2), sich zu akkomodieren (Instr. für zellische Gesandte an Pappenheim,
dd. 1632 Jan. 28. Zelle 11. 92).

[1]) H. Christian an H. Julius Ernst, dd. Zelle 1631 Juli 26 (Zelle 11. 93a)
und H. Julius Ernst an Gustav Adolf, dd. Dannenberg Aug. 14. (Vaterl. Archiv
1829, II. 115.)

[2]) Relation der zellischen Gesandten u. l. et d. (Zelle 11. 92); sie hatten
am 2. Aug. 1631 in Werben Audienz. — Beil. Nr. 25.

Hin- und Herfeilschen endlich zu einer festen Verabredung von einer monatlichen Kontribution von 1800 Rt. kam,¹) wogegen aber alle anderen Bedrückungen des Fürstentums Lüneburg wegfallen sollten. Letzteres blieb natürlich ein frommer Wunsch: schon längst waren die Einfälle der Schweden von Mecklenburg her an der Tagesordnung: sie setzten über die Elbe, stahlen und raubten in den fruchtbaren Marschgegenden und schonten weder die fürstlichen Amthäuser noch die Beamten.²) Namentlich die Garnison in Boitzenburg war unermüdlich und das unglückliche Land fiel den schwedischen Scharen schutzlos anheim, als sich die ligistischen Besatzungen aus Bleckede und Winsen a. d. L. schliesslich zum Abzuge gezwungen sahen.

Das alles gab natürlich Veranlassung für die zellische Regierung in ihrer Abneigung gegen Schweden zu verharren, zum grossen Kummer Herzog Georgs, der sich dadurch in seinen Plänen gehindert sah. Herzog Georg sah weiter, als sein Bruder Christian; er hatte erkannt, dass trotz der augenblicklichen kleinen Drangsalen jetzt nicht die Zeit war zur Seite zu stehen, wenn man nicht für immer zur Seite geschoben werden wollte. Aber auch ihm gebrach es an der nötigen Tatkraft, selbst wider den Willen seines Bruders und ohne dessen Unterstützung offen als Parteigänger Gustav Adolfs aufzutreten und die Werbetrommel zu rühren, wie es der König verlangte. Dass dies trotz der ungünstigen militärischen Lage des Landes möglich war, zeigte das Beispiel des mutigen Landgrafen Wilhelm von Hessen: ein Beispiel, das ihm später manchmal vorgehalten worden ist. Doch das entsprach nicht seiner vorsichtigen und bedächtigen niedersächsischen Art. Er hatte zwar den Beschluss des Leipziger Konventes zur Bewaffnung der Evangelischen für seine Person sich soweit zu eigen gemacht, dass er nunmehr — am 1. Mai 1631 — den Revers auf des Königs Bestallung vom 5. November 1630 ausstellte; weiter ging aber auch er nicht. Als der König im Juli den Vorstoss über die Elbe wagte, der ihn in unmittelbare Berührung mit Lüneburg bringen musste, sandte er den Dr. Drebber und Oberstlieutnant Meerrettig zu dem Herzog Georg und forderte ihn auf eine gute Resolution zu fassen und mit Hand anzuschlagen: er solle schleunigst beginnen im Lüneburgischen

---

¹) Joach. v. Plato an H. Christian, dd. Grabow 1631 Okt. 22 (Zelle 11. 93a); der Dannenbergische Anteil daran betrug 500 Rt. monatlich.

²) Akten in Zelle 11. 93a.

an der Elbe eine Armee von 5—6000 Mann zu richten, womit ihm sehr gedient wäre.¹) Doch Herzog Georg lehnte auch jetzt noch ab: bei näherer Betrachtung fände er die vorgeschlagenen conditiones und Mittel so, dass er weder zum Anfang noch zur Fortsetzung Gelegenheit sähe, erst müsse das Prinzipal-Negotium bei seinem Bruder Christian fundamental gemacht werden. Um das zu betreiben, versprach er dem Könige persönlich mit seinem Bruder zu verhandeln; er hoffe, dass dem Könige dann mit einer vermögenden Resolution begegnet werde.²) Welchen Erfolg Herzog Georg hatte, ist dargelegt worden.

Den Umschwung brachte auch hier der glänzende Sieg des Königs bei Breitenfeld am 17. September 1631; er gab aber nicht allein den deutschen Fürsten die Gewissheit der Überlegenheit des Königs über seine Gegner, sondern veränderte auch die Stellung Gustav Adolfs zu den protestantischen Fürsten von Grund aus, da er aus eigner Kraft und fast ohne Hülfe den Feind niedergeworfen hatte.

Herzog Georg erkannte nunmehr die unbedingte Notwendigkeit, sich dem Könige offen anzuschliessen, und machte sich jetzt endlich von der zurückhaltenden Stellung der zellischen Regierung frei. Am 23. Oktober³) traf er in Würzburg mit dem Könige zusammen und hier kam es zwischen beiden zu festen Verabredungen,⁴) wobei ihm der König so weit als möglich entgegenkam.

Gustav Adolf hatte an dem niedersächsischen Kreise nicht nur insofern Interesse, als er die reichen Mittel desselben dem Feinde entziehen und sich selbst dienstbar machen wollte, sondern vor allem deshalb, weil von ihm aus seine mit grosser Kunst und Mühe gesicherte Rückzugslinie nach Pommern gefährdet war, solange er in feindlichen Händen war; wie Dr. Stolnberg sich einmal ausdrückt: solange der König die Weser und den niedersächsischen Kreis zwischen Weser und Elbe nicht purgiert, laboriert er am

---

¹) Gustav Adolf an Salvius, dd. Tangermünde Juli 16. (Arkiv I. no. 341.)

²) H. Georg an Gustav Adolf (eigenhändig), dd. Herzberg Aug. 8. (Stockholm. Boll. Nr. 27.) Das hier erwähnte Handschreiben des Königs an Herzog Georg ist leider nicht erhalten.

³) H. Georg an H. Christian, dd. Würzburg 1631 Okt. 25 (Kal. 16. A. 805); nach Grubbes Relation an den Pfalzgrafen Johann Kasimir in Stockholm (Arkiv I. no. 535) traf der Herzog am 24. Oktober in Würzburg ein.

⁴) v. d. Decken II. Nr. 81: leider sehr fehlerhafte Abdrücke der Akten aus Zelle 11. 92 und Kal. 16. A. 805.

Podagra.¹) Hatte er ihn dagegen selbst im Besitz, so gab er für ihn eine neue sehr wertvolle Rückzugslinie ab, und der ungehinderte Verkehr Schwedens mit den Häfen Mecklenburgs, der Elbe und der Weser musste natürlich seine Position ungemein befestigen. Der König hatte die Aufgabe, die Küstenländer vom Feinde zu säubern, dem Feldmarschall Tott übertragen, während Baner die Elbe bei Magdeburg und damit den obersächsischen Kreis vor einem Einbruche des Feindes sichern sollte. Für Herzog Georg hatte er nun als Aufgabe die Säuberung seiner eigenen Stammlande ausersehen.²) Er schlug ihm deshalb vor, schleunigst 6 Regimenter zu werben: 4 zu Fuss (zu je 1200 Mann) und 2000 Dragoner, und zwar im Fürstentum Braunschweig, den Unterhalt würden das Land Braunschweig und das Stift Hildesheim gewähren, mit Ausnahme der Städte Braunschweig und Hildesheim, die für den Unterhalt der königlichen Armee vorbehalten waren. Mit diesen Truppen sollte er das Herzogtum Braunschweig wieder erobern, vor allem Wolfenbüttel blockieren und dann die Städte Braunschweig, Hildesheim und Hannover in guter Devotion halten, da man mit deren Besitz das ganze flache Land beherrschte und auch das Fürstentum Braunschweig — das mit Gustav Adolf noch in keinem Vertragsverhältnisse stand — und Bistum Hildesheim in den Händen hatte.

Zweifel herrschte nur, woher die Mittel für die Werbungen³) zu nehmen seien: der König wollte, dass hierfür der Kreis auf-

---

¹) Stainberg an Oxenstierna, dd. Mainz 1632 Febr. 14. (Stockholm.)

²) Vgl. auch das Mem. Georgs für die sellischen Räte (s. d. ca. Nov. 27, Zeile 11. 02) § 3: Die Räte werden aus den Würzburger Akten ersehen haben, dass des Königs Meinung ist, die okkupierten Orte in diesen Ländern wieder zu erobern, damit von fremden und benachbarten Potentaten keine Okkupation verursacht werde.

³) Ueber die Höhe der erforderlichen Werbegelder für die übernommenen 6 Regimenter gibt folgende Zusammenstellung Auskunft (Kal. 16. A. 307):
Reiterei: 1 Reiter 10 T., 1 Komp. (zu 125 Mann) 1250 T.
16 Komp. (2 Regt. zu 8 Komp. = 2000 Mann) . . . . 20000 T.
Infanterie: 1 Mann 4 T., 1 Komp. (zu 150 Mann) 600 T.
1 Regt. (zu 8 Komp.) 4800 T.; 4 Regt. (32 Komp.) . . 19200
                                                      ─────
                                                      39200 T.

Dazu die Fähnlein, Kornetten und der Mustermonat; ferner 800 Zentner Blei, 3200 Musketen, 1600 Piken und 600 Zentner Lunten.

In Braunschweig waren gegen bar zu bekommen:
300 Küraß komplet, das Stück zu 11 T.
500 Arkebusier-Rüstungen, das Stück zu 4 T.
2000 zwölflötige Musketen mit Bandalier und Forchetten, das Stück zu 2¹/₂ T.

kommen müsse, wogegen Herzog Georg begründete Bedenken geltend machte. Sie einigten sich schliesslich dahin, dass Salvius in Hamburg zunächst etliche Gelder vorschiessen sollte, um den Beginn der Werbungen ins Werk zu setzen; die Lauf- und Musterplätze sollten dann so angeordnet werden, dass durch sie auch die nötigen Werbegelder aufgebracht würden. Salvius sollte auch für die nötige Bewaffnung sorgen, während Tott und Bauer angewiesen wurden, dem Herzog zu sekundieren.

Zur Regelung der persönlichen Verhältnisse des Herzogs hielt der König für erforderlich, dass er mit ihm „in eine gewisse und richtige Verständnis trete". Merkwürdigerweise stellte der König ihm jetzt nochmals anheim, ob die Werbungen unter des Herzogs oder unter des Königs Namen gehen sollten, und „ob I. F. G. solch Volk unter I. K. M. Namen als dero General, gleich der Landgraf von Hessen, oder aber als vornehmer Fürst und Stand des Reichs führen wolle", trotzdem Herzog Georg doch bereits am 1. Mai die Bestallung als schwedischer General angenommen hatte. Doch behielt sich der König das absolute Direktorium vor und wünschte, dass der Herzog seinen „Respekt mehr auf ihn (den König) als auf den niedersächsischen Kreis haben möchte".

Herzog Georg ging auf alle die günstigen und für die Interessen seines Hauses vorteilhaften Anerbieten des Königs ein und akzeptierte auch die ihm „anpräsentierte hochrespektierliche Generalbestallung mit gehörigem Danke"; die Werbungen erfolgten unter des Königs Namen[1]) und Herzog Georg befehligte schwedische Truppen als schwedischer General.[2])

So klar aber wie die Stellung des Landgrafen Wilhelm war die Herzog Georgs keineswegs. Landgraf Wilhelm war schwedischer General wie irgend ein anderer schwedischer General,[3]) ihn wie

---

[1]) Patent Gustav Adolfs dd. 28. Okt. 1631. v. d. Decken II. S. 253.

[2]) Eine neue Bestallung ist damals aber nicht ausgefertigt worden. In einem Gutachten der lüneburgischen Räte vom 6. April 1635 (v. d. Decken II. Nr. 149. § 2) heisst es zwar, der Herzog hätte doppelte Bestallung angenommen: „erstlich wie S. M. noch in Preussen gewesen [gemeint ist die dd. Stralsund 1630 Nov. 5.], fürs andere, wie sie ins Reich gen Würzburg gekommen": eine zweite Bestallung ist aber nicht vorhanden.

[3]) Vgl. noch die Äusserung des Grafen Ph. R. Solms (kurbrandenburg. Geh. Rats Protokoll, dd. 14. Jan. 1634, Berlin), dass H. Georg Schweden "weniger obligat sei als Landgraf Wilhelm, dessen Armee zwar auf eigene Kosten geworben, aber „pur lauter schwedisch Volk" sei, und der den Befehlen Oxenstiernas

seine Truppen konnte der König beordern, wohin er wollte: er hat auch davon Gebrauch gemacht, sehr zum Verdrusse des Landgrafen. Herzog Georg war dagegen vom Könige nur soweit zum schwedischen General bestellt, als er die Restitution des Herzogtums Braunschweig-Lüneburg ins Werk setzen sollte,[1]) und der Herzog spricht ausdrücklich davon, dass er sich nur „auf gewisse Mass" dem König zu dienen verpflichtet habe und dass er das „Generalat dieser Örter (d. h. im niedersächsischen Kreise) soweit akzeptiert habe, dass er vermittelst des niedersächsischen Kreises 6 Regimenter werben solle".[2]) So nannte er sich auch in dem Entwurfe zu seinem General-Werbungspatent zunächst nur „des Königs bestallter General über etliche Regimenter" — das er dann in „des Königs bestallter General des niedersächsischen Kreises" umänderte.[3]) Auch der König fasste die Bestallung zunächst nur „auf gewisse Mass" auf und beauftragte deshalb den Legaten Salvius mit ihm wie mit Herzog Christian noch eine Alliance zu schliessen.[1]) Jedenfalls war er keineswegs der Meinung, dass Herzog Georg General des niedersächsischen Kreises sein sollte, oder — wie der Herzog es ausdrückte — „dem das Generalat über diesen Kreis absolut gegeben";[4]) der König hat stets den schwedischen General, Tott und später Bandissin, als den „General-Kommandanten der niedersächsischen Armee" angesehen, neben dem der Herzog seine Regimenter kommandieren konnte.[5]) Vielleicht ist diese Beschränkung zunächst mit Rücksicht auf Herzog Christian erfolgt und entsprach der Klausel in der Bestallung von 1630, nicht gegen das heilige Reich die Waffen führen zu müssen. Wenigstens hat Herzog Georg später selbst für unnötig erklärt, für seine Person noch eine Alliance mit dem Könige zu schliessen oder auch die

---

parieren müsse; sei der Reichskanzler selbst zugegen, so werde der Landgraf „nicht anders als ein Colonel geachtet". — Vgl. dagegen Struck, Wilhelm v. Weimar und Gustav Adolf, S. 149.

[1]) Gustav Adolf an Salvius, dd. Würzburg 1631 Okt. 29. v. d. Decken II, Nr. 61, S. 290.

[2]) Herzog Georg an Salvius, dd. Zelle 1631 Nov. 16. (Kal. 16. A. 305.)

[3]) Patent, dd. 1632 Jan. 12. (Kal. 16. A. 307.)

[4]) Mem. Georgs, dd. Zelle 1632 Jan. 13. (Zelle 11. 92.)

[5]) Gustav Adolf an Herzog Georg, dd. 1632 Juni 27. (Kal. 16. A. 305.) Beil. 77.

mit Zelle am 16. Dezember 1631 verabredete zu ratifizieren,¹) ebenso wie auch der König ihn wie jeden andern schwedischen General betrachtete und behandelte: er scheute sich nicht, ihm gelegentlich einen gehörigen Filz zu erteilen.

In Würzburg ist es aber auch noch zu weiteren Verhandlungen gekommen, die später zu allerhand Weiterungen Anlass gaben. Gustav Adolf pflegte nicht mit Verheissungen und Versprechungen zu kargen; um die deutschen Fürsten an sich zu ketten, fand er das beste Mittel sie an der Beute teilnehmen zu lassen. So hat er denn auch damals dem Herzoge Georg Versprechungen gemacht, ihm die drei hildesheimischen Ämter Peine, Steuerwald und Marienburg, sobald er sich ihrer bemächtigen würde, zu überlassen.²) Für Herzog Georg war dieses Versprechen von besonderem Werte. Er war als jüngster unter den Brüdern lediglich ein apanagierter Prinz und es war garnicht abzusehen, ob er überhaupt je zur selbständigen Regierung gelangen würde. Hier bot sich ihm die Aussicht auf ein eigenes kleines Fürstentum, das ihm zugleich ein Ersatz für die unvermeidlichen Auslagen aus eigener Tasche sein sollte. Wie weit nun damals Gustav Adolf wirklich bindende Versprechungen oder nur „Vertröstungen"³) gegeben hat, lässt sich nicht mehr sagen, da nichts schriftliches stipuliert worden ist; es wäre aber nicht das einzige Mal, dass er Hoffnungen zu erwecken verstanden hätte, ohne dass er sich wegen ihrer Erfüllung alsbald hätte die Hände binden wollen; seine Verhandlungen mit Wilhelm von Weimar⁴) z. B. oder — wie später

---

¹) Salvius an Gustav Adolf, dd. Braunschweig 1631 Dez. 20. (Sverges traktater V, S. 600;1): Hertigh Georg haller fuller enödigt allern sigh medh E. K. M., effter han hafver luthet serdeles landh, och är deszförruthan E. K. Mts. tiänere.

²) H. Georg an Gustav Adolf, dd. 1632 Aug. 10 (Kal. 16. A. 305.): bittet den König, „dass E. M. geruhen wollten, kraft ihres uns bei derselben genommenem Abzuge von Würzburg getanen königlichen Promess, sobald wir uns der hild. Stiftshäuser ermächtigen würden, uns dieselben zu attribuieren". — Beil. 95.

³) H. Friedr. Ulrich an seine Gesandten in Frankfurt a. M., dd. 1631 Dez. 28. (Wolfenb., 30J. Krieg, III, 1.)

⁴) Vgl. Struck, Wilhelm v. Weimar, 152 ff. Auch die Verheissungen, die der König dem Herzog Bernhard v. Weimar wegen der fränkischen Bistümer gemacht hatte, waren keineswegs in bindender Form erfolgt. Ein starkes Beispiel, wie Gustav Adolf sich keineswegs an ein gegebenes Wort gebunden erachtete, je nachdem die Verhältnisse es erforderten, zeigt sein Verhalten wegen des Erzstifts Magdeburg gegenüber dem Administrator und Kursachsen, kurz vor

zu zeigen ist — seine Alliance-Verhandlungen beweisen das genugsam. Dass auch ähnliches hier der Fall war, wird sehr wahrscheinlich dadurch, dass der König später dem Herzog Friedrich Ulrich erklärt hat[1]): „er wisse sich keiner Donation zu erinnern, die er dem Herzog Georg über F. L. Land und Güter getan haben sollte"; es war das kurz nachdem ihn Herzog Georg an die zu Würzburg getane „königliche Promess" gemahnt hatte:[2]) dass ihm der König eine „Donation" erteilt habe, hat auch Herzog Georg nie behauptet. Herzog Georg vertraute aber auf des Königs Wort und war nicht wenig erstaunt, als kurz darauf dieselben drei hildesheimischen Ämter von Gustav Adolf seinem Vetter in Wolfenbüttel kraft der mit ihm aufgesetzten Alliance angesprochen wurden. Er hat sogar versucht, sich dem mit Gewalt zu widersetzen, so fest war er von seinem Rechte überzeugt, aber ohne Erfolg.

Welche weiteren territorialen Vergrösserungen damals dem Welfenhause vom König in Aussicht gestellt worden sind, lässt sich mit Bestimmtheit nicht sagen. Der König hat dem herzoglichen Hause noch das ganze Stift Minden versprochen;[3]) es ist höchst wahrscheinlich, dass auch das damals in Würzburg geschehen ist. Sicher dagegen ist, dass über den Rückerwerb Duderstadts und der übrigen vormals grubenhagischen an Mainz versetzten Stücke des Eichsfeldes (nur diese kamen in Betracht, das ganze Eichsfeld ist niemals Gegenstand von Verhandlungen mit den Schweden gewesen) damals nichts verhandelt worden ist. Dass man diese Gelegenheit versäumte,[4]) war ein Fehler, da der König später dem Herzog Wilhelm v. Weimar das Eichsfeld zusagte „wie es Mainz besessen hatte" und damit Schweden in Verlegenheit brachte und Grund zu sehr scharfen Auseinandersetzungen zwischen Weimar und Lüneburg gab.

Man kann nicht sagen, dass diese Abmachungen zu Würzburg ein Muster von Klarheit wären: dass die Stellung Georgs als schwedischer General, doch die Hauptfrage für ihn, nicht einmal

<small>dem Falle der Stadt. Vgl. Wittich, Magdeburg, Gustav Adolf and Tilly, S. 623, 635, 639 ff.
[1]) dd. 1632 Sept. 7. (Wolfenb.) — Bell. 101.
[2]) dd. 1632 Aug. 10. (Kal. 10. A. 905.) — Bell. 95.
[3]) Memorial Georgs, dd. 1633 Juli 21. (v. d. Decken II, Nr. 119.)
[4]) 1634 Sept. 2, Frankfurt. Lüneburgische Gesandte an H. Georg. (Kal. 1 b, Gen. Nr. 8.)</small>

klar war, ist vorhin schon dargelegt worden. Auch sonst enthielten
sie genug Punkte, die zu Streitigkeiten führen mussten: so war
z. B. bestimmt, dass wenn sich Herzog Georgs Truppen mit einer
der königlichen Armeen vereinigen würden, dann der Herzog neben
dem königlichen General das Kommando führen sollte. Oder wie
sollte sich sein Verhältnis zu den regierenden Herzögen, besonders
dem zu Wolfenbüttel, gestalten, dessen Land ihm als Quartier angewiesen war? Hier sollten zwar die Alliancen, die der König
noch mit den Fürsten abzuschliessen gedachte, eingreifen, aber
gerade durch sie ist die Situation schliesslich nur schwieriger gemacht worden.

Bemerkenswert ist bei diesen Würzburger Verhandlungen die
geringe Rücksicht, die der König auf den Herzog von Wolfenbüttel
nahm: sein Land ward ohne ihn zu fragen dem Herzog Georg als
Quartier eingeräumt; das kleine Stift Hildesheim mit der Hauptstadt, auf das doch in erster Linie Wolfenbüttel seiner Lage nach
und als Besitzer des grossen Stifts Anspruch hatte, wurde dem
Herzog Georg in Aussicht gestellt; der Herzog erhielt als besonderen
Auftrag, die Städte Braunschweig und Hannover in guter Devotion
zu halten — die beiden vornehmsten Städte des Fürstentums
Wolfenbüttel. Eine Erklärung zu diesem Misstrauen des Königs
gegen Herzog Friedrich Ulrich gibt — ausser der Tatsache, dass
es bisher mit ihm zu keinen Allianceverhandlungen gekommen war
— vielleicht die Vermutung, dass man den Herzog im Verdachte
dänischer Beziehungen hatte. Die Königin-Witwe von Dänemark
war die Grossmutter Friedrich Ulrichs, die schon mehrfach hilf-
reich für ihn eingesprungen war. Noch im August hatte der Herzog
ernstlich eine Reise zu ihr vorgehabt, um Gelder bei ihr aufzunehmen
— ein Plan, der nur an dem Widerspruche Tillys gescheitert war.[1]
Dass Dänemark sich bemühte, wieder in bessere Verhältnisse zu
dem Welfenhause zu kommen, ist oben schon erwähnt worden, und
in Würzburg teilte der König dem Herzog Georg vertraulich ein
Gerücht mit, dass der niedersächsische Kreis dem zweiten oder
dritten Sohne des Dänenkönigs das Generalat im Kreise antragen
wolle.[2] Wie dem auch sei — das Verhältnis des Königs zu dem
Herzog Friedrich Ulrich änderte sich bald von Grund aus.

---

[1] Verhandlungen darüber mit den Vettern in Zelle, Zelle 11. 94.

[2] H. Georg an H. Christian, dd. Würzburg 1631 Okt. 25 (Zelle 11. 92)
und Mem. Gustav Adolfs an H. Georg d. eod. (Kal. 16. A. 305). — Beil. 36, 2.

Auch auf Herzog Christian hatten die überraschenden Erfolge Gustav Adolfs keineswegs ihren Eindruck verfehlt, aber immer wieder überwog sein Ruhebedürfnis und das Bestreben, sich möglichst wenig in dies neue Unternehmen einzulassen: nach wie vor bedrohten die feindlichen Garnisonen sein Land und die andauernden Übergriffe der Schweden an der Elbe erinnerten ihn beständig daran, mit was für einem rauhen Freunde man es zu tun habe. Herzog Georg hat sich vor seiner Abreise nach Würzburg mit seinem Bruder ins Vernehmen gesetzt, aber Herzog Christian schrieb ihm offenherzig,[1]) dass er es nicht gern sehen würde, wenn sich Herzog Georg in diese so weitaussehende Angelegenheit zu weit einlassen würde. „Unser brüderlicher Rat ist, sich entweder der Sache ganz zu entschlagen und abzutun oder wenigstens sie zu weiterem Nachsinnen und Bedenken anzunehmen." Herzog Georg liess aber nicht locker, bis ihm endlich Herzog Christian durch den Hofmeister Badendorf sagen liess, er sollte in Gottes Namen zum Könige ziehen: Herzog Georg nahm das wahr und reiste auf diese brüderliche Konzession sogleich nach Würzburg ab,[2]) und das war gut, denn alsbald war Herzog Christian anderen Sinnes geworden und ihn reute die unbedacht gegebene Erlaubnis. Noch am 21. Oktober mahnte er ihn dringend zur Vorsicht und warnte ihn, eine so schwere Charge wider Kaiser und Reich anzunehmen: er erinnerte ihn an seine Kinder, die er um Land und Leute bringen könne. Doch die Warnung kam zu spät: Herzog Georg erhielt das Schreiben erst auf der Rückreise in Koburg und sein Sekretär schrieb darunter: „Viel zu spät, zu spät, die Haut ist alle verkauft".[3]) Herzog Christian war so wenig geneigt, sich mit Schweden einzulassen — seine Landstände hatten ihm soeben die geringen Mittel verweigert, um die in dem Leipziger Schlusse

---

[1]) H. Christian an H. Georg, dd. Zelle 1631 Okt. 14. (Zelle 11. 92a.)

[2]) Entwurf eines Berichtes des H. Georg an H. Christian, s. d. (aus Würzburg): „so sind wir auf E. L. freundbrüderliche Konzession, durch unsern Hofmeister gebracht", nach Würzburg gereist. (Zelle 11. 92.)

[3]) H. Christian an H. Georg, dd. Zelle 1631 Okt. 21 (Kal. 16. A. 806), praes. Koburg Okt. 31. Der Kriegs- und Kammersekretär Georgs, Christian Volprecht Werning, schrieb noch weiter darauf: „Wenn es misslungen, ich meine die Diener, so mit nacher Würzburg gewesen, würde es troffen haben. Badendorf brachte die mündliche Antwort, man sollte im Namen Gottes hinziehen. Dieses ist das contrarium." — „Hätte sich Badendorf lassen eine schriftliche Erklärung geben, die hätte er fürzuweisen gehabt."

angeordneten wenigen Kompanien zur Defension des Landes zu werben — dass er zwar an den König den Hofmarschall Herzog Georgs, Joh. Eberhard v. Steding, abordnete, aber nicht um über eine Vereinigung zu verhandeln, sondern um sich über die Einfälle der Schweden von Boltzenburg und Lauenburg aus zu beschworen. Oberst Dumeny forderte von den Bewohnern regelrechte Kontribution und hatte Pass und Haus Lüdershausen besetzt.¹) Von Gustav Adolf sollte Steding zum Kurfürsten von Sachsen reisen, um dessen Schutz und Verwendung beim Könige zu erbitten.²) Der König — den er in Würzburg traf — versprach Abhülfe und nahm die Versicherung, dass der Herzog dem evangelischen Wesen Assistenz leisten wolle (gemeint waren die Verhandlungen mit dem Obersten Taupadel wegen einer monatlichen Kontribution nach Werben) gern entgegen, sagte aber frei heraus, Niedersachsen müsse vom Feinde gesäubert werden, damit er Sicherheit für seinen Rückzug habe; es sei für den Herzog unmöglich, noch länger stille zu sitzen: da er sobald zu Werbungen nicht werde kommen können, müsse er ihm mit monatlichen Geldzahlungen nach Möglichkeit zu Hilfe kommen:³) er (der König) habe deshalb dem Salvius Auftrag zu Verhandlungen erteilt. Auch Herzog Georg übernahm es in Würzburg, seinen Bruder zum Abschlusse einer Alliance zu bewegen.

Herzog Georg ging sogleich nach seiner Rückkehr mit Eifer ans Werk, zuerst in dem Fürstentum Grubenhagen, mit dessen Landständen und Städten er über Einnahme und Verpflegung der neu geworbenen Truppen verhandeln liess; bei der Nähe des Feindes sollte der Vorwand einer besseren Verteidigung der Städte und festen Häuser gebraucht werden.⁴) Mitte November war er in Zelle, von wo er sich sogleich mit Salvius in Hamburg in Verbindung setzte: um das nähere mit ihm über die Auszahlung der von Gustav

¹) Ob. Dumeny an H. Christian, dd. Lauenburg 1631 Okt. 22: er habe mit dem sellischen Abgesandten für den Unterhalt der Garnison zu Lüdershausen eine wöchentliche Kontribution von 150 T. aus den umliegenden Ämtern verabredet.
²) Kreditif und Instruktion, dd. Zelle Okt. 6. (Zelle 11. 93a.) Beil. 30, 31. Weitere Beschwerden über Ob. Dumeny: H. Christian an Gustav Adolf, dd. Zelle 1631 Okt. 22. (Ebd.) — Beil. 84.
³) Rel. des Steding, dd. Schweinfurt Okt. 22. (Zelle 11. 92.) Beil. 33. Steding traf auf der Rückreise den H. Georg in Schweinfurt, der ihn wieder mit nach Würzburg nahm und so seine Weiterreise nach Kursachsen verhinderte.
⁴) Instr. für Dr. Joh. Hund, Rat zu Osterode, dd. Hersberg 1631 Nov. 11. (Kal. 16. A. 808.) Vgl. dazu v. d. Decken II, S. 23/4.

Adolf angewiesenen Werbegelder und Lieferung der Waffen zu verabreden, sandte er seinen Oberstleutnant Meerrettig und seinen Sekretär Werning zu ihm.[1]) Bei den damals dort versammelten niedersächsischen Kreisständen verursachte die Nachricht von Herzog Georgs Vorhaben — Salvius teilte ihnen das königliche Schreiben aus Würzburg mit,[2]) worin sie aufgefordert wurden, den Herzog tatkräftig zu unterstützen — grosse Alteration, und erst nach langem Verhandeln konnten sie sich zur Werbung von etwa 6000 Mann zu Fuss und 500 zu Pferd für eine Kreisarmee entschliessen.[3])

Herzog Georg fand anfangs nur Schwierigkeiten. Herzog Friedrich Ulrich — dessen Länder ihm doch zunächst als Quartiere für die Werbungen angewiesen waren — versagte vollständig: nicht nur dass seine Länder noch völlig in Feindes Hand waren, er war inzwischen selbst in Allianceverhandlungen mit Schweden eingetreten, die ihn unter allen Umständen vor solchen fremden Werbungen sicher stellen sollten. Salvius konnte kein Geld senden, da die holländischen Subsidien aufgebraucht waren und vor Ende Januar neue Geldmittel nicht zu erwarten waren. Da auch der Kreis für sich werben wollte, blieb Herzog Georg auf seine eigenen Mittel und die Hilfe seines Bruders in Zelle angewiesen. Dass Herzog Georg bei dem Hofe in Zelle zunächst wenig Entgegenkommen fand, dürfen wir annehmen, auch wenn wir nichts darüber wissen;[4]) das aber ist gewiss, dass es Herzog Georg gelang, seinen Bruder bald zur Aufgabe seines Widerstandes zu bewegen. Er gestattete ihm schliesslich nicht nur die Werbungen im Fürstentum Lüneburg vorzunehmen, sondern sprang ihm auch mit 4000 T. für die Werbegelder bei,[5]) — ja man tat bereits den entscheidenden Schritt und kündigte dem Feinde die Kontribution auf.[6])

[1]) H. Georg an Salvius, dd. Zelle 1631 Nov. 16. (Kal. 16. A. 305.) — Mem. für die Abgesandten d. eod. (Ebd. 306.) Sie trafen am 19. in Hamburg ein.
[2]) dd. 30. Okt. (v. d. Decken II, 81, Nr. V. — Das Konzept dazu ist in der Kanzlei des H. Georg entworfen worden. Kal. 16. A. 305.)
[3]) Werning an H. Georg, dd. Hamburg 1631 Nov. 20. (Ebd. 306.)
[4]) Über die bei v. d. Decken II, S. 23 und 25 erzählten Vorgänge, insbesondere über den geheimen Schutzvertrag H. Georgs für seinen Bruder Christian, habe ich keinen Beleg in den Akten finden können; da bei v. d. Decken öfters romanhafte Ausschmückungen nachzuweisen sind, die allein seiner Phantasie entsprungen sind, müssen diese Nachrichten bei Seite gelassen werden, solange sich dafür kein Nachweis in den Akten findet.
[5]) H. Georg an Gustav Adolf, dd. Zelle 1632 Jan. 8. (Kal. 16. A. 305.) — Beil. 40.
[6]) Protokoll, dd. 1631 Dez. 11. (s. u.)

So fand denn Salvius den Boden vorbereitet, als er Anfang Dezember in Zelle eintraf, um mit dem Herzoge die Alliance zu schliessen. Trotz der schweren Bedenken — man verhehlte sich nicht, dass der Bund doch gegen Kaiser und Reich gerichtet sei; dass sich viele Stände noch nicht zu einem gleichen Schritte hatten entschliessen können: auch in Hamburg hatten die Kreisstände zu keinem bindenden Beschlusse bewogen werden können; dass die Gefahr wegen der ligistischen Garnisonen noch immer fortbestehe und dass der Erfolg doch allein auf der Person des grossen Königs beruhe: was dann, wenn ihm ein Unglück zustossen würde? — blieb doch keine Wahl übrig, da Gustav Adolf eine runde Erklärung, ob Feind, ob Freund, verlangte, und Neutralität nicht zuliess. Man deckte sich damit, dass das Bündnis die auch zu Leipzig gutgeheissene Restitution der evangelischen Fürsten, Erhaltung der Religion und fürstlichen Libertät und die Befreiung des Kreises bezwecke, und dass res nicht mehr integra sei, nachdem man die Leipziger Beschlüsse gutgeheissen, Herzog Georg sich mit dem Könige bereits eingelassen und dem Feinde die Kontribution aufgekündigt worden sei. Nicht zum wenigsten hatte der über alle Erwartungen grossartige Siegeszug des Königs Eindruck gemacht, in ihm sah man einen deutlichen Fingerzeig Gottes. So fiel die Abstimmung im geheimen Rate zu Zelle am 11. Dezember 1631 zu Gunsten des Bundes mit Schweden aus.[1])

Trotzdem kam es bei den Verhandlungen mit Salvius zu sehr scharfen Konflikten, vor allem über die Höhe der zu leistenden Kontribution.[2]) Die Lüneburger boten 8000 T. monatlich, Salvius forderte unbedingt mehr; die Räte waren aber durch nichts zu bewegen, von ihrem Anerbieten abzugehen: da das ganze Land nach den Verheerungen durch die Dänen nicht viel mehr als 200000 T. im Jahre aufzubringen vermochte, so waren die 96000 T. — fast die Hälfte — in der Tat auch keine geringe Leistung. Salvius versuchte den Ausfall durch die Bestimmungen über Musterplätze und Einquartierungen zu ersetzen: aber auch hier bestanden die zellischen Räte hartnäckig darauf, dass derartige Kosten bei der Kontribution jener 96000 T. in Anrechnung gebracht werden

---

[1]) Protokoll, Zelle 11. 92.
[2]) Salvius an Gustav Adolf, dd. Braunschweig 1631 Dec. 26. (Svergos traktater V, S. 600.)

müssten. Der Herzog wollte, dass mit dieser festen Summe sich das Land von allen anderen Beschwerden und Bedrückungen loskaufte. Es kam zu sehr erregten Auseinandersetzungen und Salvius drohte mit seiner Abreise: ohne Erfolg, schliesslich musste er in allen diesen Punkten nachgeben.

Die übrigen Punkte, in denen sich die Alliance zumeist wörtlich an die mit Hessen zu Werben abgeschlossene anlehnte,[1]) machten wie es scheint keine Schwierigkeiten. Auch diese Alliance ward zur Befreiung und Restitution der evangelischen Glaubensgenossen und zur Sicherung der Glaubensfreiheit, der fürstlichen Libertät und der Verfassung des Reichs geschlossen, gegen jedermann, wer der auch sei. Der König nahm den Herzog mit allen seinen Ländern und Vettern — soweit sie sich der Alliance anschliessen würden — in seinen Schutz und Protektion, wogegen ihm der Herzog sein Land und seine Festungen (mit Ausnahme von Zelle) öffnete, doch ohne Präjudiz für die Rechte des Herzogs als Landesherr. Der Herzog verpflichtete sich nach Eintreffen der Ratifikation des Königs zur monatlichen Zahlung von 8000 T., wogegen alle anderen Kriegsbeschwerungen wegfallen sollten.

Dem Könige wurde das absolute Kriegsdirektorium eingeräumt. Ebenso wie der Herzog versprach, den König bei seinen Eroberungen zu schützen, bis er für seine Kriegskosten Ersatz erhalten haben würde: so verpflichtete sich auch der König, den Herzog bei seinen Eroberungen zu erhalten, spezielle Versprechungen wurden dagegen nicht gemacht; nur für die Herbeischaffung der an Hildesheim versetzten Teile der hombnrg-ebersteinschen Güter, deren Wiedereinlösung das Stift verweigerte, wollte der König Sorge tragen. Von Minden war nur insoweit die Rede, als Gustav Adolf den Herzog auch als Bischof von Minden in seinen Rechten zu schützen versprach.

Neu war die Klausel, dass beide Kontrahenten sich zum Beistande verpflichteten, falls einer von ihnen um des Bündnisses willen

---

[1]) Sverges traktater V, S. 476. — Die zollische Alliance schloss sich so eng an die hessische an, dass auch sie z. B. festsetzte, dass ein Stellvertreter des Königs zum Herzoge abgeordnet werden sollte (ausser dem kgl. Legaten, der die Ausführung der Alliance zu überwachen hatte), der den Krieg nach Anordnung des Königs ausführen sollte: eine Bestimmung, die wohl für den L. Wilhelm von Hessen passte, der ein schwedischer General war und eine Armee besass, nicht aber für H. Christian, der keine nennenswerten Truppen hatte.

angegriffen werden würde, und dass das Bündnis von zehn zu zehn Jahren erneuert werden sollte.

Am 16. Dezember 1631 wurde das Bündnis vom Herzog unterschrieben; Salvius schickte es dem Könige alsbald zu und bat um schleunigste Ratifikation, da erst dann die Zahlung der monatlichen Kontribution beginnen sollte.[1])

Damit hatte der König mit Lüneburg sein Ziel erreicht, inzwischen war er auch mit Wolfenbüttel in Verhandlungen getreten, die ebenfalls zu einem guten Ende zu kommen schienen.

An Herzog Friedrich Ulrich von Braunschweig ist Gustav Adolf so viel wir sehen können überhaupt erst nach seinem grossen Siege bei Breitenfeld herangetreten,[2]) und zwar beauftragte er sowohl seinen Legaten Joh. Salvius,[3]) wie seinen neuernannten Statthalter in den Stiftern Magdeburg-Halberstadt, den Fürsten Ludwig von Anhalt. So schwächlich die Haltung des Herzogs bisher auch gewesen war, musste dem Könige doch an der Gewinnung dieses bedeutendsten der welfischen Herzogtümer besonders gelegen sein. Nicht nur seine territoriale Ausdehnung und die reichen natürlichen Hilfsquellen des Landes mit seinen verschiedenen grossen Städten mussten den Besitz wünschenswert machen, es war auch strategisch so gelegen, dass es den natürlichen Zugang für den Feind aus Westfalen nach der Elbe bildete; die Weserfestungen, voran Hameln, waren die Ausfalltore, und Pappenheim liess es an nichts fehlen, diese festen Stützpunkte mit allem Nötigen zu versehen; und Wolfenbüttel hielt nicht nur das Land Braunschweig, sondern auch einen guten Teil der Stifter Halberstadt und Magdeburg in Kontribution. Ebenso beherrschten — neben kleineren Orten — Münden und Göttingen die Zugänge nach Thüringen. Erst mit ihrem Besitze konnte der König dem Feinde den Zugang nach dem Osten wehren und seine Rückzugslinie, die Basis aller seiner Unternehmungen, sichern.

---

[1]) Salvius an Gustav Adolf, dd. Braunschweig 1631 Dez. 26. (Svenges traktater V, 601.) — Die Alliance ebd., 588.

[2]) Salvius erzählte zwar zu Spandau den kurbrandenburgischen Räten, dass „Braunschweig schon unterschiedlich eine Alliance geruchet" habe: wir wissen nichts davon; auch ist zu beachten, dass Salvius bei diesen Mitteilungen überhaupt den Mund sehr voll und es mit der Wahrheit nicht sehr genau nahm, um Kurbrandenburg ebenfalls zum Abschlusse einer Alliance zu animieren. (Summa der Erklärung Salvii, dd. Spandau 1631 Okt. 8. — Berl. 24 c. 8. fasc. 8.)

[3]) Kreditif, dd. 1631 Sept. 27. (Wolfenb.)

Herzog Friedrich Ulrich hatte sich am 10. Oktober 1631[1]) aus Wolfenbüttel entfernt — der ligistische Kommandant de Gleen war so unvorsichtig gewesen, ihm eine Reise nach Zelle zu gestatten. Auf dringendes Anraten seiner dortigen Vettern[2]) war er nicht wieder nach Wolfenbüttel zurückgekehrt, sondern hatte sein Hoflager in Braunschweig aufgeschlagen. Hierhin sandte Fürst Ludwig seinen Kanzler Joh. Stalmann[3]) mit der Aufforderung, mit ihm über eine Alliance zu verhandeln. Der Herzog konnte sich vorläufig noch nicht entschliessen, er nahm zwar die angebotene Vereinigung zur Wiedereroberung seiner Länder zu Danke an, hielt aber für nötig, dass die im Stift Magdeburg hinterbliebene schwedische Armee ihm erst etwas Luft machen müsse;[4]) und bat um Bedenkzeit.[5])

Das Herzogtum Braunschweig war ja ganz und gar vom Feinde besetzt und der Herzog war wohl über das Anerbieten des Königs, ihm sein Fürstentum zurückzuerobern, erfreut, er war auch bereit, das Seinige dabei zu tun, sobald er nur seiner Länder wieder etwas mächtig;[6]) aber auch ihn erfüllten zunächst Bedenken: welcher Art sie waren, ist leicht zu erraten, nachdem der Herzog soeben erst in Zelle Beratungen mit den dortigen Räten gepflogen hatte.[7]) Und wie unsicher sich Friedrich Ulrich vor den das Land

---

[1]) Fr. Ulrich an Gustav Adolf, dd. Braunschweig 1631 Okt. 24. (Wfb.) Beil. 33.
[2]) H. Christian an H. Georg, dd. Zelle 1631 Okt. 14. (Zelle 11. 92a.)
[3]) Kreditif für Stalmann und den schwedischen Kommissar Joh. Christoph von Bawyr, dd. Köthen 1631 Okt. 16 (Wolfb.), letzterer ist aber nicht mitgereist. Am 24. Okt. schreibt Friedr. Ulrich dem Könige, dass der Gesandte vor wenig Tagen bei ihm gewesen sei (Wfb.); am 29. war Stalmann noch in Braunschweig, am 30. wieder in Halberstadt. (Stalmann an Steinberg, dd. 1631 Okt. 29/30. Stockholm, Anhalt.)
[4]) F. Ludwig an H. Friedr. Ulrich, dd. Halle 1631 Nov. 19. (Wfb.)
[5]) Stalmann an Lampadius, dd. Rosenburg 1631 Nov. 17. (Wfb.)
[6]) Fr. Ulrich an Gustav Adolf, dd. Braunschweig 1631 Okt. 24. (Wfb.) Beil. 35.
[7]) Sehr charakteristisch ist in dieser Hinsicht das genannte — erste — Schreiben an Gustav Adolf. Der Entwurf (vom Kanzler Engelbrecht) beginnt mit der Entschuldigung, dass allein die Kriegsgefahr ihn von der Korrespondenz mit dem Könige abgehalten habe; darauf folgte sogleich: „haben gleichwol zu Gott gehofft, er werde gnädige Verleihung tun, damit die evangelischen Fürsten bei der wahren Religion und hergebrachter teutscher Libertät erhalten, auch Religions- und Profanfrieden wiederhergestellt und die Abschiede, constitutiones und Fundamentalgesetze, wodurch unser geliebtes Vaterland deutscher Nation befestigt, und worauf die kaiserliche Wahlkapitulation gerichtet, wieder in Effekt gesetzt werden". Der Kanzler mochte selbst fühlen, dass dieser Passus wenig geeignet war, die

beherrschenden Feinden fühlte, zeigt am deutlichsten das Antwortschreiben des Herzogs an den Fürsten Ludwig auf Stalmanns Anbringen, in dem er als Vorwand für eine Konferenz, Beratungen über die von Tilly der Stadt und Universität Helmstedt kürzlich erteilte Neutralität angab.¹) Obwohl er damals seinen Kanzler Engelbrecht nach Halle sandte, erteilte er ihm keineswegs Vollmacht, über die Alliance zu verhandeln.²)

Erst auf wiederholte Aufforderung konnte sich Friedrich Ulrich dazu entschliessen: am 23. November sandte er seinen Rat Lampadius und als Vertreter der Landschaft Viktor Jobst Scheuck von Laulugen nach Halle, wo sie zusammen mit dem Kanzler Dr. Engelbrecht die Verhandlungen führen sollten.³) Man könnte wohl vermuten, dass es vielleicht Nachrichten über Herzog Georgs Abmachungen in Würzburg, besonders wegen des kleinen Stifts Hildesheim, waren, die den Entschluss zur Absendung der Gesandten beschleunigt haben. Dem ist aber nicht so. In Braunschweig erfuhr man erst später davon und war so loyal, auch aus diesem Grunde die zollischen Räte zu sich zu erfordern.⁴)

Ihre Instruktion⁵) stellte zunächst als Zweck der Alliance hin, dem Herzog Hilfe zu bringen, sein Land zu befreien, die ihm entzogenen Landesstelle zu restituieren, Religion und seine fürstliche Landeshoheit zu erhalten; als Lohn bedang sich der Herzog für sich und das ganze fürstliche Haus Braunschweig-Lüneburg die erbliche Einräumung des kleinen Stifts Hildesheim (d. h. der drei Ämter Marienburg, Steuerwald und Peine), der bischöflichen Rechte an der Stadt Hildesheim, sowie die Einräumung der Reichsstadt Goslar aus. Aus den Einkünften dieser neuerworbenen Länder sollten nach dem Tode des Herzogs zunächst die sehr beträchtlichen

---

Korrespondenz mit dem siegreichen Könige zu eröffnen; er strich ihn weg und brachte diese Gedanken, sehr gekürzt und abgeschwächt, an späterer Stelle an.
¹) Friedr. Ulrich an F. Ludwig, dd. Braunschweig 1631 Nov. 5. (Wfb.)
²) F. Ludwig an Friedr. Ulrich, dd. Halle 1631 Nov. 14 (Wfb.): Da Engelbrecht hier ist, soll ihm Friedr. Ulrich Vollmacht erteilen.
³) Das Kreditif lautete auch auf Veit Kurt v. Mandelsloh und Dr. Kiepe, doch sind nur die drei genannten in Halle gewesen. (Wfb.)
⁴) Friedr. Ulrich an die Abgesandten in Frankfurt, dd. 1631 Dez. 28 (Wfb.): wir haben die Herzöge Christian und Georg ersucht, jemanden hierher zur Kommunikation abzuordnen, besonders weil wir vermerken, dass H. Georg vom König bereits gewärige Vertröstung erhalten hat.
⁵) dd. Braunschweig 1631 Nov. 22. (Wfb.)

Kammer- und landschaftlichen Schulden abgetragen werden. Stillstand oder Frieden sollten nicht ohne den Herzog und seine Länder einzuschliessen und nicht eher eingegangen werden, als bis allen gravamina abgeholfen und der Zustand vor dem Ausbruche des Krieges (1618) wiederhergestellt sei. Als Gegenleistung überliess er dem Könige die Kontribution aus seinen Ländern, sobald dieselben aus Feindes Händen erobert sein würden: zu dieser Eroberung war er erbötig durch monatliche Geldzahlungen oder Unterhalt für das dazu nötige Volk, sobald es anmarschierte, beizutragen, wovon aber abgerechnet werden sollte, was dem niedersächsischen Kreise oder dem Herzog Georg, den der König zum Kreis-General vorgeschlagen habe, an Kontribution geliefert würde. Nach der völligen Wiedereroberung seiner Länder war er bereit, auf die Dauer des Krieges 1 Regiment zu Fuss von 2000 Mann und 2 Kompanien Reiter zu unterhalten, wobei alle Landesteile als ein Ganzes behandelt werden sollten, d. h. es sollte nicht gestattet sein, dass einzelne Landesteile für andere Zwecke zur Kontribution herangezogen werden sollten, z. B. für die Garnison in Magdeburg u. a. Die Festungen sollten dem Könige offen stehen, ausgenommen die Residenz Wolfenbüttel, die ihm nur in der äussersten Not geöffnet werden sollte. Alle diese Abmachungen sollten aber den landesfürstlichen Rechten und Hoheiten des Herzogs unabbrüchlich sein.

Dieser Instruktion entsprechend ward den Gesandten auch ein Projekt einer Allianze mitgegeben.[1]) Wie bei allen anderen deutschen Fürsten und Ständen war auch hier das Hauptgewicht auf die Verpflichtungen des Königs und auf eine Sicherstellung der landesfürstlichen Hoheiten und Rechte gelegt.

Am 30. November langten die Gesandten in Halle an, wo die Verhandlungen mit Stalmann geführt wurden;[2]) ihr Ergebnis war ein neuer Entwurf der braunschweigischen Abgesandten,[3]) der ebenfalls sehr zu Gunsten des Herzogs abgefasst war. Auch hierin verpflichtete sich der König zur völligen Wiederherstellung des Herzogtums mit allen Rechten und Hoheiten, wie es 1618 bestanden hatte; er versprach auch, dass das kleine Stift Hildesheim und alle bischöflichen Rechte an der Stadt Hildesheim dem fürstlichen

---

[1]) Ungefährliche delineatio capitum capitulationis. (Wfb.) — Beil. 1.
[2]) Relation der braunschw. Gesandten, dd. Halle 1631 Dez. 9. (Wfb.)
[3]) Beil. A. zu dieser Relation, entworfen von Engelbrecht. (Wfb.) — Beil. 2.

Hanse erblich verbleiben und dem Fürstentum Braunschweig-Lüneburg auf ewig inkorporiert werden sollte. Eine Einräumung Goslars dagegen war abgelehnt worden, auch der Passus wegen Abtragung der fürstlichen Schulden war nicht erwähnt. Als Gegenleistung trat der Herzog dem Könige das Direktorium während des Krieges ab und verpflichtete sich, alsbald nach der Ratifikation dieser Alliance zur wöchentlichen Zahlung von 5—600 T. und zur Unterhaltung der zur Wiedereroberung seiner Länder einrückenden Truppen, soweit er die Kontribution aus dem Herzogtum zu erheben vermöge;[1]) mit der fortschreitenden Wiedergewinnung des Fürstentums sollte die bisher den Kaiserlichen gereichte Kontribution den Schweden zufallen, wobei aber für gute Disziplin gesorgt werden sollte. Auch sollte davon abgezogen werden, was etwa dem Kreise oder dem Herzog Georg bewilligt werden musste, oder „was wir (für Volk) für uns selbsten auf die Beine bringen würden". Auch das war bewilligt worden, dass bei der Erhebung der Kontribution alle Landesstelle ein Ganzes bilden sollten; ebenso verblieb es bei dem Anerbieten, dass nach völliger Wiedereroberung aller Länder der Herzog ein Regiment von 2000 Mann und 2 Komp. Reiter (zu je 100 Mann) unterhalten solle. Auch dass die Festungen — mit Ausnahme Wolfenbüttels — dem Könige offen stehen sollten, war, wie in dem ersten Entwurfe, stehen geblieben. Neu war die Klausel, dass sich der Herzog, falls die Krone Schweden „hiernächst" angegriffen würde, mit den anderen alliierten Fürsten der Assistenz halber konformieren würde: eine Verpflichtung, die in ihrer Unbestimmtheit wesentlich milder lautete als die gleiche, welche sich Herzog Christian von Zelle hatte gefallen lassen müssen. Ferner war noch hinzugefügt, dass Landgraf Wilhelm von Hessen, der vor kurzem die Stadt Münden besetzt hatte, sie ohne Entgelt wieder abtreten sollte, sobald der Herzog in der Lage wäre, sie mit eigenem Volke zu besetzen. Zum Schlusse wurde auch hier noch einmal nachdrücklich betont, dass alle diese Abmachungen und vorübergehenden Verpflichtungen ohne Nachteil für des Herzogs landesherrliche Rechte sein sollten.

---

[1]) Der Herzog wünschte, dass man den östlich der Ocker gelegenen Gebieten, die den Unterhalt für die ligistische Garnison in Wolfenbüttel geben mussten, Neutralität bewillige, bis man Wolfenbüttels mächtig werden könnte, damit sie nicht doppelt belastet würden. Darüber wurde mit Baner verhandelt, der aber nichts davon wissen wollte: er verwies die Entscheidung an den König.

Fürst Ludwig akzeptierte im grossen ganzen die Wünsche dieses zweiten braunschweigischen Entwurfes, die er aber in einem Gegenentwurfe doch etwas schärfer für den Herzog fassen liess. Es ist dies der sogenannte „hällische Rezess", der am 8. Dezember vom Fürsten und den Abgesandten — auf Ratifikation der beiderseitigen Prinzipalen — unterschrieben wurde.[1]) Unter anderem sollte der Herzog sein Land für die nötigen Durchzüge der königlichen Armeen öffnen und für Quartier und Lebensmittel sorgen; die Armee, die ihm sein Land wieder erobern würde, sollte nicht nur verpflegt werden, sondern auch die Löhnung vom Herzog erhalten — von Abzügen oder eigenen Werbungen des Herzogs war nicht mehr die Rede. Die Direktion und das oberste Kriegskommando wurde jetzt nicht nur dem Könige, sondern auch ausdrücklich dem königlichen Legaten oder General vorbehalten. Ferner wurde jetzt noch besonders dem Herzoge auferlegt, nur mit Bewilligung des Königs sich mit anderen Fürsten oder Staaten in ein Bündnis einzulassen oder Frieden zu schliessen. Doch das alles waren Nebensachen gegenüber der überraschenden Forderung, die der § 14 enthielt: „Da dann ungezweifelter Hoffnung nach durch Gottes Segen vermittelst mehrhöchstermelter K. M. christlicher und königlicher Heldentaten, überaus grosser Kriegskosten und vieler herrlicher Viktorien wie andere also auch diese braunschweigische und hildesheimische Lande und Güter rekuperiert, inkorporiert und in Sr. (Herzog Friedrich Ulrichs) F. G. Gewalt, Eigentum und nützlichen geruhiglichen Besitz gestellt werden, so wollen dieselbe auch solche Länder und Güter mit ihren Hoch-, Frei- und Gerechtigkeiten, auch allen anderen Pertinenzien für sich und ihre Leibserben von I. K. M. (als oberstem Haupte der evangelischen Kur-, Fürsten und Stände deutscher Nation) und dero Erben dankbarlich rekognoszieren[2]) und wegen derselben, wie desfalls billig und Herkommens, verwandt sein"; ausgenommen soll alles sein, worauf die Lüneburger Linie kraft Lehenrecht und Familienverträge Anrecht hat. Der Passus,

---

[1]) Sverges traktater V, 691.
[2]) Die Meinung v. d. Deckens (II, 27), dass der König für die Überlassung der hildesheimischen Stiftsgüter eine Rekognition in barem Gelde verlangt habe, beruht natürlich auf einem argen Missverständnisse. (Dasselbe auch S. 85 bei den eichsfeldischen Gütern). Der Zusatz: „or ersuche demnach den Herzog, sich zu erklären: ob und wie viel er dann für die zellischen an Hildesheim verpfändeten Güter beizutragen willens sei", stammt natürlich aus v. d. Deckens Phantasie.

dass nach des Herzogs Tode die fürstlichen Schulden aus diesen hildesheimischen Ämtern zunächst abgetragen werden sollten, war hier wieder hinzugefügt.

Diese unerwartete Forderung erregte natürlich berechtigtes Aufsehen bei den Gesandten, in Braunschweig und in Zelle, wohin man sie alsbald mitteilte.[1]) Stalmann wie Fürst Ludwig versicherten zwar, dass damit lediglich das Stift Hildesheim (aber nicht nur die drei neu zu erwerbenden Ämter des kleinen Stifts, sondern auch die des grossen Stifts) gemeint sei, keineswegs die Erb- und Stammgüter, und dass man sie vom Könige nur aliquo titulo et jure aus Dankbarkeit für die von ihm für die Befreiung gebrachten Opfer rekognoszieren solle: man verlange nicht einmal ein vasallagium, ein Lehnverhältnis des Herzogs zur Krone Schweden, es genüge, wenn er sie etwa titulo protectionis oder advocatiae empfange, da man sich ohne das in des Königs Protektion begeben habe.[2])

Stand aber damit nicht der Wortlaut des Vertrages in schneidendem Widerspruche, der keineswegs von den hildesheimischen Gütern allein sprach, sondern die braunschweigischen Lande ihnen völlig gleichstellte? Waren die braunschweigischen Stammlande mit ihren Anhängseln nicht ebenso wie das Stift Hildesheim vom Feinde wieder zu erobern, so dass Gefahr vorhanden war, dass der König das jus belli auch dem Herzog von Braunschweig gegenüber werde geltend machen, wie er es bei anderen Ständen getan hatte; und das um so mehr, da Friedrich Ulrich nicht einen Mann hatte, mit dem er zu dieser Wiedereroberung beitragen konnte? Diese Unklarheit in einer so eminent wichtigen Angelegenheit ist doch so auffällig, dass man garnicht anders annehmen kann, als dass sie mit voller Absicht so formuliert worden ist; wie leicht hätte sich ihr abhelfen lassen, zumal sie den braunschweigischen Gesandten natürlich nicht entgangen war. Zudem übertrug der Rezess die hildesheimischen Länder lediglich dem Herzog Friedrich Ulrich und seinen Leibeserben: von einem Anrechte der zellischen Linie kein Wort. Dass mit Friedrich Ulrich die wolfenbüttelsche Linie aussterben würde, war bekannt, und doch sollte das ganze Stift

---

[1]) Friedr. Ulrich an die Gesandten in Halle, dd. 1631 Dez. 19. (Wfb.) — Braunschweigisches Kreditif für Dr. Reichardts und v. Cramm als Gesandte nach Zelle, dd. Dez. 15. (Zelle 11. 95.)

[2]) Instr. für die zellischen Gesandten nach Braunschweig, dd. Zelle 1631 Dez. 27, und deren Relation, dd. Dez. 30. (Zelle 11. 92.)

Hildesheim für ewig schwedisches Lehen (oder etwas ähnliches) werden. Offenbar hat man damals in Halle bereits von den bevorstehenden Veränderungen in der Reichsverfassung durch Gustav Adolf gesprochen, die eine solche Rekognition unbedenklich erscheinen lassen würden;[1] dafür spricht auch der merkwürdige Titel, den man dem Könige beilegte: oberstes Haupt der evangelischen Kurfürsten, Fürsten und Stände deutscher Nation, was er doch damals noch keinesfalls war. Die braunschweigischen Abgeordneten waren auch nicht abgeneigt — natürlich unter Vorbehalt der Ratifikation des Herzogs — diese Rekognition des Stifts Hildesheim zuzugestehen, wenn Fürst Ludwig das Erbrecht der zellischen Linie anerkennen würde. Sie sagten sich, dass man vom Kaiser die Belehnung mit dem kleinen Stift nie und nimmer erreichen würde, und nach deutscher Rechtsauffassung „mussten gleichwohl solche Güter wovon ihre Dependenz haben":[2] das konnte nur der Schwedenkönig sein, der ihnen das kleine Stift erobern und das grosse Stift wieder restituieren sollte. Auch diese Bemerkung der Gesandten spricht dafür, dass damals von einer Neuordnung der Reichsverhältnisse die Rede gewesen ist. Fürst Ludwig hielt sich aber zu solchen Zugeständnissen nicht für berechtigt und schob die Erledigung der ganzen Frage dem Könige selbst zu:[3] ein Beweis, dass er diese auffallenden Bedingungen nicht aus eigenem Antriebe gestellt hat, sondern im Auftrage und nach Instruktion des Königs. Des Königs Auftrag muss — obwohl uns nichts davon erhalten ist — dahin gelautet haben, den Herzog zu bewegen, seine sämtlichen Länder — nicht bloss die hildesheimischen Ämter — von ihm zu rekognoszieren, der unzweideutige Wortlaut des § 14 schliesst die Annahme aus, dass es dem Könige nur um die hildesheimischen Ämter zu tun gewesen sein könne.

Der Fürst drängte aber zur Eile, damit nicht andere deutsche Fürsten zuvorkämen; und da die Gesandten so wie so den Auftrag hatten, von Halle aus zum Könige zu reisen, machten sie sich

---

[1] In der genannten zellischen Instruktion: man solle die Rekognition noch aussetzen, „bis man sähe, was das Werk vor einen Anschlag gewinnen werde, und möchten sich solche merkliche Veränderungen zutragen, dass es kein sonder Bedenken geben möchte, in angemutete Rekognition zu willigen".
[2] Genannte Relation.
[3] Im Vertrage § 14 Ende.

schleunigst auf den Weg. Am 6. Dezember 1631 entliess sie der Fürst:[1]) der Kanzler Engelbrecht, der von Krankheit heimgesucht war, reiste nach Braunschweig zurück, die beiden anderen, Lampadius und Schenck, nach Frankfurt; in Erfurt wollten sie Instruktionen erwarten.

Dort trafen sie den schwedischen Hof- und Kriegsrat Dr. Steinberg, mit dem sie konferierten;[2]) sie erbaten sich seinen Beistand, damit etliche der schweren Punkte vom Könige gemildert würden. Steinberg erbot sich, nach Kräften dafür zu wirken, und reiste ihnen am 14. Dezember voraus. Auf seinen Rat zögerten die Gesandten auch nicht länger und beschlossen, die Instruktionen in Frankfurt abzuwarten: am 18. folgten sie ihm und langten am 25. in Frankfurt an. Wenige Tage zuvor (22.) war auch Mainz dem siegreichen Könige in die Hände gefallen, der jetzt auf dem Gipfel seiner glorreichen Bahn und seiner Macht stand und in sich die Kraft fühlte, das alte Gefüge des heiligen römischen Reiches zu zerbrechen und in neue Formen umzugestalten, nach seinem Sinne und zu seinem Vorteile.

Inzwischen war die Relation der Gesandten aus Halle[3]) in Braunschweig eingetroffen und der Kanzler Engelbrecht hatte mündlich Erläuterungen gegeben. Auch hier fand man zunächst die Forderung des § 14 sehr schwer und von hoher Importanz;[4]) man beruhigte sich aber bei der Erklärung, dass sich die verlangte Rekognition auf das Stift Hildesheim und auf ein jus clientelare oder advocatiae beschränken sollte. Immerhin war die Sache so wichtig, dass Herzog Friedrich Ulrich seine Lüneburger Vettern aufforderte, Gesandte nach Braunschweig zu schicken, mit denen man diesen wichtigen Punkt besprechen könne,[5]) zumal man auch inzwischen unbestimmte Nachrichten erhalten hatte, dass der

---

[1]) Rekreditif, dd. Dez. 6. (Wfb.)
[2]) Gesandte an Friedr. Ulrich, dd. Erfurt Dez. 17. (Wfb.)
[3]) dd. Dez. 9. (Wfb.)
[4]) Friedr. Ulrich an Lampadius und Schenck, dd. Braunschweig 1631 Dez. 13. (Wfb.)
[5]) Bereits am 15. Dezember hatte Friedr. Ulrich ihnen durch seine Räte Dr. Reichardt und Frans Jakob v. Cramm darüber Mitteilungen gemacht. (Kreditif, Wfb.) Am 23. Dezember, nach der Rückkehr des Kanzlers Engelbrecht, sandte man dessen beruhigende Erläuterungen ebenfalls nach Zelle, mit der angegebenen Aufforderung. (H. Fr. Ulrich an H. Christian, u. au H. Georg, dd. Braunschweig Dez. 23. — Wfb.)

König den Herzog Georg bereits auf das kleine Stift Hildesheim vertröstet hatte.[1])

In Zelle nahm man aber die Sache nicht so leicht.[2]) Man war hier der Meinung, dass in dem § 14 das Wort „braunschweigische" (neben „hildesheimische Lande und Güter") unbedingt gestrichen werden müsse, um aller Gefahr vorzubeugen. Aber wenn auch die verlangte Rekognition auf das Stift Hildesheim beschränkt würde, fand man doch Bedenken, ob man dazu raten könne: das grosse Stift hatte das Haus Braunschweig seit 1523 als Reichslehen inne; es wäre doch eine ausserordentliche Anforderung, dass man das „vinculum, damit man dem h. Reich verbunden", lösen, und diese Ämter künftig von Schweden rekognoszieren solle; anders verhalte es sich ja mit den drei Ämtern des kleinen Stifts, mit denen das fürstliche Haus bisher noch nichts zu tun gehabt habe. Man war über eine solche Forderung, wie sie doch keinem anderen Fürsten zugemutet worden war, nicht wenig betreten: andere Alliancen des Königs zeigten doch, dass er die Stände in ihren Rechten nicht beeinträchtigen, sondern sie dabei erhalten wolle. Man riet deshalb den Braunschweigern, den Punkt der Rekognition noch anzusetzen, „bis man sähe, was das Werk vor einen Ausschlag gewinnen werde, und möchten sich solche merkliche Veränderungen zutragen, dass es kein sonder Bedenken geben möchte, in angemutete Rekognition zu willigen; dahin es auch scheinet, dass F. Ludwigs zu Anhalt F. G. mit seiner Resolution und Erklärung bei mehrbesagtem 14. Artikel kollimieret und gezielet".

Auch damit war man in Zelle nicht einverstanden, dass der Passus wegen künftiger Abtragung der Schulden aus dem Stifte Hildesheim in die Allionce aufgenommen werde: er gehöre dort nicht hinein, da diese Angelegenheit vielmehr von sämtlichen Herzögen von Braunschweig-Lüneburg verhandelt und in Richtigkeit gebracht werden müsse.

Dass Herzog Georg im besonderen von der beabsichtigten Inkorporation des kleinen Stifts Hildesheim in das Fürstentum Braunschweig ganz persönlich getroffen wurde, wissen wir, da ihm ja Gustav Adolf Versprechungen gemacht hatte und der Herzog hoffte, damit ein selbständiges Fürstentum zu erwerben. Seine und

---

[1]) Fr. Ulrich an die Gesandten in Frankfurt, d.d. 1631 Dez. 29. (Wfb.)
[2]) Zellische Instruktion für Julius v. Bülow und Dr. Merckelbach, d.d. 1631 Dez. 27. (Zelle 11. 92.)

Herzog Friedrich Ulrichs Interessen kreuzten sich hier, und es war einer der Gründe, die später zum offenen Bruche zwischen beiden Vettern führten. Für diesmal begnügte er sich damit, an den König selbst zu schreiben:[1]) er vermerke, dass man wegen Hildesheim allerhand Praktiken schmiede und bäte deshalb, nicht zuzulassen, dass „ihm zum Schaden etwas abgeschwacket" werde.

Herzog Christian sandte seinen Statthalter Julius v. Bülow und seinen Kanzler Dr. Goswin Merckelbach nach Braunschweig, wo sie am 29. Dezember eintrafen.[2]) Hier erhielten sie zunächst vollständigen Bericht über den Verlauf dieser Sache in Halle, und dass man ihnen versichert hätte, dass die Rekognition sich nur auf das Stift Hildesheim beziehen solle. Auf die Einwürfe der zellischen Räte, dass eine Entfremdung des grossen Stifts, das Reichslehen sei, aus dem Reichsverbande unzulässig sei, erwiderten die Braunschweiger — die die Richtigkeit dessen anerkennen mussten — dass man auf andere Weise zu dem kleinen Stifte, an dessen Besitze ihnen schon wegen seiner Lage viel gelegen sein müsse, nicht gelangen könne; man hätte aber die Abgeordneten zum Könige instruiert, die Rekognition zunächst ganz abzulehnen und erst dann, wenn das nicht angenommen würde, sie auf das kleine Stift zu beschränken (dass man im Notfalle auch das grosse Stift zugestanden hatte, verschwieg man) und das Haus Zelle mit einzuschliessen. Auf den Bericht der Gesandten stellte Herzog Christian es schliesslich dem Herzog Friedrich Ulrich anheim, wie er die Sache zu gedeihlichem Schlusse bringen wollte.[3])

Aber auch in Braunschweig tat man Schritte, von der bedenklichen Klausel loszukommen. Nicht nur, dass man den Legaten Salvius — den man von Zelle nach Braunschweig gebeten hatte[4]) — um seine Vermittlung beim Könige anging, die Sache schien doch wichtig genug, den beiden ersten Gesandten noch zwei weitere

---

[1]) H. Georg an Gustav Adolf, dd. Zelle 1632 Jan. 8. Konzept eines Handbriefs. (Kal. 16. A. 605.) — Beil. 41.
[2]) Ihre Relation, dd. 1631 Dez. 80. (Zelle 11. 92.)
[3]) Fr. Ulrich an Mandelsloh und Kiepe, dd. 1632 Jan. 4. (Wfb.)
[4]) Fr. Ulrich an Salvius, dd. 1631 Dez. 0; Antwort, dd. Zelle Dez. 13. (Wfb.) Salvius war am 20. Dezember in Braunschweig (vgl. Svergus trakt. V, 600), wo er am 31. Dezember den Rezess mit der Stadt Braunschweig abschloss. (Ebd. S. 604.) Salvius empfahl dem Könige auch die braunschweigischen Wünsche. (Fr. Ulrich an die Abgesandten in Frankfurt, dd. 1631 Dez. 29. — Wfb.)

Räte mit der neuen Instruktion nach Frankfurt nachzusenden: Veit Kurt v. Mandelsloh und Dr. Justus Kiepe.¹)

Im allgemeinen waren die Wünsche des Herzogs von keiner grossen Bedeutung, ausser bei dem § 14. Hier sollten die Abgeordneten zunächst verlangen, dass das ganze Stift Hildesheim dem Hause Braunschweig-Lüneburg (also auch der zellischen Linie) mit aller landesfürstlichen Hoheit auf ewig inkorporiert werde, ohne jede Rekognition; wenn das nicht zu erlangen, war 2) Herzog Friedrich Ulrich für sich und seine Nachkommen bereit, die drei Ämter des kleinen Stifts (im Notfalle auch das ganze Stift) vom Könige als oberstem Haupte der evangelischen Defensionsverfassung titulo protectionis vel advocatiae zu rekognoszieren. Schliesslich war er 3) erbötig, das kleine Stift (im äussersten Notfalle auch das ganze Stift) jure vasallagii anzunehmen; dann sollten die zellischen Herzöge zugleich mit rekognoszieren, doch dem Herzog Friedrich Ulrich das Stift auf Lebenszeit allein verbleiben. Auch sollten die Schulden daraus bezahlt werden. Dieses Lehenverhältnis sollte aber der fürstlichen Würde und dem Stande des Herzogs ohne Nachteil sein. Unter keinen Umständen dürfte von den alten Erb- und Stammlanden mit den ihnen anhängenden Graf- und Herrschaften irgend eine Rekognition verlangt werden. Falls die Anerkennung des zellischen Erbrechts auf die hildesheimischen Güter nicht zu erlangen wäre, sollte dieser Punkt bis zu weiteren Verhandlungen mit Zelle ausgesetzt werden, und bis dahin res integra bleiben.

Mit dieser Instruktion reisten Mandelsloh und Dr. Kiepe am 25. Dezember von Braunschweig ab, doch ehe sie in Mainz mit den anderen beiden Abgeordneten zusammentrafen, hatten die Verhandlungen dort bereits begonnen.²) Am 30. Dezember hatten Lampadius und Schenck in Gegenwart des Fürsten Ludwig von Anhalt, Dr. Steinbergs und etlicher Sekretäre Audienz beim Könige, der sie sehr gnädig empfing. Die eigentlichen Verhandlungen wurden dem Fürsten Ludwig und Dr. Steinberg übertragen und die Konferenzen begannen am folgenden Tage, obwohl die Gesandten erklärten, noch keine neuen Instruktionen — insbesondere wegen

---

¹) Instruktion, dd. 16/11 Dez. 23. (Wfb.)

²) Das folgende nach der ausgezeichneten Relation der Gesandten, dd. Braunschweig 1632 Febr. 11. (v. d. Decken II, Nr. 63.) — Diese und ihre anderen Berichte und Memorialien in Wfb., die Vertragsentwürfe auch in Zelle 11. 92.

der hildesheimischen Güter — erhalten zu haben. Die Verhandlungen gingen ohne grosse Schwierigkeiten vor sich, da die königlichen Kommissare es im allgemeinen bei dem halleschen Rezess bewenden liessen. Die Braunschweiger benutzten diese günstige Lage und überreichten am 31. Dezember 1631 selbst einen Entwurf, der natürlich sehr günstig für sie war.[1]) Sie gestanden zwar zu, dass die Alliance gegen alle, jetzige wie künftige Feinde des Königs gerichtet sein sollte, dafür verpflichtete sich aber auch der König — sie legten Wert darauf, auch dem Wortlaute nach den König in derselben Weise zu binden, wie den Herzog — zur Rettung des Herzogs aus des Feindes Hand, Wiedereroberung der entzogenen Landesteile und Wiederherstellung der fürstlichen Landeshoheit und Rechte. Auch nahm der König den Herzog in seinen Schutz, versprach ihn gegen jedermann zu vertreten, ihn in keiner Not und Gefahr zu verlassen und eine Alliance, Stillstand oder Frieden nicht ohne Zuziehung des Herzogs und nicht eher abzuschliessen, als bis das Herzogtum Braunschweig in denselben Stand gesetzt wäre, in dem es 1618 gewesen war. An Forderungen waren die Gesandten nicht zurückhaltend: nicht allein das ganze Stift Hildesheim sollte dem Gesamthause Braunschweig-Lüneburg auf ewig inkorporiert werden, sondern auch die Teile des Eichsfeldes, die im 14. Jahrhundert an Mainz verpfändet worden waren und deren Wiedereinlösung es beharrlich verweigerte, sollten ohne weiteres restituiert werden; ebenso sollte die Grafschaft Honstein und die Reichsstadt Goslar der Landeshoheit des fürstlichen Hauses unterworfen werden; Münden, das Landgraf Wilhelm von Hessen im Auftrage des Königs besetzt hatte, sollte zurückgegeben werden, sobald es Friedrich Ulrich selbst zu besetzen imstande sei. Von einer Rekognition in irgend welcher Form war keine Rede; dagegen war der Passus wegen Bezahlung der Kammer- und landschaftlichen Schulden aus dem Stifte Hildesheim ebenfalls wieder eingerückt worden. Die Gegenverpflichtungen des Herzogs hielten sich im allgemeinen im Rahmen des halleschen Rezesses: die Kontribution des Landes sollte mit der fortschreitenden Wiedereroberung für den Unterhalt der schwedischen Truppen verwandt werden, die zu

---

[1]) Zelle 11. 92. Er war von ihnen während ihres Aufenthaltes in Frankfurt zwischen dem 25. und 28. Dezember 1631 aus der (ersten) fürstlichen Instruktion, dem halleschen Rezess und dem nach Erfurt überschickten (Hamburger) Kreisschlusse entworfen. — Beil. 5.

diesem Zwecke in das Land kommen würden; deshalb sollte auch
das Land bis zur völligen Wiedereroberung von allen anderen Beschwerungen, Einquartierungen, Musterplätzen, Kontributionen und
dergl. befreit sein; eine Bestimmung, die in dieser Allgemeinheit
dem Herzog ungeheure Vorteile gewährt hätte, die aber in Wahrheit
gar nicht durchzuführen war. Da der Herzog aber selbst im Begriff
sei, für die Rekuperation seiner Länder mehrere Regimenter zu
werben, sollten diese und die schwedischen Truppen sich in die
Kontribution teilen, und der König versprach — da diese Kontribution voraussichtlich nicht zureichen würde — für den erforderlichen Zuschuss aus den benachbarten Ländern Anordnungen zu
treffen. Auch das, was der Herzog dem Kreis oder dem Herzog Georg
als königlichem Generalleutnant im niedersächsischen Kreise etwa
liefern würde, sollte von der Kontribution abgezogen werden. Nach
der völligen Wiedereroberung seiner Länder verpflichtete sich der
Herzog, ein Regiment zu Fuss von 2000 Mann und zwei Kompanien
zu Pferd (200 Mann) zu unterhalten, die aber — falls der niedersächsische Kreis insgesamt sich mit dem Könige konjungieren würde
— zur Kreisarmee stossen, sonst aber beim Könige dienen sollten.
Statt diese Truppen zu unterhalten, war der Herzog auch erbötig,
eine bestimmte Summe zu erlegen. Dem Könige steht zwar das
völlige Kriegsdirektorium zu, doch delegiert der Herzog einen
Kommissar, auf dessen Stimme zu hören ist, so lange der Krieg
im niedersächsischen Kreise währt. Andere Punkte von geringerer
Bedeutung sollen hier übergangen werden. Bei jeder Gelegenheit
aber, vor allem im Eingang und nochmals am Schlusse des Ganzen
wurde mit allem Nachdruck hervorgehoben, dass alle diese Abmachungen den landesherrlichen Rechten keinen Abbruch tun sollten.

Die königlichen Kommissare akzeptierten diesen braunschweigischen Entwurf im grossen ganzen, aber an manchen Punkten,
besonders an den keineswegs bescheidenen Länderforderungen,
nahmen sie doch Anstoss. Das Erbrecht der zellischen Linie an
den hildesheimischen Ämtern gestanden sie zwar zu, doch sollten
die Ämter eodem jure, wie sie Friedrich Ulrich vom Könige empfangen,
auf das Haus Zelle transferiert werden.[1]) Schwierigkeiten bereiteten

---

[1]) So in der Relation; leider fehlt der Gegenentwurf der kgl. Kommissare,
so dass nicht ersichtlich ist, ob es sich nur um das kleine Stift oder um das
ganze handelt, auch nicht welches jus zugestanden worden war: das jus protectionis oder jus vasallagii.

die eichsfeldischen Pfandgüter, da Herzog Wilhelm von Weimar bereits um das Eichsfeld eingekommen war und der König ihm auch schon Zusicherungen erteilt hatte:[1]) der Herzog hatte sich bereit erklärt, es von dem Könige und der Krone Schweden zu rekognoszieren. Die Gesandten remonstrierten dagegen, dass der König dem fürstlichen Hause doch diese uralten braunschweig-lüneburgischen Güter nicht vorenthalten würde; sie erreichten aber nur die unverbindliche Zusage, dass der König dem fürstlichen Hause „zu seiner Befugnis an den eichsfeldischen Gütern behilflich sein wolle." — Ihre Forderung wegen der Grafschaft Honstein riet man ihnen noch ruhen zu lassen und nicht zu viel auf einmal zu fordern; sobald das fürstliche Haus insgesamt in Alliance mit dem Könige treten würde — der König hatte die zellische Alliance vom 16. Dezember nicht ratifiziert und wünschte eine einheitliche Alliance mit dem Gesamthause — würde man mit Leichtigkeit diesen Wunsch erfüllt bekommen. — Goslar ward ihnen, wie in Halle, abermals abgeschlagen.[2])

Die königlichen Kommissare erstatteten darauf dem Könige Bericht, der sein Einverständnis mit den Abmachungen erklärte und den Dr. Steinberg mit dem Entwurfe eines neuen Konzepts beauftragte. Dieser Gegenentwurf — der nicht bekannt ist — wurde von den Braunschweigern als den Vereinbarungen entsprechend anerkannt und dann dem Könige vorgelegt.

Alles schien so einem raschen Abschlusse nahe zu sein, als die Verhandlungen zunächst ins Stocken gerieten und dann einen sehr unerwarteten Verlauf nahmen.

Obwohl die Gesandten es an Bitten und Erinnerungen nicht fehlen liessen, konnten sie doch nicht erreichen, dass der König die Allianee durch seine Unterschrift ratifizierte. Die Fülle von Gesandten und Fürstlichkeiten, die den siegreichen König in Mainz aufsuchten, gab Anlass, die Expedition der Braunschweiger von einem Tage zum andern mit guten Vertröstungen zu verschieben; schliesslich ward sogar der Sekretär Schwalenberg, der diese Angelegenheit zu bearbeiten hatte, nach Frankfurt geschickt, wodurch

---

[1]) Vgl. Scruck, Wilhelm v. Weimar, 152 ff. Am 10. August 1633 attestiert Axel Oxenstierna dem Herzog Wilhelm v. Welmar, dass Gustav Adolf den Willen gehabt habe, ihm das Eichsfeld, wie es Mainz besessen, zu schenken, mit Vorbehalt des jus superioritatis. (Stockholm.)

[2]) Mem. der Gesandten, dd. Mainz 1632 Jan. 3. (Wfb.)

die Sache ins Stocken geriet. Nach vielem Anhalten und Bitten der Gesandten wurde sie dem geheimen Sekretär Sattler übergeben, der die Gesandten am 11. Januar 1632 (dem Neujahrstage a. St.) mit einem ganz neuen Projekte¹) überraschte, das er selbst ausgearbeitet hatte. Die Gesandten — am 7. Januar 1632 waren auch Mandelsloh und Dr. Klepe in Mainz eingetroffen — waren mit Recht nicht wenig bestürzt, als sie den neuen Entwurf zu Gesicht bekamen. Seine wichtigsten Bestimmungen waren folgende.

Auch hier wurde die Alliance gegen alle jetzigen und künftigen Feinde beider Kontrahenten, sie mochten Namen haben, wie sie wollten, geschlossen, und der König nahm den Herzog mit seinen Ländern und Leuten in seinen Schutz und Protektion; er versprach ihm die Restitution aller ihm entzogenen Landesteile, insbesondere des grossen Stifts Hildesheim; auch die Stadt Münden wurde dabei ausdrücklich eingeschlossen, — doch jetzt unter dem Vorbehalt der Rechte des Landgrafen Wilhelm! Der König versprach ferner, keinen Frieden einzugehen, es sei denn der Herzog mit eingeschlossen und er habe Satisfaktion erhalten — von seiner Zuziehung zu den Verhandlungen war nichts erwähnt. Wegen des kleinen Stifts Hildesheim verpflichtete sich der König nicht weiter, als „auf Mittel bedacht zu sein", es zu erobern und dem Herzog und seinen Lehenerben eigentümlich zu übergeben; dem Hause Zelle sollten die hildesheimischen Güter (d. h. das ganze Stift) nach des Herzogs Friedrich Ulrich Tode unter denselben Bedingungen zufallen, „allermassen wir dieselbe I. L. verschrieben, und sie von uns und unsern Erben und Successoren am Reich von derselben rekognosziert worden", doch unter der Voraussetzung, dass die zellische Linie diese Alliance mit ratifizierte und vor allem die Unterhaltung einer ansehnlichen Anzahl Truppen übernehmen würde. Von der Grafschaft Honstein war nicht mehr die Rede und wegen der eichsfeldischen Ansprüche verpflichtete sich der König nur, dem fürstlichen Hause „dazu nach Befindung Ihrer Befugsamkeit möglichen Fleisses zu verhelfen" — also garnicht. Der § 11, der bestimmte, dass nach Beendigung des Krieges alle vom Könige besetzten Orte ohne weiteres dem Herzog Friedrich Ulrich, oder, falls er inzwischen versterben sollte, den anderen Herzögen von Braunschweig-Lüneburg restituiert werden sollten, machte das

---

¹) dd. Mainz 1632 Jan. 10. (Zelle 11. 02.) — Beil. G.

Recht dieser anderen Herzöge davon abhängig, „dass sie diese Alliance ratifizierten und nicht durch feindliche Bezeigung sich solcher Lande und Sachen verlustig machen würden", und fügte schliesslich noch folgende unerhörte Klausel hinzu: „Inmassen des Herzogs zu Braunschweig-Lüneburg L. auf sich genommen, bei ihrer Landschaft zu verschaffen, dass sie keinen künftig zum Landesherrn annehmen noch huldigen, er habe denn diese Alliance angenommen, konfirmieret und bestätiget".

Und wie lauteten die Verpflichtungen, zu denen sich der Herzog verstehen sollte! „Darentgegen verobligieren wir der Herzog zu Braunschweig-Lüneburg, unsere Erben und Erbnehmen, unsere Fürstentumb, Graf- und Herrschaften, Land und Leute uns hiemit, die K. W. zu Schweden (deren obhandene Waffen und Ursachen dieses Krieges wir zuvorderst ganz gerecht und justifiziert befinden) nicht allein nächst Gott für unsern Bundsverwandten und Schutzherrn, sondern wir wollen dieselbe und künftig Ihre Erben und Successoren am Reich und der Krone Schweden jederzeit dafür respektieren und ehren, derer als unsern Schirmsherrns Schaden allenthalben treulich warnen und abwenden, ihr Bestes prüfen und nicht mit Im Rat oder That, der oder die directe vel indirecte wider I. K. W., dero Königreich, Fürstentumb und Städte wäre, sondern auf sie allein unser Absehen haben und deroselben mit Leib, Gut und Blut, äussersten Vermögens nach beigetan und gewärtig sein, auch von deroselben nun und inskünftig ohne dero guten Willen und Vergunnen keinesweges abweichen, noch diesen Verspruch aus irgenderlei Zufäll präjudizieren oder entgegen handeln.

„Wir und unserere Lande wollen uns auch zum Zweiten mit niemanden andern, wer der von Potentaten, freien Republiken, Fürsten, Herren, Städten und Kommunen sein möchte, ohne I. K. W. Vorbewusst und Bewilligung diesem zuwider alliieren und in Verbundnus einlassen, viel weniger aus dieser Verbundnus treten oder im geringsten davon abweichen, noch einigen Frieden mit jemandem handeln, akzeptieren, eingehen oder machen. Begäbe sich auch in specie, dass der Kaiser und papistische Liga oder jemand anders sambt oder sonders uns dem Herzog zu Braunschweig und Lüneburg oder den anderen alliierten teutschen evangelischen Kur-, Fürsten und Ständen allein und ingesampt annehmlichere und erträglichere conditiones pacis als S. K. W. präsentieren und vorschlügen, Insonderheit aber S. K. W. wegen der aufgewandten überaus schweren Unkosten und Kriegesspesen, wohlgewonnenen Viktorien und dadurch erstrittenen hohen Rechten keine annehmliche gnugsame Satisfaktion geben wollen, so versprechen wir hiermit bei unsern fürstlichen wahren Worten an Eidesstatt, dass wir alsdann solche conditiones nicht allein in keinem Wege, ehe und bevor S. K. W. wegen besagter Unkosten, Viktorien und juris belli annehmliche, gnugsame und royale Satisfaktion widerfahren, akzeptieren und von dieser Alliance abweichen, sondern auch diejenigen Kur-, Fürsten und Stände, die aus solchen Ursachen von I. K. W. über Verhoffen sollen aussetzen, für unsere Feinde einhalts dieser Alliance halten wollen.

„Als wir der Herzog zu Braunschweig und Lüneburg uns fürs Dritte auch erinnert, welchergestalt die pontificii in der Kammer zu Speyer dafür selbsten gehalten und judiziert, dass obenbenannte hildesheimische Länder und Güter nicht vom römischen Reiche teutscher Nation, sondern vom Papst zu Rom dependieren, auch so wenig zu den Unsrigen hinwiederumb gelangen, als uns des von dem Bischof zu Hildesheimb und dessen Klerisei gewaltsamer Weis zugefügten, fast unästimierlichen Schadens ergötzen und erholen könnten: So wollen wir zu mehrer Bezeigung unserer Dankwürdigkeit uns, unsere Fürstentümber, Graf- und Herrschaften, Land und Leute nicht allein dem königlichen Schutz bestermassen, wie obsteht, ergeben, sondern auch, sobald wir zu wirklicher Possession solcher Land und Güter wieder gelangen und respektive kommen, dieselbe mit ihren Hoch-, Frei- und Gerechtigkeiten, auch allen Pertinenzien für uns und unsere Lolbeserben von S. K. W. und dero Erben und Successoren an der Krone Schweden gebührendermassen zu Lehen empfangen und rekognoszieren, wegen derselben ihr und ihnen, wie diesfalls billig und Herkommens, verwandt sein und uns fürters gegen dieselbe und dero Kron aller Schuldigkeit nach bis in unser Sterbstunden getreulich erweisen.

„Und nachdem Viertens nichts billigers, als dass I. K. W. und der Kron Schweden ihres hohen Interesse [wegen] bei diesem und künftig hieraus sich entspinnenden Kriegen die Absolut-Direktion darüber verbleibe, gestalt solche S. K. W. von den Konföderierten allbereit aufgetragen, und auch wir, dass S. K. W. solche welters über sich zu nehmen geruhen wolle, freund-, ohmb- und schwägerlich ersucht, sie auch gutwillig über sich genommen: als wollen wir solbiges und was dem anhanget S. K. W. und dero Kron hiemit unsersteils ebenermassen völlig und unlimitiert heimgestellet haben, also dass S. K. W. und sie, als das Haupt, nach ihrem besten Wissen und Verstand solches führen, nach Erforderung gemeiner Noturft Feind deklarieren, Krieg ankünden und zu unser allerseits Bestem dirigieren solle, könne und möge."

Von speziellen Leistungen seien noch erwähnt, dass sich der Herzog verpflichtete, vom Tage der Alliance an — also nicht erst nach der Wiedereroberung seiner Länder — eine bestimmte Summe monatlich zu kontribuieren oder eine entsprechende Anzahl Volks für den König zu werben und zu unterhalten. Falls es der Krieg erforderte, konnte diese Kontribution erhöht werden. Nach völliger Wiedereroberung aller Länder und Inkorporation der hildesheimischen Ämter sollte der Herzog ein Regiment zu Fuss (2000 Mann) und 2 Kompanien zu Pferd (300 Mann) werben und unterhalten. Von eigenen Werbungen ausserdem verlautete aber nichts mehr.

Die von den Braunschweigern jedesmal im Anfange mit Bedacht eingeschobene Klausel, dass die Alliance unter anderem auch das Ziel habe, die landesfürstliche Hoheit, Rechte und Gerechtigkeiten des Herzogs wieder herzustellen und zu schützen, war weggelassen; ebenso wie die Erklärung, die sie sonst bei allen Gelegenheiten und namentlich stets am Schlusse angebracht hatten, dass diese Abmachungen seiner landesherrlichen Superiorität, seinem Stande und seinen Gerechtigkeiten keinen Eintrag tun sollten, nur einmal und zwar in der keineswegs ausreichenden Form: „allermassen diese Alliance S. L. fürstlichen Statuten, Regalien, Hoheiten, Gericht, Recht und Gerechtigkeiten nicht präjudizierlich, sondern vielmehr förderlich sein solle" vorkommt. Dagegen stand bei dem Sattlerschen Entwurfe am Schlusse noch folgender Passus: „Schliesslich soll diese unsere Einigung und Vergleich allen anderen Pakten und Paktitaten, Alliancen und Verbundnissen, so wir mit andern Potentaten, Fürsten und Ständen haben möchten, vorgehen und dawider weder kaiserliche Pflicht noch des h. römischen Reichs Respekt, Reichs- oder Kreisverfassungen gelten oder angezogen werden."

Dies die schwersten Punkte. Aber auch die übrigen Paragraphen zeigen das deutliche Bestreben, dem Herzog so viel wie möglich die Hände zu binden, dagegen die Erfüllung seiner Forderungen durch Klauseln, wie: „so viel möglich" oder „so weit es der Krieg zulässt" und dergl. vom eigenem Ermessen des Königs abhängig zu machen.

Das waren doch Bedingungen, die — wie die Gesandten alsbald dem Dr. Steinberg replizierten — kein foedus unter Gleichberechtigten, sondern dependentiam des Herzogs und seiner Länder von der Krone Schweden zu Folge hatten. Hier wurde klipp und klar ein Lehenverhältnis sämtlicher Fürstentümer, Grafschaften und Herrschaften gefordert, nicht nur des kleinen oder grossen Stifts Hildesheim, sondern auch der alten Stamm- und Erblande: hatte Fürst Ludwig v. Anhalt und der Kanzler Stalmann in Halle noch feierlich versichert, die Stammlande kämen nicht in Betracht, auch fordere man keineswegs ein Lehenverhältnis, so strafte sie hier der König Lügen, und wir erhalten den Beweis für die Richtigkeit der Annahme, dass Fürst Ludwig in Halle nicht aus eigenem Antriebe, sondern nach Instruktionen des Königs gehandelt habe. Braunschweig-Wolfenbüttel sollte aus dem Reichsverbande ausscheiden und schwedisches Lehen werden, wie denn der Schlusspassus ausdrücklich festsetzte, dass gegen dieses Bündnis weder Pflicht gegen Kaiser und Reich, noch Reichs- und Kreisverfassung gelten sollten. Und wie sollte sich der Herzog der Krone Schweden gegenüber binden: die Formel lautete wie die eines getreuen Vasallen, nicht wie die eines Landesfürsten, hatte man doch möglichst vermieden des Herzogs landesherrliche Rechte zu erwähnen, was — wie gesagt — um so auffälliger ist, als die braunschweigischen Entwürfe sämtlich gerade diesen Punkt bei aller und jeder Gelegenheit betonten. Vor allem sollte dem Könige allein — bei diesem und künftigen Kriegen — das Recht eingeräumt werden, jemanden für Feind zu erklären und Kriege zu beginnen, also auch Kriege zu beendigen und Frieden zu schliessen: von einer Mitwirkung des Herzogs war keine Rede mehr.

Die Gesandten erklärten, dass sie über diese Punkte nicht zu verhandeln, geschweige denn abzuschliessen vermöchten: dem Herzog sei es nie in den Sinn gekommen, vom Reiche abzutreten, und selbst er, der Herzog, vermöge nicht hierüber zu verhandeln: das hiesse die Reichsverfassung ändern, wozu er allein nicht mächtig sei, dazu gehörten sämtliche Reichsstände. Aus demselben Grunde müssten sie auch den erwähnten Schlusspassus ablehnen. Ferner erklärten sie, dass die deutschen Fürsten und Stände dem Kaiser seit 500 Jahren das jus pacis et belli nicht allein überlassen hätten;

gerade weil der Kaiser einen absolutum dominatum erstrebt habe, sei der Krieg entstanden: denn die Stände seien gezwungen gewesen, die Reichsgesetze und ihre eigene Hoheit und Rechte zu verteidigen. Zu demselben Zwecke hätten sie sich mit dem Könige vereinigt, der in seinen Ausschreiben und Erklärungen auch entsprechende Versicherungen öffentlich ausgesprochen habe. Infolgedessen hätten sich alle evangelischen Stände aufrichtig über des Königs Sieg gefreut, da jedermann gehofft, dass die Reichsverfassung und die Freiheit der Stände wieder in den alten Stand gesetzt und vor den Machinationen der Gegner gesichert werden sollten. „Sollte nun solcher ruhmwürdiger scopus verrücket werden, würde solches fast männiglich betrüben und verursachen, dass in I. M. allmählich eine Diffidenz gesetzet würde." Die Folge würde sein, „dass die grosse Liebe und Affektion, welche alle Evangelische, hohen und niedern Standes, gegen I. M. trügen, minuiert und erlöschen würde. Es würde daraus unfehlbar eine Trennung erwachsen, die Papisten würden darüber frohlocken und daraus durch gewöhnliche artificia ihren Vorteil suchen".

Ebenso lehnten sie die Zumutung ab, dass die braunschweigischen Landstände künftig nur einem Herrn huldigen sollten, der diese Alliance ratifiziert habe. Einmal stünde es dem Hause Zelle frei, mit wem es sich alliieren wolle oder nicht: tue es das nicht, so könnte es doch keinesfalls des Seinigen verlustig gehen; dann aber stände es garnicht im Belieben der Stände, wem sie huldigen wollten: sie seien Erbuntertanen und hätten der zellischen Linie bereits geschworen. Weder die Landstände, noch Herzog Friedrich Ulrich, noch die Zeller Herzöge könnten sich hierauf einlassen.

Sie erklärten zum Schlusse nochmals, dass Herzog Friedrich Ulrich bereit sei, sich mit dem Könige zu alliieren, doch jure foederis et societatis, nicht aber per modum dependentiae; das sei nicht gegen die Reichsverfassung, wie die Beispiele der Kurfürsten von Sachsen, Brandenburg und Baiern u. a. bewiesen, die alle mit fremden Mächten Verträge abgeschlossen hätten. Vom Reiche sich zu trennen vermöchte der Herzog aber nicht.

Bisher war noch keinem deutschen Fürsten eine solche Zumutung gestellt worden, seine Reichslehen und Stammlande künftig von der Krone Schweden zu Lehen zu nehmen. Wohl war bisher die Forderung erhoben worden, dass deutsche Fürsten und Stände diejenigen Gebiete, welche sie von Schweden als Geschenk erhalten hatten, auch von der Krone Schweden rekognoszieren sollten: doch das war erklärlich, da der König auf die Gebiete, die er erobert hatte, sein jus belli geltend machte, und da es allgemein bekannt war, dass Schweden nicht aus dem Kriege zu scheiden beabsichtige, ohne Reichsstand geworden zu sein. Die schwedischen Donationen konnten dann zu Lehen desjenigen deutschen Reichsgebietes erklärt werden, mit dem Schweden in den Verband des Reiches treten würde. Dies konnte der König aber doch unmöglich auf die Stammlande seiner Glaubensgenossen ausdehnen, als deren Befreier er zu kommen verkündet hatte.

Die Gesandten selbst haben den Gedanken ausgesprochen, dass diese Ansprüche nicht vom Könige herrührten, sondern „mögen dem Sekretario Sattler vor sein Haupt in die Feder geflossen sein". Aber ganz abgesehen davon, dass es ganz ausgeschlossen ist, dass ein Staatssekretär ohne Wissen und Willen des Königs — noch dazu in dessen Anwesenheit — solche Forderungen auf eigene Faust zu stellen sich unterfangen konnte, widerlegen sich die Gesandten selbst, indem sie unmittelbar darauf klar und deutlich berichten: der König sei zwar resolviert gewesen, vom Hause Braunschweig-Lüneburg nicht auszusetzen, sondern sich mit ihm und allen Evangelischen zu konjungieren, „ob aber per aliquem respectum superioritatis et dependentiae oder per modum foederis solches zu effektuieren, darüber waren I. M. bei unserer Anwesenheit noch selber nicht entschlossen".

Es war also der König selbst, nicht sein Sekretär, auf den diese Forderungen zurückgingen, wenn er auch für den Augenblick noch zu schwanken schien, welchen Weg er zu beschreiten habe. Das stimmt auch mit dem überein, was bei den Verhandlungen in Halle bereits festgestellt werden konnte: dort bereits hatte Fürst Ludwig die schwerste der Forderungen im Auftrage des Königs an den Herzog gestellt.

Dass der König sich für den modus superioritatis et dependentiae entschieden hatte, werden wir sehen: vorläufig gingen aber die Verhandlungen weiter, als hätte er den modus foederis erwählt. Nicht als ob die Ausführungen der Gesandten Eindruck auf ihn gemacht hätten: der König war damals wohl schon fertig mit seinen Plänen über die künftige Gestaltung der Reichsverfassung. Nur hielt er offenbar die Zeit noch nicht für gekommen, um seinen Willen durchsetzen zu können. Er verschob die Entscheidung auf seines Kanzlers Axel Oxenstiernas Ankunft, der aus Preussen erwartet wurde.

Die Verhandlungen gingen aber, wie gesagt, inzwischen weiter. Fürst Ludwig musste dem Könige nochmals Vortrag halten und er veranlasste die Gesandten, einen Entwurf einzureichen, der die Differenzpunkte klar zur Anschauung brächte. Sie folgten natürlich diesem Winke und überreichten eine Abschrift des Sattlerschen Projektes, dem sie ihre abweichenden Vorschläge zur Seite geschrieben hatten.[1]) Indessen brach der König die Verhandlungen jetzt wirklich vorläufig ab, indem er sich mit den vielfältigen Geschäften und dem plötzlichen Einfalle Pappenheims nach Magdeburg entschuldigte, der ihn zur Abreise von Mainz genötigt hatte. Er entliess die Gesandten mit einer Interimsresolution,[2]) worin er sich begnügte, seine Bereitwilligkeit zu versichern, „I. F. G. und dero Länder in königlicher Obacht zu halten und zu erweisen, dass er nichts unterlassen habe, was einem Freunde zuständig und zu Eliberierung dero Land und Leute, zu Beförderung I. F. G. Hoheit und Aufnahme gedeihen möge", Versicherungen, die ihn zu nichts verpflichteten und banden. Am 7. Februar 1632 trafen die Gesandten in Braunschweig wieder ein; welchen Eindruck ihr ausführlicher Bericht im herzoglichen Rate hervorrief, wissen wir nicht.

Inzwischen war Oxenstierna nach Frankfurt und Mainz gekommen, der nun mit Dr. Steinberg — der zum kgl. Residenten in Braunschweig ausersehen war — weiter verhandelte, und zwar nicht nur über die braunschweigische Alliance, sondern auch über die zellische, deren Ratifikation bisher ebenfalls unterblieben war: wie man annehmen kann, aus denselben Gründen, wie bei der braunschweigischen. Der König wünschte jetzt, dass beide Alliancen übereinstimmen sollten.[3]) Über die Verhandlungen selbst sind wir nicht unterrichtet, sie führten aber insofern zum Ziele, als die braunschweigische Alliance am 15. Februar 1632 zu Frankfurt a. M. mit dem königlichen Siegel besiegelt und von dem Sekretär Sattler auf Befehl des Königs unterschrieben wurde[4]) — wohlvermerkt, nur

---

[1]) Gesandte an F. Ludwig, dd. Hanau 1632 Jan. 20. (Wfb.) — Beil. 6.
[2]) Rekreditif u. Interimsres., dd. Hanau 1632 Jan. 22. (Wfb.) — Beil. 42/43.
[3]) Steinberg an Oxenstierna, dd. Frankfurt 1632 Jan. 12. (Stockholm.)
[4]) Gedruckt Sverges trakt. V, 670. Vgl. Steinberg an H. Georg dd. Braunschweig 1632 Sept. 20 (Kal. 16. A. 305): Danach hätte der König es deshalb

von Sattler, nicht vom Könige. Steinberg erhielt den Auftrag, sie zunächst vom Herzog ratifizieren zu lassen und dem Könige zuzusenden, der sie dann auch seinerseits vollziehen würde.

Dem Vertrage war der Sattlersche Entwurf zu Grunde gelegt worden, dessen Wortlaut er übernahm: nur waren überraschender Weise fast alle Änderungen, die die braunschweigischen Gesandten vor ihrer Abreise dem Fürsten Ludwig übergeben hatten, von den Schweden jetzt akzeptiert worden. Mit diesen Änderungen hatte Lampadius — denn als dessen Werk dürfen wir sie ansprechen, wie er denn überhaupt die Seele der ganzen Legation war — sich äusserst geschickt den Forderungen der Schweden anbequemt und ihnen doch zumeist die Spitze abgebrochen: aus dem modus dependentiae et superioritatis war wieder ein modus foederis zwischen Gleichberechtigten geworden.

Namentlich die schlimmen Forderungen der oben zitierten Paragraphen zeigen diesen Kompromiss. Der Herzog nahm zwar den König Gustav Adolf als Schutzherrn an, aber nur diesen allein: das erbliche Abhängigkeitsverhältnis fiel also weg, wie denn auch die demütigenden Formalien dieser Paragraphen in die übliche Ausdrucksweise von Bündnissen umgewandelt worden waren. Die schweren Verpflichtungen des zweiten Paragraphen, die das Aufhören der Alliance und die Annahme kaiserlicher Friedensanerbietungen davon abhängig machte, dass der König genügende royale Satisfaktion erhalten habe, waren getrennt: Friedensanerbietungen versprach der Herzog nur mit Wissen und Willen des Königs anzunehmen, und wegen der Satisfaktion „beiständig" zu sein, dass der König die eroberten Länder in den Händen behalte, bis er genügenden Rekompens erhalten habe. Die überaus harte Bedingung, dass der Herzog diejenigen Kurfürsten, Fürsten und Stände, die sich um dieses Punktes willen vom Könige abwenden würden, — wer konnte wissen, was für Ansprüche der König schliesslich erheben würde — für Feinde halten sollte, war gestrichen und dafür gesetzt: wenn Schweden demnächst angegriffen werden würde, sollte der

---

getan, weil der unvermutete Übergang der Spanier über die Mosel alle Verhandlungen suspendiert hätte. In der Instruktion Steinbergs (Extrakt. Beil. 55) sprach zwar der König von den „von uns vollzogenen Originalen": doch das ist ungenau; später spricht der König stets nur von „unser zusammen habenden Alliance".

Herzog zum Beistande verpflichtet sein — aber in Konformität mit den übrigen Ständen.

Dem Könige war auch hier das oberste und absolute Kriegsdirektorium eingeräumt, aber das unbegrenzte Recht „nach Erforderung gemeiner Notdurft Feind zu deklarieren und Krieg anzukündigen" war gestrichen; auch nahm der König die Zusendung eines braunschweigischen Kriegsrats an, solange der Krieg in braunschweigischen Landen währte; er sollte den Beratungen beiwohnen und sein „Bedenken und Gutachten nicht aus Obacht" gesetzt werden. Auch hier waren die Formalien wieder die üblichen geworden.

Von einer Lehenmutung sämtlicher braunschweigischer Länder, auch der Stammländer, war nicht mehr die Rede, nur das Stift Hildesheim, und zwar das grosse wie das kleine Stift, sollte der Herzog und seine Mannserben — nicht Lehnserben — vom Könige als oberstem Haupte und Direktor der evangelischen Defensionsverfassung, seinen Erben und der Krone Schweden titulo protectionis vel advocatiae rekognoszieren, die Erb- und Stammländer waren ausdrücklich ausgenommen; das Erbrecht der lüneburgischen Linie war also anerkannt und zwar unter Wegfall der schimpflichen Klausel, dass die Landstände nur einem Herren huldigen sollten, der diese Alliance anerkenne. Die Bedingung aber, dass auch sie, die Lüneburger, die braunschweigische Allianee ratifizieren mussten und sich durch feindliche Handlungen der Länder nicht verlustig machen dürften, war beibehalten worden.

An Stelle der schwedischen Lehnsherrlichkeit war an verschiedenen Punkten von der Wiederherstellung der landesfürstlichen Hoheit des Herzogs die Rede: sie war wieder zu Anfang unter den Zielen der Alliance mit aufgeführt; ihre Sicherstellung war den schwedischen Prätensionen gleichgestellt und von deren Befriedigung die Dauer des Krieges abhängig gemacht; und zum Schlusse war die verklausulierte Erklärung wieder hergestellt worden, dass alle Bestimmungen dieses Bündnisses der landesfürstlichen Hoheit des Herzogs keinen Abbruch tun sollten. Die brüske Formel, dass die Alliance allen Verbindlichkeiten gegen Kaiser und Reich vorgehe, war dahin gemildert worden, dass den Herzog von der Leistung dessen, wozu ihn das Bündnis verpflichte, weder die kaiserliche Pflicht noch einiger anderer Respekt, wie der auch sein und Namen haben möchte, abhalten solle:¹) der Kaiser war nur eine Person, mit deren Wechsel sich alles ändern konnte, zudem war der Bruch mit allen Sophistereien, die man so gern sonst anwandte, doch nicht mehr zu verdecken. Das Reich und seine Verfassung dagegen scheute man sich doch beim Namen zu nennen. Dass man sich in Braunschweig über diese bedenklichen Paragraphen trotz der Verschleierung klar war, ist selbstverständlich, und nicht ohne schwere Bedenken konnte man sich zu ihrer Annahme entschliessen; nur die Erwägung, dass die Not keine Gesetze kenne und kein anderes Mittel zur Rettung existiere, als der Bund mit dem Könige, der von dieser Bedingung nicht abzubringen war, überwand schliesslich alle Bedenken.²)

Die drei hildesheimischen Ämter schenkte der König dem Herzog, dagegen waren die eichsfeldschen Forderungen nur in derselben unverbindlichen Weise wie in dem Sattlerschen Entwurfe übernommen worden. Auch die übrigen territorialen Wünsche waren beseitigt.

Bei den Abmachungen über die tatsächlichen Leistungen des Herzogs waren im allgemeinen die braunschweigischen Anerbietungen und Wünsche wiederhergestellt. Zunächst verpflichtete sich der Herzog die Armee, die ihm seine Länder wiedererobern sollte, zu unterhalten. Dass der König für einen Zuschuss aus den Nachbarländern sorgen sollte, wenn das Land den Unterhalt allein nicht aufzubringen vermöchte, und dass alle Landesteile, ohne Ausnahme, zu der Kontribution als ein Ganzes beitragen sollten, war wieder in den Vertrag aufgenommen worden; ebenso die Bestimmung, dass bis zur völligen Wiedereroberung aller Länder, alle anderen Beschwerungen, Einquartierungen, Musterplätze, Kontributionen und dergleichen fortfallen sollten — Bestimmungen, von denen es auf der Hand lag, dass sie gar nicht durchzuführen waren, die auch zum mindesten mit den Abmachungen zu Würzburg in offenem Widerspruche standen, da dort der König dem Herzog Georg gerade das Herzogtum Braunschweig als Werbequartier angewiesen hatte. Nach der völligen Wiedereroberung sollte der Herzog 2000 Mann zu Fuss und 200 Pferde unterhalten, oder statt dessen

---

¹) Dann nochmals am Schlusse sagen sich beide Kontrahenten das unverbrüchliche Halten aller Verpflichtungen zu: „und soll uns allerseits davon kein Respekt abhalten".

²) Friedrich Ulrich an H. Christian, dd. 1632 März 21. (Zelle 11. 92.)

monatlich 15000 Rt. Kontribution erlegen. Die Erhöhung dieser Kontribution, die nach Sattlers Entwurf von des Krieges Notdurft — also von des Königs Ermessen — abhängig war, wurde hier in eine Erhöhung des Kontingentes umgewandelt, falls sich nach der Wiedereinnahme des Landes herausstellen sollte, dass das Land mehr aufzubringen imstande sei, und war der bona fides des Herzogs anheimgestellt.

Auch in kleineren Forderungen hatten die Schweden nachgegeben, z. B. versprach der König die Kreisstände zu vermögen, zur Erhaltung der Weserpässe Zuschuss zu leisten; dem Herzog wurde das Recht eingeräumt, die kleinen Festungen, deren es eine grosse Anzahl im Lande gab (Peine, Steuerwald, Steinbrück, Erichsburg, Kalenberg u. s. w.), die nur Besatzungen verschlangen und dem Feinde Stützpunkte boten, rasieren zu lassen. Auch die alte Forderung, dass die herzoglichen und landschaftlichen Schulden nach dem Tode des Herzogs aus den hildesheimschen Ämtern abgetragen werden sollten, war genehmigt, und von hessischen Ansprüchen auf Münden war nicht mehr die Rede.

Nur einige wenige Forderungen der Braunschweiger waren abgelehnt, von denen eine Beachtung verdient: sie wollten die von Gustav Adolf eroberten Länder und Plätze, die der König bis zur Erlangung einer ausreichenden Satisfaktion in den Händen zu behalten verlangte, auf diejenigen beschränkt wissen, „so für dem Kriege keinem evangelischen Stande zugehörig gewesen:" das hätte auch Pommern, Mecklenburg, Magdeburg und andere Länder betroffen, über die der König weiter zu verfügen gedachte.[1]) Es war selbstverständlich, dass diese Klausel fallen musste.

Alles in allem betrachtet, hatten die Braunschweiger die Vorteile bei den Verhandlungen gehabt und das schliesslich in überraschend kurzer Zeit. Betrachtet man die Hauptfrage des Sattlerschen Entwurfs: die Lossagung Braunschweigs aus dem Reichsverbande und seine Angliederung an den schwedischen Lehenverband, so muss man sich billig wundern, dass eine solche Forderung, die doch berechtigter Weise das grösste Aufsehen erregen musste, überhaupt

---

¹) Vgl. dazu des Königs Schreiben an Salvius, dd. 1631 Dez. 30 (Arkiv I, 898): der Allianceentwurf, den Salvius mit den niedersächsischen Kreisständen in Hamburg verabredet hatte, enthielt dieselbe Klausel, und auch hier befahl Gustav Adolf ihre Streichung unter Anführung seines jus belli auf Pommern, Mecklenburg, Stift Magdeburg-Halberstadt u. a. evangelische Orte.

gestellt worden ist, wenn man nicht entschlossen war, sie durchzudrücken, und dass man auf sie so bald und so leicht wieder verzichtete. Sollte ein so kluger Realpolitiker, wie es der König war, sich nicht selbst darüber klar gewesen sein, welchen Widerstand gerade dieser Punkt, der die Fürsten und ihre so kostbare Libertät in ihrem Lebensnerv treffen musste, hervorrufen würde? Sollte dem König verborgen gewesen sein, was die braunschweigischen Gesandten so klipp und klar aussprachen: „Solches würde politice davon zu reden, I. M. solcher zu unsäglichen Unstatten gereichen, wenn die Papisten und andere Stände vernehmen sollten, dass man von seiten I. M. so weit gangen wäre. Allermänniglich hätte sich evangelischen Teils über die herrlichen Viktorien höchlich erfreuet, guter Hoffnung den statum imperii wiederum in integro zu sehen und dass jeder evangelischer hoher und niedriger Stand wiederum in sein voriges Wesen gesetzet werden möchte, gestalt I. M. rühmliche Intentiones, ihrem eignen Ausschreiben nach, dahin alleweil gerichet gewesen. Sollte nun solcher ruhmwürdiger scopus verrücket werden, würde solches fast männiglich betrüben und verursachen, dass in I. M. allmählich eine Diffidenz gesetzet würde: es würde daraus unfehlbar eine Trennung und dissolutio erwachsen:" Das ist doch nicht anzunehmen. Trotzdem hatte der König diese schwere Forderung erhoben und war auch persönlich davon nicht abgegangen: er hatte die Sache seinem Reichskanzler überlassen. Auch die Annahme ist doch nicht zulässig, dass der Reichskanzler nunmehr selbständig und ohne Wissen des Königs die Forderung superioritatis et dependentiae fallen gelassen und sich mit dem foedus begnügt habe: er kann das doch nur im Einverständnisse mit dem Könige getan haben, der damals ja noch in Frankfurt und Mainz anwesend war. Wie sollen wir uns diesen Wechsel der Anschauung in einer für den König so eminent wichtigen Frage erklären, die mit seinen letzten Zielen auf das innigste verquickt war? Entweder er hat sie definitiv aufgegeben als nicht erreichbar, oder er hielt die Sache augenblicklich noch nicht für sprachreif und verschob sie auf günstigere Gelegenheit. Gegen ersteres spricht schon der Charakter des Königs, der ein Ziel, das er sich vorgenommen, mit der grössten Zähigkeit verfolgte; für das andere dagegen spricht sein weiteres Verhalten Braunschweig gegenüber und seine späteren Forderungen, wie weiter unten ausgeführt werden soll.

Dann dürfen wir die ganzen Verhandlungen, die Oxenstierna bis zum 15. Februar führte, als nicht ernst gemeint ansehen; sie hatten vor allem den Zweck, den Herzog bei gutem Willen zu erhalten und die eigentlichen Ziele des Königs vorläufig wieder zu verschleiern, nachdem der erste Versuch, den schwächsten aller deutschen Fürsten im ersten Anlauf zu überrennen, an der Zähigkeit und Treue der braunschweigischen Räte, namentlich des Lampadius, gescheitert war. Dafür spricht vor allem die seltsame Form der Ausfertigung: ein königliches Siegel und die Unterschrift Sattlers. Warum unterschrieb der König nicht selbst? Er hatte doch sonst ohne Bedenken als erster unterschrieben; wollte er sich aber erst der Zustimmung des Herzogs vergewissern, zu was dann die halbe und unfertige Ratifikation? Dafür spricht auch, dass man die braunschweigischen Erinnerungen ohne weiteres und mit wenig Ausnahmen akzeptiert hatte: der ganzen grossen Angelegenheit der Regelung der deutschen Verhältnisse wurde dadurch, dass der König nicht selbst unterschrieben hatte, nicht vorgegriffen, der König behielt freie Hand; deswegen war man nicht karg mit Zugeständnissen, die doch nicht banden.

In Braunschweig fasste man die Angelegenheit natürlich anders auf und war überzeugt, dass die Verhandlungen ernst gemeint seien. Man erwartete mit Verlangen ihren Abschluss und die Zusendung der Alliance, von der man Schutz vor der Generalität erhoffte, deren Übermut man schutzlos preisgegeben war. Denn inzwischen hatte sich die Situation in Lüneburg wie in Braunschweig völlig verändert, und es ist nötig, auf die militärischen Vorgänge in Niedersachsen kurz einzugehen.

II.
Kriegsereignisse in Niedersachsen.

Auch in militärischer Hinsicht[1]) müssen wir zwei Aktionszentren unterscheiden: das Fürstentum Lüneburg an der Elbe und das Fürstentum Braunschweig mit der Weser und Wolfenbüttel. Herzog Georg war das Bindeglied zwischen beiden als General im niedersächsischen Kreise.

Über seine kriegerische Tüchtigkeit ist sehr verschieden geurteilt worden; v. d. Decken ist beflissen, einen grossen Kriegshelden aus ihm zu machen, Droysen dagegen nennt ihn einen fürstlichen Abenteurer, wenig besser als sein Halberstädter Vetter, Herzog Christian der Jüngere, unseligen Angedenkens. Beides ist falsch, aber letzteres ganz gewiss mehr als ersteres. Droysen begründet sein Urteil damit, dass Herzog Georg nacheinander in dänischen, kaiserlichen und schliesslich in schwedischen Diensten gestanden

---

[1]) Über die militärischen Vorgänge in Nordwest-Deutschland hat am ausführlichsten — ausser v. d. Decken — G. Droysen in seinen zusammenhängenden Aufsätzen in der Zt. f. pr. Gesch. VIII und IX (1871 und 1872) gehandelt:

1) Die niedersächsischen Kreisstände während des schwedisch-deutschen Krieges 1631/2. VIII, 362.
2) Das Auftreten Pappenheims in Norddeutschland nach der Schlacht bei Breitenfeld. VIII, 401 und 601.
3) Der Krieg in Norddeutschland 1632: Generallientenant von Bandissin. IX, 245 und 289.
4) Desgl.: Pappenheims letztes Auftreten in Niedersachsen. IX, 377.

Infolgedessen habe ich mich kurz fassen können, wo Droysens Darstellung mit den Akten übereinstimmt. Seine vielfach schiefen und unrichtigen Urteile im einzelnen zu widerlegen, ist hier nicht meine Aufgabe; es geschieht dieses stillschweigend durch die Darstellung. — Seine wertvollen Berichte Pappenheims aus den Münchner Akten sind jetzt vervollständigt in „Röckl, Quellenbeiträge zur Gesch. Pappenheims, Mch. 1889", die O. Klopp in seiner zweiten Auflage Tillys ausgiebig verwertet. Im übrigen beruht meine Darstellung auf den schwedischen Publikationen und den Akten des hannoverschen Staatsarchivs.

habe, dass es ihm gleichgültig gewesen sei, ob er in Schonen oder in der Lombardei, ob er für den Katholizismus oder für den evangelischen Glauben gefochten habe. „Regierender Fürst war er nicht, hatte er wenig Aussicht je zu werden, so konnte er seinem Fehdedurst in einer an Kriegen so reichen Zeit vollauf Genüge tun."[1])

Falscher kann man die Motive des Herzogs gar nicht auffassen. Herzog Georg war allerdings selbst kein regierender Fürst, aber seinen Kindern gebührte die Erbfolge; er war also in einer schwierigeren Lage als seine Brüder, da er an der ungeschmälerten Erhaltung des Erbes mehr als andere interessiert war, während er in allen seinen Massregeln von der Zustimmung des regierenden Bruders mehr oder weniger abhängig war. Er war unstreitig der begabteste und mutigste unter seinen Brüdern und Vettern. Es war aber nicht nur angeborene Neigung, die ihn das Kriegshandwerk erlernen liess, sondern auch die Ueberzeugung, dass man in dieser kriegerischen Zeit selbst mit Hand ans Werk legen müsse, wenn man nicht unter den Schlitten kommen wolle; zudem war es der einzige Weg, um ihm, dem Jüngsten, denjenigen Einfluss im fürstlichen Rate zu verschaffen, den er wegen seiner erbberechtigten Söhne haben musste. Aber als Abenteurer seine Kräfte zu vergeuden, wie es vor ihm so manches Mitglied des Wolfenhauses getan hatte, hat ihm gänzlich fern gelegen. Nicht Ruhmsucht oder das ungebundene Lagerleben lockten ihn, ihn erfüllten lediglich die Interessen seines Hauses, die er für seine Kinder zu vertreten hatte. Das Hausinteresse hat ihn, wie schon gesagt, dem Kaiser und dem katholischen Lager zugeführt, das Hausinteresse veranlasste seinen Übertritt zu Gustav Adolf und das Hausinteresse gebot ihm später wieder, sich von den Schweden frei zu machen. Nur so glaubte er in dem allgemeinen Wirrwarr sein Haus und dessen Besitz retten zu können. Das ist der grundsätzliche Unterschied zwischen ihm und dem Herzog Bernhard von Weimar, mit dem man ihn öfters verglichen hat. Herzog Bernhard war lediglich ein apanagierter Prinz ohne eigene Familie, dem ein genügender Teil seines Landes nicht zufallen konnte; er hat deshalb danach gestrebt, sich ein eigenes Fürstentum mit dem Schwerte zu erobern. Anders Herzog Georg, der seinen uralten von den Vätern ererbten Besitz erhalten wollte. In Herzog Georg haben sich die Schweden sehr

---

[1] l. c. VIII, 365/6

getäuscht, wenn sie in ihm den länderlosen jüngeren Prinzen gesehen haben, der möglichst frei wäre von den dynastischen Interessen der regierenden Herren: gerade Herzog Georg war der Vertreter des Hausinteresses, mehr als es irgend einer seiner regierenden Brüder sein konnte. Das hinderte ihn aber nicht, zu Lebzeiten Gustav Adolfs und auch in der ersten Zeit nach dessen Tode ein überzeugter Parteigänger der Schweden zu sein, da ihm der enge Anschluss an sie dem Hausinteresse am förderlichsten zu sein schien. Erst als nach dem Tode des grossen Königs die Bande sich mehr und mehr lockerten und die Macht der Schweden gebrochen schien, hat auch er das bedrohte Schiff verlassen.

Ebensowenig wie ein Abenteurer war er aber auch ein grosser Kriegsheld, dazu reichte denn doch seine Begabung nicht hin. Das Verdienst wird ihm stets bleiben, dass er die Notwendigkeit des Anschlusses an Schweden frühzeitig erkannt und fest an ihr gehalten hat, auch gegen den Willen seiner Brüder; aber den Mut, auch ohne ihre Zustimmung noch in Zeiten der Gefahr offen für den König das Banner zu entrollen, hat er doch nicht gehabt, und diese Bedächtigkeit ist ein Grundzug seines Charakters. In allen wirklich schwierigen Lagen sehen wir ihn versagen: statt durchzugreifen, sah er sich selbst nach Schutz und Deckung um; bei allen militärischen Entschlüssen von irgend welcher Bedeutung hat ihn ein Kriegsrat beraten, in dem andere die massgebende Stimme hatten. Für das Jahr 1632 beweisen das seine Briefe, die im Folgenden verwertet sind. Er hat zwar bei einzelnen Gelegenheiten massgebenden Einfluss auf die Entschliessungen der Generalität ausgeübt, so erfolgte z. B. die Belagerung von Duderstadt und die Blockade von Wolfenbüttel auf seinen dringenden Wunsch; aber diese Massregeln, die nur den welfischen Interessen dienten und auf das grosse Ganze sehr störend einwirkten, wurden von Banditssin nur deshalb gutgeheissen, weil er selbst des Herzogs Unterstützung in seinen Privatinteressen bedurfte. — Im folgenden Jahre (1633) war er völlig von Knyphausen abhängig, der durchaus die Seele der niedersächsischen Armee war.[1]) Als er dann 1634 das Kommando über dieselbe Armee selbständig führte, fiel

---

[1]) Vgl. Sattler, Dodo v. Knyphausen. — Dazu Anderson an Oxenstierna, dd. 1633 Sept. 18 (Stockholm): er berichtet und beklagt sich über die Selbständigkeit Knyphausens, der sich weder von ihm noch einem anderen Kriegsrate etwas sagen lasse: hertigen Georg är som barn.

der Feldzug völlig ruhmlos und ohne Effekt aus. Herzog Georg gehört keineswegs zu den grossen Männern seiner Zeit, wenn er auch seine Brüder und Vettern weit überragte; er hat sich aber redlich bemüht, in dieser schweren Zeit seinen Mann zu stellen und für sein Haus zu tun, was zu tun war; so hat er sich in der Geschichte seines Hauses einen ehrenvollen Platz errungen.

Fürs erste — haben wir bereits gesehen — stiess er auf lauter Schwierigkeiten, aus denen ihn nur die Bereitwilligkeit seines Bruders half, indem er ihm die Werbungen im Fürstentum Lüneburg gestattete. Trotzdem kam er damit nicht vorwärts, da Salvius kein Geld schicken konnte[1]) und der Herzog sich zu den gewaltsamen Werbungen, wie sie anderwärts bei den Schweden gebräuchlich waren, in seines Bruders Land nicht verstehen wollte. So musste er dem Könige am Ende des Jahres[2]) — also nach zwei Monaten — berichten, dass noch nicht viel geschehen sei. Auch Tott und Baner, die ihm nach des Königs Ansicht sekundieren sollten, hatten noch mit Wismar und Magdeburg zu tun.

Etwas besser wurde es, als Salvius nach Zelle kam und dort die Alliance geschlossen hatte. Herzog Georg bemühte sich sofort, die monatlichen Kontributionsgelder von 8000 T. sogleich zu erhalten, obwohl die Zahlung erst nach der Ratifikation des Königs beginnen sollte.[3]) Auch vermochte Salvius durch persönliche Verhandlungen die Stadt Braunschweig zum Abschlusse einer Alliance, wonach sich die Stadt verpflichtete, den Schweden 400 geworbene Musketiere zu überlassen, sobald sie abgefordert werden würden, und an ihrer Stelle ferner monatlich 2000 T. zu erlegen; daneben sollte die Stadt für die bevorstehende Blockade von Wolfenbüttel 4 Komp. Reiter (500 Mann) von Herzog Georgs Truppen aufnehmen und verpflegen; doch sollte der Herzog einen Revers ausstellen, dass diese Einquartierung ihren Privilegien unabbrüchlich sein und nach den sonstigen Bestimmungen der Alliance geschehen solle.[4]) Herzog Georg bestimmte für diese Einquartierung alsbald 4 Komp. seines Leibregiments unter des Obersten Wettberg Kommando.[5])

---

[1]) Über die Höhe der erforderlichen Werbegelder s. S. 15, n. 8.
[2]) dd. Zelle 1632 Jan. 8. (Kal. 16. A. 305.) — Beil. 40.
[3]) Mem. Georgs für die zellischen Räte a. d. (Dez. 1631). (Zelle 11. 02.)
[4]) Vertrag, dd. 1631 Dez. 31, ratifiziert vom Könige dd. 1632 März 7. (Sverges traktater V, S. 604.) — II. Georgs Revers, dd. 1632 Jan. 12. (Kal. 16. A. 307.)
[5]) Georg an Fr. Ulrich, dd. Zelle 1632 Jan. 5. (Ebd. 308.)

Da brach Pappenheim in den niedersächsischen Krels ein und alles schien wieder in Frage gestellt. Pappenheim hatte sich von Tilly getrennt und war nach Westfalen zurückgekehrt, um den König durch eine starke Diversion von Oberdeutschland abzuziehen; auch wollte er die ligistischen Besatzungen, die über ganz Niedersachsen noch zerstreut waren, erhalten und die neuen Werbungen hindern. Zunächst hatte er den Entsatz von Magdeburg im Auge, das Baner blockierte. Mit einer Hand voll Truppen — die Fama freilich, die er inspirierte, sprach von 16000 Mann[1]) — eilte er über Hameln nach Wolfenbüttel, nahm von dort 5—6000 Mann und 10—12 Geschütze mit sich[2]) und brachte am 14. Januar 1632 dem hart bedrängten Kommandanten, Wolf Graf von Mansfeld, der bereits mit Baner wegen der Übergabe verhandelt hatte, den ersehnten Entsatz. Baner musste sich hinter die Saale zurückziehen und in Anhalt und Kursachsen sah man mit Zittern und Bangen dem weiteren Vordringen des kühnen Generals entgegen. Auch Gustav Adolf mass diesem Einfalle doch solche Bedeutung bei, dass er entschlossen war, selbst zu Hilfe zu eilen; in Geluhausen aber erfuhr er den weiteren Verlauf, der ihn zur Umkehr bewog. Pappenheim hatte sich entschlossen, Magdeburg als verlorenen Posten aufzugeben, da Herzog Wilhelm v. Weimar dem Baner zu Hilfe eilte; am 20. Januar verliess er Magdeburg, nahm die Garnison mit sich und war am 23. wieder in Wolfenbüttel.[3]) Von dort marschierte er nach Hameln.

Sein plötzliches Erscheinen verursachte namentlich in Zelle keinen geringen Schrecken: die Kaiserlichen hatte man sich zu Feinden gemacht und war ihnen jetzt schutzlos preisgegeben. Um das Unheil abzuwenden, sandte Herzog Christian dem Grafen Pappenheim Gesandte entgegen[4]). Pappenheim forderte nicht nur, dass Herzog Christian alle weiteren Werbungen verbieten und die bereits geworbenen Völker ihm unterstellen sollte, sondern verlangte sogar, dass er den Herzog Georg in Arrest nehmen sollte. Herzog

---
[1]) Fr. Ulrich an die Gesandten in Frankfurt, dd. 1632 Jan. 4 (Wfb.), dgl. an H. Georg, dd. Jan. 20. (Kal. 21. C. X. 7. Nr. 87.)
[2]) Fr. Ulrich an Georg l. c.
[3]) Fr. Ulrich an L. Wilhelm v. Hessen, dd. 1632 Jan. 23. (Kal. 21. C. X. 7. Nr. 87). Am 23. mittags brach er nach Hameln auf und liess nur 5—600 Mann in Wolfenbüttel.
[4]) H. Christian an H. Georg, dd. 1632 Jan. 24. (Zelle 11. 99.)

Christian musste das als unmöglich ablehnen: Herzog Georg sei gar nicht mehr in Zelle, auch würde dessen Volk seinen Befehlen keinen Gehorsam leisten; doch erbot er sich Herzog Georgs Truppen nicht länger im Lande zu dulden.[1]) Pappenheim verharrte zwar bei seinem Verlangen und forderte jetzt sogar die Einräumung von Einbeck und Osterode (den Hauptstädten Grubenhagens), sowie die Weiterzahlung der bisher den Kaiserlichen erlegten Kontributionen — doch verlief die Sache zunächst ohne weitere Folgen, da Pappenheim weiter nach Westfalen zurückging.[2])

Herzog Georg, den man gebeten hatte sich seiner Sicherheit halber von Zelle wegzubegeben, war sehr wenig mit diesem Schriftwechsel einverstanden. Er erklärte sich zwar bereit Zelle zu verlassen, es kam aber zu ziemlich erregten Auseinandersetzungen zwischen beiden Brüdern, da Herzog Georg erklärte, er, „als dem das Generalat über diesen Kreis absolut gegeben," dürfe das nicht dulden, und da er kraft dieses Generalats Befehl erteilte, Zelle — die Residenz seines Bruders — besser zu besetzen und sich weigerte seine neugeworbenen Kompanien aus Gifhorn abzuführen.[3]) Herzog Christian war über diese anmassliche Sprache seines Bruders nicht wenig erzürnt und fand sie wenig geeignet die bisherige brüderliche Einigkeit zu erhalten; er verbat sich jede Einmischung in seine Regierungsangelegenheiten, wozu auch die Besetzung seiner Residenz gehöre: „welches I. F. G. ein für alle Mal auf die übergebene anmassliche Schrift zu antworten befohlen:" es war das erstemal, dass Herzog Georgs eigentümliche Stellung als schwedischer General im Kreise mit der landesfürstlichen

---

[1]) Instr. für die (2.) Gesandtschaft an Pappenheim, dd. 1632 Jan. 25. (Zelle 11. 02.)

[2]) Instruktion für die (3.) Gesandtschaft nach Hameln, dd. 1632 Jan. 28. (Zelle 11. 02.) — Es scheint aber, als ob damit noch nicht alle Beziehungen H. Christians zu Pappenheim abgebrochen wurden. In einem Schreiben des Herzogs an Salvius (dd. 1632 April 1: Zelle 11. 90) heisst es: er hätte auf des Salvius Rat die ihm von der Gegenseite angebotene Wiedereinräumung der okkupierten Orte ausgeschlagen, obwohl er mit ziemlichen Konditionen sie hätte erlangen können. — Möglich ist zwar, dass Salvius diesen Rat erteilt hatte, als er Mitte Dezember 1631 persönlich in Zelle anwesend war; vielleicht deutet aber die Äusserung H. Georgs an Baner (dd. 1632 Febr. 27: Kal. 16. A. 307), dass sich H. Christian „nun pure und rotunde gegen Pappenheim erklärt habe", auf weitere Verhandlungen.

[3]) Mem. Georgs, dd. Zelle 1632 Jan. 13 und Antwort H. Christians, dd. Jan. 17 (Zelle 11. 02); Replik H. Georgs s. d. (Kal. 16. A. 307).

Hoheit der regierenden Herzöge in Konflikt geriet. Er gab nach[1]) und reiste nach Winsen a. L.,[2]) wo seine Werbeplätze waren.

Aber nicht nur bei Herzog Georg hatte das Verhalten Herzog Christians Anstoss erregt, auch Salvius' Misstrauen gegen den Herzog, der sich so widerwillig den Schweden angeschlossen hatte, war von neuem erwacht: er verweigerte ihm deshalb die Erfüllung seiner Bitte, die schwedische Garnison aus Winsen a. L. abzuführen.[3]) Weitere Folgen hatte dieses augenblickliche Schwanken des Herzogs in Zelle nicht, dem auch sonst keine weitere Bedeutung beizumessen ist.

Herzog Georg hatte sich von Winsen nach Hamburg begeben und hier von den Schweden 27200 Rt. als Werbegelder empfangen,[4]) der Rest von 13000 Rt. sollte Mitte Februar folgen. Damit kamen seine Werbungen besser in Fluss, doch wurde ihm mancherlei Verdruss nicht erspart.

Die schwedische Verpflegungsordonnanz schrieb geringere Bezüge vor als die vordem in Niedersachsen gebräuchliche; Herzog Georg gab aber den Vorstellungen seiner Offiziere nach und erliess für seine Truppen eine andere, etwas bessere, die dem niedersächsischen Anschlage gemäss war — doch auf des Königs Ratifikation.[5]) Das trug ihm vom Könige eine sehr scharfe Zurechtweisung ein,[6]) der befürchtete, dass die ungleichmässige Verpflegung

---

[1]) Später lauteten die Formalien durchaus den Wünschen des regierenden Herzogs entsprechend, z. B. in dem Mem. vom 17. März, worin H. Georg zur Akkommodation zweier Kompanien des Ob. Pithan bat: „doch haben unseres Bruders L. hierin zu disponieren, und soll es deroselben lediglich anheimgestellt, auch von uns desfalls nichts fürgeschrieben werden". (Zelle 11. 62.)

[2]) Bis zum 21. Jan. ist er in Zelle nachweisbar, am 24. war er in Ebstorf.

[3]) Salvius an H. Christian, dd. Lüneburg 1632 Febr. 12 (Zelle 11. 99): er habe zwar etliche interzipierte Schreiben von den pappenheimschen Traktaten in den Händen, zweifle aber gar nicht, E. F. G. werden allein wissen, wie weit sie ohne der Mitalliierten Wissen in dergleichen Partikular-Traktaten zu gehen habe und wie sie von dem Könige und sämtlichen Interessenten gedeutet werden können: dass wir Winsen begehren, geschieht also gar nicht aus Misstrauen (!), sondern weil wir Stade noch nicht haben. — Dazu H. Georg an H. Christian, dd. Winsen a. L. 1632 Febr. 5: es scheine fast, dass man in unser Haus kein festes Vertrauen setzen will.

[4]) Quittung, dd. Hamburg 1632 Jan. 28. (Kal. 16. A. 807.)

[5]) Resolution H. Georgs, dd. Zelle Jan. 17. (Kal. 16. A. 305.)

[6]) Gustav Adolf an H. Georg, dd. Febr. 1. (Ebd. — Beilage 44.) — Dazu § 23 aus des Königs Mem. für den Sekretär Grubbe, den er von Gelnhausen aus

der Truppen nur Konfusion stiften würde; er schrieb ihm: wenn Herzog Georg das tun wolle, so möchte er nur ohne sein (des Königs) Zutun und Spesen die Armee richten, ein Separatcorpus formieren und selbes aus seinem Beutel unterhalten; da das nicht praktizierlich sei, hoffe er, dass der Herzog schwedische Mittel nicht zu des Königs Nachteil verwenden werde; und verlangte, dass Herzog Georg die veröffentlichten Patente wieder einziehe. — Das waren harte Worte, aber Herzog Georg musste sich fügen.[1])

Ferner gab es Uneinigkeiten mit dem schwedischen Feldmarschall Tott über das Kommando: dieser bestritt ihm das Generalat im niedersächsischen Kreise, da sonst dem Herzog zufolge seiner fürstlichen Geburt der Vorrang gebührt hätte.[2]) Wie weit das damals auf das Fernbleiben des Herzogs von der schwedischen Armee eingewirkt hat, ist nicht bekannt. Der Herzog beteiligte sich nicht an der Unterwerfung der Stifter Bremen und Verden; aber das lag nicht nur ausserhalb seiner Aufgabe, auch seine Werbungen waren noch lange nicht vollendet: die Völker, für die er von Salvius Werbegelder empfangen hatte, waren zwar zur Stelle, sie waren aber noch nicht gemustert, da noch kein schwedischer Kommissar erschienen war. Auch gerieten seine Werbungen wieder ins Stocken, als der von Salvius versprochene Rest von 13000 Rt. ausblieb; Salvius musste ihn für Tott verwenden, der ohne das sich weigerte nach Bremen zu marschieren.[3])

Mehr aber noch alterierte ihn der Einmarsch Baners und Wilhelms von Weimar in Braunschweig, da ihm dadurch abermals dieses Land für seine Werbungen verloren ging, obwohl es ihm zu Würzburg vom Könige als Quartier angewiesen worden war.[4]) Baner

---

nach Niedersachsen schickte, dd. Jan. 26. Extrakt in dem Schreiben des Salvius an H. Georg, dd. März 1. (Kal. 16. A. 307.) Sekretär Werning bemerkte hieran in einer Dorsualnotiz: „das machten unsere Grandes, die wollten nach der alten teutschen Manier traktieret sein".

[1]) Entschuldigungsschreiben H. Georgs, dd. Febr. 20. (Ebd. — Beil. 49.)
[2]) Tagebuch des Sekretärs Werning (Kal. 16. A. 307) zum 1. Febr.: „mit dem Feldmarschall geredet wegen des Generalats, dass solches schwerlich wird auf den Kreis gehen".
[3]) Georg an Gustav Adolf, dd. Febr. 21. (Kal. 16. A. 305. — Beil. 50.)
[4]) Baner kündigte ihm bereits am 31. Dec. 1631 (Kal. 16. A. 308) aus Salbke den Einmarsch an, da er vom Könige Befehl habe, sich des Stiftes Hildesheim zu bemächtigen, und fügte hinzu, er hoffe, „es werden E. F. G. mir etliche selbiger Orte zu behuf der Fortsetzung des Krieges gnädig vergönnen".

und Herzog Wilhelm von Weimar hatten sich am 28. Januar 1632 bei Osterwieck zur Verfolgung Pappenheims vereinigt;[1]) jetzt rückten sie ins Hildesheimsche, nahmen am 2. Februar Goslar[2]) und logierten sich an der Leine ein. Das war natürlich gar nicht nach Herzog Georgs Sinn,[3]) der geglaubt hatte, die schwedische Armee würde Pappenheim über die Weser folgen und ihm das Fürstentum Braunschweig zu weiteren Werbungen überlassen, damit er dann die ihm aufgetragene Blockade von Wolfenbüttel vornehmen könne. Das entsprach auch den Absichten des Königs, der damals aus den vereinigten Truppen Baners, Totts und des Landgrafen Wilhelm eine Armee an der Weser bilden wollte, die gegen Pappenheim avancieren sollte, und unter deren Schutze Herzog Georg Wolfenbüttel blockieren sollte.[4]) Statt dessen teilte Baner dem Herzog Georg mit, dass er Befehl habe zurückzugehen und seine Winterquartiere in Braunschweig und Hildesheim zu nehmen.[5]) Herzog Georg fühlte sich darüber beschwert und war nicht geneigt sich bei Seite schieben zu lassen. Er schickte ihm seine Obersten Wellberg und Wurmb mit ihren Reitern zur Verpflegung zu[6]) und verlangte von ihm die Einräumung von Bockenem als Sammelplatz. Baner schlug ihm das ab und riet ihm, lieber Hannover zu besetzen und diesen wichtigen Platz so vor Pappenheim zu sichern.[7])

Schliesslich kam H. Georg noch in Konflikt mit seinem Vetter in Braunschweig; denn sobald die schwedische Armee von Osten heranrückte, kündigte auch er dem Herzog Friedrich Ulrich an, dass er mit seinen Truppen, so viel er deren zusammen habe, heranmarschieren werde, um die Blockade von Wolfenbüttel in Angriff zu nehmen,[8]) und verlangte Quartier und Verpflegung.

---

[1]) Baner hatte 1800 Reiter, 1500 Dragoner und 5000 Knechte; Wilhelm v. Weimar 8000 Pferde und 6000 Mann.

[2]) In Braunschweig war man in Sorge wegen des dem fürstlichen Hause zustehenden Erbschutzes über die Stadt und wegen der Bergwerke, da das Gerücht ging, die Stadt solle vom Könige verschenkt werden. — Fr. Ulrich an Christian, dd. Febr. 6. (Zelle 11. 95.)

[3]) Georg an Fr. Ulrich, dd. Zelle Febr. 15. (Kal. 21. C. X. 7. Nr. 92.)

[4]) Gustav Adolfs Mem. für den Landgrafen Wilhelm, dd. 1632 Febr. 5. (Arkiv I, no. 411.)

[5]) Baner an Georg, dd. Seesen Febr. 10. (Kal. 16. A. 807.)

[6]) Georg an Baner und an den Ob. Wurmb, dd. Zelle Febr. 21. (Ebd.)

[7]) Baner an Georg, dd. Bössing Febr. 23. (Ebd.)

[8]) Georg an Fr. Ulrich, dd. Zelle Febr. 15. (Kal. 21. C. X. 7. Nr. 92.)

In Braunschweig war man aber damit keineswegs einverstanden: solange die Schweden, Hessen und Ligisten Hildesheim und das ganze Land zwischen Leine und Weser besetzt hatten, war es unmöglich Herzog Georgs Truppen aus dem Reste des Landes zu unterhalten, der dem Herzog verblieb. Auch Herzog Friedrich Ulrich forderte, dass man zunächst Pappenheim gemeinsam nach Westfalen verfolgen und ihm die Weser versperren sollte: dadurch würden die Mittel seines Landes frei, die dann Herzog Georg für die Blockade von Wolfenbüttel verwenden könnte. Herzog Georg war ja selbst dieser Ansicht:[1]) trotzdem war er nicht wenig erbost über die glatte Absage, und das um so mehr, als ihm Herzog Friedrich Ulrich umumwunden mitteilte, dass er selber Truppen zu werben beabsichtige[2]) — davon später mehr. Einen weiteren Differenzpunkt bildete die Stadt Hannover, von der Herzog Georg unbedingt die Einnahme etlicher Regimenter verlangte, weil sie beständig von Hameln her bedroht war. Hannover fürchtete aber für seine Freiheiten; denn die Soldateska pflegte den Herren zu spielen, ohne viel nach Rat und Bürgerschaft zu fragen. Die Stadt warb eigene Truppen, war aber schliesslich bereit, Herzog Georgs Truppen einzunehmen, wenn der Herzog zuvor einen Revers ausstellen würde. Darüber kam es zu langwierigen Verhandlungen, zumal die Stadt bei ihrem Landesherrn Schutz fand. Herzog Friedrich Ulrich wollte zwar auch die Sicherung der Stadt durch Truppen Herzog Georgs, doch wollte er seine Landstadt dem Vetter keineswegs ausliefern. Inzwischen meldete sich als dritter Bauer und verlangte die Aufnahme zweier schwedischer Regimenter: ein Grund mehr für Herzog Georg, die Einnahme seiner Truppen zu verlangen, damit nicht auch Hannover, wie Goslar, von den Schweden besetzt werde.[3]) Aber erst das erneute Vordringen Pappenheims veranlasste die Stadt nachzugeben, unter Vermittlung der braunschweigischen Räte.

Einen weiteren Grund zur Beunruhigung erhielt Herzog Georg dann noch, als Herzog Wilhelm v. Weimar am 27. Februar Duder-

---

[1]) Georg an Bauer, dd. Zelle Febr. 27. (Kal. 10. A. 807.)
[2]) Fr. Ulrich an Georg, dd. Febr. 16 (Ebd.) und 19; ähnlich an Christian (Zelle 11. 85). Letzterer stimmte dem H. Fr. Ulrich völlig zu: Christian an Fr. Ulrich, dd. Febr. 23 (Ebd.) und an Gustav Adolf, dd. Febr. 24 (Ebd. 99. — Beil. 55).
[3]) Georg an Fr. Ulrich, dd. Febr. 15 und 25. (Kal. 21. C. X. 7. Nr. 92 und Kal. 16. A. 807.) — Vgl. auch Hann. Chronik (Hann. Gesch.-Blätter 1903, 372 ff.)

stadt und das Eichsfeld eroberte, das ihm der König zwar noch nicht geschenkt, aber doch in Aussicht gestellt hatte.¹) Wie erwähnt, hatte das Fürstentum Grubenhagen Anspruch auf Duderstadt und etliche Ämter (Gieboldehausen, Seehausen und das Gericht Bernshausen), die im 14. Jahrhundert an Mainz lediglich verpfändet worden waren, deren Wiedereinlösung aber Mainz verweigerte. Sogleich nach der Eroberung begab sich der lüneburgische Landdrost von Grubenhagen, Heinrich von Dannenberg, zum Herzoge Wilhelm und informierte ihn über die grubenhagenschen Rechte; daraufhin erklärte der Herzog, dass nichts zum Präjudiz der Lüneburger vorgenommen werden solle. Immerhin hielt Dannenberg es für nötig, dass die Herzöge diese Angelegenheit beim Könige selbst betreiben sollten.²)

Auch Herzog Friedrich Ulrich sah dem Herannahen der schwedischen Armee Baners und Wilhelms von Weimar nicht ohne Sorge entgegen, wenn auch aus ganz anderem Grunde als Herzog Georg. Sie sollte zwar seine Länder vom Feinde befreien, die Frage war nur, ob man ihm, dem Landesherrn, seine Länder dann auch ohne weiteres wieder einräumen würde.

Dass diese Sorge nicht ungerechtfertigt war, lehrten die Erfahrungen, die man inzwischen mit dem Landgrafen Wilhelm von Hessen gemacht hatte. Der König hatte diesem eifrigsten seiner Anhänger am 7. Oktober — also noch vor Herzog Georgs Ankunft beim Könige — u. a. die Fürstentümer Grubenhagen und Göttingen als Quartiere angewiesen; das wurde zwar kurz darauf (17. Oktober) abgeändert, doch überliess ihm der König ganz allgemein die an seiner Grenze liegenden Länder.³) Landgraf Wilhelm hatte sich das sogleich zu nutze gemacht und am 17. Oktober Münden erobert. Münden war als wichtiger Pass von besonderer Bedeutung für ihn, schon deshalb, weil es in unmittelbarer Nähe von Kassel, seiner Residenz, lag; ausserdem verfolgte Landgraf Wilhelm noch seine Privatabsichten, da er die Gelegenheit benutzen wollte, auf Herzog Friedrich Ulrich einen Druck auszuüben, um die endlosen Grenz-

¹) Vgl. Struck, Wilhelm v. Weimar, S. 152 ff.
²) Dannenberg an H. Christian, dd. Osterode März 4. (Kal. 1 b, Gen. 9.) — eod. an H. Georg. (Kal. 16. A. 307.)
³) Hommel VIII, 155 ff.

Streitigkeiten und die Differenzen wegen der Weserschiffahrt zu regeln. Der Landgraf hatte aber auch noch andere Pläne, man sprach davon, dass er die Stadt und das Obergericht Münden — also das Land links der Werra, das auf fränkischem Boden lag — behalten und gegen die Herrschaft Plesse austauschen wollte, die ja ganz von braunschweigischem Gebiete umschlossen war.[1]) In Braunschweig war man nicht wenig beunruhigt über die Absichten des Landgrafen,[2]) zumal als bekannt wurde, dass der König sich in der hessischen Alliance verpflichtet habe, ihn bei allen Eroberungen zu schützen: dass man das jus belli nicht nur gegen die Katholischen, sondern auch gegen die evangelischen Glaubensgenossen anzuwenden entschlossen war, zeigte das Vorgehen des Königs und des Landgrafen selbst.[3]) Der Landgraf gab zwar beruhigende Erklärungen ab; was davon aber zu halten war, hatten die Verhandlungen in Frankfurt gezeigt, bei denen die Schweden den Hessen alle Rechte auf Münden vorbehalten wollten. Die Unruhe steigerte sich, als sich Landgraf Wilhelm an Göttingen

---

[1]) Geheimrat Götz v. Olenhusen an Fr. Ulrich, dd. März 3. (Kal. 16. A. 270.) — Fr. Ulrich an H. Christian, dd. März 13 (Zelle 11. 95): beschwert sich über die Gerüchte, als ob er mit dem L. Wilhelm wegen Austausches von Stadt und Amt Münden gegen Wiedereinräumung der Stadt Göttingen verhandle; der hessische Abgesandte v. d. Malsburg habe zwar gelegentlich eines Tausches gegen die Herrschaft Plesse gedacht; doch das sei im Rausche bei der Tafel geschehen und man habe es für einen Scherz gehalten. — Dass Hessen aber mit Münden doch ernstere Absichten hatte, beweisen die hartnäckigen Verhandlungen in Frankfurt um den Vorbehalt der hessischen Rechte an Münden in der braunschweigischen Alliance. Dazu noch: Götz an Fr. Ulrich, dd. Erichsburg März 8 (Kal. 16. A. 270): Kommissar Pape wird E. F. G. mündlich berichten, u. a. auch über des Landgrafen „Gesinnen, die zwischen E. und S. F. G. schwebende Differenzen und Permutation der Stadt und Obergerichts Münden betr., wie auch des vorgeschlagenen Obersten halber".

[2]) Bericht des Götz, dd. Rösing Febr. 20 (Kal. 21. C. X. 7. Nr. 92): keine fremde Okkupation kommt mir bedenklicher vor als die hessische, da ihre Begierde wegen der Nachbarschaft offenbar ist, und wegen des Artikels in der hessischen Alliance, dass Landgraf Wilhelm als eigen behalten sollte, was er aus des Feindes Hand gewinnen würde, und dass ihn der König dabei schützen würde. Gott verhüte alle Dismembration, wozu vor allem die Richtigmachung der Traktaten mit Schweden nötig ist.

[3]) Der Landgraf hatte das Stift Hersfeld allein, ohne Zutun seines Bruders, des L. Hermann, erobert; infolgedessen erkannte er dessen Ansprüche auf das Stift nicht mehr an. Rommel VIII, 133.

machte, die Erichsburg eroberte¹) und sich sonst nach der Weser zu im Fürstentum Göttingen ausbreitete.²)

Zunächst aber herrschten — wie gesagt — in Braunschweig grössere Sorgen. Sobald Baner und Herzog Wilhelm von Weimar heranmarschierten, sandte man ihnen Gesandte entgegen,³) nicht nur um wegen der Verpflegung zu verhandeln, sondern auch um sich Gewissheit über die Absichten der Befreier zu verschaffen. Baner versicherte ihnen aber, dass der König dem Herzoge nichts vorenthalten werde.⁴) Die Braunschweiger beeilten sich, die freigewordenen Ämter alsbald wieder in Besitz zu nehmen, braunschweigische Wappen anzuschlagen und Beamte einzusetzen.⁵)

Trotzdem waren es schlimme Freunde, die kamen. Die zügellose Soldateska hauste entsetzlich, namentlich die Reiter Herzog Wilhelms von Weimar taten sich hervor, sodass Baner selbst es beklagte.⁶) Und bald fühlten sie sich als Herren im Lande: Baner schrieb Kontributionen aus, ohne nach dem Landesherrn viel zu fragen, stellte Lauf- und Musterplätze an und drohte mit Exekutionen, wo seinem Willen nicht gehorcht wurde.⁷) Von einer Verfolgung Pappenheims war keine Rede mehr, Baner blieb um Alfeld liegen, während Herzog Wilhelm langsam die Leine aufwärts zog und ein Amt nach dem andern auszehrte. Am 21. Februar früh erstürmte er Göttingen, liess es ausplündern und zwang die Stadt sich zu verpflichten, in des Königs Devotion zu bleiben.⁸) Am 27. kapitulierte Duderstadt.

---

¹) Akkord, dd. Jan. 24. (Kal. 16. A. 270.)

²) Protokoll des braunschweigischen geheimen Rats, dd. Jan. 22. (Ebd.)

³) Kreditiv für Ang. v. Meding und Joh. Block, dd. Jan. 28. (Ebd.)

⁴) Bericht des Götz, dd. Kniestädt Jan. 30/31. Vorher hatte Baner nur geäussert: er vernehme, dass man auf des Herzogs Land und Leute keine Prätensionen fassen werde; die Wiedereroberung sei zu seinem Besten gemeint, doch müsse der Herzog helfen und Proviant liefern.

⁵) z. B. am 8. Febr. im A. Koldingen, am 9. Febr. in der Vogtei Langenhagen, am 10. Febr. im A. Blumenau. (Hannoversche Gesch. Bl. 1903, 378.)

⁶) Bericht des Götz, dd. Luttar a. B. Febr. 2 (Kal. 21. C. X. 7. Nr. 92): Baner beklagte sich, dass infolgedessen das Fussvolk Mangel leide; dies war um so unerträglicher, als an sich kein Mangel an Getreide war. Die Leute sagten, so hätten sie von Tilly nie zu leiden gehabt.

⁷) Kontributionspatent Baners, dd. Alfeld Febr. 8 (Ebd.). — Bericht Blocks, dd. Goslar Febr. 12 (Ebd.) u. a.

⁸) Vgl. Havemann, Göttingen im 30 jährigen Kriege. — Archiv des hist. Ver. f. Niedersachsen 1848, S. 140 ff.

5*

Während Baner und Wilhelm von Weimar Hildesheim, Kalenberg und das Leinetal in Besitz genommen hatten, war der westliche Teil des Fürstentums Göttingen von den Hessen mit Beschlag belegt. Wenn ihnen auch von den Braunschweigern das Zeugnis ausgestellt wurde, dass sie im ganzen bessere Ordnung hielten, als die zuchtlosen Truppen Baners und Wilhelms von Weimar, so ging doch auch dieser Teil des Herzogtums dem Landesherrn verloren. Mit dem Landgrafen kam man auch sonst besser aus:[1] er räumte freiwillig und ohne Entgelt die Erichsburg den Braunschweigern wieder ein,[2] er erbot sich auch, zwischen Herzog Friedrich Ulrich und Herzog Wilhelm von Weimar wegen Göttingen zu vermitteln und brachte es wirklich so weit, dass ihm — dem Landgrafen — Göttingen überlassen wurde, da Herzog Friedrich Ulrich noch nicht genug Truppen hatte, es selbst zu besetzen.[3]

In Braunschweig war man nicht wenig entsetzt, als Baner seinen Entschluss kundgab, die Winterquartiere im Herzogtum beziehen zu wollen. Gesandtschaften, Schreiben und Beschwerden waren ohne Erfolg bei dem starrköpfigen General; umsonst forderte man ihn auf, gemeinsam mit dem Landgrafen Wilhelm von Hessen Pappenheim zu verfolgen. Dazu rieten nicht nur die Herzöge Christian und Georg, auch der Landgraf war dazu bereit, ja es war sogar der Wille des Königs, der wie schon gesagt ein Korps an der Weser unter des Landgrafen Kommando aus Totts, Baners und den hessischen Truppen zu bilden befohlen hatte.[4] Aber Tott war noch an der Elbe beschäftigt und Baner war nicht zu bewegen, sich unter das Kommando des Landgrafen zu stellen.[5] Aber nicht nur diese eine Jalousie allein war es, die alle Aktion lahm legte,

---

[1] Götz an Fr. Ulrich, dd. Einbeck Febr. 26. (Kal. 21. C. X. 7. Nr. 92.) Das Hauptverdienst an dieser günstigen Wendung hatte sich der Kommissar Jakob Arnd Pape durch seine geschickten Verhandlungen erworben.

[2] Am 3. März 1632.

[3] Andere kleine Städte, wie Northeim, Moringen, Erichsburg, Hardegsen, Uslar und Dransfeld liess Fr. Ulrich mit geringer Besatzung aus eigenen Truppen versehen. — Ordre an den Landkommissar Jakob Arnd Pape, dd. März 12 (Wfb.).

[4] Mem. für L. Wilhelm, dd. Febr. 5 (Arkiv I, no. 411) und Instruktion für Grubbe, dd. Febr. 16 (Droysen, Schriftstücke, S. 216).

[5] Rommel VIII, 191, Anm. 254. L. Wilhelm an den Ambassadeur Wolf, dd. April 1: Baner habe beim Trunke gesagt, „wann wir uns konjungieren, so schlagen wir den Pappenheim gewiss, wer hat es dann getan? Der Landgraf!" quasi diceret: da habe ich keine Ehre von, sondern der Landgraf, ergo will ich

sondern, um mit dem braunschweigischen geheimen Rate Götz von Olenhusen zu reden: in summa seind piquen unter den sämtlichen Generälen und gunnt einer dem andern das meiste nicht.¹) Dass Baner dem Herzog Georg das Land Braunschweig und Hildesheim nicht allein zugestehen wollte, haben wir schon gesehen; wäre er über die Weser gegangen, so hätte er dem Pappenheim beständig in den Eisen liegen müssen und seine bequemen Winterquartiere hinter der Weser dem Herzog Georg überlassen müssen. Ebenso wenig verstand er sich mit dem Herzog Wilhelm von Weimar, vor dem er die Braunschweiger sogar warnte.²) Ueber Herzog Georg machte er sich lustig, dass er mit seinen Werbungen noch nicht weiter sei; wenn er so gute Mittel gehabt hätte, sagte er einmal, so würde er es für Hohn und Spott gehalten haben, wenn er nicht längst mit 20000 Mann aufgekommen wäre. Übrigens war nicht allein Baner dieser Meinung, auch von den Weimaranern wurde auf den Herzog sehr „gestumpfieret", auch hiess es, dass deshalb Herzog Georgs Kredit beim Könige sehr gefallen sei. Auch zwischen Herzog Georg und dem Landgrafen Wilhelm bestanden solche Piken: der Landgraf beanspruchte kraft der königlichen Ordre vom 5. Februar 1632,³) als General des niedersächsischen Kreises zu gelten: die Ordre stellte in der Tat alle dort vorhandenen Truppen unter sein Kommando und übertrug ihm die Hauptaktion gegen Pappenheim, während für den Herzog Georg allein die Blockade von Wolfenbüttel vorgesehen war — ganz entsprechend den Abmachungen von Würzburg. Trotzdem bestritt der Herzog dem Landgrafen das Generalat aufs heftigste.

Infolgedessen geschah gar nichts und die Armee lag untätig im Lande, das entsetzlich verwüstet wurde. Allem zufolge, sagte Götz von Olenhusen, ist es den Leuten gar nicht so sehr um die Vertreibung des Feindes zu tun, als um E. F. G. Untertanen.⁴) Um das Mass für das Land voll zu machen, hatte auch Herzog Georg noch etliche Truppen ins Braunschweigische geschickt: den

---

nichts tun. Die königliche Ordre sei später gekommen; hätte er gewusst, dass die Jalousie dies grosse Werk verhindern solle, wolle er lieber um der guten Sache willen zurückgetreten sein, damit Baner das Kommando allein gehabt hätte.
[1]) Bericht des Götz, dd. Einbeck Febr. 28. (Kal. 21. C. X. 7. Nr. 02.)
[2]) Ebd.
[3]) Arkiv I, no. 411.
[4]) Bericht des Götz, dd. Febr. 18. (Kal. 21. C. X. 7. Nr. 02.)

Obersten Wettberg, der mit seinen Reitern raubend und plündernd von Dorf zu Dorf zog und schliesslich in Königslutter Quartier nahm, und den Oberst Pithan, der sich in Helmstedt einquartierte und seine Werbungen begann.¹)

Nachdrücklich brachten diese traurigen Zustände dem Herzog und seinen Räten in Braunschweig zum Bewustsein, wie hilflos man auch den Freunden in die Hände gegeben war. Hier konnte nur zweierlei helfen: die Alliance mit Schweden, die feste Normen und Verpflichtungen bringen sollte,²) und eigene Werbungen,³) um sich selbst in Positur setzen zu können.

Die eigenen Werbungen waren bereits in Halle zur Sprache gekommen und namentlich der geheime Rat Götz von Olenhusen war unermüdlich, den Herzog zu mahnen und zu treiben. Er verheimlichte dem Herzoge nicht, wie man über sein „Stillsitzen" urteile und dass er sich sein Land allein durch andere wiedererobern lasse.⁴) Und die Erfahrung lehrte alsbald, dass wenn er nicht selbst werben würde, er nur für andere die Lauf- und Musterplätze, Kontribution und Werbegelder hergeben musste. Zogen die Armeen dann ab, so blieb sein Land doch immer schutzlos, da er nicht einmal im Stande war, die eroberten Plätze mit eigenem Volke zu besetzen. „Es ist besser, schreibt Götz, dass E. F. G. selbst mit Hand am Tuche haben, als dass sie blos von anderen dependieren"⁵) und „E. F. G. müssen ihr eigenes Land mit eigenen Ochsen pflügen, usquam tuta fides, non hospes ab hospite tutus."⁶) Baner hatte

---

¹) Fr. Ulrich an Georg, dd. März 8 (Kal. 16. A. 307) und Fr. Ulrich an Christian, dd. März 14 (Zelle 11. 95).
²) Bericht des Götz, dd. Febr. 10 (Kal. 21. C. X. 7. Nr. 92): solange das Werk nicht beim Könige geschlossen, sind wir vor den Freunden nicht mehr als vor den Feinden gesichert.
³) Fr. Ulrich an Georg, dd. Febr. 19 (Kal. 16. A. 807): Wir sind bereit, zum allgemeinen Besten alles beizutragen, wenn es nur mit „Bestande und unsers Hauses Respekt geschehen kann und wir von anderen daran, wie E. L. in ihrem Schreiben (dd. Febr. 15) andeuten, nicht behindert" werden (d. h. von den Schweden): zu dem Zwecke „sind wir im vollen Begriffe, uns selbsten in wirkliche Bereitschaft zu stellen, ist auch kein ander Mittel zur Rettung unsers Hauses und des Landes".
⁴) Bericht des Götz, dd. Goslar Febr. 3 (Kal. 21. C. X. 7. Nr. 92): Baner sei alteriert, er hätte gehofft, dass Fr. Ulrich sich selbst ins Gewehr stellen würde, sähe aber, dass er in keiner Verfassung stünde.
⁵) Desgl., dd. Seesen Febr. 5. (Ebd.)
⁶) Desgl., dd. Einbeck März 6. (Kal. 16. A. 270.)

solche Werbungen gebilligt,[1]) und Herzog Wilhelm von Weimar wie Landgraf Wilhelm von Hessen rieten dringend dazu,[2]) letzterer war sogar bei der Auswahl eines tüchtigen Generals behilflich.[3]) In Braunschweig war man auch zur Ausführung entschlossen, sobald man nur etwas Luft verspürte; die Landschaft gab ihre Zustimmung und bereits am 14. Februar teilte er dem Könige seine Absicht mit:[4]) er habe begonnen zwei Regimenter zu Fuss und ein Regiment zu Pferde zu werben und bat — da ihm nur seine eigenen Länder zu Gebote ständen — diese mit anderen Lauf- und Musterplätzen zu verschonen. Zugleich erteilte er Werbepatente[5]) und erbat sich vom Herzog Georg den Obersten Jobst Mitschefahl als Kommandanten, der in der Grafschaft Honstein angesessen und von der Landschaft vorgeschlagen worden war.[6])

Gustav Adolf hat die Nachricht von dem Entschlusse des Herzogs, selbst zu werben, zunächst mit Freuden aufgenommen und schrieb ihm, dass er sich „solchen Eifer bei vorhabender Werbung als ein zu gegenwärtiger unser Expedition ganz nützliches Werk höchlich gefallen lasse." Er willfahrte auch seinen Bitten und versprach nicht nur „dero Lande mit Musterplätzen hinfüro zu verschonen, sondern auch bedacht zu sein, wie die (bereits) angestellten füglich aufgehoben und E. L. Lande so viel möglich befreit werden mögen."[7]) Das war mehr als Herzog Friedrich Ulrich erwarten

[1]) Desgl., dd. Knlestädt Jan. 30. (Kal. 21. C. X. 7. Nr. 92.)
[2]) Desgl., dd. Einbeck Febr. 10 (Ebd.); ein hessischer Oberst hatte ebenfalls geraten, der Herzog möchte mit der Eroberung seiner Städte etc. andern zuvorkommen, er hätte bei der königlichen Armee viele gefährliche Diskurse vernommen, „dass was ein Jeder von E. F. G. Landen bekommen, eine Zeit lang wohl behalten würde".
[3]) Desgl, dd. Einbeck Febr. 28. (Ebd.)
[4]) Fr. Ulrich an Gustav Adolf, dd. Febr. 14. (Wfb.). Beil. 47. — Am 16. Febr. dasselbe an H. Georg (Kal. 16. A. 307) und am 17. Febr. an Banér (Kal. 21. C. X. 7. Nr. 92).
[5]) Am 17. Febr. wurden auf 2 Komp. in Bockenem und auf 1 Regiment in Hannover Patente erteilt. (Mem. an Banér. Kal. 21. C. X. 7. Nr. 92.) — Patent, dd. Febr. 19, für Ludw. Ziegenmeyer, in der Grafschaft Honstein zu werben. (Kal. 16. B. 2. Nr. 11.) — 16. März, Bestallung des Oberstleutnant Osterwyk über 1 Regiment zu Fuss von 2400 Mann, mit Werbepatent für 4 Kompanien zu 200 Mann. (Kal. 21. C. X. 7. Nr. 93.) — 16. März, Bestallung des Kommissars Jakob Arnd Pape zum Hauptmann über 1 Kompanie zu Fuss. — 5. April, Bestallung des Asche Pinmeyer über 1 Kompanie Leibguardie. (Kal. 16. B. 6. Nr. 57.)
[6]) Fr. Ulrich an Georg, dd. März 3. (Kal. 16. A. 307.)
[7]) Gustav Adolf an Fr. Ulrich, dd. März 12. (Wfb.) — Beil. 56.

konnte — aber auch mehr, als Gustav Adolf eigentlich versprechen konnte: denn die Länder Herzog Friedrich Ulrichs hatte er nun einmal dem Herzog Georg eingeräumt.

Der lüneburgische Agent, Bodo von Hodenberg[1]) erhob denn auch sofort Einspruch, sowie er von diesem „übel stilisierten und nachdenklichen Schreiben" des Königs Kenntnis erhalten hatte, und der König suchte seinen Missgriff so gut es ging wieder gut zu machen, indem er zwei Tage darauf dem Herzog Friedrich Ulrich ein neues Schreiben zugehen liess,[2]) worin er den Herzog bat, die vom Herzog Georg bereits assignierten Musterplätze zu ratifizieren, da die Regimenter bereits in vollem Anlaufe wären. Von einem Widerrufe aber seiner Billigung der eigenen Werbungen Herzog Friedrich Ulrichs stand nichts darin — sie blieb also zu Recht bestehen und der Herzog war infolgedessen ganz in seinem Rechte, wenn er sich fortan auf die Genehmigung des Königs berief.

Der eifrigste Gegner dieser Werbungen war — wie vorauszusehen — der Herzog Georg,[3]) der über die Mittel dieses Landes allein und ohne Widerspruch verfügen wollte. Sein Unwille ward um so mehr erregt, als er gerade damals — wie erwähnt — seine bisher geworbenen Truppen auf Bitten seines Bruders Christian aus dem Fürstentum Lüneburg abführen und mit ihnen die Blockade von Wolfenbüttel beginnen wollte, Herzog Friedrich Ulrich aber seine Mitwirkung versagte. Er machte nicht nur Schwierigkeiten, den Oberstleutnant Mitschefahl seinem Vetter zu überlassen, er schalt auch heftig, dass Herzog Friedrich Ulrich sich solche unnötigen Kosten auflade und beschwerte sich über das dadurch bezeugte Misstrauen in seine redlichen Absichten.[4]) Herzog Friedrich

---

[1]) Am 14. Jan. 1632 hatte ihn H. Christian auf 3 Monate als Agenten beim Könige bestallt. (Hann. 70a: zellische Kammerrechnung 1631/32.)

[2]) Gustav Adolf an Fr. Ulrich, dd. März 14. (Wfb.) — Beil. 57. Am 15. März sandte Hodenberg dieses neue Schreiben dem Herzog Georg, das der König „in E. F. G. besserem contento" hat ansetzen lassen (Kal. 16. A. 808); ähnlich an den Statthalter v. Bülow in Zelle. (Zelle 11. 02.)

[3]) Götz an Fr. Ulrich, dd. Einbeck Febr. 16 (Kal. 21. C. X. 7. Nr. 92): ich verspüre, dass die Lüneburger nicht gern sehen, dass E. F. G. selbst werben; man darf sich aber daran nicht kehren, wenn man nicht andern unter den Füssen liegen will.

[4]) Georg an Fr. Ulrich, dd. März 11 (Zelle 11. 95); Antwort, dd. März 14. (Kal. 16. A. 808.) — Am 26. März finden wir aber Mitschefahl bereits als Obersten in braunschweigischen Diensten.

Ulrich lehnte dergleichen Insinuationen ab und bat den Herzog Christian um seine Vermittelung.¹) Herzog Georg brachte die Sache auch vor den König und beauftragte den Agenten Bodo von Hodenberg dagegen Schritte zu ergreifen²) — mit welchem Erfolge, haben wir gesehen.

Doch auch ohne das war in Braunschweig der gute Wille stärker als das Vermögen. Hatten früher die Feinde jede selbständige Werbung verhindert, so jetzt die Freunde, die es gar nicht übel fanden, des Herzogs Länder selbst zu „begrasen". Solange Baner, Herzog Wilhelm von Weimar und Landgraf Wilhelm von Hessen im Lande waren, behielt der Herzog keine Mittel für diese Werbungen übrig, und als sie endlich abmarschierten, überzog Pappenheim abermals das wehrlose Land, so dass erst recht nicht an solche Rüstungen gedacht werden konnte.

So blieb als einziges Rettungsmittel die Alliance mit Schweden, deren Abschluss zu betreiben man nichts unterliess. Mit grosser Sehnsucht erwartete man Dr. Steinbergs Ankunft, die endlich am 17. März in Braunschweig erfolgte³) — am 19. vollzog Herzog Friedrich Ulrich bereits die Alliance, trotz aller Bedenken, die man gegen einzelne Punkte hatte.⁴) Dass sie vorläufig noch ohne Wirkung blieb, verursachte nicht allein die noch ausstehende Ratifikation des Königs, sondern auch die erneute Kriegsgefahr, die Pappenheims Einfall brachte.

Anfang März hatten Baner und Wilhelm von Weimar Befehl erhalten, zum Könige zu marschieren, während Landgraf Wilhelm und Tott zum Schutze der Weser sich vereinigen sollten; Herzog Georg wurde beauftragt unter ihrem Schutze den Kreis zu säubern, in der Not aber sich mit dem Landgrafen zu konjungieren.⁵) Baner und Herzog Wilhelm marschierten auch ab, von dem andern aber geschah nichts, da Tott mit der begonnenen Blockade von Stade fortfuhr und Herzog Georg auf Steinberg als königlichen Kommissar warten

---

¹) Fr. Ulrich an Christian, dd. März 14. (Zelle 11. 95.)
²) Georg an Gustav Adolf, dd. Zelle Febr. 21. (Kal. 16. A. 305) Beil. 50, und an Hodenberg eod. (Ebd. 307.)
³) Steinberg an H. Georg, dd. Braunschweig März 18. (Kal. 16. A. 308.)
⁴) Desgl., März 20. (Ebd.)
⁵) Gustav Adolfs Instruktion für Grubbe, dd. Febr. 16. (Droysen, Schriftstücke, S. 216.) — Gustav Adolf an Wilhelm v. Weimar s. d. (Arkiv I, S. 560, Nr. 413.)

zu müssen glaubte, der seine geworbenen Truppen erst mustern sollte, ehe er sie ins Feld führen könne. Ausserdem aber bestanden — wie erwähnt — zwischen dem Landgrafen und dem Herzog Georg Differenzen, wer das Kommando führen solle.[1]) Auch ein weniger kühner Feldherr als Pappenheim hätte diese günstige Situation benutzt.

Für ihn kam es darauf an, die Vereinigung der Gegner zu verhindern. Am 15. März überfiel er die Hessen und Schweden — Banér hatte den Oberst Kagge mit seinem Regiment zurückgelassen — bei Albaxen und Stahle und zwang sie zum Abzuge von Höxter: Kagge marschierte nach Magdeburg und der hessische Generalmajor Uslar nach Göttingen und Münden, die er — sehr zum Kummer Herzog Friedrich Ulrichs — stark besetzte. Das übrige Volk zog Landgraf Wilhelm nach Hessen zurück, unmutig, dass er von Herzog Georg und Tott im Stiche gelassen worden war.[2]) Herzog Georg hatte sich zum Sukkurs nicht entschliessen können, weil er mit der Blockade von Steuerwald beschäftigt war, noch mehr aber, weil er zunächst mit Steinberg in Braunschweig über die Quartierfrage zu verhandeln hatte. Als er endlich zum Sukkurs bereit war[3]) und dem Landgrafen die Konjunktion bei Hildesheim anbot, war es zu spät.[4]) Pappenheim hatte nicht gefeiert, er hatte sich der Erichsburg wieder bemächtigt, entsetzte Steuerwald und ruinierte am 27. bei Burgdorf 6 Kompanien von des Herzog Georgs Leibregiment unter dem Oberst Wurmb.[5]) Seine Absichten auf Hildesheim aber wurden vereitelt, da sich dieses so wie Hannover endlich angesichts der drohenden Gefahr dazu bequemt hatte, von Georgs Truppen Garnison einzunehmen[6]) — der Herzog musste sich aber seinerseits doch dazu verstehen, sich durch Reverse zu ver-

---

[1]) Götz an Fr. Ulrich, dd. Febr. 23. (Kal. 21. C. X. 7. Nr. 92.)
[2]) L. Wilhelm an H. Georg, dd. Göttingen März 26 (Kal. 16. A. 809) und an Fr. Ulrich, dd. März 27. (Ebd., 273).
[3]) H. Christian an Salvius, dd. April 5. (Zelle 11. D7 b.)
[4]) L. Wilhelm an H. Georg, dd. Kassel Apr. 4. (v. d. Decken II, Nr. 89.)
[5]) H. Georg an Tott, dd. Zelle März 28 (Kal. 16. A. 808) und hannoversche Gesch. Bl. 1903, S. 375.
[6]) Ob. Wettberg an H. Georg, dd. März 24. (Kal. 16. A. 808.) — Revers Georgs für Hannover, dd. Braunschweig März 25. (v. d. Decken II, Nr. 87.) — Am 28. März wurde die Alliance mit Hildesheim abgeschlossen, die Stadt nahm den Ob. Moerrutig auf. (Steinberg an Oxenstierna, dd. Hildesheim April 24. Stockholm.)

pflichten, dass diese Einquartierung ihren Privilegien und Freiheiten keinen Eintrag tun solle. Pappenheim ging zurück, eroberte am 3. April Einbeck¹) und bemächtigte sich Osterodes und des übrigen Fürstentums Grubenhagen. Da er bereits Mitte des Monats März das Stift Minden hatte besetzen lassen,²) so entzog er dem Hause Lüneburg zwei wertvolle und ertragreiche Gebiete und fügte ihm keinen geringen Schaden zu.

Hatte Pappenheim bisher eine Vereinigung der Hessen mit dem Herzog Georg verhindert, so ging er jetzt ans Werk Stade zu entsetzen, und bei der jämmerlichen Führung, die auch auf diesem Kriegstheater herrschte, wurde ihm das ebenfalls leicht.

Hier hatte Feldmarschall Tott das Kommando, der, krank und eigensinnig, seiner Aufgabe nicht gewachsen war. Nur seiner Verwandtschaft mit dem Könige hatte er es offenbar zu verdanken, dass ihm dies selbständige Kommando anvertraut worden war. Hatte schon seine Kriegführung vor Wismar des Königs schärfsten Tadel hervorgerufen,³) so war sein energieloses und eigennütziges Verhalten im Erzstifte Bremen vollends nicht zu verantworten.⁴) Gustav Adolf traute auch seinem Feldmarschall so wenig, dass er ihm seinen Legaten Salvius als „consiliorum director" beigegeben hatte:⁵) ein Verhältnis, das zu den unerquicklichsten Reibereien führen musste. Tott schalt über die „Federfuchser", die von dem Kriege nichts verständen und die die Kavaliere conjonierten; in das Kommando liess er sich nicht hineinreden.⁶) Seitdem er

¹) Wobei die rührigen braunschweigischen Räte Götz von Olenhusen und Jakob Arnd Pape in seine Hände fielen.

²) H. Christian an GAdolf, dd. März 25 (Zelle 11. 99) Beil. 60: am 16. März wurde Petershagen und Haus Berge besetzt und die Beamten in Arrest genommen; zugleich erhielten die Garnisonen in Nienburg, Neustadt a. R., Stolzenau u. a. Befehl, das Fürstentum Lüneburg durch Streifereien und Brandschatzungen heimzusuchen.

³) Droysen VIII, 372 ff.; besonders Gustav Adolf an Tott und Baner, dd. Dez. 31. (Arkiv I, no. 399 u. 400.)

⁴) Vgl. ebd. VIII, 423 u. 605 ff.

⁵) GAdolf an Salvius, dd. München Mai 21. (Kal. 52. II. Nr. 56.) Beil. 73.

⁶) Salvius' vernichtende Kritik über Totts Kriegführung an der Elbe in seinem Berichte an den König, dd. Juni 18 (Arkiv II, no. 780); doch ist dabei zu berücksichtigen, dass Salvius Partei ist. — Auch des Sekretärs Werning Bandglosse zu einem Schreiben Totts vom 1. März (Kal. 10. A. 307) ist beachtenswert [darin ist von einer zu Horneburg mit Salvius verabredeten Vereinigung aller Truppen an der Weser die Rede]: qui de rebus dubiis consultare volunt, necesse est, ut ab omni amore, iracundia, amicitia et aliis affectibus vacui sint.

Buxtehude am 5. März genommen hatte, war er mit der Blockade von Stade beschäftigt, die aber so lau betrieben wurde, dass ein Erfolg nicht abzusehen war. Den Befehl des Königs, sich mit dem Landgrafen Wilhelm zu vereinigen, nachdem Dauer und Wilhelm v. Weimar von der Weser abberufen worden waren, liess er unbeachtet, und selbst als Pappenheim über die Weser und nach Hannover vordrang, war er nicht zu bewegen, die Blockade zu sistieren, sich mit Herzog Georg zu vereinigen und dem Landgrafen Wilhelm zu Hilfe zu eilen: alle Bitten und Ermahnungen des Salvius, des Generalkommissars Anderson, der die Befehle des Königs mitgebracht hatte, des Herzogs Christian, Herzog Georgs und Herzog Friedrich Ulrichs waren vergeblich.[1]) In Zelle war man besonders über das Zurückweichen des Landgrafen Wilhelm und die Eroberung von Einbeck bestürzt und man bestürmte Salvius und Tott Hilfe zu bringen: und jetzt endlich, da über den Anmarsch Pappenheims kein Zweifel mehr war, liess sich Tott bereit finden, Massregeln zu treffen.[2]) Am 12. April fand in Buxtehude Kriegsrat statt, an dem Herzog Georg, Salvius, Tott, Daudissin, Lohausen und Oberst v. d. Heyden teilnahmen;[3]) es wurde beschlossen, die Kavallerie an der Aller entlang aufzustellen, um Pappenheims Anmarsch zu verhindern, und sämtliche Truppen an der Elbe — Lohausen aus Mecklenburg, Herzog Franz Karl von Lauenburg, Herzog Georg, die Schweden und die des Erzbischofs von Bremen — bei Walsrode zusammenzuziehen; auch Kagges Reiter waren zur Unterstützung aus dem Magdeburgischen herbeigerufen worden.

Doch ehe das zur Ausführung gebracht werden konnte, war Pappenheim ihnen längst zuvorgekommen,[4]) hatte den Allerpass bei Rothem besetzt und sich den Einmarsch ins Stift Bremen gesichert.[5]) Am 19. April fiel Verden in seine Hand und am 24. war er in Stade.[6]) Am 26. ruinierte er des Feldmarschalls Leslie

[1]) Tott an H. Georg, dd. Buxtehude März 25. (Kal. 16. A. 808.)
[2]) Tott an H. Christian, dd. Buxtehude April 9. (Ebd.)
[3]) Georg an GAdolf, dd. Winsen a. L. April 17. (Kal. 16. A. 305.) Beil. 70.
[4]) Am 11., 12. und 18. April hatte Pappenheim sein Hauptquartier in Wanstorf, von wo er über Neustadt a. R. und Nienburg nach Rethem marschierte. (Hannoversche Gesch. Bl. 1903, S. 376.)
[5]) H. Christian an H. Georg, dd. April 18. (Zelle 11. 97b.)
[6]) Tott an H. Georg, dd. Buxtehude April 20. (Kal. 16. A. 809.) — Tott an Anderson, dd. Buxtehude Mai 2. (Arkiv II, no. 747.)

Regimenter im Lande Kehdingen, wobei er 19 Fähnlein erbeutete;[1]) wichtiger aber war, dass er mit diesem fruchtbaren Lande die nötigen Hilfsquellen zum Unterhalte für seine Armee gewann. Am 29. und 30. April griff er mit grossem Ungestüm die Stellungen der Schweden im Alten Lande, besonders den Pass von Horneburg an, doch ohne Erfolg, da Herzog Georg mit seiner Reiterei ans Winsen a. d. L.[2]) und auch Kagge noch rechtzeitig am 29. mit 3000 Pferden und 600 Dragonern eingetroffen waren. Damit war sein gefürchteter Durchbruch ins Lüneburgische und Magdeburgische wenigstens vereitelt.[3]) Er zog sich nach Stade zurück und verhielt sich zunächst ruhig; er verhandelte mit Dänemark, das sein Unternehmen unterstützte. Seine Truppen breiteten sich inzwischen weiter nach dem Lande Hadeln aus und versuchten über die Oste vorzudringen, um sich der reichen Wesermarschen zu bemächtigen.

Herzog Georg hatte sich jetzt willig zu der notwendigen Konjunktion bereit finden lassen, wie sich denn überhaupt sein Verhältnis zu Tott sehr gut gestaltete;[4]) Herzog Georg überliess dem Feldmarschall die Operationen völlig und hatte sein Hauptquartier in Winsen a. d. L., von wo er wenn es nötig zu Tott nach Buxtehude ritt. Unter andern eiute sie die Abneigung gegen Salvius, den Federfuchser, die bei der Generalität Platz griff. Leider erhielt diese Abneigung durch folgenden sehr wenig erfreulichen Vorfall neue Nahrung.

Am Abend des 29. April[4]) — des ersten Tages von Pappenheims Angriff auf Horneburg — hatte Tott so völlig den Mut ver-

---

[1]) Leslie an Oxenstierna, dd. Hamburg Mai 27. (Arkiv II, no. 708.) — H. Georg an Steinberg, dd. Mai 8. (Kal. 16. A. 309.)

[2]) Anderson an H. Georg, dd. Gröningen April 26. (Kal. 16. A. 309.) Kagge marschierte über Gifhorn, Zelle und Winsen a. L. — Kagge an Oxenstierna, dd. Mai 7. (A. Oxenstiernas skrifter II. 9. 8. 686.) — Tott an Anderson, dd. Mai 2. (Arkiv II, no. 747.)

[3]) Der von Horstmann (niedersächs. Zeitschrift 1864, S. 137/8) angegebene Zwiespalt zwischen Tott und H. Georg existierte damals nicht, wie sein ganzes Verhalten während dieser Episode zeigt. Auch bei H. Georg hatte sich vielmehr eine Abneigung gegen Salvius geltend gemacht, der ihm den versprochenen Rest der Werbegelder noch immer nicht geliefert hatte; darüber kam es zu einem ziemlich scharfen Briefwechsel; H. Georg an Salvius, dd. Zelle März 13; Antwort, dd. Bremen März 24. (Kal. 16. A. 808.)

[4]) Salvius an H. Georg, dd. Hamburg April 30. (Kal. 16. A. 309, gedr. bei Horstmann l. c. S. 140.) — Salvius an Gustav Adolf, dd. Bremen Juni 18. (Arkiv II, no. 780.)

loren, dass er Befehl zum allgemeinen Rückzuge gegeben hatte: die Kavallerie sollte an der Elbe ins Land Lüneburg marschieren, die Infanterie über die Elbe nach Holstein übersetzen. Am späten Abend noch erhielt Salvius in Hamburg diese Nachricht durch den Herzog Franz Karl von Lauenburg, der von der Stadt Aufnahme der Truppen und Schiffe, sie über die Elbe zu setzen, fordern sollte. Salvius geriet in die grösste Aufregung über diesen übereilten und schimpflichen Rückzug — war doch Tott dem Pappenheim bei weitem überlegen — sandte alsbald Boten zur Infanterie, sich zu halten wie brave Kerls, und einen zweiten zu Herzog Georg, von dem er forderte, den Feldmarschall um jeden Preis von diesem Vorhaben abzubringen; „Ich bitte E. F. G. erretten doch und reparieren den unauslöschlichen Schimpf und Schaden, so diese unzeitige Retirade kausieren werden. Infamia exercitus nostri, weil solches gar nicht raisonable die Kavallerie abzuführen, ehe das Fussvolk sich retiriert, auch unmöglich so viel Schiffe an der Este zu finden, dass man das Fussvolk salvieren könne. Gott erbarme sich über solche Konfusion". Pappenheim sei nicht stärker als mit 5500 Mann nach Stade gerückt, sodass ihm Tott, der ihm an Kavallerie mehr als die Hälfte überlegen gewesen sei, leicht hätte Abbruch tun können, „da nur Courage und Resolution vorhanden wäre". In ähnlicher Weise schrieb er an Tott selbst und eilte nach Harburg, um diese Massregel rückgängig zu machen. Zum Glücke stellte sich hier heraus, dass sich Pappenheim am Vormittage des 30. April wieder nach Stade zurückgezogen hatte. Georg hatte nichts eiligeres zu tun, als dem Feldmarschall dieses Schreiben im Vertrauen mitzuteilen[1]) und es ist kein Wunder, dass es in Harburg, wo Tott und Salvius zusammentrafen, „seltsame Händel gab". Mag man über diesen Schritt Herzog Georgs denken wie man will: er ist bezeichnend für seine Stellung zu Tott und zu Salvius.[2])

Zum Glücke hatte das für den weiteren Verlauf zunächst keine nachteilige Folgen, da Tott jetzt definitiv das Kommando nieder-

---

[1]) dd. Winsen a. L. Mai 1 (Ebd.); Horstmann L c. S. 142.

[2]) Tott hat dem Salvius das nie vergeben. Salvius an Gustav Adolf, dd. 18. Juni. (Arkiv I, no. 760.) — Noch nach des Königs Tode rief er des Reichskanzlers Oxenstierna Hilfe an, ihm Satisfaktion zu verschaffen, wenn er nicht die Gerichte in Schweden in Anspruch nehmen solle. Vgl. Tott an AO., dd. 1633 Mai 16 und Juni 20. (AO. skritter II. 9. S. 714 und 716.)

legte[1]) und dem General Baudissin übergab, um seine angegriffene Gesundheit in dem Sauerbrunnen zu Schwalbach zu kräftigen. Er tat diesen Schritt auf die ihm früher erteilte Erlaubnis des Königs hin; dass er aber jetzt im Augenblicke der höchsten Gefahr sein Kommando im Stiche liess, spricht wenig zu seinen Gunsten.

König Gustav Adolf war ausser sich, als er die Nachricht von dem jämmerlichen Verlauf an der Unterelbe erhielt; wie er stets im Zorne von seiner Umgebung gefürchtet war, so brach er auch hier los:[2]) „Wir können uns nicht genugsam verwundern, wie Pappenheim mit einer Hand voll Volks — Euerm eigenem Vorgeben nach über 5000 oder 6000 Mann nicht — al dispetto Eurer Armee nach Stade gehen und solche Progresse, die er sich niemals einbilden, weniger unterstehen dürfen, tun können, wenn ihm die Jalousien und Eigennütze der Generale nicht gelockt und assurant gemacht, Eure sorglose Administration aber die Tür geöffnet hätte.

„Wie könnte doch etwas übler bestellt werden, als dass Ihr, ungeachtet unsers vielfältigen Ermahnens und Befehles und da Ihr solange zuvor von des Pappenheims Ankunft gewusst, die Truppen nicht eher zusammengezogen, bis Stade entsetzt, die Regimenter in Kehdingen ruiniert, der Pass Hornburg verlassen und wie zu besorgen, das ganze Volk disconragieret worden.

„Wo aber die Unachtsamkeit die Dummkühnheit begleitet, Eigennutz und Jalousie unter den Offizieren regiert und keine rechtschaffene Konsonanz der Intentionen ist, da kann es nicht viel anders hergehen, und müssen wir beklagen, dass es soweit gekommen, die Verantwortung aber solcher Zerrüttung künftig zu den Ursachern derselben stellen, welche Ihnen zweifelsohne so schwer fallen wird, als schädlich sie uns und dem gemeinen Wesen sein kann.

„Inmittelst möchten wir gerne wissen, wie es gekommen, dass, da Ihr jüngst Euer Feldmarschallamt ohne unsern Befehl und

---

[1]) H. Georg an Tott, dd. Wismar Mai 11, ein sehr warm gehaltenes Abschiedsschreiben. Für sein freundschaftlichen Verhältnis zu Tott ist charakteristisch, dass H. Georg dem Feldmarschall Anfang 1633 auf sein Begehren zusammen mit anderen Beteiligten eine „Attestation wegen des Vorfalls im Erzstift Bremen" nach Dresden zusandte. Dankschreiben des Tott dafür dd. Dresden 1633 Jan. 5. (Kal. 16. A. 316.) — Attest des Obersten v. d. Heyden, dd. Planitz bei Zwickau 1633 Jan. 2. (Ebd.)

[2]) Gustav Adolf an Tott, dd. München Mai 21. (Arkiv I, no. 447.)

Konsens resigniert und an Baudissin übergeben, Ihr nun beim letztern Akt Euch wieder dabei befunden, Baudissin aber zurückgeblieben, welches besorglich nicht ohne Nachdenken und Verursachung grosser Alternation geschehen sein wird. Weil Ihr aber Euch zu rechter Zeit Euers Devoirs erinnert und wohlgetan, dass Ihr das Kommando wieder zu Euern Händen genommen, als von dem wir es künftig fordern und verantwortet haben wollen, so werdet Ihr auch dabei verbleiben, und ob Ihr gleich krank oder gesund seid, solches ohne unsern expressen Befehl keineswegs resignieren.

„Damit auch was verwahrlost, redressiert und dem Pappenheim dermaleins mit Ernst begegnet werde, als ist nochmals unser gnädigster Befehl, Ihr wolltet, da es noch nicht geschehen, alle Truppen zu Ross und Fuss zusammenziehen, damit dem Pappenheim mit einer guten Resolution unter Augen rücken und zusehen, ob Ihr ihn schlagen, oder wo es nicht möglich, dergestalt amüsieren möget, dass er weiter keine Progresse tun, sondern sich danieder konsumieren müsse.

„Was Ihr sonsten von der Soldateska Unwillen und wegen Mangels an Geld besorglicher Meutination angeführt, macht uns nicht unbillig seltsame Gedanken, angesehen dieser Zeit in ganz Deutschland kein Soldat vorhanden, welcher mit barem Golde gehalten wird, und sich die Knechte, wenn sie Brot bekommen, nicht zu beklagen haben, Ihr aber viel reiche Lande und Städte, Kontributionen und Vivres daraus zu erzwingen, gehabt, und da diesfalls Mangel erscheinet, es allein an übeler Administration haften, oder da die Soldateska aus Mutwillen meutiniere, der Offiziere Privatgeiz und Interesse darunter spielen und dessen eine Ursache sein müsste; welchem aber, wie es beiderseits ohne Not geschehen, von Euch billig in Zeiten vorgekommen und die Meutination noch in herba mit Eifer abgeschnitten werden solle. Im widrigen Ihr leichtlich zu ermessen, dass wir uns alles hieraus entstehenden Unheils an Euch erholen würden."

Ein ähnlich scharfes Schreiben erhielt Salvius,[1]) in dem der König ihn, den er dem Tott als director consiliorum zur Seite gesetzt habe, für den ganzen Verlauf verantwortlich machte; er forderte unverblümten Bericht[2]) und sofortige Benachrichtigung,

---

[1]) dd. München Mai 21. (Kal. 82. II. 50.) — Bell. 78.
[2]) Salvius an den König, dd. Bremen Juni 18. (Arkiv I, no. 780.)

wenn er in directione consiliorum gehindert und nicht genügend respektiert werde.

Für Gustav Adolf war aber nicht nur die militärische Niederlage ein schwer empfundener Schimpf, er war auch in Sorgen wegen Dänemark, auf dessen Einmischung er hier gefasst sein musste:[1] er fürchtete, dass Pappenheim Stade den Dänen übergeben werde, und in Wirklichkeit sind auch Verhandlungen darüber geführt worden.[2] Zum Glücke für ihn standen die Dänen aber von solchen Schritten ab; eine Gesandtschaft an den König Gustav Adolf versicherte ihm des Dänenkönigs Freundschaft.[3]

Aber auch in der Kriegsleitung trat eine Wendung zum Besseren ein, als Tott das Kommando definitiv niederlegte[4] und Generalleutnant Wolf Heinrich Graf von Bandissin dasselbe auf inständiges Bitten der Herzöge Georg und Franz Karl, des Salvius und aller Obersten übernahm.[5] Bandissin ging ein guter Ruf voraus, er war energisch und voller Ehrgeiz, jetzt, wo er eine Armee selbstständig zu führen hatte, Ehre gegen Pappenheim einzulegen.[6] Er war aber auch so klug, um allen Zwistigkeiten die Spitze abzubrechen, dem Herzog Georg dem Namen nach die Ehre des Oberkommandos zu lassen, in Wahrheit führte er doch die Armee.[7]

---

[1] G Adolf an Salvius, dd. München Mai 21. (Kal. 82. II. 56.) — Beil. 78.
[2] Vgl. Droysen l. c. VIII, S. 618.
[3] G Adolf an Salvius, dd. München Mai 21. P. S. (Kal. 32. II. 56.) — Beil. 78.
[4] Das Schreiben des Königs, dd. München Mai 21, das ihm verbot, sein Kommando ohne Erlaubnis des Königs zu verlassen, traf erst am 17. Juni in Bremen bei Salvius ein (Salvius an G. Adolf, dd. Bremen Juni 18. Arkiv II, no. 780), als Tott längst abgereist war.
[5] Bandissin an Oxenstierna, dd. Hildesheim Juni 24. (AO. Skr. II. 9. S. 792.) Bandissin war bereits am 1. oder 2. April in Buxtehude eingetroffen (Salvius an H. Christian, dd. Bremen April 1. Zelle 11. 99: Bandissin ist heute von Oldenburg hier eingetroffen und nach Buxtehude weitergereist); am 12. April nahm er an dem Kriegsrate teil, doch muss er dann wieder abgereist sein, er traf am 4. Mai wieder in Buxtehude ein (Tott an Georg, dd. Mai 6. Kal. 16. A. 309) und am 6. Mai hatte Tott ihm das Kommando bereits übergeben (Salvius an NN., dd. Buxtehude Mai 6. Zelle 11. 99). Am 10. Mai zeigte Tott dem König diesen Wechsel im Kommando an, und dass er in das Warmbad zur Kur reisen werde. (Arkiv II, no. 764.)
[6] Grubbe an Oxenstierna, dd. Kitzingen Mai 23. (Arkiv II, no. 764.)
[7] Tott an G. Adolf, dd. Mai 10. (Arkiv II, no. 764): General Bandissin und Lohausen haben nunmehr die Verwaltung beider Armeen (d. h. der schwedischen in Niedersachsen, die bisher Tott kommandiert hatte, und der Truppen H. Georgs) unter Direktion I. F. G. des Herzogs zu Lüneburg auf sich genommen.

Herzog Georg war damit völlig zufrieden und hat sich willig den Anordnungen des erfahrenen Offiziers untergeordnet, der seinen fürstlichen Prätensionen ihr Recht liess; beide haben fortan in voller Eintracht mit einander gehandelt.

War es von Tott unverantwortlich gewesen, Pappenheims „Hand voll Volks", [1]) dem er jederzeit überlegen gewesen, überhaupt in das Stift Bremen hineinzulassen, so war es weiter ein schwerer Fehler, die Occupation des Kehdinger Landes zuzulassen; ohne das hätte Pappenheim schon aus Mangel an Unterhalt bald wieder abziehen müssen. [2]) Jetzt galt es für Bandissin als erstes zu verhindern, dass der Feind auch noch die Oste überschreite, sich der reichen Wesermarschen bemächtigte und der Stadt Bremen nähere. Am 12. Mai brach er mit 6000 Knechten, 700 Dragonern und 4000 Reitern von Buxtehude auf nach Bremervörde und hinderte so den Einbruch der Pappenheimer über die Oste. [3])

Im Kriegsrate zu Buxtehude [4]) war beschlossen worden, unter Mitwirkung des Landgrafen von Hessen eine Diversion in die eigenen Quartiere Pappenheims an der Weser zu machen, um ihn so vom Erzstifte Bremen abzuziehen. Für die niedersächsischen Truppen (8000 Mann und 5000 Pferde) war Walsrode als Rendez-

Bandissin an Gustav Adolf, dd. Juli 2. (Arkiv II. no. 796.): Herrn Hertzog Georgen von Lüneberg F. G. ist mit mir konjungiert: submittiere mich ihr und des H. Landgrafen zu Hessen F. G. um ihres in diesen Landen habenden grossen Respekts willen zu E. M. Diensten gans willig und gehorsamlich. — Dass aber H. Georg in der Wirklichkeit neben Bandissin nichts bedeutete, bezeugt Anderson (an den König, dd. Juni 19. Arkiv II, no. 781), der die vereinigten Truppen im Lager vor Hildesheim besuchte: Bandissin är rätt flitig, berättar, att han ingen hjelp af androm hafver, än utaf Kaggen — obwohl doch H. Georg auch zur Stelle war. Desgl. der Sekretär Grubbe (an G Adolf, dd. Juli 11. Ark. II, no. 795): Generalofficerarne fördraga sig väl, ock åndock Hertigen hafver namnet och autoriteten, och Bandissin honom till sitt adje respecterar, så förer dock Bandissin på E. K. M. vägnar commendamentet, och förstår snarast sagdt, armeen otl actionen allena.
[1]) Über die Stärke beider Armeen vgl. die Listen Arkiv III, no. 917/918.
[2]) Tott an Georg, Apr. 28. (Kal. 16. A. 809.)
[3]) Georg an Christian, dd. Winsen Mai 14. (Ebd. 810.)
[4]) Der Kriegsrat muss am 4. Mai stattgefunden haben: am 1. Mai fordert Tott den H. Georg auf, dazu nach Buxtehude zu kommen und am 4. schreibt H. Georg an Steinberg, dass die Konjunktion mit L. Wilhelm schleunigst befördert werden müsse. (Kal. 16. A. 809.) Am 4. kam Bandissin erst nach Buxtehude zurück. H. Georg scheint an den Beratungen nicht teil genommen zu haben, denn Salvius teilt ihm am 5. Mai die von Bandissin vorgeschlagene Diversion mit. (Ebd.)

vons bestimmt; Kagge sollte mit Infanterie aus Magdeburg zwischen Aller und Leine eilen.

Für den Fall, dass Pappenheim unerwarteter Weise durchzubrechen versuchen sollte, hatte Herzog Georg die nötigen Anstalten in Winsen a. L. und Lüneburg zu treffen.¹)

Doch Pappenheim erkannte sogleich die drohende Gefahr, zog seine Truppen aus dem Lande Kehdingen eiligst an sich und brach am 15. Mai mit der Garnison von Stade auf — von Dänemark hatte er doch keine Hülfe mehr zu erwarten. Über Rotenburg erreichte er Rethem ungehindert, zog bei Nienburg über die Weser²) nach Hameln und entschlüpfte so seinen Gegnern, die ihn „im Sacke" gehabt hatten.³)

Hatte Salvius am Tage nach Pappenheims Abzuge sogleich Stade mit schwedischen Truppen besetzt — unter Protest des Erzbischofs, dessen Truppen um Weniges zu spät kamen — so brachte Baudissin⁴) bald Rotenburg in seine Gewalt, besetzte Verden und hatte so binnen kurzer Zeit das ganze Land von der Aller und Weser an vom Feinde befreit. Dann zog er südwärts⁵) auf Hannover zu, wo er sich mit Herzog Georgs Truppen vereinigte, der inzwischen zu Winsen sich bemüht hatte, alle Truppen diesseits und jenseits der Elbe an sich zu ziehen.⁶) Von hier marschierten sie

---

¹) H. Georg an die Kommissare in Lüneburg. dd. Winsen 13. Mai. (Kal. 16. A. 310.) — II. Georg an H. Christian 14. Mai (Ebd.): Pappenheim hat begonnen Stade zu quittieren, wir ziehen alle Truppen diesseits und jenseits der Elbe zusammen, um ihn am Einfall in das Fürstentum Lüneburg zu verhindern; sobald wir hören wohin er marschiert, brechen wir nach Zelle auf und erwarten unsere nachfolgende Armee, um uns mit ihr zu konjugieren.

²) Zellische Räte an Steinberg, dd. 26. Mai. (Zelle 11. 97 c.)

³) Gen.-Maj. Boethius, Anderson und Grubbe an H. Georg, dd. Gröningen Mai 17. (Kal. 16. A. 805.) Pappenheim muss in der Enge Not leiden, oder wenn er durchbrechen will, Stösse davon tragen; das Prinzipalste ist, ihn so in die Enge (in das Land Kehdingen) zu treiben, dass er nicht über die Oste kommen kann; will er wieder zurück, so können E. F. G. ihm allezeit vorbeugen. Will er mit Gewalt durch und wieder hinauf, so soll man ihm den Kopf bieten. — Leider hatte man nicht den Mut, ihm vereint auf den Leib zu rücken, und begnügte sich, ihm auf dem Abmarsche so viel Abbruch als möglich zu tun.

⁴) Das folgende nach Bandissins Schreiben an Oxenstierna, dd. Hildesheim Juni 24. (AO. akr. II. 9. S. 793.)

⁵) Am 6. Juni war er in Essel. (Hann. Kal. 16. A. 310.)

⁶) H. Georg an Anderson, dd. Mai 19. (Ark. II. no. 763. — Konzept in Kal. 16. A. 310.) Am 29. Mai brach H. Georg von Winsen a. L. auf, war am 30. in Suderburg, vom 31. Mai bis zum 3. Juni in Beedenbostel, 4.—7. Juni in Winsen

nach Hildesheim, wo die ersten Truppen am 16. Juni anlangten; einige glückliche Gefechte und die Einnahme von Steuerwald (20 Juni) und Marienburg erhöhten die Zuversicht der Führer.[1]) Der Zweck des ganzen Marsches nach Süden war, die lang gewünschte und oft begehrte Vereinigung mit Hessen endlich auszuführen.[2]) Landgraf Wilhelm hatte seinerzeit eine Diversion in das Kölnische unternommen und Brilon erobert, um Pappenheim von Bremen abzuziehen; jetzt sandte er sogleich 5 Regimenter unter Uslar an die Weser, die aber auf den Rat Steinbergs nicht an die Weser marschierten sondern auf Hildesheim zu.[3]) Indessen erschien Pappenheim plötzlich an der hessischen Grenze und bedrohte sogar Kassel, so dass der Landgraf seine Truppen unter Uslar, die bereits bis Salzgitter vorgedrungen waren, schleunigst wieder zurückrief,[4]) er selbst trat dem Pappenheim so energisch entgegen, dass dieser sich nach dem Eichsfeld wandte, den Rusteberg, Heiligenstadt und Duderstadt wiedereroberte, sich dann aber nicht nach Thüringen wandte — wie Gustav Adolf ständig befürchtete[5]) — sondern zurück nach Hameln marschierte. War somit Landgraf Wilhelm nicht in der Lage, sich mit Herzog Georg und Baudissin zu konjungieren, so taten auch diese gar nichts dem bedrängten Landgrafen zu Hülfe zu eilen, oder Pappenheims „Grassieren" zu hindern.[6]) Dass sie ihm gestatteten,

---

a. Aller and vom 8. — 20. Juni in Hannover-Neustadt; am 20. nahm er auf dem Galgenberge vor Hildesheim sein Hauptquartier. — Vom 15.—19. Juni marschierten Baudissins Truppen an Hannover vorüber, er selbst am 18. (Hannoversche Geschichtsblätter 1903, S. 577 ff.)

[1]) Ueber ihre Stärke vergl. die Liste Arkiv III. no. 926.

[2]) Salvius an Steinberg, dd. Buxtehude Mai 11 (Zelle 11. 99): urge, hortare, mone dass L. Wilhelm an die Weser zu uns eile. Am 6. Mai hatte Salvius nach Hessen geschrieben, dass der Kriegsrat in Buxtehude die Konjunktion an der Wesser beschlossen habe, und den Landgrafen aufgefordert, sich anzuschliessen. (Wolff an Steinberg, dd. Kassel Mai 14. Ebd.)

[3]) Wolff an Steinberg l. c. — Steinberg an H. Christian, dd. 18. Mai (Ebd.). — L. Wilhelm an H. Christian, dd. Kassel Mai 16. (Zelle 11. 97 b.)

[4]) Grubbe an Gustav Adolf, dd. Juni 21 (Arkiv II. no. 782): Orsakerne voro att H. F. N. märkte hvarken Baudissin eller H. Jörgen följa fienden, och han således lågen conjunction med dem kunde förmoda. Sedan efter han var sjelf i fåstningarne avag och efter han til Kansleren fordrad var.

[5]) Gustav Adolf an H. Georg, dd. Herspruck Juni 27. (Kal. 16. A. 805.)

[6]) Grubbe an Gustav Adolf, dd. Frankfurt Juni 21 (Arkiv II. no. 782): Men att Baudissin eller H. Jörgen skulle secundare bonum, derom drager han (Landgraf Wilhelm) stort tvifvel, förmodandes privatconsiderationer dem deröfrån

die Pässe nach Thüringen in seine Hände zu bringen, brachte den König in den Harnisch, der damals den Anmarsch Wallensteins und des Baiernfürsten abzuwehren hatte und gemessenen Befehl gegeben hatte, ihm wenigstens Pappenheims Korps vom Halse zu halten. Dass die Vereinigung Pappenheims mit Wallenstein und Baiern nicht erfolgte, hatte er nur dem Eigenwillen Pappenheims zu verdanken, der seine Selbstständigkeit nicht aufgeben wollte, nicht seinen Generälen. Der König scheute sich nicht, jetzt auch dem Herzog Georg einen Wischer zu erteilen, wie er es mit seinen Generälen gewohnt war zu tun.¹)

„Wir hätten gern gesehen, schrieb er ihm, dass E. L. Ihr belieben hätten lassen Ihre Truppen mit unsers General-Kommandanten der niedersächsischen Armee Wolff Heinrich von Bandissen zu konjungieren und nebens Ihme dem Pappenheimb dergestalt unter Augen zu gehen, dass dermaleines seinen Progressen gesteuret und unserer Armee Reputation wieder erholet worden wäre; so befinden wir jedoch, dass Pappenheimb durch solche höchstnötige Zusammensetzung sogar nit aufgehalten, dass er vielmehr ob der Dissonanz der Intentionen und humores unserer Generalen Ursach genommen die disbandierte forza geringschätzig zu halten und al despetto der Armee seines Willens zu geleben; dahero er ungehindert bis an die thüringsche Grenzen und apparentlich gar durchbrechen und sich mit Wallenstein und dem Herzog in Baiern konjungieren möchte." Er solle mit seinen Truppen nach Koburg marschieren und sich dort mit ihm (dem Könige) vereinigen.

Die Konjunktion mit Hessen ward dann vollends vereitelt, als Graf Gronsfeld dem Generalmajor Uslar bei Volkmarsen eine tüchtige Schlappe beibrachte. Nun wagte Pappenheim einen Vorstoss gegen die vereinigten Truppen Herzog Georgs und Bandissins; Diese zogen aber ihre Truppen zusammen und verschanzten sich unter den Kanonen von Hildesheim, so dass ihnen Pappenheim nichts anhaben konnte. Er begnügte sich, einige Kanonenschüsse nach Hildesheim hineinzusenden (9. Juli), gab die kleinen Festungen Kalenberg, Peine, Steinbrück und Erichsburg²) auf und zog nach

en del afhälla, att han ock håller derföre, det min resa och ärende, att bringa dem efter Pappenheim skall blifva förgäfves.
¹) Gustav Adolf an H. Georg, dd. Juni 27. (Kal. 16. A. 505, Beil. 77.)
²) H. Georg an Gustav Adolf, dd. Juli 14. (Kal. 16. A. 505, Beil. 82.) — Bandissin an Oxenstierna, dd. Juli 13 und Juli 29. (AO. skrifter II. 9. S. 501 und 501.) — Grubbe an den König. dd. Juli 17. (Arkiv II. no. 601.)

Hameln zurück. Von dort folgte er einer vorteilhaften Einladung der Infantin in Brüssel und marschierte über den Rhein zum Entsatze von Maastricht. Der niedersächsische Kreis bekam damit für einige Zeit Ruhe vor seinem ärgsten Bedränger.

Ehe wir die militärischen Operationen der schwedischen Armee weiter verfolgen, müssen wir einen Blick auf die Allianceverhandlungen werfen, die während dieser Zeit Steinberg in Braunschweig geführt hatte.

Vor dem ist bereits berichtet worden, aus welchen Gründen man in Braunschweig mit Verlangen auf Steinbergs Ankunft wartete, und dass man sogleich nach seiner Ankunft die von ihm überbrachte Alliance unterschrieb, in der Voraussetzung, damit den Schutz der Alliance und des Legaten, der über ihre Ausführung zu wachen hatte, zu gewinnen. Dr. Steinberg war selbst Braunschweiger von Geburt und ein redlicher Mann, der mit den ehrlichsten Absichten an die ihm gestellte Aufgabe ging; auch er war davon fest überzeugt, dass die von ihm zustande gebrachte Alliance vom Könige ernst gemeint sei, und dass es seine Pflicht sei, ihre Durchführung nicht nur beim Herzog Friedrich Ulrich zu überwachen, sondern auch ihn vor Verletzungen der Alliance zu schützen.[1]) Das war gerade das, was Herzog Friedrich Ulrich wünschte. Auf der anderen Seite waren aber solche Verletzungen der Alliance gar nicht zu umgehen — selbst den besten Willen bei der Generalität vorausgesetzt — da das Bündnis undurchführbare Bestimmungen enthielt, wie z. B. die, dass Friedrich Ulrichs Länder von allen und jeden Kriegsbeschwerden verschont bleiben sollten, bis alle seine Länder und Festungen vom Feinde befreit sein würden. Dass aber die Generalität — in erster Linie Herzog Georg — diesen guten Willen nicht besass, ist auch schon gezeigt worden, da Herzog Georg kraft der Würzburger Vereinbarungen auf das Herzogtum Braunschweig als Quartier Anspruch machte und das kleine Stift Hildesheim nach den ebenfalls in Würzburg erhaltenen Versprechungen für sich reklamierte. Das alles hatte

---

[1]) Der § 6 seiner Instruktion schrieb ihm vor, er solle dahin sehen, „dass unserm Staat tam in politicis quam in militaribus kein Präjudix in den Fürstentümern Brg.-Lbg. zugezogen, sondern derselbe erhoben und stabiliert, vornehmlich aber von den f. Häusern Wolfenbüttel und Zelle dero etwa getroffene Alliance getreulich nachgelebt, dann die beiden Häuser in gutem Vertrauen und Korrespondenz bei einander erhalten werde. (Kop. Kal. 16. A. 805.) — Boll. 55.

zwischen beiden Vettern eine Spannung erzeugt, die durch die von Herzog Friedrich Ulrich beabsichtigten eigenen Werbungen noch erhöht worden war. So war es unvermeidlich, dass Steinberg in diesen Konflikt hineingezogen wurde, zumal er in allen den Uebergriffen der Generalität über die Schranken der Alliance auch Eingriffe in seine Rechte und Befugnisse als Legat sah. Leider verschärfte sich dieser Zwiespalt mit der Zeit durch das Verhalten der Generalität, die auch ihn, den Federfuchser, wie Salvius, mit offener Nichtachtung behandelte. So kam es, dass Steinberg auch ohne seinen Willen immer mehr ins braunschweigische Lager gedrängt wurde.

Als er am 17. März in Braunschweig eintraf, fand er alles in der höchsten Bestürzung und in vollem Wirrwarr. Baner und Wilhelm von Weimar waren eben abgezogen und Pappenheims Einbruch war im Gange. In Braunschweig war man aufrichtig dem Könige ergeben und bereit ihn nach Kräften zu unterstützen; die Bekanntschaft aber, die man gleich anfangs mit den schwedischen Truppen gemacht hatte, wirkte sehr ernüchternd und noch mehr die Tatsache, dass die Truppen ins Land kamen, nur um sich zu erholen und Winterquartiere zu nehmen, dem Feinde aber nicht über die Weser folgten. Die geringen Erfolge — in der Hauptsache die Eroberung von Göttingen — standen in gar zu argem Missverhältnisse zu dem Elende, das die Befreier über das Land gebracht hatten.[1])

Steinberg wurde sogleich in die Gegensätze hineingezogen. Herzog Georg sandte ihm unmittelbar nach seiner Ankunft ein Memorial mit seinen Wünschen zu[2]): „Diese nachfolgenden Punkta müssen zum Teil aus königlicher Autorität, Hoheit und Respekt, zum Teil durch kräftige Motive und Fundamental-Remonstration von Herzog Friedrich Ulrichens L. erhalten werden:"

1) verlangte Herzog Georg den Unterhalt für seine 7 Regimenter im Herzogtum Braunschweig,

2) sollte Steinberg sie mustern und auf den König vereidigen,

3) die Mittel zur Blokade von Wolfenbüttel herbeischaffen.

---

[1]) Fr. Ulrich an Steinberg, dd. Febr. 17 (Wfb.): „wir können nicht genugsam beseufzen und beklagen, dass die gute Affektion und Hoffnung unserer armen Untertanen fast wieder erlöschen und fallen will".

[2]) H. Georg an Steinberg, dd. Zelle März 19 (KaL 16. A. 808), zugleich kündete er seinen Besuch auf den 22. an.

„Und weil inspecie bis dato und noch uns von allen Seiten, insonderheit von seiten I. L. des Herzogs zu Braunschweig in keinerlei Wege schuldiger Gebühr will zur Hand gangen werden, sondern man bearbeitet sich mit besonderlichen Ausflüchten, uns und I. M. unter unserm Kommando begriffene Soldateska zu hindern: so ist überaus hochnötig, dass der Herr seine Autorität und Plenipotenz interponiere, dass sie nicht allein Raum und Platz bei den Aemtern, besondern auch bei dero Städten verordnen lassen," damit unsere Regimenter vollends aufkommen können. „Wie dieser nun ein sehr notwendiger Punkt, als wird man sich bei dessen wirklicher Erledigung auch desto resolvierter und mit einem durchdringenden Nachdruck hierin zu bezeigen wissen,

„4) ist uns sehr fremd und gleich nachdenklich vorkommen, warum man von seiten des Hauses Braunschweig sich mit unnötigen Spesen belästigen und also I. M. Werbungen und mit schweren Kosten zusammenbringende Soldateska unter unserm Kommando hindern wolle; derowegen hochdienlich, nötig und nutzbar, dass I. L. von solcher hinderlichen Intention abgeführt und vielmehr dahin disponiert werden möge, dass sie ihr wenig zusammengebrachtes Volk unsern Truppen inkorporieren und also nebst uns zugleich befördern möchten, dass diese Regimenter auf den Fuss kommen."

Man wird nicht sagen können, dass dieser befehlende Ton geeignet war, bei einem Manne, wie Steinberg, den die Stellung als bevollmächtigter Legat den Generälen mindestens gleichstellte und ihm das Recht gab eventuell auch Anordnungen für die Armee zu treffen, grosses Entgegenkommen zu erwecken. Jedenfalls erleichterte er den Braunschweigern die Verhandlungen mit Steinberg sehr, sie fielen auch völlig nach ihrem Wunsche aus.[1]) Steinberg erklärte, dass die eigenen Werbungen Herzog Friedrich Ulrichs der Alliance gemäss seien und diese sei norma actionum, und als die Braunschweiger erklärten, es sei unmöglich den 7 Regimentern Georgs Quartier zum Unterhalt und zu Werbungen zu geben, gab er ihnen ebenfalls Recht.

Auch in den Anforderungen, die Herzog Georg an die Städte Braunschweig, Hildesheim und Hannover stellte, fand er an Steinberg nicht die Unterstützung, wie er sie wünschte, obwohl Steinberg in

---

[1]) Protokoll des braunschweigischen Geheimrats, dd. 22. und 24. März. (Kal. 16. A. 205.)

diesem Punkte mit ihm so weit einig war, dass diese wichtigen Plätze vor allem und zuerst vor dem herandrängenden Pappenheim geschützt werden müssten. Derselbe Grund war es aber auch, der ihn veranlasste zunächst den Forderungen Herzog Georgs an die Stadt Braunschweig entgegenzutreten. Der Herzog wollte jetzt vermöge der Alliance von der Stadt 400 Mann abfordern; angesichts der drohenden Gefahr liess das Steinberg aber nicht zu: er wusste, wie viel seinem Könige und der evangelischen Sache an der Erhaltung dieser wichtigen Stadt gelegen war. Er fand zwar die Bürgerschaft „extraordinari gut", doch war sie des Kriegs ungewohnt und die kaiserliche Partei hatte noch immer ansehnlichen Anhang. Von den 550 Mann, die bei seiner Ankunft in der Stadt waren, wurde deshalb nichts abgegeben, er vermochte vielmehr den Rat noch 260 Mann, die der Major Schmidt auf eigene Faust geworben hatte, zu übernehmen und die Bürgerschaft mustern zu lassen. Ausserdem erklärte sich der Magistrat bereit noch 200 Mann und 60 Reiter von Herzog Friedrich Ulrichs Volk einzunehmen¹).

Die Stadt Hildesheim hatte er sogleich nach seiner Ankunft aufgefordert, Abgesandte zu ihm nach Braunschweig zu senden; am 23. März fanden dann Verhandlungen mit dem Bürgermeister Oppermann und dem Syndikus Walthausen über eine Alliance mit Schweden statt; doch kam es zu keiner Einigung, die Stadt beschloss vielmehr diese Verhandlungen direkt mit dem Könige zu führen und eine Legation zu ihm abzuordnen; dagegen vereinbarte man jetzt schon bestimmte Punkte der Alliance, auf Ratifikation des Königs.²) Zunächst nahm der König die Stadt „samt allen ihren Angehörigen und Einwohnern, die I. K. M. Widerwärtige nicht sein und des Rates Gebot und Verbot leben" — also nicht die katholische Geistlichkeit und die bischöflichen Leute — in seinen Schutz. Dagegen verpflichtete sich die Stadt auf Erfordern Steinbergs 250 von ihr geworbene Musketiere mit einem Kapitän und Fähnrich der Generalität zuzusenden, die dann in königlichen Dienst treten sollten, und von da an monatlich 1200 Rt. in die königliche

---
¹) Steinberg an Oxenstierna, dd. April 24. (Stockholm.)
²) Alliance, dd. Braunschweig April 7, Ratifikation der Stadt, dd. Hildesheim April 14. (Sverges tractater V. S. 726.) Eine Ratifikation des Königs ist nicht bekannt. — Als Vorbild diente die Alliance mit der Stadt Braunschweig, dd. 1631 Dez. 31.

Kasse zu erlegen. Ausserdem unterhielt die Stadt ihre eigene Garnison. Infolge dessen sollte sie zur Einnahme und Verpflegung weitererer Truppen nur im Notfalle verpflichtet sein; doch sollte die Bestimmung der Anzahl solchen Volkes dem Könige überlassen bleiben, dem das absolute Kriegsdirektorium zustand; dem übrigen Kriegsvolk sollte Schutz unter den Kanonen der Stadt oder in der Landwehr gewährt werden. Das Volk, das in die Stadt eingenommen wurde, sollte sich der Stadt eidlich verpflichten; auch sollte es nach Aufhören der Gefahr alsbald wieder abgeführt werden. Pass und Repass durch die Stadt durfte nur im äussersten Notfalle durch die Stadt selbst genommen werden; Werbungen aber sollten in der Stadt zugelassen sein.

Ausserdem gelang es Steinberg die Stadt zur Aufnahme von 1400 Mann von Herzog Georgs Volk zwischen den Wällen und Stücken zu bewegen, mit dem Versprechen, das Volk in der Not auch in die Mauern einzunehmen.[1])

Ebenso gelang es ihm die Schwierigkeiten mit Hannover beizulegen. Der Herzog Georg bestand dringend darauf, dass die Stadt seine Truppen einnehmen solle, verweigerte aber hartnäckig den verlangten Revers. Steinberg legte sich ins Mittel und brachte den Herzog im persönlichen Verkehre soweit — der Herzog war von Zelle nach Braunschweig gekommen[2]) — dass er der Stadt einen Revers ausstellte[3]) des Inhalts, dass er die Stadt mit nicht mehr als 2 Kompanien seiner Truppen und mit seinem Hofstaate belegen werde; von weiteren Verpflichtungen dagegen wurde abgesehen.[3]) Doch mussten die Truppen gemäss der Alliance auch dem Herzog Friedrich Ulrich als Landesherren schwören.[4]) Daraufhin nahm die Stadt 600 Mann ein; das Kommando erhielt der Oberst Mitschefahl, blieb also in braunschweigischen Händen.

Steinberg hatte zwar den Auftrag auch mit der Stadt Hannover, wie mit Braunschweig und Hildesheim eine besondere Alliance abzuschliessen; doch liess er davon ab auf die Vorstellungen Herzog

---

[1]) Steinberg an Oxenstierna, dd. April 24. (Stockholm.)
[2]) Am 19. März kündigt H. Georg dem Steinberg seinen Besuch auf den 22. an, der geheim gehalten werden soll; für den 25. ist H. Georgs Anwesenheit in Braunschweig bezeugt. (Kal. 16. A. 808.) — Am 27. reiste der Herzog abends eilends wieder ab. (Steinberg an Oxenst., dd. 28. März, Stockholm.)
[3]) dd. Braunschweig März 25. (v. d. Decken II. Nr. 87.)
[4]) Fr. Ulrich an Georg, dd. März 26. (Kal. 16. A. 808.)

Friedrich Ulrichs, dass die Stadt als seine Landstadt bereits in seiner Alliance mit dem Könige inbegriffen sei.¹)

Mit diesen glücklichen Verhandlungen gelang es ihm, die drohende Gefahr von diesen wichtigen Städten abzuwenden und Pappenheims Absichten auf sie zu vereiteln.

Zu gleicher Zeit hatte er aber auch bereits mit seiner Hauptaufgabe, den Alliance-Verhandlungen mit dem fürstlichen Hause begonnen. Dass Herzog Friedrich Ulrich ohne weiteres seine Alliance unterschrieben hatte, haben wir gesehen. Steinberg sandte dann am 23. März sein Beglaubigungsschreiben durch H. Georgs Hofmarschall, von Steding, nach Zelle²) und bat um Absendung einiger Räte nach Braunschweig,³) auch bat er den Herzog Georg bei seiner Anwesenheit in Braunschweig die Angelegenheit bei seinem Bruder Herzog Christian zu beschleunigen.⁴)

In Zelle kam aber gerade das feierliche Leichenbegängnis des vor kurzem verstorbenen Herzogs Magnus dazwischen und auch sonst hatte man keine Eile die Verhandlungen aufzunehmen: nicht allein, dass man überrascht war, dass Gustav Adolf die zellische Alliance vom 16. Dezember 1631 nicht ratifiziert hatte⁵) und jetzt eine neue mit der braunschweigischen gleichlautende abzuschliessen verlangte, man war überhaupt sehr wenig zufrieden mit den Erfolgen, die die Vereinigung mit Schweden gebracht hatte. Im Verhältnis zu der früheren Neutralität und der kaiserlichen Einquartierung bedeuteten die jetzigen Zustände einen Rückschritt.⁶) Hatte man gehofft, dass mit dem Abschlusse der Alliance feste Normen für die Leistungen geschaffen würden, so hatte man sich gründlich getäuscht. Herzog Georg hatte allein im Fürstentum Lüneburg seine Regimenter gerichtet, nicht weniger wie 6, 4 zu Fuss und 2 zu Pferd, die alle bis jetzt auch aus dem Fürstentume verpflegt

---

¹) Steinberg an Oxenstierna, dd. April 24. (Stockholm.)
²) Vgl. Steinberg an H. Christian, dd. April 5. (Zelle 11, 99.) Seine Beglaubigungsschreiben: Gustav Adolf an Fr. Ulrich, dd. Frankfurt Febr. 12 (Wfb.), cod. an Georg (Kal. 16. A. 805), Beil. 45, 46; — an H. Christian, dd. März 10 (Zelle 11. 99), Beil. 53; dazu Steinberg an Georg, dd. März 18 (Kal. 16. A. 806).
³) Steinberg an H. Christian, dd. März 26. (Zelle 11. 99.)
⁴) Steinberg an Oxenstierna, dd. Apr. 1. (Stockh.) — Georg an Steinberg, dd. Zelle Apr. 5.
⁵) H. Christian an Steinberg, dd. Apr. 8. (Zelle 11. 99.)
⁶) H. Christian an Gustav Adolf, dd. Apr. 10 und Juni 4. (Zelle 11. 99.) — Beil. 68 und 75.

worden waren, 2 weitere waren noch im Anlauf. Trotzdem Gustav Adolf dem Herzog gemessenen Befehl gesandt hatte, seine wesentlich bessere Verpflegungsordnung abzuschaffen und nach der schwedischen einzurichten, hatten die zuchtlosen Truppen die Hergabe der übermässig hohen monatlichen Gage erzwungen, obwohl ihnen eigentlich bis zur Musterung überhaupt keine Gage, sondern nach schwedischer Kammerordnung nur monatlich 2 Rt. pro Kopf zustanden.[1]) Auf diese Weise kostete dem Herzog jedes Regiment monatlich über 8500 Rt. — man erinnert sich, dass die zellische Alliance gegen eine monatliche Kontribution von 8000 Rt. jede andere Belastung aufhob. Dazu hatte man Pappenheims und Totts Armee im Lande gehabt und der Feind hielt nach wie vor die Grenzfestungen in den Händen, deren Besatzungen einen grossen Teil des Landes brandschatzten. Ferner wurden die Einkünfte des Herzogs dadurch bedeutend geschmälert, dass Pappenheim ihm das Bistum Minden und das Fürstentum Grubenhagen entzog; Hoya und Diepholz waren für Zelle völlig verloren. Hatten die Kaiserlichen früher des Herzogs landesfürstliche Hoheit respektiert und sich mit der ausbedungenen Kontribution begnügt, so herrschte jetzt die Soldateska im Lande. Das war ein Resultat, das den Eifer des Herzogs für Gustav Adolfs grosses Unternehmen — wenn er überhaupt je vorhanden gewesen war — bedenklich abkühlen musste und ihm Veranlassung zu bitteren Klagen gab.

Erst am 6. April trafen Georg Hilmar v. d. Wense und der Kanzler Dr. Merckelbach als Gesandte Herzog Christians in Braunschweig ein.[²]) Folgenden Tags eröffnete ihnen Dr. Steinberg, dass der König zwar keine besonderen Bedenken gegen die mit Salvius vereinbarte Alliance gehabt habe, da sich aber inzwischen durch die mit Braunschweig abgehandelte Alliance, die dem fürstlichen Hause — auch dem Hause Lüneburg — durch den versprochenen Besitz des ganzen Bistums Hildesheims einen ansehnlichen Zuwachs bringe, die Verhältnisse geändert hätten, so hätte er den Auftrag die zellische Alliance der braunschweigischen gleichzumachen, und der König erwarte, man werde sich jetzt auch zu einer höheren monatlichen Quote verstehen — und das war die Hauptsache.

[1]) H. Christian an Gustav Adolf, dd. Juni 4. (Zelle 11. 09, Beil. 75.) Daselbst auch eine vergleichende Tabelle beider Verpflegungs-Ordnungen.
[²]) Ihr Bericht in Zelle 11. 92.

Die Lüneburger sprachen ihre Verwunderung aus, dass der König die Alliance nicht ratifiziert habe, da sie von Salvius wie von Tott eines andern berichtet worden wären. Sie seien deshalb auch nicht auf Verhandlungen über eine neue Alliance instruiert. Eine Erhöhung der Kontribution über die 8000 Rt. lehnten sie aber von vornherein ab, da sich der Zustand des Landes seit dem 16. Dezember 1631 merklich verschlechtert habe: Minden, Grubenhagen, Hoya und Diepholz sei ihnen entzogen, Schweden und Ligisten wetteiferten im Rauben und Plündern und was diese übrig liessen, nähmen Herzog Georgs Truppen.

Steinberg sicherte ihnen daraufhin zu, dass der König unter diesen Umständen nicht auf seiner Forderung bestehen werde, sondern dass die Erhöhung der Kontribution erst dann eintreten sollte, wenn Zelle in den Besitz der hildesheimschen Güter gelangen würde. Die Gesandten stellten für diesen Fall die Bewilligung des Herzogs in Aussicht, doch nahmen sie das alles nur zum Bericht an Herzog Christian an, zugleich mit der braunschweigischen Alliance vom 15. Februar.

Herzog Christian bestätigte diese Ansicht seiner Gesandten, nachdem er ihren Bericht erhalten hatte.[1]) Zu einer baldigen Fortsetzung der Verhandlungen liessen es aber die Unruhen und Gefahren nicht kommen, die Pappenheims Marsch nach Stade und die Gegenmärsche der Schweden im Gefolge hatten. Obwohl diese Truppenbewegungen dem Lande neue Lasten brachten, war Herzog Christian doch bereit, das Seinige zu tun,[2]) nicht blos in Lieferung von Proviant, sondern auch in Soldzahlungen an die disbandierten Truppen.[3]) Welches Misstrauen aber gegen Schweden in Zelle herrschte, zeigt folgender Vorfall. Als Oberst Lars Kagge nach Winsen marschierte, zur Verstärkung der Armee Totts und Herzog Georgs, sandte er von Gifhorn aus eine starke Partei Reiter nach Zelle um sich zu erkundigen, wohin er marschieren sollte; der von Herzog Georg bestellte Kommandant in Zelle, Oberst Pithan, liess die Reiter nicht in die Stadt und fertigte sie vor den Toren ab, Herzog Georg sei nicht zugegen. Auf die Beschwerden Kagges antwortete er: es sei gegen den Kriegsgebrauch, so viel Truppen auf einmal

---

[1]) H. Christian an Steinberg, dd. Apr. 15. (Zelle 11. 99.)
[2]) H. Christian an Georg, dd. Apr. 18. (Zelle 11. 97b.) Desgl. H. Christian an Gustav Adolf, dd. Juni 4. (Ebd. 99.) — Beil. 75.
[3]) Ebd. und H. Christian an Georg, dd. Mai 24. (Zelle 11. 1c.)

einzulassen, auch hätte die Anfrage durch einen Boten ebenso gut verrichtet werden können, statt durch eine starke Partei Reiter.[1]) Offenbar machte ihm seine Instruktion grösste Behutsamkeit selbst gegen die Schweden zur Pflicht: man hatte das warnende Beispiel von Wolfenbüttel vor Augen, das Herzog Friedrich Ulrich seinen Freunden, den Dänen eingeräumt hatte. Georg war hier mit seinem Bruder eines Sinnes, wie überhaupt damals zwischen beiden Brüdern volle Einigkeit herrschte, die selbst die Beschwerden über die Soldateska nicht beeinträchtigen konnten.[2]) Beide waren auch einig in ihrem Unmut gegen Salvius. Dass Herzog Georg sich über ihn beschwerte, weil er ihm noch immer nicht den Rest der anfänglich versprochenen Werbegelder angewiesen hatte,[3]) haben wir bereits gesehen. Salvius hatte es jetzt aber auch satt, für seine Bemühungen nur Vorwürfe zu ernten und sich von der Generalität schlecht behandeln zu lassen: obwohl man sich an seine Anordnungen nicht kehrte, sollte er doch für die Misserfolge verantwortlich sein. Er wies, ohne zu fragen selbständig Musterplätze und Assignationen an; so erteilte er dem Herzog Franz Karl von Sachsen-Lauenberg ein Patent, worin er ihm Musterplätze für nicht weniger als 14 Komp. z. F. und 14 Kornet R. in den Ämtern Ebstorf,

---

[1]) Stainberg an H. Christian, dd. April 27 und Antwort, dd. April 29. (Zelle 11. 99.)

[2]) Vgl. H. Georg an H. Christian, dd. Mai 23, und Antwort, dd. Mai 24. (Zelle 11. 1c.) Das besonders gegen Droysen IX. S. 248 ff. Droysen vermengt übrigens hier wie überall die beiden Höfe zu Zelle und zu Braunschweig, obwohl beide eine völlig selbständige und auch verschiedene Politik führten. — Den besten Beweis für das unvermindert Zutrauen Christians zu seinem jüngeren Bruder liefert folgender Vorgang: Gustav Adolf antwortete auf die Beschwerden H. Christians am 8. Mai (Zelle 11. 99, Beil. 71): er habe geglaubt, dadurch, dass er den H. Georg mit der Befreiung des Landes beauftragt habe, es am besten zu H. Christians contentement eingerichtet zu haben; wenn nicht alles, wie er gewünscht, gegangen, sondern die Werbungen sich lange hingezogen, die Konjunkturen sich gesteckt und diverse Intentionen oder auch wohl Privatrespekte sich untermischt hätten, so könne er es nicht bessern. Diese unverblümte Beschuldigung, dass H. Georg mehr oder weniger für den elenden Zustand des Landes verantwortlich sei, teilte H. Christian seinem Bruder vertraulich mit und sandte ihm seine Räte, um sich darüber zu beraten. (Instr. für den Statthalter v. Bülow, dd. Juni 2. — Rekreditif Georgs, dd. Boedenbostel Juni 3. Zelle 11. 1 c.) Die Antwort an den König fiel dementsprechend aus (dd. Juni 4. Zelle 11. 99, Beil. 75.)

[3]) H. Georg an Salvius, dd. März 13, und Antwort, dd. März 24. (Kal. 16. A. 808.) — H. Georg an Salvius, dd. Neustadt-Hannover Juni 18. (Kal. 16. A. 811.)

Medingen und der Marschvogtei erteilte,[1]) und assignierte von den nach der Musterung der Truppen Herzog Georgs nötigen Geldern 8504 Rt. der Regierung in Zelle,[2]) der er auch sonst ausserordentliche Geldzahlungen zumutete.[3]) „Diese Assignation kam den Leuten zu Zelle sehr fremd für", bemerkt der Sekretär Werning dazu, doch erklärte sich Herzog Christian bereit die Summe voll zu erlegen.[4]) Ersteres dagegen erbitterte vor allem den Herzog Georg, der als General des niedersächsischen Kreises für sich allein das Recht in Anspruch nahm, die Quartiere auszuteilen,[5]) dann aber, weil er auch über diese Quartiere bereits verfügt hatte. Gustav Adolf hatte ihm den Oberst v. d. Heyden nicht nur als Kriegsrat geschickt, er sollte auch ein Regiment in Braunschweig werben.[6]) Da Braunschweig augenblicklich in den Händen Pappenheims war, so gestaltete Herzog Christian auf Bitten seines Bruders auch für dieses Regiment die Werbungen in der Elbgegend, doch unter der Bedingung, dass die Musterplätze des Herzogs Franz Karl und des Obersten Kurt Plato genannt Gehlen — von dem Herzog Georg noch ein Kavallerie-Regiment errichten liess[7]) — kassiert würden.[8]) Herzog Georg war so erbittert über Salvius' Anweisungen, dass er sogar den Beamten Befehl erteilt hatte, die vom Herzog Franz Karl geworbenen Truppen mit Gewalt zu vertreiben,[9]) da alle Vorstellungen und Beschwerden bei Salvius und dem Könige nichts halfen.[10]) Das alles hatte keinen

---

[1]) dd. Buxtehude Apr. 16. (Kal. 16. A. 309.)
[2]) Salvius an H. Christian, dd. Buxtehude Mai 5, eod. an H. Georg. — (Kal. 16. A. 809.)
[3]) H. Christian an H. Georg, dd. Mai 13 (Kal. 16. A. 810); Salvius fordert Geld, einmal 30 000 T., dann 16 000 T. Auch Anderson stellte sich mit solchen Forderungen ein: am 19. Juni verlangte er 30 000 T. und machte am 6. Juli den General-Quartiermeister St. André nach Zelle, um über eine Summe Geldes zu verhandeln; freilich beides ohne Erfolg. (Zelle 11. 96.)
[4]) H. Christian an H. Georg, dd. Mai 24. (Zelle 11. 1c.)
[5]) H. Georg an Bandissin, dd. Juni 14 (Hann. Kal. 16. A. 311): Uns steht kraft königlicher Plenipotenz und Oberdirektion die Verteilung der Quartiere allein zu.
[6]) Gustav Adolf an H. Georg, dd. März 14. (Zelle 11. 92, Beil. 58.) — Gustav Adolf an Fr. Ulrich, dd. März 12 und März 14. (Wfb., Beil. 56. 57.) Oberst v. d. Heyden traf am 8. April in Zelle ein. Georg an Gustav Adolf, dd. Apr. 3. (Kal. 10. A. 305, Beil. 65.)
[7]) Patent Georgs, dd. Mai 22. (Zelle 11. 99.)
[8]) Christian an Georg, dd. Mai 24. (Kal. 16. A. 310.)
[9]) Bandissin an H. Georg, dd. Essel Juni 8. (Kal. 16. A. 810.)
[10]) H. Georg an Salvius, dd. Mai 25; an Gustav Adolf, dd. Mai 26. (v. d. Decken II. Nr. 94. 95.) — Christian an Gustav Adolf, dd. Juni 4. (Zelle 11. 99, Beil. 75.)

Erfolg: der Herzog Franz Karl liess ruhig weiter werben, und auch das Regiment Plato blieb im Lande. Schliesslich riss auch dem Herzog Christian die Geduld und er wandte sich gemeinsam mit seinen Brüdern August und Friedrich an Herzog Georg:[1] wenn E. L. sich unternehmen kraft des königlichen Generalats in unsern Ländern die Quartiere anzuweisen, so muss es auch bei E. L. stehen, sie anders wohin zu verlegen; einem jeden nach seinem Gefallen Quartier zu nehmen, können wir nicht gestatten: wir sind freie Fürsten des Reiches, und können uns das nicht aufdringen lassen. Der Herzog v. Holstein hat neulich Sammelplätze mit Gowalt abgelehnt: müssen wir denn eines jeden Fusschemel sein und was andere von sich abwenden, über uns ergehen lassen? Wir wissen auch nicht, wozu wir die Alliance geschlossen haben, da sie uns doch nur zu einem bestimmten Quantum verpflichtet; wie die Truppen hausen, zeigen die einlaufenden Beschwerden: bleibe das so, so werden die armen Unterthanen zur Desparation gebracht. — Dass das keine Übertreibungen waren, dass die Bewohner des unglücklichen Landes in der Tat der Desparation nahe waren, zeigte, dass sie bereits anfingen zur Selbsthülfe zu greifen; die Bauern schossen die schwedischen Soldaten nieder, wo sie es konnten.[2]

Kein Wunder, dass in Zelle die Neigung nicht eben gross war trotz der Mahnungen Steinbergs die Allianceverhandlungen fortzusetzen, zumal man auch bei einigen Punkten Bedenken hatte. Erst nachdem Pappenheim wieder über die Weser gezogen und die Truppen Herzog Georgs aus Lüneburg nach Hildesheim abmarschiert waren, sandte Herzog Christian seinen Statthalter Julius v. Bülow und seinen Kanzler Dr. Merckelbach nach Braunschweig, wo die weiteren Verhandlungen vom 18.—20. Juli stattfanden.[3]

Zu Grunde gelegt wurde die braunschweigische Alliance vom 15. Februar, und auf Vereinbarung arbeiteten die lüneburgischen

---

[1] dd. Juni 21. (Kal. 10. A. 311.)
[2] H. Georg an H. Christian, dd. vor Hildesheim Juni 29 (Kal. 16. A. 811): täglich laufen Klagen ein, dass E. L. Unterthanen die schwedischen Soldaten niederschiessen, berauben und ausplündern. — H. Georg an H. Christian, dd. Juli 8 (Ebd.): Beschwerde Bandissins, dass im Fürstentum Lüneburg ein Leutnant mit Frau und Kind ermordet worden sei. — Anderson an Gustav Adolf, dd. Juni 19 (Arkiv II. no. 781): vill tillse, att jag kan göra ett annat förslag uppå alla sjuke, förluppne och dem, som de Lüneburgska böndorna hafve ih]älslagit.
[3] Instruktion, dd. Juni 26 (Zelle 11, 97c); ihre Relation in Zelle 11. 93; daselbst auch der neue zellische Allianceentwurf.

Gesandten einen Entwurf aus, der mit dieser wörtlich übereinstimmte mit Ausnahme bestimmter, Zelle berührender Punkte.

Zunächst waren es zwei Punkte, in denen die Lüneburger mit den Braunschwelgern different waren: 1) die homburg-obersteinschen Güter, deren Wiedereinlösung Hildesheim bisher verweigert hatte und 2) die braunschweigischen Schulden, die — wie Herzog Friedrich Ulrich wünschte — nach seinem Tode zunächst von den hildesheimischen Ämtern bezahlt werden sollten.

Bei der ersten Frage hatte sich der König — gemäss den Abmachungen mit Salvius vom 16. December (§ I. 3.) — anheischig gemacht, diese Güter dem Hause Zelle wieder herbeizubringen; damit setzte er sich mit Braunschweig in Widerspruch, das die Herausgabe als künftiger Inhaber des Stiftes Hildesheim verweigerte. Die braunschweigische Alliance enthielt auch keinerlei derartige Verpflichtungen für Herzog Friedrich Ulrich. Von Bedeutung war der Punkt für Zelle deshalb, weil es sich in dieser Alliance verpflichten musste, das Stift Hildesheim, wenn es an sie fallen würde, von Schweden zu rekognoszieren; sie waren auch dazu bereit, wollten aber die homburg-ebersteinschen Besitzungen als Teile ihrer Stammlande davon ausgeschlossen haben. Eine Einigung war ausgeschlossen nach den unzähligen Versuchen und Verhandlungen, die zwischen beiden Interessenten schon stattgefunden hatten, so dass sich schliesslich die Lüneburger entschlossen, auf den ganzen Artikel, wie ihn ihre Alliance enthielt und dem die Braunschweiger widersprachen, zu verzichten, dagegen die Rechte ihres Hauses dadurch zu wahren, dass sie im § II, 16 bei der Erwähnung der Grafschaften Homburg und Eberstein die Worte einschoben: „daran wir uns all unser zustehendes Recht vorbehalten".

Auch bei dem zweiten Punkte konnte keine Einigung erzielt werden. Anfänglich waren die Lüneburger zwar bereit, die Schulden Friedrich Ulrichs zu übernehmen, „so weit wir vermöge der Erbverträge Rechtens und im Reiche Herkommens dazu vorpflichtet, oder uns mit Zuziehung unserer Brüder, Vettern und Agnaten noch bei Lebzeiten Herzog Friedrich Ulrichs L. deswegen vergleichen können"; doch die Verhandlungen zerschlugen sich hierüber und der ganze Paragraph (I, 12) der braunschweigischen Alliance ward in die zellische nicht aufgenommen.

Von grösserer Bedeutung waren die Schwierigkeiten, die die Festsetzung der monatlichen Kontribution machte. Steinberg verlangte durchaus 12000 T. monatlich, statt wie bisher 8000 T.; die Lüneburger schlugen das nicht nur rundweg ab, indem sie unablässig ansführten, wie sehr sich der Zustand des Fürstentums seit dem Dezember verschlechtert habe, — sie verlangten jetzt auch die Einfügung der für Braunschweig so günstigen Klausel, dass diese Kontribution erst beginnen solle, wenn die Fürstentümer wiedererobert und man der Einquartierungen und Sammelplätze ledig wäre: da der König wünsche, dass die zellische Alliance der braunschweigischen konform sein solle, so müsse auch dieser Passus jetzt aufgenommen werden. Steinberg lehnte das natürlich ab, da der Herzog Christian im Besitze seines Fürstentums sei, Friedrich Ulrich dagegen nicht. In der anderen Frage dagegen blieben die Lüneburger fest und schlugen ihn schliesslich mit seiner eigenen früheren Zusage aus dem Felde, dass der König unter den gegenwärtigen Verhältnissen auf der Forderung nicht bestehen werde. So verblieb es bei den 8000 T. Dagegen versprach Zelle nach dem Anfalle der braunschweigischen und hildesheimischen Länder ausserdem noch alles das zu leisten, wozu Herzog Friedrich Ulrich sich gemäss der Alliance vom 15. Februar verpflichtet hatte.

Im einzelnen sind noch folgende wesentliche Abweichungen von der braunschweigischen Alliance zu erwähnen. Das Stift Hildesheim versprachen sie ebenso wie Herzog Friedrich Ulrich vom Könige als oberstem Haupte und Direktor der evangelischen Defensionsverfassung und der Krone Schweden titulo protectionis vel advocatiae zu rekognoszieren — die alten Stammlande, besonders die Grafschaften Homburg und Eberstein, wurden ausdrücklich ausgenommen.

Die Bestimmungen des § I. 11, dass nach dem Frieden die Restitution der von Schweden besetzten Orte nur dann auch an die zellische Linie erfolgen könne (falls Herzog Friedrich Ulrich eher sterben sollte), wenn sie die braunschweigsche Alliance ratifiziert und sich durch feindliche Handlungen der Länder nicht verlustig gemacht habe, fielen natürlich als gegenstandslos geworden weg. Die Befreiung der Residenzstadt Zelle von aller Einquartierung behaupteten die Lüneburger hartnäckig und setzten sie schliesslich auch durch, während für Wolfenbüttel eine Besetzung im Notfalle zugestanden war. Einige andere minder wichtige Punkte, wie das

Aufgebot der Ritter- und Lehenpferde, die Bestimmungen über den Metall- und Salzhandel und den Unterhalt des schwedischen Ambassadeurs lehnten die Lüneburger ebenfalls ab.

So war im allgemeinen die Forderung des Königs erfüllt, dass beide Alliancen konform sein sollten. Die Lüneburger reisten wieder nach Zelle und Herzog Christian scheint entschlossen gewesen zu sein, die Alliance in dieser Form im wesentlichen zu genehmigen. Am 6. Juli meldete er seine Räte in Braunschweig abermals an[1]) zur „Kontinuierung und hoffentlichem Abschluss der Traktaten", aber Steinberg musste verreisen und so wurde auch die Abreise der Gesandten aufgeschoben.

Inzwischen aber — um den Bericht über diese zollischen Verhandlungen zum Abschlusse zu bringen — waren über das Fürstentum neue Drangsale hereingebrochen, die alles wieder in Frage stellten. Obwohl Oberst v. d. Heyden noch die Laufplätze im Lande hatte, rückte jetzt auch Herzog Franz Karl von Lauenburg ein und forderte für 16 Kompanien zu Fuss und ebensoviel zu Pferd Lauf- und Sammelplätze,[2]) und liess sich jetzt durch nichts mehr abweisen, sondern berief sich auf eine Ordre des Salvius, die vom Könige gutgeheissen sein sollte. Der Herzog kam selbst nach Zelle und stellte hier die unverschämte Forderung, er wolle verzichten, wenn man ihm 80000 T. in Geld zahle, und sein Volk ein paar Monate im Lande bleiben dürfe. Auch Oberst Heyden erklärte, seine 7 Kompanien nicht eher abführen zu wollen, ehe ihm nicht die Rückstände ausbezahlt wären, die er auf nicht weniger als 20000 Rt. angab — und das, obwohl doch der Herzog Christian dem Obersten freiwillig die Werbungen in seinem Lande gestattet hatte, während der König ihm Braunschweig angewiesen hatte, und obwohl der Herzog, der ihm nichts versprochen hatte, seine Truppen mit Speise und Trank versehen und ihnen auch über 8000 T. an Geld gegeben hatte. Herzog Franz Karl war der schlimmste von allen:[3]) alle Stände, ohne Ausnahme, die er heimgesucht hatte, beschwerten sich, dass das Land durch ihn ruiniert sei; die Gemeinen lagen den Bauern zur Last und behandelten sie jämmerlich, während die Offiziere in den Städten sich mit allerhand Voluptäten verlustierten, und das jetzt während des Sommers, wo sie hätten

---

[1]) H. Christian an Steinberg. (Zelle 11. 97c.)
[2]) H. Christian an den Pfalzgrafen August, dd. Juli 23. (Zelle 11. 99.)
[3]) Vgl. das Mem. Salvius, dd. Sept. 12. (Kal. 10. A. 814.) — Beil. 105.

ins Feld ziehen sollen. Er hatte aus dem Lande Hadeln 8000 T., von Dr. Drebber in Harburg 12000 T., aus Schöneberg 10000 T. erpresst und sollte jetzt 68000 T. von Zelle erhalten (so weit war es schliesslich abgehandelt): in Summa 98000 T. für eine Handvoll Volks von 2 Regimentern. Die Lüneburger berechneten die Kosten, die der Herzog vom 1. April bis zum 1. August verursacht hatte, allein auf 81969 T. Dazu waren sie so völlig in der Hand ihrer Peiniger, dass Salvius sich weigerte, ihm des Herzogs Schreiben zu übergeben, denn — sagte er — alle Stände fürchteten, wenn ihre Klagen der Soldateska bekannt würden, noch ärger misshandelt zu werden.

Dazu kam noch, dass jetzt auch Herzog Georg — der Ende August die Blokade von Wolfenbüttel begann — für die Dauer derselben wöchentlich aus dem Lande Lüneburg 21000 Pfund Brot, 21 Rinder, 21 Fass Bier, 30 Hammel und 3 Wispel Hafer forderte.

Herzog Christian war „in äusserster Perplexität" und weigerte sich nunmehr weiter über die Alliance zu verhandeln, oder gar sie abzuschliessen, da sie ihm doch keinen Schutz gewährte, sondern im günstigsten Falle nur die Hände band. „Wann wir nun hieraus anders nicht abnehmen können, schrieb er an Steinberg,[1]) dann dass anstatt des versprochenen Schutzes man uns den Garaus machen wolle, zumal wir allbereits über 193000 Rt. und also dreifach mehr als die mit Salvio aufgerichtete Alliance vermag, wie praevia liquidatione dargetan werden kann, auf die königliche Armee verwendet, hierunter aber uns die tröstliche Hoffnung machen, da I. K. W. dieses Zustandes zu Grunde berichtet, sie uns solches nicht gönnen, noch unsern Ruin und gänzliches Verderben begehren, sondern vielmehr dero Hilf und Rettung uns widerfahren lassen würde: Als habt ihr selbst zu ermessen, dass ehe und zuvor die Beschaffenheit an I. K. W. gebracht und darauf solchen grossen Beschwerungen in etwas remediret, zu einiger Handlung und Perfektion der Alliance von uns nicht wohl geschritten werden könne und derowegen damit bis dahin einstehen müssen."

Steinberg konnte daran nichts ändern und musste es gehen lassen wie es ging, da auch er trotz seiner Stellung als königlicher Legat der Generalität gegenüber keine Macht besass, und die Zustände im Lande Braunschweig sich noch schlimmer gestaltet hatten, als in Lüneburg.

[1]) H. Christian an Steinberg, dd. Aug. 27. (Zelle 11. 99.)

Dass Herzog Friedrich Ulrich alle seine Hoffnungen schliesslich auf die Hilfe setzte, die ihm der Abschluss der Alliance bringen sollte, haben wir gesehen; auch Steinberg drängte, nachdem der Herzog unterschrieben hatte, die Ausfertigung dem Könige so rasch wie möglich zuzusenden,[1]) und am 30. März ging Franz Friedrich von Uslar mit zwei vom Herzog vollzogenen Exemplaren ab, von denen er eins vom König ratifiziert wieder mitbringen sollte.[2]) Uslar sollte zunächst als Resident beim Könige bleiben und dafür wirken, dass das Land von den unerträglichen Kriegsbeschwerden befreit werde und die Alliance wirklich zur Ausführung komme. Uslar reiste zunächst nach Frankfurt am Main zum Reichskanzler Oxenstierna und hier erfuhr die Angelegenheit den ersten Aufschub:[3]) Oxenstierna erklärte jetzt, er habe keine Möglichkeit zu prüfen, ob die braunschweigischen Ausfertigungen mit dem von Steinberg nach Braunschweig gebrachten Originale übereinstimme, Uslar solle erst eine beglaubigte Abschrift beibringen! Schlimmer als das war, dass sich jetzt Oxenstierna die Beschwerden Herzog Georgs und der Generalität zu eigen machte, dass Friedrich Ulrich die beabsichtigte Blokade von Wolfenbüttel verhindert habe, dass die braunschweigische Besatzung die Erichsburg an Pappenheim so liederlich übergeben habe u. a. — kurz, dass es Herzog Georg gelungen war gegen den Herzog Friedrich Ulrich Missstimmung zu erwecken. Vielleicht kam es aber auch nur Oxenstierna gelegen, der die Braunschweiger mit ihren Beschwerden und Anliegen vom Könige möglichst lange fern halten wollte. Ehe die von Steinberg beglaubigte Abschrift in Frankfurt eintraf und Uslar seine Abfertigung von Oxenstierna erhielt, verfloss auch der Monat Mai[4]) — zum grossen Kummer der Braunschweiger, denen an schleunigster Fortsetzung der Reise zum Könige alles gelegen war und die über den Verlauf in Frankfurt sehr betreten waren.[5]) Eine noch

---

[1]) Geheimratsprotokoll, dd. Braunschweig März 22. (Kal. 16. A. 260.)

[2]) Kreditif und Mem., dd. März 30; eod. auch Schreiben an den König (Beil. 64); dd. März 31 Kreditif an Oxenstierna und Schreiben an die Sekretäre Schwalenberg und Sattler, denen als „geringe Memorie" goldene Ketten übersandt wurden. (Wfb.)

[3]) Bericht Uslars, dd. April 29, in der Antwort des Herzogs, dd. Mai 18, erwähnt. (Wfb.)

[4]) Bericht Uslars, dd. Juni 4; erwähnt in der Antwort, dd. Juni 11. (Wfb.)

[5]) Ebd.: Wir hätten lieber gesehen, Ihr wärt nach unserm Befehle von Erfurt direkt zum Könige gereist; es wäre dadurch das Hauptwerk (die Alliance)

grössere Enttäuschung wartete ihrer als Uslar endlich im königlichen Hauptquartier anlangte und dort auf unerwartete Hindernisse stiess. Sattler erklärte ihm rund heraus: „jetzt wäre keine Zeit Alliancen zu machen; die Zeiten, expeditiones, res et negotia bellica liefen so, dass zu Vollziehung angedeuteten Werks der König wohl 6 Wochen dasselbe durchzulesen und sich darauf zu resolvieren Zeit haben müsste":[1]) in Braunschweig war man nicht wenig bestürzt über diese Ausflüchte, denn solche waren es, nachdem die Allianco zu Beginn des Jahres so lange horaten, vom Könige genehmigt, Steinberg damit nach Braunschweig geschickt und zuletzt Schwalenberg dem Uslar in Frankfurt einen Schein über die Richtigkeit der Alliance mitgegeben hatte; die Braunschweiger sagten mit Recht, das hiesse „die Alliance für sich selbst disputierlich machen." Das war um so auffälliger, als selbst der König in seinen Schreiben die Alliance stets so erwähnte, dass es den Anschein erweckte, als betrachte er sie als wirklich bestehend. So sprach er z. B. von den „in der Alliance uns versprochenen Kontributionen"; genehmigte, dass die in die braunschweigischen kleinen Festungen gelegten Garnisonen „E. L. auf die Alliance anlobe und alles nach ihr konfirmiert werde";[2]) befahl auch dem Steinberg, darauf zu halten „dass in allem vorberührter Alliance nach gehandelt werde".[3]) Ein andermal nannte er sie „unsere zusammenhabende Alliance"[3]) oder „die zwischen Uns und S. L. habende Alliance".[4]) Sieht man aber näher zu, so waren das sorgfältig gewählte Ausdrücke, die in keiner Weise banden.

Der König hat den Herzog durch Entgegenkommen in Kleinigkeiten zu beruhigen und bei gutem Willen zu halten gesucht: so ordnete er z. B. an, dass der Hildesheimer Klerus so lange in Arrest gesetzt werden solle, bis die braunschweigischen Räte, die in Einbeck dem Feinde in die Hände gefallen waren, losgelassen

nicht so intrikat und schwer gemacht worden, wie wir denn aus unrer Relation vormerken, dass diese Reise fast zu Diffidens Anlass geben wolle und vielleicht das Hauptwerk noch hindern möchte.

[1]) Fr. Ulrich an Uslar, dd. Juli 17. (Wfb.)
[2]) Gustav Adolf an Fr. Ulrich, dd. Sept. 7. (Wfb.) Beil. 101.
[3]) Gustav Adolf an Steinberg, dd. Juli 21. (Kal. 10. A. 905.) Beil. 86. Selbst Steinberg fand in diesem Schreiben und besonders in den daraus alterierten Stellen den Beweis, „dass der König nunmehr die Alliance für geschlossen hält"· (An H. Georg, dd. Sept. 20. Kal. 16. A. 905.)
[4]) Patent des Königs, dd. Aug. 23. (Wfb.)

wären,[1]) oder er erliess ein scharfes Patent gegen die zügellose Soldateska, um das Friedrich Ulrich anhielt.[2]) Zur Ratifikation der Alliance aber konnte er sich nicht entschliessen. Sie ist denn auch, trotz aller Bemühungen des Herzogs und seines Agenten Uslar[3]) vom Könige nie ratifiziert worden,[4]) und zwar, wie aus dem ganzen Verlaufe deutlich hervorgeht, mit voller Absicht. Der König wollte sich die Hände für seine weiteren Pläne nicht binden — doch darüber weiter unten im Zusammenhang.[5])

In Braunschweig war man darüber um so mehr bestürzt, weil damit auch der zweite Stab zerbrach, auf den man sich gegen die Generalität stützen wollte. Man war ihr so gut wie schutzlos preisgegeben und das war um so schlimmer, als sich Herzog Georg mehr und mehr zum ärgsten Feinde seines braunschweigischen Vetters entwickelte.

---

[1]) Gustav Adolf an Steinberg, dd. Juli 21. (Kal. 16. A. 305.) Beil. 86.

[2]) dd. Aug. 23. (Wfb.)

[3]) Es kam so weit, dass Sattler ihn „mit unziemlichen Worten abwies". Fr. Ulrich an Uslar, dd. Sept. 12. (Wfb.)

[4]) Die Alliance ist erst nach dem Tode Gustav Adolfs von Oxenstierna am 10. Nov. 1633 ratifisiert worden (Wfb.), nachdem sich alle Verhältnisse so gründlich verändert hatten, dass der Reichskanzler gern dieses Mittel benutzte, den Herzog an Schweden zu fesseln.

[5]) In scheinbarem Widerspruche damit steht die dem Steinberg erteilte Instruktion, deren § 2 (Extrakt. Beilage zu Steinbergs Schreiben an H. Georg, dd. Sept. 20, Kal. 16. A. 305, Beil. 55) besagt: er solle in Braunschweig mitteilen, welcher gestalt wir uns nunmehr laut den euch mitgegebenen und von uns vollzogenen Originalen resolviert, uns mit S. L. und dem ganzen fürstlichen Hause in eine Alliance einzulassen; wollen vernehmen, ob S. L. damit einig; für solchen Fall soll H. Fr. Ulrich sie vollziehen und Steinberg gegen Auslieferung solcher Originale das nötige auch auantworten.

Danach hätte die Auswechselung sogleich nach der Ratifikation durch H. Fr. Ulrich in Braunschweig geschehen können, da hier angenommen ist, dass der König seine Exemplare bereits rechtskräftig ratifiziert habe. Dass dem nicht so war, ist schon oben dargelegt worden, und der ganze Verlauf zeigt, dass man auch schwedischerseits selbst nicht dieser Ansicht war, dass man vielmehr noch die Unterschrift des Königs — neben dem Siegel — für erforderlich hielt.

Eine Lösung gibt die Tatsache, dass Steinberg über die Ziele und Pläne des Königs nicht unterrichtet war; er war vielmehr, wie schon erwähnt, durchaus davon überzeugt, dass es dem Könige mit dem Abschlusse der Alliance Ernst sei. (Steinberg an H. Georg, dd. Sept. 20. Kal. 16. A. 305.) Dass der König damit seinen Ambassadeur arg bloss stellte, lässt sich nicht leugnen; doch war dessen Autorität in dem allgemeinen Wirrwarr bereits so völlig gefallen, dass auch diese Tatsache nicht besonders auffiel.

Dem Herzog Georg war inzwischen der Kamm gewaltig geschwollen. Nicht allein die Erfolge gegen Pappenheim — obwohl sie ganz und gar nicht auf seine Rechnung zu setzen waren — sondern vor allem, dass er nun sein Ziel erreicht hatte und auch von den schwedischen Generälen als oberster Kommandant der vereinigten Truppen angesehen wurde, schmeichelte seinem fürstlichen Selbstgefühle. Nicht nur dem Baudissin gegenüber machte er das geltend,[1]) selbst dem Könige gegenüber trat trat er jetzt ganz anders auf wie früher. Waren seine ersten Schreiben in sehr respektvollem, ja demütigem Tone abgefasst, so war davon jetzt nicht mehr die Rede; möglich auch, dass des Königs fest zugreifende Art ihm nicht genehm war; der König machte wenig Federlesens mit ihm, mochte er auch ein Fürst des Reiches sein; er behandelte ihn wie einen seiner Generäle und verlangte Gehorsam von ihm. Dass Herzog Georg seinem scharfen Befehle[2]) wegen Abänderung der höheren Verpflegungsordonanz, trotz seines demütigen Entschuldigungsschreibens, nicht nachgekommen war,[3]) haben wir schon gesehen, auch sonst hielt er jetzt, nachdem er eine ziemliche Anzahl Regimenter hatte, auf möglichste Selbständigkeit gegenüber dem Könige, mochte er auch in schwedischer Bestallung sein. Als er vor Hildesheim lag, sandte er dem Könige das Verlangen:[4]) die hessischen Truppen sollten der niedersächsischen Armee „adjungiert" werden, auch möchte der König eine ziemliche Anzahl seiner eigenen Truppen hersenden, um Pappenheims Progress zu verwehren. „Wir wollen E. M. ersucht haben — lautete das Schreiben — diese Vorschläge zu konsiderieren und unbeschwert diese Versehung tun zu lassen, damit in kurzem ein ansehnliches Volk dieses Orts, welcher cor et anima des Reiches principaliter ist, kommandiert werde". Ein Ton, der völlig verschieden war, von dem der früheren Schreiben. Der König war freilich gerade damals, als das gewaltige Ringen mit Wallenstein begann, nichts weniger der Ansicht, als ob Niedersachsen cor et anima des Reichs

---

[1]) Baudissin an H. Georg, dd. Juni 8 (Kal. 16. A. 810); beschwert sich, dass H. Georg Befehl erteilt habe, die Truppen des H. Franz Karl mit Gewalt zu vertreiben; sie hätten von Salvius diese Quartiere angewiesen bekommen. — Antwort H. Georgs, dd. Juni 14 (ebd. 811): die Verteilung der Quartiere stehe ihm allein kraft königlicher Plenipotenz aud Oberdirektion zu.

[2]) Gustav Adolf an H. Georg, dd. Febr. 1. (Kal. 16. A. 805.) Beil. 44.

[3]) H. Christian an Gustav Adolf, dd. Juni 4. (Zelle 11. 99.) Beil. 75.

[4]) H. Georg an GAdolf, s. d. (nach Juni 25). (Kal. 10. A. 305.) Beil. 76.

sei, er forderte vielmehr gerade damals den Herzog zu sich nach Oberdeutschland;[1]) und wie wenig schmeichelhaft er von des Herzogs Leistungen dachte, ist bereits gezeigt worden.[2]) Mit Bandissin kam Herzog Georg im grossen ganzen gut aus, da Bandissin — wie erwähnt — so klug war, seine fürstlichen Prätensionen zu respektieren, er wusste ja, dass der Herzog seinen Ratschlägen folgte. Daneben aber wurden beide durch ihre Privatinteressen vereinigt, deren Förderung der eine vom andern erwartete. Georgs Ziele waren auf Hildesheim und das Eichsfeld gerichtet, Baudissin wünschte das Amt Syke zu erhalten. Baudissin stimmte den Wünschen des Herzogs gern zu und hoffte sich dadurch des Herzogs wertvolle Unterstützung bei seinem Vetter Friedrich Ulrich zu erwerben, der das Amt Syke abtreten sollte. Herzog Georg hat zwar Baudissins Wunsch seinem Vetter zur Berücksichtigung, so weit es möglich sei, empfohlen, aber schwerlich wird es ihm damit Ernst gewesen sein, das Erbe seines Hauses um ein so wertvolles Stück zu schmälern.[3])

Herzog Georg war aber auch sonst in die Schule der schwedischen Generäle, wie Tott, gegangen, das zeigte seine Verachtung, mit der er die Federfuchser oder Schreiber, die königlichen Legaten Salvius und Steinberg, behandelte. Er fühlte sich als General, der über die Kräfte, wenn nicht des ganzen Kreises, so doch der welfischen Lande verfügen wollte; hatte ihn doch Salvius selbst angewiesen, er solle kraft seines königlichen Patents und seiner fürstlichen Autorität die Armee selbst aus den Quartieren verstärken und unterhalten;[4]) jetzt kehrte er sich auch an die Einreden oder Ratschläge der Legaten nicht mehr. In dieser Anschauung ward er von Baudissin kräftig unterstützt, ja dessen Einfluss ist ohne Zweifel daran mit Schuld, dass das Verhältnis des Herzogs zu den

---

[1]) Gustav Adolf an H. Georg, dd. Juni 27 und Juli 9. (Ebd.) Beil. 77 und 91.
[2]) Gustav Adolf an H. Georg, dd. Juni 27. (Ebd.) Beil. 77.
[3]) H. Fr. Ulrich an seine Vettern in Zelle, Harburg und Dannenberg, dd. Ang. 12. H. Christian und die anderen Vettern verweigerten ihre Zustimmung zur Alienierung dieses Amtes; H. Georg antwortete diplomatisch aber deutlich genug (Ang. 25): er habe den Baudissin an H. Fr. Ulrich und dessen Vettern verwiesen, ihm aber nichts versprochen; er müsse ihnen überlassen, was sie absque detrimento status tun können. (Zelle 72, Syke Nr. 19. — Das Schreiben H. Georgs, Kal. 16. A. 313.) — Dazu die Schreiben Fr. Ulrichs an Gustav Adolf, dd. Juni 80 und Sept. 23. (Beil. 78 und 107.)
[4]) Salvius an H. Georg, dd. März 24. (Kal. 16. A. 309.)

Legaten völlig unerträglich wurde; er war es, der den Herzog immer von neuem ermahnte, nicht auf sie zu hören.¹) Dass er bei Herzog Georg williges Gehör fand, war verständlich, nachdem dieser bei Steinberg nicht die geringste Unterstützung gefunden hatte, Steinberg vielmehr seinem Vetter in Braunschweig gemäss der Alliance seinen Schutz angedeihen liess und — was das schlimmste war — die eigenen Werbungen Friedrich Ulrichs, die den Herzog Georg am allermeisten verdrossen, gebilligt hatte. Sein Unmut hierüber steigerte sich schliesslich zu einem förmlichen Hass gegen seinen Vetter, dessen Land ja völlig in seine Hand gegeben war. Hier zeigten sich die Folgen der widerspruchsvollen Abmachungen König Gustav Adolfs mit den beiden Vettern am unheilvollsten. Auch in diesem Punkte fand Herzog Georg leider Unterstützung und Ermunterung bei Baudissin, besonders als sich Herzog Friedrich Ulrich weigerte, ihm das begehrte Amt Syke abzutreten.²)

Beider Armeen waren, wie gesagt, Mitte Juni um Hildesheim eingetroffen und richteten sich zunächst hier ein, zumal sie Pappenheims Erscheinen zwang, unter den Kanonen der festen Stadt Schutz zu suchen. Ihr Plan war, da sie vermeinten, mit ihren 12000 Mann dem Pappenheim nicht gewachsen zu sein, zunächst ihre Truppen beisammen zu lassen, auf ihre „Konservierung" bedacht zu sein — d. h. stille zu liegen und nichts gegen den Feind zu wagen — und die wichtigen Festungen Goslar, Hildesheim, Hannover und Braunschweig zu sichern.³) Ihre Truppen hausten entsetzlich, und namentlich die des Herzogs Georg taten sich hier im Lande seines Vetters unrühmlich hervor. „Es ist höchlich zu beklagen — berichtet Grubbe als Augenzeuge⁴) — dass bei dieser Armee solche unsagbar grosse Unordnung eingerissen ist, dass man kaum Mittel weiss, sie abzustellen, und da teilweise selbst hohe Offiziere sich daran beteiligen, so ist niemand, der über E. M. gute Ordnungen wacht, sondern jeder tut, was er will. Insonderheit ist

---

¹) Ihr Briefwechsel in Kal. 16. A. 313 ff.
²) Vgl. H. Fr. Ulrich an Gustav Adolf, dd. 1632 Sept. 23. (Beil. 107.)
³) Grubbe an Gustav Adolf, dd. Hildesheim Juli 6. (Arkiv II. no. 791). — Bandissin an H. Georg, dd. Juli 23 (Kal. 16. A. 312): „die Disziplin muss (zu Northeim) besser bewahrt bleiben als zu Hildesheim".
⁴) Ebd. Grubbe darf hier als ganz besonders unparteiischer Zeuge in Anspruch genommen werden, da er nicht weniger wie H. Georg oder Bandissin gegen H. Fr. Ulrich eingenommen war. Des Letzteren Beschwerden über Grubbe s. in seinem Schreiben an GAdolf, dd. Aug. 22 und Sept. 11. (Beil. 97 und 104.)

es bei Herzog Georgs Volk zu beklagen, wo alles von oben bis unten toll zugeht. Der Herzog hat mit seinem Hofstaat[1]) sein Quartier in der Stadt, und die arme Stadt muss für die ganze Verpflegung aufkommen. Die Obersten und das Volk in den Garnisonen führen ein solches Leben und pressen dies arme Volk gegen alle Billigkeit und über E. M. Ordnungen so, dass sie verlaufen müssen. Und der Rat meint schon, dass Herzog Georg auf diese Weise sich die Stadt „subjekt" machen wolle."[2])

Mit Herzog Friedrich Ulrich kam es darüber naturgemäss zu Auseinandersetzungen.[3]) Der Herzog verlangte Abstellung dieser entsetzlichen und sinnlosen Verwüstungen, die nur dazu dienten, der eigenen Partei die Mittel zu rauben; er verlangte immer wieder, dass die Armee über die Weser gehe oder die Weserfestungen, besonders Hameln, einschliesse, damit die Erträgnisse seines Landes frei würden für die Blockade von Wolfenbüttel, die er mit seinem Volke vornehmen wollte. Er bestand darauf, als Landesfürst ein scharfes Mandat gegen das Marodieren der Offiziere und Soldaten zu erlassen: die Schweden billigten das wohl, Herzog Georg aber lehnte es ab.[4])

Pappenheim hatte die kleinen Festungen Kalenberg, Steinbrück und Peine freiwillig aufgegeben[5]) — nur Steuerwald und Marienburg waren von Herzog Georg erobert worden. Gemäss der Alliance wünschte Herzog Friedrich Ulrich diese Festungen mit

---

[1]) Nicht weniger wie 150 Personen. Georg an H. Fr. Ulrich, dd. Aug. 15. (Kal. 16. A. 813.)

[2]) Sekretär Grubbe zu Mandelsloh: solche Exorbitantien hätte er sein Lebtag noch nicht gesehen. (Protokoll über Mandelslohs Bericht von seiner Sendung an die Generalität, dd. Braunschweig Juli 25. (Wfb.) — Mem. Andersons an H. Georg, v. d. (am 29. Juni zu Hildesheim „eingeschickt". Kal. 16. A. 811.)

[3]) Das folgende nach den Beratungen über die Sendung Mandelslohs in das Hauptquartier zu Hildesheim dd. Juli 15, dessen Instruktion dd. 16/17, und Bericht dd. 25/26, Instruktion für seine zweite Sendung an Baudissin dd. Juli 27/28, und Bericht dd. Aug. 5. (Wfb.) — Dazu Fr. Ulrich an Gustav Adolf, dd. Aug. 22, mit der Beilage „Kurzer Bericht, wie des Herzogs zu Braunschweig-Lüneburg F. G. und dero Land und Leute traktiert werden". (Ebd.) Beil. 97.

[4]) Ebd.

[5]) Baudissin berichtete zwar dem Könige, er habe diese Orte dem Feinde abgenommen (dd. Juli 29. Arkiv II. no. 813): das entspricht aber nicht den Tatsachen. Seine Berichte sind überhaupt mit Vorsicht zu verwenden, da sie sehr zu seinem eigenen Vorteile gefärbt sind.

eigenem Volke zu besetzen, um sie zu rasieren.¹) Als aber sein Oberst Mitschefahl den Kalenberg besetzte, wurde er mit Gewalt von Kagge vertrieben; Herzog Georg und Baudissin erklärten, es gereiche ihrer Armee zum Despekt, dass Friedrich Ulrichs Truppen im Angesicht der königlichen Armee die Festung besetzen wollten. Auch die Rasierung der übrigen kleinen Raubnester wurde abgeschlagen, sie seien zum Schutze des Landes noch nicht zu entbehren, auch bedürfe man ihrer als Werbedepots.²)

Das Bedenklichste war aber, dass jetzt die Ansprüche der beiden Herzöge auf das kleine Stift Hildesheim auf einander platzten. Es war jetzt erobert und nach der Alliance musste es dem Herzog Friedrich Ulrich eingeräumt werden. Herzog Georg weigerte sich aber das zuzulassen, „ihm wären diese drei Ämter vom Könige viel eher versprochen worden, als dem Herzog Friedrich Ulrich". Er bestellte selbst Amtleute³) und nahm sie in des Königs von Schweden Eid und Pflicht.⁴) Aber Herzog Friedrich Ulrich liess nicht nach und verlangte von Steinberg, als königlichem Legaten, die Ausführung der Alliance. Steinberg hatte doch Bedenken gegen Herzog Georgs Willen sich seines Auftrags zu entledigen; da er sich ihm aber nicht völlig entziehen konnte, berief er die Amtleute zu sich (24. Juli) und eröffnete ihnen unter Darlegung des Sachverhalts, dass sie sich allein nach Herzog Friedrich Ulrichs Befehlen zu richten hätten. Die Generalität kümmerte sich nicht darum. Herzog Georg titulierte sie nach wie vor „königlich schwedische" Amtleute, und als sie sich auf die Befehle Herzog Friedrich Ulrichs beriefen, verwies er ihnen das ernstlich.⁵) Kurzen Prozess machte Baudissin mit den herzoglichen

---

¹) Auch H. Christian bat um Demolierung der Festungswerke in Peine. H. Christian an H. Georg, dd. Juli 13. (Kal. 16. A. 312.)

²) Marienburg und Steuerwald wurden aber demoliert. (Befehl an den Obersten Meerrettig, dd. Juli 22. Ebd.)

³) Anderson an Steinberg, dd. Juli 6. (Kal. 16. A. 303. Beilage zu Steinbergs Schreiben an H. Georg, dd. Sept. 20.)

⁴) H. Georg an die Amtleute zu Steuerwald, Marienburg und Peine, dd. Sept. 7. (Kal. 16. A. 313.)

⁵) H. Georg an Joh. Lappen, königlich schwedischen Amtmann in Marienburg, dd. Sept. 7 (Or. in Wfb.); an die Amtleute zu Steuerwald und Peine eod. (Kons. Kal. 16. A. 313): Ihr werdet euch erinnern, dass wir und Anderson euch zu Hildesheim in des Königs von Schweden Eid und Pflicht genommen und zu Amtleuten eingesetzt haben; wir hören mit Befremden, dass ihr euch dem zuwider auf fürstlich braunschweigische Befehle beruft. Da wir noch nicht wissen, was

Beamten: als sich der Amtmann in Poppenburg weigerte ohne Genehmigung seines Landesherren Befehle anzunehmen, schickte er ihm den Befehl, sich sofort bei ihm einzustellen „sonst werde ich inskünftig mit andern Prozeduren wider ihn zu verfahren wissen".[1]) Da die Generalität darauf bestand, die Ämter zunächst zu Lauf- und Musterplätzen zu benutzen, so musste Steinberg zugeben, dass die Kontribution von der Einräumung an Herzog Friedrich Ulrich ausgenommen und der Armee weiter gereicht würde. Herzog Georg beruhigte sich aber nicht dabei, sondern erinnerte den König jetzt an sein Versprechen in Würzburg[2]) — doch ohne den erwünschten Bescheid zu bekommen.[3])

Friedrich Ulrich wünschte ferner, dass man die Klerisei in Hildesheim in Arrest nähme, um so die Auswechslung einiger vom Feinde gefangenen Beamten zu erzwingen, namentlich des Geheimrats Götz von Olenhusen und des Kommissars Jakob Arnd Pape, die dem Pappenheim in Einbeck in die Hände gefallen waren und noch immer in Hameln gefangen gehalten wurden. Alle Bitten des Herzogs bei seinem Vetter waren bisher vergeblich gewesen. Auch jetzt schlug man die Bitte des Herzogs ab, nachdem man der Klerisei gegen Erlegung von 30000 Rt. einen Schutzbrief erteilt hatte,[4]) und selbst ein Mandat des Königs vermochte hieran nichts mehr zu ändern.[5])

Herzog Friedrich Ulrich sandte zwar seinen Rat v. Mandelsloh nach Hildesheim ins Lager, um mit den Generälen über die

---

der König wegen solcher Ämter statuiert hat(!), erinnern wir euch in dergleichen actionen nicht zu vertiefen, sondern vorsichtig zu verfahren.

[1]) dd. Münter Sept. 10. (Kal. 21. C. X. 7. Nr. 83.)

[2]) H. Georg an G Adolf, dd. Juli 14 und 29. (Kal. 16. A. 305.) Boll. 82 u. 89.

[3]) G Adolf an H. Georg, dd. Sept. 7 (Kal. 16. A. 305, Beil. 103): der König dankt ihm für seinen Eifer (weiter nichts). Der Herzog hatte von Hildesheim aus in dieser Angelegenheit seinen Hauptmann v. Ehlen an den König gesandt; er fiel zwar den Feinden in die Hände, entkam aber bald wieder. Über den Erfolg seiner Gesandtschaft erfahren wir nur aus einem Berichte des Drosten H. von Dannenberg an den H. Georg, dd. Osterode Sept. 18 (Kal. 16. A. 314): Gestern ist der v. Ehlen hier wieder angekommen; so viel ich von ihm vernommen, ist es hochnötig, dass E. F. G. jemanden zum Könige senden; am besten wäre der Oberst Heyden oder Grubbe. — Danach kann der Bescheid des Königs nicht günstig für den Herzog gelautet haben.

[4]) Summar. delineatio o. D. (Kal. 21. C. X. 7. Nr. 83.) — Grubbe an Gustav Adolf, dd. Juli 11. (Arkiv II. Nr. 795.)

[5]) H. Georg an Steinberg, dd. Aug. 10. (Kal. 16. A. 312.)

Abstellung aller dieser Beschwerden zu verhandeln, doch ohne Erfolg. Der Generalität hatte sich vielmehr eine so heftige Erbitterung gegen Herzog Friedrich Ulrich und Steinberg bemächtigt,¹) dass sie letzteren offen beim Könige der Parteilichkeit für seine Heimat beschuldigten. Besonders übel empfand man es, dass der Herzog jetzt die drei hildesheimischen Ämter beanspruchte; und seine eigenen Werbungen war man bedacht nach Kräften nicht zu unterstützen. Herzog Georg fand hier volle Zustimmung der übrigen Generäle; er ging sogar so weit, dass er seinem Vetter den erbetenen Konsens für 60000 T., die der Herzog auf Anregung Steinbergs²) als Kammerschulden aus gänzlichem Mangel an anderen Einkünften aufnehmen wollte, abschlug, obwohl die übrigen Vettern ihre Zustimmung erteilten:³) er wollte des Herzogs Werbungen um jeden Preis verhindern. Das sicherste Mittel dies zu erreichen war aber, dass die Generäle jetzt selbst Werbepatente ausstellten. Bandissin beauftragte seinen Major Hans Christoph v. Königsmark ein Regiment von 1000 Dragonern zu werben und zwar in den Ämtern Steinbrück, Koldingen, Lauenstein und Poppenburg.⁴) Königsmark erhielt das Haus Steinbrück als Quartier für sich und 100 Dragoner angewiesen mit dem ausdrücklichen Befehle, von niemandem — wer es auch sei — eine Beeinträchtigung in den ihm assignierten Ämtern zu dulden.⁵) Die braunschweigische Garnison in Steinbrück (30 M.) wurde zum Abzug genötigt.⁶) Königsmark forderte ausser der Verpflegung noch 32000 T. Werbegelder.⁷) Ferner wies der Sekretär Grubbe dem Obersten Bruneck

---

¹) Grubbe und Bandissin an den König, dd. Juli 17 und 29. (Arkiv II. no. 801 und 818.) — Bandissin an Oxenstierna, dd. Sept. 19. (AO. skrifter II. 9. S. 818.)

²) Summar. delineatio. (Kal. 21. C. X. 7. Nr. 93.)

³) Fr. Ulrich an die Vettern in Lüneburg, Dannenberg und Harburg, dd. Juli 13. (Kal. 16. A. 812.)

⁴) Patent, dd. Duderstadt Aug. 7. (Kal. 21. C. X. 7. Nr. 93.)

⁵) Ordre, dd. Aug. 6. (Kal. 16. A. 312.) — Steinberg an Grubbe, dd. Aug. 14. (Kal. 16. A. 318.)

⁶) Fr. Ulrich an Bandissin, dd. Aug. 19. (Ebd. 313.)

⁷) Bei Bandissin erhielt diese Massregel noch einen sehr üblen Beigeschmack dadurch, dass er diese Ordre erteilte, unmittelbar nachdem ihm H. Fr. Ulrich das Amt Syke abgeschlagen hatte. H. Fr. Ulrich konnte sich nicht zur Abtretung eines so bedeutenden Amtes entschliessen — die Kammereinnahmen beliefen sich auf jährlich 7000 T. — und bot ihm dafür das Haus Hastenbeck als Lehen an; da es (für 30000 T.) erkauft war, also kein Kammergut war, konnte es der Herzog

die Städte und Ämter Peine, Sarstedt, Bodenwerder, Gronau und Ärzen als Sammelplatz für 8 Komp. z. F. und 4 Komp. Dragoner an; er forderte ausser der Verpflegung 18000 T. Werbergelder. Oberst Bruneck schaltete in Peine ganz als Herr im Lande, sperrte den Amtmann ein, der ihm nicht zu Willen war und liess sich vernehmen, wenn der Herzog seine Leute schicken würde, wollte er sie mit Prügeln traktieren.[1]) — In die Stadt Göttingen, die bereits gänzlich verarmt war, sandte die Generalität nach der Eroberung von Duderstadt den Obersten Kalkreuter mit 3 Komp. Reiter und 11 Komp. Dragoner und wies ihm das ganze Land Göttingen, den duderstädtischen Teil des Eichsfelds und die Grafschaft Honstein zur Kontribution an. Die hessische Kompanie, die noch in Göttingen als Garnison lag,[2]) musste abgeführt werden und den geringen Truppen des Landesherrn unter dem Hauptmann Horstmann und Kapitän Bernhard ward der Unterhalt verweigert.[3]) Friedrich Ulrich berief sie schliesslich ab und ins Lager vor Wolfenbüttel. Kalkreuter hauste so arg, dass es selbst dem Herzog Georg

auch ohne Zustimmung seiner Vettern verdriessern. Bandissin sollte dann 10000 T. bar erlegen. Schliesslich war der Herzog bereit, ihm das Amt Syke auf 20 Jahre für 60000 T. zu verpfänden. Bandissin lehnte aber Hastenbeck ab und verblieb bei Syke, seine Schwiegermutter habe grosse Last zu dem Amte, auch sei es ihm wohl gelegen; er werde sich bemühen, dem Herzog beim Könige ein anderes Amt im Stifte Halberstadt oder Magdeburg zu erwirken. 60000 Rt. dafür zu erlegen, lehnte er ebenfalls ab. (Mandelslohs Relation, dd. Aug. 5. Wfb.) — Vgl. dazu Grubbes Bemühungen beim Könige in Bandissins Interesse: Arkiv II. no. 791 und 801. — Bandissin hatte das Amt bereits okknpiert, den Amtschreiber — unter dem Vorwand, dass er mit dem Feinde korrespondiere — in Arrest setzen, die Register einfordern lassen und die Verwaltung an sich genommen. (Fr. Ulrich an Georg, dd. Aug. 12. Kal. 16. A. 318.) Trotz der Fürbitte des Königs verweigerte aber der Herzog die Abtretung eines so bedeutenden Landesteiles. (Gustav Adolf an Fr. Ulrich, dd. Juli 30, Antwort, dd. September 23. Beil. 91 und 107.)

[1]) Kurzer Entwurf, wie des Herzogs zu Brg.-Lbg. F. G. traktiert werden. Beil. 97. (Wfb.) — „Er lebt à principe, prasst und plagt die Leute, dass es einen Stein erbarmen kann", ebenso treibt es Königsmark in Steinbrück. (Fr. Ulrich an G Adolf, dd. Sept. 11. Wfb. Beil. 104.) — Selbst H. Georg erklärte, dass es dem Amte unmöglich sei, eine so grosse Summe zusammenzubringen, und wies den Obersten an, sich bei der Verteilung seiner Soldaten der Beamten zu bedienen. (H. Georg an Ob. Bruneck, dd. Juli 19. Kal. 16. A. 812.)

[2]) Landgraf Wilhelm an Horstmann, dd. Juli 6 (Kal. 10. A. 273): da der König uns befohlen hat, Göttingen zu quittieren, die Stadt aber nicht ohne Garnison bleiben darf, soll er dorthin marschieren.

[3]) Horstmann an Fr. Ulrich, dd. Aug. 13. (Kal. 16. A. 273.)

zu viel wurde — aber auch er vermochte jetzt die Geister nicht
mehr zu bannen, der Oberst kümmerte sich nicht viel um alle die
scharfen Befehle und Drohungen seines Generals oder gar des
machtlosen Landesherrn.[1])
Diese Lauf- und Sammelplätze waren das schlimmste, was dem
Herzog widerfahren konnte; sie waren es, die von Anfang an die
Kräfte seines Landes verzehrt und vernichtet hatten. Gleichzeitig
mit dem Einmarsche Baners und Wilhelm von Weimars hatte der
Oberst Treskow die Grafschaft Reinstein für sein Regiment okkupiert
und sich dort ein halbes Jahr verpflegen lassen. Oberst Sparenberg
hatte in der Grafschaft Honstein seine Schwadron Dragoner aufgebracht: sie kostete nicht weniger wie 10000 T. Oberst Pithan
hatte die Stadt Helmstedt als Werbequartier angewiesen erhalten,
aus der bereits der Oberst King eine ansehnliche Summe erpresst
hatte; als braunschweigische Truppen erschienen, um dort ihre
Garnison zu beziehen, verweigerte Oberst Pithan ihre Aufnahme,[2])
ja es hiess, er habe beim Könige Schritte getan, sich die Abtei
St. Ludgeri vor Helmstedt schenken zu lassen.[3])
Wie übel die Folgen dieser zuchtlosen Werbungen waren,
hatte bereits der schwedische General-Kommissar Anderson im April
beklagt:[4]) „Hier herrscht solche Verwirrung, Konfusion und Unrichtigkeit — schrieb er an den schwedischen Reichskanzler, als
er nach Magdeburg kam — dass es ein Wunder ist, dass noch ein
Bauer auf dem Lande oder ein Bürger in der Stadt leben kann.
Denn hier ist keine Regierung, Strafe oder Ehre geachtet worden,
sondern jeder hat getan, was er wollte. Anordnungen und Veränderungen sind nicht von der Regierung im Lande ausgegangen,
sondern ganz allein von den Obersten und Kapitänen. Ich kann
und mag nicht schreiben, wie es hier zugegangen ist. General
Baner mag wohl in der guten Absicht, die Werbungen zu beschleunigen, seine Autorität gebraucht haben und auch die Obersten
autorisiert haben, Ordnungen und Musterplätze anzuweisen, er hat

---

[1]) Vgl. Havemann im Archiv des historischen Vereins für Niedersachsen
1848, S. 165: Selbst Havemann fällt bei diesen Greueln aus seiner Rolle als un-
bedingter Panegyriker der schwedischen Partei.

[2]) Fr. Ulrich an Georg, dd. April 10. (Kal. 16. A. 308.)

[3]) Fr. Ulrich an Fr. Franz v. Uslar, dd. Apr. 16. (Wfb.)

[4]) Anderson an A. Oxenstierna, dd. April 19 (Arkiv II. no. 737): die
Schilderung bezieht sich zwar auf die Stifter Magdeburg und Halberstadt, sie ist
aber typisch für den allgemeinen Zustand.

aber den Schaden nicht sehen können, der daraus folgen würde. Erstens weiss niemand, was alles verordnet worden ist; dann ist bis heute noch keine Kompanie oder gar ein Regiment komplett; drittens haben sich Oberste und Offiziere verpflegen lassen, so viel sie nur von Bauern und Bürgern haben aufs äusserste auspressen können; obwohl viertens bei den Austeilungen von Musterplätzen pro forma steht, dass die Verpflegung nach der Kammerordnung geschehen soll, so wird die Kammerordnung in einer Weise von den Offizieren ausgedeutet, wie ich es noch nie gesehen oder gehört habe; hat sich fünftens jemand gegen ihre Begehren und Befehle gesträubt, so haben sie selbst die Strafe auferlegt und mit ihrem Volke die Exekution vollzogen, Volk und Vieh 10 und 12 Tage eingesperrt. So schlimm ist es in Nowgorod nicht hergegangen, wo wir doch eher auf die Erhaltung unserer eigenen Macht sehen mussten, als auf Schonung der Bürger. Hier ist es doch etwas anderes: es sind unsere Religionsverwandten; auch haben sie S. M. nächst Gott als ihren Schutzherrn angenommen und sich unter S. M. Protektion begeben; und schliesslich ist weltbekannt, wie viel das arme Volk schon von den Kaiserlichen hat ausstehen müssen."

Genau so wie Anderson im April, urteilt der schwedische Sekretär Grubbe jetzt im Juli über diese sinnlosen Verwüstungen; er berichtet an den König:[1] „Bei den Werbungen und Musterplätzen fallen grosse Unregelmässigkeiten vor: der eine holt sich hier eine Anweisung auf einen Platz, der andere dort, und jeder sucht bei dem, der die Musterplätze austeilt, seinen Vorteil, so dass oft zwei oder drei denselben Musterplatz erhalten, dagegen wieder ein einziger einen so grossen, dass zwei oder drei daran genug hätten. Die Folge ist, dass, wenn die Musterplätze öde sind, jeder eine Entschuldigung hat und auf diese Weise für grosse Summen wenig Nutzen geschaffen wird. Offiziere und Gemeine lassen sich traktieren, wie sie selbst es verlangen und wer die beste Verpflegungsordonance anzuordnen vermag, befindet sich am besten dabei. Und obwohl die Verpflegung auf die Werbegelder gerechnet werden soll, so tut man es doch nicht, sondern wenn ein jeder unter dem Namen der Verpflegung sich seinen Vorteil verschafft und das Land ausgeödet hat, so leugnet er doch, Werbegelder aufgebracht zu haben, und bringt so für die grossen Summen, die er auf dem Lande erpresst,

---

[1] dd. Juli 17. (Arkiv II. no. 601.)

wenig oder kein Volk für E. M. Dienste zuwege. Das beste wäre, die Werbegelder könnten stets aus E. M. Kasse im voraus gegeben werden. E. M. glauben sicherlich, dass das Volk hier sehr unbändig und infolge der Freiheiten, die man ihm lange Zeit gelassen hat, so bösartig ist, dass man immer Meuterei befürchten muss, wenn man nicht etwas hat, was man ihm geben kann."

Dazu war der wirkliche Nutzen, den die vielen Musterplätze der Armee brachten, sehr zweifelhaft. Grubbe, der sie aus eigner Anschauung in Niedersachsen genügend kannte und der dem Herzog Friedrich Ulrich wahrhaftig nicht freundlich gesinnt war, berichtet dem König selbst einmal: „Die Musterplätze entziehen E. M. alten Mannschaften und Offizieren alle Mittel und allen Unterhalt, sie verderben das Land in Grund und Boden und kommen, wie ich vermelden muss, E. M. doch wenig zu gute." Und ferner: „Das ist gewiss, dass durch die neuen Werbungen die alten Truppen ruiniert werden, indem sie alle Mittel wegnehmen, womit die alten Truppen unterhalten werden sollen; denn den Unterianen ist es fast unmöglich die neuen Werber zu befriedigen, viel weniger können sie zum Unterhalte der alten daneben noch etwas kontribuieren.[1]"

Anderson nennt mit Recht das den Hauptfehler, dass die Generalität auf diese Weise die Autorität der Landesregierung vernichtete, die dem Könige aufrichtig ergeben war. Wenn sie auch wegen ihrer Ungewohnheit in Kriegssachen — sagt er — in ihren Anordnungen langsam waren, so musste man doch Respekt und Autorität von ihnen nehmen um des willen, dass sie aus ihres Herzens Grunde dem Könige und der guten Sache treu sind.[2] Was hier Anderson von den Magdeburger Verhältnissen sagt, darf man auch auf die braunschweigischen anwenden. Auch Herzog Friedrich Ulrich war von aufrichtiger Loyalität gegen den König erfüllt; dass er aber den Schutz des Königs, in den er sich begeben hatte, nicht so auffasste, als ob er sich damit seiner landesfürstlichen Hoheit verlustig gemacht hätte und die schwedischen Generäle in seinem Lande nach Gutdünken schalten lassen müsste, kann man ihm doch nicht verübeln; nach den früheren Ereignissen und den eigenen Erklärungen des Königs musste er die Verbindung mit ihm als zu seiner Rettung und zur Wiedererlangung seiner beeinträchtigten Landeshoheit geschehen

---

[1] Grubbe an Gustav Adolf, dd. Gröningen Sept. 18. (Arkiv II. no. 831.)
[2] Anderson an Oxenstierna, dd. April 19. (Arkiv II. no. 737.)

ansehen, die Alliance sprach das auch aus. Man wird es ihm auch nicht verargen können, wenn er nun auch verlangte, dass der König oder sein Legat ihn gegen die Übergriffe seiner Generäle kraft der Alliance schützen solle. Er wurde in dieser Meinung durch den König selbst bestärkt, der auf des Herzogs Beschwerden über die schweren Exzesse der Soldateska an Steinberg ein äusserst scharfes Mandat sandte: er sei nicht gemeint, von jedem Offizier nach Gefallen Kontributionen und dergleichen onera dem Lande auferlegen zu lassen, sondern Steinberg solle bei allen hohen und niederen Offizieren Anordnung tun, dass scharfe Disziplin gehalten und in allem der Alliance nachgelebt werde, bei königlicher Ungnade, Leib- und Lebensstrafe; er werde von ihm, dem Legaten die Verantwortung fordern.[1]) Und auch Herzog Georg musste sich abermals eine Zurechtweisung gefallen lassen — wenn auch in sehr milder Form — dass er die Anordnungen seines Legaten nicht beachtet habe: Da wir den Dr. Steinberg, schreibt der König, als Ambassadeur sowohl an die Höfe in Braunschweig und Zelle, wie bei der Armee verordnet haben, so haben wir für überflüssig erachtet, alle ihm aufgetragene Werbungen noch durch besondere Schreiben zu wiederholen, sondern wir haben angenommen, dass E. F. G. jederzeit unsere Intention von ihm als unserm Ambassadeur gern und zur Genüge eingenommen haben.[2]) So töricht war Herzog Friedrich Ulrich nicht, dass auch er nicht eingesehen hätte, dass in Kriegszeiten und bei so schwierigen Truppen nicht alles schnurgerade hergehen könne,[3]) das aber konnte er nicht einsehen, dass er trotz der Alliance den unerhörten Exzessen der Soldateska und dem Übermute der Generäle, die seine Landeshoheit mit Absicht und systematisch mit Füssen traten, schutzlos preisgegeben sein sollte. Man kann den König nicht völlig von der Schuld freisprechen, dass er durch widerspruchsvolle Versprechungen und Anordnungen mit Anlass zu dieser Verwirrung gegeben habe; er hatte in der Alliance Bedingungen zugelassen, die unerfüllbar waren, und hat doch den Schein von der Rechtmässigkeit der Alliance selbst genährt. Er hat schliesslich auch die eigenen Werbungen des Herzogs gebilligt, die die Hauptursache der tiefgehenden Zwistigkeiten bildeten; und doch hatte auch Herzog

---

[1]) dd. Juli 31. (Kal. 16. A. 305.) Beil. 86.
[2]) dd. Juli 30. (Ebd.)
[3]) Fr. Ulrich an Steinberg, dd. Aug. 1. (Wfb.) — Fr. Ulrich an Gustav Adolf, dd. Sept. 11. P. 8. (Ebd.) Beil. 101.

Georg nicht Unrecht, wenn er darin einen Eingriff in die ihm vom Könige übertragenen Rechte erblickte. Ja der König selbst hatte durch Grubbe den Generälen in Niederdeutschland den Befehl gesandt: „dass sie durchaus keine anderen Werbungen, es sei für wen es wolle, gestatten sollten, als für diejenigen, die in I. M. Spezialbestallung angenommen seien"[1]) — ganz im Gegensatze zu seiner früheren Erklärung an Herzog Friedrich Ulrich.

Die Folge aller dieser Vorgänge war, dass es zu höchst unerquicklichen und scharfen Auseinandersetzungen mit der Generalität kam. Herzog Friedrich Ulrich beschwerte sich bei Baudissin,[2]) dass er von den königlichen Dienern, die über die Alliance wachen sollten, ärger bedrückt werde, als es je vom Feinde geschehen sei. „Einmal ist wahr, dass der General Tilly, demnach die Hostilitäten eingestellet, ohn' unser Vorwissen und vorhergehende Avisation keinen Mann hereingewiesen, noch Sammelplätze in unsern Landen angeordnet, weniger die Kontribution angelegt, auch die Unterlanen niemals als itzo traktiert worden; und geschiehet an den Orten, da ligistische Garnison logieret, als Hameln, Neustadt und dergl. noch diese Stunde nicht. Und ist wohl zu erbarmen, dass dasselbe Getreidig, als unter unsern Widerwärtigen angebaut, unter unsern Freunden nicht kann mit Sicherheit eingebracht und genossen werden." Er ging noch weiter und forderte ihn durch Mandelsloh energisch auf[3]) den Beschwerden Abhülfe zu schaffen: er könne sein Land von eigennützigen Werbern nicht aussaugen lassen und drohte mit weiteren Schritten, „wenn auch der Bund über Eck gehen sollte. Wir müssten es endlich Kursachsen und anderen Alliierten eröffnen und ihres Einhalts und Interzession bei K. W. wider unsern Willen gebrauchen. Wir wollen uns wider die Alliance fürter also wie bisher geschehen alt tribulieren lassen, es möchte darüber ergehen wie es wollte. Die Papisten hätten alles widerlaufen, was sie versprochen, derhalben wären alle Evangelischen in Deutschland von ihnen abgetreten. Nun hätten wir nimmer getrauen können, dass ein Evangelischer den andern dergestalt und ärger wie der Feind traktieren sollte." Ja als alles nichts half, griff er zur Selbsthilfe, veröffentlichte ein Edikt gegen die Exzesse und befahl seinen Unterlanen sich mit bewaffneter Hand den

---
[1]) Gustav Adolfs Mem. für Grubbe, dd. Mai 6. (Arkiv I. no. 439.)
[2]) Fr. Ulrich an Baudissin, dd. Aug. 13. (Kal. 10. A. 313.)
[3]) Instruktion, dd. Juli 29. (Wfb.)

streifenden Parteien zu widersetzen; seinen Amtleuten gab er Auftrag die Untertanen aufzubieten und sie mit Gewehr zu versehen, die Pässe zu besetzen; ohne die nötigen Scheine sollte niemand durchgelassen werden und Gewalt mit Gewalt vergolten werden.[1])
Auch Steinberg war über diesen ganzen Verlauf nicht wenig betreten: er sah den Schaden vor Augen, nicht nur für die Armee, sondern für die gemeine Sache; es war doch klar, dass bei solcher Bedrückung die Affektion gegen den König fallen musste. Er empfand aber auch bitter den Schimpf, der ihm persönlich durch diese Eigenmächtigkeiten der Generäle zugefügt wurde. Der König forderte von ihm die Verantwortung und er besass keine Macht des Königs Willen durchzusetzen. Ich bin hier Null, schrieb er, und werde um meine Abberufung bitten. Er kam sogar auf den Gedanken, dass der König geheime Befehle erteilt habe, die seiner Instruktion zuwiderliefen, und bat Grubbe, ihn wenigstens davon in Kenntnis zu setzen: so werde er zwar etwas despektiert, doch zum Besten des Königs; bei gutem Verstande aber lasse er sich nicht zum Narren halten, er werde dem Könige berichten; auch beim Herzoge gelte er wenig mehr, da derselbe desperat gemacht sei.[2])

Auch Herzog Georg erhielt ähnliche Schreiben. Bandissin antwortete „ziemlich deutsch" und „verhoffte, dass man sich daran stossen werde",[3]) während Herzog Georg dem Steinberg sein Verfahren mündlich verweisen liess: „wir meinen, er werde künftig sich unserer Korrektion entmüssigen".[4])

Beide Teile wandten sich schliesslich mit ihren Beschwerden an den König.[5]) Der König war der fortwährenden Klagen müde, zumal er doch keine Abhülfe schaffen konnte. Anfänglich hatte er sich der Sachen im niedersächsischen Kreise mit grosser Sorgfalt angenommen, hatte genaue Anweisungen gegeben und seine Sekretäre

---
[1]) Befehl an die Amtleute, dd. Sept. 27. (Kal. 21. C. X. 7. no. 93.)
[2]) Steinberg an Grubbe, dd. Aug. 14. (Kal. 16. A. 313.)
[3]) Bandissin an H. Georg, dd. Aug. 19. (Ebd.)
[4]) H. Georg an Bandissin, dd. Aug. 25. (Ebd.)
[5]) Bandissin an Fr. Ulrich, dd. Aug. 25. (Kal. 21. C. X. 7. Nr. 93.) — Bandissin an Oxenstierna, dd. Sept. 19. (AO. skrifter II. 9. S. 813.) — Fr. Ulrich an Gustav Adolf, dd. Aug. 22, dabei „Kurzer Extrakt, wie des Herzogs zu Brg.-Lbg. F. G. und dero Land und Leute traktiert werden". (Wfb.) Beil. 97. — Desgl., dd. Sept. 11. (Ebd.) Beil. 104. — Fr. Ulrich an den Agenten L'ular, dd. Sept. 12. (Ebd.; dies Schreiben ist nicht abgegangen.)

mit seinen Befehlen an die Generalität gesandt. Nachdem er aber verspürt, dass sie nicht befolgt wurden, er auch nicht in der Lage war aus der Ferne einzugreifen, liess er die Sachen laufen, wie sie laufen wollten — für ihn war der Kriegsschauplatz in Oberdeutschland natürlich die Hauptsache. Den vielfachen Bitten der Herzöge, Christians wie Friedrich Ulrichs, sowie Steinbergs, Andersons und Grubbes, dem niedersächsischen Wesen ein „Haupt" zu senden, konnte er auch nicht willfahren, da er keinen seiner Generäle entbehren konnte. Eine Zeit lang hatte er zwar seinen Reichskanzler Axel Oxenstierna dazu ausersehen, aber auch er war bei der Menge der diplomatischen Verhandlungen unentbehrlich. Er hatte geglaubt, dadurch dass er den deutschen Fürsten — Herzog Georg und Landgraf Wilhelm — das Kommando aufgetragen, für ihre Interessen am besten gesorgt zu haben; er hatte sich aber getäuscht und konnte jetzt nichts mehr daran ändern. Dass ihm jetzt die Erhaltung der Armee das wichtigere war, ist verständlich: er konnte seine Generäle den Landesfürsten nicht preisgeben. So ist es kein Wunder, dass er für seine Generäle Partei nahm und den Herzog mit einem energischen Schreiben zur Ruhe verwies[1]) — ganz im Gegensatze zu dem vor kurzem an Steinberg erlassenem Mandate:[2]) er missbillige zwar scharf die Exorbitantien der Soldateska, doch sei es nicht wohl möglich, dass, wenn zwei feindliche Lager im Lande, alles richtig zugehe; „da es uns aber imputieret, und da ein oder ander böser Bub, deren auch zu Friedenszeiten das Land nicht geübrigt, uns Unwissenheit ungestraft bliebe, solches stracks der Alliance zuwider angezogen oder die ganze Armee darum blamiert worden sollte, daran geschähe uns ebenso ungütlich, als uns zugemutet werden kann, dass wir unsere aus allerlei Volk zusammengeraffte Soldateska ohne richtige Bezahlung so wie sichs behört regulir halten und noch dazu die Unkosten und E. L. Lands Defension auf unsern Beutel richten sollten. Und wenn gleich des Krieges Noturft nach zuweilen etwas den Landen Beschwerliches vorgehen möchte, solle solches nit als ein Betrug oder Eingriff in dero fürstliche Hoheit angezogen, sondern der unumgänglichen Nezessität beigemessen und zu dem bono publico als unserm Hauptscopo gelenket werden." Dass die Generäle die kleinen Festungen Steinbrück, Peine, Kalenberg, Neustadt,

---

[1]) Gustav Adolf an Fr. Ulrich, dd. Sept. 7. (Wfb.) Bell. 101.
[2]) dd. Juli 21. (Kal. 1G. A. 305.) Beil. 66.

Syke, Stolzenau und Erichsburg nicht rasiert hätten, daran hätten sie recht getan: man sollte solcher Plätze eher noch mehr bauen, damit der Feind mit ihrer Belagerung aufgehalten werde. Die Defension der Lande des Herzogs müsse nach dem Willen seines Generals geschehen: er habe damit den Herzog Georg beauftragt, der die Sache verstehen werde, wie es des Herzogs Wohlfahrt, zuvorderst aber das Hauptwerk erfordere. Deshalb solle der Herzog seine Truppen unter die Direktion Herzog Georgs stellen: bleibe die Soldateska durch Vielheit der Kommandanten und Interessen distrahiert, so werde nichts anderes als Konfusion verursacht.

Als das Schreiben in die Hände des Herzogs Friedrich Ulrich gelangte,[1]) war Pappenheim bereits wieder an der Weser erschienen und setzte den ganzen niedersächsischen Kreis von neuem in Verwirrung: es war keine Zeit mehr, diese Diskussion fortzusetzen. Ehe wir diese Ereignisse aber weiterverfolgen, müssen wir den Verlauf der militärischen Operationen nachholen, die während der Abwesenheit des gefürchteten ligistischen Generals stattgefunden hatten.

Als die vereinigten Armeen vor Hildesheim lagen, traf hier — am Tage nach Pappenheims vergeblichem Versuche auf die Stadt — der Befehl Gustav Adolfs ein, Herzog Georg solle sofort mit seinen Truppen aufbrechen und sich mit ihm (dem Könige) bei Koburg vereinigen:[2]) der König fürchtete damals, dass Pappenheim durchbrechen, zu Wallenstein und Baiern stossen und dass diese vereint sich auf Kursachsen werfen würden; dies zu verhindern, forderte er die Truppen Oxenstiernas, des Landgrafen Wilhelm v. Hessen, Herzog Georgs und des Herzogs Wilhelm v. Weimar zu sich, um seinem Bundesgenossen zu Hilfe zu eilen.

Weder Landgraf Wilhelm noch Herzog Georg waren davon erbaut, dass sie ihre Länder verlassen und zum Könige eilen sollten, da über Pappenheims Beginnen noch keineswegs Klarheit herrschte: man vermutete, er werde sich mit den Spaniern am Rhein vereinigen und sich gegen Oxenstierna wenden. Herzog Georg hatte damals den Landgrafen von neuem zur Konjunktion aufgefordert, der auch gern wenigstens einen Teil seiner Truppen gesandt hätte, da die Konjunktion ja auch Hessen zu gute kam.[3]) Der Befehl

---
[1]) 28. Sept.
[2]) Gustav Adolf an H. Georg, dd. Juni 27, praes. Hildesheim Juli 10. (Kal. 16. A. 305.) Beil. 77.
[3]) L. Wilhelm an H. Georg, dd. Juli 11. (Kal. 16. A. 312.)

des Königs lautete aber so bestimmt, dass er der Ordre parieren musste und selbst mit seinen Truppen nach Süddeutschland aufbrach.¹) Nicht so Herzog Georg. Im Kriegsrate, dem ausser dem Herzog noch Baudissin, Lohausen, der Oberst Heyden und der Sekretär Grubbe beiwohnten, wurde eine Trennung der Armee in Gegenwart Pappenheims für nicht ratsam erachtet, und Herzog Georg beschloss, zunächst zu bleiben.²)

Inzwischen hatte sich herausgestellt, dass es Wallenstein nicht auf Kursachsen, sondern auf den König selbst abgesehen hatte; der König änderte deshalb seinen Plan, bezog bei Nürnberg ein Lager und berief die Truppen dorthin. Dieser neue Befehl des Königs traf am 16. Juli im Lager vor Hildesheim ein.³) Auch jetzt beschloss der Kriegsrat, Herzog Georgs Abmarsch noch zu verzögern und abzuwarten, wohin sich Pappenheim wenden würde.⁴)

Erst als Pappenheim nach Paderborn, Soest und dem Rheine zu marschierte, brach die Armee auf,⁵) doch wagte man noch nicht sich zu trennen, weil man in beständiger Furcht war, Pappenheim werde zurückkehren. Diesen Grund führte auch Herzog Georg dem Könige gegenüber als Entschuldigung an, dass er sich nicht bei ihm einstellen könne⁶) — In Wahrheit hatten der Herzog und Baudissin in Osterode sich schlüssig gemacht, Duderstadt dem Feinde wieder zu entreissen, woran der Herzog Interesse hatte.⁷) Dass dieser letzte Grund massgebend war, bezeugt der anwesende Sekretär Lars Grubbe. Er war von Anfang an der Meinung, dass Herzog Georg sehr wohl gemäss der Ordre des Königs hätte marschieren können, und dass Baudissin für sich allein stark genug gewesen wäre, dem Feinde in terminis defensivis Stand zu halten;⁸) er musste sich aber dem Beschlusse der Generäle fügen. Auch in Osterode war er der Meinung, dass Baudissin mit seinen 10000 Mann für sich allein stark genug wäre: aber Baudissin hielt eine Trennung

---

¹) Desgl., dd. Juli 15. (Ebd.)
²) H. Georg an Gustav Adolf, dd. Juli 14. (Ebd. 805.) Beil. 83.
³) GAdolf an H. Georg, dd. Juli 8 (Ebd.), praes. Hildesheim Juli 16. Beil. 81.
⁴) H. Georg an Gustav Adolf, dd. Juli 16. (Arkiv II. no. 798 mit dem falschen Datum Juli 15.)
⁵) Baudissin an H. Georg, dd. Winzenburg Juli 23. (Kal. 16. A. 312.) — Alles was v. d. Decken II. 73 ff. berichtet, ist freie Erfindung.
⁶) H. Georg an Gustav Adolf, dd. Osterode Juli 25. (Ebd. 303.) Beil. 87.
⁷) Grubbe an den König, dd. Osterode Juli 26. (Arkiv II. no. 800.)
⁸) Grubbe an den König, dd. Juli 11. (Arkiv II. no. 795.)

für gefährlich, und so ward nach Herzog Georgs Wunsch ein Versuch auf Duderstadt unternommen. Beim Könige entschuldigte man abermals das Ausbleiben;[1]) besonders lebhaft bemühte sich Bandissin um das Verbleiben Herzog Georgs bei der Armee, dessen Autorität allein den nötigen Unterhalt für die Armee verschaffen könne, da der Herzog von Braunschweig und Steinberg beständig die Alliance vorschützten.[2])

Die Eroberung von Duderstadt gelang wider Erwarten rasch.[3]) Am 3. August bereits begann die Besatzung zu verhandeln; während der Verhandlungen brach aber unter der Besatzung offene Meuterei aus, so dass der Kommandant, Oberstleutnant Helster, noch am Abend für sich und seine Offiziere den Schutz der Schweden erbat. Am folgenden Tage wurde die Stadt besetzt, die Besatzung gezwungen, die Waffen niederzulegen und unter der Bedingung, dass sie sich unterstellten, pardoniert: es waren 2000 Mann. Die Offiziere wurden gefangen genommen.[4]) Das war ein schöner Erfolg und eine erwünschte Verstärkung der schwedischen Armee. Im Kriegsrat wurde beschlossen, die Werke zu demolieren, da die Stadt eine Besatzung von 2000 Mann erfordert hätte.

Für Herzog Georg war der Erfolg von besonderer Bedeutung, da Duderstadt die Hauptstadt derjenigen Teile des Eichsfeldes war, auf die die Herzöge von Lüneburg als Nachfolger der Herzöge von Grubenhagen ein Erbrecht hatten. Es ist schon erwähnt, dass bereits im März, als Herzog Wilhelm von Weimar das Eichsfeld erobert hatte, mit ihm Verhandlungen gepflogen worden waren,[5]) da bekannt war, dass ihm der König Aussicht auf dessen Besitz eröffnet hatte. Trotzdem hatte man es damals in Zelle doch für geraten erachtet, beim Könige selbst Schritte zu tun und um die Einräumung dieser alten Stammlande zu bitten.[6]) Die Sache wurde aber gegenstandslos, als Pappenheim Anfang Juni das ganze Eichsfeld, mit Duderstadt, wieder eroberte. Nachdem sich die

---
[1]) H. Georg an Gustav Adolf, dd. vor Duderstadt Juli 29. (Ebd. no. 814.)
[2]) Bandissin an Gustav Adolf, dd. Duderstadt Juli 29. (Ebd. no. 813.)
[3]) Ebd. und Arkiv I. no. 540. — H. Georg an den König, dd. Aug. 0 und 10. (Kal. 16. A. 30Ei.) Beil. 03 und 94.
[4]) H. Georg an Gustav Adolf, dd. Aug. 9. (Kal. 10. A. 805.) Beil. 93. — In dem Schreiben vom 10. Aug. (Arkiv II. no. 823) gibt H. Georg die Zahl der ligistischen Truppen auf 1500 Mann an.
[5]) S. o. S. 65.
[6]) H. Christian an Gustav Adolf, dd. März 27. (Zelle 11. 00.) Beil. 61.

Schweden jetzt abermals des Eichsfeldes bemächtigt hatten, erneuerte Herzog Georg im Interesse seines Hauses die Bitte bei dem Könige, ihm Duderstadt und die übrigen alten Stammlande einzuräumen: für Wilhelm von Weimar bleibe der ganze übrige Teil des Eichsfeldes.[1]) Auch jetzt erfolgte kein Bescheid vom Könige. Grubbe nahm die Huldigung im Namen des Königs ein — trotz des Protestes des Herzogs von Weimar — und bestellte neue Beamte;[2]) und Herzog Georg teilte dem Herzog von Weimar mit, dass er die Rechte seines Hauses beim Könige in Acht nehmen werde.[3]) Das Eichsfeld, grubenhagischen Teils, wurde im Namen des Königs und Herzog Georgs von einem Schnitzen in Duderstadt und einem Amtsverwalter in Lindau verwaltet. So blieb es bis zu des Königs Tode — erst nach diesem erhoben sich Streitigkeiten zwischen den beiden interessierten Häusern Weimar und Lüneburg.

Nach der Eroberung von Duderstadt wurde im Kriegsrate der verhängnisvolle Beschluss gefasst, sich zu trennen: Herzog Georg sollte mit dem General Lohausen und Oberst v. d. Heyden vor Wolfenbüttel rücken und die dort bereits von den Braunschweigern begonnene Blockade mit Nachdruck betreiben, Baudissin dagegen — da man noch immer im Unklaren über die Absichten Pappenheims war — sich mit dem Feldmarschall Horn am Rhein, oder dem Reichskanzler in Würzburg vereinigen, je nachdem Pappenheim seinen Marsch nach Baiern oder zu den Spaniern an den Rhein nehmen würde. Ehe man sich aber trennte traf der holländische Oberst Peter Holzapfel gen. Melander als Abgesandter des Prinzen von Oranien[4]) mit der Nachricht im Lager ein, dass Pappenheim über den Rhein gegangen sei um Maastricht zu entsetzen. Im Auftrage seines Herrn und der Generalstaaten bat er um Sukkurs, etwa nach Wesel zu.[5]) Baudissin hatte zwar Bedenken ohne Er-

---

[1]) H. Georg an Gustav Adolf, dd. vor Duderstadt Aug. 10. (Arkiv II. no. 823.)

[2]) Landdrost H. v. Dannenberg an H. Christian, dd. Osterode Aug. 16. (Kal. 1b. Gen. 9.)

[3]) H. Georg an H. Wilhelm von Weimar, dd. Westerode bei Duderstadt Aug. 10. (Ebd.)

[4]) Kreditiv, dd. Juli 29. (Kal. 16. A. 812.)

[5]) Grubbo an den König, dd. Aug. 11. (Arkiv II. no. 824.) — Baudissin an Oxenstierna, dd. Aug. 12. (AO. skrifter II. 9. S. 800.) — Resolution an Melander, dd. vor Duderstadt Aug. 11. (Kal. 16. A. 813.)

mächtigung des Königs dem Folge zu leisten; da es aber seiner Ordre entsprach, Pappenheim zu folgen, es auch von nicht geringer Bedeutung für die Zukunft war, wenn man den Wunsch der Generalstaaten erfüllte, so beschloss der Kriegsrat, dass Baudissin sich mit seinen Truppen nach Westfalen wenden und dem Rheine nähern sollte; Inzwischen sollte man durch den Reichskanzler den Feldmarschall Horn veranlassen, rheinab zu marschieren, um sich mit Baudissin zu vereinigen: durch diese Diversion hoffte man Pappenheim von den Niederlanden abzuziehen. Die Trennung der Armeen ward aber aufrecht erhalten, um so mehr, als jetzt auch Nachrichten eintrafen, dass Graf Gronsfeld, den Pappenheim in Westfalen zurückgelassen hatte, Befehl habe, in den niedersächsischen Kreis einzufallen und die Blockade von Wolfenbüttel aufzuheben.

Der Plan ward alsbald ins Werk gesetzt: Baudissin brach am 11. August auf und Herzog Georg am 13., um über Northeim und Seesen vor Wolfenbüttel zu rücken.[1])

Diese Trennung der endlich vereinigten Armeen, war ein schwerer Fehler und hat sich bitter gerächt. Massgebend für sie war — wie bei der Belagerung von Duderstadt — der Wunsch Herzog Georgs, nicht der des Herzogs Friedrich Ulrich. Er tat es im Interesse des welfischen Hauses, gemäss dem ersten in Würzburg vom Könige erhaltenen Befehle, aber nicht bloss deshalb, sondern auch um seine Rechte als General im niedersächsischen Kreise wahrzunehmen und zu verhüten, dass Herzog Friedrich Ulrich diese wichtige Festung selbständig eroberte. Herzog Friedrich Ulrich hatte die Stadt bereits von Ferne blockiert und war von dem Anmarsche der Armee Herzog Georgs sehr wenig erbaut.[2])

Er wie andere waren vielmehr der Meinung, dass die Armee unter allen Umständen vereinigt bleiben müsse und dass sie entweder versuchen müsse Hameln, den wichtigsten Weserpass, zu nehmen, oder dass sie nach Westfalen gehen und die Hilfsquellen des Feindes sich nutzbar machen müsse. Derselben Meinung war der schwedische Generalkommissar Anderson:[3]) „er hätte es für besser gehalten, wenn I. F. G. über die Weser gegangen und allein 4—5000 M. mit den Braunschweigern vor Wolfenbüttel gelassen

---

[1]) Dannenberg an H. Christian, dd. Osterode Aug. 16. (Kal. 1 b. Gen. 9.)
[2]) v. d. Decken II. 73 und 77 lässt den Anmarsch des Herzogs Georg auf wiederholtes Drängen H. Friedrich Ulrichs erfolgen.
[3]) Anderson an Lohausen, dd. Halberstadt Aug. 21. (Kal. 16. A. 313.)

hätte. Denn die wolfenbüttelsche Belagerung wird nichts anderes verursachen als der Armee Ruin. Interim wird Gronsfeld werben und es ebenso machen wie Pappenheim mit Magdeburg und Stade. Es wird Kunst geben, soviel Proviant zusammen zu bringen." Nicht anders urteilte Salvius:[1]) Das zu Duderstadt genommene consilium ist gut, soweit Baudissin nach Westfalen gegangen, besonders wenn er dem Pappenheim die Rückkehr über den Rhein gänzlich verwehren könnte: das ist möglich, wenn er sich mit Horn vereinigt, zumal Pappenheim vor Maastricht (das am 23. August erobert worden ist) tapfere Stösse bekommen hat. Dass aber die andere Hälfte der Armee vor Wolfenbüttel gegangen und die Weser verlassen hat, verstehe ich nicht; besser wäre es gewesen, man hätte Wolfenbüttel mit dem Landvolke blockiert und wäre mit der Armee über die Weser gegangen, hätte sich dort festgesetzt und des Gronsfelds Aufkunft verhindert. Wolfenbüttel ist mit keiner Entreprise zu nehmen und eine ordentliche Belagerung ist nicht ausführbar. Es ist zum Besten des Hauses Braunschweig, das andere aber ad summam rei.[2])

Am bedenklichsten erschien es Steinberg und dem Herzog Friedrich Ulrich, dem der Generalleutnant Baudissin den Beschluss des Kriegerates zu Duderstadt mit kurzen Worten mitgeteilt hatte.[3]) Herzog Georg hatte seinen Proviantmeister Albrecht Wolff vorausgeschickt und forderte Proviant für 7000 M. und mehr, sowie die Materialien und Stücke zur Blockade und nachherigen Belagerung.[4]) Herzog Friedrich Ulrich war zunächst entrüstet, dass man ohne ihn nur zu fragen alle diese Anordnungen getroffen hatte, die doch sein Land in erster Linie betrafen und die er durchaus nicht billigen konnte. Die Alliance schrieb vor, dass der Herzog, so lange der Krieg in seinen Ländern geführt werde, einen Rat bei der Generalität haben solle, dessen Gutachten respektiert werden solle. Er verlangte, dass auch er in dieser Sache gehört werde, zumal er

[1]) Salvius an Steinberg. dd. Lübeck Sept. 6. (Ebd.)
[2]) Ebenso schreibt Camerarius aus dem Haag (Extrakt dd. Sept. 17, Kal. 16. A. 814): ich weiss nicht, warum man im niedersächsischen Kreise die Truppen nicht beisammen hält und gemeinsam dem Hauptfeind begegnet, conjunctis viribus hätte man längst den Pappenheim dämpfen können. Man hätte längst in Westfalen nerven suchen sollen. — Vgl. dazu Chemnitz I. S. 407, dem offenbar das Schreiben des Salvius als Quelle gedient hat.
[3]) Baudissin an Fr. Ulrich, dd. vor Duderstadt Aug. 7. (Kal. 16. A. 312.)
[4]) Kreditif und Mem, dd. vor Duderstadt Aug. 10. (Ebd.)

den Anmarsch einer so grossen Truppenzahl für unnötig und falsch hielt, da es ihm unmöglich war sie zu verpflegen. Fast sein ganzes Land war mit Musterplätzen überlegt[1]) und konnte nichts zum Unterhalte einer so grossen Blockadearmee beitragen; es waren nur noch wenige Ämter in der nächsten Nähe von Braunschweig übrig, die dazu nicht ausreichten. Er wiederholte immer von neuem, man solle mit der Armee vor Hameln gehen[2]) und die Musterplätze abschaffen, dann würde das Land genug Kontribution aufbringen, um beides, die Belagerung von Hameln und die Blockade von Wolfenbüttel unterhalten zu können.[3]) Mit den Völkern Georgs bat er ein für allemal ihn zu verschonen.[4])

Ebenso führte Steinberg in einem ausführlichen Promemoria aus,[5]) dass es jetzt, wo das Land mit Musterplätzen überlegt sei, an Mitteln fehle, eine so grosse Truppenzahl zu unterhalten; fehlte es doch an den nötigsten Geldern auch nur die wenigen Truppen Herzog Friedrich Ulrichs oder der Stadt Braunschweig zu befriedigen.[6]) Auch er hielt es — wie Salvius und der Generalkommissar Anderson — für nötig, vor allem Baudissins Armee

---

[1]) Grubbe an Gustav Adolf, dd. Gröningen Sept. 18 (Arkiv II. no. 831): Magdeburg, Halberstadt, Lüneburg, Brunswick och Bremen äro så med mönsterplatser belaggde, att nudemätarno dem ej kunna utstå, mycket mindre för armén något mer contribuera. Äro också på somliga orter så derigenom så vill som åtskillige tåg och andra besvär, så af E. K. M. eget folk som fienden förödde och ruinerade, att det ej nogsamt kan beklagas, och är undor, att något ännu är öfrigt. Brunswick håller nu Hertig Jörgens armé med proviant, hafver desslikes öfver allt mönsterplatser, att der icke en penning mer kan för armén vidare utpressas. Och horteligen att säga, mönsterplatserne förtaga E. K. M. gamla knektar och officerare alla model och underhåll, ruinera landen i grund, och som jag förmåla vill, komma doch E. K. M. till fast liten nytta.

[2]) Über die geringe Besatzung in Hameln berichtete gerade damals Göta v. Olenhusen, dem es gelang, einen Brief aus seiner Gefangenschaft an H. Georg zu befördern (dd. Hameln Aug. 16, Kal. 16. A. 913): es waren in der Stadt nur 3½ Kompanien zu Fuss, keine über 200 Mann stark, worzu neuerdings noch 150 Mann und 180 Pferde gekommen waren; dabei waren die Werke so weitläufig, dass sie dreimal so viel Volk erforderten; Pappenheim hatte ihre Unförmlichkeit noch bei seiner letzten Anwesenheit heftig getadelt und sie für „nichtswürdig" erklärt. Die Knechte murrten auch über die harte Behandlung.

[3]) Fr. Ulrich an H. Georg, dd. Aug. 11. (Ebd.)

[4]) Desgl., dd. Aug. 14. (Ebd.) — eoi. an Baudissin. (Ebd.)

[5]) dd. Sept. 16. (Ebd. 814.) Dazu Steinberg an H. Georg, dd. Aug. 14. (Ebd. 813.)

[6]) Steinberg an H. Georg, dd. Aug. 6. (Kal. 16. A. 912.)

zu verstärken, damit er sich Westfalens bemächtigen könne, dagegen Wolfenbüttel nur von Ferne zu blockieren, namentlich zur Zeit der Ernte. Ebenso müssten die verderblichen Rekrutenplätze abgeschafft werden. Er dachte dabei auch an die Zukunft: blieben die Armeen den Winter über abermals im niedersächsischen Kreise, so war es unmöglich, die Felder zu bestellen — verliefen doch die Bauern vor der Soldateska — und es musste im nächsten Jahre an dem nötigen Getreide fehlen. Zudem war der Kreis so erschöpft, dass er überhaupt nicht mehr imstande war, für 18—20000 Mann Winterquartiere zu gewähren. Ging man dagegen nach Westfalen, so ruinierte man nicht nur die feindlichen Werbungen, man machte sich auch die dortigen reichen Hilfsquellen zunutze. Wenn der niedersächsische Kreis von den Armeen befreit war, konnte er in möglichst hohe Kontribution gesetzt werden, und dazu waren die Braunschweiger gern bereit, wie sie sich noch letzthin gegen die Generalität pflichtbar erboten hatten.[1]) Steinberg machte sich — mit Wissen und Willen Herzog Friedrich Ulrichs — anheischig, wenn die Armee abgeführt und die Musterplätze aufgehoben würden, monatlich 12000 T. Kontribution aufzubringen.[2])

Wie wenig aber Herzog Georg und Baudissin geneigt waren, diese Erwägungen und Ratschläge zu berücksichtigen, haben wir schon gesehen. Friedrich Ulrichs und Steinbergs Schreiben teilte Baudissin dem Herzog Georg mit der Bemerkung mit:[3]) so geht es, wenn Schreiber das Direktorium führen; ich weiss nicht, wie sie mit der Blockade von Wolfenbüttel fortkommen wollen, als wenn E. F. G. sich selbst des Directorii im ganzen Lande Braunschweig unternehmen und nach Ihrer Diskretion alles regulieren. Ein andermal schrieb er:[4]) aus des Herzogs Schreiben ist zu ersehen, was für unerfahrene kriegsprakticierende Handlanger er um sich hat; es wird kein besseres Mittel sein, als dass E. F. G. den Ernst gebrauchen; es sei Freund oder wer will: wer die Mittel zur Blockade nicht hergeben will, von dem werden sie genommen.

---

[1]) Ganz dieselben Gedanken äussorte Salvius in seinem Schreiben an Steinberg, dd. Lübeck Sept. 5. (Kal. 16. A. 818.)
[2]) Steinberg an Lohausen, dd. Aug. 28. (Kal. 16. A. 819.) — Summarische Delineation (des H. Fr. Ulrich) Kal. 21. C. X. 7. Nr. 99. — Fr. Ulrich an Gustav Adolf, dd. Sept. 11. (Wfb.) Bell. 104.
[3]) dd. Herstelle Aug. 19. (Ebd.)
[4]) Baudissin an H. Georg, dd. vor Paderborn Aug. 26. (Ebd.)

Und den Herzog Friedrich Ulrich warnte er[1] „sich nicht allzu viel von denjenigen, welche in re militari wenig erfahren, einnehmen und persuadieren zu lassen".

Herzog Georg war mit Baudissin einer Meinung:[2] „weiss Gott, man tut uns zuviel, wir haben alles mit Vorbewusst aller Generäle getan; dennoch will ein einziger Mann, der doch sein Tage keine Profession davon gemacht hat, solche Leute perstringieren; er sehe mit zu, wir sein von königlichem Geblüt und hoffen I. M. werden uns auch einmal als einen Verwandten hören: vielleicht möchte sichs wenden".

Und er täuschte sich nicht; denn Gustav Adolf, dem beständig Klagen über Steinberg und Herzog Friedrich Ulrich von Baudissin,[3] Grubbe, Herzog Georg u. a. zugeschickt worden waren, trat jetzt gänzlich auf die Seite Herzog Georgs, dessen Eifer Baudissin ihm hoch gerühmt hatte:[4] er wies nicht nur wie schon erwähnt, den Herzog Friedrich Ulrich scharf zurecht,[5] sondern billigte ausdrücklich die Blockade von Wolfenbüttel, die Herzog Georg mit Hilfe von Lohausen mit allem Ernst fortsetzen solle.[6]

Herzog Georg hatte sich auch durch nichts beirren lassen, am 17. August traf er vor Wolfenbüttel ein und übernahm das Kommando.[7]

---

[1] Baudissin an H. Fr. Ulrich, dd. bei Paderborn Aug. 25. (Kal. 21. C. X. 7. Nr. 93.)

[2] H. Georg an Lohausen, dd. Stöckheim Aug. 23. (Kal. 16. A. 813.)

[3] Baudissin an H. Georg, dd. Röxter Sept. 18 (Kal. 16. A. 314): H. Georg solle sich an gebürigem Orte beschweren, wie er es stets mit Stalnberg getan habe. (Vgl. Baudissin an Gustav Adolf, dd. Juli 29, Arkiv II. no. 613, und an Oxenstierna dd. Sept. 19, AO. skrifter II. 0. S. 618).

Als Steinberg dem H. Georg des Salvius' Gutachten, dd. Lübeck Sept. 5 (Kal. 16. A. 313), zusandte, schickte das der Herzog an Baudissin weiter: „was die Herren Salvius und Steinberg abermals geschmiedet", und forderte ihn auf, es an gehörigen Ort zu bringen; was geschehen sei, besonders die Blockade von Wolfenbüttel, sei einhellig mit ihm, Lohausen, Heyden und Grubbe in Duderstadt beschlossen worden; er sei Fürst des Reiches und seit 30 Jahren Soldat, er könne sich von Steinberg nicht reformieren und kommandieren lassen. Zugleich sandte er an Oxenstierna ein Beschwerdeschreiben mit der Bitte, dessen bei dem Könige zu gedenken (dd. Sept. 11, Kal. 16. A. 314).

[4] Baudissin an Gustav Adolf, dd. Juli 29. (Arkiv II. no. 618.)

[5] Gustav Adolf an H. Fr. Ulrich, dd. Sept. 7. (Wfb.) Beil. 101.

[6] Gustav Adolf an H. Georg eod. (Kal. 16. A. 805.) Beil. 102.

[7] H. Georg an Gustav Adolf, dd. Klein-Stöckheim Aug. 21. (Arkiv II. no. 626: hier aber falsch dd. Aug. 24.)

Bereits Mitte Juli hatte Steinberg die Braunschweiger angetrieben, die Blockade von Wolfenbüttel rechtzeitig vor der Ernte zu beginnen,[1]) worauf man sich zunächst der Zustimmung Bandissins versichert hatte.[2]) Bandissin versprach nicht nur Verstärkungen zu der Blockadearmee zu senden, sondern — und darauf kam es an — er sicherte auch den Braunschweigern zu, dass er Pappenheim von ihnen abhalten werde: würde der ligistische General wiederkommen, so werde er ihm den Kopf bieten.

Sorge bereitete nur die Verpflegung selbst der wenigen Truppen, die die Blockade vornehmen sollten,[3]) zumal da die Hoffnung fehlgeschlagen war, dass Bandissin die kleinen Garnisonen in Peine, Steinbrück u. s. w. abführen werde, und da die Generalität statt dessen das Land mit Werbeplätzen belegte. Trotzdem begann Herzog Friedrich Ulrich Anfang August Wolfenbüttel von Ferne einzuschliessen — es kam darauf an, jetzt in der Zeit der Ernte die Garnison zu verhindern sich von neuem mit Proviant zu versehen. Die Anfänge waren freilich kläglich genug:[4]) es standen ihm seine eigenen wenigen Truppen unter dem Obersten Mitschefahl zur Verfügung (400 M. z. F., 300 Dragoner und 150 Reiter), die Stadt Braunschweig versprach ihre 150 Reiter und 400 M., die anfänglich grosse Schwierigkeiten bereiteten; von der Hauptarmee waren kaum 150 Reiter und 50—60 Dragoner unter dem Oberstleutnant Beyer eingetroffen. Herzog Christian von Zelle weigerte sich schliesslich die versprochenen 2—300 M. zu senden, weil es hiess, dass Gronsfeld in das Stift Verden einfallen werde;[5]) dagegen hatte Anderson, der über den Beginn der Blockade sehr erfreut war, aus dem Magdeburgischen die Regimenter Termo und King und 150 Pferde in Aussicht gestellt.[6]) An Reibereien fehlte es natürlich auch nicht, da Mitschefahl sich weigerte von dem

---

[1]) Protokoll des geh. Rates, dd. Braunschweig Juli 15. (Wfb.)
[2]) Sendung des Mandelsloh ins Hauptquartier nach Hildesheim (Relation, dd. Juli 25) und Duderstadt (Rel., dd. Aug. 5). (Wfb.)
[3]) Ebd. Protokolle des geh. Rats, dd. Juli 15 ff. (Wfb.)
[4]) Steinberg an H. Georg, dd. Aug. 6. (Kal. 16. A. 812.) — Etwas höher gibt die Zahl Fr. Ulrich in seinem Schreiben an H. Georg, dd. Aug. 14, an (Ebd. 313): Braunschweiger 500 Mann, 300 Dragoner, 150 Reiter; die Stadt Braunschweig 400 Mann und 130 Pferde; Beyer 200 Pferde und 80 Dragoner.
[5]) H. Christian an Steinberg, dd. Aug. 2. (Zelle 11. 99.)
[6]) Anderson an H. Fr. Ulrich, dd. Jerichow Aug. 7 (Kal. 16. A. 312) und dann Fr. Ulrich an H. Georg, dd. Aug. 14. (Ebd. 313.)

schwedischen Oberstleutnant Boyer sich kommandieren zu lassen; doch griff hier Steinberg ein und beschwichtigte die Offiziere.¹) Wenn alles zusammen war, rechnete man auf 3000 M. und 600 Pf., mit denen man die Garnison in Wolfenbüttel (1000 M. und 200 Pf.) wohl an fernerer Verproviantierung der Festung hindern konnte.²) Doch vorläufig waren nur die braunschweigischen und die wenigen schwedischen Truppen unter Beyer vorhanden, mit denen an eine wirksame Blockade noch nicht zu denken war.

Ehe noch der herzogliche Protest an Herzog Georg gelangte, traf die Nachricht in Braunschweig ein, dass dessen Volk bereits im Amte Lichtenberg angelangt sei;³) am 16. August logierte sich Lohausen in Halchter im Süden von Wolfenbüttel ein und am 17. verlegte Herzog Georg sein Hauptquartier nach Klein-Stöckheim im Norden.⁴) Er hatte noch von Seesen aus seinem Vetter Friedrich Ulrich die Versicherung gegeben, dass er ihm Wolfenbüttel alsbald nach der Eroberung ohne weiteres einräumen werde.⁵) Nun versammelten sich auch die übrigen Truppen: am 21. kam das Regiment Termo, am 28. rückten die braunschweigischen Fähnlein in Thiede ein, am 31. kam noch das Regiment King dazu.⁶) Mit ihnen besetzte man zunächst noch Linden, im Südosten, jenseits der Ocker. Um aber die Blockade wirksam auszuführen, waren noch weitere Quartiere nötig: man beschloss solche in Stöckheim, Fümmelser Teich, Halchter, Linden und Ahlum einzurichten,⁷) doch dauerte es sehr lange, ehe man zur Ausführung kam. Namentlich gegen Osten konnte man die Streifereien der ligistischen Garnison nicht hindern.

Das Oberkommando führte Herzog Georg, doch unter beständigem Beirate des Obersten und Kriegsrats v. d. Heyden, der bei ihm in Klein-Stöckheim war, und des Generalmajors Lohausen in Halchter, mit dem er in täglichem Briefwechsel stand. Er war voller Hoffnung auch Wolfenbüttel so rasch zur Übergabe zu zwingen, wie Duderstadt, dessen glückliche Eroberung seine Zuversicht un-

¹) Steinberg an H. Georg, dd. Aug. 6. (Kal. 10. A. 812.)
²) Fr. Ulrich an H. Georg, dd. Aug. 14. (Ebd. 813.)
³) Steinberg an H. Georg, dd. Aug. 14. (Ebd.)
⁴) Geleen an Gronsfeld (dd. Aug. 27); ein aufgefangenes Schreiben, das Lohausen mit Randbemerkungen versah. (Ebd.)
⁵) H. Georg an Fr. Ulrich, dd. Seesen Aug. 15. (Ebd.)
⁶) Geleen an Gronsfeld, dd. Aug. 27. (Ebd.)
⁷) Denkschrift Steinbergs, dd. Sept. 16. (Ebd. 814.)

gemein gesteigert hatte.¹) Er rechnete auch hier, dass der Mangel an Proviant die Garnison bald zur Meuterei veranlassen werde.²) Doch entsprach der Fortgang nicht den Erwartungen, wenn Herzog Georg auch mit Eifer ans Werk ging. Zunächst hatte er sich in dem Kommandanten von Wolfenbüttel, dem Oberst Geleen verrechnet; er war einer der besten Offiziere der ligistischen Armee, der die Verteidigung mit Umsicht und Entschlossenheit leitete. Gleich zu Anfang unternahm er einen heftigen Ausfall gegen Halchter (20. August), doch gelang es Lohausen ihn siegreich abzuschlagen. Glücklicher war er bei einem anderen am 25. August, bei dem ihm der General-Kommissar Anderson in die Hände fiel, der von Magdeburg herüber gekommen war. Das war kein geringer Gewinn, denn Anderson verwaltete die Stifter Magdeburg und Halberstadt mit grossem Geschick und seine Abwesenheit wurde schmerzlich vermisst.³) Es machte sich wohl bei der Garnison in Wolfenbüttel einiger Mangel geltend, namentlich an Bier, doch war von der erwarteten Meuterei keine Rede. Der Kommandant verstand es durch fortgesetzte Exkursionen immer wieder von neuem sich zu versorgen.

Dagegen waren die Unternehmungen der Belagerer von keinem grossen Erfolge begleitet. Ein Anschlag, den man in der Nacht vom 3. zum 4. September auf das Gotteslager vor Wolfenbüttel ausführen wollte, um es einzuäschern, misslang infolge der Klarheit der Nacht und der Wachsamkeit des Feindes;⁴) ebensowenig gelang der Versuch das Wasser abzugraben, so gross auch die Vorbereitungen gewesen waren, die man getroffen hatte.⁵) Auch mit der Einrichtung der Quartiere kam man nur langsam vorwärts, es fehlte an Arbeitskräften um die Schanzen aufzuwerfen: die Bauern waren längst vor der verwilderten Soldateska verlaufen. Mitte September⁶) — also vier Wochen nach dem Eintreffen Herzog Georgs — war man erst mit Stöckheim und Halchter fertig, und nach Osten hin

¹) H. Georg an Steinberg, dd. vor Duderstadt Aug. 10. (Kal. 16. A. 812.)
²) H. Georg an G Adolf, dd. Aug. 21. (Arkiv II. no. 626, hier falsch datiert.)
³) Grubbe an Gustav Adolf, dd. Höxter Sept. 27 (Arkiv II. no. 835): Igenom Andersons fråuvaro förorsakes här både 1 contributionerne som munitionssaker och annat sådant stor confusion, i det ingen är som om hans saker vet besked och en part sig kanske deri mera antaga än dem bör.
⁴) Lohausen an H. Georg, dd. Halchter Sept. 4. (Kal. 16. A. 813.)
⁵) Lohausen an H. Georg, dd. Sept. 19. (Kal. 16. A. 814.)
⁶) Memorial Steinbergs, dd. Sept. 16. (Ebd.)

konnte die wolfenbüttelsche Garnison ungehindert streifen, von Linden aus war das nicht zu verhindern. Herzog Georg zog zwar auch noch sein Regiment Meerrettig, das bisher in Hildesheim gelegen hatte, zur grossen Freude der Stadt an sich[1]) — aber auch das änderte nicht viel.

Man ward bald inne, dass die Blockade nicht so leicht war, als man sie gemacht,[2]) und dass Salvius doch Recht hatte mit seiner Behauptung, dass Wolfenbüttel nicht mit einer Entreprise zu nehmen sei. An eine regelrechte Belagerung konnte man nicht denken, dazu fehlte es an Artillerie, Munition und sonstigem Belagerungsmateriale. Nur zu bald bewahrheitete sich auch, wovor Steinberg gewarnt hatte, dass es unmöglich sei aus den wenigen übrigen Ämtern eine so grosse Anzahl von Truppen zu verpflegen. Die Truppen wurden auch immer schwieriger, da eine Soldzahlung nicht möglich war: weder Salvius noch Steinberg[3]) vermochten Geld zu beschaffen; aus Lüneburg war ebensowenig zu holen, wie aus Braunschweig, da alles durch die Lauf- und Musterplätze ausgesogen war. Die Truppen hausten entsetzlich[4]) und streiften weit herum. Selbst mit seinem Bruder Christian kam Herzog Georg wegen dieser Verpflegungsfrage in heftigen Briefwechsel.[5])

Man wurde im Hauptquartiere doch bedenklich; Lohansen und v. d. Heyden sprachen es offen aus, dass das Volk von Tag zu Tage abnehme — mehr aus Mangel als wegen des Feindes — so sei die Gefahr gross „dass man nicht etwa einen Schimpf einlege".[6])

Aber nicht nur vor Wolfenbüttel erwiesen sich die Vorhersagen der „kriegspraktizierenden Handlanger" als richtig, leider stellten sich auch bei Baudissins Korps die üblen Folgen der Trennung sehr bald ein.[7]) Von Duderstadt aus war Baudissin ins

---

[1]) H. Georg an St. Hildesheim, dd. Sept. 8 (Ebd. 813); das Regiment zog am 10. Sept. ab. (Ebd.)
[2]) Lohansen an H. Georg, dd. Sept. 4. (Ebd.)
[3]) Salvius an H. Georg, dd. Hamburg Sept. 14. (Kal. 16. A. 314.) — Steinbergs Promemoria, dd. Sept. 16. (Ebd.)
[4]) Steinberg an H. Georg, dd. Sept. 20. (Ebd. 305.) Fr. Ulrich an Mitschefahl, dd. Sept. 22 (Kal. 21. C. X. 7. no. 93): soll das Rauben und Plündern der braunschweigischen Truppen abstellen.
[5]) H. Georg an H. Christian, dd. Aug. 31 (v. d. Decken II. Nr. 97) und Sept. 2 (Kal. 16. A. 313); Antwort, dd. Sept. 4 (Zelle 11. 92).
[6]) Lohansen an H. Georg, dd. Sept. 4. (Kal. 16. A. 813.)
[7]) Vgl. Droysen a. a. O. IX. S. 809 ff.

Paderbornsche gerückt und vertrieb die feindlichen Garnisonen aus Warburg, Dringenberg, Brakel, Volkmarsen und Stadtberge, die sich alle auf Paderborn zurückzogen. Gegen Paderborn konnte er aber nichts ausrichten, da es ihm an Artillerie gebrach; er musste sich nach Warburg zurückziehen. Hier erhielt er vom König Befehl, dem Prinzen von Oranien zu Hilfe zu ziehen:¹) doch Gronsfeld hatte alle Pässe an der Lippe stark belegt, so dass Baudissin nicht weiter konnte.²) Zudem stiess jetzt Merode mit 7 Regimentern zu Gronsfeld,³) die zusammen ein Korps von 8—9000 Mann ausmachten, wogegen Baudissin mit höchstens 5000 Mann — seine Truppen hatten sehr abgenommen — nicht ankommen konnte. Dazu traf noch die Nachricht ein, dass nunmehr auch Pappenheim wieder zurückkehre. Sein Versuch, Maastricht zu entsetzen, war gescheitert, die Festung war am 23. August gefallen. Pappenheim wandte sich wieder zurück, war am 30. August in Roermond, am 9. September in Ruhrort und am 18. bereits in Dortmund. Baudissin hatte sich inzwischen nach Höxter gewandt, um hier Verstärkungen abzuwarten.

Bereits am 28. August hatte Baudissin an Lohausen geschrieben, Herzog Georg möchte sich mit den Völkern, die er vor Duderstadt mit sich genommen, wieder mit ihm vereinigen, damit sie zusammen auf Gronsfeld gehen könnten; die Blockade sollten die braunschweigischen und andere Truppen aus den Stiftern Magdeburg und Halberstadt fortsetzen⁴) — war das nicht just dasselbe, was Steinberg u. a. geraten hatten? Georg war aber nicht geneigt, ein ihn so lebhaft interessierendes Unternehmen aufzugeben, bei dem er sich bereits so weit engagiert hatte.⁵) Anders dachten Lohausen und Heydon: sie fanden, dass der Vorschlag Baudissins zur rechten Zeit käme, um sich mit Anstand aus der heiklen Affaire zu ziehen, zumal der von Baudissin angegebene Vorwand — Herzog Friedrich Ulrich mache wegen der Verpflegung Schwierigkeiten — dem Herzog von Braunschweig die Verantwortung zuschiebe.⁶) Auch der König

---

¹) Gustav Adolf an Oxenstierna, dd. bei Nürnberg Aug. 20. (Arkiv I. no. 470.)
²) Baudissin an H. Georg, dd. Warburg Sept. 1. (Kal. 10. A. 313.)
³) Desgl., dd. Höxter Sept. 13. (Ebd. 814.)
⁴) H. Georg an Salvius, dd. Sept. 3. (Ebd. 313.)
⁵) Ebd.
⁶) Lohausen an H. Georg, dd. Sept. 4. (Ebd. 313.)

sandte auf die Nachricht von der Rückkehr Pappenheims dem Herzog Georg Ordre, sich sogleich mit dem Landgrafen Wilhelm von Hessen zu vereinigen: „da uns und dem gemeinen Wesen an seiner Länder und dero Soldateska Konservation fast mehr als an dem wolfenbüttelschen Bloquement gelegen".[1]) Ebenso drängte Salvius jetzt, vor allen Dingen an der Weser ein starkes Korps zu bilden, das Gronsfeld abhalten sollte;[2]) er wollte, dass Herzog Georg vor Wolfenbüttel verbleibe und die Blockade von Ferne fortsetze, dass dagegen Lohausen mit dem Reste der Truppen wieder zu Bandissin marschiere; alle anderen Truppen, die noch im niedersächsischen Kreise waren (Herzog Franz Karl, Leslie, Krichbaum, Brunnemann, Stralendorf und die des Erzbischofs von Bremen) sollten unter Herzog Franz Karl von Sachsen-Lauenburg über die Weser nach Wildeshausen und Vechta gehen, wo sie in dem Niederstift Münster, Oldenburg und Ostfriesland genug Verpflegung finden würden. Auf diese Weise hoffte er den Kreis von allen Truppen zu befreien, um ihn für die Kontributionen gebrauchen zu können;[3]) Steinberg schloss sich ihm vollständig an.[4]) Herzog Georg war aber über das „Geschmiede" der beiden Federfuchser so erzürnt, dass er sich über sie bei Oxenstierna beschwerte: er könne sich als Fürst des Reiches und einer, der 30 Jahre Soldat sei, von ihnen nicht kommandieren und reformieren lassen.[5])

Doch der Herzog mochte wollen oder nicht, die Ereignisse gaben den geschmähten Legaten Recht und drängten zum Entschlusse. Am 15. Sept. wurde im Hauptquartiere zu Klein-Stöckheim Kriegsrat gehalten und beschlossen, die Blockade zwar nicht zu quittieren; doch sollten vor Wolfenbüttel nur 520 Reiter, 750 Dragoner und 2500 Knechte verbleiben, um die Festung von Ferne zu blockieren; der Rest (2390 Mann) dagegen sollte zu Bandissin marschieren; der Abmarsch sollte aber so lange verschoben werden, bis auch die Quartiere zu Linden und am Fümmelser Teiche in den nötigen Verteidigungszustand gesetzt worden seien.[6]) Steinberg

---

[1]) GAdolf an H. Georg, dd. Wiesheim Sept. 25. (Kal. 16. A. 805.) Beil. 108.
[2]) Salvius an Steinberg, dd. Lübeck Sept. 5 (Ebd.); desgl. an H. Christian, dd. Hamburg Sept. 13 (Ebd. 814).
[3]) Salvius an H. Christian, dd. Hamburg Sept. 11. (Zelle 11. 99.)
[4]) Steinberg an H. Georg, dd. Sept. 10. (Kal. 16. A. 813.)
[5]) H. Georg an Oxenstierna, dd. Sept. 11 (Ebd. 814), eod. an Bandissin (Ebd.)
[6]) Promemoria Steinbergs, dd. Sept. 16. (Kal. 16. A. 314.)

wünschte nur — im Gegensatze zu Salvius — dass Lohausen die Blockade fortführe, dagegen Herzog Georg mit zu Baudissin marschiere: die Gründe liegen auf der Hand.[1]) Denn leider setzten sich die unerquicklichen Erörterungen zwischen ihm und Herzog Georg noch immer fort: er verwies jetzt dem Herzog rund heraus, dass er ihn in der Ausführung der Alliance hindere, dem Herzog seien die Kriegssachen aufgetragen, ihm die Staatssachen; wolle der Herzog etwas hierin anordnen, so gebühre es sich, mit ihm vorher zu sprechen. „Ich verbleibe bei den mir erteilten königlichen Ordern und lasse das Widrige, das ich nicht abwenden kann, E. F. G. und denen, die dazu geraten, zur Verantwortung. E. F. G. bedenke, ob Ihnen freigestanden in Etatssachen wider die königliche Parole etwas zu ändern, zumal ohne mein als königlichen Ambassadeurs Vorbewusst. Werde ich noch weiter zurückgesetzt, so muss ich meine Charge hier suspendieren und zum Könige reisen."[2])

Indessen war jetzt keine Zeit zu solchen Streitigkeiten: die Not stand vielmehr bereits wieder vor den Türen, und die Eile, zu der Steinberg gemahnt hatte, war nötig. Bereits am 18. September musste Baudissin nach Wolfenbüttel melden, dass sich Pappenheim mit Gronsfeld und Merode vereinigt habe[3]) und am 25. fand ein hitziges Reitergefecht bei Brakel statt. Baudissin drängte jetzt um Unterstützung und machte sich die von Salvius vorgeschlagene Diversion nach Hoya und Wildeshausen völlig zu eigen, die Blockade sollte nur mit etwas geworbenem Volke und dem Ausschusse aufrecht erhalten werden.[4]) Lohausen sollte schleunigst mit allem, was entbehrlich sei zu ihm stossen.[5])

Selbst Gustav Adolf hatte seine Meinung völlig geändert; er befahl dem Baudissin jetzt, alle entbehrlichen Truppen an der Elbe und vor Wolfenbüttel an sich zu ziehen und dem Pappenheim „das Gesicht zu weisen"; jedenfalls aber seinen Durchbruch nach Mainz, Franken oder zu Wallenstein zu verhindern. Deswegen bat er den Herzog, Wolfenbüttel nur von Ferne zu blockieren und Lohausen rasch zu ihm zu schicken.[6])

[1]) Ebd.
[2]) Steinberg an H. Georg, dd. Sept. 20. (Ebd. 305.)
[3]) Baudissin an H. Georg, dd. Höxter Sept. 18. (Ebd. 311.)
[4]) Baudissin an H. Georg, dd. Höxter Sept. 23. (Ebd.)
[5]) Desgl., dd. Höxter Sept. 26. (Ebd.)
[6]) Ebd.

Im Lager vor Wolfenbüttel erhielt man die Nachricht von Pappenheims Rückkehr am 21. Steinberg erkannte sogleich, dass es auf Wolfenbüttel abgesehen sei: E. F. G. glauben sicherlich, schrieb er an Herzog Georg,[1]) er lässt Wolfenbüttel nicht unentsetzt, er geht also wieder zwischen die Armeen und jeder muss sich wieder in die Winkel verkriechen. Alsbald verhandelte er mit dem Rate der Stadt Braunschweig wegen des Rückzugs unter die Kanonen der Stadt, zu dem auch Bandissin geraten hatte.[2]) Die Stadt war dazu bereit. Da ihm letzthin Herzog Georg befohlen hatte „die consilia militaria et statum mit dirigieren zu helfen", hielt Steinberg nicht mit seinem Rate zurück: er hielt jetzt für nötig, dass Bandissin, nach Möglichkeit verstärkt, bei Hildesheim ein Lager beziehe: dadurch schütze er die Blockade und hindere Pappenheim den Einfall; in Höxter sei er doch nicht stark genug ihn aufzuhalten. Vor allem müsse man die unheilvolle Zersplitterung der Armeen wieder gut machen.[3])

Auch Salvius bemühte sich die Truppen an der Elbe schleunigst zu sammeln; da Leslie noch immer an seiner Wunde krank darnieder lag und es an einem „Haupte" fehlte, musste er auf die geplante Diversion nach Hoya und Vechta verzichten, er wies vielmehr die Truppen an, nach Gifhorn, Hildesheim und der Orten zu marschieren und sich von dort zu Bandissin zu begeben.[4])

Endlich am 28. September — als Bandissins Gesuche immer dringlicher lauteten — wurde beschlossen, Lohausen abmarschieren zu lassen; die Obersten King und Mitschefahl nahmen in der Nacht seine Quartiere ein[5]) und Lohausen zog endlich am 30. September mit 2 Regimentern ab.[6]) Die Quartiere wurden jetzt so verteilt: Herzog Georg in Klein-Stöckheim, Oberst Meerrettig in Thiede und Fümmelse, Oberst King in Halchter und Oberst Mitschefahl in Linden.[7]) Alles in allem blieben

---

[1]) Steinberg an H. Georg, dd. Sept. 21. (Kal. 16. A. 614.)
[2]) Bandissin an H. Georg, dd. Sept. 19. (Ebd.)
[3]) Steinberg an H. Georg, dd. Sept. 23. (Ebd.)
[4]) Salvius an H. Georg, dd. Hamburg Sept. 25. (Ebd.)
[5]) H. Georg an Lohausen, dd. Sept. 28 (Ebd.), eod. an Bandissin (Ebd.)
[6]) King an H. Georg, dd. Halchter Sept. 30. (Ebd.)
[7]) Arkiv II. S. 613.

4175 Mann¹) zur Blokade zurück, und dem Obersten King wurde auf sein Verlangen an Lohausens Stelle das Kommando „nächst" dem Herzog Georg aufgetragen.²) Den Obersten Meerrettig und King, die die Zugänge von Westen her besetzt hielten, wurde eingeschärft, die Strassen fleissig bereiten zu lassen.³)

So lange hatte aber Pappenheim nicht gefeiert: als Lohausen bis Scesen gekommen war, stiess er bereits auf Pappenheims anmarschierende Regimenter und zog sich schleunigst nach Goslar zurück.⁴)

Pappenheim war am 29. September vor Höxter gerückt, schickte einen Teil der Armee über die Weser, um Baudissin den Rückzug abzuschneiden, und beschoss die Stadt von den umliegenden Bergen. Wie schon vorher die Hessen, musste auch Baudissin sich jetzt entschliessen, den unhaltbaren Ort zu quittieren und zog sich nach Münden zurück; auf dem ganzen Marsche lag ihm Pappenheim beständig in den Eisen und auf beiden Seiten wurde ziemlich viel eingebüsst — ein Zeichen, wie hart Pappenheim ihn bedrängte.

---

¹) Kal. 16. A. 314:

1) Stöckheim:
    Reiter von L. F. G. Leib-Regiment . . . . 150 Mann
    1 Schwadron z. F. vom Leib-Regiment . . . . 400 „
    Botsche Dragoner . . . . 100 „

2) Thiede und Fümmelse:
    Reiter vom Leib-Regiment . . . . 180 „
    z. F. Meerrettig . . . . 650 „
    — 1 Schwadron vom Leib-Regiment . . . . 400 „
    Botsche Dragoner . . . . 200 „

3) Halchter:
    R. Anhalt . . . . 80 „
    F. King . . . . 400 „
    — 1 Schwadron Meerrettig . . . . 350 „
    Dragoner Kagge . . . . 225 „

4) Linden:
    R. Koch . . . . 80 „
    — Wirsberg (St. Braunschweig) . . . . 60 „
    — Tottleben . . . . 50 „
    F. Mitschofahl . . . . 600 „
    — St. Braunschweig . . . . 300 „
    Dragoner Kagge . . . . 250 „

                                zusammen . . 4175 Mann

²) Ordre, dd. Okt. 1. (Archiv II. S. 613.)
³) Ordre, dd. Okt. 2. (Ebd.)
⁴) 3. Okt. früh.

Oberst Treskow und sein Oberstlientnant fielen ihm in die Hände, wogegen Baudissin etliche Standarten erbeutete.¹) Pappenheim hatte seinen Willen völlig erreicht, das platte Land gehörte wieder ihm, Baudissin war von Herzog Georgs Truppen getrennt und der Zugang nach Wolfenbüttel lag ihm offen.

Die Blockade musste aufgehoben werden und die Truppen sollten sich marschbereit nach Braunschweig halten.²) Es galt dann noch die grossen Städte Hildesheim und Hannover zu schützen — aber bereits war der Weg nach Hildesheim gesperrt und Oberst Meerrettig konnte nicht durchkommen; statt dessen erhielt das Regiment des Obersten v. d. Heyden, das in der Neustadt Hannover lag, sowie Oberst Brunock in Peine und Major Königsmark in Steinbrück Befehl, schleunigst nach Hildesheim zu marschieren⁸) — auch sie kamen nicht dahin.

Obwohl man seit dem 1. Oktober in voller Bereitschaft war, abzumarschieren, gelang es dennoch dem Merode, die Blockadearmee zu überraschen. Überall war Unordnung und nirgends ein straffes Kommando: King wollte nichts ohne ausdrücklichen Befehl des Herzogs tun und der Herzog nichts anordnen, ohne sich mit ihm und dem Oberst Heyden beraten zu haben; bei der Entfernung der Quartiere Klein-Stöckheim und Halchter war das sehr umständlich, zudem begab sich der Herzog am 4. Oktober abends Leibesbeschwerung halber nach Braunschweig. In der Nacht erhielt der Oberst v. d. Heyden im Hauptquartier die bestimmte Nachricht von dem Anmarsche Merodes, den Pappenheim vorausgeschickt hatte, während er selbst vor Hildesheim stehen blieb. Heyden schickte die Nachricht sofort an King, der sie zwischen 3 und 4 Uhr morgens erhielt, damit er der Abrede gemäss die Quartiere nicht unnötig länger hielte, sondern Truppen und Geschütze abführen könne. Er behielt auch Zelt, seine und des Obersten Mitschefahl Bagage nach Braunschweig zu schicken, die zwei Stücke aber konnten nicht fortgebracht werden, weil die Pferde wieder einmal „verpartieret" waren, — dass sie wichtiger waren, als die Bagage der Herren Obersten, darauf verfiel man nicht. Morgens 7 Uhr

---

¹) Baudissin an Lohausen, dd. Münden Okt. 1. (Kal. 10, A. 814.) — Fr. Ulrich an Kursachsen, dd. Okt. 4. (Dresden 8109. Buch. 8.)

²) Oberst Heyden an H. Georg, dd. Okt. 4. (Ebd.)

³) Fr. Ulrich an H. Georg, dd. Okt. 5. — Die Ordres an Königsmark und Brunock, dd. Okt. 6. (Ebd.)

am 5. Oktober traf Merode mit dem Entsatze in Wolfenbüttel ein, rückte sogleich wieder aus der Stadt und warf sich auf das Quartier in Halchter, das nach tapferer Gegenwehr überwältigt wurde. Die beiden Regimenter King und Mitschefahl wurden zersprengt, Oberst Mitschefahl selbst konnte sich mit den Kaggeschen Dragonern salvieren, dagegen fiel der Oberst King, der viermal verwundet wurde, mit etlichen Offizieren und 400 Knechten dem Feinde in die Hände.[1]) Der Rest rettete sich ins Halberstädtische, soweit man sich nicht nach Braunschweig zurückziehen konnte. Im Hauptquartier zu Stöckheim, wohin man die übrigen Quartiere gezogen hatte, wartete man zwei Stunden lang vergeblich auf die von Halchter, bis sie der Feuerschein belehrte, woran sie waren. Man rückte darauf in guter Ordnung in die Stadt Braunschweig.

Pappenheim berannte inzwischen mit allem Nachdrucke die Stadt Hildesheim, die nach der Abführung des Regiments Meerrettig ohne Besatzung war; nach viertägiger Belagerung musste sie sich am 10. Oktober ergeben; ein Versuch, sie zu entsetzen, wurde nicht gemacht. Herzog Georg glaubte sich hier wie überall damit entschuldigt, dass er es „an zeitigen Vermahnungen nichts habe erwinden lassen."[2]) Pappenheims Wunsch, sich auch an Hannover und Braunschweig zu machen, ward nur durch die wiederholten und gemessenen Befehle seines Herrn, nach Oberdeutschland zu kommen, vereitelt. Er zog sich zunächst ins Leinetal zurück und lag bei Alfeld und Northeim still.

Vorläufig war aber alles mit grossem Schrecken erfüllt, zumal man nicht wusste was Pappenheim vornehmen würde: ob er an den Rhein, oder nach Thüringen oder an die Elbe gehen werde.

---

[1]) Vgl. H. Georgs ausführliche Relation an den König, dd. Okt. 12. (Archiv H. no. 840, auch v. d. Decken H. Nr. 100.) — Dazu Pappenheims Bericht an den Kurfürsten Maximilian von Bayern, dd. Okt. 11 (Röckl 75); letzterer gibt den Verlust der Schweden auf 1000 Tote und 600 Gefangene an. — Fr. Ulrich an Oxenstierna, dd. Okt. 11 (Wfb.), gibt den Verlust auf 1500 Mann tot und gefangen an. — Oberst King kam sehr bald wieder aus Wolfenbüttel los, doch musste er sich mit 1400 Rt. ranzionieren. (King an H. Georg, dd. Braunschweig Nov. 2. Kal. 16. A. 815.)

[2]) Am 26. Okt. rechtfertigt sich der Herzog folgendermassen (an Steinberg, Kal. 10. A. 315): er sei nie um den Entsatz ersucht worden; er hätte der Stadt Post über Post geschrieben, ob sie Entsatz begehrten oder nicht, aber keine Antwort erhalten; ohne dass er gewusst hätte, dass sie den Entsatz haben wollten und wie er geschehen könne, wäre es irraisonabel gewesen, mit der ganzen Armee zum Entsatze zu kommen.

Herzog Georg hatte erwartet, dass Baudissin sich zu ihm nach Wolfenbüttel zurückziehen werde; das hatte Pappenheim vereitelt. Von Kassel aus, wohin sich Baudissin gewendet hatte, sandte er den Sekretär Grubbe zu Herzog Georg mit der Aufforderung, mit allen Truppen zu ihm zu stossen, um wieder ein Korps zu bilden, mit dem man dem Feinde besseren Widerstand leisten könne.[1]) Herzog Georg war damit einverstanden, nur musste vor seinem Abmarsche für die nötige Sicherheit der festen Plätze gesorgt werden.

Doch das war mit Schwierigkeiten verknüpft: dank des unerhörten Hausens der Soldateska wollte sich niemand mehr ihrem Schutze anvertrauen. Herzog Christian lehnte die angebotene Garnison für Zelle und Gifhorn ab,[2]) und besonders Hannover wehrte sich mit Hand und Fuss, trotz des schlimmen Beispiels, das die Nachbarstadt Hildesheim bot. Auch Hannover hatte böse Erfahrungen trotz aller fürstlichen Versprechen und Reverse gemacht und hatte die ungebetenen Gäste nicht anders los werden können, als durch Zahlung einer beträchtlichen Summe. Jetzt lehnte die Stadt infolgedessen jede Aufforderung ab, das Regiment des Obersten v. d. Heyden in ihre Mauern aufzunehmen, das in der Neustadt vor Hannover lag und übel wirtschaftete.[3]) Herzog Friedrich Ulrich nahm sich seiner Stadt kräftig an. Da bereits 600 geworbene Knechte in der Stadt lagen, war die dringendste Gefahr abgewandt: er forderte deshalb, dass die 400 Knechte — mehr zählte das Regiment nicht — nur unter 2—3 Hauptleute gestellt und in seine und des Königs Pflicht genommen werden solle; er wollte die Stadt vor allem vor der unnötigen Menge von Offizieren bewahrt wissen, deren Verpflegung stets am schwersten hielt.[4]) Hannover ist auch — trotzdem Pappenheim es mehrmals zur Übergabe aufforderte — hartnäckig geblieben bis die Gefahr vorüber war. Dagegen war Braunschweig sofort bereit zwei Regimenter des Herzog Georg aufzunehmen: das Leibregiment unter dem Oberstleutnant Wurmb und das Regiment Meerrettig.[5])

---

[1]) Grubbe an Gustav Adolf, dd. Genthin Okt. 8. (Arkiv II. no. 888.)

[2]) H. Christian an H. Georg, dd. Okt. 9 (Zelle 11. 09) und Okt. 12 (Kal. 16. A. 815.)

[3]) Hannoversche Chronik (Hann. Geschichtsblätter 1893. S. 426): er hat wie ein Feind gehaust, Kirchen erbrochen und seinen Soldaten grossen Mutwillen gestattet. Am 27. Okt. zog sein Regiment ab, das 6 Wochen in der Neustadt gelegen hatte.

[4]) H. Fr. Ulrich an H. Georg, dd. Okt. 9. (Kal. 16. A. 314.)

[5]) Der Magistrat hielt die Regimenter mit Zähigkeit fest; erst auf wiederholte Befehle des Herzogs verliess Meerrettig mit seinem Regiment am 11. Nov.

Dann aber verliess Herzog Georg schleunigst diesen Schauplatz seiner Tätigkeit, vereinigte sich bei Gifhorn mit den Truppen des Herzogs Franz Karl aus Lüneburg und marschierte über Neuhaldensleben und Oschersleben nach Quedlinburg,[1] um über den Harz zu Baudissin zu ziehen.[2] In Oschersleben erhielt er aber von Baudissin die Nachricht, dass er vom Könige Befehl erhalten habe, nach der Wetterau und dem Rheine zu gehen.[3] Er beschloss, um dem niedersächsischen Kreise Luft zu machen, eine Diversion nach dem Erzstifte Köln auf eigene Verantwortung zu unternehmen und hoffte dadurch Pappenheim auf sich zu ziehen.[4]

In Aschersleben empfing dann Herzog Georg den Befehl des Reichskanzlers,[5] alle Truppen, die nach den nötigen Besatzungen übrig blieben, zusammen zu ziehen, um eine Armee an der Elbe zu formieren; als Stützpunkt sollte ihm Werben dienen. In den Stiftern Magdeburg und Halberstadt war man entsetzt über seine unbändige Soldateska,[6] zumal die bisherigen Werbungen das Land schon ausgeödet hatten. Da auch tatsächlich um Magdeburg nicht viel zu finden war, wurde im Kriegsrat der Beschluss gefasst,[7] die Truppen dem Kurfürsten von Sachsen zuzuführen, um dessen Pässe an der Elbe, Wittenberg und Torgau, schützen zu helfen. Von Salze bei Magdeburg sandte der Herzog seinen Kapitän Taubenacker an den Kurfürsten und meldete seinen Anzug an,[8] den Obersten v. d. Heyden schickte er nach Alt-Brandenburg.[9] In Dresden empfing man die Nachricht von dem unerwarteten Be-

---

die Stadt, das Leib-Regiment blieb noch weiter darin liegen. (Moerrettig an H. Georg, dd. Nov. 18, H. Georg an Braunschweig, dd. Nov. 25 und Braunschweig an H. Georg, eod. — Kal. 16. A. 816.)

[1] Ae. in Kal. 16. A. 315.

[2] H. Georg an Baudissin, dd. Oschersleben Okt. 17. (Ebd.) — Grubbe an den König, dd. Quedlinburg Okt. 19 (Arkiv II. no. 842): er gibt die Stärke der Truppen H. Georgs auf 2500 Mann und 1500 Pferde an.

[3] Baudissin an H. Georg, dd. Langwoldigenhagen Okt. 6. (Kal. 16. A. 914.)

[4] Ebd. und dd. Wetzlar Okt. 21. (Ebd. 915.)

[5] Oxenstierna an H. Georg, dd. Nürnberg Okt. 17. praes. Aschersleben Okt. 27. (Ebd. 805.)

[6] Grubbe an H. Georg, dd. Oebisfelde Okt. 13. (Ebd. 815; im Schreiben steht Sept. 13.) Beil. 113.

[7] H. Georg an Oxenstierna, dd. Salze Okt. 26. (Ebd. 805.)

[8] Mem. für Taubenacker, dd. Salze Okt. 25. (Ebd. 815.)

[9] H. Georg an Markgraf Sigismund, dd. Salze Okt. 27. (Ebd.)

suche mit geteilten Gefühlen:¹) anfänglich empfahl man dem Herzog sich bei Dessau aufzuhalten — wo er den Fürsten von Anhalt auf dem Halse gelegen hätte — und so in der Nähe von Wittenberg zu sein; als aber Wallensteins Scharen über Leipzig hinaus vordrangen und ihre Absicht auf Torgau klar wurde, rief der Kurfürst den Herzog schleunigst dahin.²) Herzog Georg ging bei Wittenberg über die Elbe und konnte so, durch den Strom vor dem Feinde geschützt, sich am 4. November in Torgau mit den Kursachsen vereinigen. Damit war des Feindes Absicht auf diesen wichtigen Pass vereitelt und er zog sich bei Eulenburg über die Mulde zurück.³)

In Torgau empfing Herzog Georg des Königs Befehl aus Arnstadt, sich mit ihm zu vereinigen. Gustav Adolf hatte bekanntlich den Entschluss gefasst, Kursachsen zu Hilfe zu eilen, sobald er hörte, dass Wallenstein mit aller Macht gegen den Kurfürsten zog. Er überschritt den Thüringer Wald und wollte jetzt die Entscheidung mit Wallenstein herbeiführen, die ihm vor Nürnberg nicht geglückt war. Der König hatte den Verlauf in Niedersachsen wohl vernommen, doch war er nicht genügend unterrichtet über die Massregeln, die der Herzog ergriffen hatte. Er schlug ihm deshalb zunächst vor⁴), bei Halle ein befestigtes Lager zu beziehen, die Stadt zu versichern, und sagte ihm Entsatz innerhalb 6 Tagen zu; falls aber Halle bereits verloren sein sollte, sollte er über Aderleben, die Grafschaft Stolberg und Langensalza zu ihm marschieren. Auf jeden Fall solle er eilen und sich mit allem entbehrlichen Volk verstärken. Als der König inzwischen erfuhr, dass der Herzog bereits bis Wittenberg vorgerückt sei, befahl er ihm, bei Kursachsen zu bleiben, bis er zu ihm kommen werde;⁵) er sollte es sich angelegen sein lassen, Kursachsen „zu animieren und zu disponieren, damit es nicht changiere, sondern bei der einmal genommenen tapferen Resolution verbleibe. Wir hoffen mit einer bastanten Armee der Orten in kurzem anzulangen und alles zu redressieren".

Herzog Georg wollte nach dem Empfang der Ordre vom 2. November sofort aufbrechen und bat Kursachsen um Dimission,

¹) Kursachsen an H. Georg, dd. Dresden Okt. 28. (Kal. 16. A. 315.)
²) Desgl. dd. Okt. 29. (Ebd.)
³) H. Georg an Gustav Adolf, dd. Torgau Nov. 7. (Arkiv II. no. 851.)
⁴) Gustav Adolf an H. Georg, dd. Arnstadt Nov. 2. (praes. Torgau Nov. 8.) (Kal. 16. A. 305.) Beil. 116.
⁵) Desgl., dd. Arnstadt Nov. 5. — praes. Torgau Nov. 14. (Ebd.) Beil. 117.

zugleich hielt er darum an, dass Kursachsen seiner Reiterei in Torgau gestatte, mit ihm zum Könige zu marschieren.¹) Sogleich schickte er auch Befehle an seine beiden Regimenter, die noch in Braunschweig lagen, schleunigst zu ihm zu kommen.²) Doch wurde er anderer Ansicht, als Arnim bei ihm am 9. November eintraf. Arnim stellte ihm vor, dass der König den Zustand an der Elbe nicht genügend kenne und dass es rätlicher sei, vorläufig zu Kursachsens Schutz zu bleiben, bis bestimmte Ordre vom König eintreffen würde; Arnim übernahm dagegen, den Kurfürsten zur Mitsendung seiner Kavallerie zu bestimmen.³) Kursachsen aber machte Schwierigkeiten, da er befürchten musste, dass Gallas bei Leitmeritz die Elbe überschreiten und auf dem rechten Ufer vordringen werde;⁴) dagegen stellte er dem Herzog vor, dass er jetzt schwerlich sicher zum Könige marschieren könne, da das ganze feindliche Heer dazwischen liege, Arnim sei im Begriffe, die sächsischen Truppen aus Schlesien zu holen, mit denen er sich zum Könige begeben werde.⁵) Auf erneute Ordre des Königs,⁶) zu ihm zu kommen — er schrieb ihm den Weg an Leipzig vorüber auf Altenburg vor — sandte Herzog Georg den Oberst Taube und dann den Sekretär Grubbe⁷) nochmals an den Kurfürsten und bat dringend um Überlassung der sächsischen Kavallerie. Daraufhin und da der Kurfürst inzwischen auch vom Könige selbst immer dringender um Zusendung seiner Truppen gemahnt wurde, entschloss sich endlich der Kurfürst, 2 Regimentern (Herzog Friedrich Wilhelm von Altenburg und Oberst Vitztum) Befehl zu erteilen, mit Herzog Georg zum Könige zu marschieren.⁸)

¹) H. Georg an Kursachsen, dd. Torgau Nov. 8 (ist nicht abgegangen). (Kal. 16. A. 315.)
²) eod. (Ebd.)
³) H. Georg an Kursachsen, dd. Torgau Nov. 9. (Ebd.) — H. Georg an Gustav Adolf, dd. Torgau Nov. 10 und Grubbe an den König eod. (Arkiv II. no. 853 und 854.)
⁴) Kursachsen an H. Georg, dd. Dresden Nov. 11. praes. Torgau Nov. 12. (Kal. 16. A. 810.)
⁵) Desgl. Nov. 12 praes. Torgau Nov. 13. (Ebd.)
⁶) Gustav Adolf an H. Georg, dd. Naumburg Nov. 10 (Droysen, Schriftstücke 240) und dd. Naumburg Nov. 12. (Kal. 16. A. 805.) Beil. 122.
⁷) H. Georg an Kursachsen, dd. Torgau Nov. 12 und Nov. 15; H. Georg an Grubbe, dd. Torgau Nov. 13. (Ebd. 316.)
⁸) Kursachsen an Gustav Adolf, dd. Dresden Nov. 16. — eod. an H. Georg. (Kal. 16. A. 816.)

An demselben Tage aber, am 16. November wurde bereits die blutige Schlacht bei Lützen geschlagen, in der die Schweden zwar den Sieg behielten, der grosse König aber sein Leben verlor. Herzog Georg hat sich dann mit seinen Truppen bei Grimma mit der königlichen Armee vereinigt und sich an der Vertreibung der wallensteinschen Armee aus Sachsen beteiligt.

Das Verhalten des Herzogs in diesen letzten Wochen ist oft getadelt worden und man hat sogar seine Saumseligkeit, mit der er des Königs wiederholte Befehle sich mit ihm zu vereinigen unbeachtet liess, durch ein geheimes Einverständnis, oder, wie v. d. Decken sagt, eine Separatverbindung[1]) mit Kursachsen zu erklären gemeint. Bekannt ist ja, dass Kursachsen sich dem königlichen Oberkommando, dem es sich gemäss der Konvention vom 11. September 1631 bei einer Vereinigung ihrer Truppen unterwerfen musste, nach Möglichkeit und bis auf die letzte Stunde auszuweichen suchte. Dass dies auch der Fall mit Herzog Georg gewesen sei, will v. d. Decken glaubhaft machen.

In Wahrheit ist daran kein wahres Wort. Herzog Georg war zwar ein deutscher Fürst, der wie irgend ein anderer die partikularen Interessen seines Hauses in erster Linie verfocht; das hatte aber nicht gehindert, dass mit der Zeit der General bei ihm das Übergewicht erhielt. Und zwar waren es in erster Linie die Schwierigkeiten und Hindernisse, auf die er bei seinen Brüdern und dem Vetter in Braunschweig stiess, die in ihm ein immer stärkeres Bewusstsein des Oberkommandanten im Kreise erweckten, nur so glaubte er seinen Hausinteressen am besten zu dienen. Dass in ihm das Gefühl eines gemeinsamen Zusammenarbeitens mit dem Könige und seinen grossen Entwürfen, die auf das Allgemeine gerichtet waren, nicht sehr lebendig waren, hatte seine Expedition nach Duderstadt und Wolfenbüttel gezeigt. Aber gerade letztere hatte ihn in schweren Konflikt mit seinen eigenen Angehörigen gebracht, und dieser Zwiespalt musste in ihm das Gefühl der Zusammengehörigkeit mit dem Könige und seinen Generälen stärken, die, wie Bandissin, ihn gegen die Seinigen unterstützten. Hatte man zu Zeiten schon an dem Ton seiner Briefe erkennen können, dass er sich von dem Könige nicht viel in seine Pläne hineinreden lassen wollte, so war auch das anders geworden, auch

---

[1]) II. S. 100 ff.

— 144 —

das entsprach jetzt Verhältnissen, wie sie der König nicht anders wünschen konnte.

Sein Zug nach Kursachsen war lediglich ein Notbehelf, weil die von Ihm gesuchte Verbindung mit Baudissin nicht ausführbar war, und vor allem „weil es um Magdeburg nicht viel zu leben gab".[1]) Seine Verbindung mit der sächsischen Armee erfolgte unter dem Vorbehalte, jederzeit auf den Ruf des Königs abmarschieren zu können. Er hat durchaus die Absicht gehabt, sofort auf des Königs Ordre aufzubrechen, aber Arnims Auseinandersetzungen belehrten ihn eines anderen, und dass er zunächst blieb, stimmte schliesslich auch mit des Königs Ansicht überein. Er ist auch im Interesse des Königs bei Kursachsen tätig gewesen: „Des Königs Schreiben an uns und seine actiones — schreibt er an den Kurfürsten — bezeugen es ausdrücklich, dass er E. L. Lande nicht allein von des Feindes Last erretten, sondern auch das Hauptwerk so führen will, dass der Feind einmal zu Grunde gerichtet und E. L. Lande gänzlich befreit werden, deshalb wird es E. L. nicht zuwider sein, die Reiterei mit uns ausgehen zu lassen".[2]) Und ein andermal schreibt er: „ersuchen E. L. ganz fleissig an ihrem hochrühmlichen Ort ferner zu kontinuieren und das christliche Werk also mit Gottes Hülfe anzugreifen, als Sie wissen, dass es zu unserer wahren Religion Stabiliment und Versicherung eines jedweden Stants itzo höchst nötig sein will".[3]) Fortgesetzt betoute er dem Kurfürsten gegenüber, dass „der Hauptscopus jetzt beim König beruhe."[4]) So konnte niemand schreiben, der gegen den König agitieren und mit Kursachsen unter einer Decke stecken sollte. Wir dürfen deshalb mit Fug und Recht den Hauptgrund seines Zögerns in seinen Bemühungen suchen, die sächsische Kavallerie zugleich vom Kurfürsten loszubitten. Ferner muss man in Betracht ziehen, dass der Marsch zum Könige an dem feindlichen Heere vorüber gefahrvoll und schwierig war, zumal man bei der mangelhaften Verbindung lange im Unklaren war, wo der König anzutreffen sei. Noch am 12. November — als der Herzog in Torgau bereits bestimmte Befehle hatte — schrieb ihm Grubbe aus Wittenberg: über den Aufenthalt des Königs kann ich keine sichere Nachricht

---

[1]) H. Georg an Baudissin, dd. Torgau Nov. 12. (Kal. 10, A. 316.)
[2]) H. Georg an Kursachsen s. d. (zwischen 1. und 8. Nov.) (Kal. 16, A. 315.)
[3]) H. Georg an Kursachsen, dd. Torgau Nov. 9. (Ebd.)
[4]) Dergl., dd. Torgau Nov. 11. (Ebd. 316.)

erhalten; ich weiss nicht, ob es von nöten und ratsam, dass E. F. G. den Kurfürsten verlassen und eilen, ehe wir gewisse Nachricht haben.¹) — Er war über den Anmarsch des Königs aufrichtig erfreut, wie ihn denn schon die Nachricht, dass Oxenstierna nach Niedersachsen kommen solle,²) mit Freude erfüllte.³) Von des Königs Kommen hoffte er Besserung: „Gott gebe seinen Segen und erfülle E. M. und aller derjenigen, die von E. M. dependieren, Anschläge" schreibt er, als er des Königs Absicht erfahren hatte, auf den Feind zu gehen.⁴) Wir würden dem Herzog Unrecht tun, wenn wir glaubten, er hätte darüber seine niedersächsische Heimat vergessen, ganz im Gegenteil; mitten in der Spannung vor der gewaltigen Schlacht schrieb er an Baudissin: sobald wir zum Könige kommen, werden wir mündlich die Konjunktion mit Euch vortragen;⁵) und er war nach des Königs Tode das treibende Element, dass nunmehr eine ansehnliche und ausreichende Armee zur Säuberung des Kreises nach Niedersachsen geschickt wurde.⁶) Er war aber einsichtsvoll genug, um zu erkennen, dass vorläufig der Hauptscopus beim König liege, er hat sich auch nach des Königs Tode willig an der Aktion der schwedischen Armee zur Säuberung Sachsens beteiligt, bis der Reichskanzler bei der Armee anlangte und die weiteren Dispositionen im Einverständnis mit der Generalität traf. Dagegen hat er — und das ist doch schliesslich ausschlaggebend — die Aspirationen des Kurfürsten von Sachsen, sich der verwaisten schwedischen Armee anzunehmen, deutlich zurückgewiesen.⁷) Mit kurzen Worten, er war damals so schwedenfreundlich gesinnt, wie er es als deutscher Fürst nur zu sein vermochte.

¹) Kal. 16. A. 816.
²) Oxenstierna an H. Georg, dd. Nürnberg Okt. 17. (Kal. 16. A. 305.)
³) H. Georg an Oxenstierna, dd. Salze Okt. 26. (Ebd.)
⁴) H. Georg an Gustav Adolf, dd. Torgau Nov. 12. (Ebd.) Beil. 121.
⁵) H. Georg an Baudissin, dd. Torgau Nov. 12. (Ebd. 316.)
⁶) H. Georg an H. Christian, dd. Altenburg Des. 19 (Ebd.): Sobald Oxenstierna hier anlangt, werden wir nichts unterlassen, was zur Befreiung des niedersächsischen Kreises dienen soll: wir intendieren mit einer erklecklichen Anzahl Volks wieder in Niedersachsen anzulangen. — Dazu das Mem. H. Georgs für seinen Hofmarschall v. Steding, den er an Oxenstierna sandte, dd. Altenburg Des. 14 (Ebd. 320): soll ihn im Vertrauen über den Zustand im niedersächsischen Kreise unterrichten und vorschlagen, mit einer solchen Armee dahin zu ziehen, dass man gegen Gronsfeld offensiv vorgehen könne.
⁷) Vgl. Struck, Johann Georg und Oxenstierna, S. 18/19.

Noch ist es nötig einen Blick auf die Zustände in Braunschweig-Lüneburg nach dem Abmarsche Herzog Georgs zu werfen. Sie waren so heillos wie möglich. Mit Ausnahme der wenigen festen Plätze, war das Land wieder völlig in den Händen der Feinde, dazu war das wichtige Hildesheim verloren gegangen, das dem Feinde zusammen mit Wolfenbüttel einen festen Stützpunkt im Lande gewährte. Unmittelbar darauf fiel auch der Kalenberg wieder in die Hände der Ligisten und am 3. November ging dann noch Peine über,[1]) so dass auch der Süden des Fürstentums Lüneburg in Mitleidenschaft gezogen wurde. Steinbrück dagegen konnte sich halten, weil es Mitschefahl in der Nacht vom 25./26. Oktober noch mit Munition zu versehen vermochte.[2])

Pappenheim lag um Alfeld und Northeim still und hielt das ganze Land in Furcht und Schrecken. Die beiden am meisten betroffenen Fürsten, in Zelle und in Braunschweig, waren der Verzweiflung nahe. Von der Generalität erst mit Füssen getreten, waren sie jetzt von ihr dem Feinde schutzlos preisgegeben, kein Wunder, dass Gustav Adolf ihre bitteren Klagen zu hören bekam. Herzog Friedrich Ulrich[3]) berief sich auf seine unausgesetzten Bitten, die er seit Beginn des schwedischen Bündnisses an die Generäle gerichtet habe, über die Weser zu gehen und den Feind vom Kreise abzuhalten, damit er die Mittel aus seinem Lande nehmen könne, um selbst Wolfenbüttel durch eine Blockade zu bezwingen; statt dessen hätte man seine eigenen Werbungen verhindert und sein Land völlig ruiniert; die Generalität habe darin geschaltet, wie wenn sie selbst Herren im Lande wären. Die letzten von Baudissin und Grubbe angeordneten Werbungen kosteten dem Lande bereits über 100000 T., womit aber noch keine 600 Mann aufgebracht worden seien. Durch die Fehler der Generalität sei das Land wieder in die Hände der Feinde gefallen. Er bat dringend um Hilfe, er meine es redlich mit dem Könige, könne es aber vor seinen Untertanen nicht verantworten, dass er seinen fürstlichen Staat, jura und fortunas subditorum, wie bisher geschehen, der Disposition der Offiziere ergeben solle; auch könne er nicht gestatten, dass durch das unaufhörliche Exorbitieren der Offiziere die Lande gänzlich evertiert und die Gemüter vom Könige abgewendet würden.

[1]) H. Fr. Ulrich an H. Georg, dd. Nov. 6. (Kal. 16. A. 315.)
[2]) Desgl., Okt. 27. (Ebd.)
[3]) H. Fr. Ulrich an Gustav Adolf, dd. Okt. 21. (Wfb.) Beil. 113.

In gleichem Sinne schrieb Herzog Christian.[1]) Beide begrüssten die Nachricht, dass der Reichskanzler Oxenstierna nach Niedersachsen abgeordnet worden sei, um das verfahrene Werk wieder in Ordnung zu bringen, mit Freuden — schien doch damit ihre von Anfang an und oft geäusserte Bitte in Erfüllung zu gehen, dass der König ein „Haupt" schicken möchte, das bei einheitlicher Leitung die gesamten Kräfte des Kreises gegen den Feind nutzbar mache.[2])

Aber auch jetzt zeigte sich zwischen beiden Fürsten eine grundsätzliche Verschiedenheit. Herzog Friedrich Ulrich versicherte nicht umsonst dem Könige seine Ergebenheit: er erbot sich nochmals 2—9 Regimenter so rasch wie möglich auf die Beine zu bringen, die nach der Befreiung seiner Länder der königlichen Armee gemäss der Alliance angegliedert werden sollten;[3]) und dass er es ernst meinte, beweisen die Unterhandlungen, die er damals mit dem früheren hessischen General Tilo Albrecht von Uslar anknüpfte, das Kommando über die braunschweigischen Truppen zu übernehmen.[4]) Sie kamen auch zum Abschlusse und Uslar trat in braunschweigische Dienste. Noch am Tage der Schlacht bei Lützen schrieb der Herzog an den König, wie sehr er sich freue, dass der König beschlossen habe selbst mit einer ansehnlichen Armee heranzurücken und das Land zu befreien; „Wir haben stets E. M. Ankunft mit Sehnsucht erwartet, weil ohne dero Präsenz unsere Länder zwischen Elbe und Weser nicht zu retten": er wünscht ihm von Herzen siegreichen Erfolg und verspricht alles, was an Getreide und Munition herbeizuschaffen ist, bereit zu halten.[5])

Anders Herzog Christian. Obwohl er damals den Dr. Johann von Drebber zum Könige sandte,[6]) wandte er sich doch gleichzeitig

[1]) dd. Nov. 1. (Zelle 11. 00.) Beil. 114.

[2]) Steinberg an Oxenstierna, dd. Braunschweig März 29 (Stockholm) und öfters.

[3]) Fr. Ulrich an Gustav Adolf, dd. Okt. 21. (Wfb.) Beil. 113.

[4]) Am 11. Okt. trug der Herzog dem T. A. v. Uslar das Kommando an. Vgl. E. v. Uslar-Gleichen, Geschichte der Freiherren von U.-Gl., S. 201 (nach Wolfenbütteler Akten).

[5]) Fr. Ulrich an Gustav Adolf, dd. Nov. 16. (Wfb.) Beil. 123. — Sogleich benutzte er die Gelegenheit, um von seinem Vetter Georg die bisher verweigerte Einwilligung zu der Anleihe von 60000 T. zu erhalten, da er des Geldes für die herannahende königliche Armee bedürfe. (H. Fr. Ulrich an H. Georg, cod. Kal. 16. A. 310.)

[6]) Kreditif, dd. Nov. 1. (Zelle 11. 69.) Beil. 115.

auch an den Landgrafen Georg von Darmstadt, den Schwager seines Bruders Georg, und bat ihn um seine Vermittelung bei dem Kurfürsten von Köln, ihn vor den Verfolgungen Pappenheims zu schützen.¹) War das an sich ein bedenklicher Schritt, der sich nur aus einer völligen Desperation des Herzogs erklären lässt, so ist die Begründung, die das Schreiben enthält, noch um so verwunderlicher: er beruft sich auf die vielen Dienste, die er lange Zeit dem Kaiser geleistet, und dass er sich den Schweden nur akkomodiert habe, weil Tilly ihn nicht habe schützen können, sondern selbst geraten habe, sich zu salvieren, so gut es gehe; mit seines Bruders Herzog Georgs Werbungen habe er nie etwas zu tun gehabt (!). „E. L.²) mögen uns glauben, dass wir ungern gesehen, dass sich unser Bruder in so schwere Charge eingelassen, möchten auch wünschen, dass er mit gutem Glimpf wieder davon kommen könnte: E. L. können hierbei viel tun", worum Sie hiermit ersucht werden"; die schwedischen Sammelplätze und Kontributionen in seinem Lande verheimliche er nicht, er beklage sich vielmehr öffentlich darüber: nachdem wir den Kaiserlichen so viel kontribuiert, sollten sie uns von der Kontribution der andern Partei billig befreien, oder mit ihrer Kontribution verschonen; viele katholische Stände müssen den Schweden kontribuieren und werden deshalb doch nicht als Feinde angesehen.³)

Man wird zugestehen müssen, dass die Klagen der Herzöge nicht unberechtigt waren. Zogen sie die Summe dessen, was in dem Jahre erreicht war, seitdem sie im Bunde mit den Schweden den Krieg mit den Kaiserlichen wieder aufgenommen hatten, so ergab sich ein bedeutendes Minus: unser Land ist verwüstet, schreibt Herzog Christian,⁴) auch haben wir etliche Tonnen Gold auf die schwedische Armee verwendet und gleich wohl so wenig damit ausgerichtet, dass wir nicht allein keines Schutzes genossen, sondern je länger je mehr in die äusserste Gefahr gesetzt werden.

---

¹) H. Christian an L. Georg, dd. Nov. 6. (Zelle 11. 99.)
²) Der folgende Passus steht nur im Konzepte!
³) Das Schreiben ist ohne Folgen geblieben; L. Georg antwortete erst am 30. Nov., also lange nach dem Tode des Königs.
⁴) H. Christian an Fr. Ulrich, dd. Okt. 16. (Zelle 11. 99.) — Am 30. Aug. gibt H. Christian die Summe, die seit Mitte Dezember 1631 auf die schwedischen Truppen verwendet worden war, auf 200000 T. an. (H. Christian an Salvius. Zelle 11. 99.)

Die Generalität hatte gründlich Fiasko gemacht und die Trennung der Armeen hatte sich bitter gerächt: leider hatten die so hart geschmähten Legaten Recht behalten. Die Blockade von Wolfenbüttel war ein völliger Misserfolg und Pappenheims Einbruch war ohne jede Hinderung vor sich gegangen. Sehr charakteristisch ist, dass Herzog Georg schliesslich doch noch bereit war, „alle die schädlichen und unnützen Bicoqnen" zu rasieren — das was die Herzöge bisher vergeblich gebeten und was die Generäle unter Hohn und Spott über die „kriegspraktizierenden Handlanger" beharrlich abgelehnt hatten, ja wozu sie sogar des Königs Autorität ins Feld geführt hatten, das gestand der Herzog jetzt selbst als „hochnötig" ein; freilich war es zu spät und Peine geriet, wie erwähnt, in des Feindes Hände.[1]

Das Schlimmste waren aber die unsagbaren Verwüstungen, die die eigene Soldateska in dem Lande anrichtete, und die alle bisherigen Drangsale, die das arme Land schon reichlich von den Ligisten und Kaiserlichen hatte dulden müssen, in den Schatten stellten. Schon zu der Zeit, als Baner und Wilhelm von Weimar mit den ersten schwedischen Truppen ins Land gerückt waren, gab Herzog Friedrich Ulrich der grossen Enttäuschung Ausdruck, die dieses barbarische Gebahren hervorrief: „wir können nicht genug beklagen, schreibt er an Steinberg, dass die gute Affektion und Hoffnung unser armen Untertanen fast erlöschen und fallen will".[2] Dasselbe berichtet Steinberg kurz nach seinem Eintreffen in Braunschweig:[3] „mir wird fürgehalten, dass I. F. G. noch nie von dem Feinde dermassen beängstiget worden, als Ihr itzo, da sie vermeinte durch die Alliance mit I. K. M. zu Schweden in etwas zu respirieren, angemutet werden wollte".[4] Wie oft haben die Herzöge geklagt,

---

[1] Befehl des H. Georg an Königsmark in Steinbrück, dd. Sept. 22 (Kal. 21. C. X. 7. Nr. 93); er nimmt ihn am folgenden Tage zurück (Kal. 16. A. 814). — Dazu ein undatiertes Schreiben an den H. Christian wegen Peine. (Ebd.)

[2] dd. Febr. 17. (Wfb.)

[3] An H. Georg, dd. Apr. 13. (Kal. 16. A. 309.)

[4] Vgl. H. Fr. Ulrich an Oxenstierna, dd. Apr. 18 (Wfb.): „Es haben sich unsere Untertanen nicht unbillig anfangs über diese starken Armeen erfreuet, in Hoffnung, sie würden dadurch des papistischen Jochs entfreiet werden, sind auch ganz willig und begierig gewesen, Proviant und andere Notturft nach Vermögen zuzuführen: wie unfreundlich aber diese armen Leute für ihre Dienstwilligkeit traktiert worden, ist nicht genugsam zu beklagen."

dass sie schlimmer als vom Feinde behandelt würden, ja es kam so weit, dass sie sich der Zeiten, als die Kaiserlichen im Lande waren, mit Sehnsucht erinnerten. Dass die Berichte der schwedischen Kommissare — also gewiss unverdächtiger Zeugen — mit diesen Beschwerden übereinstimmen, haben wir schon gesehen. Hier nur noch ein Beispiel, wie gänzlich disbandiert die Truppen Herzog Georgs waren, die von Wolfenbüttel ins Magdeburgische marschierten. Grubbe machte dem Herzog ernstliche Vorwürfe,[1]) dass seine Soldateska das Land, das doch nicht feindlich sei, durch Rauben und Plündern ruiniere, so dass es der Feind nicht ärger machen könne; 400 Reiter seien beständig voraus, die alles klar machten, so dass die nachfolgende Armee keinen Proviant bekommen könne; sie nehmen was sie finden, und ruinieren, was ihnen nichts nütze ist; ginge nicht alles mit Mutwillen zu, so könnte die Armee reichlich leben und auch bezahlt werden: so geht aber beides, Land und Armee zu Grunde; der Feind, der hier eine viel stärkere Armee hält, übt Ordnung aus, obwohl er in Feindes Land ist und „da uns alle Affektion sowohl auf dem Lande, als in den Städten vergehet, wünschen die Leute zu Gott und beten für ihn, dass er herrsche und wir vergehen mögen".

Der Feind benutzte denn auch die ihm eröffneten Hilfsquellen nach Kräften. Pappenheim leerte die Stadt Hildesheim vor seinem Wegzuge gründlich aus, und Gronsfeld, der zurückblieb, erteilte Werbepatente, um eine neue Armee zu errichten.[2]) Bis zum 24. Oktober blieb Pappenheim in Northeim still liegen, dann musste er gegen seinen Willen den Befehlen Wallensteins folgen; er marschierte durch Grubenhagen und Thüringen, um auf dem Felde bei Lützen einen ehrenvollen Reitertod zu finden.

Aber auch der Tod des grossen Königs hatte die gesamte Stellung der Schweden in Deutschland bis ins Mark erschüttert. Sein Kanzler Oxenstierna übernahm die Leitung, den König aber ersetzte er nicht. In dem Kriegsrate zu Altenburg, in dem am Ende des Jahres über die Fortführung des Krieges beraten wurde, wurde der Herzog Georg und mit ihm der schwedische Feldmarschall Dodo von Knyphausen mit der Säuberung des niedersächsischen Kreises beauftragt. Man sah die Fehler ein, die

---

[1]) Grubbe an H. Georg, dd. Oebisfelde Okt. 13. (Kal. 16. A. 315.) Beil. 112.
[2]) H. Fr. Ulrich an Gustav Adolf, dd. Okt. 21. (Wfb.) Beil. 113.

gemacht worden waren und bemühte sich, sie nunmehr wieder gut zu machen. Im Frühjahr 1633 brachen sie mit einer stattlichen Armee auf und ihr erster Marsch war über die Weser. Das entsprach genau dem Wunsche, den Herzog Friedrich Ulrich und mit ihm sein Vetter Christian und die Legaten ohne Unterlass der Generalität vorgestellt hatten; und wenn Knyphausen seinen Marsch über Bremen nahm, um die noch frischen Quartiere von Oldenburg, Ostfriesland und dem Niederstift Münster heranziehen zu können, so führte er nun den Plan aus, den Salvius noch vor kurzem der Generalität vorgelegt hatte. Eine bessere Rechtfertigung konnten sie gar nicht wünschen.

Aber auch für die Herzöge rollte der Tod des Königs die ganze Frage ihrer Stellung zu Schweden auf. Die Alliancen, nach denen man sich bisher immer gerichtet, waren noch nicht ratifiziert, die mit Lüneburg war überhaupt nicht zu stande gekommen: sie bestanden also gar nicht zu Recht. Trotzdem war Herzog Friedrich Ulrich entschlossen „bei der Alliance unverrückt und fest zu verharren, auch das äusserste bei der Sache aufzusetzen".[1]) Er bat den Reichskanzler sogleich, die Alliance im Namen der Krone Schweden zu vollziehen — immer in der Hoffnung, dass sie ihm Schutz gewähren sollte auch gegen weitere Misshandlungen durch die Generalität. Wie weit aber dieser papierne Schutz reichte hatte er zur Genüge erfahren; er war jetzt entschlossen seine Werbungen mit Energie zu betreiben. Er setzte Oxenstierna davon in Kenntnis und hat die Zeit nicht versäumt, sobald ihm der Abzug Gronsfelds über die Weser nur etwas Luft liess. Noch ehe im Frühjahre die schwedische Armee heranrückte, hatte er einige Regimenter geworben, die unter dem Befehle seines Generalmajors Tilo Albrecht v. Uslar standen; obwohl das, wie vorauszusehen, zu sehr heftigen Differenzen mit seinem Vetter Georg und mit Oxenstierna führte, blieb er doch in diesem Punkte fest und hat auch die Selbständigkeit seiner Truppen schliesslich durchgesetzt.

---

[1]) Instruktion für Friedrich Franz v. Uslar an Oxenstierna, dd. Nov. 25. (Wfb.) Uslar war übrigens bereits auf der Heimreise und erhielt diese Instruktion nicht mehr; sie dient aber als Zeugnis der Stimmung und Absichten der Braunschweiger Regierung. An Oxenstierna schrieb der Herzog dann in gleichem Sinne am 7. Dez. (Kal. 21. C. XVI. 59 Nr. 4.)

Oxenstierna konnte sich aber ebenso wenig wie der König zu der begehrten Ratifikation der Alliance sofort entschliessen, sie ist erst erfolgt am 9. November 1633, nachdem sich alle Verhältnisse von Grund aus geändert hatten.[1]

Das führt uns zu der oben bereits erörterten Frage nach den Gründen, die den König bestimmt haben, die Ratifikation schliesslich zu verweigern. Sie hängen wie erwähnt mit seinen letzten Plänen und Zielen zusammen, für die diese Allianceverhandlungen gute Fingerzeige enthalten.

---

[1] Or. in Wb.

III.
Gustav Adolfs letzte Pläne.[1]

Wohl allseitig wird jetzt die eigentümliche Mischung religiöser und politischer Motive zugegeben, die in dem grossen Schwedenkönige lebendig waren, als er auszog, seine Heimat vor dem anstürmenden Katholizismus zu schützen und den bedrängten Glaubensgenossen in Deutschland Rettung und Sicherheit zu bringen. Lange Zeit aber hatte die von der offiziellen schwedischen Geschichtsschreibung diktierte Auffassung allein zu Recht bestanden, die in dem Könige lediglich den Glaubenshelden sah, der nur aus christlicher Nächstenliebe zur Rettung des, wie es schien, dem Untergang geweihten Evangeliums nach Deutschland zog und hier sein Leben für seinen Glauben auf dem Felde der Ehre liess. Und es hat langer Zeit bedurft, bis sich auch gegenteilige Stimmen erhoben, welche nun ihrerseits wieder über das Ziel hinausschossen und die den Handlungen des Königs unbestreitbar mit zu Grunde liegenden politischen Motive allein gelten lassen wollten, ja alle religiösen Motive leugneten.

Die Wahrheit liegt gewiss auch hier in der Mitte.[2] Einem Kinde des ausgehenden 16. Jahrhunderts — Gustav Adolf wurde 1594 geboren — religiöse Motive ganz und gar absprechen zu wollen, heisst meines Erachtens die Zeit missverstehen. Es liegen

---

[1] Bei diesem Abschnitt ist durchgehends zu vergleichen Strucks scharfsinniger Aufsatz über Gustav Adolf und die schwedische Satisfaktion in der Hist. Vierteljahrschrift, Bd. II, 1899, mit dem sich die folgenden Darlegungen beständig berühren, z. T. auch auseinandersetzen.

[2] Am besten scheint mir noch immer Wittich dieser Doppelnatur des Königs gerecht geworden zu sein. Zu vergleichen sind auch die ausgezeichneten Ausführungen Odhners, om orsakerna till Gustav II Adolfs deltagande i trettioåriga kriget. Hist. Bibl. utg. af C. Silfverstolpe, Stockholm, 1879.

uns genügend Unterrichtspläne aus dieser Zeit vor, um zu erkennen, welchen ungeheuren religiösen Einwirkungen die Jugend jener Tage ausgesetzt wurde, so intensiv, dass dieser Generation die religiöse Grundlage des Denkens und Empfindens Zeit ihres Lebens bleiben musste. Erst der alles verrohende Krieg hat auch hier Änderung gebracht.

Auf der anderen Seite lehrte aber auch den jungen Wasaprinzen die Geschichte seines eigenen Hauses, welcher reale politische Wert der Konfession — ob protestantisch, ob katholisch — innewohnte. Sein Grossvater, Gustav Wasa, hatte mit Hilfe der Reformation Schweden von Dänemark befreit und selbst den Thron gewonnen; sein Oheim, König Johann, war wieder Katholik geworden und hatte seinen Sohn Sigismund zum König von Polen wählen lassen, der um seiner Konfession willen die schwedische Krone an seinen evangelisch gebliebenen Oheim Karl verlor, den jüngsten der Söhne Gustav Wasas und Vater Gustav Adolfs. Gustav Adolfs Königstum war beständig von seinem Vetter Sigismund in Polen bedroht, hinter dem die ganze Macht des Katholizismus stand, und so war die Sicherheit des protestantischen Glaubens für Gustav Adolf und Schweden zugleich eine politische Lebensfrage.

Gustav Adolf hat aus der Geschichte seines Hauses nicht umsonst gelernt: er brachte aber auch dieser ganzen Lage der Dinge so viel Verständnis entgegen, als nur möglich. Seiner ganzen Natur nach war er ein Realpolitiker, wie es nur einer sein konnte. Mochte sein Genius ihn auch noch so kühne Pläne entwerfen und verfolgen lassen, er wusste, dass alle Ideale eine reale Grundlage haben müssen, wenn sie Bestand haben wollen. Danach hat er in allen Fragen gehandelt, die ihm gestellt wurden.

Politische und religiöse Motive sind bei ihm untrennbar verbunden, wie etwa in Kaiser Karl V., seinem Gegenbilde im katholischen Lager. Ranke hat uns zuerst bei diesem mächtigen Gegner der Reformation die enge Verquickung so verschieden gearteter Motive kennen gelehrt; eine Auffassung, die seitdem Gemeingut geworden ist. Dasselbe müssen wir auch für Gustav Adolf, den Retter des Protestantismus in Anspruch nehmen.

Dem Könige war die Rettung des Protestantismus nicht nur Herzenssache, sie war — wie gesagt — für ihn und Schweden auch eine politische Lebensfrage. Mit voller Klarheit hat er die Notwendigkeit seines Eingreifens in den grossen Kampf, der auf deutschem Boden ausgefochten wurde, längst erkannt: das Haus Habsburg-Spanien, die stärkste Stütze des Katholizismus, war naturgemäss auch sein Todfeind, und sich mit ihm zu messen, ist er oft genug auf dem Sprunge gewesen, ehe es dazu kam, seine Pläne auszuführen. Sein Kanzler und Freund Axel Oxenstierna hat später einmal gesagt, es sei eine dispositio divina und ein impetus ingenii gewesen, der den König unwiderstehlich in den deutschen Krieg getrieben habe. Lange genug hat es gedauert und einen weiten Weg hat er machen müssen, ehe er diesem Drange seines Genius hat folgen können; immer wieder hat er diese Pläne zurückstellen müssen, bis ihm der Waffenstillstand mit Polen endlich freie Hand gab.

Es ist hier nicht die Aufgabe, ein Gesamtbild des gewaltigen Mannes zu geben, der es — 36 Jahr alt — unternahm, der hereinbrechenden Katastrophe allein sich entgegenzuwerfen, die den Protestantismus und seine gesamte Kultur zu vernichten drohte, und dem es gelang, in dreijährigem Kampfe dem Laufe der Dinge neue Bahnen vorzuschreiben. Ich muss mich bescheiden, die Grundlage seines Handelns hier kurz angedeutet zu haben, da ich es in den folgenden Zeilen ausschliesslich mit denjenigen politischen Plänen zu tun habe, durch die er sein Lebenswerk krönen und sichern wollte.

Der Ausgangspunkt aller seiner Handlungen war sein Vaterland Schweden und dessen Sicherstellung. Man hat das Land Schweden mit einer natürlichen Festung verglichen, deren Festungsgraben die Ostsee sei, zu dem die Könige bestrebt gewesen seien, noch das Glacis, die Ostseeprovinzen, zu erwerben. Waren diese Provinzen in schwedischem Besitze, so war nicht nur jeder feindliche Einfall in das Heimatland zunächst ausgeschlossen, sondern der Kriegsschauplatz mit allen seinen Greueln und Verwüstungen war auch in fremdes Gebiet gelegt. Dann aber war noch ein zweiter Vorteil erreicht: die Herrschaft über die Ostsee war auf beiden Seiten in schwedischen Händen. Gustav Adolfs Vorfahren und er selbst haben sich diese Sicherstellung zunächst im Osten erkämpft. Mit der Eroberung von Ingermannland, Esthland und Livland war dies Ziel erreicht und die Russen, die als Bundesgenossen der Polen ihnen sehr gefährlich werden konnten, waren von der Ostsee ausgeschlossen. Nach dem Frieden von Stolbowa (1617) konnte Gustav Adolf mit Recht sagen: Ich hoffe zu Gott, es soll den Russen von nun an schwer werden, über diesen Bach zu springen.

Dasselbe Ziel verfolgte er danach auch Polen selbst gegenüber, und auch hier gelang das Unternehmen: 1626 besetzte er Preussen und die Verträge von 1629 liessen ihm die Seeküste und die Häfen in seinen Händen. Auch Polen war damit von der Ostsee abgesperrt.

Nunmehr war für ihn auch die Zeit gekommen, den Kampf mit seinem mächtigsten Gegner aufzunehmen: mit dem Hause Habsburg; der Kampf um Stralsund 1628 und das dem Wallenstein verliehene Generalat des Ozeans und des baltischen Meeres zeigten ihm die Pläne des Gegners deutlich genug, wenn es dessen überhaupt bedurft hätte. Für Gustav Adolf war demnach schon bei seinem Eintritte in den deutschen Krieg das eine Ziel vorgeschrieben: auch hier den Gegner von der Ostsee fern zu halten durch Erwerb von Land oder festen Punkten, um so einen feindlichen Einfall in Schweden unmöglich zu machen. So hat er denn bereits 1628 — also lange vor seinem wirklichen Eintritt in den deutschen Krieg — den dauernden Erwerb von Stralsund beabsichtigt.[1]) Obgleich er damals sein Ziel nicht erreichte, hat er es doch stets im Auge behalten, trotzdem der am 3. Juli 1628 mit der Stadt abgeschlossene Vertrag dem einen Riegel vorzuschieben schien. Noch 1630, ehe er die deutsche Expedition antrat, sollte es zu Friedensverhandlungen mit dem Kaiser in Danzig kommen. Damals beabsichtigte der König Stralsund und Wismar als Assecuratio zu fordern für die gewissenhafte Ausführung der Friedensbedingungen. Dass es sich abermals um den dauernden Erwerb handelte, bezeugen die Worte des Königs, dass Stralsund auch unter schwedischer Regierung seine privilegierte Stellung behalten könne: die Worte fielen, trotzdem die Reichsräte den König bereits ihre Bedenken eröffnet hatten, dass Stralsund gemäss des abgeschlossenen Vertrags wieder abgetreten werden müsse.[2]) Auch damals hat der König seinen Willen nicht durchgesetzt, auf Wismar verzichtete er ganz und die Einräumung von Stralsund als Pfand verlangte er schliesslich nur so lange, bis die übrigen Friedensbedingungen erfüllt seien.[3]) Sehr zu beachten ist aber, dass diese

---

[1]) Ritter, Gött. gel. Anz., 1901, S. 75.
[2]) Struck, S. 21.
[3]) Instruktion für Oxenstierna, dd. 1630 April (AO. skrifter II. 1. no. 425 § 18) und Memorial für Oxenstierna, dd. 1630 Mai 22 (Ebd. no. 428, § 6).

Forderung der Assecuratio direkt auf den König selbst zurückgeht. Sein Kanzler Oxenstierna hatte eine Instruktion für die Friedensverhandlungen entworfen, die der König billigte, nur habe er — sagte der König — die Hauptsache vergessen: die Assecuratio,[1]) und auf seinen Befehl wurde die neue Forderung noch eingeschoben. Ebenso ist zu beachten, dass schon damals der König darauf drang, dass diese Assecuratio in etwas Realem bestehen müsse, blosse Verträge dagegen nicht ausreichten, oder wie der König sich ausdrückte: Papier und Tinte allein gewährten seinem Reiche und dem Meere keine genügende Sicherheit.[2])

Der Besitz der Ostseeprovinzen hatte aber für Gustav Adolf ausser der militärischen noch eine zweite Bedeutung von nicht geringerer Wichtigkeit: eine finanzielle, infolge der Zölle, die der König in allen Häfen erhob, sobald er ihrer mächtig wurde. Auch diese Seite baute der König ganz konsequent und systematisch aus und brachte nach und nach die Ostsee auch handelspolitisch völlig unter schwedische Herrschaft, sehr zum Verdrusse aller handeltreibenden Staaten, der evangelischen wie katholischen: Dänemark, England, Holland und Spanien. Den Anfang machten im Nordosten die Zollstätten zu Reval in Esthland und Riga in Livland; ihnen schlossen sich die kurländischen Häfen Liban und Windau an, wo der König einen Zoll von $5^{1}/_{2}\%$ vom Werte aller Waren erhob.[3]) Die preussischen Häfen Pillau und Memel wurden dem Könige in den Verträgen von Altmark und Fischhausen (1629) eingeräumt;[4]) mit Danzig schloss er am 28. Februar 1630 zu Tiegenhoff einen Vertrag,[5]) wonach der König einen Zoll von $3^{1}/_{2}\%$ erhob, die Stadt 2%. Auch auf deutschem Boden setzte er diese Politik fort. Der Herzog von Pommern musste dem Könige ein „Defensionsgeld" auf allen Strömen und Häfen zugestehen,[6]) wovon Schweden $3^{1}/_{2}\%$ und Pommern 1% erhielt. Ebenso mussten die Herzöge von Mecklenburg trotz alles Sträubens ihm einen Zoll in

---

[1]) Ebd. no. 428, § 6. Instructionen behagar elliest l allt K. M. väl, allenast märker K. M., att Cantzlären hafver theri förgätedt att ihugkomma thett, som principalest är: adsecurationen.

[2]) Ebd. no. 425, § 16.

[3]) Vertrag mit dem Herzog von Kurland, dd. Elbing 1630 Apr. 9. (Sver. trakt. V. S. 375.)

[4]) Ebd. S. 347 und 359.

[5]) Ebd. S. 367.

[6]) Ebd. S. 395. Pommersche Defensionsverfassung, dd. 1630 Sept. 9.

Warnemünde und Wismar einräumen, von dem sie sich 1% ausbedangen.¹) Mit Ausnahme Lübecks und der dänisch-holsteinischen Häfen war damit die Ostsee tatsächlich in schwedischen Händen. Diese Zölle, die überall durch schwedische Beamte erhoben wurden, waren für Schweden von der grössten Bedeutung: sie gaben dem Könige die Mittel seine Kriege zu führen. Schweden war an sich ein armes Land, zumal da die fruchtbarsten Gebiete im Süden — Halland, Schonen, Blekinge und Gotland — noch dänisch waren; dazu war das Land noch verarmt durch den ausserordentlichen Steuerdruck und die endlosen Kriege, die des Königs kühne Politik zur Folge hatten. Allein die Erträgnisse der preussischen Zölle (Windau, Libau, Memel, Pillau und Danzig) — über die wir aus den Jahren des deutschen Krieges unterrichtet sind²) — geben ein deutliches Bild von der Grösse ihrer Bedeutung: 1630 waren es 983000 schwedische Taler (= 393000 Rt.), 1631: 1362000 T. (= 545000 Rt.) und 1632: 1568000 T. (= 627000 Rt.); zusammen mit den anderen Einkünften bezog Schweden allein aus Preussen mindestens 2½ Million T. (= 1 Million Rt.). Niemand wusste besser Bescheid über die eminente Wichtigkeit dieser preussischen Zölle als Axel Oxenstierna, der sie mit Hülfe der Spirings eingerichtet hatte; er sagt einmal von ihnen sehr charakteristischer Weise: die Lizenten sind ein grösseres arcanum regni Sueciae, als mancher glaubt.³) Und nichts ist bezeichnender, als der ungeheure Zorn, der ihn erfasste, als die schwedischen Unterhändler 1635 ohne sein Wissen und ganz gegen seinen Willen auf sie verzichteten, um einem neuen Kriege mit Polen zu entgehen. Er schalt die Verhandlungen ein „Werk von Kindern"⁴) und übte an dem Verhalten der Kommissare eine solche harte Kritik aus, dass es zu ernsten Verstimmungen zwischen ihnen und dem Reichskanzler kam.⁵) Ich versichere Dich — schrieb er an seinen Bruder, den Reichstruchsess Gabriel Oxenstierna — dass Schweden nunmehr nicht halb die

---

¹) Ebd. S. 704. Alliance mit Mecklenburg, dd. 1632 März 10.
²) Arkiv I. p. XLIX und III. p. XLI. Leider fehlen bisher über diese finanzielle Seite der Politik Gustav Adolfs nähere und eingehendere Nachrichten.
³) Memorial Oxenstiernas an den Reichsrat, dd. 1639 Mai 21. (Handlingar 20. S. 79.)
⁴) Oxenstierna an seinen Bruder Gabriel, dd. 1635 Aug. 24 (Stockholm) till dig, som kr min broder, kan jag säga, att det kr barnaverk.
⁵) Vgl. P. Sondén, Axel Oxenstierna och hans broder, Stockh. (1903) S. 42 ff.

Krone ist, die es bisher gewesen ist; der deutsche Krieg muss jetzt von Schweden selbst unterhalten werden.[1])

Die schwedischen praetensiones — wie man sie nannte — muss man in zwei Gruppen teilen: 1) in die geforderte Entschädigung für die von Schweden und seinem Könige gebrachten Opfer an Mühe, Kosten und Gefahr, die Satisfactio, und 2) in die weiteren Forderungen, die nötig waren, um das im künftigen Frieden Erreichte sicherzustellen, die Assecuratio. Beide Gruppen sind natürlich eng miteinander verknüpft und gehen auch wohl in einander über; im allgemeinen kann man aber sagen, dass die Satisfactio in erster Linie für Schweden von Bedeutung war, da in ihr der König seine Forderungen zusammenfasste, die er im Interesse Schwedens zu stellen gedachte; dagegen kommen in der Assecuratio seine universalen welthistorischen Pläne vor allem zum Ausdrucke, die ihn weit über die engeren Grenzen seiner Heimat hinausführten.

Die Forderungen, die der König als Satisfactio erhob, sind bekannt: in erster Linie natürlich Pommern, dann die mecklenburgischen Häfen Wismar und Warnemünde, schliesslich die eroberten Stifter Magdeburg-Halberstadt, Bamberg, Würzburg, Mainz und andere geistliche Güter, über die er wenigstens zu verfügen gedachte. Dass er nicht von Anfang an alle diese Forderungen erhoben hat, ist selbstverständlich, da er ja z. B. die genannten Stifter erst erobern musste; die Frage ist nur die, wann er den Gedanken von Landerwerb, in erster Linie von Pommern, gefasst hat, ob er ihn von Anfang an gehabt hat, oder ob ihm der Gedanke erst später im Verlauf seiner grossen Erfolge, insbesondere nach dem Breitenfelder Siege gekommen ist. Die Frage ist von prinzipieller Bedeutung für die ganze Beurteilung der Politik Gustav Adolfs und bedarf eingehender Erwägung.

Bekanntlich enthält die pommersche Alliance — die erste die der König auf deutschem Boden schloss — folgenden oft besprochenen Vorbehalt (§ 14): „Endlich haben wir der König uns per expressum vorbehalten, dass wann ein trauriger Todesfall sich begeben und des Herzogen in Pommern L. die Welt ohne männliche Leibeserben gesegnen sollte, ehe und zuvor der Kurfürst zu Brandenburg, als eventualiter gehuldigter Successor, diese Einigung

---

[1]) Ebd. S. 47/48. — Axel Oxenstierna an Gabriel, dd. 1635 Okt. 20. (Stockholm.)

ratifiziert und bestätiget und diesen Landen zu ihrer Entledigung wirklich assistiert hätte, oder da dem Kurfürsten von andern die Succession streitig gemacht würde, Wir der König oder unser Successor an der Krone alsdann diese Lande in sequestratoria und clientelari protectione so lange innebehalten wollen, bis der punctus successionis seine vollständige Richtigkeit und Erledigung erlangt, und uns von dem successore die Kriegs-Unkosten, jedoch ohne einigen Beschwerd des Landes Pommern, entrichtet und diese Konjunktion ratifiziert wird."

Über die Entstehung dieser Alliance sind wir neuerdings gut unterrichtet.[1]) Wir wissen jetzt, dass diese und eine ähnliche Klausel[2]) von den Schweden bei der Umarbeitung eines ihnen von den Pommern übergebenen Entwurfs hinzugefügt worden ist,[3]) und dass die Pommern sich aufs hartnäckigste geweigert haben, sie anzunehmen. Die Schweden haben schliesslich nachgeben müssen, sie haben auf die eine (im § 3) ganz verzichtet, dagegen die andere als lediglich einseitiges Reservat des Königs beibehalten, das die Pommern nicht binden sollte.[4])

Dürfen wir nun aus dieser Klausel schliessen, dass der König damals bereits an den Erwerb von Pommern gedacht hat? Das ist nun noch in der letzten Zeit auf das bestimmteste verneint worden: der Zweck des Artikels sei lediglich rein taktischer Natur gewesen, eine Drohung, um den Kurfürsten von Brandenburg zum Anschlusse zu zwingen; für diesen Fall wäre der König bereit gewesen, sich in der bindendsten Weise zu verpflichten, Pommern beim Frieden zurückzugeben. Seine Lage in der ganzen ersten Zeit in Pommern sei so prekär gewesen, dass er an Eroberungen gar nicht habe denken können; auch sei seine Stimmung infolge der unerwarteten Schwierigkeiten alles anders als eroberungslustig gewesen. Erst der grosse Sieg bei Breitenfeld habe diesem Vorbehalte eine ganz neue Bedeutung gegeben, erst damals hätte sich

---

[1]) Bär, Pommern im 80 jährigen Kriege; er bringt gerade für diese Frage neues wichtiges Aktenmaterial.

[2]) Im § 8. Dass keiner der Interessenten an diesen Landen, da sie zu dieser Einigung alsofort verstehen und selbige wirklich vertreten, durch diesen Vertrag präjudiziert sein solle.

[3]) Den Pommern am 18. Aug. übergeben.

[4]) Erst am 4. Sept. kamen die Verhandlungen zum Abschlusse, die Alliance erhielt aber trotzdem das Datum des allerersten (pommerschen) Entwurfes: 20. Juli.

der König entschlossen, ihn als Grundlage für einen Landerwerb in Deutschland zu benutzen, um mit dem Besitze deutscher Territorien als Reichstand in den Verband des deutschen Reiches zu treten.[1)]

Dass der König mit diesem Vorbehalt auf seinen Schwager einen Druck ausüben wollte, um ihn zum Anschlusse zu zwingen, ist gewiss; das haben die schwedischen Unterhändler den Pommern mehr wie einmal gesagt. Sieht man aber nur das in ihm, so verkennt man meines Erachtens doch zweierlei: einmal den Charakter des Königs und dann, wie solche Pläne überhaupt entstehen und gehandhabt werden. Dass der König, als er den grossen Entschluss fasste sich an dem deutschen Kriege zu beteiligen, sich über das klar war, was er bei einem günstigen Verlaufe fordern müsse, dürfen wir als selbstverständlich voraussetzen. Sieben Jahre lang hat der dämonische Drang, der ihn zu dieser Expedition führte, in dem gewaltigen Manne gearbeitet:[2)] Zeit genug um über die Ziele ins Reine zu kommen, die er erreichen musste, wenn das ganze Unternehmen nicht zwecklos sein sollte. Auch das dürfen wir von vornherein annehmen, dass sich darunter der Erwerb der Seeküste befunden hat: das entsprach nur seinem bisherigen System, das er den Russen und Polen gegenüber angewendet hatte. Wir haben auch gesehen, dass er bereits 1629 und 1630 an den dauernden Erwerb von Stralsund und Wismar gedacht hat. Pommern schloss sich unmittelbar an seine bisherigen Eroberungen an und hätte zusammen mit den mecklenburgischen Häfen, wie erwähnt, die Ostsee völlig in die Hand Schwedens gebracht. Zudem lagen die Verhältnisse in Pommern damals so günstig wie möglich, da mit dem Herzog Bogislaf der Greifenstamm aussterben musste und eine neue Dynastie zur Herrschaft gelangen sollte. Er hat sogar den Gedanken ausgesprochen, der Pommernherzog solle ihn adoptieren, dann hätte er ein Erbrecht vor den Hohenzollern an Pommern gehabt. Gustav Adolf war damals allerdings betroffen über die Schwierigkeiten und nach der Aussage seines Sekretärs zum Frieden geneigt. Schwerlich dürfen

---

[1)] Struck, S. 29,30 und 60. Struck beruft sich auch auf Odhner, westf. Frieden, S. 13; er übersieht aber, dass Odhner selbst (S. 14) der Ansicht ist, dass Gustav Adolf von vornherein wirkliche Eroberungen in Deutschland beabsichtigt habe, etwa einige Häfen, zunächst Stralsund.

[2)] Ritter l. c. S. 70.

wir dem aber bei einem Charakter wie Gustav Adolf mehr Gewicht beilegen, als dem einer vorübergehenden Stimmung; der König hat einen einmal gefassten Plan stets mit der grössten Zähigkeit verfolgt und sich durch vorübergehende Schwierigkeiten nie beugen lassen. Wie jedes Genie hat auch er mit der ganzen Kraft seiner Seele an den Erfolg seiner Sache geglaubt, von deren Gerechtigkeit er voll überzeugt war; er glaubte an seinen guten Stern und sein Glück, vor allem an sich selbst. Ein anderes aber ist es, ob er an diesen Plänen und Forderungen im ganzen und einzelnen beständig und unabänderlich festgehalten hat, ob er ihnen als einem festen Programm nachgejagt ist. Das wird man ebenso von vornherein verneinen müssen. Gustav Adolf war ein Realpolitiker, kein Doktrinär, der sich auf ein Programm verbissen hätte. Das Ziel hat er stets vor Augen gehabt und er hat sich bemüht es zu erreichen; aber ebenso ist er stets bereit gewesen, den veränderten Verhältnissen Rechnung zu tragen und Modifikationen eintreten zu lassen.

So werden wir in der Klausel des erwähnten § 14 sehr wohl das erste bestimmte Anzeichen seiner Absichten auf Pommern erblicken dürfen, wenn auch nur in soweit, als er seine Ansprüche anmeldete und es der Zukunft überliess, in welcher Weise sie sich verwirklichen liessen.

Wir wissen auch aus anderen Verhandlungen, dass er sich bereits sehr frühzeitig mit dem Gedanken beschäftigt hat, sich seine Eroberungen zu sichern. Im November 1630 fanden zu Stralsund Verhandlungen mit dem hessischen Abgesandten Dr. Hermann Wolff statt, deren Resultat die sogenannte hessische Eventualkonföderation war;[1]) dabei sind auch zwischen Wolff und dem schwedischen Staatssekretär Sattler „discursus vorgangen deren conquaestierten Güter halber anstatt der Mühe, Gefahr und Kosten" und es wurde verabredet, dass mit Hessen neben der Alliance noch ein „secretissimum" aufgerichtet werden sollte.[2]) Leider wissen wir nichts weiter über diese höchst wichtigen Verhandlungen, das Protokoll Wolffs, das erwähnt wird, ist bisher verschollen: so viel steht aber fest, dass Gustav Adolf Landerwerb als Satisfaktion für die Mühe, Gefahr und Kosten verlangte und es ist anzunehmen, dass sich damals bereits beide Kontrahenten ihre Eroberungen

---
[1]) Vgl. Struck, Wilhelm v. Weimar, S. 82 ff. und Anhang no. 2.
[2]) Irmer, Schweden und Wallenstein, I. S. 130.

gegenseitig verbürgten. Ob der König damals auch schon die mit diesen Territorien verbundene Reichstandschaft hat erwerben wollen, wissen wir nicht, obwohl es nicht unwahrscheinlich ist: später bildet auch sie einen Teil im hessischen Secretissimum.

Dass ihm im besonderen der Gedanke, Pommern dem Kurfürsten von Brandenburg vorzuenthalten, geläufig war, wissen wir aus seinem eigenen Munde: er hat es den Brandenburgern selbst ins Gesicht gesagt, dass sie ohne Ratifikation der pommerschen Alliance Pommern nie erhalten würden.[1]) Er hat damals — am 21. Juli — wiederholt, dass ihn allein etwas Reales in Händen Gewissheit und Kaution geben könne, dass er sich in seinem Reiche nichts zu befahren habe.[2]) Hat er im Mai bereits, ehe er überhaupt Schweden verlassen hatte, zu dem gleichen Zwecke Stralsund und Wismar fordern zu müssen geglaubt, so wird er sich jetzt, im Besitze Stettins und der Odermündung, damit gewiss nicht begnügt haben. Zudem — sehen wir uns die Klausel selbst an: sie war so vieldeutig und dehnbar wie möglich. Wer war der andere, der dem Kurfürsten die Succession in Pommern streitig machen sollte? Wie nun, wenn es Schweden etwa selbst war? oder wenn Schweden seine Kriegskosten so hoch berechnete, dass an eine Wiedererstattung, zu dem der Successor sich verpflichten musste, nicht zu denken war? Es ist richtig, dass der König von dieser Klausel nie Gebrauch gemacht hat,[3]) von der Oxenstierna bekanntlich später selbst gesagt hat, sie sei auf Schrauben gestellt:[4]) der König hat sich stets viel einfacher und wirksamer auf sein jus belli berufen, da er Pommern aus Feindeshand erobert habe. Bereits am 22. August 1630 hat er es den Pommern selbst gesagt: jure belli seid ihr mein.[5]) Er wollte sich mit der Alliance eine Grundlage schaffen, auf der er weiter bauen konnte.

Dass Gustav Adolf bereits vor der Breitenfelder Schlacht an den Erwerb von Pommern gedacht hat, wissen wir zudem aus seinen Verhandlungen mit Brandenburg selbst. Er hat schon im Januar 1631, als er mit dem brandenburgischen Kanzler Götzen in Bärwalde unterhandelte, diesem die ersten Andeutungen einer Ehe

---

[1]) Droysen, Brandenb. Audienzen. Zt. f. pr. Gesch. XV. S. 19.
[2]) Ebd. S. 21.
[3]) Odhner, Westfäl. Friede, S. 13.
[4]) Oxenstierna an Reichsrat, dd. 1635 Febr. 22. (Handl. 24. S. 16.)
[5]) Bär, S. 278.

des Kurprinzen mit seiner Tochter Christine gemacht:¹) wie bekannt sollte gerade diese Ehe das Mittel bilden, die beiderseitigen Ansprüche auf Pommern zu vereinigen, und so die schweren Hindernisse beseitigen, die einem gemeinsamen Zusammenwirken der beiden Mächte infolge der pommerschen Frage im Wege standen.

Ganz offen traten aber dann die Ansprüche des Königs zu Tage in den weiteren Verhandlungen im Mai und Juni 1631. Der Kurfürst war damals bereit zu der vom Könige begehrten Konjunktion und sein Kanzler Götzen hat in den ersten Tagen des Mai zu Küstrin einen Allianceentwurf dem Könige überreicht.²) Der König begehrte aber „oram maritimam und hat Wolgast, Usedom, Rügen und andere Orte haben wollen".³) Als der König dann am 13. Mai persönlich nach Berlin kam, hat er selbst dem Kurfürsten seine Absichten auf die pommersche Küste und die dortigen Häfen zu verstehen gegeben.⁴) Auch in den weiteren Verhandlungen mit Brandenburg, die im Juni stattfanden, spielt diese pommersche Frage eine ausschlaggebende Rolle.⁵)

Kurze Zeit darauf hat der König auch seine Ansprüche auf Wismar angemeldet. Sein Legat Salvius wurde beauftragt, mit den Herzögen von Mecklenburg eine Alliance abzuschliessen;⁶) die Verhandlungen wurden im August geführt und in dem erhaltenen Entwurfe bedang sich der König die Einräumung von Wismar aus, auch diesmal zunächst in der Form eines Pfandes für den Ersatz der Kriegskosten.

---

¹) Arnstedt, Der schwedische Heiratsplan des grossen Kurfürsten. 1896. S. 4. — Urk. u. Akten zur Gesch. des grossen Kurfürsten. I. 592.

²) Beil. 8.

³) Brandenburg. Protokolle vom 5. Mai, 9. Okt. 1631 und 19. Okt. 1632. (Berlin Rep. 21. 127 p. und q.)

⁴) Kurbrandenburg an den Grafen Schwarzenberg, dd. 1631 Juli 5. Beil. 10. Vgl. Droysen, Preuss. Politik III. 1 (2. Aufl.) S. 265. no. 66. Vgl. auch den damals aufgesetzten Nebenvertrag, dd. Mai 14. Beil. 9.

⁵) S. unten.

⁶) GAdolf an Salvius, 1631 Juli 16. (Arkiv I. no. 841), mit Übersendung eines Kreditifs. Als Vorbild sollte die hessische (Eventual-) Konföderation dienen. — Der Entwurf vom 15. Aug. 1631 im Schweriner Archiv. § 18. Die Herzöge bewilligen, „dass wenn I. K. M. uns zu unsern Fürstentümern, Land und Leuten völlig wieder verhelfen wolle, deroselben unsere Stadt Wismar mit dem Hafen und Zöllen solange pfandweise in Händen und nach ihrem Besten gebrauchen und niessen zu lassen, bis sie entweder daraus oder sonst von uns ihrer auf diesen Krieg zu unserem Behuf aufgewendeten Kriegskosten gänzlich bezahlet worden".

Der grosse Sieg bei Breitenfeld hat dann allerdings einen Umschwung in den Anschauungen des Königs hervorgerufen, aber nicht insofern, dass er jetzt erst seine Forderungen wegen der Satisfactio für Schweden erhob, sondern dass von jetzt an mehr und mehr die der Assecuratio in den Vordergrund treten. Die Satisfactio hat er darüber nicht aus den Augen verloren; von Halle aus sandte er im September seinen Legaten Salvius zu Kurbrandenburg und Mecklenburg, um die Allianceverhandlungen weiter zu führen.¹) Der Entwurf, den Salvius jetzt dem Kurfürsten vorlegte, forderte rundweg die Seeküste für den König und zwar nicht mehr als Pfand, sondern unter der vielsagenden Klausel: donec plenius nobis cum imperio Romano conveuerit; und ebenso forderte die mecklenburgische Alliance, die der König in Halle schon unterzeichnet hatte:²) etsi vero quicquid nos rex Sueciae viribus nostris justoque bello hosti nostro eripere poterimus, id totum optimo jure nostrum esset, nec quidquam restituere teneremur, donec belli saltem nostri sumptus nobis refunderentur: solam tamen urbem portumque Wismariensem cum oppido portuque Warnemundensi ad securitatem nostram retinebimus, donec de iis plenius nobis cum imperio Romano convenerit. Er hat es damals also für angemessen erachtet, seine Ansprüche auf die pommersche Ostseeküste und die mecklenburgischen Häfen — es war noch Warnemünde dazu gekommen — sich vertragsmässig verbürgen zu lassen. Bekannt ist, dass der König dann, als die Herzöge um dieser und anderer Bedingungen hin Bedenken hatten, die Alliance zu ratifizieren und um Milderung der drückenden Bestimmungen baten, gemessenen Befehl an seine Generäle Tott und Bauer gab, dafür zu sorgen, dass die mecklenburgischen Häfen nach ihrer Eroberung von den Schweden besetzt würden, mecklenburgische Garnisonen aber ausgeschlossen würden. Ja für den Fall, dass es den Herzögen gelungen sein sollte, doch ihre eigenen Garnisonen nach Wismar hineinzubringen, sollte Bauer sie mit Güte oder mit Gewalt vertreiben und es auf eine regelrechte Belagerung ankommen lassen.³)

---

¹) Mem. für Salvius, dd. 1631 Sept. 27. (Arkiv I. no. 369.)
²) dd. Halae Saxonum 27. Sept. 1631. Sverges trakt. 8. 719 (linke Spalte).
³) G Adolf an Salvius, Tott und Bauer, dd. 1631 Nov. 15, 18 und Dec. 31. (Arkiv I. no. 370, 380, 390, 400.) — Vgl. Droysen, Zt. f. preuss. Gesch. VIII, 371 ff.

Doch diese Pläne einer Satisfactio sind hier für uns von geringerer Bedeutung als die der Assecuratio. Wichtig ist nur die Feststellung, dass er die Absicht von Länderwerb in Deutschland von Anfang an gehabt hat, als er sich in den deutschen Krieg begab. Denn wenn wir die Frage, ob sich der König von vornherein mit dem Gedanken einer Satisfactio getragen hat, bejahen müssen, so werden wir auch annehmen können, dass ihm der Gedanke einer Assecuratio ebenfalls von vornherein nicht fremd gewesen ist, und zwar nicht allein dieser Gedanke an sich, sondern auch mehr oder weniger der der Form, in welcher sie sich ausführen liess.

Dass ihm der Gedanke einer Assecuratio schon vor dem Beginne seiner deutschen Expedition geläufig war, zeigt die schon mehrfach erwähnte Instruktion an Oxenstierna,[1]) in der er Wismar als Assecuratio forderte; ja wir haben bereits gesehen, dass der König selbst der Vater des ganzen Gedankens war.[2]) Dass ihm auch die Form dieser Assecuratio beschäftigt hat, werden wir bei einem Staatsmanne vom Schlage Gustav Adolfs voraussetzen dürfen, selbst wenn wir keine Beweise hätten.

Wir erkennen das aber aber aus einer Aeusserung, die er am 21. Juli 1630 tat, also 14 Tage nachdem er überhaupt den deutschen Boden betreten hatte. Damals sagte er zu dem brandenburgischen Abgesandten Bergmann: er könne zufrieden sein, wenn die vertriebenen Fürsten restituiert, den Ständen ihre Freiheit gelassen und er so versichert werde, dass er sich in seinem Reiche nichts zu befahren habe; „aber, was soll ich für Gewissheit und Kaution dessen haben, Papier und Tinte? Nein, das ist nichts, etwas reale in Händen, das kann mich versichern. **Lasst sie die Fürsten restituieren und mich zum tutore ihrer machen, dass ich ihre Festungen bewache**; sonst halten sie nichts und ist ihnen nicht zu trauen."[3]) Es ist der Gedanke des schwedischen Protektorats über die evangelischen Stände in Deutschland, der uns hier zum ersten Male begegnet und der, wie bekannt, der Mittelpunkt seiner späteren Pläne bildet, soweit wir sie bis jetzt zu erkennen imstande sind. Und wenn uns damals bereits, als der König kaum seinen Fuss auf deutschen Boden

---

[1]) AO. skrifter II. 1. S. 588. — S. o. S. 157.
[2]) Ebd. S. 603. § 6.
[3]) Droysen, Brandenburg. Audienzen. Ztschr. f. p. Gesch. XV. S. 21.

gesetzt hatte, dieser Plan so bestimmt in seinem wesentlichsten Punkte entgegentritt, so wird man nicht zu weitgehende Schlüsse ziehen wenn man behauptet, dass sich der König schon früher mit diesem Gedanken beschäftigt haben muss.[1])

Wir sehen, dass auch hier der König ganz nach seiner Art den Stier bei den Hörnern packte. Das Grundübel des ganzen Protestantismus in Deutschland und die Ursache seiner Schwäche war seine politische Zersplitterung; ein Realpolitiker, wie es der König war, konnte darüber nicht im Zweifel sein, dass wenn eine Besserung der Verhältnisse geschaffen werden sollte, Reformen an diesem Punkte einzusetzen hätten. Es liegt auf der Hand, dass derartige Pläne sehr viel schwieriger zu verwirklichen waren, als die der Satisfactio, die er mit bewunderungswürdiger Geschwindigkeit und Sicherheit sich erobert hat. Er konnte voraussehen, dass er zu einem Protektorate die Zustimmung der evangelischen Fürsten und Stände nicht so ohne weiteres würde erlangen können, und es war doch auch eine heikle Sache, als ihr Befreier vom Joche der papistischen Tyrannei zu kommen und ihnen ein Protektorat auferlegen zu wollen, das seiner politischen Natur nach — mit Ausnahme des Gewissenzwanges — sich nicht viel von dem andern unterscheiden konnte. So ist es verständlich, wenn wir in der ersten Zeit seines Kampfes in Deutschland nur wenige Zeugnisse über die Existenz dieser Pläne haben. Mehr noch als bei der Satisfactio gilt das oben Gesagte von der Assecuratio: es waren Pläne, die der König hegte, und Ziele, die er vor Augen hatte,

---

[1]) Ein Anzeichen — wenn auch ein unsicheres — möchte ich in einer Äusserung des Königs sehen, die er in der bekannten Reichsratsitzung vom 6. Nov. 1629 tat. (Svenska Riksrådets protokoll I S. 222.) Damals erwog er noch einmal mit seinen Räten, ob er die deutsche Expedition unternehmen solle, und es war der Reichsrat Skytte, der vor dem Kriege warnte; u. a. sagte er: si rex erit victor, non se adjungent Germani; sin victus, se subtrahent, worauf der König nur erwiderte: si rex victor, illi praeda erunt. Struck übersetzt es (l. c. S. 16): wenn der König siege, werden sie sich anschliessen müssen. Das ist doch weniger, als der Text bietet; was soll das aber unter den damaligen Umständen bedeuten: so werden sie meine Beute sein? Die lakonische Kürze des Protokolls gibt leider keinen sicheren Aufschluss. Das aber ist gewiss, dass in der Sitzung alle Eventualitäten des Krieges durchgesprochen worden sind, und dass der König damals schon die tatsächlichen Verhältnisse in Deutschland mit seinem politischen Scharfblicke richtiger erkannt hatte, als sein Reichsrat Skytte; er hat vorausgesehen, dass, wenn er die Katholiken besiegt haben würde, er auch Herr über die Evangelischen geworden wäre, und ihnen seinen Willen würde auferlegen können. So möchte ich seine Worte „sie werden meine Beute sein" interpretieren.

aber gewiss kein Programm, mit dem er in den Krieg gezogen ist; gelang ihm die Assecuratio in der geplanten Weise nicht, so bildete die Satisfactio — Pommern und die mecklenburgischen Häfen — an sich schon eine respektable Assecuratio.

Vereinzelt liegen aber solche Zeugnisse doch vor und sie beweisen, dass der König diesen Gedanken beständig mit sich getragen und ausgestaltet hat. Anfang Mai 1631 hat er einmal zu dem brandenburgischen Kanzler geäussert:[1] „man sollte ihm ein formatum consilium (bei)ordnen, er wolle exequieren, was sie haben wollten; man sollte es an die andern Fürsten bringen und es machen, wie die (General-)Staaten": das Vorbild der Holländer hat er später beständig im Zusammenhang mit seinen weiteren Plänen der Assecuratio im Munde geführt, wobei er für sich die Rolle der Oranier in Anspruch nahm. Leider enthält uns auch hier die Kürze des Protokolls alles nähere vor.

Aus derselben Zeit etwa — April 1631 — liegt uns ferner ein höchst merkwürdiges Aktenstück vor, von dem Könige selbst diktiert, das betitelt ist: norma futurarum actionum.[2] Es beginnt: „das höchste und letzte Ziel aller Handlungen: ein neu evangelisch Haupt; das vorletzte: neue Verfassung unter den evangelischen Ständen und solchem Haupte."[3]

---

[1] Brand. Geheimratsprotokoll vom 5. Mai 1631. (Berl. R. 21. 127. p. I.)

[2] Söltl, Religionskrieg III. 275. Über die Datierung vgl. Struck, S. 22 Anm. 2; er setzt das Schriftstück zwischen Beratung (8. Jan. 1631) und Eröffnung (20. Febr.) des Leipziger Konventes, wohl nach § 6: „so wird zwar von den Versammlungen und Verhandlungen nichts sicheres zu hoffen sein, was auch der gegenwärtige Zustand der Dinge klar gibt: gleichwohl aber fällt doch viel Nützliches und Hilfreiches darin offen vor". Der Wortlaut des letzten Satzes deutet eher auf einen schon während den Konvent; doch ist daraus nichts sicheres zu schliessen. Wichtiger ist, dass Gustav Adolf zu Küstrin — Gustav Adolf war am 1. Mai in Küstrin, am 4. schon in Frankfurt — dem brandenburgischen Kanzler Götzen den Auftrag erteilte, den Kurfürsten selbst zu einer Reise nach Dresden zu vermögen, und dass er dort auch erklärte, er müsse Wittenberg haben. (Brand. Geheimratsprotokoll, dd. Mai 5, L c.) Ähnliches findet sich auch hier im § 8 wieder; ebenso entspricht das oben erwähnte formatum consilium, dessen er zu gleicher Zeit in Küstrin gedachte, dem Senato im § 2 der „norma". Das alles veranlasst mich, das Schriftstück gegen Mitte oder Ende April anzusetzen.

[3] Unter Verfassung wird man hier nach dem damaligen Sprachgebrauch Kriegs-Verfassung zu verstehen haben, wenn nicht Söltl die Übersetzung eines lateinischen Wortes des Originals gibt. Leider hat sich das Original bisher nicht ermitteln lassen; vermutlich wird es sich in der Camerarius-Sammlung der Münchner Hofbibliothek befinden.

Nachdem der glänzende Sieg bei Breitenfeld die Situation völlig verändert hatte, traten wie schon gesagt seine Pläne einer Assecuratio mehr und mehr in den Vordergrund; dementsprechend mehren sich denn auch die Zeugnisse dafür.

Zunächst kommen die Verhandlungen mit Braunschweig zu Halle in Betracht. Wie vorher auseinandergesetzt, hat Gustav Adolf unmittelbar nach der Breitenfelder Schlacht den Fürsten Ludwig von Anhalt instruiert, von dem Herzog Friedrich Ulrich zu verlangen, dass er seine sämtlichen Länder — die alten Stammlande wie das neu zu erwerbende Stift Hildesheim — von dem Könige und seinen Erben rekognoszieren solle, und zwar „als oberstem Haupte der evangelischen Kurfürsten, Fürsten und Stände". Im Zusammenhange mit dem Vorhergehenden verstehen wir jetzt diesen merkwürdigen Titel, den ihm seine Unterhändler zulegten und der doch nur auf die Zukunft zugeschnitten sein konnte; denn dass er damals bereits das oberste Haupt der evangelischen Kurfürsten, Fürsten und Stände gewesen wäre, wird man beim besten Willen nicht zugeben können. Er gibt aber deutlich an, worauf sein Ziel gerichtet war, und entspricht dem Tutor, von dem er selbst am 20. Juli 1630 gesprochen hatte; und wenn die Braunschweiger dann daraus „oberstes Haupt der evangelischen Defensionsverfassung" machten, so werden sie es gemäss den zu Halle empfangenen Informationen getan haben: wir wissen, dass der König eine neue Kriegsverfassung der evangelischen Stände unter ihm als sein letztes Ziel hingestellt hatte. Dass man in Halle über die beabsichtigte Umgestaltung der Reichsverfassung mit den Braunschweigern gesprochen haben muss, ist vorher erwähnt.[1]

Er hat diesen selben Gedanken dann im Dezember gegenüber dem Landgrafen Wilhelm von Hessen auch offen ausgesprochen: er wisse keine bessere Sicherheit für die Evangelischen anzustellen, als wenn er protector religionis verbliebe und die evangelischen Stände militem perpetuum im Reiche behielten, hingegen die caesareani abdankten.[2] Der Landgraf hat ihm damals völlig beigepflichtet.[3]

Bekannt ist ferner, dass er die von dem Landgrafen Georg von Darmstadt betriebenen Friedensverhandlungen schliesslich bei

---
[1] Siehe S. 33.
[2] Irmer I. S. 72.
[3] Ebd. S. 132.

Seite schob und dass unter den Gründen seiner Ablehnung der Mangel einer genügenden Assecuratio eine Hauptrolle spielt.¹)

Es war nur ein Schritt weiter auf demselben Wege, wenn er im Januar 1632 von dem Herzoge von Braunschweig verlangte, dass er aus dem Reichsverbande treten und dafür schwedischer Lehensmann werden sollte. Hiess es im September noch, der Herzog solle seine Länder von dem Könige als oberstem Haupte der evangelischen Stände und seinen Erben rekognoszieren, was man bei gewaltsamer Interpretation noch so verstehen konnte, dass nur die Erben in dieser genannten Stellung gemeint seien (in Braunschweig und Zelle fasste man es aber, wie dargelegt, nicht so auf), so forderte man im Januar offen ein Lehensverhältnis vom Könige, seinem Erben und Successor an der Krone Schweden.

Ausserdem war aber Braunschweig nicht der einzige Reichsfürst, dem der König dasselbe Ansinnen stellte. Um dieselbe Zeit, am 9. Januar 1632, forderte er auch von den Herzögen von Mecklenburg, dass sie ihre Länder von ihm rekognoszieren sollten;²) und im Februar legte er dem Kurfürsten von der Pfalz einen Vertragsentwurf vor, worin es hiess: rex Bohemiae nec ab alio rege, corpore vel statu, quam sola R. Mte. Sueciae dependeat;³) der König gab später diesen Worten selbst folgende massgebende Interpretation:⁴) er begehre für seine Mühe und Arbeit zur Wiedervergeltung dies allein „dass E. L. uns für ihren benefactorem erkennen, die zugestellten Lande von niemand anderst als von uns rekognoszieren, darüber uns ihrer beständigen Treue und Holdschaft versichern, welches durch keinerlei Respekt und Absehen auf Fremde oder Bündnis mit jemand andern wandelbar gemacht werden könne." Der französische Gesandte la Grange bezeichnete das ganz richtig einmal als eine Forderung „dadurch man sich gleichsam des Kaisertums anmassen täte".⁵)

---

¹) Droysen, Die Verhandlungen über den Universalfrieden 1631/32. — Archiv f. sächs. Gesch., N. F. VI., S. 231 ff., bes. S. 258.

²) Cothmanns Rel., dd. Güstrow 1632 Mai 24. Beil. 11.

³) § 2 des 1. (schwedischen) Entwurfs, 1632 Febr., München. Camer. 49; die Pfälzer änderten das dahin ab, dass sie diese Abhängigkeit vom Könige beschränkten respectu illius directorii (2. [pfälzischer] Entwurf, ebd.). Der König beharrte aber in einem neuen Entwurfe (Moser, patr. Archiv VI, S. 179, § 6) auf seiner Forderung.

⁴) Gustav Adolf an den König von Böhmen, dd. Arnstadt 1632 Nov. 7. (Moser l. c. S. 185.)

⁵) Rel. Leuchtmars, dd. Köln a. d. Spree 1632 Dec. 5. (Berl. 24. c. 5. Nr. 2.)

Bekantlich hat sich dann der König im Juni 1632 ganz offen über seine Absichten ausgesprochen, einmal persönlich zu den Ratsherren von Nürnberg,[1]) und dann durch Gesandte dem Kurfürsten von Sachsen gegenüber.[2]) Durch einen Frieden konnte, nach des Königs Ansicht, keine beständige Sicherheit für die Evangelischen erreicht werden, „es sei denn zuvor unter ihnen im Reich ein solch corpus formieret, das bastant sei, die pacta wider das Haus Oesterreich, Spanien und die gesamten Papisten selbsten zu maintenieren, anderer Gestalt könne und wolle er keinen Frieden im Reiche machen." In erster Linie war dieses corpus Evangelicorum als bellicum gedacht, doch nicht allein als bellicum, sondern auch als politicum. Die Abgesandten des Königs haben in Dresden zwar dieses corpus nur als bellicum hingestellt, und auch der König nannte es den Nürnbergern gegenüber ein corpus formatum bellicum; aber wie schon die Nürnberger selbst sagten, dass „durch das corpus bellicum das politicum nicht ausgeschlossen sei" — oder besser gesagt: eins vom andern nicht zu trennen sei; denn es war ganz selbstverständlich, dass das Haupt dieses corpus mit einem directorium absolutum auch der ausschlaggebende Faktor in politicis sein würde, da er die Macht in den Händen hatte — so haben auch die Staatssekretäre Sattler und Chemnitz den Nürnbergern ausdrücklich versichert, dass es auch ein politicum corpus sein müsse. Dieses corpus Evangelicorum müsse einen capo haben, der das directorium absolutum führe. Dass diesem capo ein Bundesrat, ein consilium formatum, zur Seite stehen sollte, den die Mitglieder des evangelischen Bundes zu delegieren hätten, davon hat der König nichts erwähnt, wohl aber haben es seine Gesandten in Dresden als ihre eigene Meinung ausgesprochen: „dass I. M. es verhoffentlich dero nit entgegen sein lassen würden;" doch räumten auch sie diesem Bundesrate nur eine beratende, keine beschliessende Stimme ein.[3]) Das Verhältnis der Mitglieder zu dem capo sollte nur das von socii sein, „und sollen sie sonsten I. M. nullo nexu

---

[1]) Breyer, Beitr. z. Gesch. d. 30jähr. Krieges. München. 1812. S. 207 ff.
[2]) Irmer I. S. 199 und 209; dazu die Akten über das Anbringen des Pfalzgrafen August in Dresden (loc. 8107. Buch II), und Pfuels Relation (Berlin 41. 13 a) über in Dresden empfangene Mitteilungen, dd. 1632 Okt. 15.
[3]) Der König hat sich bereits im April 1631 über einen solchen Staats- und Kriegsrat oder Senat geäussert; damals aber nur mit Rücksicht auf die Kriegführung als Glied in der von ihm geplanten neuen Kriegsverfassung

ant vinculo obligati sein"; da der eine oder andere höhere Stand sich in solches corpus nicht begeben wolle, möchte es ihm frei stehen und er könne davon bleiben. Doch müsse das corpus ein eigenes parlamentum (höchstes Gericht) haben, das vom capo präsidiert werde. Das Verhältnis dieses corpus Evangelicorum zum Reiche hat der König nicht präzise formuliert; einmal sagte er, die Reichskonstitutionen brauchten deshalb nicht ganz und gar beseitigt zu werden, es solle ein corpus formatum Evangelicorum per se subsistens in ipso corpore imperii sein; ein andermal sagte er, er wolle statum imperii nicht ändern, die Stände sollten aber ad majorem libertatem kommen „wie in Italia und Niederland". Als Vorbild stellte er wiederholt die vereinigten Staaten der Niederlande und das Haus Oranien, ihre Statthalter, hin. Dass dieses corpus Evangelicorum als eine dauernde Einrichtung geplant war, ist an sich selbstverständlich, da es ja als Assecuratio des im Frieden Erworbenen gedacht war; zum Überflusse haben es noch die schwedischen Staatssekretäre ausgesprochen, „dass es auch nach geschlossenem Frieden einen Weg als den andern beständig bleiben sollte".

Das directorium hat Gustav Adolf für sich und die Krone Schweden in Anspruch genommen. Wenn der König dem Kurfürsten von Sachsen durch seine Gesandten dabei freistellen liess, „ob sie mittels I. K. M. Person als eines Hauptinteressenten solch corpus richten und gubernieren wollten", oder ob sie sich mit Schweden auf gewisse Mass und Weise näher verbinden wollten, nachdem sie den König seiner Prätensionen halber kontentiert und ihm gestattet, sich zurückzuziehen, oder ob sie unter sich selbst ein Haupt aufwerfen und selbigem das corpus anvertrauen wollten: so sind natürlich die beiden letzten Vorschläge nicht ernst gemeint gewesen. Er selbst sprach die Kandidaten, die beim letzten Vorschlage in Betracht kamen, mit den Nürnbergern der Reihe nach durch: Pfalz, Sachsen, Brandenburg und Hessen, und erklärte sie alle für nicht bastant. Wie sollte man ferner seine Prätensionen, beim zweiten Vorschlage, erfüllen; denn gerade auf sie gedachte er seine eigenen Ansprüche auf das Direktorium zu stützen. So blieb nur die erste Möglichkeit übrig, Gustav Adolf wurde selbst

(Söltl III. S. 276): damals räumte er ihm bei den Beratungen das Recht ein, dass der König ohne die gemeinschaftliche Zustimmung nichts beschliessen dürfe, für die Ausführung dagegen behielt sich der König freie Hand vor.

capo; er hat das nicht nur durch seine Abgesandten in Dresden und seine Staatssekretäre in Nürnberg erklären lassen,[1] er selbst hat auch den Nürnbergern gegenüber nicht anders gesprochen, als wenn er capo sein würde. Nachdem er den Plan des corpus und seines capo, auch das Beispiel der Holländer und Oranier auseinandergesetzt, fährt er fort: „Ihrer Majestät dürfte man nullo alio nexu obligat sein, als vinculo confoederationis und dass man sich mit derselben konjungiere, als socii"; [2] am folgenden Tage wiederholte I. M. „was sie vom corpore formato, dem dazugehörigen capo, von dem Exempel der Staaten und dass die Städte nur Ihrer Majestät socii, sonsten aber nullo nexu aut vinculo ihr obligati sein sollten, discurriert".[3]

Er setzte es also als selbstverständlich voraus, dass er capo sein würde, und zwar kraft seiner Verdienste, die er sich um das Evangelium erworben, und zufolge seiner Ansprüche, die er an die deutschen Fürsten und Stände stellte. Er selbst hat diese Ansprüche folgendermassen charakterisiert, indem er sechs verschiedene Klassen unter den Ständen unterschied.[4] Die Ersten waren diejenigen Stände, welche gänzlich von Land und Leuten verjagt gewesen und deren Lande der König völlig aus den Händen der Feinde erobert, und — wie er sagte — also jure belli an sich gebracht hatte, z. B. Mecklenburg. Die Zweiten waren diejenigen, deren Lande vom Feinde gänzlich occupiert gewesen, „so auch, dass den Fürsten ein mehreres nit, als der Namen, übergeblieben; welche von I. K. M. dem Feinde entzogen und requiriret worden", z. B. Pommern. Drittens diejenigen, „welche sich gar öffentlicher Feindschaft gegen I. K. M. und dero Krone angenommen, und deshalb billig für Feind gehalten werden könnten", z. B. Kurbrandenburg. Viertens diejenigen, welche in Postur gestanden, wie Kursachsen und Hessen-Kassel, auf sie habe der König zwar nichts zu prätendieren, sie seien aber wegen der empfangenen Hilfe verpflichtet, ihm zu seinen Prätensionen zu verhelfen.

---

[1] „und könnten sie (die Gesandten) nit sehen, wie solches (das directorium absolutum) mit Fugen jemand anders, als I. K. M. überlassen werde" (Irmer I. S. 216) und „das capo des so oft gedachten corporis formati würden I. M. nicht gern von der Krone Schweden wollen kommen lassen". (Breyer, S. 239).
[2] Breyer, S. 220.
[3] Ebd. S. 228.
[4] § 9 der Instrukt. Irmer I. S. 205 und S. 215.

Fünftens die übrigen Stände fast alle, weil sie dem Feinde favorisiert und ihm gegen den König (es sei nun unter was für Prätext es wolle) mit Volk, Geld, Munition u. a. geholfen hätten, auch davon nicht eher abgestanden seien, als bis sie von Schweden mit Gewalt davon abgehalten worden wären: „sie möchten mit Fug als Feindeshelfer und Unterianen traktiert werden". Schliesslich sechstens die Stände, die pure Feind gewesen seien und deren Länder mit dem Schwerte erobert worden und daher jure belli dem Könige und der Krone Schweden zugewachsen seien und ihm omnimodo zuständen.

Man sieht, die fünf ersten Klassen umfassten die Glaubensgenossen des Königs, die sechste die katholischen Stände, gegen alle aber gedachte der König sein jus belli anzuwenden, wie es ihn Hugo Grotius in seinem Buche de jure belli et pacis gelehrt hatte.[1]) Es dürfte leicht sein, nachzuweisen, dass der König bei dieser Liste völlig die Hilfe vergass, die ihm die evangelischen Stände bisher geleistet hatten: doch kann man billig von einer Kritik dieser Ansprüche überhaupt absehen, da der König selbst hinzufügte, „er seie nicht gemeint solches alles mit Gewalt der Waffen mordicus zu behaupten", er stelle es nur zu dem Ende vor, damit man sähe, wie hoch seine acquisita jura seien;[2]) er fordere viel, damit er schliesslich desto mehr erhalten möchte.[3]) Sie sollten das Mittel sein, das corpus Evangelicorum unter seinem directorium absolutum durchzudrücken; denn, wenn wir auch nicht bestimmt wissen, auf welchen dieser Prätensionen er zu beharren gedachte, eins dieser jura war er gesonnen, unbedingt zu behaupten, das jus supremum oder die jura superioritatis. „Es sei billig, sagte er,[4]) dass er an den Orten, so er den evangelischen Fürsten, die seine

---

[1]) Vgl. Breyer, S. 221.
[2]) Irmer I. S. 206.
[3]) Pfaels Relation.
[4]) Breyer, S. 221. — Dazu in der Instr. Irmer I. S. 206 „gestalt S. M. der Hoffnung leben, Kursachsen werde diese ihre jura acquisita, sonderlich das supremum jus über die erhaltenen Lande genugsam erkennen und keineswegs streitig machen"; und die Staatssekretäre (Breyer, S. 210): der König wolle die aus des Feindes Händen liberierte Örter, als Mecklenburg, Pommern, Mark etc. ihren natürlichen Herren, als seinen Freunden gern überlassen; allein hielten sie dafür, dass ihm und der Krone Schweden diejenigen jura superioritatis und Lehnschaften billig bleiben sollten, welche zuvor der Feind gehabt; die andern Örter aber, so er von den pontificiis erobert, als Würzburg, Mainz etc. gedächte der König zu behalten.

Freunde wären, als Mecklenburg, Pommern etc., restituiert hätte, diejenigen jura superioritatis für sich behielte, welche zuvor sein Feind, der Kaiser, gehabt hätte; denn dem Freund wollte er zwar das Seinige wiedergeben, wie mit Mecklenburg und Pommern bereits geschehen, aber dem Feind sein gehabtes jus alsobalden und schlechterdings wiederum abzutreten, das wäre ja de jure gentium nicht billig". Er verlangte also diejenigen Rechte, die die Kaiser bisher an den Ständen gehabt hatten: vor allem die Oberlehnshoheit, oberste Gerichts- und Militärhoheit n. a. m., sie sollten auf den König und die Krone Schweden übergehen. Dass die Stände damit aus dem Reichsverbande ausschieden, war klar, wenn sie auch als gesamtes corpus mittelbar wieder in ihn eintreten würden. Wie sich Gustav Adolf im einzelnen die Ausgestaltung dieser Dinge gedacht hat, wissen wir nicht, nur das ist klar, dass bei einer solchen Machtfülle, wie er sie sich vindizierte, ein anderer als capo des geplanten corpus Evangelicorum überhaupt nicht in Frage kommen konnte.

Auch über die innere Ausgestaltung des corpus Evangelicorum wissen wir nicht mehr, als schon erwähnt ist; alles ist mehr angedeutet, vieles widerspruchsvoll, und zu einer weiteren Entwickelung ist es ja nicht gekommen, da der Tod den König mit all seinen hochfliegenden Plänen kurz darauf hinwegraffte und sein Kanzler und Nachfolger Axel Oxenstierna grundsätzlich auf diese Pläne verzichtet hat. Nur eins ist bekannt, was der König unter einem directorium absolutum verstand. In dem schon erwähnten Schriftstücke: norma futurarum actionum, das der König etwa im April 1631 selbst diktiert hat,[1]) spricht er sich über die neue Kriegsverfassung unter dem neuen evangelischen Haupte folgendermassen aus. Dieselbe bestehet in folgenden Mitteln: der allgemeinen Leitung (directione) des Krieges, denn wer diese hat . . . .,[2]) wenn er anders die Zeit recht gebrauchet; sie gründet sich auf das Schutz- und Schirmrecht (in jure clientelari), und stützt sich 1) auf Einräumung oder Abtretung und Besetzung fester Plätze; 2) auf Anteil entweder der Soldaten, die auf eigene Kosten unterhalten werden, oder der Kriegsbeiträge; 3) auf den freien Ein- und Durch-

---

[1]) Söltl III. 275.

[2]) Hier sind — nach Söltl — im Originale einige Worte getilgt; leider: denn sie sind von grosser Bedeutung, wenngleich der Sinn nicht schwer zu erraten ist.

zug in und durch die Fürstentümer; 4) auf Werbung, Sammlung und Musterung der Soldaten und die nötige Zufuhr; 5) auf die Verweigerung aller Beisteuer an den Feind; 6) auf die Vollmacht, die Untertanen, je nachdem es nützlich oder notwendig erscheint, aufzumahnen, zu berufen und zu bewaffnen.

Es waren das alles Rechte, die wie bekannt, der König sich in den Alliancen mit den einzelnen Ständen wirklich vorbehalten hat. Doch davon später.

Der König hat mehrmals die Verfassung der vereinigten Staaten der Niederlande und ihr Verhältnis zu den Oraniern, ihren Statthaltern als Vorbild genannt. Sieht man näher zu, so ist freilich ein gewaltiger Unterschied zwischen der Stellung der Oranier und der Machtbefugnis, die er sich selbst als dem Haupte des evangelischen Bundes zuschrieb. Verlangte er für sich ein absolutes Direktorium, so hatten die Oranier ungefähr das Gegenteil davon: in Holland lag die Macht bei den Generalstaaten, im corpus Evangelicorum sollte sie bei dem capo liegen.

Ziehen wir die Summe aller Machtmittel, die der König für sich als capo des corpus Evangelicorum forderte, so blieb den Mitgliedern dieses Bundes nicht viel Macht übrig. Von einem Bundesrate ist wohl die Rede gewesen — doch sollte ihm nur eine beratende Stimme zustehen; alle reale Macht: die volle Militärhoheit und die Vertretung nach aussen lag in den Händen des capo, der somit eine weit mächtigere Stellung erlangt hätte, als sie beispielsweise den Hohenzollern 1866 und 1870 eingeräumt wurde. Die Bedingungen, die Gustav Adolf von den evangelischen Ständen vorübergehend für die Dauer des Krieges gefordert hatte, sollten also in Permanenz erklärt werden, und von einem foedus war keine Rede mehr, obwohl der König, wie bemerkt, mehrmals den Nürnbergern gegenüber davon sprach, dass die Stände seine socii sein sollten, sonst aber nullo nexu aut vinculo ihm obligati sein sollten; es war — um mit Lampadius zu reden — eine völlige dependentia.

Hier ist die Frage nicht zu umgehen, ob Gustav Adolf nach der deutschen Kaiserkrone gestrebt habe. Der Gedanke ist ihm nicht fremd gewesen, das wissen wir aus seinem eigenen Munde.[1])

---

[1]) Rel. des Schweriner geheimen Sekretärs zur Nedden (Schwerin, A. betr. die Alliance mit GAdolf. ex arch. Sver.): am 2. Jan. 1632 sagt GAdolf zum Herzog Adolf Friedrich von Mecklenburg: „sollte ich Kaiser werden, so sind E. L. mein Fürst".

Bekannt ist, dass unmittelbar nach dem grossen Siege über Tilly und unter dem Eindrucke dieses gewaltigen Ereignisses der Kurfürst von Sachsen dem Könige seine Hülfe anpräsentiert haben soll, damit er römischer König werde.¹) Auch später ist unter den protestantischen Ständen davon die Rede gewesen.²) Trotzdem wird man die Frage nach dem oben Dargelegten verneinen müssen, wenn es sich um ein römisches Kaisertum in der bisher üblichen Form hätte handeln sollen: ein Kaiser, dessen Macht durch eine Wahlkapitulation lahmgelegt war, hätte ein Gustav Adolf nie werden mögen. Das hat uns zudem sein Staatssekretär Sattler selbst versichert:³) „da gleich I. M. mit der Zeit zum römischen Könige oder Kaiser sollte erwählet werden, würden sie doch die im Reiche gewöhnliche Kapitulation nimmermehr annehmen, noch darauf schwören". Ein solches Kaiserdiadem war für ihn ein leerer Schmuck, als Haupt des corpus Evangelicorum mit einem directorium absolutum dagegen vereinigte er eine unvergleichliche Machtfülle in seinen Händen. Setzte er aber seine Pläne durch und wurde er wirklich capo des evangelischen Bundes, dann war seine Wahl zum römischen Könige eigentlich gar nicht zu vermelden — vorausgesetzt, dass die künftige Gestaltung der Reichsverfassung einen solchen überhaupt vorsah. Dann gab der König dem leeren Schmuck einen Inhalt, der wieder eine reale Macht war. In Brandenburg erwog man die Frage sehr ernstlich, als Gustav Adolf seinem Schwager das bekannte Angebot machte, den Kurprinzen mit der Erbin der Krone Schweden zu vermählen;⁴) man war dort der Meinung, dass Gustav Adolf eine Wahl zum römischen Könige nicht ausschlagen würde und meinte, dass er sehr wohl in Betracht kommen würde bei seinen Verdiensten um das evangelische Wesen und bei der unbestrittenen Macht, über die er verfüge: denn auf Österreich oder Baiern werde schwerlich die Wahl wieder fallen; ja man sah in dem Heiratsprojekte ein Mittel der Vorsehung, dass die Monarchie nach Gustav Adolfs Tode wieder an einen deutschen Fürsten käme — den Kurprinzen — und „nicht bei den Fremden

---

¹) Salvius an den Reichsrat, dd. 1631 Nov. 3. (Arkiv II. no. 686.)
²) Brandenb. Geheimratsprotokoll vom 27. Mai 1632. (Berl. 21. 127 q. II): da die römische Wahl auf Schweden käme, würde er es nicht ausschlagen. Und sonst öfter.
³) Breyer, S. 289.
⁴) Geheimratsprotokoll vom 27. Mai 1632. (Berl. 21. 127 q. II.)

bliebe". Nahm man hier an, dass der Kurprinz Anspruch auf die römische Königswürde habe als Tochtermann Gustav Adolfs — sei es dass er schwedischer König würde oder auch nur die schwedischen Besitzungen in Deutschland erhielte —, um wie viel mehr musste schliesslich die Wahl auf den König selbst fallen. Doch wir haben kein Zeugnis aus dem Munde des Königs selbst aus späterer Zeit, das uns hierüber bestimmte Auskunft geben könnte, namentlich darüber, wie er sich etwa die Vereinigung des römischen Wahlkönigtums mit der Würde eines capo des corpus Evangelicorum gedacht haben mag, dass er ja dauernd an die Krone Schweden knüpfen wollte.

Fragen wir nun nach den Mitteln und Wegen, durch die der König sein Ziel zu erreichen suchte, so bietet sich als wichtigstes seine Alliancepolitik dar.

Fast alle Alliancen des Königs mit den deutschen Ständen, mit Ausnahme der pommerschen, gehen mehr oder weniger zurück auf ein Projekt, das der König im November 1630 mit Hessen-Kassel verabredete;[1]) als den Verfasser dieses Entwurfes dürfen wir den Staatssekretär Sattler ansehen, der die Verhandlungen führte. In ihr, wie in den folgenden, finden wir denn auch alle die Forderungen, die der König in dem genannten Diktate für die „neue Verfassung" unter den evangelischen Ständen als notwendig bezeichnete. Zunächst als Hauptsache den königlichen Schutz, Schirm und Protektion, oder wie es dort heisst, das jus clientelare, das die Grundlage aller anderen Forderungen bilden sollte; darauf gestützt forderte er ferner das absolute Kriegsdirektorium, die Einräumung oder Abtretung der festen Plätze, Kontributionen oder an deren Stelle Unterhaltung einer bestimmten Anzahl von Soldaten, freien Durchmarsch, Bewilligung von Lauf- und Musterplätzen und Aufgebot der Ritterschaft und des Ausschusses. Hatte der König das erreicht — namentlich das absolute Direktorium und die Einräumung der Festungen, so waren die Stände so völlig in seinen Händen, dass er ihnen gegebenen Falles auch wider ihren Willen seinen Willen aufzwingen konnte.[2])

---

[1]) Hess. Eventualkonföderation bei Struck, Wilh. v. Weimar. Beil. 2.
[2]) Struck l. c., S. 35. „Die hessische Eventualkonföderation war kein Bündnis inter pares, sondern eine Militärkonvention, durch die Hessen trotz aller Reservationen sich seiner Souveränität für die Dauer der Alliance begeben hätte." — Wittich, Magdeburg, S. 681: Die Verbündung, die der König dem Kurfürsten

Es ist denn auch nicht auffällig, dass einzelne Stände an dem schwedischen Protektorate, als der Grundlage aller künftigen Abhängigkeit und weitestgehenden Forderung Anstoss nahmen. Die Pommern haben darauf bestanden, dass das Wort „Protektion" gestrichen wurde und haben es auch durchgesetzt.[1])

Auch die Mecklenburger haben sich dagegen gesträubt und versucht die „Protektion" auszumerzen;[2]) überall wo von „Schutz, Schirm und Protektion" in dem (1.) schwedischen Entwurfe vom 15. August 1631 die Rede war, wurde der Text so geändert, dass diese Worte ganz wegfielen; einmal heisst es dabei in den mecklenburgischen Erinnerungen ausdrücklich: „weil dies eine reciproca obligatio, könnte anstatt der Worte ‚Schutz, Schirm und Protektion' gesetzet werden: wirklicher Beistand". Freilich vergeblich, denn Salvius bestand darauf und der von ihm bei den Verhandlungen in Schwerin aufgesetzte (2.) Entwurf[3]) enthält mit aller Schärfe die regia protectio, tutela ac clientela. Der dann im September zu Halle von den Schweden aufgestellte und auch vom Könige bereits ratifizierte (3.) Entwurf[4]) — er zeigte also dass äusserste Mass dessen an, bis wohin der König nachzugeben gedachte — milderte die Forderung in der Form soweit, dass er die clientela wegliess, dagegen auf der protectio und tutela bestand.

Von Interesse ist zu sehen, dass der König es für geraten hielt, seinem Schwager in Berlin, der doch ein Kurfürst des Reiches war, dieselbe Forderung nicht in derselben schroffen Form zu stellen. Salvius musste dem Kurfürsten zu gleicher Zeit — September 1631 — ein Projekt vorlegen, das mut. mut. dem mecklenburgischen gleichlautete; doch war hier der bedenkliche Passus „nos rex Sueciae duces Megapolitanos sub regiam pro-

---

von Brandenburg zumutete, erschien lediglich als unbedingte „Devotion": hierauf, auf völligen Anschluss und Unterordnung von seiten seines Schwagers, bestand er.

[1]) Bär, Nr. 113, Entwurf, § 14; in der vollzogenen Allianee § 10.

[2]) Schwedischer Vertragsentwurf, dd. Werben 1631 Aug. 15 (in deutscher Sprache) mit den Erinnerungen Buggenhagens. (Schwerin. A. betr. die anfänglichen Verhandlungen über die schwedische Alliance. Ex arch. Sver.)

[3]) Ebd., Aug. 1631, in lateinischer Sprache.

[4]) Ebd., dd. Halle Sept. 27; ihm liegt der zweite Entwurf zu Grunde, es sind aber die schweren Forderungen wegen Einteilung des Landes in 10 Kontributionsquartiere, Zulassung der schwedischen Münze und Einräumung von Wismar und Warnemünde neu hinzugefügt.

tectionem et tutelam suscipimus" so formuliert: nos rex Sueciae electorem Brandenburgicum ita regie protegendum suscipimus. Sachlich kommt es freilich auf dasselbe hinaus, wie denn auch der § 9 in beiden Entwürfen vorschrieb, dass die kontrahierenden Fürsten in ihren Städten und Aemtern nur solche Beamte anstellen würden, die in allem, quae ducatuum nostrorum (sc. electoratus nostri) tutelam concernunt, den schwedischen Kommissaren zur Hand gingen. Brandenburg hatte sich auch bereits im Juni 1631 geweigert, die hessische Alliance als Grundlage für eine brandenburgische zu benutzen, dagegen war es bereit, die pommersche als Vorbild anzunehmen.[1]) Beide Entwürfe sind nicht zur Ausführung gekommen: mit Mecklenburg nahmen die Verhandlungen einen ganz anderen Verlauf, und mit Brandenburg ist nie eine Alliance zu stande gekommen. Alle anderen Stände aber, die überhaupt eine wirkliche Alliance mit dem Könige abgeschlossen haben, haben sich der Forderung des königlichen Protektorats fügen müssen.

Hatten die Stände sich dem königlichen Protektorate unterworfen, so mussten sie auch die übrigen Forderungen anerkennen: absolutes Kriegsdirektorium, Einräumung der festen Plätze und Verfügung des Königs über die Mittel des Landes für die Zwecke des Krieges durch Darreichung von Kontributionen und Gestattung von Werbeplätzen.

Ganz gewiss war ein absolutes Direktorium für die einheitliche Kriegführung unerlässlich; der König hat es deshalb stets und von Anfang an gefordert, bereits als er mit Holland, England, Kurpfalz u. a. wegen einer Expedition nach Deutschland in Verhandlungen stand. Ebenso war gewiss die Einräumung der Festungen das beste Mittel, sich selbst die nötige Rückendeckung zu schaffen, besonders für den Fall einer Niederlage. Er hat es den Fürsten ins Gesicht gesagt: er müsse die Festungen haben, sonst hielten sie nichts und es sei ihnen nicht zu trauen;[2]) voluntas hominum sei ambulatoria und pflege dem Glücke zu folgen, er könne keinen Pass im Rücken lassen, wenn er nicht seine Besatzung darin habe.[3]) Aber das war doch auch gewiss, dass er mit diesen beiden Forderungen die Stände tatsächlich in seine Hände bekam, dass sie dann keine Bundesgenossen mehr, sondern wehrlose

---

[1]) Siehe unten.
[2]) Droysen, Ztschr. f. preuss. Gesch. XV. 21.
[3]) Droysen, Gustav Adolf II. 299.

Vasallen waren. Die Frage ist nur, ob der König auch diese Absicht mit seinen Forderungen verbunden hat: und diese Frage wird man bejahen müssen. Der König selbst hat es bei Brandenburg und später bei Braunschweig als die Aufgabe bezeichnet, den Kurfürsten und den Herzog in „Devotion" zu bringen,[1]) und schärfer — aber auch richtiger sprach sein Legat Salvius von einer „subjectio realis" der Stände, die durch die Alliance herbeigeführt werden müsse.[2])

Sehr lehrreich in dieser Hinsicht sind die bekannten Verhandlungen des Königs mit Kurbrandenburg im Mai und Juni 1631;[3]) sie sind von um so grösserem Interesse, weil hier die Frage der Satisfactio zum ersten Male auf den Gang der Ereignisse eingewirkt hat: Kurbrandenburg war ja in Pommern als der berechtigte Erbe interessiert.

Bekannt ist, in welcher schwierigen Lage sich der Kurfürst von Brandenburg befand. Völlig in der Hand der Kaiserlichen, sah er sich mehr wie jeder andere der evangelischen Stände in seinen vitalsten Interessen durch seinen eigenen Schwager bedroht. Nach den bösen Erfahrungen, die der Kurfürst eben erst in Preussen gemacht hatte, musste man jetzt weitere Beeinträchtigungen in der pommerschen Erbschaft gewärtigen, die dem Kurfürstentum den höchst wertvollen Zugang zur See eröffnen sollte. Denn

---

[1]) Gustav Adolf an Oxenstierna, dd. 1630 Okt. 19. (Arkiv I. no. 144. S. 236.) — Gustav Adolf an Salvius, dd. 1632 Mai 21. Beil. 73.

[2]) Salvius an Oxenstierna, dd. 1629 Sept. 11 (Geijer III. S. 149, 1): Stralsund hat endlich patrocinium und clientelam tantum nominalem verlangt; ich habe oblique vorgeschlagen subjectionem realem. — Salvius an Gustav Adolf, dd. 1631 Anfang Dez. (Sverg. trakt. V. S. 587): thet (der Vertrag mit Hamburg) är ingen conjunction eller alliance, myket minder nägon offentlich Erklärung emot fienden eller „subjection" (in Chiffern!), uthan allenast lijkasåsom en affkøpt neutralitet eller rett till skijandes ett pactum nonpactum, nonpactum pactum.

[3]) Diese höchst wichtigen Verhandlungen sind von Chemnitz in einer über sein gewöhnliches Mass von Einseitigkeit weit hinausgehenden Weise dargestellt worden; ebenso sind Grubbes Relationen (Arkiv L. no. 520 ff.) — neben Chemnitz bisher die Hauptquelle für alle Darstellungen — voll von Unrichtigkeiten und Verdrehungen, die selbst einen so gewissenhaften Forscher wie Wittich zu falschen Schlüssen veranlasst haben. Die Berliner Akten ergeben doch ein ganz anderes Bild; um so unverantwortlicher ist Droysens Darstellung, der sie bisher allein im Zusammenhang benutzt hat. Es wird deshalb gerechtfertigt sein, diese sehr wichtigen und charakteristischen Verhandlungen in einem besonderen Aufsatze aktenmässig darzulegen, der im nächsten Hefte der Forschungen zur brandenburgischen Geschichte erscheinen wird.

darüber war man von Anfang an in Berlin klar, dass man sich von Gustav Adolf nach dieser Richtung hin keiner Rücksicht zu erfreuen haben würde, und im Grunde genommen ist dies doch das treibende Motiv zu der Absendung Bergmanns im Juni 1630 gewesen: man wollte den König von Pommern fern halten. Dazu kam noch ein zweites Moment, das den Anschluss an Schweden bedenklich machte: hier wie in Dresden glaubte man nicht an den Erfolg des Königs; was war aber dann sicherer, als der Verlust von Land, Leuten und des Kurhutes, wenn man sich dem Könige angeschlossen hatte? So gab es in dem Dilemma — weder kaiserlich noch schwedisch — nur eine Stütze für Brandenburg: der enge Zusammenschluss mit den anderen evangelischen Ständen, im besonderen mit Kursachsen, ihrem Haupte und dem einzigen Stande, dessen Kräfte bisher der Krieg nicht angetastet hatte.

Gustav Adolf war entschlossen die Entscheidung herbeizuführen, als er nach der Eroberung Frankfurts a. d. Oder und Landsbergs[1]) dem hart bedrängten Magdeburg die zugesicherte Hilfe bringen wollte. Die Verschärfung des politischen Zwanges durch diesen moralischen Druck war für ihn kein geringer Vorteil, den er auch nicht unbenutzt gelassen hat. Auf dem Marsche dahin kam es Anfang Mai in Küstrin mit dem brandenburgischen Kanzler von Götzen zu Verhandlungen über die beiden Kardinalfragen: Abschluss einer Alliance und Einräumung der Festungen, vor allem Küstrins, das ihm nicht nur als Oderpass von Wichtigkeit war, sondern das auch seine bisherigen Eroberungen in der Neumark — und damit auch Pommerns — abschliessen sollte. Wie überall forderte der König auch hier durch die Alliance das absolute Kriegsdirektorium d. h. die völlige Verfügung über die Festungen, das brandenburgische Volk und die Hilfsquellen des Landes in Gestalt einer hohen Kontribution. Das alles wollte der Kurfürst ihm nicht zugestehen und konnte es auch nicht; denn, abgesehen von der in den beschworenen Familienverträgen und der Erbverbrüderung verbotenen Auslieferung der Festungen, hatten die Beschlüsse des eben beendeten Leipziger Konventes festgesetzt, die Kriegsdirektion dem Könige nicht einzuräumen, sondern bei der Reichs- und Kreisverfassung zu bleiben. Dagegen war der Kurfürst bereit den Forderungen des Königs so weit als möglich nachzugeben und eine Alliance mit ihm abzuschliessen nach Art

---

[1]) 13. und 16. April 1631.

der pommerschen, und ihm wegen des Passes und Repasses die weitestgehenden Sicherheiten zu gewähren.

Über beide Punkte ist es zu langwierigen Verhandlungen gekommen. Götzen hat damals in Küstrin einen Allianceentwurf aufgesetzt[1]), worin sich beide Kontrahenten zum gegenseitigen Schutze und Hilfe gegen unrechtmässige Gewalt verbanden, doch unter ausdrücklicher Ausnahme der Verpflichtungen des Kurfürsten gegen Kaiser und Reich; dem Könige sollte der freie Pass und Repass durch alle Plätze und Pässe stets offen stehen. Von dem Direktorium, Besetzung der Festungen, Kontributionen oder freien Werbungen für den König aber enthielt der Entwurf nichts. Kein Wunder, dass er für den König unannehmbar war, der vielmehr gerade diese wichtigsten Forderungen nachdrücklich wiederholte.

Wichtiger aber noch war, dass Brandenburg in diesem Entwurfe die pommersche Alliance vom 20. Juli 1630 — aber nur diese allein, nicht auch die weiteren Verträge mit Pommern — mit allen Klauseln ratifizierte, wogegen sich der König verpflichten sollte dem Kurfürsten zum Besitze Pommerns behilflich zu sein. Da Gustav Adolf — wie er behauptet hatte — Brandenburg durch die angedrohte Vorenthaltung Pommerns nur zum Anschlusse hatte zwingen wollen, so wäre damit jeder Vorwand beseitigt worden, dem Kurfürsten die Succession in Pommern streitig zu machen. Hier musste es sich also zeigen, welche Absichten der König mit Pommern hatte. Er hat denn auch keinen Augenblick gezögert, seine Wünsche zu erkennen zu geben: er hoffe, dass man ihm Rügen und Stralsund lassen werde, oder wie es an anderer Stelle heisst „L. M. haben orum maritimam haben wollen, Wolgast, Usedom, Rügen und andere Orte".

Man sieht, dass es dem Kurfürsten unter diesen Umständen doppelt unmöglich war, dem Könige seine Festungen einzuräumen und das absolute Direktorium zu überlassen: er hätte sich ihm mit gebundenen Händen überliefert und auf Pommern indirekt verzichtet. Umgekehrt liegt es aber auch auf der Hand, dass der König ein um so höheres Interesse hatte, gerade den Kurfürsten von Brandenburg völlig in Devotion zu bringen. Die Gegensätze waren gleich zu Anfang so scharf wie möglich zu Tage getreten.

Beide Teile haben hartnäckig an ihren Forderungen festgehalten, nur ist Brandenburg als der Schwächere dem Könige so

---

[1]) Beil. 8.

weit entgegengekommen, als es ihm aus freien Stücken möglich war. Hatte er ihm vorher bereits auch den freien Pass bei Küstrin, Spandau und Köpenick oder Fürstenwalde zugesichert, so war er jetzt bereit, ihm wegen Küstrin jede wünschenswerte Sicherheit zu bieten, da dem Könige an dieser Festung am meisten gelegen war. Am 6. Mai erklärte er an Eidesstatt, dass dem Könige im Glück und Unglück der Pass und Repass um und bei Küstrin offen stehen, dem Feinde dagegen verschlossen sein sollte; der Kommandant und die Offiziere sollten sich darauf verpflichten, durch Handschlag oder durch Eid, auch entbunden sein, einen widrigen Befehl des Kurfürsten zu befolgen; dem Könige sollte es freistehen, vor dem langen und dem kurzen Damme Schanzen aufzuwerfen und sie mit Schweden zu besetzen, nur das Kommando in der Festung selbst solle dem brandenburgischen Obersten verbleiben. Ja der Kurfürst will auch gestatten, dass der König ober- oder unterhalb Küstrins eine Schiffbrücke schlage, sie mit Schanzen befestige und mit eigenem Volk besetze; im Falle der Not soll seiner Armee der Rückzug in die Vorstädte und Aussenwerke Küstrins offenstehen, und wird sie auch von dort vertrieben, so soll sie schliesslich auch in die Festung selbst aufgenommen werden.

Man wird zugeben müssen, dass dem Könige damit alle erforderliche Sicherheit für einen Rückzug gegeben war, wenn es ihm lediglich auf diese allein im Falle eines Unglücks ankam. Mit der Erlaubnis, eine Schiffbrücke zu schlagen und sie selbst zu bewachen, hatte man ihm allen Prätext genommen, wie der schwedenfreundliche Knesebeck sagte, und ebenso urteilte der gleichfalls schwedenfreundliche Kanzler Götzen: wenn der König nichts anderes als seine Sicherheit begehre, so sei es nicht von nöten, dass der König die Festung selbst in Händen habe. Und was der Kurfürst am 6. Mai für Küstrin zugestand, hat er wenige Tage danach auch für Spandau bewilligt, indem er dem Könige hier die sofortige Besetzung der Stadt anbot.

Selbst der schwedische Kronhistoriograph Chemnitz bezeichnet diese Erklärung als „ziemlich", und die schwedischen Räte waren perplex, als der König sie zurückwies und hartnäckig auf der Einräumung der Festungen und des Direktoriums bestand.

Nichts ist aber charakteristischer und kann die Pläne des Königs besser zeigen, als dass er am 11. Mai den Abschluss einer

Alliance nicht nach dem Muster der pommerschen verlangte, sondern nach der im November 1630 mit Hessen verabredeten Eventualkonföderation. Die pommersche Alliance vom 20. Juli 1630 war in der Tat noch eine wirkliche Alliance, ein foedus inter pares; die hessische dagegen war „kein Bündnis inter pares, sondern eine Militärkonvention, durch die Hessen trotz aller Reservationen sich seiner Souveränität auf die Dauer der Alliance begab".[1]) Sie enthielt ja — wie erwähnt — alle die Forderungen der norma futurarum actionum, jenes Schriftstückes, das in diesen Tagen entstand, Forderungen, die die Grundlage der neuen evangelischen Verfassung bilden sollten.

Der Kurfürst, durch den Anmarsch des schwedischen Heeres noch mehr in die Enge getrieben, gab noch weiter nach und war bereit, dem Könige die Kriegsdirektion in seinem Lande zuzugestehen. Der Kurfürst behielt sich zwar das Kommando über die brandenburgischen Truppen, auch die Anstellung der Offiziere vor, doch so, dass er den Anordnungen des Königs Folge leisten und ihn mit seinem Volke sekundieren werde; auch versprach er, mit dahin zu wirken, dass die evangelischen Stände insgesamt dem Könige das absolute Direktorium überlassen würden; alle Pässe sollte der König besetzen dürfen, nur Spandau und Küstrin nahm der Kurfürst aus, doch unter Wiederholung aller der weitgehenden früheren Anerbietungen; auch zu einer monatlichen Kontribution von 20000 T. war er bereit, ebenso zur Ratifikation der pommerschen Alliance, wenn der König ihm Sicherheit wegen der Succession geben würde. — Der Kurfürst behielt sich damit nicht viel mehr vor, als das Decorum und den Schein, als ob er noch selbst das Kommando führe, er wollte sich den Schimpf ersparen, auch formell anzuerkennen, dass ein anderer Herr in seinem Lande sei.

Aber auch damit war der König nicht zufrieden, und in den persönlichen Verhandlungen, die nunmehr in Berlin selbst stattfanden, blieb er auf seinen Forderungen bestehen. Ebenso hartnäckig war aber auch der Kurfürst: hatte der König einen schwedischen Kopf, so hatte der Kurfürst einen markgräfischen.[2]) Auch hier ist wieder die pommersche Frage die wichtigste: der König versprach hier zwar, dem Kurfürsten das Herzogtum Pommern

---

[1] Struck, Wilhelm v. Weimar, S. 35.
[2] Brand. Geheimratsprotokoll vom 10. Mai 1631. (Berl. 21. 127 p. L)

vollkommen wieder einzuräumen, auch die occupata in der Kurmark ohne Kriegskosten-Entschädigung wieder abzutreten — dagegen behielt er sich bei Pommern sein jus belli der Kriegskosten halber vor und hatte hierbei, nach des Kurfürsten eigenem Bericht, sein Augenmerk „auf den tractum maritimum ganz oder doch gutenteils und zuvorderst auf die Seehäfen" gerichtet. Er nahm also mit der einen Hand, was er mit der anderen gab. Um dieser Frage willen, sowie wegen des absoluten Direktoriums und der Höhe der Kontribution kam es zu keiner Einigung; dagegen musste sich der Kurfürst entschliessen, dem Könige seine Festung Spandau einzuräumen, bis Magdeburg entsetzt sein würde; wegen Küstrin verblieb es bei den kurfürstlichen Anerbietungen, doch so, dass der Kommandant angewiesen wurde, dem Feldmarschall Horn zu gehorchen und, falls der Feind herankommen würde, sich mit Horn zu vereinigen und schwedisches Volk in die Festungen zu nehmen.

Dem Könige war also die „Devotion" nicht völlig gelungen und die Ursache war in erster Linie Pommern. Pommern, das in den nächsten Jahren den unheilvollsten Einfluss auf die Entwicklung der Dinge ausgeübt und die Krisis zum Ausbruche gebracht hat, hat damals zum ersten Male in den Gang der Ereignisse bestimmend eingegriffen.

Es war natürlich, dass der König mit dem halben Erfolge nicht zufrieden war und seine Forderungen von neuem erhob, sobald die Frage des Magdeburger Entsatzes nicht mehr existierte. Er verlangte nunmehr kategorische Erklärung, ob sich der Kurfürst mit ihm konjungieren und ihm das absolute Direktorium über das brandenburgische Volk und die Festungen einräumen wolle. Auch jetzt blieb der Kurfürst unerschütterlich, unter steter Wiederholung seiner früheren Anerbietungen und Gegenforderungen. Bekanntlich kam es jetzt bis dicht vor den Bruch, der König rüstete sich zum Sturm auf die Residenz und der Kurfürst musste sich fügen. In persönlichen Unterhandlungen gab er so weit nach, dass er dem Könige die Festung Spandau auf die Dauer des Krieges überliess und ihm auch eine monatliche Kontribution von 30000 T. bewilligte; wegen Küstrin verblieb es bei den bereits im Mai zugesagten Verpflichtungen. Dagegen wurden nicht erledigt die übrigen Fragen: das absolute Direktorium, die Alliance und Pommern. Also auch jetzt fehlte die formelle Anerkennung der Devotion, wenn gleich der machtlose Kurfürst auch so in der Hand des Königs war.

Bezeichnend aber ist, dass sich der König jetzt mit wenigem mehr begnügte, als ihm der Kurfürst bereits am 6. und 12. Mai, also ganz am Anfange der Verhandlungen angeboten hatte — in der Hauptsache war es die Einräumung von Spandau —, während es bei dem ihm viel wertvolleren Küstrin beim alten verblieb. Für die militärische Sicherheit muss sie demnach der König doch für ausreichend angesehen haben: an sich ein Beweis, dass der König mit den weiteren Forderungen mehr als lediglich die Sicherheit für sich und seine Armee gesucht hat, dass er die „Devotion" wollte.

Ebenso wichtig wie die brandenburgischen Verhandlungen sind die mit Mecklenburg; hier wandte der König die entgegengesetzten Mittel an, um die „Subjektion" der Herzöge zu erzwingen.[1]) Bei den mecklenburgischen Verhandlungen bildete die schwerste Forderung die pfandweise Einräumung von Wismar bis zur Kriegskostenerstattung, die der König — wie erwähnt — bereits in dem ersten Allianceentwurf vom 15. August 1631 stellte. Die Mecklenburger waren nicht im Unklaren darüber, dass das nur der erste Schritt zur völligen Abtretung sein sollte, und suchten dem dadurch vorzubeugen, dass sie dem Könige als Generalhypothek für die Kriegskosten ihre sämtlichen Länder anboten und dass sich dafür sämtliche Stände des Landes verbürgen sollten. Da dem Könige nichts an dem Lande lag, sondern nur an den Häfen, ging er auch nicht darauf ein: in dem zu Halle am 27. September aufgesetzten Entwurfe forderte er vielmehr nicht nur die Einräumung von Wismar, sondern auch die von Warnemünde, und nicht nur als Pfand, sondern donec de eis plenius nobis cum imperio Romano convenerit. Um für diese und andere schwere Forderungen Milderung in persönlichen Verhandlungen zu erreichen, begab sich der Herzog Adolf Friedrich von Schwerin im Dezember 1630 nach Frankfurt. Der König empfing ihn äusserst ungnädig,[2]) schalt aufs heftigste über die Undankbarkeit der

---

[1]) Das folgende nach Schweriner Akten, Succies:
  1) Die anfänglichen Verhandlungen der zwischen GAdolf und Mecklenburg zu schliessenden Alliance, 1631 (ex arch. Sver.),
  2) As. betr. die geschlossene Alliance, 1631/32 (ex arch. Sver.).
  3) Desgl. (ex arch. (Güstrow.).
Aus Nr. 3 die sehr wertvolle Relation Cothmanns, Beil. 11.
[2]) Relation Cothmanns, Audienz vom 9. Jan. 1632.

Herzöge, die ihm alles zu verdanken hätten, da er ihnen ihr Land wieder zugestellt hätte; das Land aber sei jure belli sein, da er es mit dem Schwert erobert habe: die Herzöge sollten es nunmehr entweder von ihm zu Lehen nehmen, alsdann wolle er ihnen conditiones aufsetzen, danach sie sich zu achten hätten; wollten sie das nicht tun, so würde er die Verwaltung des Landes selbst übernehmen und am Ende des Krieges sich seiner Rechte bedienen, den Herzögen werde er ihren Unterhalt reichen lassen. — Aller Bemühungen ungeachtet verharrte der König auf seiner Forderung. Erst den Vorstellungen des Pfalzgrafen August von Sulzbach gelang es den König von Ihrer Unbilligkeit und Unrechtmässigkeit zu überzeugen.[1]) Am 6. Februar eröffnete der König dem Herzoge, er wolle zwar sein jus bolli fallen lassen, dagegen sollten die Herzöge sich auch nicht mehr dem Kaiser und Reiche unterwürfig machen, sondern souveräne Prinzen sein und ihren statum für sich führen.[2])

Das war nun nicht besser als ein Lehenverhältnis zu Schweden sondern schlimmer. Denn als souveräne Fürsten, allein auf die geringen Mittel ihres kleinen Territoriums angewiesen, waren die Herzöge von Mecklenburg politisch eine Null, die bei dem von Schweden verlangten Bunde in völlige Abhängigkeit von dem übermächtigen Bundesgenossen geraten wären. Als Lehnsleute der Krone Schweden wäre diese wenigstens dauernd zu ihrem Schutze verpflichtet gewesen; einem freien Bundesgenossen gegenüber übernahm Schweden aber nur vertragsmässig festgesetzte Pflichten und wie leicht liess sich ein Vorwand finden, sich ihrer zu entziehen, wenn es Schweden sonst nicht passte. Und was die Souveränität für Mecklenburg in seinen nachbarlichen Beziehungen in Deutschland bedeutete, schilderte der Herzog in beweglichen Worten selbst:[3])

---

[1]) Relation zur Neddens (Schwer. A. No. 2.) zum 4. Febr.
[2]) Bericht des kursächsischen Gesandten v. Einsiedel an v. Werthern, dd. Frankfurt 1632 Febr. 20 (Dresden 8107. I): Gestern habe ihn der Herzog über den Stand seiner negotia unterrichtet. Der König habe anfänglich begehrt, weil er das Herzogtum mit dem Schwert erworben, solle es der Herzog von Ihm zu Lehen empfangen; als der Fürschlag nicht gehen und L F. G. nicht willigen wollen, ist der König von einem extremo in das andere gefallen und hat begehrt, dass der Herzog dann von dem römischen Reiche sich abtun, keinen superiorem rekognoszieren und mit ihm in Verbündnis bleiben sollte. — Droysen hat zwar diesen Bericht Einsiedels veröffentlicht (Sächs. Archiv, N. F. 6, S. 228 ff), diese sehr wichtige Notiz hat er aber weggelassen!
[3]) Cothmanns Relation: Schreiben des Herzogs an Oxenstierna, dd. Febr. 8.

„Zudeme so ist unser status dermassen gering und also beschaffen, dass wir uns dabei ganz nicht maintenieren könnten, sondern in höchstes Verderb stürzen würden. Denn weil wir fast mit allen angrenzenden Kur-, Fürsten und Städten, als mit Kurbrandenburg, Herzog zu Lüneburg, Pommern, Niedersachsen und der Stadt Lübeck grosse Grenzirrungen und andere hochwichtige Streitigkeiten haben, und auf solchen Fall, da wir bei allen würden verhasst sein, solcher Eingriffe noch viel mehr von ihnen würden zu gewarten haben müssen, indem wir bald von diesem, bald von jenem würden gezwackt werden: so sehe ich kein Mittel, wie wir unser Land in Frieden erhalten könnten, in Betrachtung, dass die richterliche Reichsausträge, so wir mit unsern Mitfürsten und Ständen haben und dafür sich bishero ein jedweder, ob er schon etwas mächtiger gewesen, geschenet, uns nicht mehr würden zu statten kommen; via facti uns zu defendieren, seind wir zu schwach, und ist misslich andere auswärtige Hilfe zu suchen, und solcher Sachen halber jederzeit zu Waffen zu greifen, würde die Mühe nicht lohnen, und demnach die Kur beschwerlicher sein als die Krankheit selbst, also dass wir endlich jedermanns Raub sein würden." So wäre die einzige Hilfe der Bundesgenosse in Schweden geblieben und die Herzöge würden in grössere Abhängigkeit von ihm geraten sein, als wenn sie Lehensleute der Krone geworden wären.

Der König war durch keine Vorstellungen von seinen Forderungen abzubringen; er war im Gegenteil über die Weigerung des Herzogs Adolf Friedrich, diese Bedingungen anzunehmen, so erzürnt, dass er ihn lange Zeit ohne Bescheid liess.[1]) Erst am 24. Februar legte ihm Oxenstierna einen von ihm selbst aufgesetzten Alliance-Entwurf vor, der in Form und Inhalt überaus hart war. Aber der Herzog musste sich schliesslich fügen und mit einigen Abänderungen ist er zuletzt beiderseitig angenommen worden.

Diese am 10. März abgeschlossene Alliance[2]) enthält nun folgenden Passus (§ 18): statuimus, ut adversus haec nulla exceptio valeat antiquorum seu novorum pactorum, foederum aut nexuum homagii; imprimis nos duces Megapolenses probe considerantes, restitutionem nostri et conservationem in ducatibus nostris pendere

---

[1]) Berichte Einsiedels und Cothmanns.
[2]) Sverges trakt. V. S. 704. — Obwohl das Datum 10. März lautet, sind doch die Verhandlungen erst am 13. März abgeschlossen worden.

a S. R. Dig**ts**, declaramus hisce, nexum quo imperio aut circulo Saxoniae vel vicinis ceteris obstrictos nos habemus, nihil officere aut praejudicari debere aut posse huic foederi nostro. Da diese Alliance nicht etwa nur bis zum Schlusse des Krieges, sondern ewig währen sollte,[1]) so würde Mecklenburg damit dauernd aus dem Reichsverbande geschieden sein[2]) und die Subjektion unter Schweden wäre vollständig gewesen.

Die Alliancepolitik des Königs ist aber noch nach einer anderen Richtung hin für unsere Frage von Bedeutung. Oxenstierna hat nach dem Tode des Königs dem schwedischen Reichsrate mitgeteilt, dass der König mit den meisten deutschen Ständen sich alliiert habe,[3]) und dies entspricht auch der Meinung, die gang und gäbe ist. Dem ist aber keineswegs so.[4]) Man muss zunächst unterscheiden zwischen wirklichen Alliancen von politischer Bedeutung und Kapitulationen oder Konventionen vornehmlich militärischer Natur; von letzterer Art ist z. B. die mit Kursachsen abgeschlossene Konvention, die der König selbst „mehr eine Resolution als ein Verbündnis" nennt,[5]) und die kurbrandenburgische Kapitulation: in dem erwähnten Berichte Oxenstiernas fügt der Reichskanzler ausdrücklich hinzu, dass mit Brandenburg keine Alliance existiere. Auch die Verträge mit den Reichsstädten sind im Grunde genommen nur Militärkonventionen: bei Nürnberg z. B. hat der König selbst auf eine förmliche Alliance verzichtet — obgleich eine ganze Reihe von Entwürfen bereits angefertigt worden war — und hat nur

---

[1]) § 6 und § 20: sopito hoc bello Germanico firmum nihilominus manebit et servabitur hoc foedus.

[2]) Dazu vergl. Gustav Adolfs Aeusserung zu den Nürnbergern, Breyer, S. 229/30. — Am 13. Mai liess Oxenstierna durch seinen Sekretär Nikodemi den Mecklenburgern auf ihre Vorstellungen erklären, dieser § 18 hätte nichts zu bedeuten, „weil doch richtig, dass E. F. G. Reichsfürsten wären und verblieben". Diese Worte würden unverständlich sein, wenn man nicht entweder die ganze Alliance mehr als Drohung auffasst, um die Herzöge während des Krieges besser in Subjektion zu halten; oder aber in ihnen ein Anzeichen sieht, dass der König damals seine Pläne über die Umgestaltung der Reichsverfassung mit seinem Kanzler besprochen hat. Das Letztere wird der Fall sein.

[3]) Mem. für Grubbe, dd. Erfurt 1632 Dez. 16 (Handlingar 24. 249 ff); er gibt dort an, dass mit Kurbrandenburg, Holstein, Oldenburg und Ostfriesland bisher keine Alliance geschlossen worden sei.

[4]) Die bequemste Zusammenstellung der Verträge Gustav Adolfs jetzt in Sverges traktater med främmande magter V. ed. Hallendorff, Stockholm 1909.

[5]) Droysen, Sächs. Archiv, N. F. VI, S. 212.

einen Revers begehrt.¹) Bündnisse von wirklich politischer Bedeutung sind in Wahrheit nur sehr wenige abgeschlossen worden: mit Pommern, dem Erzbischof von Bremen, Hessen-Kassel, Anhalt und schliesslich mit Mecklenburg. Mit Ausnahme des letzten Bündnisses, das am 10. März 1632 zu stande kam, fällt der Abschluss aller übrigen in die Zeit vor oder unmittelbar nach der Breitenfelder Schlacht.²) Der König hat dann allerdings noch mit einer ganzen Anzahl von Fürsten und Ständen in Verhandlungen gestanden: mit Braunschweig-Lüneburg, Weimar, Kulmbach, Württemberg, den wetterauischen Grafen, den Ständen des niedersächsischen und des fränkischen Kreises, den vier ausschreibenden Städten in Oberdeutschland insgesamt, mit Kurbrandenburg und Kurpfalz. Sie alle sind nicht zu stande gekommen und haben die Ratifikation des Königs nicht erhalten. Eine einzige Ausnahme macht, wie gesagt, die mecklenburger Alliance vom 10. März 1632 und sie ist infolge dessen auch abermals von besonderem Interesse.

Ausser den oben bereits erwähnten Bedingungen enthält sie folgende wichtige Klausel (§ 1): der Vertrag solle gelten salva actione nobis, heredibus successoribusque nostris regibus regnoque Sueciae adversus singulos pluresve imperii status ex hoc bello enata competente; also unter Vorbehalt der Ansprüche Schwedens an sämtliche Reichsstände — mit Einschluss Mecklenburgs — ex hoc bello enatae. Trotz aller Versuche der Mecklenburger diese vielsagende Klausel zu eliminieren, oder doch wenigstens dahin abzuändern, dass statt der „singulos pluresve" gesetzt werde „alios" — da der König gegenüber Mecklenburg bereits auf sein jus belli und die Erstattung der Kriegskosten verzichtet habe — verblieb es dabei und der König liess sich seine competentem actionem gegen die Reichsstände insgesamt nicht verkürzen: am 13. März liess der Reichskanzler erklären, dass die Auslassung oder Abänderung unmöglich sei; „denn obschon I. M. die sumptus belli I. F. G. nachgelassen, so hätten sie doch solches als dero nahen Anverwandten getan: was sie aber zu den Reichsfürsten ingemein vor Zuspruch hätten, das würden auch I. F. G. als Mitreichsfürsten mit tragen helfen und dessen sich nicht entbrechen". — Die letzten Worte „ex hoc bello enata" geben den Fingerzeig,

---

¹) Donaubauer, Nürnberg um die Mitte des 30jährigen Krieges, S. 128/9. (Mitt. d. Ver. f. Gesch. Nürnbergs X. 1893.)

²) Mit den Fürsten von Anhalt am 25. Sept. 1631.

was die Klausel zu bedeuten hat, wenn überhaupt noch ein Zweifel besteht: es ist das jus belli, das er gegen alle Reichsstände geltend zu machen gedachte zum Zwecke der Umgestaltung der Reichsverfassung, und wir erinnern uns sogleich der Liste, die er wenige Monate später nach Dresden sandte mit der Einteilung der Reichsstände in die bekannten sechs Klassen.

Diese mecklenburgische Alliance, die rechtskräftig geworden ist, zeigt also in ihren Bestimmungen deutlich, dass der König nunmehr die Zeit für gekommen erachtete, seine lange gehegten Pläne der Assecuratio zu verwirklichen. Und man versteht, dass an eine Ratifikation der braunschweigischen Alliance — wie aller anderen — die ja in erster Linie auf die Wiederherstellung der antiqua forma imperii mit allen Reichskonstitutionen und auf Wiederherstellung der landesfürstlichen Rechte, kurz der deutschen Libertät gerichtet waren, gar nicht mehr gedacht werden konnte; das gerade wollte ja der König den Ständen in dem alten Umfange nicht zugestehen. So ist die mecklenburgische Alliance — die letzte, die der König ratifiziert hat[1]) — die Probe auf unser Exempel: in ihr behielt er sich in diesem entscheidenden Punkte ausdrücklich freie Hände vor.

Zu bemerken ist ferner des Königs Verhalten in den von ihm wirklich eroberten Ländern, zu denen er an erster Stelle die Stifter Magdeburg und Halberstadt rechnete, obwohl auch sie evangelisches Land waren. Dass er hier eine schwedische Regierung einrichtete, ist nicht zu verwundern, da er sich die Einkünfte der Stifter nutzbar machen musste; aber mehr als das, er verlangte von den Untertanen auch einen Huldigungseid. Dass es sich hierbei nicht etwa um einen blossen Eid der Treue handelte, den der König um seiner Sicherheit willen verlangen musste, sondern um einen Erbhuldigungseid, zeigt die Weigerung der Halberstädter und Mansfelder Ritterschaft;[2]) sie erklärten, dass das Stift „wenn es sich dem Könige und der Krone Schweden pure subjekt mache, dadurch vom Reiche abgerissen werde". Selbst Fürst Ludwig von

---

[1]) Cothmanns Relation: „Diese und dergleichen Disputate (der Stände um die Bedingungen ihrer Bündnisse) hätten I. M. schon dahin bewogen, dass sie mit andern keine mehr machen wollten, auch schon etliche abgeschlagen hätten".

[2]) Kursächsisches Gutachten über die der Ritterschaft im Stifte Halberstadt zugemutete Erbhuldigung. dd. Dresden 1632 April 10. (Dresden 8108. Buch III. Fol. 93 ff.)

Anhalt, der schwedische Statthalter, konnte sich dem nicht verschliessen und drang nicht weiter in sie, sondern überliess dem Könige die Entscheidung.

Noch mehr Aufsehen erregte es aber, als der König am 24. April 1632 sich von den Augsburgern einen Erbhuldigungseid schwören liess,[1]) in dem sie gelobten dem Könige und der Krone Schweden getreu, hold, gehorsam und gewärtig zu sein, dero Bestes zu prüfen, Schaden zu warnen und äusserster Möglichkeit nach abzuwenden, auch alles das tun und lassen zu wollen, was getreuen Untertanen ihrem natürlichen Herren zu tun und zu leisten obliegt. Das war ein Eid, der sich mit der Freiheit einer Reichstadt nicht vereinigen liess; die Augsburger hatten denn auch, da sie befürchteten „es möchten hieraus ein und andere der Stadt an ihrer Reichsfreiheit nachteilige Folgerungen gezogen werden", beim Könige Vorstellungen erhoben; Gustav Adolf aber wies sie zurück, er begehre nichts anderes, als dass ihm ein der Stadt an ihrer Reichsfreiheit unschädliches juramentum assecurationis geleistet werde, er wisse einen Unterschied zwischen einem unmittelbaren Stand und einem Landsassen zu machen und es sei ihm nie in den Sinn gekommen, die ihm allzuweit entlegene Stadt auf dergleichen Art unter sich zu bringen. Als König in Schweden war ihm Augsburg gewiss zu entlegen, ob aber auch als Haupt des evangelischen Bundes in Deutschland? oder wenn er Kaiser werden sollte? In dem Revers vom 29. April[2]) hat er denn auch der Stadt ihre Privilegien, Freiheiten und Gerechtigkeiten nur „so weit sie gedachtem Eid nicht zuwiderlaufen" bestätigt und von der Reichsunmittelbarkeit ist kein Wort darin zu finden. Es ist kein Zweifel, dem Wortlaute nach hat sich Augsburg auch derselben begeben müssen.[3])

---

[1]) v. Stetten, Geschichte der Reichstadt Augsburg 1758. II. 176 ff. — Roos, Die Chronik des Jakob Wagner über die Zeit der schwedischen Okkupation in Augsburg. Augsburg 1902. Progr.

[2]) Sverges trakt. V. S. 751.

[3]) (Gegen Droysen, G Adolf II. 544. 2 ist der von ihm selbst benutzte v. Stetten anzuführen, der II. S. 192 viel richtiger die „höchst nachteilige Huldigung" als übereilt bezeichnet und es für einen Fehler hält, dass man sich dazu sogleich gutwillig verstanden; denn obwohl der König versprochen, die Stadt bei ihren Freiheiten etc. vollkommen bleiben zu lassen, hätte man doch leicht erkennen können, dass solches neben der so verfänglich eingerichteten Huldigungsformel keinen Bestand haben können.

Die Reichsstädte, die eifersüchtig über ihre Freiheit wachten, haben denn auch Augsburg deshalb zur Rede gestellt: im Dezember kam es mit Ulm darüber zu Verhandlungen[1]) und ebenso beschäftigte sich der Städtetag zu Esslingen im Februar 1633 mit dieser Angelegenheit.[2]) Hier entschuldigte der Vertreter Augsburgs den Eid mit der übergrossen Freude der Evangelischen über ihre Errettung und mit der allgemeinen Konfusion, die nach Absetzung des katholischen Rates geherrscht habe, „fast niemand hätte gewusst, was er tun oder lassen sollte"; die wenigsten hätten gehört, was der Sekretär Sattler verlesen hätte, und hätten doch geschworen; darauf hätte ihnen der König einen Revers gegeben, dass dieser Eid ihren Privilegien unabbrüchlich sein und dass Augsburg eine freie Reichsstadt bleiben solle. Dieser Bericht, der mit den tatsächlichen Vorgängen in vollem Widerspruche steht, beweist nur, in welcher Verlegenheit man sich befand.

Zu beachten ist ferner die Art, wie Gustav Adolf bei den Donationen verfuhr. Bekanntlich war der König nicht karg nach dieser Richtung hin und hat seine Bundesgenossen und seine Generäle reichlich an der Beute teilnehmen lassen.[3]) Wichtig ist nur die Form der Vergabung: bei allen diesen Donationen behielt er sich das jus superioritatis ausdrücklich vor, und als sich herausstellte, dass es doch bei etlichen versäumt worden war, wies er seinen Kanzler noch kurz vor seinem Tode an, diese Schenkungsurkunden wieder einzufordern und gegen andere auszutauschen, welche dieses jus superioritatis Schweden reservierten.[4]) Als Beispiel sei hier noch angeführt, dass die neue Regierung im Stift Fulda, das dem Landgrafen Wilhelm von Hessen zugefallen war, den Namen führte „kgl. schwedische und fürstl. hessische Statthalter, Kanzler und Räte", auch führte der „kgl. schwedische und fürstl. hessische Kriegsrat" ein gemeinsames Siegel, das als Alliancewappen den schwedischen und den hessischen Löwen zeigt, die aufrechtstehend sich die Vorderpranken reichen, über die eine mit einem Schlosse versehene Kette gelegt ist.

---

[1]) v. Stetten II, S. 219.
[2]) Nürnberg, Kriegsakten 23, Frankfurt, Reichssachen Nachtr. 1633.
[3]) Oxenstierna an den Reichsrat, dd. 1633 Mai 23. (Handl. 26, S. 79.)
[4]) Instruktion [dd. Arnstadt Nov. 3?] AO. skrifter II. 1. no. 619 § 11. — Dazu die Vollmacht für den Kanzler eod. Ebd. S. 868.

Noch zwei weitere, sehr bedeutsame Willensäusserungen des Königs liegen vor, die beweisen, dass er konsequent seinen Weg weiter gegangen ist.

Am 7. Oktober 1632 beauftragte er den Obersten Andres Kochtizky die Fürsten und Stände Schlesiens für den König zu gewinnen[1]) und sie dahin zu bringen, mit dem Könige in nähere Verständnis und unter sein Direktorium zu treten; dann aber heisst es: „im Fall Fürsten und Stände so weit gehen, daß sie uns für ihren Fürsten erkennen und annehmen wollten, wird der Oberst die Gelegenheit nicht ausser Acht lassen, sondern zu unserm Vorteil und Reputation mit ihnen schliessen". Das heisst: die schlesischen Stände und Fürsten sollten sich vom Kaiser — als Könige von Böhmen — lossagen und an seine Stelle wollte auch hier Gustav Adolf treten.

Noch bemerkenswerter ist die andere Willensäusserung, die er wenige Tage vor seinem Tode in einer Instruktion für Oxenstierna niederlegte.[2]) Als er ihn von Arnstadt aus nach Süddeutschland schickte, um die vier oberen Reichskreise zum gemeinsamen Bunde mit Schweden zu bewegen (er hatte die Stände zu diesem Zwecke nach Ulm geladen), beauftragte er ihn, die Stände dahin zu bringen, dass sie sich 1) vom Kaiser abtun, ihn nicht mehr anerkennen und auf ihn verzichten, directe oder indirecte, wie es geschehen kann, und dass sie sich dafür um so stärker dem Könige, seiner Direktion und Protektion verpflichten und 2) dass sie sich zusammentun, den Kaiser und seine Anhänger zu bekriegen, und dass sie sich zu diesem Zwecke mit dem Könige und unter einander so stark verbinden, als es irgend möglich ist. — Also das, was der König vereinzelt bei Mecklenburg erreicht hatte: Loslösung vom Reiche, Annahme des schwedischen Protektorates und ein fester Bund mit Schweden, das sollte jetzt allgemein durchgeführt werden.

Aber der König ging noch einen Schritt weiter. Oxenstierna sollte die Stände ferner veranlassen, eine Veränderung mit dem Reichskammergericht vorzunehmen: „dass es de novo möge bestellt werden"; würden sich die Stände scheuen, es zu tun, so soll er nicht weiter in sie dringen, sondern es dem Könige überlassen, zur rechten Zeit die nötigen Anstalten zu treffen; doch soll er

---
[1]) Instruktion Arkiv I. no. 479.
[2]) AO. skrifter II. 1. S. 860 § 2 und § 7.

allen Fleiss anwenden, dass der kaiserliche Präsident und andere suspekte Mitglieder beseitigt werden, und dass auch sonst alle Vorbereitungen zu der Veränderung getroffen werden. Man sieht: der König war bereits auf dem besten Wege, seinem corpus Evangelicorum das parlamentum zu geben, das ja einen Teil seiner neuen Reichsverfassung ausmachte.

Bekanntlich hat der König wenige Tage später seinen Tod auf dem Felde der Ehre gefunden und damit waren auch seine hochfliegenden Pläne vernichtet; denn sein Nachfolger Axel Oxenstierna hat grundsätzlich auf die vom König erstrebte Assecuratio verzichtet, er hat für die Satisfactio gekämpft, deren Inbegriff ihm Pommern war.[1]) Sein grosser König hatte sich mit diesen lediglich und allein Schweden dienenden Plänen nicht genügen lassen, sein Genius umfasste die ganze protestantische Welt, die er in Schweden und Deutschland schützen und vereinigen, aber auch beherrschen wollte. So glaubte er der Macht des Katholizismus eine protestantische Macht entgegenstellen zu können, die ihr überall ge-

---

[1]) Dass Oxenstierna grundsätzlich mit der Politik des Königs gebrochen hat, zeigt die Geschichte des Heilbronner Bundes. Hier nur — der Kürze halber — einige charakteristische Tatsachen. Bekanntlich hatte der König, als er vor Nürnberg lag, mit Wallenstein Friedensverhandlungen angeknüpft und zu diesem Zwecke von seinem Kanzler seine Bedingungen aufsetzen lassen, die aber nichts von dem corpus Evangelicorum enthalten. Dies ist bereits von Struck (S. 71) richtig dahin erklärt worden, dass die damals aufgesetzten Bedingungen nur für den Gegner bestimmt waren, der von den weiteren Plänen nichts zu wissen brauchte, und dass Gustav Adolf diese Sache als eine solche ansah, über die sich die Evangelischen allein und unter sich zu einigen hätten. Als dann Oxenstierna dem Reichsrate in der Heimat einen eingehenden Bericht über die allgemeine Lage nach dem Tode des Königs sandte (Mem. für Grubbe, dd. Erfurt 1632 Dez. 15. — Handl. 24. 249 ff) legte er (§ 27) die Nürnberger Bedingungen bei, um zu zeigen, welche Forderungen der König als sein Ziel hingestellt hatte: von dem corpus Evangelicorum kein Wort. Wenn er es vorher (§ 25) als seine Aufgabe bezeichnet hatte, die Sache im Sinne des Königs weiterzuführen, so verzichtete er stillschweigend auf die weiteren Pläne des Königs, die er dem Reichsrate, wie es scheint, gar nicht mitgeteilt hat. — Später hat er dann noch hinzugefügt (Bericht an den Reichsrat, dd. 1633 Mai 23). — Handl. 25. 79 ff): das Land hier oben (Süddeutschland) kann für Schweden doch nicht erhalten werden; es muss restituiert werden, sobald es zu Friedensverhandlungen kommt, so dass Schweden nichts davon hat. Oxenstierna verzichtete also hier auf Süddeutschland, ohne das natürlich ein corpus Evangelicorum im Sinne Gustav Adolfs nicht denkbar war.

wachsen war. Für seine Heimat gewann er dann noch den besonderen Vorteil, dass er ihr für alle Fälle den Frieden sicherte; denn sollte sich der Kampf beider Weltanschauungen je erneuern, so musste er abermals auf deutschem Boden, oder doch ausserhalb Schwedens ausgefochten werden. Niemand wird dem Genius des Königs seine Bewunderung versagen können — eine andere Frage aber ist die, ob seiner geplanten Schöpfung diejenige Stabilität und Sicherheit innewohnte, die für ihre Dauer unerlässlich war, d. h. ob ihre Grundlagen natürliche waren, und ferner, ob sie für unser Vaterland ein Segen geworden wäre.

Der grosse Krieg ist, wie bekannt, nicht allein um die Konfession geführt worden, sondern auch um die vom Kaiser bedrohte Libertät der Stände. Was war nun diese vielgeschmähte Libertät? Sie war doch nichts anderes als das Resultat einer anormalen Entwickelung, die ihre Wurzeln im frühen Mittelalter hat, als die deutschen Kaiser im Kampfe um die utopische Weltmonarchie ihre nationalen Pflichten vergassen und diese Aufgaben den Territorialfürsten überliessen. Die berühmten Reichskonstitutionen von 1220 und 1235 haben diesen Zustand gesetzlich sanktioniert und auf dieser Grundlage ist mit der goldenen Bulle, den Wahlkapitulationen und anderen Reichsgesetzen lediglich weiter gebaut worden. War doch der Kaiser selbst nicht viel mehr, als ein Territorialfürst, wenn auch der mächtigste, und waren es nicht gerade die Habsburger, die mit ihrer Hauspolitik mit gutem — oder wenn man will, mit schlechtem Beispiele vorangingen? Und gerade die Reformation hatte den Reichsständen einen ungeheuren Machtzuwachs gebracht, moralisch wie materiell, so gross, dass die Fürsten des Reiches im Rahmen des Ganzen so gut wie souveräne Fürsten waren. Man kann doch die Stände des 17. Jahrhunderts nicht für etwas verantwortlich machen, das ihnen lediglich überkommen war, das ihnen ihren Weg unbedingt vorschrieb und das sie zum Kampfe zwang, auch gegen das Kaisertum, sobald es ihren landesherrlichen Rechten in den Weg trat: die Libertät war ihnen ein kostbares Erbe ihrer Väter, das sie doch auch die Pflicht hatten, ihren Kindern ungeschmälert zu hinterlassen. Nationale Interessen kannte man in der Politik nicht,[1]) sie waren verloren

---

[1]) Wie unklar man damals über „national" dachte, zeigt sehr lehrreich ein Ausspruch des brandenburgischen Kanzlers Götzen: es sei nötig für die sämtlichen brandenburgischen Länder in Berlin einen gewissen senatum zu stiften

gegangen, da das Reich seit Jahrhunderten von auswärtigen Bedrohungen verschont geblieben war; an Ihre Stelle waren die dynastischen Interessen getreten, und werden nicht heute noch die Fürstentümer nach Privatrecht unter den Agnaten vererbt? Bismarck hat einmal für die Beurteilung der früheren Jahrhunderte deutscher Geschichte das treffende Wort gesprochen: „Wir müssen im Hinblick auf unsere Geschichte nicht vergessen, dass sie bis in den Anfang des 19. Jahrhunderts wesentlich von der dynastischen Politik beherrscht war, dass das Nationale erst angefangen hat in dem vorigen und diesem Menschenalter neben dem dynastischen hervorzutreten". Die Fürsten des dreissigjährigen Krieges waren im vollen Laufe sich noch das letzte der Rechte, die volle Souveränität, das jus superioritatis, gesetzlich anerkennen zu lassen, wie es ja auch im westfälischen Frieden geschehen ist: und dieser letzten Konsequenz mittelalterlicher Entwickelung hatte das Kaisertum noch einmal versucht entgegenzutreten. Ein Kampf war unvermeidlich gewesen. Sehr lehrreich in dieser Beziehung ist das Verhalten Maximilians von Baiern, des Hauptes der katholischen Partei:[1]) so eng ihn religiöse und verwandtschaftliche Interessen an das Haus Habsburg knüpften, hat er sich doch nie besonnen dem Kaiser entgegenzutreten, sobald er die dynastischen Interessen bedroht sah, und nichts ist charakteristischer, als sein Verhältnis zu Wallenstein, dem Vorkämpfer kaiserlicher Macht. Die Libertät der Stände, wie sie sich entwickelt hatte, war nun einmal ihr Lebenselement. Dass es auch hier, wie überall, Auswüchse gab, ist natürlich, deshalb können wir aber das Prinzip nicht verneinen, sonst müssten wir ganze Jahrhunderte deutscher Geschichte negieren.

Aus derselben Wurzel entsprang auch das immer geladelte Verhalten der protestantischen Stände Gustav Adolf gegenüber, das Misstrauen, das sie von ihm abhielt, auch nachdem er ihr Retter geworden war; sie konnten sich selbst sagen, dass der König nicht lediglich aus christlicher Nächstenliebe Krone und Leben für sie aufs Spiel setzen würde. Das beste Beispiel giebt

„aus allen nationen, als von Preussen, Märkern, Jülichern etc.", (Prot. vom 19. Okt. 1632. — Berlin 21. 127 q. III.), derselbe Götzen, der früher die Schweden als Fremde bezeichnete (ebd. Prot. vom 27. Mai).

[1]) Vgl. hierzu die vortrefflichen Ausführungen von Döberl, Bayern und Frankreich. München 1900. S. 13 ff. 41. 176 u. s. w.

Brandenburg ab oder die Herzöge von Mecklenburg, die ihre Restitution lediglich dem Könige verdankten. Ersteres hatte in Preussen bereits genug erfahren, mit welcher Rücksichtslosigkeit der König seine Interessen verfolgte, und war es bei den Herzögen von Mecklenburg wirklich bloss schnöder Undank, dass sie so hartnäckig den Wünschen ihres Wohltäters widerstrebten?

Sehen wir uns die Bedingungen an, die er den Fürsten und Ständen des Reichs im Interesse der evangelischen Einheit auferlegte, so erkennen wir, dass sie nicht geringer waren, als diejenigen, welche ihnen vom Kaiser her drohten, sondern schwerer. Das jus supremum, das er für sich forderte, war ein ganz anderes als das, welches der Kaiser bisher besessen hatte. Gerade diejenigen Rechte musste er ihnen vorenthalten, die den Inbegriff der Libertät ausmachten: das absolute Direktorium, wie es Gustav Adolf verstand, war mit der Libertät nicht vereinbar, und um sie führten die Stände ja den Krieg mit dem Kaiser. Es ist denn damals auch das harte Wort gefallen, dass man den spanischen Dominat mit einer schwedischen Servitut vertauschen werde.[1])

Hätte Gustav Adolf sein Ziel erreicht, so hätte er in seiner Hand eine ungleich grössere Fülle von Rechten über die protestantischen Stände in Deutschland erhalten, als es z. B. die jetzige Reichsverfassung den Hohenzollern einräumt. Auch hier ist zwar die Militärhoheit und die Vertretung nach aussen dem Kaiser übertragen, aber von einem directorium absolutum ist man doch weit entfernt; Institutionen wie den Bundesrat oder Parlament, die den Willen der Bundesstaaten und der Nation zum Ausdruck bringen, gab es bei Gustav Adolf nicht und konnte es auch gar nicht geben.

So misslich es ist, Parallelen in der Geschichte zu ziehen, so drängt sich doch der Vergleich mit der Entwickelung im 19. Jahrhundert von selbst auf, die uns freilich die Einheit der gesamten

---

[1]) Mem. des Fürsten Christian von Anhalt, dd. Harzgerode 1632 Dez. 18. (Dresden. 8108. Buch III.) — Extrakt eines vertraulichen Schreibens aus Lübeck, dd. 1632 Nov. 14. (Ebd. 8240 Lebzelters Berichte): man solle auf Mittel gedenken, den Frieden wieder herzustellen „damit das römische Reich und desselben periclitierende libertas dennoch in aliquali statu konserviret und man nicht gar ex Scylla in Charibdim verfallen und ein solch jugum auf sich selbst über den Hals führen möge, welches uns und der Posterität, si quao futura est, gar zu schwer fallen dürfte".

Nation brachte, während Gustav Adolf nur die Zersplitterung der evangelischen Stände beseitigen wollte. Beide haben aber den Kampf um die „Libertät" gemeinsam. Selbst im 19. Jahrhundert ist die Lösung nicht ohne Blut und Eisen möglich gewesen, und bei objektiver Betrachtung wird man doch zugestehen müssen, dass die Kleinstaaten um Rechte kämpften, die ihnen auf legalem Wege zugewachsen waren, mochte es auch zum Unheile der Nation gewesen sein. Aber welch ein Unterschied ist zwischen einem Bundesstaate des 19. und einem Reichstande des 17. Jahrhunderts. Die Libertät hatte bis in das 17. Jahrhundert bei der friedlichen Entwickelung nach aussen für die Nation genügt und hatte noch keine Kraftprobe zu bestehen gehabt. Das wurde anders, als Ludwig XIV. seine Raubkriege unternahm und vor allem als Napoleon seine Eroberungszüge nach Deutschland ausdehnte und das ganze heilige römische Reich in Trümmer schlug. Erst diese wuchtigen Keulenschläge haben das nationale Gewissen geweckt und gezeigt, dass die dynastischen Interessen die der Nation nicht zu schützen im stande waren. Und wenn trotz dieser schimpflichen und blutigen Erfahrungen die Fürsten des 19. Jahrhunderts nicht ohne Kampf zur Aufgabe ihrer politischen Selbständigkeit gezwungen werden konnten — und es wurde ihnen kein directorium absolutum zugemutet — wie viel härter mussten solche Forderungen die Stände des 17. Jahrhunderts treffen, die, wie gesagt, im vollen Laufe waren, sich die gesetzliche Anerkennung ihrer Souveränität zu erwerben. Es wäre für sie eine capitis diminutio gewesen, die sie nicht ohne weiteres hätten hinnehmen können. Gustav Adolf musste das voraussehen und hat sie deshalb wehrlos gemacht.

Vor allem wären die drei evangelischen Kurfürsten: Pfalz, Sachsen und Brandenburg davon betroffen worden. Pfalz existierte nicht mehr und war völlig in der Hand des Königs, der denn auch nicht die geringste Rücksicht auf den Kurfürsten nahm und rundweg die Rekognition seiner Territorien von der Krone Schweden verlangte.

Wichtiger war Brandenburg, obwohl auch dieser Kurfürst völlig in seinen Händen war. Hier wurde die Situation noch verschärft durch die Ansprüche Schwedens auf Pommern, die Brandenburg nicht anerkennen wollte und konnte. Ebenso wie der Kurfürst sie im Mai und Juni 1631 abgelehnt hatte, lehnte er im Oktober einen anderen Allianceentwurf ab, der die ora maritima in schwedischen Händen liess, donec plenius nobis cum imperio Romano convenerit.[1]) Der König sagte selbst zu dem brandenburgischen Kanzler: wegen Pommern werde es noch grosse Differenzen zwischen ihnen geben;[2]) auch täuschte er sich nicht darüber, welchen Stachel sein gewaltsames Vorgehen bei seinem Schwager zurückgelassen hatte. Infolgedessen verfolgte er mit dem lebhaftesten Misstrauen alle Bewegungen am Berliner Hofe. Schwarzenberg war der Gegenstand seines unversöhnlichen Hasses, trotzdem er nicht mehr in Berlin anwesend war, und Arnim und Burgsdorff, die Träger der dynastischen Territorialpolitik, hätte er gar zu gern in schwedische Dienste genommen, um sie unschädlich zu machen.[3] In welcher Abhängigkeit Brandenburg von Sachsen

[1] Alliance-Entwurf von Salvius in Liebenwalde am 4. Okt. 1631 übergeben. — Berl. 24, e. 3 Fasz. 3. fol. 130.

[2] Götzen an Knesebeck, dd. Frankfurt 1632 März 2. — Charlottenburg, Hausarchiv.

[3] Arnim betreffend kam es zu folgendem charakteristischen Zwischenfall. Während der Torgauer Konferenz bestanden zwischen dem Kurfürsten von Sachsen und Arnim Meinungsverschiedenheiten über die Kriegführung, ersterer wollte wieder nach Böhmen, Arnim dagegen nach Schlesien, der mit seinem Abschiede drohte, wenn man ihm nicht nachgäbe. Diese Gelegenheit wollte der ebenfalls anwesende Kurfürst von Brandenburg, dessen ganz besondere Zuneigung zu Arnim ebenso charakteristisch ist wie die zu Schwarzenberg, benutzen, ihn in brandenburgische Dienste zu ziehen. Auf seine Anfrage bei Gustav Adolf, ob das dem Könige nicht zuwider sein würde, erklärte sich der König bereit, ihn in seine schwedische Dienste zu nehmen und bat den Kurfürsten um Vermittelung.

Auf Burgsdorff war man im schwedischen Lager gar nicht gut zu sprechen; man sah in ihm mit vollem Rechte einen Gegenspieler von nicht geringem Einflusse am Berliner Hofe; Burgsdorff war gut brandenburgisch gesinnt und hat sich den schwedischen Forderungen, wie sie im Mai und Juni 1631 verhandelt wurden, nicht fügen wollen. Er hat sich auch geweigert als Kommandant von Spandau dem Könige den unbedingten Eid zu leisten und hat deshalb das Kommando dort niederlegen müssen (brandenburg. Protokoll vom 17. Mai 1631. Berl. 21. 127 p. I). Seine beständigen Mahnungen zu werben, machten ihn noch mehr verdächtig. In Frankfurt bekamen die brandenburgischen Gesandten harte Worte über ihn zu hören. (März 1632.) Der König sagte, dass der Kurfürst nur um der bunten Hosen der Obersten willen hätte werben müssen, Burgsdorff solle nur zu ihm kommen, so solle er genug goldene Borten finden; auch stellte er ihm Donationen in Baiern oder in der Pfaffengasse in Aussicht. Bekannt ist, dass er ihm im September 1632 das Oberkommando über die schwedischen Truppen in Schlesien durchaus auftragen wollte und ihm schliesslich die Aufsicht und Inspektion über sie übergab. — (Aa. in Berlin 11. 247. I. Fasz. 6

war, ist oben gezeigt worden: trotz der Kapitulationen mit Schweden argwöhnte der König beständig einen Wiederzusammenschluss der beiden Kurfürsten[1]) und ihre Konferenzen zu Torgau erregten sein lebhaftes Misstrauen.[2]) Die offizielle Politik des Berliner Hofes ist damals aber ganz loyal schwedenfreundlich gewesen, dafür sorgte schon der Kanzler Götzen, der mit voller Überzeugung für den Anschluss an Schweden eintrat. Wie weit der Kurfürst persönlich sich diese Politik zu eigen gemacht hat, steht dahin; fast scheint es, als hätte er sich nie mit dieser Abhängigkeit von Schweden voll befreunden können; nach wie vor sah er in dem allgemeinen Bunde aller Evangelischen und ihrem Anschlusse insgesamt an Schweden den besten Ausweg, er blieb also bei Gedanken, die er schon zu Leipzig vertreten hatte.[3]) Er hat auch nie auf die Verbindung mit Kursachsen verzichtet. Die Folge ist gewesen, dass man die offizielle Berliner Politik von einem Doppelspiel gegenüber Sachsen nicht freisprechen kann.[4]) Der König hat auch beständig mit der Gefahr gerechnet,

---

und 12. 84, Sendung Götzens und Leuchtmars nach Frankfurt 1632 Febr. bis Mai. — Vgl. Spannagel, Konrad von Burgsdorff. Kap. 2, besonders die sehr interessante Relation Beil. 3.)

[1]) Relation der brandenburg. Gesandten aus Frankfurt, dd. 1632 Febr. 27. (Berl. 12. 84): Der König hatte Nachricht erhalten, als sollten Schwarzenberg und Arnim bei dem Kurfürsten zusammenkommen; er sei sehr alteriert darüber, besonders nach den Verhandlungen Arnims mit Wallenstein, die man ihm verhehlmliche.

[2]) Götzen an Knesebeck, dd. Frankfurt 1632 März 12 und April 27. (Berl. 24. c. 4. no. 3.)

[3]) Anbringen Wilmersdorfs in Dresden, dd. 1632 Febr. (Rekreditiv, dd. Febr. 15. — Dresden 8107. Buch I. Fol. 288.) — Ebenso noch auf der Zusammenkunft zu Torgau mit Kursachsen, brandenburg. (2.) Erklärung, dd. März 3. (Ebd. fol. 350).

[4]) Bei den Beratungen mit Sachsen zu Torgau handelte es sich u. a. auch um die Frage, ob ein allgemeiner evangelischer Konvent auszuschreiben sei, den Brandenburg warm befürwortete. Brandenburg erklärte hier am 3. März (Dresden 8107. Buch I. fol. 356): Sachsen gebühre das Ausschreiben, Proposition und Direktion des Konvents, dem Könige solle anheimgestellt werden, ob er seine Gesandten dazu schicken wolle; dadurch würde alles Misstrauen vermieden und doch die jura imperii gewahrt, wenn Sachsen das Direktorium behielte und mit Schweden „per modum communicationis" verfahre. Das war ganz im Sinne Sachsens, das auf das Direktorium ja den grössten Wert legte und hierin eine Beeinträchtigung durch Schweden befürchtete. Es hat denn auch diese, ohne

dass sich Brandenburg mit Sachsen, und durch dieses mit seinen geborenen Feinden Dänemark und Polen verbünden und so dem Könige sehr ernste Schwierigkeiten im Rücken bereiten würde.[1]) Ein kühnerer Kurfürst hätte sich auch nie diese Schwäche der schwedischen Stellung entgehen lassen, aber solange sich Sachsen nicht zu einer energischen Handlung aufraffen konnte, blieb auch Brandenburg ruhig. Für Gustav Adolf kam es daher darauf an, jetzt Brandenburg dauernd von Sachsen zu trennen und die brandenburgischen Interessen dauernd mit den schwedischen zu verknüpfen. Abgesehen davon, dass er ihm Aussichten auf die Stifter Magdeburg und Halberstadt, auch auf Teile von Schlesien eröffnete[2]) — beides musste Brandenburg mit Sachsen in Konflikt bringen — kam er jetzt ernstlich auf ein Projekt zurück, das er

---

jeden Vorbehalt von Brandenburg abgegebene Erklärung mit Dank acceptiert (sächs. Resolution, dd. März 7. Ebd. fol. 405). — Das war aber keineswegs Brandenburgs wahre Meinung. Da Brandenburg sich selbst sagen musste, dass der König auf einem Friedenskongresse sich nie einem sächsischen Direktorium fügen würde, hatte er seine Gesandten nach Frankfurt bereits am 7. Jan. 1632 dahin instruiert (Berl. 11. 247 l. fasc. 6), dass Sachsen zwar ausschreiben solle, die Direktion aber nur dann führen solle, wenn sich die Evangelischen mit dem Könige zu vergleichen hätten; dass dagegen der König die Direktion haben solle, wenn es sich um Verhandlungen mit den Katholiken handele. Dasselbe wiederholte dann Brandenburg von Torgau aus am 8. März, indem es dem Könige alle Verhandlungen des Hauptfriedens reservierte, die er im Namen aller Bundesverwandten führen sollte. — Das war etwas wesentlich anderes, als die Erklärung vom 3. März besagte, und gar nicht im Sinne Kursachsens, das seinen Einspruch sofort erhoben hätte.

[1]) Götzen an Knesebeck, dd. Frankfurt a. M. 1632 April 27. (Berl. 24. c. 4. no. 8): man hat hier nicht geringen Verdacht auf Brandenburg geworfen 1) weil man inscio rege geworben hat, allein auf den Rat Arnims, mit dem der Kurfürst so geheim verhandelt habe, dass nicht einmal seine Räte etwas davon gewusst haben, — 2) weil Arnim mit Wallenstein im geheimen verhandelt habe und den König darüber nichts habe wissen lassen, — 3) wegen des Torgauer Konvents; „in summa es ist dahin verstanden worden, als wann König in Dänemark, Sachsen und Brandenburg wider den König in Schweden consilia fassen wollen". — Einsiedel an Werthern, dd. 1632 Febr. 16. (Droysen, sächs. Archiv N. F. VI. S. 227): Pfalzgraf August berichtet, dass der König in der festen Einbildung sei, dass zwischen Dänemark und den beiden evangelischen Kurfürsten „heimlich Vernehmen sei".

[2]) Bericht der brandenburg. Gesandten, dd. Frankfurt 1632 März 12 und brandenburg. Resolution, dd. März 11. (Berl. 12. 84.)

früher bereits angeregt hatte: den bekannten Plan einer Ehe seiner Tochter Christine mit dem Kurerben von Brandenburg.[1])

Leider sind wir über die Anfänge dieses überaus wichtigen Projektes, das so lange eine verhängnisvolle Rolle in der brandenburgischen Geschichte gespielt hat, nicht genügend unterrichtet, um mit voller Klarheit die Haltung beider Teile zu ersehen. Tatsache ist, dass der König bereits im Januar 1631 zu Bärwalde mit dem Kanzler Götzen darüber gesprochen hat;[2]) ferner, dass er bei seiner persönlichen Anwesenheit in Berlin — Mai oder Juni 1631 — abermals Eröffnungen gemacht hat, also doch wohl dem Kurfürsten selbst.[3]) Welcher Art sie gewesen sind, darüber fehlen uns bisher gleichzeitige Nachrichten. Doch wurde im Oktober 1631 zu Liebenwalde im geheimen Rate über dieses Projekt diskutiert, und diese Nachrichten, die frühesten, die wir haben[4]), müssen auf die vorher erwähnten Anerbietungen des Königs zurückgehen.

Danach ist gewiss, dass es sich dabei lediglich um die Heirat mit der Königstochter gehandelt hat, durch die die beiderseitigen Ansprüche in Deutschland geregelt werden sollten, dass dagegen damals noch nicht von einer Erhebung des Kurprinzen zum Könige von Schweden und einer Vereinigung beider Reiche durch Personalunion die Rede gewesen ist. Einmal konnte dem Königspaare selbst noch ein Thronerbe geboren werden: König und Königin seien noch jung, könnten noch mehr Erben bekommen, heisst es in der genannten Konferenz; und später hat der König selbst noch zu Götzen geäussert:[5]) „Ich bin noch jung, je me porte encore bien, Dieu mercy, kann noch Söhne haben, die lasset in Schweden". Gleichzeitig fügte er hinzu: er wolle den Prinzen zum Kurfürsten von Mainz und Herzog in Franken machen, aber die consilia (der beiden Staaten Schweden und Brandenburg) müssten conformia

---

[1]) Rich. Armstedt, Der schwedische Heiratsplan des grossen Kurfürsten. Königsberg i. Pr. 1896. — Rich. Schulze, Das Projekt der Vermählung Friedrich Wilhelms von Brandenburg mit Cristina von Schweden. Halle. 1898.

[2]) Urk. und Akten zur Gesch. des grossen Kurfürsten I. 592.

[3]) Protokoll vom 31. Mai 1632. (Charlottenburg, Hausarchiv.)

[4]) Extrakt der Konsultation zu Liebenwalde s. d. (Berl. 30. no. 22.) — Die Beratung muss am 4. oder 5. Oktober stattgefunden haben, vgl. das Schreiben des Salvius Sverges trakt. V. 510. Das Protokoll selbst hat leider bisher nicht ermittelt werden können.

[5]) Götzen an Knesebeck, dd. Frankfurt a. M. 1632 März 2. (Charlottenburg, Hausarchiv.)

geführt werden und eins aufs andere sein Absehen haben. Der
König behandelte also die schwedische Thronfolgefrage keineswegs
als offenstehend. Ja selbst für den Fall, dass er keine Söhne mehr
gewinnen würde, scheint er seiner Tochter die schwedische Krone
vorbehalten zu haben, Christine sollte Königin und seine Nachfolgerin werden, der Kurprinz dagegen in Schweden nur etwa
Prinzgemahl. „Der Prinz", heisst es zu Liebenwalde, „würde uf
solchen Fall das Regiment in Schweden nicht führen, sondern das
Fräulein."

Wie sich der Kurfürst persönlich zu dieser Frage gestellt
hat, wissen wir auch nicht bestimmt; doch spricht alles für eine
reservierte, ja eher ablehnende Haltung als für eine grosse Zuneigung; und es kann bei näherer Überlegung nicht Wunder
nehmen. Zunächst stand der Ausführung als schwerstes Hindernis
die verschiedene Konfession der fürstlichen Kinder entgegen, die
um so schwerer wog, je gewissenhafter der Kurfürst diese Frage
nahm. Wusste man doch auch, dass die streng lutherischen
Schweden den Reformierten keineswegs gewogen waren, ja selbst
der König, der gewiss nicht intolerant war, war zu sehr Kind
seiner Zeit, um sich ganz davon frei machen zu können.[1]) Dann
aber auch: wie leicht konnte bei der Jugend der beiden Kinder
das eine von ihnen vor der Ehe sterben; und ausserdem war
beiden die selbständige Einwilligung vorbehalten, wenn sie zu
Jahren gekommen waren,[2]) so dass das Projekt doch auf sehr
unsicherer Grundlage ruhte. Ausserdem standen den politischen
Vorteilen doch auch sehr erwägenswerte Nachteile gegenüber.
Gewiss ist, dass sich der Kurfürst in demselben Augenblicke, als
ihm der König diesen Vorschlag machte, aufs tiefste gekränkt
fühlte durch das erneute gewaltsame Vorgehen seines Schwagers,
und war damals das Anerbieten in Wahrheit so vorteilhaft, dass
es die schweren Forderungen des Königs wirklich wett gemacht
hätte? Die schwedischen Prätensionen in Deutschland, die durch
die Heirat ausgeglichen werden sollten, wurden ja von Brandenburg auf das schärfste bestritten: Brandenburg nahm sie als sein
eigenes gutes Recht auch ohne das in Anspruch und hoffte sich
schliesslich doch auch auf andere Weise in seinen wohlerworbenen

---

[1]) Vgl. Spannagel, Burgsdorff 380.
[2]) Prot. zu Liebenwalde. -- Protokoll, dd. 1652 Juni 1. (Charlottenburg, Hausarchiv.)

Rechten zu schützen. So ehrenvoll deshalb auch eine Verbindung mit dem königlichen Fräulein für das Kurhaus war, so konnte doch eine andere Heirat vielleicht politisch von grösserem Werte sein. Und schliesslich war die Verbindung doch auch nicht unbedenklich, in erster Linie wegen Polen, des Lehensherrn von Preussen, dessen öffentlicher Feind dann Brandenburg werden musste.

Kein Wunder, dass im geheimen Rate zu Liebenwalde die Gründe, die gegen das Projekt sprachen, überwogen. Es ist denn auch sehr bezeichnend, dass die Instruktion, die der Kurfürst seinem Gesandten zum Könige Anfang 1632 nach Frankfurt a. M. mitgab,[1]) über diese Angelegenheit kein Wort enthält; dem Gesandten wurde aber ein Extrakt des Liebenwalder Protokolls mitgegeben, nach dem sie sich zu richten hatten.

Hier in Frankfurt haben der König wie die Königin sogleich mit dem Kanzler Götzen wieder über den Plan gesprochen und hier erhielt derselbe eine Gestalt, die ihm eine ungleich höhere Bedeutung als bisher verlieh.

Gleich in der ersten Audienz, am 25. Februar,[2]) sagte der König: wegen Pommern würde er noch grosse Differenzen mit Brandenburg haben, doch sei ein Mittel daraus zu kommen: Konjunktion und Verbündnis, da sie beide einander nötig hätten; den Kurerben solle man ihm schicken, je eher je lieber, „damit er desto eher zur Braut kommen möge"; er sähe kein anderes Bedenken, als die Religion, doch hätte sich Dr. Bergius, der Berliner Hoftheologe, zu Leipzig akkomodieren wollen; er hätte den Akkord gesehen, der gefiele ihm sehr. Zu Götzen persönlich fügte er noch hinzu: Ihr könnt noch unser Gesamtdiener werden. Und in der zweiten Audienz — am 9. März — wiederholte der König:[3]) um alle Schwierigkeiten wegen der ora maritima zu beseitigen, gäbe es ein Mittel, der Kurfürst solle ihm den Prinzen zuschicken, die beiden Kinder sollten die Alliance machen.

---

[1]) dd. 1632 Jan. 7 und Febr. 8. (Berl. 11. 247. I. fasz. 6.)

[2]) Götzen an Knesebeck, dd. März 2. (Charlottenburg, Hausarchiv.) — Die offizielle Relation der Gesandten über diese Audienz (dd. Febr. 27. — Berl. 12. 84) erwähnt von der Heirat nichts, spricht dagegen von einem Diskurs des Königs, über den sie besonders berichten würden; leider ist dieser Bericht bisher nicht wiederzufinden gewesen. Auch aus der kurfürstlichen Antwort auf diesen Bericht (P. S., dd. März 8. — Berl. 11. 247. I. fasz. 6) ist nichts zu entnehmen, als dass es sich um diese Angelegenheit gehandelt haben muss.

[3]) 5. Relation, dd. März 12. (Berl. 12. 84.)

Nicht minder wie der König bat die Königin darum,¹) ihr den Neffen zuzusenden; und auf die Einwendung Götzens, dass der Prinz noch zu jung sei, um viel vom Kriege zu lernen, fügte sie die bedeutsamen Worte hinzu: er muss aber ein Soldat werden, denn wer Schweden haben will, der muss den Krieg verstehen. Dem Kanzler Götzen fiel dieser wiederholte und dringliche Wunsch des Königspaares, den Kurprinzen um sich zu haben, auf; „wir wollen versuchen, berichtet er nach Berlin,²) ob wir etwas gründliches von dem vernehmen können, wohin I. M. eigentlich zielen, dass sie dermassen inständig begehren, dass Ihr der Prinz zugeschickt werden solle". Als er dann am 19. März mit dem Reichskanzler Oxenstierna die Alliancefrage besprach und um des Königs Intentionen bat, eröffnete ihm dieser im Auftrage seines Königs nun das ganze Projekt, wie es seitdem Gegenstand langjähriger diplomatischer Verhandlungen geblieben ist. Der König, führte Oxenstierna aus,³) wünsche sich mit Brandenburg genau zu verbinden, und zwar realiter und nicht durch Verträge, die jederzeit disputiert werden könnten; denn beide Staaten seien mit ihren Interessen so mit einander verwickelt, dass man, wenn man auf den beiderseitigen Nutzen sähe, nicht daraus kommen könne, wenn nicht durch Freundschaft; z. B. Pillau: das könne man nicht entbehren, sonst sei man Preussen quitt; in dem jetzigen Zustande möchte es aber noch etliche Jahre verbleiben, und das würde Brandenburg auf die Dauer incommode werden; ebenso würde es wegen Stralsund schwere Handlungen geben; alle diese praetensiones sollten nach der Meinung des Königs durch eine Heirat zwischen der Prinzessin und dem Kurprinzen aufgehoben werden. Und zwar sollte, wenn der König ohne Söhne sterben würde, der Prinz auch König von Schweden werden; wären aber Söhne da, so sollten alle praetensiones gleichsam in das Heiratsgut geschlagen werden. Dazu sei es nötig, dass der Kurprinz nach Schweden geschickt werde, schwedische Sitte und Sprache zu erlernen und sich die Affektion der Stände zu erwerben.

---

¹) In der Audienz am 2. März. — 3. Rel., dd. März 5 (Ebd). Die Königin bat schliesslich in der Abschiedsaudienz am 11. Mai nochmals um die Zusendung des Kurprinzen. (13. Rel., dd. Mai 25. — Ebd.)

²) 5. Rel., dd. 12. März (Ebd.).

³) 7. Rel., dd. 23. März (Ebd.).

Das war freilich etwas wesentlich anderes, als die blosse Heirat mit den schwedischen Prätensionen als Morgengabe, von der bisher die Rede war. Jetzt wurde die Aussicht auf den Gewinn der schwedischen Krone hinzugefügt, eine Aussicht, die dem Hohenzollernhause eine unerwartete, glänzende Zukunft eröffnete: „grössere Occasion aufzuwachsen hat Brandenburg nie gehabt", sagte Götzen;[1]) eine Aussicht, die auch die gesamte politische Konstellation in Deutschland zu Gunsten Brandenburgs verändert hätte; aus dem letzten der Kurfürsten wäre der mächtigste protestantische Fürst geworden, dem die römische Kaiserkrone verlockend winkte.

Es ist verständlich, dass diese Eröffnung auf den dem Könige an sich ergebenen Kanzler Götzen den tiefsten Eindruck machte. Er leitet seinen Bericht darüber folgendermassen ein: diesmal habe er eines Punktes zu gedenken, der seines Ermessens auf vorgehendes inbrünstiges Gebet zu Gott eines reifen Nachdenkens wohl wert sein würde.[2]) Die Möglichkeit, dass der König keine Söhne mehr gewinnen werde, lag zudem näher, als die erwähnte zuversichtliche Äusserung des Königs vermuten liess; denn der König selbst hat zu demselben Götzen damals, oder wenig später, geäussert: er glaube, dass er ohne Erben sterben würde, denn seine Gemahlin sei voller Krankheit,[3]) und lässt nicht die Äusserung der Königin, „wer Schweden haben will, muss den Krieg verstehen", darauf schliessen, dass auch sie die Hoffnung auf weiteren Kindersegen aufgegeben hatte?

Trotzdem sich Götzen die Schwierigkeiten nicht verhehlte — Götzen hat sich darüber später sehr eingehend ausgesprochen — hoffte er doch davon mehr Nutzen als Schaden für Brandenburg[4]) und hat den Plan mit Eifer in der Heimat vertreten.[5])

[1]) Götzen an Knesebeck, März 23. (Charlottenburg, Hausarchiv.)
[2]) Diese Äusserung Götzens, sowie die vorher erwähnte (dass er sich bemühen werde zu erfahren, warum der König und die Königin so eilrig auf die Zusendung des Kurprinzen dringen) würden unverständlich sein, wenn man nicht einen Unterschied des jetzigen und des früheren Angebots annimmt, und dass kann wie dargelegt, nur die Krone Schweden gewesen sein. Auf die Äusserung der Königin vom 2. März: „wer Schweden haben wolle, müsse den Krieg verstehen", wird dabei um so weniger Gewicht zu legen sein, als dem gegenüber der König noch am 25. Febr. äusserte, seine Söhne, die er noch gewinnen könne, sollten in Schweden bleiben.
[3]) Brand. Protokoll, dd. 1652 Mai 20. (Berl. 21. 127q. II.)
[4]) Götzen an Knesebeck, dd. Apr. 27. (Berl. 24.c. 4 no. 3.)
[5]) Protokolle vom 26. und 27. Mai 1652. (Berl. 21. 127q. II.)

Es ist hier nicht der Ort, dieser Sache weiter nachzugehen; uns interessiert hier nur die Frage, wie weit es dem Könige wirklich ernst mit seinem Plane war, und in welcher Form er seine Absicht zu verwirklichen gedachte, auf diese Weise in Freundschaft von Brandenburg zu scheiden und doch die beiderseitigen Interessen zu wahren.

Man kann Zweifel haben, ob es dem Könige wirklich ernst mit diesem Projekte war. Bekanntlich ist sein Kanzler nach dem Tode des Königs von Anfang an Gegner desselben gewesen, obwohl auch er es als politisches Lockmittel weiter verwendet hat, um Brandenburg bei Schweden zu erhalten;[1]) denn die vom Könige beabsichtigte Wirkung hat der Vorschlag im vollsten Umfange gehabt: „diesen Effekt hat die Proposition gehabt, dass Brandenburg seitdem unserer Partei mehr zugetan war und sich mächtig accomodiert hat, soviel es nur hat geschehen können".[2]) Der Keil zwischen Sachsen und Brandenburg war damit eingetrieben. Warum hätte der König nicht ebenso denken sollen: für seine Tochter hätte er leicht einen anderen Freier finden können, Pfälzer, Mecklenburger u. a. fürstliche Häuser, die mit den Wasas ebenso bereits verwandt waren wie die Hohenzollern. Eine Äusserung, die er am 2. Februar 1632 zu dem Herzog Adolf Friedrich von Schwerin getan hat,[3]) kann man so deuten, dass er auch an eine Verbindung mit diesem Hause gedacht hat. Ja seine Witwe hat später geäussert, dass es des Königs Plan gewesen sei, wenn sich das Projekt mit Brandenburg zerschlagen würde, seine Tochter dem jüngsten Sohne seines Reichskanzlers, Erik Oxenstierna, zu geben, der in den Fürstenstand erhoben werden sollte.[4]) Wichtiger noch ist eine andere Äusserung des Königs. Am 20. Juni teilte er selbst den Nürn-

---

[1]) Vgl. den sehr interessanten und äusserst diplomatisch redigierten Bericht Oxenstiernas an den Reichsrat, dd. Berlin 1633 Febr. 14. (Handl. 38. 423.)

[2]) Ebd.

[3]) Rel. zur Neddens (Schwerin. Aa. betr. die geschlossene Alliance. ex Arch. Sver.): wir sind Vettern und wollen uns deshalb wohl vertragen; E. I., haben ihre Kinder in Schweden, die mir und meiner Gemahlin so lieb sind, als unsere eigenen, und können wir, wenn es Gott gefällt, wohl nähere Freundschaft machen.

[4]) Rel. Pfuels, dd. 1634 Febr. 4. (Berl. 11. 247a.) Dass diese Möglichkeit damals in Frankfurt wirklich ins Auge gefasst worden war, erhält eine Stütze durch eine andere Äusserung der Königin, die sich in dieser ganzen Eheangelegenheit sehr interessiert zeigte; sie sagte damals zu Götzen: „wenn ihres Bruders Sohne

bergern sein Projekt mit:¹) er hätte seinem Schwager eine Ehe ihrer Kinder vorgeschlagen, doch mit der conditio, dass der Kurprinz bei ihm und in der lutherischen Konfession auferzogen werden sollte. „Es hätten aber zu solchem Vorschlage Kurbrandenburg nicht verstehen wollen." — Wie kam der König zu dieser Behauptung, die keineswegs richtig ist. Allerdings war das schwerste Bedenken, das der Kurfürst persönlich dagegen hatte, der verlangte Glaubenswechsel seines Sohnes. Der Kurfürst ist aber weit davon entfernt gewesen, sich deshalb zu solchem Vorschlage nicht verstehen zu wollen; er hat vielmehr den Ausweg vorgeschlagen, die so oft erwünschte Vereinigung der beiden protestantischen Konfessionen durch eine allgemeine Synode anzustreben, womit das Hindernis von selbst weggefallen wäre. Niemand schien mehr imstande zu sein das durchzusetzen, als gerade Gustav Adolf,²) und die augenblickliche Lage schien so günstig wie möglich zu sein. In diesem Sinne hatte der Kurfürst auch am 6. Juni an den Reichskanzler geschrieben:³) wir sind unserm Schwager für diese hohe und grosse Freundschaft zum höchsten verbunden und es würde undankbar sein, wenn wir solche Freundschaft ausschlagen würden; da die Sache aber von grosser Wichtigkeit sei, müsse sie reiflich überlegt werden, auch bäte er um Mitteilung der in Schweden gebräuchlichen confessio und Agende, da vor allem die Religionsfrage das grösste Bedenken auf sich habe. Daran schloss sich eine ausführliche Darlegung der Grundsätze und Schriften, nach denen der Kurprinz bisher erzogen worden war. Das war doch gewiss keine Ablehnung. Dass der Kurfürst in einer so wichtigen Sache sich nicht übereilen wollte, war doch selbstverständlich. Er hat seinen Standpunkt selbst dahin präzisiert:⁴) wegen der Verschiedenheit der Religion solle man sich nicht präzipitieren; der Krone Schweden wolle man darein keinen Eintrag tun, deshalb solle auch der Prinz liberam religionem haben; es sei auf beiden Seiten stachelig, man nähme es an oder schlüge es aus; er finde keinen Menschen, der ihm

---

mit der Tochter nicht gedienet, könnte sie solche des Reichskanzlers Sohne geben und denselben zum Könige erheben". (Brandenburg. Protokoll, dd. Mai 27. — Berl. 21. 127 q. II.)

¹) Breyer, S. 229.
²) Darüber sind am 31. Mai und 1. Juni 1632 in Berlin Beratungen mit den Theologen angestellt worden. Vgl. Schulze, S. 7 ff.
³) Or. Stockholm. Schulze, S. 71 ff.
⁴) Protokoll vom 27. Mai 1632. (Berl. 21. 127 q. II.)

jetzt zu dem verhülfe, was ihm zustehe, als der König, der das
z. T. selbst in Händen habe; Österreich wolle ihn um Preussen,
Pommern und die Kur bringen; auch wegen Polen liefen grosse
Bedenken mit unter; deshalb solle man nicht „directe hineinfallen",
sondern dem König für seine Affektion danken und ihm schreiben,
dass man nicht ungeneigt sei, aber in etlichen Punkten, namentlich
wegen der Religion und der Erziehung des Prinzen (die beim Könige
in Schweden erfolgen sollte) nähere Erläuterung haben müsse.
Gemäss dieser Erklärung ist der Kurfürst verfahren. Und nichts
kann seine „Geneigtheit" besser dokumentieren, als sein Schreiben
an Oxenstierna vom 3. Dezember,[1]) als er soeben mit der Nachricht
von dem Siege bei Lützen auch die erhalten hatte, dass der König
schwer verwundet worden sei. Nachdem er der Hoffnung Ausdruck
gegeben, dass dieses Gerücht nicht wahr sei, erinnert er den
Reichskanzler an das Eheprojekt, auf das er selbst nicht hätte
wieder zurückkommen können, da ihn der Kanzler bisher ohne
Antwort gelassen hätte. Also: der erste Gedanke in dieser kritischen
Zeit war das Eheprojekt.

Und das ist doch in der Tat sehr auffällig, dass der Reichskanzler das Schreiben vom 6. Juni überhaupt nicht beantwortet
hat;[2]) die praeparatoria, die der Kurfürst damit hatte einleiten
wollen, sind deshalb überhaupt nicht in Fluss gekommen.[3])
Als dann der brandenburgische Geheimrat Leuchtmar im Oktober
bei dem Könige und dem Kanzler persönlich die Frage einer
allgemeinen Synode betrieb, hatten sie allerhand Bedenken dagegen,[4])
der König stellte vielmehr die unbedingte Forderung des Übertrittes
des Kurprinzen zum Luthertum.[5])

---

[1]) Stockholm, Bell. zu: Oxenst. an den Reichsrat, dd. 1632 Jan. 29.

[2]) Ebd. — Rel. Leuchtmars, dd. 1632 Dez. 5 (Berl. 24. e. 5 no. 3): Oxenstierna entschuldigte sich deshalb in einer Konferenz, die er am 7. November in Ilmenau hatte. — Oxenstierna hatte, als er dem Kanzler Götzen das ganze Projekt zum ersten Male vortrug, versprochen, seine Gedanken schriftlich aufzusetzen, damit Brandenburg von den Intentionen des Königs genaue Kenntnis erhalte. (7. Rel. Götzens, dd. Frankfurt März 23. — Berl. 12. 84.), aber nicht einmal das hat Oxenstierna dann getan. (11. Rel. dd. Apr. 20. — Ebd.)

[3]) Damit stimmt völlig überein, was Burgsdorff in seinem Berichte vom 12. Okt. 1632 über diesen Punkt berichtet. — Spannagel, Konrad v. Burgsdorff, S. 380 ff.

[4]) Rel. Leuchtmars, dd. Okt. 20 und Dez. 5. (Berl. 24. e. 5 no. 8.)

[5]) GAdolf an Oxenstierna, dd. März 20. (AO. skrifter II. 1. S. 767.)

Schliesslich ist noch folgende Äusserung des Königs zu bemerken, die er im September 1632 zu dem brandenburgischen Obersten von Burgsdorff tat: „Mein Schwager glaube nur nicht, dass ich Pommern werde wiedergeben und sollte ich gleich noch hundert Jahre Krieg darum führen":[1]) wie reimt sich das mit der Absicht zusammen, die schwedischen praetensiones seiner Tochter gleichsam als Heiratsgut in die Ehe zu geben, also doch Pommern auf diese Weise dem rechtmässigen Herren zurückzugeben?

Sieht das alles nicht doch so aus, als sollte die Königin Marie Eleonore recht haben, die nach dem Tode des Königs behauptete, das ganze Projekt und alle Verhandlungen darüber seien nur pro forma geschehen und dem Könige sei es nicht ernst damit gewesen?[2])

Wir dürfen aber in Wirklichkeit nicht daran zweifeln, dass es dem Könige damit doch ernst war, wenn auch nicht so, dass er sich unbedingt auf Brandenburg verstellt hätte; er hatte auch hier vor, dem Schwager seine Bedingungen vorzuschreiben; wollte Brandenburg darauf nicht eingehen, dann wäre ihm auch ein anderes Haus recht gewesen, vielleicht auch in der Tat der Sohn seines Kanzlers. Und hierin, in der Form, in der der König seinen Plan auszuführen gedachte, liegt die Lösung der scheinbar sich widersprechenden Nachrichten.

Oxenstierna hat sich später geäussert,[3]) es seien folgende Bedingungen gestellt worden: 1) falls der König noch einen Sohn gewinne, sollte dieser die Krone Schweden erhalten und dazu alle Eroberungen in Livland und Preussen: ein Beweis, dass dem Könige Preussen mindestens ebenso wertvoll für Schweden war, wie Pommern, wenn es auch in den Verhandlungen selbst stets zurücktritt;[4]) ja wegen des Erbfeindes Polen musste es vielleicht noch wertvoller sein.[5]) Der Kurprinz sollte dann als Mitgift alles

[1]) Burgsdorffs bereits genannter Bericht, Spannagel, S. 382.
[2]) Gabriel Oxenstierna an seinen Bruder Axel, dd. Wolgast 1633 Juni 15. — (AO. skrift. II. 3. S. 294.)
[3]) Bericht an den Reichsrat, dd. 1633 Febr. 14. (Handl. 38. S. 421.) Vgl. Geijer III. 252. Dazu die brandenburg. Protokolle über die Sitzungen vom 26. und 27. Mai (Berl. 21. 127q. II), in denen der Kanzler über die Frankfurter Verhandlungen Bericht erstattete.
[4]) Vgl. auch oben Oxenstiernas Äusserung zu Götzen über Pillau S. 207.
[5]) (Götzen in der Sitzung vom 19. Okt. 1632 (Berl. 21. 127q. III) „Pommern und Preussen wäre causa impulsiva, darumb der König zu diesen consiliis käme".

erhalten, was der König in Deutschland erobert hätte, und eine Alliance auf gegenseitige Hülfe sollte beide Staaten fest verbinden. — 2) gewinnt der König keine Söhne mehr, so sollten der Kurprinz und seine Nachkommen zugleich erbliche Könige von Schweden werden und beide Staaten in Personal-Union vereinigt werden; beide Reiche sollten dabei ihre volle Selbständigkeit in ihrer Verwaltung bewahren.[1]) Für den Fall, dass die Prinzessin zuvor stürbe, sollte der Kurprinz, wenn er einmal zum König designiert worden wäre, auch König bleiben: „S. M. nähme ihn pro adoptivo an". Stürbe umgekehrt der Kurprinz, so blieben zwar die Staaten getrennt, sie müssten aber durch eine Union so fest mit einander verbunden werden, wie in dem Falle, dass der König noch Söhne bekommen würde. — 3) der Kurprinz soll in Schweden und im Luthertum erzogen werden, damit er sich an die schwedische Sprache, Sitte und Nation gewöhne.

Der König hat sich dann selbst noch bestimmter über die Form geäussert, in welcher die schwedischen praetensiones seiner Tochter mit in die Ehe gegeben werden sollten.[2]) Für den Fall, dass der König doch noch Söhne gewinnen würde, „soll der Prinz bei unserm jus belli hier draussen bleiben und soll unsere Tochter dies Recht hier draussen in derselben Weise behalten, wie die spanischen Königstöchter in den Niederlanden regieren; schenkt Gott uns mehrere Söhne, so soll der Prinz mit unserer Tochter in diesen occupierten Landen das erste und beste Recht geniessen und das Vorrecht vor unsern übrigen Söhnen". Das heisst also, dass die vom Könige in Deutschland occupierten Länder schwedisch bleiben sollten, auch wenn sie von der Prinzessin dem Kurprinzen mit in die Ehe gebracht wurden, und dass der Kurprinz und seine Erben hier nur schwedische Statthalter über schwedisches Gebiet sein sollten. Denn die Niederlande waren keine Reichslehen, sondern habsburgische Erbländer und Hausgüter, die mit dem Reiche nur ganz lose verbunden waren, und die spanischen Königstöchter regierten in Brüssel nur als spanische Statthalterinnen.

Der König ist also trotz des verlockenden Heiratsprojektes nicht um eines Fingers Breite von seinen Prätensionen abgewichen,

---

[1]) så att ändock hvar för sigh behölle sig lagh och rättigheet à part, likväll allt motte blifva ett corpus tillsamman och aff ett hufvud dependera. (GAdolf an Oxenstierna, dd. Kitzingen 1632 März 26. (AO. skrift. II. 1. S. 766/7.)
[2]) Ebd.

sondern hat seinem Vaterlande alle von ihm erworbenen Rechte und Vorteile wahren wollen. Und Brandenburg wäre nach wie vor um Preussen und Pommern gekommen, die im Besitze Schwedens geblieben wären. Die Verbindung wäre erloschen, falls das Hohenzollernhaus ausgestorben wäre, und Preussen und Pommern wären wieder an Schweden zurückgefallen.

So weit scheinen aber die Verhandlungen mit Brandenburg nicht gekommen zu sein, und wir wissen nicht, ob Oxenstierna diese Bedingungen dem Kanzler Götzen in Frankfurt bereits mitgeteilt hat. Möglich wäre es, da noch am 29. April und am 8. Mai über diese Frage zwischen beiden verhandelt worden ist, doch enthalten die Berliner Protokolle über die Sitzungen, in denen Götzen Bericht erstattete, nichts von dem. Dagegen hat Götzen in der Sitzung vom 19. Oktober geäussert: „grösste Diffikultät wäre in terris maritimis: da die status gleich separiert würden, würde der König dieses so leicht nicht entraten können, als wir seiner": es ist aber möglich, dass ihm auch selbständig der Gedanke gekommen ist, dass der König schliesslich auf Pommern gar nicht verzichten konnte, wenn er sein Vaterland nicht um die Früchte seiner Siege und Mühen bringen wollte. Dem hatte der König gegenüber Burgsdorff — wie oben erwähnt — sehr drastisch Ausdruck gegeben.

Wie dem auch sei: für den Augenblick hatte, wie gesagt, der König seine Absicht völlig erreicht, „seitdem ist der Kurfürst der schwedischen Partei mehr affektioniert gewesen und hat sich mächtig accomodiert, soviel es nur immer geschehen konnte". Die Trennung von Sachsen war gelungen, dem, wie es scheint, nicht einmal Mitteilung von dem Eheprojekt gemacht worden ist. Das war nun freilich eine überflüssige und vergebliche Vorsicht; denn nicht nur, dass der König selbst davon sprach, auch sein Legat Bielke in Stettin „machte es im ganzen Lande Pommern kundbar".[1] So war aber diese Gefahr beseitigt und es blieb nur noch Kursachsen, der hartnäckigste, aber auch mächtigste Widersacher des Königs unter den evangelischen Ständen.

Auf das Verhältnis Kursachsens zu Gustav Adolf einzugehen, ist hier nicht der Platz; nur das ist gewiss, dass niemand mehr von des Königs Plänen und Forderungen getroffen werden musste,

---

[1] Bericht pommerscher Gesandten in Berlin. Protokoll vom 19. Oktober (Berlin 21. 127q. III); dazu des Königs Unterredung mit den Nürnbergern, Breyer, S. 229.

als Kursachsen, das Haupt der Evangelischen und ihr vornehmster Stand, der allein unter ihnen noch aufrecht stand. Und wie alle Menschen in hoher Stellung, die ein sehr lebhaftes Gefühl für ihre Rechte haben, von ihren Pflichten dagegen nicht in gleicher Weise durchdrungen sind, mussten die Forderungen den Kurfürsten ganz persönlich und höchst empfindlich als Eingriffe in seine Rechte berühren. Mehr wie irgend ein anderer Reichsstand war er von seiner fürstlichen Stellung durchdrungen und mit Vorliebe wies er darauf hin, dass er schon zweimal bereits das Reichsvikariat ausgeübt, also kaiserliche Rechte gehabt habe. Er hielt sich für nicht geringer als den König selbst. Dagegen beugte er sich willig dem erkorenen kaiserlichen Haupte, und seine unbestreitbare Reichstreue war selbstverständlich und erklärlich, weil darauf seine ganze reichsfürstliche Existenz beruhte. Er war somit der natürliche Gegner des Schwedenkönigs, und bekannt ist, dass niemand dem Könige mit grösserem Misstrauen begegnet ist, als Kursachsen. Nur der Not gehorchend hat er sich vor der Breitenfelder Schlacht zum Abschlusse einer Konvention mit dem Könige bequemt, welche die sächsischen Truppen unter des Königs Kommando stellte, sobald sie sich mit der königlichen Armee vereinigten. Nach der Schlacht hat er sich eifrig und eifersüchtig bemüht, seine Selbständigkeit zu wahren, und wenn man ihm auch keineswegs Vertragsbruch vorwerfen kann, ein Bundesgenosse nach dem Sinne des Königs war er nicht. Der König hat vielmehr beständig mit der Möglichkeit gerechnet, dass Sachsen seinen Frieden mit dem Kaiser abschliessen werde.

Der König ging, ganz nach seiner Art, auch Sachsen gegenüber geradeswegs auf sein Ziel los und liess ihm im Juni 1632 durch seine Gesandten den Plan des corpus Evangelicorum unter schwedischem Direktorium vorlegen. In Dresden war man keinen Augenblick über die Bedeutung dieser Massregel im Zweifel, und von diesem Augenblicke an ging auch Kursachsen zur Gegenaktion über, wobei man freilich ebensowenig auf die bekannte Langsamkeit der sächsischen consilia verzichtete wie bisher. Zunächst teilte Sachsen die schwedischen Pläne Brandenburg mit, insbesondere, dass Schweden Pommern als Satisfaktion gefordert habe.[1]) Doch

---
[1]) Sachsen an Brandenburg, dd. Juli 23. (Dresden 8108, Buch III): Aufforderung einen Spezialgesandten zu schicken. — Damit wurde am 26. August

ehe vom Kurfürsten von Brandenburg — der damals wegen der polnischen Königswahl in Königsberg i. Pr. weilte — eine Resolution erfolgen konnte, war der König bereits nicht mehr am Leben. Sicher ist aber, dass die Mitteilungen Sachsens in Berlin, bei den zurückgebliebenen Räten und dem Statthalter Markgraf Sigismund keineswegs den erwünschten Eindruck machten: sie sahen nach wie vor alles Heil in dem schwedischen Eheprojekt, das ja auch die bisherige Stellung Brandenburgs zu Sachsen völlig verändern musste.[1]) Dann aber wandte sich Sachsen weiter an Dänemark,[2]) den geschworenen Feind der Schweden, und bat ihn, seine Interposition von neuem wiederaufzunehmen, um einen Frieden im Reiche wiederherzustellen. Denn mit diesem Plane, über den es bereits vor einem Jahre zu lebhaften Verhandlungen gekommen war, suchte man dem Übergewichte des Königs entgegenzutreten. Und das war richtig, da es sich natürlich um einen Frieden auf der Basis der Wiederherstellung der alten Reichsverfassung handelte: denn in der antiqua forma imperii war für ein corpus Evangelicorum im Sinne Gustav Adolfs kein Raum.

Wie sich der König mit Sachsen schliesslich auseinandergesetzt hätte, wissen wir nicht, da uns keine Gedanken des Königs darüber überliefert sind und der Tod des Königs alles weitere verhindert hat, was der König etwa nach dieser Richtung hin vorhaben mochte. Man wird aber kaum den Gedanken abwehren können, dass es nach der Schlacht bei Lützen zu scharfen Auseinandersetzungen gekommen wäre, wenn der König das Leben behalten hätte. Gustav Adolf hätte ein zweites Mal Sachsen nicht aus den Händen seiner Feinde gerettet, ohne von dem Kurfürsten bindende und ihm genügende Versicherungen seines beständigen Verbleibens bei der schwedischen Partei erhalten zu haben, und wenn er ihn hätte zwingen sollen. Denn dass er auch vor Gewaltmassregeln schliesslich nicht zurück-

---

v. Pfuel beauftragt (Kreditiv ebd.), dem am 2. Oktober diese Mitteilungen im höchsten Vertrauen gemacht wurden. (Seine Relation, dd. Berlin Okt. 15. — Berl. 41. 13a.)

[1]) Brandenburg. Protokoll vom 19. Okt. (Berl. 21. 127q. III.)

[2]) Instruktion für Kaspar v. Ponikau, dd. Nov. 12. — Da aus Ponikaus Reise nichts wurde, führte der sächsische Rat Lebzelter, der seit längerer Zeit bereits von Hamburg aus mit Dänemark und dem Herzog von Holstein in Verbindung stand, diese Mission aus, die durch des Königs Tod ja eine andere Gestalt gewann. Bekanntlich ist Dänemark sofort auf die Wünsche Sachsens eingegangen.

geschreckt wäre, daran ist nach dem Vorgange in Brandenburg nicht zu zweifeln, und die wenigen sächsischen Regimenter hätten dem siegreichen König keinen nennenswerten Widerstand leisten können. Wie dem aber sei — der Tod hat alle solche Pläne des Königs, wenn sie vorhanden waren, vernichtet. Er löste aber auch die Fessel der Konvention mit Schweden,[1]) sodass Sachsen Schweden gegenüber keine andere Verpflichtung mehr hatte, als die moralische der Dankbarkeit, die — wie bekannt — in der Politik nur so lange bindet, als es die Interessen der beiden Kontrahenten zulassen. Sachsen ist seitdem mehr oder weniger offen der Feind Schwedens gewesen, und so ist es auch von Schweden behandelt worden.

Das führt uns zu der schwachen Seite von Gustav Adolfs Plänen: er konnte sein corpus Evangelicorum nicht anders erreichen als durch Gewalt und Zwang, dem alle Bitterkeit der verlorenen politischen Rechte und Selbständigkeit angehaftet hätte. Wir wissen, welchen Eindruck das Vorgehen des Königs auf Brandenburg gemacht hat. Das ging noch an, solange der König am Leben war; seine Nachfolger hätten sogleich mit den Versuchen zu rechnen gehabt, das Joch wieder abzuschütteln. Lampadius trifft den Nagel auf den Kopf, wenn er den Schweden entgegenhielt[2]) „obschon I. M. wegen ihrer grossen heroischen Tugenden und fast unvergleichlichen Tapferkeit, wie auch ob communem fere omnium Evangelicorum amorem solches Intent durchdringen und bei ihren Lebzeiten behaupten könnten, würden doch solches ihre Nachkommen, weniger die Krone Schweden nicht manutenieren können, sondern es würden dadurch inexitialia bella implizieret werden".

Zudem — der König hatte keinen Sohn! Und dass die Affektion gegen Schweden auf des Königs Person beruhte, zeigten die allernächsten Monate und Jahre nach des Königs Tode nur allzudeutlich. Mit ihm war sein Genius und der Zauber seiner Persönlichkeit zu Grabe gegangen und beides liess sich nicht ersetzen. Der König selbst hat die Schwierigkeit seiner Nachfolge wohl erkannt und zu seinen Lebzeiten ist beständig mit seinem frühen und plötzlichen Tode gerechnet worden, da bekannt war, mit welcher Rücksichtslosigkeit sich der König selbst jeder Gefahr aussetzte. Höchst charakteristisch ist eine Äusserung, die er bereits im

---

[1]) Vgl. das Schreiben des Kurfürsten an die schwedische Regierung, dd. 1636 März 9. (Sverg. trakt. V, S. 510.)
[2]) v. d. Decken II. S. 200.

Herbste 1631 getan hat, nach der Eroberung von Würzburg.[1]) Als man ihn interpellierte, was geschehen solle, falls Gott über ihn verfügen würde, antwortete er: es sei das ein sehr wichtiger Punkt, aber auch sehr gefährlich, bei seinem Leben etwas anzuordnen; „denn sollte er einem Schweden die Direktion auftragen, damit würde das Reich nicht zufrieden sein; würde er im Reiche einen vorziehen, so verursache es nur Offension; wüsste es aber der, so ihm in der Direktion succedieren sollte, der würde stetig auf seinen Unfall hoffen".

Der König hatte die Absicht, wie erwähnt, dem Kurprinzen von Brandenburg als seinem künftigen Schwiegersohne seine praetensiones in Deutschland als Mitgift seiner Tochter in die Ehe zu geben: der Kurprinz wäre also nach des Königs Tode der Direktor des corpus Evangelicorum geworden. Konnte es eine grössere „Offension" für Kurpfalz oder Kursachsen geben, als dass der letzte unter ihnen ein absolutum directorium bellicum et politicum auch über sie hätte führen sollen? Es hätten notwendiger Weise Auseinandersetzungen in dem corpus Evangelicorum selbst erfolgen müssen, die der katholischen Partei die beste Gelegenheit gegeben hätten, sich wieder einzumischen und die seinen Zerfall von selbst zur Folge gehabt hätten.

Noch schlimmer wäre es gewesen, wenn das corpus Evangelicorum dauernd mit der Krone Schweden verbunden geblieben wäre, auch wenn den Hohenzollern der Thron der Wasas in Schweden zugefallen wäre. Ein lehrreiches Beispiel, welchen Schaden eine solche Personalunion über ein mächtiges deutsches Territorium gebracht hat, gibt bekanntlich die Geschichte Hannovers im 18. Jahrhundert ab. Auch in der von Gustav Adolf geplanten Personalunion wären deutsche Kräfte für schwedische Interessen verwendet worden, das war unvermeidlich, selbst wenn man annimmt, dass die Hohenzollern in Schweden Deutsche geblieben wären und sich bemüht hätten, den beiderseitigen Interessen loyal zu dienen. Die politischen Interessen Schwedens und die des corpus Evangelicorum waren — mit Ausnahme der konfessionellen — so verschieden, dass ihre Vereinigung auf die Dauer nicht möglich war.

Wir müssen deshalb die Frage, ob der geplanten Schöpfung Gustav Adolfs diejenige Stabilität innewohnte, die für ihre Dauer

---

[1]) Rel. der brandenburg. Gesandten, dd. 1632 März 5. (Berl. R. 12. 64.)

unerlässlich war, verneinen: die konfessionelle Grundlage war keine Grundlage für eine politische Staatenbildung. Und da mit ihr nicht nur eine dauernde Zerreissung der deutschen Stände verbunden gewesen wäre, sondern in ihr auch die Quelle fortwährender Zerwürfnisse und Kriege gelegen hätte, werden wir auch die andere Frage, ob diese Schöpfung des Königs ein Segen und ein Heil für unser deutsches Vaterland gewesen wäre, verneinen.

Dass die Zustände in Deutschland abnorm waren, ist gewiss; ihre natürliche Heilung musste aber von innen heraus erfolgen, nicht von aussen hineingetragen werden, wie es bei Gustav Adolf der Fall war. Denn Gustav Adolf war und blieb ein Fremder: er hat sich stets als Fremder gefühlt und die Deutschen haben in ihm den Fremden gesehen, trotz aller Kultur- und Glaubensgemeinschaft. Die Wurzeln seiner Kraft lagen in Schweden und das protestantische Deutschland wäre durch ihn fremden Interessen dienstbar gemacht worden: die Kur wäre schlimmer als die Krankheit gewesen. Die deutschen Zustände mussten sich selbst ad absurdum führen und dazu reichte die eine Niederlage, welche nur ein Teil der Stände — die evangelischen — bisher im dreissigjährigen Kriege erlitten hatte, nicht aus. Erst als die Schläge, die Ludwig XIV. und Napoleon führten, die also von aussen erfolgten, erwiesen hatten, dass die mittelalterliche dynastische Interessenpolitik die nationalen Aufgaben nicht mehr zu erfüllen vermochte, konnte diejenige Dynastie die Nation um sich sammeln, deren grosse Fürsten es inzwischen verstanden hatten, die nationalen Bedürfnisse mit ihren dynastischen zu vereinigen. Und diese natürliche Entwickelung trägt die Gewähr der Dauerhaftigkeit in sich, die der geplanten Schöpfung Gustav Adolfs abgehen musste. Ich darf als Schluss ein Wort Treitschkes wiederholen: „ein gnädiges Geschick rief den Retter des Protestantismus hinweg gerade in dem Augenblicke, da er der Feind unsers nationalen Staatswesens werden musste".

Beilagen.

I.
Alliancen.

1.

s. d. (1031 Nov. Braunschweig.)

Ungefährliche delineatio capitum capitulationis.

Das erste (braunschweigische) Projekt der Alliance.

Wolfenb. 30 Jahr. Krieg III. 1. — Entwurf des braunschweigischen Geheimrats Götz von Olenhusen.

Als Ill™? gegen die gewaltsame Adversitäten, Herzleid und Drangsalen, so SFG. wider des h. r. Reichs constitutiones, dessen Fundamentalgesetze, Religion- und Profanfrieden, römische königliche beschworene Krönungskapitulation, wohlhergebrachte teutsche Libertät und alle Rechte, auch erlangte kaiserliche assecurationes, protectoria und Salvegnarden mit Kriegsüberfall, Beraub- und Verwüstung der Lande, Spoliierung der Gottshäuser, Plünder- und Ermordung der armen Untertanen, Einäscherung der Städte, Ämter, Klöster, Flecken und Dörfer, eigentätlicher Einquartierung, Durchzüge, Schätzung der armen Leute und dergleichen im h. Reiche unerhörten Kriegsexorbitantien, so gar mit Entziehung Fürstentümber, Graf- und Herrschaften etzliche Jahr hero zugefügt, weder ordinaria remedia, noch ander Suchen, Flehen und Bitten zu ihrer Liberation, Restitution und Konservation zu statten kommen können noch wollen, also dass SFG. so wohl wegen der Religion als fürstlichen status und Libertät noch schwere Gefahr zu besorgen gehabt:

dass demnach IKM. und SFG. sich der Noturft nach vergleichen, conföderieren und vereinbaren möchten, dass IKM. nächst Fortsetzung der Ehre Gotts SFG. wider obgerührte Gewaltsamkeit und diejenige, so sich SFG. und dero Landen zu widersetzen, dieselb zu ängsten, zu vergewaltigen und wie bis dahero geschehen weiter zu pressen und zu drücken sich ferner unterstehen würden, Assistenz und Rettung widerfahren lassen möchte;

2) Insonderheit und vor diesmal SFG. die wirkliche königliche Hand bieten und Hilf leisten, damit SFG. und dero Lande aus gegenwärtigen Drangsalen nicht allein gerissen, errettet und delogieri, sondern SFG. auch ihre entzogene Fürstentumbe, Graf- und Herrschaften mit allem erlittenen Schaden restituniert,

3) wie nicht weniger SFG. zu Erlangung solches ihres fast unsäglichen und unermesslichen Schadens der benachbarten Örter, welche solch grosses unersetzliches Landverderb verursachen und durch ihr Kriegsvolk verrichten helfen, nicht allein mächtig werden, sondern diesselb auch bei Ihro und Dero ganzem Hause Braunschweig und Lüneburg und dero Nachkommen erblich verbleiben, auf dieselb verstammet, jedoch SFG. etwa hinterlassende Schulden davon abgetragen werden möchten; und solche Orte neben dero übrigen Landen bei guter Integrität bei SFG. und dero Nachkommen in perpetuum konserviert und erhalten werden möchten;

4) Inmassen denn auch IKM. zu solchem Ende alle SFG. itzige und künftige Widerwärtige, welche SFG. und dero Lande zu bekriegen und zu befehden unternehmen würden, auch deren Helfer und Helfershelfer gleichergestalt für Feind halten und SFG. wider dieselb mit aller Macht durch gebührende zureichende Mittel entweder mit gegenwärtiger Gewalt, oder nach Gelegenheit und wie es von IM. und FG. am ratsambsten und nötigsten befunden werden wird, durch dienliche Diversion mit gewürigem Effekt behilflich sein und SFG. und dero Landen ihre erspriessliche, königliche, mächtige Assistenz und Entsetzung, nicht anders als wenn es IM. selbst betreffe und dero eigene Land wären, so schleunig als immer möglich niesbar werden lassen, auch wenn SFG. an Häusern, Städten, Festungen und dergl. entzogen werden sollte, wieder herbeibringen helfen möchten.

5) Ingleichen möchten IM. keinen Stillstand oder Frieden allein handeln noch schliessen, SFG. und deren Lande wären denn effective dergestalt mit eingenommen, dass ihro zu ihren Rechten verholfen, gänzliche Satisfaktion geschehen, allen ihren gravaminibus sowohl in geist- und weltlichen Sachen in genere und specie gänzlich und beständig abgeholfen und ihro in allem genügliche satisfactio beschehen, auch sie und dero Land in den

Stand, Fried und Freiheit, worin sie für der böheimbschen Unruhe gewesen, wieder gesetzt, auch dessen festiglich und beständig versichert worden.

6) Dagegen versprechen SFG., dass sie IM. ehend das Kriegsvolk zu angeregtem End anmarschiert .. Taler erlegen und dann, wann das Volk im Land, alsdann ein mehrers und zwart entweder .. Taler in die Kasse bringen, oder dagegen so viel Kriegsvolk als solche Gelder austragen zu anfangs unterhalten wollten, jedoch dass solchs nicht anders, als wenn solche Summe Geldes in die Kassa gelegt, geachtet werden möchte; hernacher aber, wann IFG. ihrer Lande ganz wieder mächtig, wollen SFG. ihre Quote allemal in die Kassa baar erlegen lassen;

8) Und dann nach Rekuperierung solcher ihrer Lande ihre Festungen dem evangelischen Wesen zum Besten nach aller Möglichkeit konservieren, auch wann es die Noturft und ratio belli erfordern sollte, dieselb IM. zu solchem End und zu Verfolgung des Feinds auf eine Zeit einräumen, jedoch dass solchs SFG. ihrer des Reichs halb und andern habenden Hoheiten, landsfürstlichen Obrigkeiten, Regalien, Recht- und Gerechtigkeiten und was davon dependieret, unschädlich sein möchte.

9) Was aber die Festung Wolfenbüttel betrifft, weil SFG. daselbst ihre fürstliche Residenz und Hofhaltung haben, auch die Landsregierung führen und allda das fürstliche archivum verwahret, so zweifeln SFG. nicht, IM. werden dieselb, zumal es kein Passort, von Besatzung bis auf den alleräussersten Notfall frei und exempt lassen; SFG. wollen nicht destoweniger, wozu sie des commeatus, Munition und dergleichen Behufigkeit verpflichtet sein werden, daraus verschaffen.

10) Im Falle IM. auch an einer oder andern Festung etwas zu bessern für ratsam und nötig befinden würde, alsdann wollen SFG. dazu ihre Untertanen aufbieten und zu solchem Ende gebührliche schleunige Handbietung tun lassen.

11) Es möchten aber dagegen keine Kriegs- oder andere Fortifikationskosten, oder andere Erstattung über die compactata gefordert, sondern es desfalls bei der gemeinen Kassa eins vor alles gelassen werden.

12) Wann dann IM. eine oder andere SFG. Festung erheischender Noturft nach besetzen würde, so verbleibt das Kommando in Kriegsachen zu Behuf der evangelischen Ständ und der Alliierten

Sampt-Intention bei IM. billig; jedoch möchte es mit Vorwissen SFG. und dass der Kommandant, solang er daselbst verharren werde, SFG. mit verwandt sein, inglelchen derselb ohne Nachteil SFG. Hoheit, Regalien, Jurisdiktion und Gerechtigkeit auch der Haushaltung und was dem allerseits anhängt, führen (!) und insonderheit gute Disziplin halten, auch SFG. an den Landen, welche ihres unermesslichen Schadens halb aus des Feinds Ilanden erlangt und erobert, keinen Eintrag und Behinderung tun möcht.

13) Da auch in SFG. Landen Laufplätze aufgestellt werden sollten, so möchte sich ein Offizier und Renter, vom höchsten bis zum niedrigsten, bis zur Musterung auf jedes Pferd mit .. Habern neben sechs Gebund Stroh und ein Fuder Heu, der Mann aber mit zwei Rt. monatlich begnügen lassen.

14) Inmassen auch auf den Fall, wenn etzliche Truppen ins Land geführet werden müssen, denselben nichts dann die gewöhnliche Servicen gereicht, der Unterhalt aber entweder aus der Feinde und deren Helfern Land oder der gemeinen Kassa genommen und sonsten in allem gute Disziplin gehalten werden möge.

15) SFG. erklären sich auch, dass wann SFG. Lande gänzlich errettet und in beständige Sicherheit und Frieden gesetzt, dass sie alsdann IM. so lange der Krieg anstehet, wider ihre Feinde .. Regiment zu Fuss unterhalten wollen; IM. möchten aber die Geschütze, welche sie etwa von SFG. empfangen würden, nach geendigtem Kriege restituieren.

16) Wofern auch über alle gefasste Zuversicht zwischen IM. und SFG. über einen oder andern verglichen Punkt, oder von neuem, welches doch Gott der Allmächtige gnädiglich abwenden wolle, Missverständnis erwachsen sollte, auf solchen unverhofften Event wollen IM. zween, inglelchen SFG. zween Schiedleute fürschlagen und dazu zusammen mit beiderseits Beliebung einen Obmann erwählen, dieselb niedersetzen, darüber kognoszieren und was die alsdann darüber für Recht erkennen, es alsdann dabei unverändert verbleiben lassen.

Darauf dann Verpflichtung und Gegenverpflichtung.

2.

s. d. (1631 Nov. Halle.)

Zweites Projekt der Allianoe mit Braunschweig.

Wolfenb. 30 jähr. Krieg III. 1. — Entwurf des braunschweigischen Kanzlers Engelbrecht. — Beilage A. zu der Relation der braunschweigischen Gesandten vom 29. Nov. (9. Dez.) 1631. (Ebd.)

Wir Gustav Adolf .. und wir Friedrich Ulrich .. für uns, unsere Erben, Königreiche, Fürstentumbe und Länder tun kund und bekennen: Nachdem ob der ohnscheinbaren Notorietät mehr denn überflüssig am Tage ist, mit was unerträglichen Bedrängnissen die evangelischen Stände und dero Lande und Leute von der ligistischen Armee unterm Prätext des kaiserlichen Namens eine gute Zeit hero beängstiget und zu Grunde gerichtet, dero fürstlicher wohlhergebrachter status, Hoheit, Reputation und Freiheit verkleinert und zernichtet, in geist- und weltlichen Sachen beeinträchtiget,

insonderheit aber uns, Herzog Friedrich Ulrich ein Fürstentumb, Graf- und Herrschaft, Ambt, Kloster und Stadt nach dem andern weggerissen und abgenommen, alles wider den hochbeteuerten Religion- und Profanfrieden, geschworene kaiserliche Kapitulation und andere Reichsfundamental-Satzungen;

und wir aber bis anhero durch keine ordinaria remedia, Bitten, Erinnern, zu Gemüt führen, ansehnliche intercessiones, auch kostbare Schickungen und Schreiben zu dem, was uns von Gott, Rechts und Billigkeit wegen ohnzweifellig zustcht, hinwieder gelangen können und zumal für Augen gesehen, dass es sonderlich umb die wahre und allein seligmachende Religion ganz geschehen sein würde:

als haben wir uns des Mittels, welches die göttliche, natürliche, aller Völker und die beschriebene Rechte und sogar die Reichsconstitutiones selbsten an die Hand geben, gebrauchen müssen und darumb zur Ehre Gottes, Erhaltung seines wahren Wortes, wie auch des Reichs Freiheit, schuldiger Beschützung unserer armen Untertanen, auch Rett- und Rekuperierung unserer Lande und Leute mit IKW. und Lb. zu Schweden, unsern hochgeehrten Herrn Vettern und Schwagern, als deren lobwürdigste, heroische und tapfere Intention der ganzen Welt bekannt ist, im Namen der heiligen hochgelobten Dreifaltigkeit wohlerwogener Dinge und mit reifem Rat folgendergestalt in eine christliche und zulässige Verständnis und Konföderation unwiderruflich gesetzet.

Erstlich haben sich IKW. und Lb. erkläret und verpflichtet, dass sie durch dero Hilfe und Assistenz unser Lande ans gegenwärtigen unverschmerzlichen Drangsalen reissen, die Religion erhalten, unsern fürstlichen statum und wohlhergebrachte Superiorität, regalia, Gerichte, Rechte und Gerechtigkeiten konservieren und uns zu Wiedererlangung unserer entzogenen Fürstentumb, Graf- und Herrschaften, auch erlittenen Schaden wirklich verhelfen wolle, dabei IKW. und Lb. wir das directorium in dieser Kriegsexpedition lediglich frei und anheimb geben.

Zu welchem Ende vors Andere IKW. und Lb. alle unsere jetzige und künftige Widerwärtige neben dero Helfern und Helfershelfern für ihre Feinde halten, uns wider dieselbe mit möglichster, schleuniger, königlicher, mächtiger Assistenz oder Diversion, oder wie sie es sonst am bequemsten erachten werden, gleich es dero eigene Lande wären, beispringen, uns nimmermehr verlassen, auch was und wann uns an Häusern, Städten, Festungen und dergleichen abgerissen werden sollte, ohne Schmälerung unsers Eigentumbs, landesfürstlichen Hoheit, Religion, Obrigkeit und was denen anhängig, wieder herbelbringen helfen wollen.

Ingleichen haben zum Dritten IKW. und Lb. versprochen, keinen Stillstand und Frieden allein und ohne unsere Zuziehung zu handeln und zu schliessen, wir und unsere Lande seind dann effective dergestalt mit eingenommen, dass uns zu unsern Rechten verholfen, allen unsern gravaminibus sowohl in geist- als weltlichen Sachen in genere und specie gänzlich und beständig abgeholfen und also wir und unsere sämbtliche Lande in den Stand, Frieden und Freiheit, worin sie für der böhmischen Unruhe gewesen, gesetzet, wir auch dessen sattsam, festiglich und unfehlbar versichert sein.

Insonderheit und weil fürs Vierte der Bischof, Domkapitel und ganze Klerisei des Stiftes Hildesheimb solchen unsäglichen und verderblichen uf viel hoho Millionen sich belaufenden Schaden durch ihr Kriegsvolk verursachet, dieselbe auch ohne das vermöge der zwischen unser in Gott ruhenden Vorfahren und dem Stifte Hildesheimb anno 1521[1]) zu Quedlinburg aufgerichteten und von Kaiser Carolo V. mit gewisser Mass ratifizierten Vertrag in die Poen des Landfriedens, Acht und Oberacht ipso jure et facto seit beschehener

---

[1]) So, statt 1523.

gewaltsamer landfeindlichen Okkupation unserer Lande gefallen sein: Als haben IKW. und Lb. für billig gehalten, dass uns nicht allein und zuförderst unsere de facto und mit selbsttätiger hochverbotener Gewalt von ihnen abgenommene Lande und Leute restituieret, sondern auch die drei übrigen Ämbter Peine, Marienburg, Steuerwald samt allen denen Gütern, Zehnten, Dörfern, Mühlen, Pächten, Renten, Gefällen und dergleichen, nichts ausbescheiden, mit allen Appertinentien, Rechten und Gerechtigkeiten, welche sonst das Stift Hildesheimb, Domkapitel und Klerisei darinnen gehabt, neben der Stadt Hildesheimb, soweit der Bischof daran interessieret gewesen, durch gebührliche Eroberung an uns gebracht und uns und unserm fürstlichen Hause Braunschweig-Lüneburg erblich verbleiben, auf unsere Nachkommen verstammet und also unserm Fürstentumb und Landen Braunschweig-Lüneburg zu ewigen Zeiten inkorporieret, auch neben denselben von uns und unsern Nachkommen konservieret; wie nicht weniger wider der Stadt Goslar unsere und unsers Hauses jura unveränderlich erhalten, und dieselbe den bisher wider uns erregten Prozessen und Impetitionen ein für alle Mal ewiglich zu renunziieren angehalten werden sollen.

Hierentgegen verpflichten wir uns zum Fünften, weil unsere Lande noch bis dato meistenteils in der Ligistischen Hände, auch sonst zu Grunde ruinieret, dass wir dennoch zu Kontestierung unserer aufrichtigen Willfährigkeit alsofort von dato dieser vollnzogenen Allianz wöchentlich 5 oder 600 T., wohin es IKW. und Lb. assignieren werden, ohnfehlbar zahlen sollen und wollen; jedoch dass uns unsere beede Grafschaften Hon- und Reinstein freigelassen, auch die diesseits der Ocker belegene Ämbter, Häuser, Dörfer und Städte vermöge übergebener Designation interimsweise und bis Realbelegung unserer Residenz Wulfenbüttel in eine Neutralität gesetzet werde möge. Sobald aber zu wirklicher Rekuperation unserer Festung, Lande und Leute geschritten, seind wir erbötig alles dasjenige, was an Kontribution daraus zu erheben und den ligistischen Soldaten abgenommen werden kann, wie man sich dessen durch beederseits Kommissarien wird ferner vergleichen können, auf IKW. und Lb. Soldaten zu verwenden. Im Falle wir auch daneben an Proviant etwas herbeischaffen und von unsern Ritterpferden und Anschuss aufbringen könnten, wollen wir an möglichster Versehung nichts erwinden lassen; es sollen aber unsere gesamte Lande, Graf- und Herrschaften zu solchem Ende in ein corpus ohne einzigen Abgang oder fernere Beschwerunge gesichert, und insonderheit alle Streifereien und Plünderungen unserer armen Untertanen eingestellet, gute Disziplin gehalten und wenn dagegen gehandelt, die Übertreter gestrafet oder die Offizierer denselben zu gelten und sich dessen bei den Tätern wieder [zu] erholen mit Ernst angehalten werden; dero behuf IKW. und Lb. erbietig ein gleichmässiges Patent, wie in Pommern geschehen, in unsern Landen publizieren zu lassen, darüber auch die Offizierer festiglich zu halten schuldig sein sollen.

Dabei wir uns ferner vorbehalten, dass uns dasjenige, was wir etwa dem niedersächsischen Kreise oder Herzog Georgen zu Lüneburg Lb., weil IKW. und Lb. dieselbe zu des Kreises Generalleutenant und Kriegsobristen vorgeschlagen, willigen oder für uns selbsten uf die Beine bringen würden, an gedachter Kontribution zu gute gehen soll.

Wann wir aber unserer Lande ganz wieder mächtig und unter unserer freien Disposition haben, seind wir erbötig IKW. und Lb. ein ganzes Regiment z. F. von 2000 Köpfen und 2 Kompanien zu Pferde, jede zu 100 Pferden, so lange dieser Krieg kontinuieret und währet, zu unterhalten.

So wollten wir zum Sechsten die Festung und Städte unserer Lande nach Möglichkeit konservieren; jedoch mit der Erklärung, solche IKW. und Lb., wanns die Notdurft und ratio belli zu Erlangung IKW. und der evangelischen Stände und Alliierten Sambt-Intention und zu Verfolgung des Feindes, bis derselbe aus unsern Landen getrieben, erheischen wird, einzuräumen. Es sollen aber einen Weg wie den andern unsere Untertanen in unsern Pflichten verbleiben und daneben auch unserer des Reichs halber habenden und sonst hergebrachten Hoheiten, Superioritäten, Regalien, Recht und Gerechtigkeiten, auch unserer Haushaltung unschädlich (!), und die Offizierer und Soldateska uf Mass, wie IKW. und Lb. wegen der Festung Küstrin mit Kurbrandenburg accordieret, uns zugleich mit Pflichten verwandt werden.

Soviel aber unsere Residenz und Festung Wolfenbüttel betrifft, haben IKW. und Lb. aus angeführten unterschiedenen Ursachen bewilliget, dass dieselbe exemt und uns ganz frei zu unserer selbst eigenen Besatzung bleiben soll, wollen aber IKW. und Lb. nichts desto weniger, wozu wir des commeatus, Munition und dergleichen

Behufigkeit halber verpflichtet sein und in unserem Vermögen haben werden, daraus succurrieren, es möchte dann der äusserste Notfall, welcher zu beederseits Vergleichung und Dijudication gestellet wird, über Zuversicht ein anderes erfordern; uf welchen Fall wir geschehen lassen wollen, dass IKW. und Lb. dieselbe nebest dem Kommando, wann sie selbsten solches persönlich darinnen führen wollen, eingeräumet werde. Wann aber IKW. und Ld. an ihrer statt einen Offizierer dahin verordnen würden, ist ihr nicht zuwider, dass derselbe unter unserer Herzogs Friedrich Ulrichs Disposition sein soll.

Insgemein[1]) aber ist hierbei verabredet, im Fall IKW. und Lb. oder wir von dem Allerhöchsten über kurz oder lang Zeit währender Konföderation von dieser Welt abgefordert werden sollte, welches seine Allmacht gnädiglich lange verhüten wolle, dass alsdann die Festung, Städte und andere Plätze uns oder nach unserm Ableben den Fürsten von Lüneburg, welchen es vermöge der Erbverträge gebühren wird, in eben dem Stande, wie sie alsdann befunden, abgetreten werden soll.

Zum Siebenden, wenn IKW. und Lb. an einer oder anderer Festung etwas zu bessern für ratsam und nötig befinden würde, alsdann wollen wir dazu unsere Untertanen aufbieten und zu solchem Ende[2]) gebührende schleunige Handbietung so viel möglich tun lassen; jedoch bleibet uns frei, etzliche unsere Festung und zwar die geringsten gar zu demolieren.

Zum Achten: sollten IKW. und Lb. wir unterdessen zu ihrem und des evangelischen Wesens Besten und Nutz etzlich Geschütz aus unserm Zeughaus abfolgen lassen, so wollen IKW. und Lb. uns solcher Geschütz, wenn das Unwesen gestillet und der liebe Friede restituieret, wieder einliefern lassen.

Daneben erklären wir uns zum Neunten, wenn hiernächst die Kron Schweden über Hoffnung angefochten, angegriffen und bekrieget werden sollte, dass wir alsdann der Assistenz halber mit den andern alliierten Kur- und Fürsten uns konformieren, auch der Quantität halber vergleichen wollen.

Es ist aber zum Zehnten weiter verglichen, wann diese Punkte richtig abgehandelt und es sonderlich unserer monatlichen Quote halber auf ein Gewisses gesetzet, dass IKW. und Lb.

---

[1]) Dieser Absatz ist später zugefügt.
[2]) Im Text „beede".

dargegen und über das keine Kriegs- oder Fortifikationskost oder andere Erstattung ferner von uns fordern, sondern es bei den getroffenen Kompaktaten eins für alles bewenden lassen wollen.

Wie ingleichen zum Elften die Truppen, was sie bei Durchzügen, auch Lauf- und Sammelplätzen in unsern Landen ausserhalb der gewöhnlichen Servicen (als den Soldaten zu Fuss Lagerstatt, Noturft an Licht, Salz, Essig, Holz; [den Reitern] darüber aber neben solcher Noturft das Stroh) verzehren, bezahlen sollen; dargegen wir der Tax halber eine solche Ordnung machen wollen, dass sich keiner darüber mit Fug zu beschweren.

Weil sich nun zum Zwölften bei jetzigen gefährlichen Läuften, das gleichwohl Gott gnädig verhüten wolle, leichtlichen zutragen könnte, dass unsere Räte, Offizierer und Diener, welche wir bei dem evangelischen Wesen in Verschickung und sonsten gebrauchen müssen, in Gefängnis oder andere Ungelegenheit, ja wir selbsten geraten sollten, als wollen I K W. und Lb. ihr gleichergestalt angelegen sein lassen, uns und dieselbe durch Mittel, wie die I K W. und Lb. am bequemsten und fürträglichsten an die Hand kommen möchten, entweder durch Abwechslung oder sonst ohne Entgelt zu liberieren, loszumachen und auf freien Fuss zu stellen.

Ingleichen als sich zum Dreizehnten oftmals begiebt, wie dessen allbereit Exempel für Augen, dass etzliche sich der Kriegsgelegenheit gebranchen und ihre Privatactiones und praetensiones, welche sie entweder für sich oder durch böse widrige impressiones gegen die Unsrige und Angehörige zu haben vermeinen möchten, publice zu vindizieren und redliche aufrichtige Leute an Leib und Leben, Hab und Gut zu verfolgen sich unterstehen: als ist verabredet, dass solche unzulässige, rachelfrige Vindikten und Verfolgung gänzlich eingestellet, und wenn ja jemands unter der Soldateska wider unsere Räte, Offizierer, Diener, Landsassen und Untertanen, sie sein geist- oder weltlich, einige Aktion, Prätension und Zuspruch, unter was Schein und Prätext solches auch immer geschehn möchte, zu haben sich befuget erachten würde, sich an denenselben nicht selbsten rächen, noch ihnen das Geringste, es geschähe mit der Tat oder durch Dräuungen, abpressen, sondern seine Klage und Zuspruch für uns als den Landesfürsten ordentlich fürbringen, darauf rechtmässigen Bescheides erwarten und wann Gegenteil gnug gehöret, sich an Gleich und Recht bei Vermeidung Leib- und Leben- und anderer scharfen Strafen ersättigen lassen, sich auch zu solcher Behuf gegen uns und unsere Regierung aller unverweislichen Gebühr bezeigen und verhalten.

Und demnach zum Vierzehnten unsere Stadt Münden von unsers freundlichen lieben Vettern, Brudern und Gevattern, Herrn Landgrafen Wilhelm zu Hessen Lb., jedoch wie wir von ILb. durch die Unsrige freundvetterlich berichtet, ohne einigen unsern Nachteil okkupiret und besetzt, als haben IKW. und Lb. für billig gehalten, ist auch hiemit verabredet, dass wir solche unsere Stadt mit unserm eigenen Volk zu unserm Nutz und Besten selbst zu besetzen berechtigt sein sollen, und uns dieselbe neben andern Örtern, welche des Herrn Landgrafen Lb. in unsern Landen entzwischen etwa noch ferner einnehmen würden, ohne Entgelt wieder eingeräumt werden soll.

Nachdem sich nun zum Fünfzehnten zutragen könnte, welches gleichwohl Gott der Allmächtige abzuwenden geruhe, dass zwischen IKW. und Lb. und uns über einen oder andern obberührter verschiedenen Punkte dieser Einigung, oder von neuem Missverständnis erwachsen möchte, auf den unverhofften Event ist IKW. und Lb. einig und kraft dieses beschlossen, dass zu Aufhebung solcher Irrsalen an Ihrer Seite zween, wie ingleichen[1]) unsererseits zween Schiedleute vorgeschlagen, darzu von uns beederseits ein Obmann erwählet, dieselbe zusammen niedergesetzt, über die Misshelligkeit kognoszieret und die Sache nach aller Billigkeit entschieden, es auch darbei ungeändert gelassen werden soll.

Und soll nun diese obstehende Verpflicht- und Gegenverpflichtung in allen Worten, Punkten und Klausuln von beeden Teilen, und insonderheit dass uns Herzog Friedrich Ulrich in unserm fürstlichen statu, Hoheit, Superiorität, Recht und Gerechtigkeit, Jurisdiktion, Eigentum, Possesionen und was davon allerseits in geist- und weltlichen Sachen dependieret, kein Präjudiz zugezogen und ein mehres als die Vereinigung vermag, [nicht] begehrt werden soll, steif, fest und unverbrüchlich gehalten werden.

Urkundlich haben wir Gustavus Adolphus, König in Schweden und wir Friedrich Ulrich, Herzog zu Braunschweig-Lüneburg diese Konföderation mit eigenen Händen unterschrieben und mit unserm königlichen und fürstlichen Sekreten allersolts bekräftiget. Geschehen etc.

---

[1]) Im Text „möglichen".

3.

1631 Nov. 28 (Dez. 8) Halle.
Drittes Projekt der Alliance mit Braunschweig, sogen. Hallischer Rezess.

Sverges traktater V, S. 691. — Entworfen von dem magdeburgischen Kanzler Dr. Stalmann.

4.
1631 Dez. 6 (16) Zelle.
Erstes Projekt der Alliance mit Zelle.

Sverges traktater V. S. 588.

5.
s. d. (1631 Dez. Frankfurt a. M.)
Viertes Projekt der Alliance mit Braunschweig.

Hannover, Zelle 11. 92. — Entworfen von den braunschweigischen Gesandten zwischen 15/25. und 18/28. Dez. in Frankfurt a. M., „aus EFU. Instruktion, dem hallischen Rezess und überschicktem [Hamburger] Kreisschluss"; den schwedischen Kommissaren übergeben in Mainz am 21/31. Dezember. — Vgl. die Relation v. d. Decken II. no. 63.

In nomine sanctae et individuae trinitatis.

Ohnvergreiflicher Fürschlag der Geding und Punkten, worauf zwischen IKM. zu Schweden und Herzog Friedrich Ulrichs zu Braunschweig-Lüneburg FG. eine vertrauliche Kommunikation etwa zu richten.

Wir Gustav Adolf etc. und wir Friedrich Ulrich etc. hiemit für uns, unsere Erben, Königreiche, Fürstentumb und Länder tun kund und bekennen, nachdem ob der untrieglichen Notorietät allermänniglich für Augen stehet, mit was unerträglichen Bedrängnissen die evangelischen Kur-, Fürsten und Stände des Reichs, auch dero Lande und Leute von der ligistischen Armee, deren Helfern und Assistenten eine geraume Zeit hero beängstiget und zu Grunde gerichtet, dero fürstlicher woblhergebrachter status, Hoheit, Reputation und Freiheit verkleinert und zernichtet, in geist- und weltlichen Sachen beeinträchtiget; insonderheit aber uns Herzog Friedrich Ulrich ein

Fürstentumb, Graf-, Herrschaft, Amt, Kloster und Stadt nach dem andern ganz ungehörter Sache weggerissen und abgenommen, auch unsere Lande und Untertanen mit allerhand grausamen Pressuren, eigenmächtigen, gewaltsamen Exaktionen und andern mehr fast niemals erhörten barbarischen Kriegs-Insolentien gemartert, gedrucket und bis uf Mark und Bein mehr als unchristlicher Weise ersogen, alles wider den so hoch beteuerten Religion- und Profanfrieden, beschworene kaiserliche Kapitulation, Reichsfundamental- und andere heilsame Satzungen; und wir aber bis anhero durch keine Rechtsmittel und ordinaria remedia, Bitten, Flehen, Erinnern, zu Gemüt führen, ansehnliche intercessiones, auch kostbare Schickungen und bewegliche Schreiben zu dem, was uns von Gott, Rechts und Billigkeit wegen zustehet, hinwieder gelangen können, und zumal für Augen gesehen, dass es sonderlich umb die wahre allein selig machende Religion ganz geschehen sein würde; als haben wir uns des Mittels, welches die göttliche, natürliche, aller Völker und die beschriebene Rechte, die Reichsconstitutiones und sogar unserer Feinde und Widerwärtigen Exempel an die Hand geben, gebrauchen müssen, und haben demnach zur Ehre Gottes, Erhaltung seines heiligen, wahren Worts, Rekuperierung unser entwältigten Fürstentumb, Graf- und Herrschaften, zu Rett- und Stabilierung unsers fürstlichen status, von unsern geehrten Herrn Voreltern uns angestambter und wohlhergebrachter Superiorität, landesfürstlicher Hoheit, Regalien, Gericht, Recht und Gerechtigkeit, auch Entfrei- und Erquickung unserer hochbetrübten Untertanen, so auch Erhaltung des erlittenen unermesslichen Schadens mit IKW. in Schweden, unserm hochgeehrten geliebten Herrn Vettern und Schwagern, als deren lobwürdigste, tapfere Heldentaten und christliche Intention der ganzen Welt bekannt, im Namen der heiligen hochgelobten Dreifaltigkeit wohlerwogener Ding und mit reifem Rat folgendergestalt in eine christliche und zulässige Alliance und Konföderation unwiderruflich gesetzet.

2) Zu welchem Ende haben sich IKW. und Lb. erkläret und kraft dieser Konföderation anheischig gemacht und verpflichtet, dass sie durch dero Hilf und Assistenz unsere Lande aus gegenwärtigen unverschmerzlichen Drangsalen reissen, das publicum exercitium religionis erhalten, unsern fürstlichen statum, üblich hergebrachte landesfürstliche Superiorität, regalia, Gericht, Recht und Gerechtigkeit konservieren und uns zu Wiedererlangung unserer

entzogenen Fürstentumbe, Graf- und Herrschaften, auch erlittenen Schaden wirklich verhelfen wollen.

3) Und wollen IKW. und Lb. zu Erreichung gedachten Zwecks alle unsere jetzige und künftige Widerwärtige, dero Helfer und Helfershelfer für ihre Feinde halten und wider dieselbe mit königlicher und zulangender mächtiger Assistenz, Rettung, Diversion oder wie sie es sonst dero höchst begabtem königlichen Verstande nach am fürträglichsten und bequemsten erachten werden, gleich es dero eigene Lande wären, beispringen, uns nimmer verlassen, auch was uns etwa an Häusern, Städten, Festungen und dergleichen entwältiget werden sollte, ohne Schmälerung unsers Eigentumbs, landesfürstlicher Hoheit, Religionsfreiheit, Obrigkeit und was denen anhängig, wieder herbeibringen helfen wollen.

4) Und weil der Bischof, Domkapitul und ganze Klerisei des Stifts Hildesheimb solchen unsäglichen und landverderblichen, auf viel Million sich belaufenden Schaden unter andern durch ihr räuberisch Kriegsvolk verursachet, dieselbe auch ohne das vermöge der zwischen unser Herzog Friedrich Ulrich zu Braunschweig in Gott ruhenden Vorfahren und dem Stift Hildesheimb ao. 1523 zu Quedlinburg aufgerichteten und vom Kaiser Karl V. mit stattlichen Klausuln bestätigten Vertrag, auch sonsten laut des hellen Buchstaben des Landfriedens, auch anderer Reichsatzung in die Pön des Landfriedens, Acht und Oberacht ipso jure et facto sowohl wegen der nun langhero verübten grausamen Landzwingerei und hochverbotener Bedrückung unser Land und Leute, als der eigenmächtigen gewaltsamen Okkupation unserer Lande gefallen, und kraft derselben aller ihrer gehabten Lande, Recht und Gerechtigkeit verlustig worden sein; Wir der Herzog zu Braunschweig-Lüneburg aber (ohne) kräftige Rettung und Assistenz der KW. in Schweden zu dem Unsrigen, auch Erstattung des Schaden nit gelangen können, zumaln auch die hildesheimische Klerisei und papistische assessores in camera selbsten ungescheut ausgeben dürfen, dass solche bona nicht vom Reich, sondern bloss vom Stuhl zu Rom dependieren: als haben IKW. und Lb. für billig gehalten, dass uns nicht allein und zuförderst unsere de facto und mit selbsttätiger Gewalt von ihnen abgenommene Land und Leut restituieret, sondern auch die übrige drei Ämbter Steuerwald, Peine und Marienburg sambt allen denen Gütern, Zehenten, Dörfern, Mühlen, Pächten, Renten, Gefällen, nichts überall ausbescheiden, mit allen Pertinentien, Rechten

und Gerechtigkeiten, welche sonst Bischof, Domkapitul und Klerisei des Stifts Hildesheimb bis dahin gehabt, neben allen Höfen, Recht und Gerechtigkeiten, so gerührte Bischof, Domkapitul und Klerisei in und an der Stadt Hildesheimb verblieben und zugestanden, durch kräftige Eroberung an uns gebracht, auch uns und nach unserm Ableiben unserm fürstlichen Hause Braunschweig-Lüneburg erblich verbleiben, auf unsere Nachkommen verstammen und also unserm Fürstentumb und Landen Braunschweig-Lüneburg zu ewigen Zeiten inkorporieret, auch neben denselben von uns und unsern Nachkommen konserviert und besessen werden sollen. Was wir auch einem oder andern wegen seiner getreuen Dienst und aus andern beständigen Ursachen in den genannten hildesheimischen Gütern allbereit verschrieben oder noch verschreiben möchten, solches soll unvorbrüchlich von unsern Successoren gehalten und unter keinem Schein hinterzogen werden. Und wollen IKW. und Lb. zu gebührender Effektuierung obgemelte drei Ämbter sambt der besagten Gerechtsame in und an der Stadt Hildesheimb uns durch ihren dazu verordneten commissarium anweisen und einräumen lassen.

5) Als auch dem Haus Braunschweig-Lüneburg vom Bischof zu Mentz etzliche vornehme Städte und Örter ufm Eichsfelde, als Duderstadt, Ambt Gieboldhausen und Bodensee[1]), das Kloster Gerenroda, wie auch die braunschweigische adeliche Lehenämter Westerhagen, Rudigershagen[2]) und Gartendörfer langhero weniger als mit Recht vorenthalten werden, so wollen IKW. und Lb. verstatten, auch Hilf und Assistenz leisten, dass dieselbe sämbtlich dem Haus Braunschweig-Lüneburg wiederumb ohngehindert männigliches restituieret und eingeräumet werden.

6) Gleichergestalt haben IKW. und Lb. aus königlicher freundvetterlicher Affektion gegen das Haus Braunschweig-Lüneburg ihro gefallen lassen, wollen auch an ihrem hohen königlichen Ort befodern helfen, dass die Grafschaft Hohenstein ratione deren Lehenschaft und Superiorität dem Hause Braunschweig-Lüneburg fürderhin solle zugetan und unterworfen sein, doch dass wir uns für uns, unsere Nachkommen und fürstliches Haus Braunschweig-Lüneburg mit den Herrn Grafen von Schwarzburg als evangelischen

---

[1]) Im Text: Bodenstein.
[2]) Desgl. Rudishagen.

Grafen und Religionsverwandten wegen des Vassalla[gi]i, Teilung und Landesfolge auf billige, christliche Wege vergleichen.

7) Es ist auch fast männiglich kund und offenbar, was die Stadt Goslar uns vor unverschmerzlichen Schimpf, Hohn, Spott und Schaden zugezogen, insonderheit aber dass sie uns bei unsern übergrossen Drangsalen am kaiserlichen Hof mit ganz lästerlichen Prozessen, ob hätten wir wegen des niedersächsischen Kreises Verfassung crimina majestatis und fractae pacis publicae begangen, behelliget, verfolget und umb unsere fürstliche Ehre, Glimpf, ja Land und Leute zu bringen sich äusserst bemühet und angelegen sein lassen, nit weniger haben sie das gemeine evangelische Wesen gar deserieret, dagegen den Papisten Vermögens nach Hilf, Rat, landfriedbrecherische aus den Stiftern Magdeburg und Halberstadt verlaufene Jesuiter, Münche und Pfaffen dem Landfrieden zuwider aufgenommen, gehauset, geheget und fomentieret. Weil nun diese Stadt in unsern Landen und Bezirk gelegen, auch die einwohnende Bürger alle ihre Nahrung, Gewerb und Aufenthalt aus unsern Landen haben, so haben IKW. und Lb. für billig ermessen, auch dero behuf Beförderung, Hilf und Handbietung versprochen, dass nun fürterhin die Stadt Goslar uns und unserm fürstlichen Hause Braunschweig-Lüneburg und dessen fürstlichen Superiorität, hohen Landesjurisdiktion und Botmässigkeit unterworfen sein solle, doch dass dem Reich und niedersächsischen Kreis an gebührender Anlage nichts abgehen; ingleichen sollen unsere und unsers fürstlichen Hauses jura unveränderlich erhalten und die Goslarienses den bisherigen uns erregten Prozessen und Impetitionen ein vor alle Mal ewiglich zu renunziieren angehalten werden.

8) Zum unverhofften Fall auch wir Herzog Friedrich Ulrich, welches der allgütige Gott gnädig abwenden wolle, ohne Leibes Lehnerben abgehen würden, sollen sowohl unsere Kammer- als der Landschaft Schulden von obgenannten Stifts Ämbtern und Landen pro rata abgetragen und unser fürstlicher Glaube, Name und Reputation, wie nit weniger unser Landschaft Kredit von jedes Orts Successoren erhalten werden.

9) Auch wollen IKW. und Lb. obigem zufolge bei Herrn Landgraf Wilhelms zu Hessen, unsers freundlichen lieben Bruders und Gevattern Lb., die königliche freundvetterliche Verfügung tun, dass uns unsere Stadt Münden, welche Landgraf Wilhelms Lb. freundvetterlichem Andeuten nach uf Befehl IKW. und Lb. ohne

einigen unsern Präjudiz okkupieret, sobald wir dieselbe mit unserm eigenen Volk besetzen und verwahren werden, ohne alle Einrede und Aufenthalt restituieret werden möge, auch dero behuf an des Herrn Landgrafen Lb. notwendige Ordinanz erteilen.

10) Weil sich auch bei jetzigen gefährlichen Läuften, das gleichwohl der Allerhöchste verhüten wolle, leichtlich zutragen könnte, dass unsere Räte, Offizierer und Diener, welche wir bei dem evangelischen Wesen in Verschickungen und sonsten gebrauchen müssen, in Gefängnus oder andere Ungelegenheit, ja wir selbsten geraten sollten, als wollen IKW. und Lb. ihro angelegen sein lassen, uns und dieselbe, als wären es ihre eigene Diener durch Mittel, wie die IKW. und Lb. am bequemsten und fürträglichsten an die Hand kommen möchten, entweder durch Abwechselung oder sonsten ohne Entgeld zu überieren und auf freien Fuss zu stellen.

11) Ingleichen als sich oftmals begiebet, wie dessen allbereit Exempel für Augen, dass etzliche sich der Kriegsgelegenheit gebrauchen und ihre Privatactiones und Prätensiones, welche sie entweder für sich oder durch böse widrige Impressiones gegen die Unsrige und Angehörige zu haben vermeinen möchten, publice und durch Kriegsmittel zu vindizieren und redliche Leute aus eigenem Hass an Leib und Leben, Hab und Gut zu verfolgen sich unterstehen: als ist verabredet, dass solche unzulässige, rachelfrige Vindikten und Verfolgung gänzlich eingestellet, und wann je jemandes unter der Soldateska oder wer der sonsten sein möcht, wider unsere Räte, Offizierer, Diener, Landsassen, Untertanen und Angehörige, sie sein geist- oder weltlich, einige Aktion, Prätension oder Zuspruch, unter was Schein und Prätext solches auch immer geschehen möchte, zu haben sich befuget erachten würde, sich an denselben nit selbsten rächen, noch ihm das Geringste, es geschähe mit der Tat oder durch Drauungen, abpressen, sondern seine Klage und Zuspruch für uns als dem Landesfürsten ordentlich vorbringen, darauf rechtmässigen Bescheides erwarten, und wann Gegenteil gnug gehöret, sich an Gleich und Recht bei Vermeidung Leib und Lebens, auch andern scharfen Strafen ersättigen lassen, sich auch zu solcher Behuf gegen uns und unsere Regierung aller unvorweislichen Gebühr bezeigen und verhalten.

12) Und haben in Summa IKW. und Lb. festiglich zugesaget und versprochen, uns, unsere Fürstentumbe und Lande in könig-

lichen Verspruch und Schutz ihres höchsten Vermögens wider alle ihre und unsere, auch unserer Lande Feinde und Widerwärtige zu nehmen, zu vertreten und handzuhaben, uns auch in keinen Nöten, Gefahr und Ungelegenheit zu verlassen, insonderheit uns zu unsern Landen verhelfen, allermassen wir dieselbe vor der böhmischen Unruhe gehabt und besessen, auch was wir nun fürderhin von des Bischofs, Domkapituls und ganzer Klerisei zu Hildesheimb Land, Ämbter und Güter mit aller ihrer Herrlich- und Gerechtigkeit, inmassen wie obstehet, durch Hilf und Beistand IKW. und Lb. erlangen können und mögen, von allen An- und Zusprüchen entheben, befreien und versichern, damit wir bei Land und Leuten, auch Gleich und Recht friedlich und ruhig bleiben mögen; und wollen IKW. mit uns vor einen Mann stehen, keine Alliance, Stillstand, Friede und Vertrag ohne unsere Zuziehung traktieren, eingehen und schliessen, wir seind dann in ruhigem Besitz oberzählter Land, Leute, Recht und Gerechtigkeit reponiert, gesetzet und dessen allem sattsam, festiglich und ohnfeilbar versichert.

13) Hier entgegen verpflichten wir uns hiermit und kraft dieses, mit IKW. vor einen Mann zu stehen und wider ihre, aller evangelischen Kur-, Fürsten und Stände, auch unsere Feinde, deren Helfer und Helfershelfer uns unsere Lande und Leute äusserstem Vermögen nach zu konjungieren; insonderheit aber so balde man zu würklicher Rekuperation unserer Festung, Land und Leute, auch Eroberung der hildesheimischen Örter geschritten, seind wir erbötig alles dasjenige, was aus unserm Fürstentumb, Graf- und Herrschaften an Kontribution, Proviant und andern Notwendigkeiten erhoben werden kann und mag, herbei zu schaffen und auf IKW. Soldateska, solang dieselbe in unsern Landen zu derselben Rekuperation und vorgemelter Eroberung fechten werden, ohne Bezahlung zu verwenden, und werden dero Behof IKW. sich belieben lassen, gewisse Kommissarien den Unsrigen zuzuordnen, die alles conjuncta opera mit Fleiss erkundigen, richtige Anschläge und fürträgliche Ordonanz machen können und mögen. Auch sollen behuf obangeregter Verpflegung unsere des Herzogen zu Braunschweig Lande, Graf- und Herrschaften in ein corpus ohne allen Abgang gebracht und von allen andern Beschwerungen, Einquartierungen, Musterplätzen, Kontributionen und dergleichen gänzlich enthoben und entfreiet werden.

14) Sollte es auch in re praesenti von den verordneten Kommissarien auch sonsten vor diensamb befunden werden unsere Ritterpferde und Ausschuss jetziger Gelegenheit nach aufzubringen, wollen wir an äusserster Möglichkeit nichts erwinden lassen.

15) Im Fall wir auch, wie wir daran allbereit im Werk begriffen, eins, zwei oder mehr Regimenter aufbringen könnten, würden unter denselben und IKW. Truppen die vivres und nötige Verpflegung Zeit währender Rekuperation und Eroberung pro rata nit unbillig distribuieret und abgeteilet.

16) Sollte aber wegen besorgender und dem Ansehen nach fast unveränderlicher Verwüstung und grossen Aufgangs die vivres und völlige Verpflegung aus unsern Landen nit erfolgen können, so wollen IKW. erschliessliche Ordinanz erteilen, dass uns den anrainenden benachbarten Stiftern, Landen und Grafschaften ein ergiebiger Zuschuss geschehen und angeführet werden möge.

17) Es wollen auch IKW. die ernste, kräftige und zulangende Ordinanz machen, dass gute Kriegsdisziplin gehalten, alle Streifereien, Plünderungen und Pressuren unserer Untertanen, Land und Leute gänzlich eingestellet und vermieden bleiben möge und wann dagegen gehandelt, sollen nicht allein die Übertreter ernstlich gestrafet, sondern auch die Offizierer den Schaden zu gelten angehalten werden, doch denselben freistehen, sich dessen an den Tätern wieder zu erholen. Es soll auch zu dem Ende unsern Landsassen und Untertanen erlaubet sein, sich zu armieren, gegen die Täter sich bester Möglichkeit zu schützen und dieselbe anzuhalten, zu behaften, uns oder ihren Offizierern zu gehöriger Bestrafung zu liefern oder auch im Fall der Widersetzlichkeit gar nieder zu werfen.

18) Dero behuf dann IKW. ferner erbietig ein gleichmässiges Patent, wie in Pommern geschehen, in unsern Landen neben der königlichen Kammerordnung publizieren zu lassen, darüber auch der Offizierer festiglich zu halten schuldig sein soll.

19) Was wir auch dem niedersächsischen Kreis oder unserm Herrn Vettern Herzog Georgen zu Braunschweig-Lüneburg als KW. bestallter General-Leutenant im niedersächsischen Kreis etwa willigen und beisteuern werden, solches gehet uns an gedachter Kontribution und Verpflegung billig zu gute.

20) Sobald [wir] unserer Land und Leute neben den hildesheimischen Orten gänzlich wieder mächtig sein und unter unserer

freien Disposition haben werden, [seind wir erbötig] IKW. ein ganz Regiment zu Fuss von 2000 Köpfen, auch 200 Pferden neben aller Zubehör wider ihre und unsere Feinde, so lang dieser Krieg währet, zu unterhalten; sollte aber IKW. belieben, anstatt spezifizierten Kriegsvolks eine gewisse Summe Geldes monatlich anzunehmen und behuf der gemeinen militiae zu verwenden, sollte uns solches nicht zuwider sein.

21) Dieser behuf und zu Abschneidung aller Nachteiligkeiten, gravaminum und Abgangs haben IKW. und wir uns verglichen und einmütig belieben lassen, keinen Platz oder Ort, so unsern [Landen], wie die jetzo sein oder nach erfolgter vollkommener Restitution und hildesheimischen Inkorporation befunden werden, angehörig oder unserer landesfürstlichen Superiorität unterworfen, durch Salvaguardien oder einigerlei anderergestalt von der Kontribution, Proviantführung und allerlei andern Lasten zu eximieren, zu befreien oder zu erleichtern; gestalt uns dann als dem Landesfürsten die contributiones anzulegen und zu ordinieren allein freigelassen wird; doch wird uns unsere Räte und andere zu Rettung des Landes aufwartende Offizierer und Diener zu erleichtern und aller Reallbürden zu entheben die freie Hand gelassen.

22) Falls aber wie wir verhoffen und unserstells fleissig befodern helfen wollen, der ganze niedersächsische Kreis sich mit IKW. konjungieren und deroselben bis zu Ende des Krieges Assistenz leisten wirdet, wollen IKW. sich belieben lassen, zumal wir ohne das vermöge der Ordnung verbunden sein bei dem Kreis das Unsrige zu tun, dass obgemelte unsere Truppen dem Kreisvolk zugestossen werden und bei demselben militieren mögen.

23) Sollte aber der gesamte Kreis Bedenkens tragen mit IKW. in Bündnis und Konjunktion zu treten, wollen wir nicht desto weniger obbemelte 2000 zu Fuss und 200 Pferde IKW. unterhalten und bei dieser Konföderation bis zu Ende des Krieges unaussetzlich bestehen, auch in Lieb und Leid bei IKW. Freundschaft kontinuieren. Im Fall der Kreis, wie man hoffet, aufkommen sollte und wir unsere Truppen derselben beifügten, würdet sich IKW. belieben lassen zue spezifizieren, was sie vermeinen, dass der niedersächsische Kreis, bevorab aber was wir nach Proportion unser bewilligten Quoten an Munition und was dem anhängig herbeischaffen sollten. Nicht weniger würde zu Verhütung Konfusion und Ungelegenheit rat- und diensamb sein, dass die vivres und

fourage auf ein Gewisses gesetzet und IKW. Kammerordnung konfirmiert würde, damit desfalls ein jeglicher Offizierer vom Höchsten bis zum Niedrigsten, auch Soldaten insgemein eine gewisse Mass und Ordnung hätten. Es würde auch dahin nicht unbillig dirigiert, dass aus dem ganzen Kreis vermöge der Exekutions-Ordnung solche Verpflegung nach eines jeden Anlage kontribuiert, und was von einem oder andern Stand verschossen, von den übrigen hinwieder bezahlt werden müsste. Auch werden IKW. nicht unbillig ermessen, dass der General-Lentenant, welcher etwa nach geschlossener Konjunktion mit dem Kreis der königlichen und Kreis-Armee fürgestellet werden wird, IKW. sowohl auch dem Kreis und interessierten Städten¹) die Pflicht zugleich abstatten müsste. Im Fall auch das ligistische Volk aus unsern Festungen und Städten mit der Kondition weichen wollte, dass dieselbe Orter von uns alleine sollten hinwieder besetzet werden, würden solches IKW. zu Verhütung ferner Verwüstung ihro nit lassen zuwider sein, zumal wir ohne das daraus IKW. sukkurieren und auf den Notfall die Retirada kraft dieses verstatten wollen.

24) Wir wollen auch die Festung und verwahrliche Pässe und Örter unsers Landes nach Möglichkeit konservieren; alldieweil aber der Weserstrom und unsere Laude gleichsamb eine Vormaner des ganzen niedersächsischen Kreises und also die Besetzung des Weserstroms zu gesambten Kreisständen Versicherung gereichet, so wollen IKW. gute Beförderung erweisen und nach Gelegenheit Ordinanz erteilen, dass der Weserstromb und etwa andere nötige Pass und Örter auf gesambten Kosten der niedersächsischen Kreisstände nach eines jeden Anlage, wie auch der anrainenden Grafen, besetzet und wider die Feinde ereugenden Dingen nach manutenieret und erhalten werde.

25) Und lassen wir uns gefallen, dass die Garnison auf der Weser und etwa anderer nötiger Örter, so uns zustehen und unser hohen Botmässigkeit unterworfen, auch pro statu et ratione belli notwendig verwahret werden müssen, zugleich in IKW. als obristen Direktoren des evangelischen Kriegswesens, und unsern als des domini loci und Landesfürsten gesambten Eiden und Pflichten sein mögen; es sollen aber einen Weg wie den andern unsere Untertanen in unsern Pflichten verbleiben und daneben auch unserer

---

¹) Wohl: Ständen.

Hoheit, Superiorität, Regalien, Recht und Gerechtigkeiten, auch unserer Haushaltung lauter unschädlich sein.

26) Sobald aber der allgewaltige, vielgütige Gott verleihen würdet, dass unsere Lande und niedersächsische Kreis gänzlich entlediget und ausser Feindes Gefahr gesetzet sein würdet, welches dann zu IKW. und unserer Dijndikation gestellt wird, so soll die Soldatcska ohne Schaden abgeführet und uns unsere Städte, Festung und Plätze, so vermittelst dieser Konjunktion vom Feinde entfreiet oder sonsten gegen denselben in Verwahrung gehalten und geöffnet werden müssen, frei und ohne Entgelt restituieret werden.

27) So viel aber unsere Residenz und Festung Wulfenbüttel betrifft, haben IKW. aus angeführten unterschiedenen erheblichen Ursachen bewilliget, dass dieselbe exempt und uns ganz frei zu unserer selbst eigenen Besatzung bleiben solle. Es möchte dann, welches der allgütige Gott gnädig abwenden wolle, der äusserste Notfall, welcher ebenergestalt zu beederseits Vergleichung und Dijndikation gestellet wird, über Zuversicht ein anders erfodern; auf welchen Fall wir geschehen lassen wollen, dass IKW. und Lb. dieselbe nebenst dem Kommando, wann sie solches selbsten darin persönlich führen wollen, eingeräumbt werde, wann aber IKW. an ihre Statt einen Offizierer dahin verordnen würde, ist ihr nit zuwider, dass derselbe unter unser Herzog Friedrich Ulrichs Disposition sein soll.

28) Insgemein aber ist hierbei verabredet, im Fall IKW. und Lb. oder wir von dem Allerhöchsten über kurz oder lange Zeit während dieser Konföderation von dieser Welt, welches seine göttliche Güte lange gnädiglich verhüten wolle, abgefodert werden sollte, dass alsdann die Festungen, Städte und andere Plätze uns oder nach unserm Ableben unsern Vettern den Fürsten von Lüneburg, welchen es vermöge der Erbverträge gebühren wird, in eben dem Stande, wie sie alsdann vermöge dieser Konföderation befunden, abgetreten werden sollen.

29) Wann IKW. und Lb. an einer oder andern unserer Festung etwas zu bessern für ratsamb und nötig befinden würde, alsdann wollen wir dazu unsere Untertanen aufbieten und zu solchem Gebäude schleunige Handbietung, so viel möglich, tun lassen, jedoch bleibet uns frei, etzliche unsere Festungen und zwar die geringsten zu demollieren.

30) Wann auch die Notwendigkeit erfordern sollte, dass IKW. und Lb. bei jetzt währenden Kriegsexpeditionen mit ihrem Volk durch unsere Lande passieren müsste, wollen wir alsdann denselben freien Pass und Repass unweigerlich verstatten, auch möglichen Dingen nach Quartier, Futter und Mahl anschaffen lassen, doch dergestalt, dass uns eine gute Zeit vorhin die marche notifizieret werde, damit wir wegen Anführung Proviants nötige Ordnung zu machen Raum haben mögen; auch soll die marche den nächsten und bequemsten Weg nach unser Anweisung genommen werden, darbei wir unsere Kommissarien und Bediente haben und auf Begehren, damit dem Feinde nichts entdecket [werde], zu Treu und Verschwiegenheit besonders schwören lassen wollen.

31) Wegen der Muster- und Laufplätze wollen IKW. und Lb. unser Fürstentumb, Grafschaften und Lande wegen der erlittenen grausamen Verwüstung so viel möglich übersehen und verschonen; sollte aber ja die Noturft solches erfodern, wollen IW. uns solches notifizieren und unserer Disposition anheimb stellen, an was Ort unserer Lande wir solches am füglichsten anordnen und verstatten können. Ingleichen wollen IKW. eine gewisse Zeit zu dem Mustern benennen, und wann dieselbe verflossen, das geworbene Volk so bald abfodern, wie nit weiniger das Laufgeld und Zehrung bezahlen lassen; doch wann zu Ersetzung unsers gewilligten Regiments und Pferde Werbung anzustellen, gehet solches billig auf unsere Kosten; wir seind aber erbietig, wegen der Tax eine solche Anstalt zu machen, dass es beederseits billig und keiner zur Ungebühr übernommen werde. Auch sollen die Servizien nach Anweisung IKW. Kammerordnung ohn Entgeld gereichet werden.

32) Sollten auch IKW. und Lb. wir Zeit währenden Krieges zu Ihrem und des evangelischen Wesens Nutz und Besten etzliche Geschütz aus unserm Zeughause abfolgen lassen, so wollen IKW. und Lb. uns solche Geschütz nach geendigtem Krieg restituieren und wieder einliefern lassen; auch wollen IKW. und Lb. über obgesetzte von uns bewilligte Hülf keine Kriegs- oder Fortifikationskosten oder andere Erstattung von uns fodern, sondern es bei diesen getroffenen Kompaktaten allerdings bewenden lassen.

33) Weil wir auch IKW. die völlige Direktion des Krieges hiermit gänzlich überlassen, so wollen dieselbe sich dabei belieben lassen, dass wir einen commissarium bei den Konsultationen haben mögen und desselben Einrat, so lang der Krieg in unsern Landen

und dem niedersächsischen Kreis währet, nach beschaffenen tunlichen Dingen Raum und Statt geben.

34) Und soll endlich überall uns Friedrich Ulrich, Herzogen zu Braunschweig und Lüneburg in unserm fürstlichen statu, landesfürstlichen Jurisdiktion, Hoheit, Superiorität, Recht und Gerechtigkeit, Eigentumb, Possession und was davon allerseits in geist- und weltlichen Sachen dependieret, kein Präjudiz zugezogen und ein mehres, als die Vereinigung vermag, [nicht] begehret werden.

35) Wir wollen auch ohn IKW. Zuziehung und Vorbewusst keine Allianz, Fried und Vertrag traktieren, handeln, annehmen und schliessen.

36) Als auch Gott der Allmächtige beede IKW. und uns in dero Königreich und unsern Landen mit Salz- und Bergwerk reichlich gesegnet, so wollen IKW. ihresteils darob sein und durch gedeihliche Ordnung verfügen, dass unsere Metallen und Salzkauf weder durch ihre eigene noch durch andere, sofern sie es zu verhindern vermögen, versteifet und niedergeschlagen, sondern bei billigem Wert nach ihrer befindlichen Güte erhalten werden. Hingegen wollen wir uns mit Verlassung deroselben IKW. Metallen und Salzhandel nach Proportion eines jeden Güte und Umbstände konformieren und deshalb zu Verfassung eines guten wohl proportionierten gesambten Handels ferner Geding- und Vergleichung treffen, insonderheit aber wann etwa nach Wiedereroberung der Stadt Magdeburg der Stapel daselbst füglich gelegt werden könnte, uns angelegen sein lassen, dass unsere Herren Vettern zu Braunschweig-Lüneburg sich dazu wegen ihrer Metallen und Salzsoden ebenergestalt bequemen, und forderlich durch allerseits derer Sachen verständige Deputierte deroblhalben zu aller Interessierenden gemeinen Nutzen eine gewisse Vergleichung abgehandelt, eingangen und beschlossen werde.

37) Nachdem sich auch zutragen kunnte, welches gleichwohl der Allerhöchst gnädig abwenden wolle, dass zwischen IKW. und uns über einen oder andern obberührten verschiedenen Punkten dieser Vereinigung oder andere Inzident Missverständnus erwachsen möchten, auf den unverhofften Event ist IKW. einig auch kraft dieses beschlossen, dass zu Aufhebung solcher Irrsalen an jeder Seit zween Schiedeleut fürgeschlagen, darzu von uns beederseits ein Obman erwählet, dieselbe zusammen niedergesetzet, über der Misshelligkeit kognoszieret und die Sache nach Anweisung dieser

Kompakten und aller Billigkeit entschieden, es auch dabei ungeändert gelassen werden soll.

Alles christlich und ohne Gefährde. Urkundlich haben wir Gustavus Adolphus, König in Schweden und wir Friedrich Ulrich, Herzog zu Braunschweig und Lüneburg diese Konföderation und Vergleichung mit eigenen Handen unterschrieben und mit unsern königlichen und fürstlichen Pitschaften beederseits befestiget. Geschehen etc.

6.
1631 Dez. 31 (Jan. 10) Mainz.
1632 Jan. 10 (20) Hanau.
Fünftes Projekt der Alliance mit Braunschweig.

Wolfcab. 30 Jahr. Krieg III. 1. — Entworfen von dem schwedischen Staatssekretär Sattler, daneben die Abänderungsvorschläge der braunschweigischen Gesandten. — Vergl. die Relation v. d. Derken II. Nr. 83. — Rückenaufschrift: „Copia Konzepts der Alllanz, wie solches die KM. zu Schweden ablassen lassen; was aber jedes Orts ad marginem gesetzet, seind der f. braunschweigischen Abgesandten Erinnerungen, mit Bitte, selbige jeden Orts in den Kontext zu rücken; was aber mit einer diametrali oder transversall linea bezogen,¹) wird gebeten, solches auszulassen, und an dessen statt dem Kontext einzuverleiben, was jedes Orts ad marginem gesetzet."

Wir Gustav Adolf etc. und Friedrich Ulrich etc. für uns, unsere Erben und Successoren, Königreich, Fürstentumb und Länder tun kund hiemit und bekennen:

Wiewohl wir der König in Schweden dem römischen Kaiser oder einigen Stand des römischen Reichs die Zeit unserer königlichen Regierung im allergeringsten nicht beleidiget, sondern vielmehr der gesambten Kurfürsten eigenom Bekenntnus nach mit demselben

---

¹) Hier gesperrt gedruckt; alles was auf der linken Seite steht, ist der Sattlersche Entwurf, die braunschweigischen Erinnerungen stehen rechts.

jederzeit in unverrückter Freundschaft gelebt und also die wenigste erhebliche Ursachen, worumb wir von dem römischen Kaiser oder einigen Stand des römischen Reichs befehdet, bekrieget oder überzogen werden sollten, niemaln gegeben; Wir der Herzog zu Braunschweig und Lüneburg auch uns gar wohl zu bescheiden wissen, welcher gestalt das römische Reich gefasset und was darinnen sowohl dem Reichsoberhaupt als dessen Gliedern eines dem anderen reciproce zu leisten oblieget und dahero uns unsers Orts jederzeit aller Gebühr bezeiget,

Gleichwohl aber und nachdem der römische Kaiser uns den König zu Schweden wider alle Fug und Billigkeit ohne fürgehende Ankündigung des Krieges zuwider aller Völker Rechten mit öffentlicher Kriegsmacht überzogen, auch sonsten in viel Wege merklich beleidiget und offendieret; zudeme unsere nahe Blutsfreunde und benachbarte deutsche evangelische Kurfürsten, Fürsten und Stände wider ihre kundbare * privilegia, Recht und Gerechtigkeiten in geist- und weltlichen Sachen feindselig bedränget, teils ganz verjagt, teils dergestalt ausgesogen, dass sie von allen Kräften kommen, und also nichts mehr zu erwarten gestanden, als dass der lang prämedierte absolute dominat und Unterdrückung der wahren und

* landesfürstliche Superiorität, Hoheit, regalia und

allein selig machenden evangelischen Religion in Deutschland zu unserm und anderen angrenzenden Potentaten höchsten Präjudiz eingeführet, und hernächst wir und unser Königreich und Lande mit desto grösserer forz attackiert werden möchte; dahero solchem vorzukommen und unsern königlichen statum zu versichern wir mit einer Armee auf des römischen Reichs Boden setzen und, nachdem wir wider all Vermuten befunden, dass auch teils Stände des römischen Reichs, sonderlich die genannte katholische Liga sich des Krieges teilhaft gemacht und uns (ohnerachtet unserer bekannten Unschuld und redlicher Intention, auch vielfältigen Anerbietungen beharrlicher Freundschaft) mit Ihrer Armee und fliegenden Fahnen vor, in und nach der Leipzischen Schlacht unter Augen gezogen, denenselben mit unserer Macht durch gnädige Verleihung Gottes bis hieher über den Rhein folgen und begegnen müssen;

Wir der Herzog zu Braunschweig und Lüneburg hingegen aus des Reichs Kundigkeit uns zu Gemüt gezogen, mit was unerträglichen Bedrängnissen der römische Kaiser nun eine geraume Zeit hero die evangelischen Kur-, Fürsten und Stände nicht allein unter dem Prätext der Justiz in geist- und weltlichen Sachen, landesfürstlichen Hoheiten, Regalien, Herrlichkeiten und Gerechtigkeiten beschweret, darzu auch die genannte katholische Liga mit ihren Helfern und Assistenz weidlich geholfen; insonderheit uns aber Friedrich Ulrichen, Herzogen zu Braunschweig und Lüneburg, ein Fürstentumb, Graf- und Herrschaft, Ambt, Kloster und Stadt nach dem andern ganz ungehörter Sach weggerissen und abgenommen, auch unsere Lande und Untertanen mit allerhand grausamen Pressuren, eigenmächtigen gewaltsamen Exaktionen und andern mehr fast unerhörten barbarischen Kriegsinsolentien gemartert, gedrücket und bis aufs Mark und Bein unchristlicher Weis ersogen und wider den so hoch beteuerten und verpönten Religion- und Profanfrieden, beschworene kaiserliche capitulationes, Reichsfundamental- und andere heilsame Satzungen, zweifelsfrei zu dem Ende, damit sie uns und gesambte evangelische Stände des römischen Reichs unsers von unsern Vorfahren so teuer erworbenen Religion- und Profanfrieden * berauben und uns endlichen unter das Joch der päpstlichen Dienstbarkeit bringen möchten;

Dahero wir, weiln sonderlich keine ordinaria remedia, Bitten, Flehen, Erinnern, zu Gemüt führen, ansehnliche intercessiones, auch

* fürstliche Hoheit und status

kostbare Schickungen mehr verfangen wollen, sondern uns alle Weg und Steg zur Justiz verhauen und kein ander Mittel uns und unsern fürstlichen statum, familiam und Anverwandte sambt dem blossen Boden und Leben unserer eingeäscherten, versengten, verderbten, verwüsten und ausgesogenen Land und Leuten respective zu schützen und zu defendieren mehr übrig, als Gewalt mit Gewalt, vermöge Gottes Wort, der Natur und aller Völker Rechte durch göttlichen Beistand abzuwenden und zu vertreiben und uns sowohl de praesenti als in futurum zu versichern; Aber bei dieser des römischen Reichs Zerrüttung und da sich sowohl dessen Oberhaupt als der mehrer Teil der Mitglieder besagtermassen interessieret gemacht, kein ander Mittel noch Weg gewusst, als dass wir der Herzog zu Braunschweig und Lüneburg zu der KM. zu Schweden, deren grossen Eifer gegen die evangelische Kirche, und ihr deswegen von der göttlichen Allmacht ungezweifelt bescherten ansehnlichen Viktorien und Progressen bei diesem ihrem christlichen, rechtmässigen und redlichen Krieg wir gesehen, unsere Zuflucht freundschwägerlich genommen und dieselbe umb dero königlichen Schutz, Schirm und Protektion angesucht,

Darauf auch wir der König zu Schweden und Herzog zu Braunschweig und Lüneburg Gott zuvorderst zu Ehren und zu seines heiligen Namens Lob, Ehr und Preis, zu Erhalt- und Erweiterung seines allein selig machenden teuren Wortes, darnächst zu unserer respective Königreichen, Fürstentumben, Land und Leuten Besten, Aufnehmen, Konservation und deroselben genugsamen Versicherung, zu Abwendung uns allerseits nun und künftig obliegender Gefahren und Reduzierung eines beständigen, sichern, redlichen und reputierlichen Friedens, wie auch zu Rekuperierung dero uns dem Herzog entwältigten Fürstentumber, Graf- und Herrschaften * und dann Erholung unser beederseits für das evangelische Wesen und unsere Wohlfahrt ufgewandten Unkosten, erlittenen Schadens und rechtmässiger Kriegsprätension, und mit reifem Rat wohlbedächtlich mit einander verglichen, und uns und unser respective Kron, Fürstentumber und Lande beständig, unwiderruflich geeinigt wie folgt.

[I, 1.] Erstlich treffen und schliessen † wir der König in Schweden und Herzog zu Braunschweig für uns, unsere respective Erben und successores, auch beeder Seiten status, unsere Königreiche, Gross- und Fürstentumber, Herzogtumber, Graf- und Herrschaften, Land und Leute im Namen der

* zu Rett- und Stabilierung unsers fürstlichen status, von unsern geehrten Herrn Voreltern uns angestammeter und wohlhergebrachter Superiorität, landesfürstlichen Hoheit, Regalien, Gericht, Recht und Gerechtigkeit, auch Entfroi- und Erquickung unserer hochbetrübten Untertanen

† zu obgesetztem Ende

b. Dreifaltigkeit eine christliche redliche und rechtschaffene Alliance derogestalt und also, dass wir wider alle und jede unsere jetzige und künftige Feind, wie die Namen haben oder ihre Feindschaften ausspinnen und kolorieren muegen, für einen Mann stehen, Gutes und Böses, wie es des Krieges Gelegen- und Ungelegenheit mit sich bringet mit einander aushalten, uns unter einander allerseits königlich und fürstlich ungefärbt, treulich und rechtschaffen meinen und alles dasjenige, was redlichen Bundesgenossen eignet und gebühret unablässlich einander tun und leisten wollen.

[I, 2.] Und wir der König zu Schweden nehmen hierauf zum Andern sein Herzog Friedrich Ulrichs Lb., ihre Fürstentumber, Graf- und Herrschaften, Land und Leute (allermassen SL. dieselbe, darunter auch Münden, 2 Meilen von Kassel belegen, wie nichtweniger alle andere Örter, die von unsern alliierten Generaln und andern Kriegsoffizierern etwa schon eingenommen, oder noch künftig eingenommen werden können, mit eingeschlossen, vor * diesem gehabt und fürters in Zukunft des Bischofs, Domkapitels und ganzen Klerisei zu Hildesheim Lande, Ämbter und Güter, mit allen ihren Hoch- und Gerechtigkeiten haben und erlangen

* der böheimbschen Unruh

können) wider alle unsere und ihre Feinde in unsern königlichen Schutz, Schirm und Protektion und wollen sie von allen unbefugten An- und Zusprüchen, in specie derer von Goslar Aktionen und Impetitionen entheben, befreien und versichern, damit sie bei Gleich und Recht friedlich und geruhig bleiben mögen; jedoch soviel Münden anbelanget, wollen wir Landgraf Wilhelms zu Hessen Lb. hierunter nichts präjudiziert haben.

[I, 3.] Weiln zum Dritten ILb. dem Herzogen zu Braunschweig und Lüneburg die Zeit hero ein grosser Teil ihrer Landen unrechtmässig entzogen worden, als versprechen wir der König zu Schweden und unsere Mitbeschriebene hiemit ILb. zu Restitution solcher abgenommenen Orter und was ihr weiters dieser Alliance und Einigung halber entwendet werden mochte, insonderheit zu denen unter dem Prätext des Rechtens abgenommenen Stift hildesheimschen Städten, Schlössern, Klöstern und was darzu gehörig, fürderlichst so viel möglich zu verhelfen, diejenige, so diesfalls beleidigt oder dieser Einigung halber befehden und bekriegen, vor unsere Feind achten, verfolgen und bekriegen, und diesfalls mit niemandem von unsern gemeinen Feinden und ihren Helfern und

Assistenten † einigen Frieden eingehen oder treffen, ILb. der Herzog und dero Land und Leute sein dann mit darein begriffen und ihnen annehmbliche * Satisfaktion beschehen.

[I, 4.] Viertens † wollen wir auch förderlichst uf Mittel bedacht sein den übrigen Rest obbesagten Stifts Hildesheimb, benenntlich die Häuser Polne, Steuerwald, Marienburg und dero Stadt Hildesheim, soweit der Bischof, Domkapitel und Klerisei an derselben unstreitig berechtigt sein, zu erobern und ILb. und deroselben Lehenserben selbige, sambt allen Rechten und Gerechtigkeiten zu fürstlichen Lehen eigentümlich geben und durch unsere commissarios einweisen und einräumen lassen.

[I, 5.] Dann auch zum Fünften wollen wir nach äusserster Möglichkeit verhüten, dass die fürstliche braunschweigische Festungen und Häuser nicht wiederumb in des Feindes Hände kommen, sondern auf alle Fälle mit notürftigem Sukkurs oder einer Diversion der Zeit und Gelegenheit nach entsetzet werden mögen.

[I, 6.] Ob sichs auch fürs Sechste, das Gott gnädig abwenden wolle, begeben sollte, dass ILb. Räte und Diener in diesen Kriegeswesen

† ohne ILb. Zuziehung zu Begehen der haupt- und Obachtung deroselben Interesse, einigen Frieden traktieren
* sichere

† weil der Bischof, Domkapitel und ganze Klerisei des Stifts Hildesheimb solchen unsäglichen und landverderblichen, uf viel Millionen sich belaufenden Schaden unter andorn durch ihr räuberisch Kriegsvolk verursacht, dieselbe auch ohne das, vermöge der zwischen unser Herzog Friedrich Ulrich zu Braunschweig und Lüneburg in Gott ruhenden Vorfahren und dem Stift Hildesheimb Anno 1523 zu Quedlinburg ufgerichteten und von Kaiser Karl V. mit stattlichen Klausuln bestätigten Vertrag, auch sonsten laut des hellen Buchstaben des Landfriedens, auch andere Reichsatzungen in die Pön des Landfriedens, Acht und Oberacht ipso jure et facto, sowohl wegen der nun lang Jahr hero verübten grausamen Landzwingerei und hochverbotener Bedrückung unser Land und Leute, als der eigenmächtigen gewaltsamen Okkupation unserer Landen, gefallen und kraft derselben aller ihrer gehabten Lande, Recht und Gerechtigkeit verlustig worden sein, Wir der Herzog zu Braunschweig aber ohne kräftige Errettung und Assistenz der KW. in Schweden zu dem Unserigen,

und Geschäften vom Feinde gefangen würden, so wollen wir der König in Schweden auf solchen Fall zu deren Entledigung so viel tun, als ob es unsere eigene Diener und Räte gewesen wären. Da aber ILb. den Herzog selbsten, dafür Gott gnädig sei, solch Unglück betreffen sollte, so wollen wir umb ILb. alles tun und lassen, was uns umb unsern nahen Blutsfreund und Bundsgenossen zu tun und zu lassen immer möglich und für Gott und aller Welt zu verantworten und rühmlich sein wird.

[I, 7.] Zum Siebenten wollen wir auch sein Herzog Friedrich Ulrichs Räte, Diener, Landsassen und Schutzverwandte in solcher Obacht haben, dass wir niemanden, allerwenigst den unserigen, so viel des Krieges Natur leiden kann, verstatten, dieselbe zu molestieren, oder anderswo und für andern als für SLb. und dero Regierung und Beambtungen in deroselben Landen und Gebieten, noch anderer gestalt, als mit Recht nach SLb. Konstitution und des Landes Sitten und Herkommen zu beklagen und zu besprechen. Allermassen insgemein diese Alliance SLb. fürstliche Statuten, Regalien, Hoheiten, Gericht, Recht und Gerechtigkeiten in Geist- und Weltlichen in dem geringsten nicht präjudizierlich oder nachteilig, sondern

auch Erstattung der Schaden nicht gelangen können, zumal auch die hildesheimsche Klerisei und papstische assessores in camera selbsten ungescheuet ausgeben dürfen, dass solche bona nicht vom Reich, sondern bloss vom Stuhl zu Rom dependieren, Als haben wir der König angezogener Ursachen nach für billig ermessen, wollen uns auch kraft dieses äusserst angelegen sein lassen, dass nit allein die dem Herzogen zu Braunschweig de facto und selbstätiger Gewalt von ihnen abgenommene Land und Leut restituieret, sondern auch die übrige drei Ämpter und Häuser Steuerwald, Peine, Marienburg sambt der Stadt Hildesheimb, so weit der Bischof, Domkapitel und Klerisei an derselben berechtigt sein, erobert werden; welche wir auch hiemit und kraft dieses ILb. und deroselben Lehenserben, sambt aller Hoheit, Recht und Gerechtigkeit eigentümlich geben und fürters durch unsere commissarios anweisen und einräumen lassen wollen; und wollen wir der Herzog zu Braunschweig solche genannte hildesheimsche Güter von der KW. zu Schweden als obristen Haupt und Direktorn der evangelischen Defensionsverfassung und der Kron Schweden titulo protectionis vel advocatiae rekognoszieren. Es sollen aber unter solcher Rekognition unsere uralte fürstliche

vielmehr förderlich und zuträglich sein sollen.

[I, 8.] Da wir auch zum Achten des Krieges Notarft nach mit unser ganzen Armee, regiment- oder truppenweis in dero Herzogtumb Braunschweig und angehörigen Festungen, Städten und Landen sein, darinnen Quartier nehmen, uns aufhalten und durchmarschieren müssen, wollen wir aller Orten, so viel des Krieges Eigenschaft nach immer geschehen kann, sotanige Ordre und Regiment halten lassen, dass dero Landmann und Untertanen möglichst geschonet und niemand über Gebühr beschweret werde.

[I, 9.] Wie wir dann zum Neunten auch daran sein werden, dass SLb. angehörige Fürstentumb, Graf-, Herrschaften und Lande über die zu diesem Krieg bewilligte quotam mit andern Einquartierungen undMunsterplätzen* so viel möglich verschonet bleiben; da aber † die hohe Noturft erforderte Munsterplätze in ILb. Fürstentumb, Graf- und Herrschaften zu erteilen, so soll die Assignation der Plätze und Örter bei SLb. stehen; jedoch dass die Plätze also beschaffen sein, dass Lauf- und Munsterplätze füglich darinnen gehalten werden mögen; dann dabei so viel möglich ein gewisse Zeit ernennt und gehalten, auch ein Gewisses, was einem

Erblande, Grafschaften Homburg-Eberstein und andere nicht, sondern allein die hildesheimischen Güter begriffen sein.

* so lange deroselben Rekuperier- und Eroberung währet, gänzlich
† nach erwähnter Rekuperier- und Eroberung

jeden Offizierer und Soldaten zu Ross und Fuss gereichet werden soll, denominieret werden.

[I, 10.] Sollten dann auch zum Zehenten unsere Soldateska zu Ross und Fuss in SLb. Lande ohne beweisliche Ordre, oder über und wider dieselbe extravagieren, streifen, plündern oder einzige andere Insolenzien ausser ihren Quartieren begehen, soll SLb. befugt sein, dieselbe durch ihre Beambten, Diener und Untertanen als Strassenräuber, Placker und Brandschätzer anzutasten, niederzuwerfen und nach Befindung an Leib und Leben zu strafen; deswegen aber vorhero öffentliche edicta zu männigliches Wissenschaft publizieren und affigieren, auch wo möglich unserer Soldateska an jedem Ort insinuieren lassen.

[I, 11.] Zum Eilften, wann mit Gottes Hilfe dieser Krieg und was daraus nach dem unwandelbaren Willen Gottes für Feindschaften sonsten entstehen mochten, zum Ende bracht und allgemeiner Fried und Ruhe restabilieret sein, so wollen wir der König zu Schweden alle Örter, Pässe und Festungen, so wir in SLb. Lande inne haben mit allem, was an Geschütz, Munition und Proviant SLb. und dero Landen zustehen mag, aufrichtig und vollnkommlich restituieren und zu SLb. Handen, oder nach dero Ableben den andern Herzogen zu Braunschweig und Lüneburg vermöge desselben f. Hauses Erbverträgen, oder welchem es sonsten an andern Örtern, so in solchen Erbverträgen nicht begriffen seind, gebühren wird, liefern, da¹) sie anderst diese Alliance ratifiziert, sich mit uns gleichmässig verbunden und durch feindliche Bezeignung sich solcher Lande und Sachen nicht verlustig gemacht haben; inmassen des Herzogen zu Braunschweig Lb. auf sich genommen, bei ihrer Landschaft zu verschaffen, dass sie keinen künftig zum Landesfürsten annehmen noch huldigen, er habe denn diese Alliance angenommen, konfirmieret und bestätigt.

[I, 12.] Wie wir dann fürs Zwölfte ILb. auch bewilligt, zum Fall dero Vettern die Herzogen zu Braunschweig Lüneburg, zellischer Lini, in berührte Alliance, jodoch mutatis mutandis, insonderheit aber, dass uns sie eine ansehnliche quotam militum * zu Verstärkung unsers exercitus bei währenden unsern Kriegsverfassungen unterhalten, sich mit begeben würden, dass wir sie alsdann auf ILb. unbeerbten Totfall auch in die Stift hildesheimsche Land und Güter, allermassen wie dieselbe ILb. verschrieben und sie von uns und unsern Erben und Successoren am Reich von

¹) Der folgende Passus ist derjenige, dessen die Relation der Gesandten (v. d. Decken II. S. 290) „sub num. II. lat. 15° besonders gedenkt.

* oder Zulage (deren Determination dann zu unsers des Königs und der Herzogen zu Braunschweig und Lüneburg, zellischer Lini, fernerer Vergleichung jetzo ausgestellet wird)

deroselben rekognoszieret werden,
in die Samptlehen mitsetzen und
sie darbei gleich ILb. praestitis
praestandis königlichen handhaben
und schützen wollen.

† [I, 13.] Als auch' fürs Dreizehente das fürstliche Haus Braunschweig und Lüneburg auch mit andern papistischen Ständen, besonders aber mit Kurmainz wegen etzlicher uf dem Eichsfeld gelegener Güter in Streit und Rechtfertigungen stehen, wollen wir demselben darzu nach Befindung ihrer Befugsamkeit müglichsten Fleisses verhelfen.

† Zum unverhofften Fall auch wir Herzog Friedrich Ulrich, welches der allgütige Gott gnädig abwenden wolle, ohne Leibeslehenerben abgehen würden, sollen sowohl unser Kammer- als der Landschaft Schulden von obgenannten Stiftsämbtern und Landen pro rata abgetragen und unser fürstlich Glaube, Namen und Reputation, wie nicht weniger unserer Landschaft Kredit von jeden Orts Successoren erhalten werden. Was auch von den benannten bildesheimschen Ortern etwa von unsern Voreltern und uns allbereit andern verschrieben oder wegen getreuer Dienste noch künftig verschrieben werden mochte, solches sollen die successores zu halten verbunden sein.

[II, 1.] * Darentgegen verobligieren wir der Herzog zu Braunschweig und Lüneburg, unsere Erben und Erbnehmen, unsere Fürstentumb, Graf- und Herrschaften, Land und Lente uns hiemit, die KW. zu Schweden (deren obhandene Waffen und Ursachen dieses Krieges wir zuvorderst ganz gerecht und justifiziert befinden) nicht

* Darentgegen verobligieren wir der Herzog zu Braunschweig und Lüneburg für uns, unsere Erben und Nachkommen die KW. in Schweden für unsern Bundsverwandten und Schutzherrn nicht allein zu halten, sondern wir wollen auch ohne IKW. Vorbewusst mit einigem Potentaten, freien Republiken und Kommunen in keine dieser Alliance widrige Bündnis treten, noch einigen

allein nächst Gott für unsern Bundsverwandten und Schutzherren, sondern wir wollen dieselbe, und künftig ihre Erben und Successoren am Reich und der Kron Schweden jederzeit dafür respektieren und ehren, derer als unser Schirmherrns Schaden allenthalben treulich warnen und abwenden, ihr Bestes prüfen und nicht mit im Rat oder Tat, der oder die directo vel indirecto wider IKW., dero Königreich, Fürstentumb und Städte wäre, sondern auf sie allein unser Absehen haben, und deroselben mit Leib, Gut und Blut äussersten Vermögens nach beigetan und gewärtig sein, auch von deroselben nun und inskünftig ohne dero guten Willen und Vergunnon keineswegs abweichen, noch diesen Versprnch aus irgenderlei Zufäll präjudizieren oder entgegenhandeln. [II, 2.] Wir und unser Lande wollen uns anch zum 2. mit niemanden andern, wer der von Potentaten, freien Republiken, Fürsten, Herrn, Städten und Kommunen sein mchte, ohne IKM. Vorbewusst und Bewilligung diesem zuwider alliieren und in Vorbündnus einlassen, vielweniger aus dieser Ver‑ Frieden mit den gemeinen Feinden handlen, acceptieren, eingehen oder machen. Begäbe sich anch in specie, dass der Kaiser oder papistische Liga sambt und sonders uns dem Herzogen zu Braunschweig und Lüneburg annehmliche und erträgliche conditiones pacis präsentieren und vorschlagen werden, wollen wir dieselbe ohne Konsens IKW. gar nicht annehmen und belieben. Damit anch IKW. wegen ihrer aufgewandten Kriegskosten, dem gemeinen evangelischen Wesen und uns treuelferig erwiesene Assistenz etwas Rekompens und Ergetzlichkeit haben möge: Als wollen IKW. wir mit Rat und Tat beiständig sein, dass dieselbe den gemeinen Feinden abgenommene Örter und Plätze, so für dem Kriege keinem evangelischen Stand zugehörig gewesen, bis zu erfolgter annehmlicher Erstattung obgedachter Unkosten und Bemühung in Handen behalten, sie auch dabei neben andern evangelischen alliierten Ständen nach äusserstem Vermögen mit helfen manntenieren und handhaben.

Darneben erklären wir uns, wenn hernächst die Kron Schweden über Verhoffen angefochten, angegriffen und zur Ungebühr bekrieget werden sollte, dass wir alsdann deroselben beistehen, uns mit andern evangelischen alliierten Kur-, Fürsten und Ständen konformieren und der Quantität halber

bündnus treten oder im geringsten davon abweichen noch einigen Frieden mit jemanden handeln, acceptieren, eingehen oder machen. Begäbe sich auch in specie, dass der Kaiser und papistische Liga oder jemand anders sambt oder sonders uns dem Herzog zu Braunschweig und Lüneburg oder den andern alliierten teutschen evangelischen Kur-, Fürsten und Ständen, allein und insgesambt, annehmlichere und erträglichere conditiones pacis als SKW. präsentieren und vorschlügen, insonderheit aber SKW. wegen der aufgewandten überaus schweren Unkosten und Kriegesspesen, wohlgewonnenen Viktorien und dadurch erstrittenen hohen Rechten keine annehmliche, gnugsame Satisfaktion geben wollten: So versprechen wir hiemit bei unsern fürstlichen wahren Worten an Eidesstatt, dass wir alsdann solche conditiones nicht allein in keinem Woge ehe und bevor SKW. wegen besagter Unkosten, Viktorien und juris belli annehmliche gnugsame, royale Satisfaktion widerfahren, acceptieren und von dieser Alliance abmit IKW. und der Kron Schweden vergleichen wollen.

Als auch die hohe Notwendigkeit und Kriegsbeschaffenheit jetzigen Läuften nach erfordern tut, dass IKW. in Schweden die oberste Direktion jetzigen und etwa aus diesem entspringenden Krieges verbleibe und von deroselben absolute geführt werde, gestalt dann solche IKW. von andern konföderierten Kur-, Fürsten und Ständen allbereit aufgetragen: So wollen wir der Herzog auch ihro unserteils solches directorium hiemit anheimb gestellet haben. Doch werden IKW. ihro nicht zuwider sein lassen, dass solang der Krieg in unserm Fürstentumb und Landen währet, von IKW. und uns ingesambt ein Kriegsrat bestellet, oder wir den Kriegsconsultationibus und expeditionibus einen Kommissarien zuordnen mögen, dessen Bedenken und Gutachten befindenden Dingen nach nicht aus Obacht zu setzen.

weichen, sondern auch diejenige Kurfürsten, Fürsten und Stände, die aus solchen Ursachen von IKW. über Verhoffen sollten aussetzen, für unsere Feinde, Inhalts dieser Alliance, halten wollen.

[II, 3.] Als wir der Herzog zu Braunschweig und Lüneburg uns fürs Dritte auch erinnert, welchergestalt die pontificii in der Kammer zu Speyer dafür selbsten gehalten und judizieret, dass obenbenannte hildesheimische Länder und Güter nicht vom römischen Reich teutscher Nation, sondern vom Papst zu Rom dependieren, auch so wenig zu den Unserigen hinwiederumb gelangen, als uns des von dem Bischof zu Hildesheimb und dessen Klerisei gewaltsamer Weis zugefügten fast unästimierlichen Schaden ergetzen und erholen könnten: So wollen wir zu mehrer Bezeigung unserer Dankwürdigkeit uns, unsere Fürstentümber, Graf- und Herrschaften, Land und Leute nicht allein dem königlichen Schutz bestermassen, wie obstehet, ergeben, sondern auch, sobald wir zu wirklicher Possession solcher Land und Güter wiedergelangen und respective kommen, dieselbe mit Ihren Hoch-, Frei- und Gerechtigkeiten, auch allen Pertinenzien für uns und unsere Leibeserben von SKW. und dero Erben und Successorn an der Kron Schweden gebührendermassen zu Lehen empfangen und rekognoszieren, wegen derselben ihr und ihnen, wie diesfalls billig und Herkommens, verwandt sein und uns fürters gegen dieselbe und dero Kron aller Schuldigkeit nach bis in unser Sterbstunden getreulich erweisen.

[II, 4.] Und nachdem viertens nichts billigers, als dass IKW. und der Kron Schweden ihres hohen Interesse [wegen] bei diesem und künftig hieraus sich entspinnenden Kriegen die Absolut-Direktion darüber verbleibe, gestalt solche SKW. von den Konföderierten allbereit aufgetragen und auch wir, dass SKW. solche weiters über sich zu nehmen geruhen wolle, freund-, ohmb- und schwägerlich ersucht, sie es auch gutwillig über sich genommen: Als wollen wir selbiges und was dem anhanget, SKW. und dero Kron hiemit unsersteils ebenermassen völlig und unlimitiert heimgestellt haben, also dass SKW. und sie als das Haupt

nach ihrem besten Wissen
und Verstand solches führen,
nach Erforderung gemeiner
Noturft Feind deklarieren,
Krieg ankünden und zu unser
allerseits Besten dirigieren
solle, könne und müge.[1]

[II, 5.] Wann auch fünftens
der Krieg in und aus unsern
Landen, inmassen jetzt zu deroselben Errett- und Versicherung
geschehen soll, geführet werden
sollte, so wollen wir SKW., dero
Generaln, Gesandten und Kriegesräten, auch andern Offizierern,
welche SKW. oder dero Generaln
dazu verordnen würden, die Direktion und Oberst-Kommando
übers Kriegeswesen eben wohl
vollnkommlich eingestehen und
lassen, und alles was status et
ratio belli erfordern muchte, zu
tun und zu lassen verstatten und
befodern, jedoch dass uns an unserer fürstlichen Hoheit und Berechtsamkeit überall nichts präjudizieret und eingegriffen werde.

[II, 6.] Zu dem Ende wir zum
Sechsten IKW. und dero Kriegesvolk unsere Lande, Festungen,
Städte und Pass jederzeit offen
halten wollen, sich nach Halleben und des Krieges Noturft,
Behuf und Bequemigkeit nach
deren zu gebrauchen, Pass und
Repass dadurch zu nehmen, darin
und darbei mit Armee oder
truppenweis zu liegen oder sich
aufzuhalten.

[1] Die §§ 11, 1—4 sind diejenigen, deren die Gesandten in der Relation (v. d. Decken II. S. 29^{ff}) „sub num. II. lat. 16—21" besonders gedenken.

Wir wollen auch auf Anordnung und Befehl IKW. dero Volke nicht allein im Zug und Marsch Quartier, Futter und Mahl nach Noturft ohne Bezahlung möglichster Weise geben, sondern auch so lange SKW. Armee oder Soldateska umb die Rekuperation vorbemelter unser und der hildesheimschen Land und Leute streiten und fechten wird, mit Servis, Löhnung oder Unterhalt, allermassen SKW. dieselb oder denselben durch ihre in öffentlichen Druck in Pommern publizierte und uns unter dero Subskription und Sekret mitgeteilten Kammerordnung (welcher auch allerdings nachgelebet werden soll) verordnen, verschaffen und dabei die Versehung tun, wann der Soldateska die Löhnung an Gelde wöchentlich und monatlich entrichtet wird, dass sie dann Proviant und Futter umb Bezahlung in billigem Tax dero Örter, da sie es bedürfen, haben können. †

Es sollen uns aber von SKW. die Durchzüge, Einquartier- und Logierungen allemal vorhero so zeitig (wofern es auch die Zeit immer erleiden will) dergestalt kund getan werden, dass wir wissen können, wohin der Proviant zu schaffen, sonsten aber auch die Durchzüge und derobehuf vorstehende Marschen mit unserm Vorbewusst den nächsten und bequemsten Weg (grossen

† Sollte aber wegen besorgender Verwüstung und grösserm Aufgang die vivres und obermelte Verpflegung aus unsern des Herzogen zu Braunschweig Landen nicht erfolgen können, So wollen wir der König erschlessliche zulangende Ordinanz machen, dass aus den anrainenden benachbarten Stiftern, Landen und Grafschaften ein ergiebiger Zuschuss geschähe; auch sollen behuf obangeregter Verpflegung unsere des Herzogen

Schaden und Ungelegenheit zu verhüten) genommen werden. Dabei wir dann unsere Kommissarien und Bediente haben, auch selbige auf SKW. Begehren zu Treu und Verschwiegenheit besonders schwören lassen wollen.

[II, 7.] Wir der Herzog wollen auch zum Siebenten zwar unser fürstlich Residenzhaus und Festung Wolfenbüttel (aus angelegenen sonderbaren Ursachen) für uns selbsten allein besetzen, benebenst aber auch verwilligt und versprochen haben, auch daraus mit Proviant, Geschütz, Munition, Gewehr und allem Vermögen SKW. und dero Armee beizustehen und verholfen zu sein; wenn es auch der Notfall per status et belli rationem also erforderte, dass IKW. selbst persönlich darin sein wollten und wären, so wollen wir alsdann deroselben die Festung unweigerlich und unverzüglich einräumen * und in dero selbst das Kommando lassen. Sonsten aber und da IKW. einen hohen Offizierer darein legen wollten (wie deroselben zum Notfall freistehen soll), soll uns die Disposition und Oberkommando verbleiben.

[II, 8.] In übrigen unsern Festungen, Häusern, Städt- und Pässen soll zum Achten IKM. überall die Disposition freistehen und die Offizierer und Soldaten, so in den Frontier-Festungen und sonsten im Lande in unserm zu Braunschweig gesambte Lande, Graf- und Herrschaften in ein corpus ohne allen Abgang gebracht und von allen andern Beschwerungen, Einquartierungen, Musterplätzen, Kontributionen und dergleichen gänzlich enthoben und befreiet werden.

* eröffnen.

Herzog Friedrich Ulrichs Dienst und Sold verbleiben, sollen zugleich SKW. (als absoluto directori des Kriegs und Schutzherren) und uns (als des Landes und der Festungen Erbherrn) verpflichtet und geschworen sein; gestalt darauf dann dero Soldateska Ampt und dem Inhalt dieser Alliance nach, so weit nämlich sie dieselbe betrifft, die Eidesformul zwischen uns zu vergleichen stehet. †

[II, 9.] Dahingegen wollen wir zum Neunten unsere Städt, Festungen und Pässe keinen IKW. Feinden oder deren Helfer oder Helfershelfern (so wol sonsten niemanden ohne IKW. Bewilligung und Gutachten) öffnen, oder sie darein mit Willen nehmen, noch mit ihnen ohne IKW. Vorbewusst und guten Willen darumb accordieren, sondern sie nach äusserstem Vermögen daraus halten, ihnen auch sonsten keinen Pass in oder durch unsere Lande verstatten, sondern mit aller Macht abtreiben.

[II, 10.] Was zum Zehenten in unser des Herzogen Landen an Geschütz, Munition und Gewehr zu erlangen und zu gebrauchen nötig oder dienlich ist, das wollen wir bereitwillig zum Gebrauch anwenden, hergeben und nicht allein zur Munition-, Proviant- und Bagagefuhren, sondern auch zur Schanzarbeit und der-

† Im Fall aber das ligistische Volk aus unsern Festungen und Städten mit der Kondition weichen wollte, dass dieselbige Örter von uns allein sollten hinwieder besetzet werden, würden solches IKW. zu Verhütung fernerer Verwüstung ihro nit lassen zuwider sein', zumal wir ohne das daraus IKW. succurieren und auf den Notfall die Retirada kraft dieses verstatten wollen.

gleichen benötigter Handbietung das Land vermögen und brauchen. SKW. aber werden nichts aus dem Lande hinwegnehmen, sondern was dessen übrig verbleibet uns und dem Lande zum besten hinterlassen. *

[II, 11.] Zum Eilften, nachdem wir der Herzog zu Braunschweig und Lüneburg bekennen müssen, dass die KW. und Kron Schweden zu unser der Evangelischen gesambten Wohlfahrt bishero ein überaus Grosses getan und weiter sonderlich auf die Liberierung unsererer Landen anwenden müssen, hieraus vermutlich noch mehrer Krieg erwachsen muchte, darzu dann mächtiger exercitus und unsägliche Unkosten erfordert werden; und aber mehr als billig, dass wir IKW. an die Arm greifen und die Last des Krieges pro quota tragen helfen: Als versprechen wir und unsere Lande IKW. und der Kron Schweden † zu Unterhaltung jetzt und künftiger Armatur und Kriegs-Verfassungen monatlich von dato dieser Alliance an zu rechnen .. tausend Rt. zu kontribuieren, welche wir und unsere Lande IKW. und dero Kron, wohin sie solche begehren, liefern und abfolgen lassen, oder auf Ihr Belieben so viel Volks zu

* Wir wollen auch die Festungen und verwahrliche Passörter unsers Landes nach Möglichkeit konservieren. Alldieweil aber der Weserstromb und unsere Lande gleichsam eine Vormauer des ganzen niedersächsischen Kreises und also die Besatzung des Weserstrombs zu gesambter Kreisständen Versicherung gereichet, so wollen IKW. gute Beförderung erweisen, auch nach Gelegenheit Ordinanz erteilen, dass der Weserstrom und etwa andere nötige Pässe und Örter auf gesambten Kosten der niedersächsischen Kreissiände nach eins jeden Anlage, wie auch der anrainenden Grafen besetzet und wider die Feinde erengenden Dingen nach manntenieret und erhalten werde.

† sobald wir zuvorderst unsere Lande [und] Leut neben den hildesheimschen Örtern gänzlich wieder mächtig sein und unter unserer freien Disposition haben werden, IKW. ein ganz Regiment zu Fuss von 2000 Köpfen, auch 200 Pferde neben aller Zubehör wider ihre und unsere Feinde, so lange dieser Krieg währet, zu unterhalten. Sollte aber nach völliger Rekuperation und Inkorporation unser

Ross und Fuss dafür werben und unterhalten wollen.

[II, 12.] Da auch zum Zwölften des Krieges Notdurft erforderte mit unserm und der Alliierten Rat und Gutachten die contributiones zu erhöhen, wollen wir der Herzog zu Braunschweig uns denselben so gar nicht entzogen, dass wir uns vielmehr nach Möglichkeit darzu anheischig gemacht haben wollen; wie wir dann auch ausser diesem nach völliger Rekuperation und Inkorporation unser und der bildesheimschen Landen in dessen Respekt, so lange dieser und hieraus entspringender Krieg währet, SKW. 2 Kompanien zu Pferd, jede 125 Pferd, und 1 Regiment Knecht von 2000 Köpfen, inschliesslich der Anritt- und Werbegelder, Gewehrs, Munition und aller ander zugehörigen Unkosten unterhalten und bezahlen wollen.

[II, 13.] Da auch zum Dreizehenten die unumgängliche Not erforderte, dass IKW. in unsern Fürstentumben, Graf- und Herrschaften und Landen Lauf- und Musterplätze anstellen müssen, wollen wir solches geschehen lassen; jedoch dass dasjenige, was wegen der Musterplätze aufgehet und liquidieret werden kann, an Herzog Friedrich Ulrichs und der bildesheimschen Länder sich in Wahrheit befinden, dass wir ein mehrers als 200 zu Ross und 2000 zu Fuss zu KW. und gemeinen Wesens Dienst zu unterhalten vermöchten, so wollen wir uns darzu bona fide anheischig gemacht haben. Sollte aber IKW. belieben, anstatt spezifizierten Kriegsvolks eine gewisse Sumb Geldes monatlich anzunehmen und behuf der gemeinen militia zu verwenden, soll uns solches nicht zuwider sein.

der Sumb der Kontribution abgebe und die uf dem Münsterplatze befindende Offizierer und Soldaten praecise der kgl. Kammerordnung nachleben und sie anderst zu verpflegen niemand zwingen.

[II, 14.] Zu diesem Behuf und alle auch die geringste praejudicia abzuschneiden lassen zum Vierzehenten beede wir der König zu Schweden und wir der Herzog zu Braunschweig und Lüneburg uns belieben und gefallen, keinen Platz oder Ort, so in unser des Herzogen Landen, wie die jetzo seind und nach der hildesheimschen Inkorporation befunden werden, angehörig und unser Superiorität unterworfen durch Salvaguardien oder einigerlei anderergestalt von der Kontribution, Proviantlieferung und allerlei anderen Lasten zu eximieren, zu befreien oder zu erleichtern; doch dass uns dem Herzogen zu Befrei- und Erleichterung unserer Räte, Hof-Offizierer und Sekretarien, auch zu dem Landrettungswesen benötigter Diener, alswol auch die Anlagen ufs Land wie obstehet ganz ungehindert und unbeeinträchtigt für uns selbsten zu machen und dieselbe einzubringen, die freie Hand gelassen werde.

[II, 15.] Zum Fünfzehenten wollen wir Herzog Friedrich Ulrich sowol binnen Landes als auf den Grenzen die Ritterpferd und Ausschuss, so viel man je zur

Zeit nach Gelegenheit und Zustand der Landen vermag, zu demselben Ratt- und Versicherung sowol offensive als defensive beneben und zusambt SKW. und unserer Soldateska unter IKW. directorio brauchen und daran weder Abgang noch Verzug oder einigen andern Behelf gedulden, sondern darüber bei Verlust der Leben und respective Konfiskation ihrer Güter ohne einige Dispensation übersehen oder begnaden, eifern und halten.

[II, 16.] Und soll zum Sechszehenten diese und obbemelte Kontribution und Hülf so lange währen, bis dieser und andere * nun oder künftig hieraus entstehende Kriege zu End geführet, IKW. der Kosten, Bemühung und Prätension halber befriedigt oder ihr deshalben die eroberte Landen in Händen gelassen und also ihr jus belli allerdings konservieret worden. † Dabei SKW. wir dann in allewege manntenieren helfen wollen. Zu Versicherung unserer eigener Länder aber wollen wir künftig unsere Päss und Grenzfestungen nach SKW. Gutachten und Weisung mit Schanzen und andern Festungsgebäuden, Garnisonen und Provisionen für uns selber, ohne IKW. Zulage versehen und erhalten, dabei wir der König ** freundvetterlich zugesagt, dass wann die Passörter an der Weser völlig rekuperiert sein, wir des

* etwa insunn oder

† auch wir unsers fürstlichen status, Hoheit, Fürstentumb und Lande, wie obstehet, gnugsam versichert.

** wie obgemelt

niedersächsischen Kreises Stände und andere angesessene, solcher Besatzung als einer Vormauer mitgeniessende Herrschaften nach Vermögen dahin disponieren wollen, dass sie SLbd. zu Erhaltung solcher Garnisouen an den Weserpässen proportionabiliter Zuschuss tun müssen.

[II, 17.] Zum Siebenzehenten so verstatten wir auch für die königliche Armee in unsern Fürstentumb, Landen und Gebieten freien Einkauf und Ausfahren der vivres, Artillerie, Munition und Gewehr und aller andererdarin vorhandenenKriegesnoturft. Hergegen wollen wir dem Feind alle contributiones, exactiones, Ab- und Zufuhren aus unsern Landen nun und inskünftig * verweigern und abschneiden, sie vielmehr aller Örter hindern, verfolgen, verjagen, niederhauen lassen, und was äusserster Möglichkeit nach IKW. und dem gemeinen evangelischen Wesen zum Besten von uns mit Bestand geschehen kann, wider sie vornehmen.

[II, 18.] Als auch fürs Achtzehente Gott der Allmächtige beede SKW. und uns in dero Königreich und Landen mit Bergwerken und Salzsoden gnädig und reichlich gesegnet, so wollen SKW. ihrestells durch die Ihrige darob sein und mit Befehl verordnen und verfügen, dass nusere Metallen-

* so bald immer möglich und grosser Gefahr halber geschehen kann und mag

und Salzkauf weder durch ihre eigene, noch durch andere (sofern sie es derselben verwehren und behindern können) gestopft und niedergeschlagen, besondern bei ihrem billigen Wert nach ihrer befindlichen Güte erhalten werden.

[II, 19.] Hingegen zum Nennzehenten wollen wir mit Verlassung deroselben uns SKW. Metallen und Salzhandel nachachten, in dem uns mit ihrem (nach Proportion der Güte und aller Umbstände) konformieren, und deshalb zu Verfassung eines guten wohlproportionierten gesambten Handels ferner Geding und Vergleich, sonderlich wann dieser Länder und Örter Stapel nach der Stadt Magdeburg Eroberung daselbs gelegt werden sollte, eingehen und bei den andern Herzögen zu Braunschweig und Lüneburg uns möglichstes Fleisses bearbeiten, dass deroselben Lbd. sich ihrer Lande, Metallen und Salzes halber gleich uns hierzu bequemen und eintreten.

[II, 20.] Zum Zwanzigsten, woferne IKW. ihrem obliegenden directorio nach an einem und andern Ort zu dessen mehrer Fortifikation und Konservation neue Werk anlegen oder die alte verbessern lassen würde, so sollen und wollen wir solches geschehen und unser Landvolk und Untertanen, do es die Notnrft erfordert, daran arbeiten lassen. Hingegen hat aber IKW. uns zugesaget von solchen Werken keinen Fortifikationskosten zu fordern,* es wäre dann, dass solche Werk wegen obhandener Feindesgefahr von der königlichen Soldateska gemacht würde, da wir uns dann der Bezahlung halber zu vergleichen hätten.

* es soll aber uns dem Herzogen zu Braunschweig frei und bevor stehen, etzliche geringe Festung, welche wie der Augenschein bis jetzo erwiesen, nur zum Verderb des Landes gereichen, gänzlich zu demolieren.

[II, 21.] Demnach auch zum Einundzwanzigsten uns Herzog Friedrich Ulrich höchlich angelegen, dass SKW. wegen ein Ambassadeur oder Kriegsrat bei uns residiere, so dahin bester Möglichkeit trachten helfe und sich bemühe, damit dieser Alliance in allem gelebt † werde, so wollen SKW. uns von ihren vertrauten Räten jemand fürdersambs zuschicken. Darentgegen erkennen wir uns schuldig denselben der Gebühr nach aus unsern Landen zu unterhalten und demselben in alle vernünftige Wege in gebührenden Respekt SKW. zu folgen.

† auch gute Kriegsdisziplin und Ordinanz gehalten

[II, 22.] Zum Zweiundzwanzigsten haben wir uns verglichen, dass keiner des andern Überläufer und Malifikanten in unsern Landen und Gebieten aufnehmen, hegen und passieren, sondern selbigen niederwerfen und zu gebührenden Bestrafungen ausliefern, oder da einer desselben nicht mächtig sein könnte, sie ihrer Ehren,

Zünfte, Rechten und Güter verlustig machen sollen.

[II, 23.] So ist auch zum Dreiundzwanzigsten zwischen uns abgeredt, dass wir mit erstem * wider unsere dem widrigen Teil dienende Untertanen und Lehnleut sub poena confiscationis bonorum avocatori mandata publizieren und über der Exekution streng und unablässlich verfahren wollen.

* sobald nur solches wegen der Feinde sicherlich und ohne Beleidigung des Landes geschehen mag

[II, 24.] Da aber zum Vierundzwanzigsten zwischen uns beederseits über einigen verakkordierten oder sonsten von neuen entstehenden Punkten oder Fragen Streit oder Differenzien vorfiele, als sollen und wollen wir der König in Schweden und wir Herzog Friedrich Ulrich zu Braunschweig und Lüneburg unparteiische Schiedsleute darüber vorschlagen und sich noch eines gemeinen dritten Obmanns vergleichen, selbige mit Vorlegung dieser Kompaktaten und darauf der streitigen Pässe und was zur Dezision nötig, die Frage heimgeben, und was sie erkennen werden, das soll sich jeder Teil wohl und wehe tun und es dabei verbleiben lassen. †

Schliesslich soll diese unsere Einigung und Vergleich allen andern Pakten und Paktitaten, Alliancen und Verbundnussen, so wir mit andern Potentaten, Fürsten und Ständen haben möchten, vor-

† Und soll nun diese obstehende Verpflichtung und Gegenverpflichtung in allen Worten, Punkten und Klauseln von beeden Teilen, und insonderheit dass uns Herzogen Friedrich Ulrich in unserm fürstlichen statu, Hoheit, Superiorität,

geben und dawider weder kaiserliche Pflicht noch des römischen Reichs Respekt, Reichs- oder Kreisverfassungen gelten oder angezogen werden. Alles getreulich und ohne Gefährde.¹)

Und damit dieses alles wie vorstehet zum kräftigsten, beständigsten und unwiderruflichsten * gehalten werde, als haben wir der König zu Schweden für uns und unsere Erben und successores unserer Reiche, Grossfürstentumb, Fürstentümber und Lande, und wir der Herzog zu Braunschweig für uns, unsere Erben und Erbnehmen unserer Fürstentümber, Graf- und Herrschaften, Land und Leute es einander bei respective königlichen und fürstlichen wahren Worten und Glauben zugesaget † und diese unsere Alliance mit eigenen Händen unterschrieben und unsere königliche und fürstliche Sekret-Insiegel daran hängen lassen.

Geben uf St. Martinsburg in der Stadt Mainz den letzten Decembris des verlaufenden 1631. Jahrs.

Recht und Gerechtigkeit, Jurisdiction, Eigentumb, Possessionen und was darvon allerseits in geist- und weltlichen Sachen dependieret, kein Präjudiz zugezogen, und ein mehrers, als die Vereinigung vermag, begehret werden soll, steif, fest und unverbrüchlich gehalten werden.

* geschehen möge

† und soll uns allerseits davon kein Respekt abhalten

---

¹) Den letzten Passus ¸Schliesslich soll . . . ohne Gefährde" erwähnt die Relation der Gesandten (v. d. Decken II. S. 300) besonders als ¸die in fine pag. 36 sub signo ♀ angehängte Klausel".

7.

1632 Febr. 5 (15). Frankfurt a. M.
1632 Juni 18 (28). Braunschweig.

Sechstes Projekt der braunschweigischen Alliance, zusammengestellt mit dem 2. Projekte der zellischen Alliance.

<small>Hannover Zelle 11. 92. — Das 6. braunschweigische Projekt auch in Sverges trakt. V. S. 670. — Der beiden Projekten gemeinsame Text ist über die ganze Seite gedruckt, bei den nicht gemeinsamen Paragraphen steht links die braunschweigische, rechts die zellische Alliance.</small>

Wir Gustav Adolf etc. und wir Friedrich Ulrich [Zelle: Christian] etc. für uns, unsere Erben und Successoren, Königreich, Fürstentümber und Länder tun kund hiemit und bekennen, wiewohl wir der König zu Schweden dem römischen Kaiser oder einiger Stand des römischen Reichs die Zeit unserer königlichen Regierung in allergeringsten nicht beleidigt, sondern vielmehr der gesambten Kurfürsten eigener Bekanntnus nach mit demselben jederzeit in unverrückter Freundschaft gelebt und also die weinigste erhebliche Ursachen, worumb wir vom römischen Kaiser oder einiger Stand des römischen Reichs befehdet, bekrieget oder überzogen werden sollten, niemaln gegeben;

wir der Herzog zu Braunschweig und Lüneburg auch uns gar wohl zu bescheiden wissen, welchergestalt das römische Reich gefasset und was darinnen sowohl dem Reichs-Oberhaupt als dessen Gliedern eines dem andern reciproce zu leisten obliget und dahero uns unsers Orts jederzeit aller Gebühr bezeiget;

gleichwohl aber und nachdeme der römische Kaiser uns den König zu Schweden wider alle Fug und Billigkeit ohne vorgehende Kündigung des Kriegs, zuwider aller Völker Rechten mit öffentlicher Kriegsmacht überzogen, auch sonsten in vielwege merklich beleidiget und offendieret, zu deme unsere nahe Blutsfreunde und benachbarte teutsche evangelische Kurfürsten, Fürsten und Stände wider ihre kundbare landesfürstliche Superiorität, Hoheit, regalia und privilegia, Recht und Gerechtigkeiten in geist- und weltlichen Sachen feindselig bedrängt, teils ganz verjaget, teils dergestalt angesogen, dass sie von allen Kräften kommen und also nichts mehr zu erwarten gestanden, als dass der lang prämeditierte absolute Dominat mit Unterdrückung der wahren und allein selig machenden evangelischen Religion in Teutschland zu unserm und anderer eingreuzenden Potentaten höchsten Präjndiz eingeführt und hernächst wir und unser Königreich und Lande mit desto grösserer Force attaquieret werden möchten;

Dahero solchem vorzukommen und unsern königlichen statum zu versichern wir mit einer Armee auf des römischen Reichs Boden setzen, und nachdem wir wider alles Vermuten befunden, dass auch teils Stände des römischen Reichs, sonderlich die gesambte katholische Liga sich des Kriegs teilhaftig gemacht und uns (unerachtet unser bekannten Unschuld und redlicher Intention, auch vielfältigen Anerbietungen beharrlicher Freundschaft) mit Ihrer Armee und fliegenden Fahnen vor, in und nach der Leipzischen Schlacht unter Augen gezogen, denenselben mit unserer Macht durch gnädiger Verleihung Gottes bis

hieher über den Rhein folgen und begegnen müssen;	hieher über den Rhein und Donau folgen und begegnen müssen;
Wir der Herzog zu Braunschweig und Lüneburg	Wir Herzog Christian zu Braunschweig und Lüneburg

hingegen aus des Reichs Kündigkeit uns zu Gemüt gezogen, mit was unerträglichen Bedrängnissen der römische Kaiser nun eine geraume Zeit hero die evangelische Kurfürsten und Stände nicht allein unter dem Prätext der Justiz in geist- und weltlichen Sachen, landesfürstlichen Hoheiten, Regalien, Herrlichkeiten und Gerechtigkeiten beschweret, dazu auch die genannte katholische Liga mit ihren Helfern und Assistenten weidlich geholfen; insonderheit aber uns

| Friedrich Ulrich, Herzog zu Braunschweig und Lüneburg, ein Fürstentumb, Graf- und Herrschaft, Ambt, Kloster und Stadt nach dem andern ganz ungehörter Sache weggerissen und abgenommen, auch unsere Lande und Untertanen mit allerhand grausamen Pressuren, eigenmächtigen, gewaltsamen Exactionen und andern mehr fast unerhörten barbarischen Kriegsinsolentien gemartertert, gedrücket und bis | Christian, erwähltem Bischof des Stifts Minden, Herzogen zu Braunschweig und Lüneburg nicht allein unsere durch besagte Liga okkupierte und mit deren Volk besetzte Städte, Festungen und Pässe unverschuldeter Sachen mit Gewalt vorenthalten, und ungeachtet ihrer so vielfältig uns beschehener Vertröstung und dass wir ein solches nicht, sondern ein viel besseres umb sie meritiert, auf unser inständiges Ansuchen nicht wieder |

uf Mark und Bein unchristlicher Weise ausgesogen, abgetreten noch eingeräumet, unsern Untertanen auch mit den schweren Kontributionen, Ueber- und Durchzügen, Exaktionen, Streif- und Plackereien, Beraub- und Ausplünderungen und dergleichen Drangsalen nicht verschonet werden wollen, vielmehr aber damit beharrlich geplaget, unterdrücket und bis uf Mark und Bein unchristlicher Weise ausgesogen, besondern auch darüber noch in Neulichkeit unsere Amtshäuser im Stift Minden mit lauter Gewalt durch der Liga Volk okkupiert, besetzet, unser daselbst an Korn vorhandener Vorrat weggenommen, unsere Kanzlei des Orts verschlossen, unsere Räte und Beamten verstricket und wir also in Werk und der Tat unsers Stifts Minden destituieret und entsetzet; ferner unser Stadt Elmbeck im Fürstentumb Grubenhagen mit Hoerskraft überzogen, belagert, beschossen und zur Übergebung gezwungen, unsern uns den Ämbtern dahin gebrachten und verwahrlich enthaltenen Vorrat an Korn und sonsten weggenommen und verführet, unser ganzes Fürstentumb Grubenhagen in schwere Kontribution gesetzet; ingleichen die Grafschaften Hoya und Diepholz also zugerichtet, dass wir daraus fast nichts zu geniessen, unser hiesiges Fürstentumb auch an vielen Örtern ganz feindlich mit Raub und Brand verfolget, beschädigt und verderbet worden,

alles wider den so hoch beteuerten und verpönten Religion- und Profanfrieden, beschworene kaiserliche capitulationes, Reichs-Fundamental- und andern heilsamen Satzungen, zweifelsfrei zu dem Ende, damit sie uns und gesambte evangelische Stände des römischen Reichs, unsers von unsern Vorfahren so teur erworbenen Religion- und Profanfrieden, fürstliche Hoheit und status berauben, und uns endlichen unter das Joch der päpstischen Dienstbarkeit bringen möchten. Dahero wir, weiln sonderlich keine ordinaria remedia, Bitten, Flehen, Erinnern, zu Gemüt Führungen, ansehnliche intercessiones, auch kostbare Schickungen mehr verfangen wollen, sondern uns alle Wege und Stege zur Justiz verhauen und kein ander Mittel uns, unsern fürstlichen statum, familiam und Anverwandte, sambt dem blossen Boden und Leben unserer (eingeäscherten, versengten),[1]) verderbten, verwüsteten und ausgesogenen Land und Leuten respective zu schützen und zu defendieren mehr übrig, als Gewalt mit Gewalt, vermöge Gottes Worts, der Natur und aller Völker Rechte, durch göttlichen Beistand abzuwenden und zu vertreiben, und uns sowohl de praesenti als in futurum zu versichern; aber bei dieser des römischen Reichs Zerrüttung, und da sich sowohl dessen Oberhaupt, als mehrer Teil der Glieder besagtermassen interessiert gemacht, kein ander Mittel noch Wege gewusst, als dass wir der Herzog zu Braunschweig und Lüneburg [resp. Herzog Christian] zu der KW. zu Schweden (deren grossen Eifer gegen die evangelische Kirche und ihro deswegen von der göttlichen Allmacht ungezweifelt bescherte ansehnliche Viktorien und Progressen bei diesem ihrem christlichen rechtmässigen und redlichen Krieg wir gesehen) unsere Zuflucht freundschwägerlich genommen und dieselbe umb dero königlichen Schutz, Schirm und Protektion angesucht;

darauf auch wir der König zu Schweden und Herzog zu Braunschweig und Lüneburg Gott zuvorderst zu Ehren und zu seines heilligen Namens Lob, Ehr und Preis, zu Erhalt- und Erweiterung seines allein selig machenden teuren Worts, darnächst zu unserer respective Königreiche, Fürstentümber, Land und Leuten Besten, Aufnehmen, Konservation und deroselben gnugsamen Ver-

---

[1]) (...) allein im Wolfenbütteler Entwurfe.

Beilage 7.

sicherung, zu Abwendung uns allerseits nun und künftig obliegenden Gefahren und Reduzierung eines beständigen, sichern redlichen und reputierlichen Friedens, wie auch zu Rekuperierung der uns dem Herzoge entwältigten Fürsten- Herzog Christian entwältigter tümber, Graf- und Herrschaften Erb- und Wahlländer, als in specie unsers Stifts Minden, Fürstentumbs Grubenhagen, Graf- und Herrschaften Hoya und Diepholz zu Rett- und Stabilierung unsers fürstlichen status von unsern geehrten Herrn Voreltern uns angestammter und wohlhergebrachter Superiorität, landesfürstlicher Hoheit, Regalien, Gericht, Recht und Gerechtigkeit, auch Entfrei- und Erquickung unserer hochbetrübten Untertanen, und dann Erholung unser beiderseits für das evangelische Wesen und unser Wohlfahrt aufgewandten Unkosten, erlittenen Schadens und rechtmässiger Kriegsprätensionen uns mit reifen Rat wohlbedächtlich mit einander verglichen und uns und unsere respective Königreich, Fürstentümber und Lande, beständig, unwiderruflich geeiniget wie folget.

[I.] 1) Erstlich treffen und schliessen zu obgesetztem Ende wir der König zu Schweden und Herzog zu Braunschweig und Lüneburg für uns, unsere respective Erben und successores, auch beiderseitigen status, unsere Königreiche, Gross- und Fürstentümber, Herzogtümber, Graf- und Herrschaften, Land und Leute in dem Namen der h. unteilbaren Dreifaltigkeit eine christliche, redliche und rechtschaffene Alliance, dergestalt und also, dass wir wider alle und jede unsere jetzige und künftige Feinde, wie die Namen haben oder ihre Feindschaften anspinnen und kolorieren mögen, für einen Mann stehen, Gutes und Böses, wie es des Krieges Gelegen- oder Ungelegenheit mit sich bringt, mit einander aushalten, uns unter einander allerseits königlich und fürstlich, ungefärbt, treulich und rechtschaffen meinen und alles dasjenige, was redlichen Bundsgenossen eignet und gebühret, unablässig einander tun und leisten wollen.

2) Und wir der König zu Schweden nehmen hierauf zum andern sein Herzog Friedrich andern sein Herzog Christians Ulrichs Lbd., ihre Fürstentümber, Lbd. als den regierenden Fürsten Graf- und Herrschaften, Land und für sich, S. Lbd. Brüdern und Ge-Leute (allermassen S. Lbd. die- vettern, harburg- und danuenselbe, darunter auch Münden, zwei bergischer Lini, dero Fürstentumb,

Meilen von Kassel gelegen, wie nit weniger alle andere Örter, die von unseren alliierten Generaln oder andern Kriegsoffizierern etwa schon eingenommen oder noch künftig eingenommen werden können, mit eingeschlossen, vor diesem gehabt und fürters in Zukunft des Bischofs, Domkapitels und ganzen Klerisei zu Hildesheimb Land, Ämbter und Güter mit allen ihren Hoch- und Gerechtigkeiten haben und erlangen können) Erb- und Wahlländer, Graf- und Herrschaften, Land und Leute, allermassen S. Lbd. dieselbe vor diesem gehabt und inkünftig durch Succession am Fürstentumb Braunschweig, auch Zugang des Bischofs, Domkapitels und ganzen Klerisei zu Hildesheimb Land, Ämbtern und Güter mit allen ihren Hoch- und Gerechtigkeiten haben und überkommen möchten, wider alle unsere und ihre Feinde in unsern königlichen Schutz, Schirm und Protektion, und wollen wir sie [Zelle: wann das Herzogtumb Braunschweig an sie gelangt] von allen unbefugten An- und Zusprüchen, in specie derer von Goslar Aktionen und Impetitionen entheben, befreien und versichern, damit sie bei Gleich und Recht friedlich und ruhig bleiben mögen.

3) Weiln zum Dritten I. Lbd. dem Herzog zu Braunschweig und Lüneburg die Zeit hero ein grosser Teil ihrer Länder unrechtmässig entzogen worden, als versprechen wir der König zu Schweden und unsere Mitbeschriebene hiemit, I. Lbd. zu Restitution solcher abgenommener Örter und was ihr weiter dieser Alliance und Einung halber entwendet werden möchte, insonderheit zu denen unter dem Prätext des Rechtens abgenommenen Stift hildesheimischen Städten, Schlössern, Klöstern und was darzu gehörig, forderlichst so viel möglich zu verhelfen;

3) Weil zum Dritten I. Herzog Christians Lbd. die Zeit hero ein grosser Teil dero Erb- und Wahlländer, als in specie der Stift Minden, das Fürstentumb Grubenhagen, die Graf- und Herrschaften Hoya und Diepholz unrechtmässig occupiert, eingenommen und teils entzogen worden, als versprechen wir der König zu Schweden und unsere Mitbeschriebene hiemit, I. Lbd. zu Restitution solcher abgenommener Örter und was ihro oder den Ihrigen weiter dieser Alliance und Einigung halber entwendet werden möchte, forderlichst so viel möglich zu verhelfen; nicht weniger, dass sie dabei konserviert und erhalten werden mögen,

uns äusserst angelegen zu sein lassen,
diejenige, so sie diesfalls beleidigen oder dieser Einigung halber befehden, verfolgen und bekriegen, vor unsere Feinde achten, verfolgen und bekriegen, und diesfalls mit niemanden von unsern gemeinen Feinden und ihren Helfern und Assistenten ohne des Herzogen Zuziehung zu Behaupt- und Obachtung I. Lbd. Interesse einigen Frieden traktieren, eingehen oder treffen, I. Lbd. der Herzog und dero Land und Leute sein dann mit darin begriffen und ihnen annehmliche, sichere Satisfaktion bescheben.

4) Viertens weil der Bischof, Domkapitel und ganze Klerisei des Stifts Hildesheimb solchen unsäglichen und landverderblichen, uf viel Million sich belaufenden Schaden unter andern durch ihr räuberisch Kriegsvolk verursachet, dieselbe ohne das vermöge der zwischen unser Herzog Friedrich Ulrich zu Braunschweig-Lüneburg in Gott ruhenden Vorfahren und dem Stift Hildesheim ao. 1523 zu Quedlinburg aufgerichteten und von Kaiser Karl V. mit stattlichen Klauseln bestätigten Vertrag, auch sonsten laut des hellen Buchstaben des Landfriedens auch anderer Reichs Satzung in die Poen des Landfriedens, Acht und Oberacht ipso jure et facto sowohl wegen der nun lang Jahr hero verübten grausamen Landzwingerei und hochverbotener Bedrückung unser Land und Leute, als der eigen-

4) Dieweil auch zum Vierten[1]) wir dem hochgebornen unserm freundlichen lieben Oheimb und Schwager Herzog Friedrich Ulrich zu Braunschweig und Lüneburg vermög dero mit Sr. Lbd. aufgerichteten Alliance versprochen, Sr. Lbd. nicht allein zu Rekuperation deren unter dem Prätext des Rechtens ihro abgenommener Stift hildesheimbscher Städte, Schlösser und Klöster und was dazu gehörig, sondern auch zu den übrigen drei des Stifts Ämbtern und Häusern Steuerwald, Peine und Marienburg sambt der Stadt Hildesheimb, soweit der Bischof, Domkapitel und Klerisei an derselben berechtiget sein, wie auch allen andern des Domkapitels und Klerisei zu Hildesheimb Land, Ämbtern und Gütern, Intraden und Renten zu verhelfen, I. Lbd. und deroselben Mannserben solche

---

[1]) Im zellischen Entwurfe folgten ursprünglich als § 4 Bestimmungen betr. die an Hildesheim versetzten homburg-ebersteinschen Güter, im Wortlaute gleich dem § I, 3 der zellischen Alliance vom 6. (16.) Dez. 1631. Sie wurden auf Betreiben Dr. Steinbergs fallen gelassen, dementsprechend ist die Numerierung der folgenden Paragraphen abgeändert.

mächtigen gewaltsamen Occupation unserer Lande, gefallen und kraft derselben aller ihrer gehabten Lande, Recht und Gerechtigkeit verlustig worden sein; Wir der Herzog zu Braunschweig aber ohn kräftige Rettung und Assistenz der KW. In Schweden an dem Unsrigen, auch Erstattung der Schäden nit gelangen können, zumal auch die hildesheimbsche Klerisei und papistische Assessores in camera selbsten ungeschenet ausgeben dürfen, dass solche bona nit vom Reich, sondern bloss vom Stuhl zu Rom dependieren: Als haben wir der König angezogener Ursachen nach für billig ermessen, wollen uns auch kraft dieses möglichsten Fleisses angelegen sein lassen, dass nit allein die dem Herzogen zu Braunschweig de facto und selbsttätiger Gewalt von ihnen abgenommenen Land und Leute restituieret, sondern auch die übrige drei Ämbter und Häuser Steuerwald, Peine, Marienburg sambt der Stadt Hildesheimb, soweit der Bischof, Domkapitel und Klerisei an derselben berechtiget sein, erobert werden, welche wir auch hiemit und in kraft dieses I. Lbd. und deroselben Manns-Erben sambt aller Hoheit, Recht und Gerechtigkeit eigentümblich gegeben und fürter durch unsere eigentümblich, jedoch gegen Rekognition, wie in der Alliance enthalten, zu übergeben und durch unsere Kommissarien anweisen und einräumen zu lassen: So erklären wir der König uns dahin, wofern Herzog Friedrich Ulrichs Lbd. ohne Leibes-Lehns-Erben mit Tode abgehen würde, wir alsdann Herzog Christian und S. Lbd. Gebrüdern und dero dahlsteigende männliche Leibs-Lebens-Erben, und wann die nicht mehr vorhanden, alsdann dero Vettern dannenberg- und harburgischer Linl gegen würkliche Leistung dessen, was hierunter artic. [14 und 15 in Ihrer Lbd. Gegenleistung][1]) gesetzet, zu vorgemelten hildesheimbschen Gütern verstatten, kommen und gelangen lassen wollen.

---

[1]) Später hinzugefügt.

commissaarios anweisen und einräumen lassen wollen. Und wollen wir der Herzog zu Braunschweig solche genannte hildesheimsche Güter von der KW. zu Schweden als obristen Haupt und Direktorn der evangelischen Defensions-Verfassung, dero Erben und der Kron Schweden titulo protectionis vel advocatiae rekognoszieren; es sollen aber unter solcher Rekognition unsere uralten fürstliche Erblande, Grafschaften Homburg-Eberstein und andere nit, sondern allein die hildesheimbsche Güter begriffen sein.

(5) Dann auch zum Fünften wollen wir nach äusserster Möglichkeit verhüten, dass die fürstlich braunschweigische [und lüneburgische][1] Festungen und Häuser nit wiederumb in des Feindes Hände kommen, sondern uf alle Fälle mit notürftigen Succurs oder einer Diversion der Zeit und Gelegenheit nach entsetzet werden mögen.

(6) Ob sichs auch fürs Sechste, das Gott gnädig abwenden wolle, begeben sollte, dass I. Lbd. Räte und Diener in diesem Kriegswesen und Geschäften vom Feinde gefangen würden, so wollen wir der König in Schweden auf solchen Fall zu deren Entledigung soviel tun, als ob es unsere eigene Räte und Diener gewesen wären. Da aber I. Lbd. den Herzog selbsten, dafür Gott gnädiglich sei, solch Unglück betreffen sollte, so wollen wir umb I. Lbd. alles tun und lassen, was uns umb unsern nahen Blutsfreund und Bundsgenossen zu tun und zu lassen immer möglich und für Gott und aller Welt zu verantworten und rühmlich sein wird.

(7) Zum Siebenten wollen wir auch sein Herzog Friedrich Ulrichs [resp. Christians] Lbd. Räte, Diener, Landsassen und Schutzverwandte in solcher Obacht haben, dass wir niemanden, allerwenigst den Unsrigen, soviel des Kriegs Natur leiden kann, verstatten dieselben zu molestieren, oder anderswo und für andere

---

[1] [...] Zusatz des zellischen Entwurfs.

als für S. Lbd. und dero Regierung und Beambtungen, in deroselben Landen und Gebieten, noch anderer Gestalt als mit Recht nach S. Lbd. Konstitution und des Landes Sitten und Herkommen zu beklagen und besprechen allermassen diese Alliance Sr. Lbd. statui, Regalien und Hoheiten, Gericht, Recht und Gerechtigkeiten in Geist- und Weltlichen in dem geringsten nicht präjudicierlich, sondern vielmehr förderlich und zuträglich sein soll.

(8) Da wir auch zum Achten des Kriegs Noturft nach mit unser ganzen Armee, regiment- oder truppenweis, in dero Herzogtum Braunschweig [und Lüneburg]¹) und angehörigen Festungen, Städten und Landen sein, darinnen Quartier nehmen, uns aufhalten oder durchmarschieren müssen, wollen wir aller Orten, soviel des Kriegs Eigenschaft nach immer geschehen kann, sotanige Ordre und Regiment halten lassen, dass dero Landmann und Untertanen möglichst geschonet und niemand über Gebühr beschweret werde.

(9) Wie wir dann zum Neunten auch daran sein werden, dass SLbd. angehörige Fürstentumb, Graf-, Herrschaften, [Erb- und Wahl-]¹) Länder über die zu diesem Krieg bewilligte quotam mit andern Einquartierungen und Musterplätzen, solange derselben Rekuperier- und Eroberung währet, gänzlich verschonet bleiben, da aber nach erwähnter Rekuperier- und Eroberung die hohe Noturft erforderte, Musterplätze in ILbd. Fürstentumben, Graf- und Herrschaften zu erteilen, so soll die Assignation der Plätze und Örter bei Sr. Lbd. stehen, jedoch dass die Plätze also beschaffen sein, dass Lauf- und Musterplätze füglich darin gehalten werden mögen; dann dabei soviel möglich eine gewisse Zeit ernannt und gehalten, auch ein Gewisses, was einem jedwedern Offizierer und Soldaten zu Ross und Fuss gereichet werden soll, denominiert werden.

(10) Sollte dann zum Zehenten unsere Soldateska zu Ross und Fuss in Sr. Lbd. Lande ohne beweisliche Ordre oder über und wider dieselbe extravagieren, streifen, plündern oder einzig andere Insolentien ausser ihren Quartieren begehen, soll ILbd. befugt sein, dieselbe durch ihre Beamten, Diener und Untertanen als Strassenräuber, Placker und Brandschätzer anzutasten, niederzuwerfen und nach Befindung an Leib und Leben zu strafen, deswegen aber vorhero öffentliche edicta zu männigliches Wissenschaft

¹) Zusätze des rellischen Entwurfs.

publizieren und affigieren, auch wo möglich unserer Soldateska an jedem Orte vorhero insinulieren lassen.

(11) Zum Elften, wann mit Gottes Hilf dieser Krieg und was daraus nach dem unwandelbaren Willen Gottes für Feindschaft sonsten entstehen möchten, zum Ende bracht und allgemeiner Fried und Ruhe restabilieret sein, so wollen wir der König zu Schweden alle Örter, Pässe und Festungen, so wir in SLbd. Laude inne haben, mit allem, was an Geschütz, Munition und Proviant SLbd. und dero Landen zustehen mag, ufrichtig und vollnkommlich restituieren und zu SLbd. Handen oder nach dero Ableiben oder dero Brüder und Erben den andern Herzogen zu Braun- Handen liefern. schweig und Lüneburg vermöge desselben fürstlichen Hauses Erbverträgen, oder welchen es sonsten an andern Örtern, so in solchen Erbverträgen nicht begriffen sind, gebühren wird, liefern, da sie anderst diese Alliance ratifiziert und sich mit uns gleichmässig verbunden und durch feindliche Bezeigung sich solcher Lande und Sachen nit verlustig machen.

(12) Wie wir dann für das Zwölfte ILbd. auch bewilliget, zum Fall dero Vettern, die Herzöge zu Braunschweig und Lüneburg zellischer Lini in berührte Alliance, jedoch mutatis mutandis, insonderheit aber, dass sie ein ansehnliche quotam militum oder Zulage (deren Determination zu unser des Königs und der Herzogen zu Braunschweig-Lüneburg zellischer Lini fernerer Vergleichung itzo ausgestellet wird) zu Verstärkung unsers exercitus bei währenden unsern Kriegsverfassungen unterhalten, sich mit begeben würden,

dass wir sie alsdann anf I. Lbd. unbeerbten Todfall anch in die Stift hildesheimische Land und Güter, allermassen wir dieselbe I. Lbd. verschrieben und sie von uns und nnsern Erben und Successoren am Reich von deroselben rekognosziert werden, in die gesambte Hand mit setzen und sie dabei gleich II.bd. praestitis praestandis königlich schützen und handhaben wollen.

Zum nnverhofften Fall auch wir Herzog Friedrich Ulrich, welches der allgütige Gott gnädig abwenden wolle, ohne Leibes Lebenerben abgehen würden, sollen sowohl nnser Kammer als der Landschaft Schnlden von obbemelten Stifts Ämtern und Landen pro rata[1]) abgetragen und unser fürstlicher Glaube,[2]) Namen und Reputation, wie nit weiniger unser Landschaft Kredit von jedes Orts Successorn[3]) erhalten werden. Was auch an den benannten hildesheimschen Örtern etwa von unsern Voreltern und nns allbereit andern verschrieben oder wegen getrenen Diensten noch künftig verschrieben werden möchte, solches sollen die successores zu halten schuldig sein.

---

[1]) Auf einem Zettel stehen von des zellischen Kanzlers Dr. Merckelbach Hand folgende Notizen: [1]) pro rata: ergo muss vorher ein corpus aller Kammer- und Landschaft Schulden gemachet und dieselben proportionaliter oder pro rata sowohl auf das Fürstentum Braunschweig als Stift Hildesheim gelegt und abgetellet werden. — [2]) Diese ratio gehet auf die Total-Abtragung aller Schulden. — [3]) Jedes Orts successores: gehet auch dahin.

(13) Als auch fürs Dreizehente[1]) das fürstliche Haus Braunschweig und Lüneburg auch mit andern papistischen Ständen, besonders aber mit Kur-Mainz wegen etzlicher auf dem Eichsfeld gelegener Güter in Streit und Rechtfertigungen stehen, wollen wir demselben dazu nach Befindung ihrer Befugsamkeit möglichen Fleisses verhelfen.

(II.) 1) Darentgegen und fürs Erste verobligieren wir Herzog Friedrich Ulrich (resp. Christian) zu Braunschweig und Lüneburg für uns, unsere Erben und Nachkommen die KW. in Schweden für unsern Bundsverwandten und Schutzherrn nicht allein zu halten, sondern wir wollen auch ohn IKW. Vorbewusst mit einigen Potentaten, freien Republiken und Kommunen in keine dieser Alliance widrige Bündnis treten, noch einigen Frieden mit den gemeinen Feinden handlen, acceptieren, eingehen oder machen.

(2) Begäbe es sich fürs Ander in specie, dass der Kaiser oder päpstliche Liga sambt und sonders uns dem Herzoge zu Braunschweig und Lüneburg annehmliche und erträgliche conditiones pacis präsentieren und vorschlagen würden, wollen wir dieselbe ohne Konsens IKW. gar nicht annehmen und belieben.

(3) Und damit auch fürs Dritte IKW. wegen ihrer ufgewandten Kriegskosten [und] dem gemeinen evangelischen Wesen und uns treueifrig erwiesener Assistenz Rekompens und Ergötzlichkeit haben möge, als wollen IKW. wir mit Rat und Tat beiständig sein, dass dieselbe den gemeinen Feinden abgenommene Örter und Plätze bis zu erfolgter annehmlicher Erstattung obgedachter Unkosten und Bemühung in Händen behalten, sie auch dabei neben andern evangelischen alliierten Ständen nach äussersten Vermögen mit helfen manntenieren und handhaben.

(4) Daneben und zum Vierten erklären wir uns, wenn hernächst die Kron Schweden über Verhoffen angefochten, angegriffen und bekrieget werden sollte, dass wir alsdann derselben beistehen, uns mit andern evangelischen alliierten Kur-, Fürsten und Ständen konformieren und der Quantität halber mit IKW. und der Kron Schweden vergleichen wollen.

(5) Als auch vors Fünfte die hohe Notwendigkeit und Kriegsbeschaffenheit jetzigen Läuften nach erfordern tut, dass IKW. in Schweden die oberste Direktion jetzigen und etwa aus diesem ent-

---

[1]) Da im zellschen Entwurfe § 12 der braunschweigischen Alliance fehlt, so trägt dieser Paragraph in der zellschen die Nr. 12.

springenden Kriegs verbleibe und von demselben absolute geführet
werde, gestalt denn solche IKW. von andern konföderierten Kur-,
Fürsten und Ständen allbereit ufgetragen, so wollen wir der Herzog
auch Ihro unserstells solches directorium hiemit anheimb gestellt
haben, doch werden IKW. Ihro nicht zuwider sein lassen, dass solang der Krieg in unsern Fürstentumb und Landen währet, von
IKW. und uns in gesambt ein Kriegsrat bestellet, oder wir den
Kriegs consultationibus und expeditionibus einen Kommissarien zuordnen mügen, dessen Bedenken und Gutachten befindenden Dingen
nach nicht aus Obacht zu setzen. Und soll uns den Herzog zu
Braunschweig und Lüneburg von würklicher Leistung desselben,
wozu wir kraft dieses foederis in allen obgesetzten Punkten und
Inhaltungen verbunden, weder die kaiserliche Pflicht noch einiger
ander Respekt, wie der auch sein und Namen haben möchte, abhalten und behinderlich sein.

(6) Wann auch zum Sechsten der Krieg in unsern Landen,
inmassen jetzt zu derselben Errett- und Versicherung geschehen
soll, geführet werden sollte, so wollen wir SKW., dero Generaln,
Gesandten und Kriegsräten, auch andern Offizieren, welche SKW.
oder dero Generaln dazu verordnen würden, die Direktion und
obriste Kommando übers Kriegswesen eben wohl vollnkommlich
eingestehen und lassen, und alles was status et ratio belli erfordern
möchte, zu tun und zu lassen verstatten und befördern; jedoch dass
uns an unserer fürstlichen Hoheit und Berechtsambkeit überall
nichts präjudiziert noch eingegriffen werde.

(7) Zu dem Ende wir zum Siebenten IKW. und dero Kriegsvolk unsere Lande, Festungen, Städte und Pässe jederzeit offen-
halten wollen, sich des Kriegs Noturft, Behuf und Bequemigkeit
nach deren zu gebrauchen, Pass und Repass dadurch zu nehmen,
darin und darbei mit Armee oder truppenweis zu liegen oder sich
aufzuhalten. Wir wollen auch auf Anordnung und Befehl IKW.
dero Volk nicht allein in Zug und Marsch Quartier, Futter und
Mahl nach Noturft ohne Bezahlung müglichster Weise geben,
sondern auch solang SKW. Armee oder Soldateska umb die Rekuperation vorbemelter unser [und der hildesheimischen][1] Land
und Leute streiten und fechten wird, mit Service, Löhnung oder
Unterhalt, allermassen SKW. dieselbe oder denselben durch ihre

---

[1] Fehlt im zellischen Entwurfe.

In öffentlichen Druck in Pommern publizierte und uns unter dero Subskription und Sekret mitgeteilte Kammer-Ordnung (welcher auch allerdings nachgelebet werden soll) verordnen, verschaffen und dabei die Versehung tun, wann der Soldateska die Löhnung an Gelde wöchentlich und monatlich entrichtet wird, dass sie den Proviant und Futter zur Notdurft und umb Bezahlung in billigen Tax dero Örter, da sie es dörften, haben können.

(8) Sollte aber zum Achten wegen besorgender Verwüstung und grössern Aufgang die vivres und obbemelte Verpflegung aus unser des Herzogen zu Braunschweig[1]) Lande nicht erfolgen können, so wollen wir der König erschiessliche zulangende Ordinanz machen, dass aus den anrainenden benachbarten Stiftern, Landen und Grafschaften ein ergiebiger Zuschuss geschähe. Auch sollen behuf obangeregter Verpflegung unsere des Herzogen zu Braunschweig[1]) gesambte Lande, Graf- und Herrschatten in ein corpus ohne allen Abgang gebracht und von allen andern Beschwerungen, Einquartierungen, Musterplätzen, Kontributionen und dergleichen mittlerzeit gänzlich enthoben und entfreiet werden. Es sollen uns aber von SKW. die Durchzüge, Einquartier- und Logierungen allemal vorhero so zeitig (wofern es auch die Zeit immer erleiden will) dergestalt kundgetan werden, dass wir wissen können, wohin der Proviant zu schaffen, sonsten aber auch die Durchzüge und dero behuf fürstehende Marschen mit unserm Vorbewusst den nächsten und bequemsten Weg (grössern Schaden und Ungelegenheit zu vermeiden) genommen werden, dabei wir dann unsere Kommissarien und Bediente haben, auch selbige auf SKW. Begehren zu Treu und Verschwiegenheit besonders schwören lassen wollen.

(9) Wir der Herzog wollen auch zum Neunten zwar unser fürstlich Residenzhaus und Festung Wolfenbüttel [rsp. Zell] (aus angelegenen sonderbaren Ursachen)[2]) für uns selbst allein besetzen, benebenst aber auch bewilliget und versprochen haben, daraus mit Proviant, Geschütz, Munition, Gewehr und allem Vermögen SKW. und dero Armee beizustehen und verholfen zu sein. Wann es auch der Notfall per status et belli rationem also erforderte, dass IKW. selbst persönlich darin sein wollten und wären, so wollen wir als-

---

[1]) Im zellischen Entwurfe: Lüneburg.
[2]) Fehlt im zellischen Entwurfe.

Beilage 7.

dann deroselben die Festung unweigerlich und unverzüglich eröffnen und in dero selbst das Kommando lassen, sonsten aber und da IKW. einen hohen Offi- soll unser Residenzhaus und Stadt zierer darein legen wollte (wie Zell, zumal daselbst unser Kanzlei deroselben zum Notfall freistehen und archivum, auch solcher Ort soll), soll uns die Disposition und kein sonder Pass ist, von aller Oberkommando verbleiben. Einquartierung gefreiet und soviel immer möglich verschonet bleiben.

(10) In übrigen unsern Festungen, Häusern, Städt- und Pässen soll zum Zehnten IKW. überall die Disposition frei stehen und die Offizierer und Soldaten, so in den Frontier-Festungen und sonsten im Lande in unsern Herzog Friedrich Ulrichs (rsp. Christians) Dienst und Sold verbleiben, sollen zugleich SKW. (als absoluto directori des Kriegs und Schutzherrn) und uns (als des Landes und Festung Erbherrn) verpflichtet und geschworen sein, gestalt darauf dann dero Soldateska Amt und dem Inhalt dieser Alliance nach, so weit nämlich sie dieselbe betrifft, die Eidesformul zwischen uns zu vergleichen stehet.

(11) Dahingegen wollen wir zum Eilften unsere Städte, Festungen und Pässen keinen IKW. Feinden oder deren Helfern oder Helfershelfern öffnen, oder sie darin mit Willen nehmen, noch mit ihnen ohne IKW. Vorbewusst und guten Willen darumb accordieren, sondern sie nach äusserstem Vermögen daraus halten, ihnen auch sonsten keinen Pass in oder durch unsere Lande verstatten, sondern mit aller Macht abtreiben.

(12) Was zum Zwölften in unser des Herzogen Landen an Geschütz, Munition und Gewehr zu erlangen und zu gebrauchen nötig oder dienlich ist, das wollen wir bereitwillig zum Gebrauch anwenden, hergeben und nicht allein zur Munition-, Proviant- und Bagagefuhren, sondern auch zur Schanzarbeit und dergleichen benötigten Handbietungen das Land vermögen und brauchen, SKW. aber werden nichts aus dem Lande hinweg nehmen, sondern was dessen übrig verbleibet, uns und dem Lande zum Besten hinterlassen.

(13) Zum Dreizehnten, nachdem wir der Herzog zu Braunschweig und Lüneburg bekennen müssen, dass die KW. und Kron Schweden zu unser der Evangelischen gesambten Wohlfahrt bishero ein überaus Grosses getan, und weiter sonderlich auf die

Liberierung unserer Landen anwenden muss, hieraus auch vermutlich noch mehrere Krieg erwachsen möchte; dazu dann mächtige exercitus und unsägliche Unkosten erfordert werden; und aber mehr als billig, dass wir IKW. unter die Arme greifen und die Last des Krieges pro quota tragen helfen, als versprechen wir und unsere Lande IKW. und Kron Schweden, sobald wir zuvorderst unsere Land und Leute, neben den hildesheimischen Örtern, gänzlich wieder mächtig sein und unter unserer freien Disposition haben werden, IKW. ein Regiment zu Fuss von 2000 Köpfen, auch 200 Pferde neben aller Zugehör, wider ihre und unsere Feinde, so lange dieser Krieg währet, zu unterhalten. Sollte aber nach völliger Rekuperation und Inkorporation unser Herzog Friedrich Ulrichs und der hildesheimischen Länder sich in Wahrheit befinden, dass wir ein mehreres als 200 zu Ross und 2000 zu Fuss zu KW. und gemeinen Wesens Dienst zu unterhalten vermöchten, so wollen wir uns dazu bona fide anheischig gemacht haben; sollte aber IKW. belieben anstatt spezifizierten Kriegsvolks ein gewisse Summa Geldes monatlich anzunehmen und zu Behuf der gemeinen militia zu verwenden, seind wir erbietig anstatt der 2000 zu Fuss und 200 zu Ross monatlich 15000 Taler erlegen zu lassen.

deren wir bei dieser Kriegsunruhe destituiert, wieder mächtig sein und selbige unter unser freie Disposition haben und bekommen werden, IKW. 8000 Rt. [unser Vettern der Herzogen zu Braunschweig und Lüneburg, dannenberg- und harburgischer Linien quota mit eingerechnet]¹) monatlich erlegen zu lassen.

(14) Zum Fall auch zum Vierzehnten mehrhochgedachtes unsers freundlichen lieben Vettern und Sohns Herzog Friedrich Ulrichs Ld.

---

¹) [...] später eingefügt.

Lande und Leute neben den hildesheimbschen Örtern an und uf uns würklich devolvieren und gelangen und wir deren zu unser freien Disposition mächtig werden sollten, wollen alsdann IKW. wir [über die vorgesetzte 8000 Rt. fürter]¹) dasselb prästieren und leisten, worzu S. Herzog Friedrich Ulrichs Ld. in dero mit der KW. [den 5. Februar dieses 1632. Jahrs]¹) getroffener Alliance [vermog des dreizehenten Artikuls anfahend „zum Dreizehenten, nachdem wir der Herzog zu Braunschweig etc."]²) sich verbunden und pflichtbar gemacht.

(15)³) Sollte sich aber zum Fünfzehenten nach dem unwandelbaren Willen Gottes mit Sr. Herzog Friedrich Ulrichs zu Braunschweig und Lüneburg Lbd. (da Gott für sei) ein Todsfall begeben, ehe deroselben Lande und der Stift Hildesheimb völlig rekuperiert und inkorporiert, IKW. Armee aber darumb fechten und streiten müsste, so wollen wir eben so wohl, als droben art. 7 disponiert, dieselbe verpflegen lassen.

(16) Hierüber und zum Sechszehenten wollen wir Herzog Christian die genannte hildesheimbsche Güter von der KW. zu Schweden als obristem Haupt und Direktorn der evangelischen

---

¹) [...] spätere Zusätze.
²) [...] später geändert in: „und lautet dieselbe im Buchstaben also: inseratur articulus versiculus Als versprochen wir usque ad finem.
³) Art. 15 ist später eingefügt.

(14) Zu diesem Behuf und alle auch die geringste praejudicia abzuschneiden, lassen zum Vierzehenten

Defensionsverfassung, dero Erben und der Kron Schweden titulo protectionis vel advocatiae rekognoszieren. Es sollen aber unter solcher Rekognition unsere uralte fürstliche Erblande, Grafschaften Homburg-Eberstein und andere (daran wir uns all unser zustehendes Recht vorbehalten)[1]) nicht, sondern allein die hildesheimbsche Güter begriffen sein.

(17) Zum Siebenzehenten alle unziemende auch die geringste praejudicia abzuschneiden, lassen

beede wir der König zu Schweden und wir der Herzog zu Braunschweig und Lüneburg uns belieben und gefallen keinen Platz oder Ort, so in unser des Herzogen Landen, wie die jetzo seind und nach der hildesheimbschen Inkorporation befunden werden, angehörig und unser Superiorität unterworfen, durch Salvaguardien oder einigerlei anderergestalt von der Kontribution, Proviantlieferung und allerlei anderer Lasten zu eximieren, zu befreien und zu erleichtern, doch dass uns dem Herzogen zu Befrei- und Erleichterung unserer Räte, Hof-Offizierer und Sekretarien, auch zu dem Landesrettungswesen benötigter Diener, als wohl auch die Anlagen ufs Land, wie obsteht, ganz ungehindert und unbeeinträchtigt vor uns selbsten zu machen und dieselbe einzubringen die freie Hand gelassen werde.

(15) Zum Fünfzehenten wollen wir Herzog Friedrich Ulrich sowohl binnen Landes als uf der Grenzen die Ritterpferde und Ausschuss, so viel man je zur Zeit nach Gelegenheit und Zustand der Landen vermag, zu desselben Rett- und Versicherung sowohl offensive als defensive beneben und zusambt

---

[1]) [...] später hinzugefügt.

SKW. und unserer Soldateska unter IKW. directorio branchen und keinen Verzug oder einigen andern Behelf gedulden, sondern darüber bei Verlust der Lehen und respective Konfiskation ihrer Güter ohne einige Dispensation übersehen oder begnaden, eifern und halten.

(16. resp. 18.) Und soll zum Sechszehenten [Zelle: Achtzehenten] diese und obgemelte Hilfe solange währen, bis dieser und andere etwa inskünftig hieraus entstehende Kriege zu End geführet, IKW. der Kosten, Bemühungen und Prätension halber befriedigt, oder ihr deshalber die eroberte Landen in Handen gelassen und also ihr jus belli allerdings konserviert worden, auch wir unsers fürstlichen status, Hoheit, Fürstentumb und Lande wie obstehet gnugsamb versichert, dabei SKW. wir dann in allewege manutenieren helfen wollen. Zu Versicherung unserer eigenen Länder aber wollen wir künftig unsere Pässe und Grenzfestungen nach SKW. Gutachten und Weisung mit Schanzen und andern Festungsgebänden, Garnisonen und Provisionen vor uns selbst ohn SKW. Zulage versehen und erhalten; dabei wir der König SLb. freundvetterlich zugesaget, dass wir des niedersächsischen Kreis Stände und andere angesessene, solcher Besatzung als einer Vormauer mit geniessenden Herrschaften nach Vermögen dahin disponieren wollen, dass sie SLbd. zu Erhaltung solcher Garnisonen an den Weserpässen proportionabiliter Zuschuss tun müssen.

(17. resp. 19.) Zum Sieben- [Zelle: Neun-] zehenten so verstatten wir auch für die königliche Armee in unsern Fürstentumben, Graf- und Herrschaften, Landen und Gebieten freien Einkauf und Ausfahren der vivres, Artillerie, Munition, Gewehr und aller anderer darin vorhandenen Kriegsnotnrft; hergegen wollen wir den Feind alle contributiones, exactiones, Ab- und Zufuhren aus unsern Landen nun und inskünftig, so bald immer möglich und grosser Gefahr halber geschehen kann und mag, verweigern und abschneiden, sie vielmehr aller Örter hindern, verfolgen, verjagen, niederhauen lassen und was äusserster Möglichkeit nach IKW. und dem gemeinen evangelischen Wesen zum Besten von uns mit Bestand geschehen kann, wider sie vornehmen.

(18) Als auch fürs Achtzehente Gott der Allmächtige beede SKW. und uns in dero Königreichen und Landen mit Bergwerken und Salzsoden gnädig und reichlich gesegnet, so wollen SKW. ihresteils durch die Ihrige darob sein und mit Befehl verordnen und verfügen, dass unsere Metallen und Salzkauf weder durch ihre eigene noch durch andere (so fern sie es denselben verwehren und behindern können) gestopft und niedergeschlagen, besondern bei ihren billigen Wert nach ihrer befindlichen Güte erhalten werden.

(19) Hingegen zum Neunzehenten wollen wir mit Verlassung derselben uns SKW. Metallen und Salzhandel nachachten, in dem uns mit ihren (nach Proportion der Güte und aller Umstände) konformieren und deshalb zu Verfassung eines guten wohlproportionierten gesambten Handels fernere Geding und Vergleich, sonderlich wann dieser Länder [und] Örter Stapel nach der Stadt Magdenburg Eroberung daselbst geleget werden sollte, eingehen und bei den andern Herzogen zu Braunschweig und Lüneburg uns dahin möglichsten Fleisses bearbeiten, dass deroselben Lbd. sich ihrer Lande Metallen und Salzes halber gleich uns hierzu bequemen und eintreten.

(20) Zum Zwanzigsten, wofern IKW. ihrem obliegenden directorio nach an einem und andern Ort zu dessen mehrer

Fortifikation und Konservation neue Werke anlegen oder die alte verbessern lassen würde, so sollen und wollen wir solches geschehen und unser Landvolk und Untertanen, da es die Notturft erfordert, daran arbeiten lassen; hingegen haben IKW. uns zugesagt, von solchem Werk keine Fortifikationskosten zu fordern; es soll uns aber dem Herzogen [zu Braunschweig][1]) frei und bevor stehen etliche geringe Festung, welche wie der Augenschein bis jetzo erwiesen nur zum Verderb des Landes gereichen, gänzlich zu demolieren.

(21) Demnach auch zum Einundzwanzigsten uns Herzog Friedrich Ulrichen höchlich angelegen, dass SKW. wegen ein Ambassadeur oder Kriegsrat bei uns resldiere, so dahin bester Möglichkeit trachten helfe und sich bemühe, darmit dieser Alliance in allem gelebt, auch gute Kriegsdisziplin und Ordinans gehalten werde, so wollen SKW. uns von ihren vertrauten Räten jemand forderlichst zuschicken; darentgegen erkennen wir uns schuldig, denselben der Gebühr nach aus unsern Landen zu unterhalten und demselben in alle vernünftige Wege in gebührendem Respekt SKW. zu folgen.

(22 rsp. 21) Zum Zwei [Zelle:'Ein] und zwanzigsten haben wir uns verglichen, dass keiner des andern Überläufer und Malefikanten in unsern Landen und Gebieten aufnehmen, hegen oder passieren, sondern selbige niederwerfen und zu gebührenden Bestrafungen ausliefern, oder da einer desselben nicht mächtig sein könnte, sie ihrer Ehren, Zünften, Rechten und Güter verlustig machen sollen.

(23 rsp. 22) So ist auch zum Drei [Zelle: Zwei] und zwanzigsten zwischen uns abgeredet, dass wir mit erstem, sobald nur solches wegen der Feinde sicherlich und ohne Beleidigung des Landes ge-

---
[1]) [...] allein in der braunschweigischen Alliance.

schehen mag, wider unsere dem widrigen Teil dienende Unterlanen
und Lehenleute sub poena confiscationis bonorum avocatori mandata
publizieren und über der Exekution streng und unablässlich halten
wollen.

(24 resp. 29) Da aber zum Vier [Zelle: Drei] und zwanzigsten
zwischen uns beiderseits über einigen accordierten oder sonst von
neuen entstehenden Punkten oder Fragen Streit oder Differentien
vorfiele, als sollen und wollen wir der König zu Schweden und
wir Herzog Friedrich Ulrich [resp. Christian] zu Braunschweig und
Lüneburg unparteiische Schiedsleute darüber vorschlagen und sich
noch eines gemeinen dritten Obmanns vergleichen, selbigen mit
Vorlegung dieser Kompaktaten und darauf der streitigen Päss und
was zur Dezision nötig, die Frage heimbgeben, und was sie erkennen werden, das soll sich jeder Teil wohl und wehe tun und
es dabei verbleiben lassen.

Und soll nun diese obstehende Verpflicht- und Gegenverpflichtung
in allen Worten, Punkten und Klauseln von beiden Teilen und insonderheit, dass uns Herzog Friedrich Ulrich [resp. Christian] in
unserm fürstlichen statu, Hoheit, Superiorität, Recht und Gerechtigkeit, Jurisdiktion, Eigentumb, Possessionen und was davon allerseits in geist- und weltlichen Sachen dependieret, kein Präjudiz
zugezogen und ein mehrers als die Vereinigung vermag, begehret
werden soll, steif, fest und unverbrüchlich gehalten werden soll.

Und damit dieses alles wie obstehet zum kräftigsten, beständigsten und unwiderruflichsten geschehen möge, als haben
wir der König zu Schweden für uns und unsere Erben und successores unserer Reiche, Grossfürstentumb, Fürstentümber und Lande
und wir der Herzog zu Braunschweig [und Lüneburg]¹) für uns
und unsere Erben und Erbnehmen unserer Fürstentümber, Graf-
und Herrschaften, Land und Leute es einander bei respektive
königlichen und fürstlichen wahren Worten, Treuen und Glauben
zugesagt, und soll uns allerseits davon kein Respekt abhalten, und
diese unsere Alliance mit eigenen Handen unterschrieben und
unsern königlichen und fürstlichen Sekret Insiegeln bekräftigt.
Geschehen [den 5. Februarii im 1632. Jahr.]²)

---

¹) Zusatz des zellischen Entwurfs.
²) Allein in der braunschweigischen Alliance.

8.

s. d. [1631 Anfang Mai. Küstrin].

Erstes Projekt einer Allianoe mit Kurbrandenburg.

Berlin Rep. 24 c. 9 Fass. 9. — Entworfen von dem brandenburgischen Kanzler von Götzen.

Von Gottes Gnaden Wir Gustav Adolf der Schweden etc. und von desselben Gnaden wir George Wilhelm, Markgrafe zu Brandenburg etc. urkunden und bekennen hiermit vor uns, unsere successores und Nachkommen, Könige in Schweden und Markgrafen und Kurfürsten zu Brandenburg, auch unsere respective Königreiche, Kurfürstentumb, Herzogtümer und Lande und sonsten jedermänniglich: Nachdem Wir der König in Schweden, als wir zuerst ohne einige gegebene Ursache mit einer feindlichen Armee überzogen worden und hierüber vernehmen müssen, welchergestalt unsere benachbarte und nahe anverwandte Freunde und deroselben Lande und Leute ohne einiges ihr Verschulden, auch wider alle Recht und Billigkeit und wider alle hochbeteuerliche capitulationes, sincerationes, Zusagen und Versprechen mit ganz unerhörter Tyrannei, exactionibus, Einquartierungen, oppressionibus und andern barbarischen und unter Christen zuvor niemaln erfahrnen Vergewaltigungen äusserst beschwert und bedrücket, teils auch allerdings von ihren Landen und Leuten verdrungen worden, uns mit unserer Armee durch gnädige Hilfe und Beistand des Allerhöchsten so weit avancieret, dass wir nicht alleine das Herzogtum Pommern von obgedachten schweren Drangsalen liberiert und befreiet, sondern uns auch etlicher vornehmer Pässe an der Oder und Warthe in unsers freundlichen lieben Oheims, Schwagern und Brudern, des Kurfürsten zu Brandenburg etc. Lande bemächtiget; Da wir dann den Zustand SLbd. Kurfürstentums und Lande in nichts erträglicher als die pommerische Lande befunden, und dahero uns billig angelegen sein lassen, SLbd. und dero Lande aus solchen unverdienten Drangsalen zu retten und zu liberieren; und ob zwar SLbd., damit sie niemanden zu einigen ungleichen Gedanken Anlass und Ursache geben möchten, fest auf eine Neutralität bestanden, so haben wir es dennoch nötig zu sein befunden, dass wir uns mit SLbd. in ein näheres Vernehmen und Verständnis einliessen. Wir aber der Kurfürst zu Brandenburg hätten am liebsten sehen und wünschen mögen, dass zu einigen solchen Unruhen, dadurch das h. Reich und unsere Lande in gänzliche Kombustion und Verderben gesetzet werden können, von niemanden einige Ursache wäre gegeben worden, wie wir dann in unserm Gewissen dessen wohl versichert, dass wir dazu weder mit Rat noch mit Tat geholfen; nachdeme aber wir und unsere unschuldige Lande und Leute ohne einiges unser Vorwissen, Rat und Willen in ein so hochverderbliches Unwesen von andern gestürzet worden, als haben wir notwendig bedenken müssen, dass IKW. mit einer starken Armee sich in unserm Kurfürstentumb anitzo befinden, 2) dass allbereit ansehnliche Pässe in dero Handen kommen und geraten, 3) uns dahingegen keine Mittel uart unsere Residenz und noch übrige wenige Festungen zu defendieren, gelassen werden wollen, wie oft und getreulich wir auch solches erinnert und darumb gebeten, dahero wir gar nicht bastant einer so grossen Macht, deren auch andere starke Armeen gewichen, zu resistieren; 4) über dieses ist uns billig bedenklich gefallen, da IKW. von dem heiligen Reich und dessen Kur-, Fürsten und Ständen noch niemaln pro hoste deklariert, 5) SKW. auch hochbeteuerlich bezeugt, dass sie wider die kais. Mt. und das h. Reich die Waffen nicht ergriffen, dass wir alleine vor uns, zumal bei solcher Beschaffenheit unserer Lande, uns in einen Krieg wickeln sollten, dessen Ausgang nicht allein unserm Staat und Landen ganz gefährlich, sondern auch dem heiligen Reiche äusserst präjudizierlich und schädlich sein könnte. Wir haben auch weiters erwägen müssen, dass IKW. das ganze Herzogtum Stettin-Pommern nebenst allen demselbigen zubehörigen Landen, in welchen auf den Fall des itzo regierenden Herzogen Lbd., den Gott lange Zeit gnädig verhüten wolle, uns alleine die Succession unstreitig zustehet und gebühret, in ihrer Gewalt und Handen, IKW. aber ausdrücklich in denen mit hochgedachtes Herzogen Lbd. aufgerichteten Accordaten ihr vorbehalten uns solche Lande nicht einzuräumen, wir hätten dann zuerst dasjenige, was IKW. mit des Herzogen Lbd. sich verglichen, auch unserstells beliebet und ratifiziert; da dann auf den Fall unserer Verweigerung kein anderes Mittel erfolgen können, als dass entweder solche Lande ganz von dem heiligen Reiche und von unserm Hause abgerissen oder hinwiederumb mit dem Schwert rekuperiert werden müssten, beides aber hat uns wegen unserer schweren kurfürstlichen Pflicht, damit wir dem heiligen Reiche verwandt und zugetan, auch aus gnädiger väterlicher Liebe und Zuneigung, so wir zu unsern getreuen

Landen und deren ohne das äusserst erschöpften Untertanen tragen, zu verhüten obliegen und gebühren wollen.

Wir haben auch ferners nicht ausser Acht gelassen, dass allbereit von vielen Jahren zwischen der Kron Schweden und den pommerischen Landen gewisse compactata aufgerichtet, dahero man uns einiger Neuerung zu beschuldigen nicht Ursache, obgleich solche Kompaktaten nach Gelegenheit der jetzigen Zeiten und Läuften in etwas deklariert und extendiert würden.

So haben wir auch unsererseits gar nicht befinden oder absehen können, wie unsere sämtliche Lande und zugleich das h. Reich, dessen nützliche Vormauer sie jederzeit gewesen, zu beständiger Ruhe und Wohlstand gelangen und erhalten werden könnten, wann nicht gutes Vertrauen zwischen IKW. und der Kron Schweden und uns und unsern Landen gepflanzet und erhalten werden sollte; dazu uns dann umb soviel mehr bewogen die nahe Verwandtnus, in deren wir mit IKW. durch ungezweifelte Verseh- und Schickung des Allerhöchsten gesetzet, und die vielfältige freundliche und schwägerliche Erklärungen, deren sich IKW. gegen uns und unserm Hause vernehmen lassen.

Diesem nach haben wir der König in Schweden und wir der Kurfürst zu Brandenburg vor uns, unsere Successoren und Nachkommen, Königreiche, Kur-, Fürstentümer und Lande, so wir itzo besitzen und künftig durch Gottes Gnade erlangen werden, zu den Ehren Gottes und unsrer sämtlichen Lande Aufnehmen und Bestem uns wohlbedächtiglich folgender Punkten einmütig mit einander vereiniget und verglichen.

Erstlich wollen wir beiderseits nebenst unsern Landen und Leuten hinfüro in beständiger und nachbarlicher Freundschaft und gutem Vertrauen leben, nichts feindliches oder widriges gegen einander weder vor uns selbsten vornehmen, noch andern heimlich oder öffentlich vorzunehmen verstatten; sondern vielmehr uns einander bei gutem, rechtem Stande, Würden und gemeiner Libertät wider allen unrechtmässigen Gewalt und Bedrängnussen in ecclesiasticis und politicis mit gemeiner Zusammensetzung und mutuis armis, consillis et anxiliis schützen und erhalten, keineswegs aber einander verlassen, vielweniger aber selbst befehden oder bekriegen, sondern einer des andern Bestes Aufnehmen und Frommen in allem suchen und befördern und Schaden abwenden, freie commercia aus der Kron Schweden in den märkischen Landen und hinwiederumb aus denselbigen und zubehörigen Landen in Schweden ohne einigerlei Hindernus oder Hemmung gestatten und dasselbige hinc inde äusserster Möglichkeit befordern wollen.

Wie dann zu solchem Ende obgedachte Freundschaft und nachbarliche Vereinigung und Vertrauen zwischen uns und unsern Königreichen, Kur-, Fürstentumen und zubehörigen Landen hiemit und kraft dieser zu ewigen Zeiten geschlossen und bestätiget sein soll; und soll solche Vereinigung von zehen zu zehen Jahren renovieret und ernenert werden.

Es soll aber solche Vereinigung bloss und alleine uf eine Defension und Schutz wider unrechtmässige Gewalt, gar nicht aber zu einiges Offension, es wäre dann dass dieser Kompaktaten und Einigung Konservation es notdringlichen erforderte, gemeinet und verstanden werden; auf welchen Fall wir einer dem andern nach äusserstem Vermögen beizustehen verpflichtet sein sollen.

Ferners ist diese Einigung gar nicht wider die kaiserliche Mt. und das h. Reich gemeinet und angesehen, sondern einig und allein damit wir beederseits in unsern Königreichen, Kur-, Fürstentümern und Landen bei unsern Würden, Hoheiten, Immunitäten und Freiheiten gelassen werden und unsere Lande und Leute hinwiederumb zu Ruhe und Friede gelangen mögen. Und haben wir der Kurfürst uns hierbei per expressum erkläret, reservieret und vorbehalten, dass durch diese Vereinigung derjenigen Verwandtnus, damit wir der römischen kaiserlichen Mt., dem heiligen Reiche und denen Kreisen, in welchen unsere Lande belegen, zugetan, nichts derogieret werden solle (doch dass man von ihnen dergleichen, und dass dieser Verfassung nichtes nachteiliges verhänget werde, hingegen erwarte), sondern wir wollen uns zu jederer Zeit und in allen Dingen als einem löblichen Kurfürsten zustehet und gebühret, unverweislich erzeigen und beweisen.

Auch soll diese Alliance denen pactis, so zwischen der KW. und der Kron Polen und uns und unserm Hause aufgerichtet, dann auch der kurfürstlichen Verein, in deren wir mit den übrigen unserer Mitkurfürsten LLbd. stehen, wie zugleichen der Erbverbrüderung, so vor vielen Jahren zwischen unserm und den beiden kur- und fürstlichen Häusern Sachsen und Hessen aufgerichtet, im allerwenigsten nicht präjudizieren, sondern es sollen dieselbige kurfürstliche Verein und Erbverbrüderung in allen ihren Punkten und Klausuln von uns stet, fest und unverbrüchlich gehalten werden.

Was aber diesem und allem und jedem, wie auch den im h. römischen Reich lener erworbenem Religion- und Profanfrieden in einige Wege zuwider oder sonsten hieraus entstehen möchte, dasselbige sollen und wollen wir mit sammetlichen Kräften und nach jedes Teils Vermögen vertreten und abwenden.

Es soll auch durch diese Alliance unser beederseits Staat im wenigsten nicht verändert, sondern wir beederseits bei unsern königlichen und kurfürstlichen Würden, landesfürstlichen Hoheit und Obrigkeit, Rechten und Gerechtigkeiten, Gewalt und Jurisdiktion unverrückt gelassen werden. Auch sollen unsere getreue Stände und Untertanen von Prälaten, Grafen, Herren, Ritterschaft und Städte bei dero General- und Spezial-Privilegien, Statuten, Rechten und Gerechtigkeiten verbleiben und dieselbigen durch diesen Vergleich in nichts geschwächet werden.

Wir der König in Schweden zusagen und versprechen hiermit auch festiglich vor uns und unsere Nachkommen und unsere Kron Schweden, dass wir diejenigen Örter und Plätze, so wir in S. des Kurfürsten Lbd. Kur-, Fürstentumb und Landen allbereit occupiert oder noch künftig occupieren möchten, es geschähe solches mit Accord oder offenem Gewalt oder sonsten auf andere Wege, wie dieselbige immer Namen haben mögen, solche Örter SLbd. zu dero getreuen Händen und ohne Forderung einiger Kriegeskosten hinwiederumb einliefern und zustellen wollen.

Auch soll SLbd. die Zeit über, dass wir solche Plätze in unsern Händen behalten, dero Regalien, Zöllen, Einkünften, hohe landesfürstliche Obrigkeit und alle andere davon dependierende Gerechtigkeiten, keine überall ausgeschlossen, ungefährt verbleiben, deren sich SLbd. aller Orten in ihrem Lande, wie vor diesem, zu gebrauchen haben soll.

Da auch SLbd. solche Plätze und andere Pässe in ihrem Lande mit ihrem Volke selbst besetzen wollten, wollen wir der König in Schweden dieselbige SLbd. abtreten, jedoch mit diesem Vorbehalt, dass zu unserm und zu unserer Armeen Schaden und Nachteil SLbd. aus ihren placen und Pässen nichtes verhängen noch verstatten, uns und unserer Armeen aber so oft wir bei diesen noch währenden Unruhen dessen bedürfen, den freien Pass und Repass ohne einig Aufhalten und Hinderung nehmen lassen wollen.

Wir der König in Schweden wollen auch, so lange wir in S. des Kurfürsten Lbd. Landen uns mit unserm Volke aufhalten werden, beides im Lande und Städten und in den Garnisonen solche ernste Verordnung machen, dass SLbd. und dero Untertanen kein unrechtmässiger Gewalt, es sei mit Plündern, Rauben, Brennen, Schänden, Morden oder wie das sonst möchte genennet und von christlichen Armeen billig nicht sollte erfahren werden, von den Unsrigen zugefüget werden soll; deswegen wir an alle Offizierer unserer Armeen ernste Ordonancen erteilen wollen, welche auch schuldig sein sollen die Verbrecher nach Gelegenheit des Verbrechens mit allem Ernste zu bestrafen.

Wir wollen keinen Frieden schliessen, es seien denn SLbd. und dero Lande und Leute in demselbigen ausdrücklich mitbegriffen und ILbd. alle ihre Plätze und Festungen wirklich wieder eingeräumet. Da wir auch derselbigen und Ihrem Hause und Landen und Leuten zu Gute, Nutz und Besten etwas werden traktieren und erhandeln können, wollen wir solches nicht unterlassen, jedoch mit SLbd. jedesmals daraus kommunizieren.

Absonderlich aber wollen wir der Kurfürst ohne vorhergehende Kommunikation mit IKW. und IKW. zu Präjudiz und Schaden und dieser Alliance zuwider uns in keine Traktaten und Accord einlassen.

Sollten auch wir der Kurfürst und unsere getreue Lande und Leute über kurz oder lang dieser Alliance oder aber um der in unsern Landen belegenen und von unsern Vorfahren vor vielen Jahren eingezogenen Stifter, Klöster und geistlichen Güter willen von jemanden, wer der auch wäre, befehdet, überzogen und verfolget werden, so wollen auch wir der König in Schweden und unsere Kron schuldig sein vor uns, auch mit Zuziehung unserer Alliierten und Bundesverwandten S. des Kurfürsten Lbd. und dero Lande und Leute nach äusserstem unserm Vermögen zu defendieren und zu retten.

Welches auch wir der Kurfürst im Fall IKW. oder dero Königreich und Lande umb solcher Alliance willen und dass IKW. unsere Lande und Leute von den überschweren Drangsalen, mit welchen wir und sie bishero bedrücket worden, zu befreien ihr so hoch angelegen sein lassen, befehdet und bekrieget werden, ebenermassen zu tun schuldig sein sollen und wollen.

Weiters haben wir der Kurfürst wohlbedächtig denjenigen Vergleich, den IKW. in Schweden mit des Herzogen zu Stettin-Pommern Lbd. aufgerichtet, dessen Datum stehet Alten-Stettin den 10. Julii alten Kalenders nach der Geburt unsers Erlösers Jesu Christi im 1630. Jahre ratifizieret und bestätiget, tun das, konfirmieren, ratifizieren und bestätigen vorbesagten Vertrag vor uns, unsere Nachkommen, Markgrafen und Kurfürsten zu Brandenburg, wie derselbige in allen seinen Punkten und Klauseln abgefasset und verglichen, und wollen wir und unsere Nachkommen solchem allem als Herzoge zu Stettin-Pommern stet, fest und unverbrüchlich nachleben.

Dahingegen wollen wir der König in Schweden, weil uns gnugsam wissend, dass S. des Kurfürsten Lbd. auf Abgang der fürstlich stettinischen-pommerischen Linien der ungezweifelte Successor der sämtlichen pommerischen Lande und Leute sein, zu dem SLbd. und derselbigen Haus von Fällen zu Fällen mit solchen Landen belliehen, SLbd. auch von dem römischen Kaiser, allen andern Potentaten, Kur-, Fürsten und Ständen als ein Herzog zu Stettin-Pommern titulieret und gehalten worden, auch die Unterlanen bei allen Erbhuldigungen SLbd. und ihrem Hause einen rechten Erbeid geleistet und geschworen: als wollen wir und unsere Kron SLbd. und ihr Haus bei solchen kundbaren Rechten wider alle unrechtmässige Gewalt schützen und ihnen auch zu wirklicher Possession verhelfen.

Doferne sich auch zwischen uns oder unsern Landen einige Irrungen oder Missverstände, aus was Ursachen dieselbige auch entstünden, entfallen würden, sollen solche nicht durchs Schwert und die Waffen, sondern durch Zusammenschickung friedfertiger Räte oder durch Interposition unserer Anverwandten und Befreundeten oder aber durch eine Obmannschaft die per electionem oder sortem zu konstituieren, entschieden oder beigeleget werden.

Alles bei gutem christlichen Glauben, königlichen und kurfürstlichen Würden, wahren Worten, sonder einige Gefährde.

Dessen zu Urkund und steter, fester, unverbrüchlicher Haltung haben wir der König in Schweden vor uns, unsere Nachkommen, Königreiche und Lande, und wir der Kurfürst zu Brandenburg vor uns, unsere Nachkommen, Markgrafen und Kurfürsten zu Brandenburg und unsere Kurfürstentumb und Landen diesen Accord mit unsern königlichen und kurfürstlichen grössern Insiegeln bekräftiget und mit unsern eigenen Händen wohlwissentlich unterschrieben.

Und wollen hierüber wir der König in Schweden umb aller menschlichen Fälle willen und damit S. des Kurfürsten Lbd. und dero Nachkommen umb so viel mehr dieser Alliance vergewissert bleiben, die unfeilbare Verfügung tun, damit auch dieselbige von unsern Reichsräten vollnzogen und SLbd. desfalls notwendige instrumenta inner zweien Monaten eingehändiget werden. Geschehen etc.

9.

s. d. [1631 Mitte Mai. Köln a. d. Spree].

Projekt eines Neben-Vertrags mit Kurbrandenburg.

Berlin Rep. 24 c. 3 Fasz. 3. — Entwurf von der Hand v. d. Knesebecks. — Vgl. brandenburg. Protokoll vom 4/14. Mai.

Wir Gustav Adolf etc. und wir Georg Wilhelm etc. tun kund und bekennen hiermit vor uns, unsere successores und nachkommende Könige zu Schweden auch Markgrafen und Kurfürsten zu Brandenburg und unsere respective Königreich, Kur-, Fürstentumb und Lande gegen männiglich:

Nachdem wir der König zu Schweden zu Rettung unserer bedrängten Freunde und Verwandten die Kriegsverfassung, worin wir noch gegenwärtiglich begriffen, auf uns genommen und vermittelst derselben nicht allein des Herzogen zu Pommern Lbd. von den zuvor erlittenen Drangsalen durch gnädige Verleihung Gottes wirklich überieret und sie mit ihren Landen und Leuten hinwieder in vorigen guten, freien und unbedrängten Zustand gesetzt, sondern auch den vornehmsten Teil des Kurfürstentumbs und Mark Brandenburg ebenmässig von denen etliche Jahr lang ausgestandenen Pressuren und Bedrückungen des einquartierten Kriegsvolkes entladen, und uns zu noch fernerer Entlastung des übrigen und aller königlichen Freundschaft und Assistenz erboten;

Wir der Kurfürst zu Brandenburg solches Erbieten und freundliche Bezeigung auch billig mit allem Danke von SKW. aufgenommen und erkannt, und demnach soviel mehr Ursache gehabt, uns in ein näheres Vernehmen und Verständnus mit SKW. einzulassen; inmassen denn solches auch erfolget und eine sonderbare schriftliche Alliance und Vereinigung diesfalls zwischen uns begriffen und aufgesetzt, die wir auch hiermit nochmals allerseits erholet und erwiedert haben wollen, dass wir uns über die in itzgemelter Alliance enthaltene Puokta kraft dieses auch noch ferner dahin verglichen haben:

Beilage 9.

Dass wir der König zu Schweden uns unsers Schwagern des Kurfürsten und SLbd. Lande Defension und Befreiung noch fürter nach aller äussersten Möglichkeit angelegen sein lassen und darauf bedacht sein wollen, SLbd. unsere Gedanken mit dem ersten particulariter zu eröffnen, auf was Masse und Weise wir es davor halten müssen, dass solche Defension und respective Befreiung am besten anzustellen, auch was vor Örter insonderheit zu besetzen und welchergestalt sie am besten zu fortifizieren und zu versichern sein mögen.

Wir der Kurfürst zu Brandenburg wollen auch solch der KW. Bedenken jedesmals ganz gerne und mit sonderbarem Danke anhören und vernehmen und es dahin richten und verordnen, dass so viel immer zu Mitteln zu gelangen möglich, SKW. an die Hand gegebener Ordnung gefolget und solche wirklich effektuieret werden möge.

Gestalt wir dann SKW. die Direktion des Krieges in unsern Landen freundschwägerlich zu solchem Ende anvertrauen und mit unserm Volk SKW. allstets zu unserer Lande Defension nach allem Vermögen sekundieren wollen. Wir wollen auch nicht alleine zu dessen behuf das itzo auf den Beinen habende Volk kontinuieren, sondern uns auch so stark als wir immer können noch ferner in Verfassung stellen, damit wir so viel möglich unsere Pässe selbst besetzen und also die KW. zu Schweden Ihre Armee zu Besetzung der unserigen Städte und Ort zu schwächen und teils zurück zu lassen nicht Not oder Ursach haben möge.

Insonderheit aber wollen wir unsere Festungen in guter Defension halten und denen, so mit SKW. in Feindschaft stehen, durch dieselbe keinen Pass noch Repass verstatten; gestalt wir denn in specie auch denen sich itzo in Schlesien rekolligierenden Truppen durch unsere Festung Küstrin und Driesen kein Pass verstatten wollen. Hergegen aber sollen SKW. und dero Armee unsere Festungen und Pässe zu freiem Pass und Repass jederzeit geöffnet werden.

Im Fall sich auch eine feindliche Gefahr so weit nähern sollte, dass SKW. auch ihr selbst Volk in unsre Festungen zu legen nötig erachten müssten, so soll SKW. solches auch jedesmales auf itz gesagten Fall verstattet und ihr Volk in unsere Festungen bei die Unsrige aufgenommen werden; auch so lange darin verbleiben, bis die Gefahr vorüber und zuvorderst SKW. hohe Person in gnugsame Sicherheit solcher Festung halber wieder gelanget: alsdann SKW. die Festungen hinwieder zu unser alleinigen Besatzung enträumen und das ihrige Volk ohne Entgeld daraus mit guter Order abziehen lassen will. Gestalt wir dann gleich itzo SKW. wegen der gegenwärtigen Gefahr die Festung Spandau nach laut der sonderbaren diesfalls zwischen uns beiderseits aufgerichteter Kapitulation, der auch in künftigen dergleichen Fällen allemal gefolget werden soll, einzuräumen bewilliget haben.

So bald wir der Kurfürst nun auch wie gedacht so stark aufgekommen sein werden, dass wir unsere Pässe damit besetzen können, so wollen wir der König zu Schweden an S. des Kurfürsten Lbd. nicht begehren, dass sie uns zu Unterhalt unserer Armee mit einiger Quota oder Summ zu Hilfe kommen sollen. Es wäre dann, dass S Lbd. Kurfürstentumb nach gänzlicher Befreiung der darunten gelegenen mecklenburgisch- und pommerischen Lande und versicherten Elbstrom sich von unten herauf und gleichergestalt auch von oben herab gar keiner Gefahr mehr zu befürchten hätten. Denn auf solchen Fall will S Lbd. entweder uns oder den evangelischen armierten Ständen mit etwas Volk oder Geld, des man sich alsdann mit mehrem zu vergleichen, zu Hilf zu kommen sich nicht verweigern.

Unterdessen aber und solange als wir der König zu Schweden noch alle Pässe in des Kurfürsten Lbd. Landen mit unserm Volk besetzen müssen, wollen wir der Kurfürst SKW. Volke zum Unterhalt monatlich 20000 T., zu 24 Gr., in dem schierst künftigen Monat Junio den Anfang hiermit zu machen, aus unserm Lande reichen lassen und unsere Landstände zu deren Aufbringung und richtiger Erlegung weisen und anhalten; dahingegen wir der König auch alle übrige Bedrückung des Kurfürsten Lbd. Landes abschaffen, bei den Marschen gute Ordre halten, auch so viel immer möglich SLbd. Lande mit Musterplätzen verschonen wollen.

Und nachdem wir der König zu Schweden hierbei schliesslich uns auch die uf Befreiung der pommerischen Lande gewandte und noch ferner nfwendende Kosten und dero Refusion, ehe denn wir uf allem Fall gemelte pommerische Lande des Kurfürsten Lbd. restituieren, reserviret und uns derselben halber jure hypothecae und zur Versicherung einen Anteil des Landes, bervoraus von dem tractu maritimo, bis zu der gedachten Kriegskostenvergnügung einzubehalten vernehmen lassen: So haben doch wir der Kurfürst

SKW. dagegen repräsentieret, dass uns einmal in einer solchen Sachen, daran das ganze Reich und dann auch vornemblich die pommerische Lande so merklich interessieren, vor uns worin einzulassen und etwas einzugehen nicht gebühren; denn auch hiernächst wir uns nicht versehen wollten, dass die KW. die gemelte Kosten an uns als ihren so nahe Verwandten, Freund und Alliierten und die wir SKW. nie einige Feindlichkeit erwiesen, sondern vielmehr diejenige, welche SKW. zu dero führender Kriegsverfassung veranlasset, zu fordern haben werden: dass demnach von einer billigen Satisfaktion gegen SKW. und dero Versicherung alsdann am füglichsten zu handeln sein wollte, wenn es zu einem allgemeinen Frieden des Reichs halber gelangen würde. Alsdann wir der Kurfürst selbst deren an gehörigen Orten umb eine billige Vergnügung und Erkanntnus gegen SKW. gerne gute Erinnerung und Unterbauung tun wollen, die hingegen sich hinwiederumb als den getreuen Freund gegen uns erweisen und uns von demjenigen, was uns zuständig, nichts zu entziehen begehren wird.

Zu Urkund des obstehenden allen haben wir beiderseits diesen Nebenvergleich mit eigenen Händen unterschrieben und mit unsern königlichen und kurfürstlichen Insiegel bekräftiget. Wir der König zu Schweden haben auch umb aller menschlichen Fälle willen über die zuvor gemelte zwischen uns begriffene und beiderseits vollzogene Alliance zusambt diesen Nebenvertrag eine gleichmässige Vollziehung unserer Reichsräte mit ehister möglichster Gelegenheit und ufs längste inner zwei Monaten des Kurfürsten Lbd. zu Handen zu schaffen über uns genommen. Geschehen und gegeben etc.

10.
1631 Juni 25 (Juli 5) Köln a. d. Spree.
Kurbrandenburg an den Grafen Adam v. Schwarzenberg.

Berlin Rep. 24 c. 2 Fasz. 12. — Abschrift.

Wir haben bei dieser Occasion nicht unterlassen können euch zu berichten, was zwischen der KW. zu Schweden und uns seit eures Abreisens von binnen fürgelaufen; und ist es diesfalls an deme, dass gedachte KW. zu Schweden noch unter währendem Leipzigischen Konvent fast bei allen Occasionen, da wir sie durch Schreiben oder Schickung ersuchen müssen, uns stetig dieses

Dilemma vorgeleget: dass wir uns entweder mit derselben allerdings würden konjungieren oder aber die Hostilität mit IKW. aufnehmen müssen. Und hat SKW., als welche uf einigen guten Effekt des Leipzigischen Konventes gar wenig Hoffnung setzen wollen, mit Mühe soweit disponieret werden können, nur des Ausgangs solches Konvents zu erwarten. Nach Endigung desselben aber haben sie zuvorgedachtes ihr Begehren noch viel härter und eifriger als vorhin erholet; bevorab nachdem das kaiserliche Volk nach der vorgegangenen liederlichen Verlierung unserer Städte Frankfurt und Landsberg, unsere diesseits der Elbe belegene Lande sämbtlich, woraus sie doch unterm Vorwand dero Defension, die man uns selbsten nicht anvertrauen wollen, zuvorhero so viel Millionen gezogen gehabt, mit einem Male quittiert, und darauf der König zu Schweden sich mit SKW. Armee nach der Havel begeben und uns gar bis vor die Residenzien gekommen, die sie dann, wie bekannt, ohne alle Verfassung, als worinnen uns die Kaiserliche vor der Zeit nicht kommen lassen wollen, gefunden. Wir haben, als wir verstanden, dass SKW. uns selbsten zu sprechen begehrt, mit derselbten zwischen hier und Köpenick zusammen kommen wollen, uns auch zu dem Ende zusambt unserer Schwiegermutter und Gemahlin LL. sambt unserm übrigen Hofstaat hinausbegeben und SKW. bereits gar nahe vor unsern Residenzien angetroffen. Es seind auch dieselbte auf unser Einladung und Begehren mit uns hereingerückt, und hätten wir wohl verhofft, es sollte bei solcher Anwesenheit das Werk erträglicher und besser als vorhin, da wir durch unsere Räte traktieren lassen müssen, gehoben worden sein. Wir haben aber unserm Verhoffen zugegen befunden, dass IKW. auf ihren vorigen postulatis allerdings bestanden, und ob sie zwart etliche Erbieten getan, so wir billig nicht geringe zu achten (als dass SKW. uns das Herzogtumb Pommern auf allen Fall vollkömmlich wieder einzuräumen, nicht weniger auch die occupata in unser Kur Brandenburg, und zwar soviel dieses letzte betrifft, auch ohne alle Refusion der aufgewandten Kriegeskosten wieder abzutreten, auch keinen Frieden zu machen gemeint wären, wir wären dann sambt allen evangelischen Kur-, Fürsten und Ständen, die es mit SKW. halten würden, darin mitbegriffen und der Erhaltung unserer sammetlichen Lande und Leute gnugsam gesichert), dass jedoch die Gegenpostulata überaus schwer und hart gewesen, indeme wir 1) die mit des

Herzogen zu Pommern L. getroffene Alliance sambt allem, was demselben anhängig ist, auch unserseits ratifizieren und darin treten sollen, und dannoch pro 2) SKW. Ihr in Pommern das jus belli, wie sie es nennen, ratioue der aufgewandten Unkosten reservieren wollen, worunter, soviel wir vermerken können, dann vornehmlich uf den tractum maritimum ganz oder doch gutenteils und zuvörderst auf die Seehäfen des Ortes, aufs wenigste soviel das dominium maris betrifft, gesehen sein mag. Wir haben auch vors 3. nichts desto minder der königlichen Armee eine ansehnliche Summa Geldes aus unserm erschöpftem Lande reichen, und vors 4. SKW. auch das directorium belli in unserm Lande und zwar dergestalt, dass SKW. auch mit unsern eigenen Festungen, wie sie es gut befinden würden, zu gebahren, die ihrige Garnisonen wann sie wollten hereinzulegen und die unsrige hergegen heraus zu kommandieren, ja auch nusere Kommandeurs und Offizierer nach ihrem Gefallen abzusetzen, und in summa so viel das Kriegeswesen betrifft absolute et überrime zu schaffen und zu befehlen haben sollten, einräumen sollen.

Und wie wohl wir die Pflicht, womit wir der römischen kaiserlichen Mt. und dem Reiche verbunden; den Respekt, so wir uf unsere evangelische Mitstände haben müssen; so auch, was die Reichs- und Kreisverfassungen, die Erbvereinigungen und pacta familiae uns zulassen oder nicht, vielfältig hierunter angezogen, so hat doch solches alles ganz nichts verfangen oder wirken wollen.

Es ist auch SKW. zu ganz keinem Mittelwege als diesem allein zu bewegen gewesen, dass wir derselben vor dasmal zu Versicherung ihrer Person und etwa bedürfender Reträte so lange der damals vorgehabte und auf die Entsetzung der Stadt Magdeburg angesehene Feldzug währen würde, unsere Festung Spandau ad tempus einräumen sollten, darentgegen die übrige Traktation mit uns bis auf andere Zeit ausgesetzet werden möchte. Haben wir auch die beide extrema, als auf einer Seite die angesonnene Totalkonjunktion und auf der andern Seiten die offene Hostilität, deren eines uns nicht verantwortlich, zu dem andern aber, weil uns das kaiserliche Volk ganz bloss hinterlassen und uns zusambt unserer Gemahlin und Kindern und dem weit vornehmbsten und grössten Teil unsers Landes gleichsam in des Königes zu Schweden Hände überliefert, keine Mittel zur Hand, noch auch einiger Entsatz zu gewarten gewesen, vermeiden und uns selbst allen gewissen und gütlichen Regress zu den pommerischen Landen und den meisten Teil unserer Kur Brandenburg nicht selbst benehmen wollen, so ist kein anderes übrig gewesen, als dass wir aus vielen Übeln dasjenige, so vor menschlichen Augen das geringste, erwählen und den zuvor gedachten Mittelweg, wie schwer es uns auch ankommen, eingeben müssen; gestalt dann darauf in die Festung Spandau schwedische Garnison auf solche Masse, wie die beiliegende Kapitulation zeiget, genommen worden.

Und hätten wir nun abermal wohl gehoffet, es sollte dennoch mit diesen schweren Konditionen das Werk endlich gehoben gewesen sein; wir seind aber doch dem zuwider, als die Stadt Magdeburg an den General Tilly übergangen und SKW. dahero mit ihrer Armee hinwieder zurücke gekommen und zwischen der Festung Spandau und hiesigen Residenzien kampieret, anderweit in die vorige beschwerliche Traktaten gefallen, davon wir alle die Verdriesslichkeiten und Bedrangnen, so dabei vorgelaufen und darüber die Sachen schon einst zu einem solchen Absagbrief, wie aus der beifolgenden Kopei zu ersehen, geraten, und wir noch dazu immer die Schuld haben müssen, als machten wir durch unser Cunctieren SKW. alle gute occasiones versäumen, vor itzo nicht melden mögen.

Es ist aber das Werk hierüber auch so ferne gediehen, dass die KW. zu Schweden uns zwar unsere Festung Spandau wieder abgetreten, hergegen aber am 10. hujns mit dero Armee uf hiesige unsere Residenzien gerücket, dieselbe rings umbher beschlossen und die Stücke darauf gerichtet hat. Da dann abermals aus den Sachen anderergestalt nicht zu eluctieren gewesen, als dass wir SKW. die Festung Spandau zu ihrer Sicherheit anderweit hinwiederumb einräumen und diesfalls den hiebevor pro restitutione bestimmten terminum fürter hinaus extendieren und nach der befindenden Krieges Noturft salva in reliquis priori capitulatione regulieren, daneben SKW. des allezeit offenen Passes und Repasses bei Küstrin fast hoch versichern und ihr daneben eine eben hohe monatliche Kontribution, derohalben nunmehr ehistes Tages die Spezialhandlung angefangen werden soll, aus unsern Landen diesseits der Elbe verwilligen müssen. Womit SKW. endlich zufrieden gewesen und dahingegen alle übrige Beschwerus und Belegung unseres Landes, welches überaus sehr bishero von dieser Armee gelitten und in einem sehr verderblichen Zustande darüber geraten, abzuschaffen versprochen.

Was dieses alles endlich noch vor Effekten gewinnen möchten, stehet in des allmächtigen Gottes Händen, und müssen wir wohl in den Sorgen stehen, es dürfte dennoch uns dieser Verlauf von der kaiserlichen Seite und vielen andern sehr ungleich gedeutet und übel aufgenommen werden. Wir müssen uns aber dessen getrösten, dass wir alles versuchet was in unserm Vermögen gewesen, und da wir keine andere Mittel, uns aus der Sachen zu wickeln, gehabt, haben wir dem potentiori wohl weichen müssen. Wer auch gleichwohl die Sachen unparteiisch ansehen und betrachten will, wie übel uns die kaiserliche Armee, nachdeme sie unsere Lande zuvorher auf der äussersten Grad exhauriert gehabt, da die Gefahr an den Mann gekommen, an einem Teile verlassen und abandonnieret; wie die KW. zu Schweden hingegen unseres ganzen Landes am anderen Teile allbereit mächtig gewesen und uns, die sie in hiesigen Residenzien gleichsam wie in ihren Händen beschlossen gehabt, nach ihrem Gefallen leges präscribieren können; und wie wir im dritten Teile so wenig in einiger Verfassung (als welche man kaiserlichen Teils hiebevor nicht zugeben wollen) gestanden oder mit einiger Notnrft versehen gewesen, als auch einigen Succurs in solcher Eil, wie von Nöten, von anderen zu erwarten gehabt, der wird verhoffentlich von Syndicierung unsers procedere wohl abstehen und erkennen müssen, dass es bei solcher Ambiquität ihme vielleicht noch schwerer als uns, eine Resolution zu finden gewesen sein würde.

Sonsten ist die KW. zu Schweden auf diese Abhandlung vor ihre Person hinwieder nach Pommern gerücket, nach geschehener Rekuperierung der Stadt Gripswalde aber gestern vor dato wieder dieser Örter angelanget und nach den Pässen, welche sie an der Havel besetzt hält, gerücket; und stehet nun zu vernehmen, was weiter vorgehen werde. Unterdessen haben wir auch den bisherigen Verlauf, welchen ihr gleichwohl bei euch alleine behalten und dies Schreiben niemanden kommunizieren wollet, nicht unverborgen sein lassen wollen, deme mir mit Gnaden beharrlich zugetan verbleiben. Geben zu Cöln an der Spree, am 25. Juni des 1631. Jahres.

11.

1632 Mai 18 (28) Güstrow.

Relation Johann Cothmanns, mecklenburg-güstrowschen Kanzlers, an Herzog Hans Albrecht von Mecklenburg-Güstrow über die zu Frankfurt a. M. geführten Verhandlungen wegen einer Alliance.

> Schwerin. Succica, Aa. betr. die mit G Adolf geschlossene Alliance 1631/32 (ex arch. Güstr.) — Ausfertigung. — Alles, was wörtlich wiedergegeben ist, ist durch „..." kenntlich gemacht.

Am 14. Nov. 1631 (a. St.) bin ich von hier nach Schwerin abgereist wo Herzog Adolf Friedrich von Mecklenburg durch die Belagerungen von Wismar und Dömitz noch aufgehalten wird; erst am 28. Nov. brechen wir (Herzog Adolf Friedrich, sein Geh. Rat Hartwig von Passow, sein Geh. Sekretär zur Nedden, und ich, der güstrowsche Kanzler Cothmann) von Schwerin auf, reisen über Leipzig, Altenburg, Erfurt, Eisenach nach Frankfurt, wo wir am 24. Dez. 1631 anlangen.

Am 30. Dez. Audienz beim Könige, wobei ich die Gratulation wegen so stattlicher Viktorien abgelegt und gemäss der Instruktion folgende sechs Punkte proponiert und dann schriftlich übergeben habe.

1.

Die Herzöge haben das von Salvius überbrachte königliche Projekt der Alliance[1]) gelesen und bitten um folgende Milderungen:

1) Kontribution betr., die auf den pommerschen und märkischen Anschlag gefordert wird: selbst Friedland hat nur 12000 Rt. monatlich gefordert; sie haben sich zwar dem Salvius gegenüber auf 15000 Rt. erklärt, doch hat schon Salvius Milderung durch den König in Aussicht gestellt. Sie erbieten sich zur Leistung der triplizierten Tripelhilfe, wozu sich die andern Kreisstände auch verpflichtet haben.

2) Soll von der im Lande aufgebrachten Kontribution zunächst die Soldateska in Mecklenburg unterhalten werden; denn wird die Soldateska auf des Kommissars Bezahlung verwiesen und diese bleibt aus, so werden die Truppen rauben und plündern und damit die Mittel zur ferneren Kontribution vernichten.

---

[1]) dd. Halle 1631 Sept. 17 (27). Vergl. Sverg. trakt. V. S. 717.

3) Bitten sie, sie mit der schwedischen Münze zu verschonen: wird das Land mit schwedischer Kupfermünze überschwemmt, so wird das Silbergeld in die Höhe gehen und die Bewohner werden bei der Aufwechselnng von Reichstalern grossen Schaden haben; und in Reichstalern muss die Kontribution wie die Zinsen der fürstlichen Schulden bezahlt werden.

4) Lassen die Herzöge gern geschehen, dass die Schweden die beiden Häfen Wismar und Rostock frei benutzen und auch befestigen, wie der § 8 besage; „als stellen IKM. IFGG. freundvetterlich anheim, ob nicht derentwegen der 25. Artikel, auszulassen, sintemal derselbe IFGG. ziemblich verkleinerlich und präjudizierlich, auch in keines andern Fürsten mit IKM. getroffenen Alliance zu finden und daher bei andern Ständen im Reich, weil IFGG. IKM. so nahe anverwandte Vettern und konföderierte socii sein und nächst Gott durch IKM. Hilf und Beistand nicht das Ihrige verloren, sondern wiederbekommen und erobert haben, allerhand Nachdenken geben würde."

5) Bitten sie um Aufhebung des Zolles in Rostock: dadurch würde der Handel nur an andere Häfen vertrieben, wie man es bereits bei Wismar erlebt.

6) Bitten sie um die Stifter Schwerin und Ratzeburg.

„Nun haben zwar IKM. solches alles gnädigst an- und ausgehöret, sie haben sich aber dennoch mit einer dermassen harten, herben und bittern Resolution gegen IFG. und mich in grossem Eifer und zorniger Bewegung vernehmen lassen, dass daraus zur Gnüge zu verspüren gewesen, dass EFGG. bei IKM. durch böser Leute falsche Auflagen und Verleumdungen gröblich angegeben und angegriffen sein mussten, inmassen EFG. aus dero Herrn Bruders und meinen vorigen Schreiben mit mehrem sich gnädig werden zu erinnern haben. Sonderlich aber haben sie sich sehr geeifert, dass der Obrister Görtzke vermöge ihm erteilter Instruktion IKM. neugeworbenes Volk durch Rostock nicht habe passieren lassen wollen und derentwegen dasselbe Volk umbhin und zwar durch Morasse bis an den Hals marschieren müssen. Es hätten sich IM. niemals eine so grosse Undankbarkeit von EFGG. einbilden können, und würden EFG. nicht dem Görtzken den Kopf lassen für die Füsse legen, so wollten sie es mit EFG. zu tun haben. Sie hätten gemeinet, sie hätten sich mit dieser grossen Wohltat, dass sie durch ihre viktoriöse Waffen EFGG. zu Land und Leuten wieder verholfen, Freunde gemacht; itzo sähen sie und müssten erfahren, wie man sie meinete, dass sie müssten mehr bedacht sein, sich darunter in diesen Landen vorzusehen, als dorten droben mitten unter ihren Feinden. Sie hätten EFGG. geliebet als dero eigene Brüder, hätten das Land, welches sie mit ihren Waffen erstritten und gewunnen und jure belli ihr wäre, EFGG. wieder zugestellet und gehoffet, deswegen Dank zu haben. Itz befunden sie, dass ganz keine Erkenntnus bei EFGG., dazu wollte man noch IKM. präskribieren, was man tun nnd wie man es haben wollte, wollte sich nach seinen Mit-Reichs- und Kreisständen regulieren. Es erkenneten EFGG. nicht, in was Stande sie gewesen und in welchem sie anitzo wären, das Land gehörete ihr zu, es sollten entweder EFGG. dasselbe von ihr rekognoszieren, und alsdann wollten sie denselben conditiones aufsetzen, danach sie sich zu achten haben sollten, oder wollten sie dasselbe nicht tun, so wollten sie die Administration des Landes sich annehmen und mochten EFGG. bis zu Ende des Krieges die Alimenten behalten, darnach wollten sie sich ihres Rechten gebrauchen. So haben sie auch gar hoch empfunden, dass EFG. Herrn Paschen v. d. Luhe wegen des Zolls nacher Warnemünde geschickt nnd IM. Lente darumb zur Rede gesetzet und deswegen wie auch sonsten gegen die Räte gar harte Reden geführet."

„Ob nun zwar gegen dieses und was desgleichen noch vielemehr, inmassen EFG. diese Tage von dero geliebten Herrn Brudern salbst vernommen, vorgelaufen, EFG. Herr Bruder IKM. gebeten, sie wollten sich doch hierüber also nicht eifern, sie wären an solchen aingebrachten Bezichtigungen unschuldig, wüssten auch dass EFG. solches nimmer würden befohlen haben; ich auch zu unterschiedlichen Malen IKM. untertänigst zu Gemüte geführet, dass ja dieselbe von EFG., die nächst Gott allein auf IKM. ihr Vertrauen und Hoffnung gesetzet und dieselbe so herzlich liebeten und ehreten und deren sie so hoch obligat zu sein von Herzen erkenneten, nimmer solche suspiciones fassen, sondern sie hierüber freundvetterlich hören wollten, als dann sie befinden sollte, dass IKM. EFG. gute Satisfaktion hierin geben würde: so hat sich doch daroselben Eifer und Unmut nicht legen wollen, also dass endlich

IFG. und Ich unsern Abtritt wieder genommen und nach LFG. Logament gefahren."

„Hierauf habe ich mich nun auf neuen Jahrstag zu dem Herrn Dr. Steinbergen begeben und ihm diese IKM. harte Resolution und Exprobration umbständlich und ausführlich erzählet und gebeten, dass er nach dem hohen Vertrauen, so EFGG. zu ihm hätten, sich diese Sache bestermassen rekommandieret sein lassen und IKM. zu milderen Wegen unterthänigst zu disponieren sich bestes Fleisses angelegen sein lassen wollte und sich versichert halten, dass EFG. beiderseits sotane seine treue willfährige Dienste nimmer in Vergess stellen, sondern fürstdankbarlich würden erkennen und rekompensieren, inmassen ihn dann EFG. deswegen durch das von mir eingehändigtes Schreiben gnädig versichert und dero Herrn Bruders FG. mir anitzo ihm in ihrem Namen auch anzuzeigen gnädig anbefohlen hätten."

„Derselbe hat nun aus dieser meiner Relation IKM. grosse Alteration nicht allein ganz ungern und mit Bestürzung vernommen und deswegen mit EFGG. ein sonderbares hohes Mitleiden gehabt, sondern sich auch zu allem was ihm mensch- und möglich freundlich anerboten, auch als ein redlicher Mann erwiesen und demnach folgends Tages ein beweglich Memorial an IKM. abgefasset und deroselben, weil er etwas unpässlich gewesen, unterthänigst einhändigen lassen. So haben auch EFG. Herrn Bruders FG. bei solcher beschwerlichen Beschaffenheit und zugemuteten unverhofften schweren conditionibus und postulatis und prätendierten jure belli nicht unterlassen, sondern ein Handbrieflein an IKM. geschrieben und darin mit wenigen, wie ganz unverschuldeter Sachen sie bei IKM. dermassen angesetzet und wie sogar dieselbe kein Fug noch Ursach in EFGG. mit so unverhofften schweren postulatis zu dringen, remonstrieret und zu Gemüte geführet, inmassen EFG. aus der snb No. 2 befindlichen Kopei zu ersehen haben."

No. 2. 1632 Januar 4 (14). Mainz.

Herzog Adolf Friedrich an Gustav Adolf.

„Ich hätte nimmer verhoffet, dass ich den Tag hätt sollen erleben, dass ich bei EKM., auf welche ich sambt meinen geliebten Brudern nächst Gott in dieser Welt meinen Trost, Hilf und Rettung, welche wir auch bei derselben gefunden, allein gesetzet gehabt, die ich auch so herzlich geliebet, geehret und respektieret, dass mir dieselbe auch mit den geringsten Gedanken, geschweige einigen Werken, welches ich vor Gott bezeugen kann, zu offendieren niemals in mein Herz gekommen, eine solche Alteration der sonderbaren königlichen und freundvetterlichen Affektion, so sie jederzeit zu mir gehabt, erfahren sollen, als ich aus EKW. unverhoffter Antwort und Resolution diese Tage verspüret. Es schneidet mir so tief ins Herz, dass ich all mein ausgestandenes Unglück dafür nichts achte. Ich rufe Gott, der ein Herzkündiger ist, zum Zeugen, dass ich es umb EKW. nicht verschuldet habe, sondern jederzeit gegen dieselbe eine ungefärbte Liebe und getreue Affektion getragen, erkenne mich auch nicht alleine mit Worten, sondern mit Grund meines Herzens nebenst meinem Bruder für die grosse uns erzeigete Wohltat zu ewiger Dankbarkeit verbunden."

„An des Ob. Görtschen Verübung und was wegen des Pulvers angezeiget worden, darüber EKW. so sehr gegen mir bewogen, bin ich allerdings und sogar unschuldig, dass ich nicht einmal die geringste Wissenschaft davon habe, weiss auch, dass mein Bruder solches nicht wird befohlen haben. EKW. Volk haben nicht wir, sondern der General Tott aus dem Lande kommandiert, wie ich deswegen EKW. sein eigenes Schreiben einliefern lassen. Die von EKW. versiegelte und unterschriebene Alliance haben mein Bruder und ich von H. Salvio empfangen und acceptiert und zu vollenziehen uns bereit erkläret. Nur dass ich wegen der grossen Gnad und Affektion, so EKW. zu mir getragen, mir die Hoffnung gemacht, wann ich zu derselben selbst käme und sie bittlich ersuchete, sie würden mir in den vorgetragenen Punkten nach dero gnädigen Belieben eine königliche Gnade erweisen. So habe ich auch nimmer gedenken können, dass ich EKW. darin offendieren würde, dass ich mich auf anderer unserer Mitfürsten und Stände Exempel mich berufen, weil ich erstlich die Hoffnung gehabt, dass sie es mir und meinem Bruder verhoffentlich dazu, was andere unsere Mitfürsten, welche in weit besserm Zustande, zu tun sich erboten, gnädigst kommen lassen würde, und dann dass EKW. mir niemals zugemutet gehabt, dass ich mich sambt meinem Bruder von dem Kreis und Reich separieren und abtun sollte, sondern vielmehr weil sie nach dero hochbegabten Diskretion leichtsamb erachtet, dass solches wegen der teueren Eide und Pflicht, damit wir dem Reiche verwandt, in unsern Mächten nicht bestünde, so wohl in der Alliance gesetzet und sich anerboten mich und meinen Bruder bei unsern Landen und Leuten in ihrem alten Stande bei dem römischen Reiche und niedersächsischen Kreis ohne einigen Abbruch dessen Hoheiten, Jurisdiktionen und Gerechtigkeiten königlich zu manutenieren, als auch in ihrem durch offenen Druck publizierten scripto sich dahin erkläret, dass ihre Waffen nicht zu eluigem Präjudiz des römischen Reichs, mit demo sie in Ungutem nichts zu tnnde, sondern zu ihrem und der ibrigen und gemeinen Freiheit, Schutz und bis dass dero Freunde und Nachtbarn wieder in den Stand gesetzet würden, in welchem die ganze Nachtbarschaft vor diesem Kriege so lange Zeit in gutem Frieden floriret, angesehen und vor die Hand genommen.

Das Unrecht, das mir und meinem Bruder von dem Kaiser widerfahren, ist so offenbar, dass auch alles, was mit unsern Landen und Leuten vorgangen, laut des hellen klaren Buchstabens der Reichskonstitutionen, wie wir in unser Apologia beständig ausführen lassen, ganz null und nichtig und eben zu halten, als wenn es niemals vorgangen. Und demnach nicht der ungerechte Detentator, welchen auch Kur-Mainz auf des Kaisers Begehren in des Reichs Matrikul nicht einmal rezipieren wollen, des Landes Herr geworden, sondern wir die wahre Erbherren und domini des Landes und die Untertanen in unsern Eiden und Pflichten verblieben, wie solches EKW. in all ihren Schreiben und zu Ribbenltz und andern ausgelassenen Mandaten und Schriften selbst gesetzet, dahero auch EKW. bewogen, dafür ihr ewig Dank sei gesagt, uns zu Gute solchen ungerechten detentatorem nicht aus dem Seinigen, sondern aus dem Unsrigen zu expellieren und darin uns in alten Stand zu restituieren: dass also weil EKW. nicht unser hostis, sondern unser Erretter und liberator auch keines Feindes, sondern ihrer Verwandten und Freunde Land wieder eingenommen, EKW. verhoffentlich kein jus belli gegen uns anziehen werden. Da sie sonsten die Unkosten aus Gnaden und Affektion wegen unsers hochbeschuldeten Zustandes nicht gänzlich nachlassen wollten, wie sie gleichwohl in der Alliance sich gnädigst vernehmen lassen, so seind wir schuldig EKW. alle mögliche Satisfaktion zu tunde.

Bitte derhalben EKW. anfs allerhöchste und umb Gottes willen nicht alleine darumb, dass es mich und meinen Bruder betrifft, sondern auch aus herzgründlicher Liebe und Affektion vor EKW. hohe und beständige Wohlfahrt und königliche Reputation, sie wollen doch gnädigst und hochvernünftig beherzigen, was es bei allen Kur-, Fürsten und Ständen und jedermänniglich, bei denen sie durch vorangezogenes publiziertes Anerbieten eine so grosse Affektion und Ruhmb erworben, vor ein grosses Nachdenken bei den jetzigen Zeiten gebären würde, wann sie vernehmen sollten, dass uns als dero so nahen anverwandten Vettern, welche EKW. zu retten und in vorigen Stand zu restituieren so hochrühmblich sich vernehmen lassen, und die wir in so grossen Gnaden bei derselben von ihnen geschätzet und gehalten werden, ein solches wäre zugemutet worden. Ich meine es von Grund meines Herzen treulich und gut und bin vor EKW. gedeihliches Aufnehmen und Hoheit von Herzen sorgfältig, dessen der allerhöchste Gott mein Zeuge ist; EKW. verstehen allens besser, als ich ihr sagen und andeuten kann. Ich bin nebenst meinem Bruder bereit, allens was in unsern äussersten Vermögen ist, bei EKW. zu tunde und aufzusetzen.

Die Meerhafen offerieren wir je zu EKW. freiem, unbehinderten Gebrauch, alle Städte und Plätze, ja das ganze Land stehet derselben offen; EKW. ist je freundvetterlich bekannt, dass wir gleichwohl jederzeit und ehe es zu diesem beschwerlichen Zustande gekommen, deroselben mit unsern, wiewohl geringen, jedoch bereitwilligen Diensten und Willführungen zu ihrem und dero Reichs Nutzen gerne und dermassen an die Hand gegangen, dass sie daraus unsere getreue freundvetterliche Liebe und Affektion zu verspüren gehabt. Derowegen EKW. mich und meinen Bruder vor solche ehrliche und redeliche Fürsten wolle ansehen, dass wir umb so viel mehr eine so grosse Wohltat, so sie uns anitzo bezeiget, nicht anders als mit beständiger Treu und Dankbarkeit bis in den Tod können noch werden vergelten. Dazu dann die perpetuierliche Alliance, so wir mit EKW. aufrichten, dieselbe und ihre Kron wegen uns und unserer Nachkommen noch mehr versichert und assekurieret. EKW. lassen sich mich und meinen Bruder zu voriger königlicher und freundvetterlicher Liebe und Affektion nach wie vor befohlen sein, und wollen mich auf die vorgetragene puncta mit einer gnädigsten milden Resolution, wie sie es nach dero gnädigen Affektion vor gut achten und befinden, zum neuen Jahr in Gnaden erfreuen. Ich bin etc. Datum Mainz, den 4. Jannaril Anno 1632."

„Hierdurch ist nun zwar IKM. auf andere und mildere Gedanken gebracht, inmass dann Herrn Pfalzgrafen Augusti zu Sulzbach FG. hierin sich viel bemühet; es hat aber gleichwohl nirgend worzu gebracht, noch einige gute Resolution, wie vielfältig auch bei den Secretariis Sattlern und Grubben vermittelst ansehnlicher Promessen ist sollicitieret und angehalten worden, in effectu erfolgen noch erhalten werden können. Sondern es ist IKM. ohne einige uns gegebene Resolution und Anzeig von Mainz den 9. Januarii aufgebrochen und auf Frankfurt und fürters auf Gelnhausen deroselben kgl. Gemahlin entgegen zu ziehen fortgereiset." Infolge dessen begibt sich auch der Herzog Adolf Friedrich am 11. nach Darmstadt, Frankfurt und Ortenburg zum Grafen Heinrich Volrat zu Stolberg; nachdem am 20. der König wieder zu Frankfurt angelangt ist, trifft auch der Herzog dort wieder am 21. ein.

„Und als nun den 22. der Herr Reichskanzler Herr Axel Oxenstern alda auch angelanget, haben EFG. Herrn Bruders FG. und ich gute Hoffnung geschöpfet, weiln derselbe ein sehr verständiger und diskreter Herr und dahero bei IKM. in trefflich hohem Ansehen, es würde dahero die Sache in einen bessern Stand gebracht und gesetzet werden. Derowegen dann auf EFG. Herrn Bruders FG. gnädigen Befehlich dero geheimbter Rat Herr Hartwig Passow und ich uns am 24. bei demselben anmelden lassen und auf erlangte Audienz ihm umständlich, wie es IFG. und mir in der erteilten Audienz und sonst ferner ergangen, referieret, und instándiges Fleisses ersuchet und gebeten, dass er nach seiner habenden vielgeltenden hohen Autorität und EFGG. zu ihm gesetzten Vertrauen diese EFGG. hochangelegene Sache bei IKM. zu guter Endschaft, und auf die propunierte puncta eine gewierige Resolution zu befördern sich gefallen und angelegen sein lassen wollte. Darauf er sich dann ganz wohl erkläret und danebenst in ein freundliches vertrauliches Gespräch eingelassen, und dass es ihm leid wäre, dass solche Missverstände zwischen IKM. und EFGG. entstanden; möchte wünschen, dass solche beschwerliche Sachen, dadurch IKM. sich geeifert und alteriert hätten, unterbleiben mögen, er wollte gern dabei das beste tun; dessen wir uns dann mit gebührlicher Beantwortung alles dessen, und dass sich alles künftig verhoffentlich anders als angebracht finden würde, höchlich bedanken."

„Hierauf ist nun den 26. nachmittags mehrwohlgemelter Herr Reichskanzler zu IFG. gekommen und ob wir wohl verhoffet, er würde IFG. von IKM. eine angenehme, mildere Resolution haben angebracht, so hat er doch derselben wegen IKM. ein beschwerliches responsum gar auf vorigen Schlag und darin IKM. sich nochmals auf das jus belli, vermöge dessen das Land ihr zugehöre, fnudieren und obangezogene alternativam, jedoch in etwas geändert, IFG. vorgeschlagen, inmassen aus der Beilage Nr. 3 zu ersehen, überantwortet und darauf instantissime cathegoricam resolutionem von IFG. begehret."

Nr. 3. Bescheid Ihrer Königl. Majestät.

„Die Kgl. Mt. zu Schweden haben aus münd- und schriftlicher Vorbringung verstanden, was die Herzogen zu Mecklenburg FGG. auf die von dem kgl. geheimbten Rat Johann Salvio entworfene und ihnen übergebene Alliance erinnern wollen."

„Nun hätten IKM. sich nichts wenigers versehen, als dass IFGG. ihre aus lauter Affektion und Gewogenheit angebotene kgl. offerta so übel aufgenommen und dahin denten sollen, ob wäre solche mit dermassen überaus grossen Diffikultäten begleitet, welche ihroteils verkleinerlich, teils dero Landen äussersten Ruin und Total-Desolation mit sich zügen, darinnen sie sich auch ihren Mit-Kreis-Fürsten und Ständen konfirmieren müssten; alldieweil IFGG. sich ihres vorigen und jetzigen Zustandes leichtlich erinnern und in Komparation derselben finden mögen, dass IKM. nicht ihr, sondern ihnen zu gut die Alliance vorgeschlagen und bei ihrem wohlerstrittenen jure belli nicht schuldig sich mit jemanden desjenigen halben zu vergleichen, welches sie dem Feinde abgenommen und also ihr eigen ist, darumb sie auch allein Gott und ihren Waffen zu danken haben."

„Damit aber IFGG. die freundvetterliche und königliche Gewogenheit noch weiters abnehmen und dabei versichert sein mögen, dass SKM. nicht gemeinet ihnen über Gebühr etwas zuzumuten, stellen SKM. IFGG. frei und anheimb, ob sie entweder eine Alliance, wie solches von IKM. begriffen werden solle, eingehen, und darbei, dass solches nicht aus Schuldigkeit, sondern königlicher Libertät ihnen deferieret worden, sich erinnern; oder aber bis zu Endigung des Krieges an sich halten, inmittelst IKM. Rostock und Wismar sambt andern forten[1]) in Händen lassen, dabei auch, dass weder von IFGG. noch dero Unterlanen etwas gefährliches wider IKM. und dero Garnisonen tentieret oder vorgenommen werden solle, gnugsamb versichern und also den Anschlag des Krieges erwarten wolle: so sein IKM. auf solchen Fall erbietig IFGG. so lang die landesfürstliche Hoheit und Administration desselben zu lassen, ihnen auch sonsten so viel möglich allen freundvetterlichen Willen zu erweisen; und erwarten hierüber ihre kathegorische Erklärung. Signatum etc."

„Ob nun zwar in lang gehabtem discursu IFG. ihn unterschiedliche Mal dahin beantwortet, dass ja die Sachen zwischen IKM. und EFGG. schon so weit ihre Richtigkeit hätten, dass eine Alliance abgefasset, die auch von EFGG. acceptieret und nur an diesem bestünde, dass sich IKM. in den wenigen vorgetragenen Punkten mit dero freundvetterlichen Resolution vernehmen lasseu wollten, so hat doch solches alles nicht helfen wollen, sondern er ist darauf schlechter Dinge bestanden, dass IKM. begehren, dass sich IFG. cathegorice erklären möchten, was sie von den beeden vorgeschlagenen conditionibus vor eine accoptieren wollten. Also dass IFG. endlich gedrungen, Dilation zu bitten und nochmals den Herrn Reichskanzler höchstes Fleisses ersuchet, IKM. ihre oberwähnte Bitte favorabiliter und bestermassen zu referieren und eine gute Resolution auf die wenig vorgetragene Punkten zu befördern."

„Den 27. haben EFG. Herr Bruder mit IKM. nach gehaltener Mittagsmahlzeit aus diesen Sachen geredet und dieselbe nochmals gebeten, sie wollten sich doch, weil wegen der teuren Eide und Pflichten, damit EFGG. dem Reiche verwandt, in dero beederseits Mächten nicht bestünde sich von dem Reiche abzugeben, mit einer

---

[1]) sic, wohl porten zu lesen.

mildern Resolution sich vernehmen lassen. Darauf sich dann IKM.
dahin erkläret, dass sie das jus belli fallen lassen wollten; weil
aber der Kaiser EFG(?). so unrechtmässig verstossen und das Reich
sie gänzlich verlassen, als sollten EFGG. sich anch demselben nicht
mehr unterwürfig machen, sondern hinfüro Souverain Prinz sein
und für sich ihren statum führen; inmassen EFG. Herr Bruder
Herrn Passowen und mir alsbald nach dero Heimbkunft gnädig und
umbständlich referieret und aus dieser hochwichtigen Sache, so
ihro und dero fürstliche Posterität höchste zeitliche Wohlfahrt
betroffen, sich ausführlich mit uns beredet. Darauf wir den 28.
abermals zu dem Herrn Reichskanzler gangen und aus diesen Sachen
ausführlich nach allen Umständen mit ihm geredet und unsere
Bitte auf vorigen Schlag und dass EFGG. bei dero alten und
Reichsfürstenstande laut IKM. getanen Versprechnüssen gelassen
werden und auf die proponierte puncta eine gewierige Resolution
erfolgen möchte, inständiges Fleisses gebeten."

„So haben auch IFG. nicht unterlassen folgenden Tags den
29. Januarii an den Herrn Reichskanzler ein Handbriefleln zu schreiben
und ihm darin die grossen Difficulitäten und hochwichtige considerationes, so bei dem Punkt der Souverainité vorfielen zu Gemüt
zu führen und nochmals höchlich zu bitten, dass sie bei ihrem alten
statu konservieret und maintenieret werden möchten; gestaltsam
EFG. aus beigelegter Kopei sub Nr. 4 zu vernehmen haben."

Nr. 4. 1632 Januar 29 (Februar 8), Frankfurt a. M.
Herzog Adolf Friedrich an Axel Oxenstierna.

„Ich habe nicht allein von IKW. zu Schweden selbst
verstanden, wie wohl der Herr mein Suchen deroselben hinterbracht und zu guter Resolution zu befördern sich angelegen
sein lassen, sondern auch aus gestrigem Gespräch von ihm
selbst seine gute Affektion gespüret; bedanke mich dessen
nochmals höchlich und will es sambt meinem geliebten Bruder
umb den Herren Kanzeler mit schuldiger Dankbarkeit zu erkennen in kein Vergess stellen, mit freundlicher Bitte, er
wolle in solcher Affektion gegen uns kontinuieren und diese
unsere Sache, welche er nach seiner bekannten Dexterität
und redlichem Gemüte auf keiner Unbilligkeit beruhend erkennen wird, bei IKW. seiner vielvermögenden Autorität nach
zu guter Endschaft unbeschwert befördern."

„Anlangend den Punkt der Souveraineté hat der Herr Kanzler seiner beiwohnenden vornehmen Diskretion nach selbst zu erachten, von was grosser Importanz derselbe sei. Ich und mein geliebter Bruder haben uns bishero bei diesem grossen Unglück in unsern actionibus Gottlob also verhalten, dass wir ein gutes Gewissen gegen Gott und unsere sämtliche Mit-Reichsfürsten und Stände und deswegen bei ihnen einen guten Ruhmb behalten, welchen wir auch gerne mit in unser Grab nehmen und auf unsere liebe Posterität vererben wollten."

„Was wir aber, wann wir uns dieses unternehmen würden, auf uns laden würden, verstehet der Herr Kanzler besser als ichs ihm andeuten kann. Zudeme so ist unser status dermassen gering und also beschaffen, dass wir uns dabei ganz nicht maintenieren könnten, sondern in höchstes Verderb stürzen würden; denn weil wir fast mit allen angrenzenden Kur-, Fürsten und Städten, als mit Kurbrandenburg, Herzog zu Lüneburg, Pommern, Niedersachsen und der Stadt Lübeck grosse Grenzirrungen und andere hochwichtige Streitigkeiten haben und auf solchen Fall, da wir bei allen würden verhasst sein, solcher Eingriffe noch viel mehr von ihnen würden zu gewarten haben müssen, indem wir bald von diesem, bald von jenem würden gezwacket werden:"

„So sehe ich kein Mittel, wie wir unser Land in Fried und Ruhe erhalten und besitzen könnten; in Betrachtung, dass die richterliche Reichsausträge, so wir mit unsern Mitfürsten und Ständen haben und dafür sich bishero ein jedweder, ob er schon etwas mächtiger gewesen, gescheuet, uns nicht mehr würden zu statten kommen; via facti uns zu defendieren seind wir zu schwach, und ist misslich andere auswärtige Hilf zu suchen, und solcher Sachen halber jederzeit zu Waffen zu greifen und einen Krieg anzufangen, würde die Mühe nicht belohnen, auch uns und unsern Landen zu schwer und unerträglich fallen, und demnach die Kur beschwerlicher sein als die Krankheit selbst; also dass es dahin kommen würde, dass weil wir viam juris verloren, und zu dem via facti nicht bastant, wir endlich jedermanns Raub sein würden; welches dann auch unsere liebe Vorfahren allein bewogen, dass sie sich zu dem römischen Reich begeben, anderer mehr Konsiderationen, so dabei vorfallen zu geschweigen."

„Habe derhalben zu IKW., deren ich sonst was mir immer auf der Welt möglich und tunlich zu gratifizieren schuldig und willig, das ungezweifelte feste Vertrauen, sie werden zu Verhütung solcher grosser Inkonvenientien und Diffikultäten, so mich und mein ganzes Haus und Posterität ergreifen und betreten würden, aus freundvetterlicher Liebe und Affektion mich und meinem Bruder als dero nahe anverwandte Vettern gleich wie andere Reichsfürsten in unserm alten Stande nach dero gnädigstem Erbieten und Zusage maintenieren und erhalten, und sich hinwiederumb aller beständigen Liebe und Treue in allen Occasionen zu schuldiger Dankbarkeit von uns und unsern Nachkommen ungezweifelt versichert halten."

„Wie nun IKM. und der Herr Reichskanzler verspüret und gesehen, dass IFG. sich weder zu dem einen noch zu dem andern Wege verstehen wollte, hat es mächtige, starke Alteration gegeben, und haben wir in geraumer Zeit, wie vielfältig wir auch darumb sollicitieret und angehalten, zu keiner Audienz oder Konferenz beim Herrn Reichskanzler gelangen können. Es sein auch IKM. darüber wegen des hispanischen Volks Ankunft bei der Mosel aufgebrochen, wie wohl sie in ein Tag oder zwei, nachdem schon die Hispanischen wieder zurückgetrieben, wiederumb gen Frankfurt ankommen."

„Endlich ist mir den 14. Februarii vom Herrn Reichskanzler durch den Secretarium Sattler ein ganz neuer sub Nr. 5 hiebei befindlicher Begriff einer Alliance,[1]) welchen mehrwohlgedachter Herr Reichskanzler selbst abgefasset, überantwortet worden; welcher alsbald, damit ihn IFG. desto gründlicher verstehen möchten, ins Deutsche versetzet worden. Hierüber sind nun IFG. nebenst uns sehr perplex und von Herzen betrübt und melancholisch worden und die Sache fast für desperat achten und halten wollen, in Betrachtung, auf welche Seite man sich wendete, solche vielfältige Diffikultäten sich ereugeten, daraus sich zu extrizieren fast ganz keine Hoffnung vorhanden. Denn auf der einen Seiten in eine neue Alliance sich einzulassen nicht allein daher hochbedenklich, dass man dadurch sich von der alten abgäbe und zu derselben hernach keinen Rekurs hätte, sondern auch derselbe neue Begriff also beschaffen, dass

---

[1]) Siehe unten.

EFGG. und des ganzen Landes höchste Noturft erforderte, dabei unterschiedliche und viele Erinnerungen zu tuen, welches unzweifentlich grosse weitläuftige disputata mit IKM. und dem Herrn Reichskanzler, der sie abgefasset und demnach vermutlich nicht gern viel Disputierens dabei haben würde, und folgends bei beiden hohe und grosse Offension verursachen würde, und was sonsten nach den damaligen Umbständen mehr dabei vorgefallen. Auf der andern Seite haben wir vor Augen gesehen, dafern wir diesen neuen Begriff ausschlagen und uns nicht dazu verstehen würden, dass gleichfalls und noch viel mehr IKM. und der Herr Reichskanzler nicht allein sich höchst offendieren würden, sondern auch resolvieret wären, mit uns ganz keine Traktaten ferner zu pflegen oder einige Alliance zu schliessen, also dass wir ganz und gar re infecta hätten wieder heimbziehen und bei solchem IKM. wider EFGG. gefassten grossen Argwohn, Unmut, Alteration und elenden Abschiede unzweifentlich erfahren müssen, dass EFGG. und dero Lande und Leute in die grösseste Beschwer, Difükultät und Ungelegenheit würden gebracht und gestürzt werden."

„Bei solcher grossen Perplexität haben dennoch endlich IFG. in Gottes Namen dahin geschlossen, dass man sich bemühen und versuchen sollte, IKM. und den Herrn Reichskanzler durch dienliche Motiven und Ursachen dahin zu disponieren, dass es möchte bei dem vorigen Begriff gelassen und auf die proponierte Punkte gewierige Resolution erteilet werden; haben auch darauf IFG. nicht allein folgenden Tages, den 15. Februarii beiliegendes Handbrieflein sub Nr. 6 an den H. Reichskanzlern zu dem Ende geschrieben,

Nr. 6. 1632 Februar 15 (25) Frankfurt a. M.
Herzog Adolf Friedrich an Axel Oxenstierna.

„Ich habe empfangen, was mir der Herr gestriges Tages durch den secretarium einliefern lassen und aus Verlesung desselben ersehen, dass es ganz ein neu Werk und Begriff ist. Nun erinnert sich der Herr gutermassen, wie hoch ich jüngsthin, als er mir die Freundschaft erwiesen und zu mir kommen, den Herrn gebeten, weil IKW. zu Schweden schon meinem Bruder und mir eine von IKW. mit Hand und Siegel vollenzogene Alliance zugeschicket, welche auch von uns angenommen, nur dass ich wegen der sonderbaren geneigten

Affektion, die IKW. jederzeit zu mir gehabt, gänzlich verhoffet, wann ich zu derselben selbst kommen würde, ich in den wenig vorgetragenen Punkten eine freundvetterliche Milderung von ihr erhalten würde, dass es demnach dabei verbleiben und IKW. auf solche Punkte sich freundvetterlich erklären möchten; habe auch diese Tage etlichemal von IKW. ganz erfreulich und mit höchster Dankbarkeit verstanden, dass sie sich deswegen also gegen mich erweisen wollten, dass ich mit gutem Contentement von ihr scheiden sollte. Und als mir dann nichts höhers angelegen, auch mir und meinem Brudern in der Welt nicht liebers sein kann, denn dass wir solche IKW. zu uns habende sonderbare freundvetterliche Affektion bestermassen beibehalten mögen, ich mich aber befürchte, obschon IKW. diese Tage gegen mir erwähnet, dass ich dabei, was nötig erinnern könnte, dass dennoch, weil sie sich jüngsthin wegen der beschehenen wenigen Erinnerungen und bittlichen Suchens so sehr alteriert, bei diesem ganz neuen Begriff, wann ich dabei, wie der Herr Kanzler seinem beiwohnenden vornehmen Verstande und Diskretion nach leichtsamb und vernünftig zu erachten, hoher erheischender Noturft nach allerhand Erinnerung tun müsse, IKW. sich noch mehr, welches mir dann herzlich leid sein sollte, offendieren würden, als ersuche und bitte ich den Herrn Kanzler hiemit höchstes Fleisses, er wolle doch zu Verhütung desselben und zu desto schleuniger Abhelfung dieser Sache, weil es bei so wenig Punkten bald geschehen kann und keiner Weitläuftigkeit bedarf und dass [1]) ich aus diesem neuen Begriff mit meinem Bruder zuvorderst nicht kommunizieren kann, IKW. sich auch gegen meinem Bruder und mich erkläret, dass sie uns wie andere Reichsfürsten traktieren und unsere Alliance der hessischen gleich machen wollten, mir die grosse Freundschaft erweisen und es bei IKW. seiner vielgeltenden hohen Autorität nach dahin unbeschwert befordern, dass es bei der einmal vollenzogenen Alliance sein Verbleiben haben und in den vorgetragenen Punkten mir IKW. gewierige Resolution laut gnädigster Vertröstung nunmehr widerfahren muege; damit ich doch einmal der schweren

---

[1]) sic, für da.

Herzbekümmernus, die ich diese Zeit her mehr dann zu viel empfunden, entledigei werden und mit fröhlichem Herzen von IKW. als nächst Gott meinem höchsten Freunde und Patron auf dieser Werld meinen Abscheid nehmen und zu dem Meinigen wiedergelangen muege. Daran erweiset mir der Herr Kanzler eine solche hohe Freundschaft, die ich sambt meinem Brudern jederzeit höchlich rühmen und dankbarlich erkennen wollen, habe auch zu dem Herrn Kanzlern wegen seiner zu mir habenden wohlgeneigten Affektion das sonderliche Vertrauen, er werde mir dieselbe herunter verspüren lassen und gebetenermaassen behülflich sein."

„[P. S.] Ich bitt der Herr Kanzler wolle nicht allein vor sich dieses mein Schreiben, wie mein Vertrauen zu ihm stehet, wohl aufnehmen, sondern auch alles bei IKW. aufs beste entschuldigen und zu guter Endschaft richten helfen."

„sondern es seind auch Herr Passow und ich den 16. zu mehrwohlgemeltem Herrn Reichskanzler gegangen und allen möglichen Fleiss mit Einführung allerhand beweglichen Motiven und dass je EFGG. nichts getan, wodurch sie meritieret, dass sie von IKM. bei der schon verfassten und mit dero königlichen Siegel und Handzeichen befestigten und von EFGG. acceptierten Alliance nicht gelassen werden sollten, angewendet, denselben dahin zu bringen und zu bewegen. Es ist aber nicht zu erhalten gewesen, sondern es hat sich derselbe ziemblich kommovieret und unter andern angezeiget, dass die Sachen nicht mehr in dem Stande, dass es bei der ersten könnte verbleiben; es wären IKM. solche Sachen zu Ohren gekommen, dass sie sich hinfüro etwas besser vorsehen müssten, dazu wären IKM. von EFG. etzlicher Reden, so sie geführet und deroselben ich diese Tage referieret, berichtet worden, so zu Erhaltung freundvetterlicher Korrespondenz nicht dieneten und IKM. für die EFG. bezeigte Liebe und Freundschaft zu deroselben sich ganz nicht versehen hätten. Wie ich nun alles bestermassen, inmassen EFG. ich berichtet, excusieret und gesehen, dass solches alles ganz nicht hat verfangen wollen, haben wir für diesmal damit unsern Abscheid genommen."

„Es haben auch EFG. Herrn Bruders FG. nach gehaltener Mittagsmahlzeit mit IKM., so eben die Zeit wegfertig gewesen und auf Kreuznach gezogen, dieses neuen Begriffs halber geredet, und weil IKM., wann IFG. ihrer hohen Noturft nach dabei noch etwas erinnern würden, vielleicht sich gleichfalls wie vorhin und zweifelsohne noch mehr offendieren möchte, freundlich gebeten, dass es IKM. bei dem vorigen verbleiben und sich in den vorgetragenen Punkten etwas milder vernehmen lassen wollte. Es sein aber dieselbe auf dem neuen gleichfalls steif bestanden, und dass IFG. was sie vor nötig befände, dabei wohl erinnern möchte, sich freundvetterlich erkläret."

„Wie nun also kein ander Mittel hieraus und -von abzukommen gewesen, als dass wir entweder re infecta wieder abziehen, oder auch auf diesen neuen Begriff uns einlassen müssen, so haben demnach IFG. nach gehabtem reifen Nachdenken und Beratschlagung das letzte als ans zweien Bösen das geringste mit gewissen Vorbehalt und Kondition, wie hernach soll angezeiget werden, erwählen und belieben müssen; und derentwegen im Namen Gottes sotanen Begriff zur Hand genommen, denselben mit höchstem Fleiss vielmals durchgelesen und durch Verleihung göttlicher Gnade daraus befunden, dass er sehr klüglich abgefasset und an vielen Orten in wenig Worten, ja vielmals in ein einziges Wörtlein viel versteckt gewesen; und demnach bei demjenigen, was hochnotwendig und ohne grosses Präjudiz nicht hat passieret werden können, etzliche notas und correctiones aufsetzen lassen."

„Damit aber gleichwohl, wann etwa dem Herrn Reichskanzlern unr unsere Meinung und sensus mündlich wäre vorgetragen und die forma verborum et conceptionis zu dessen Abfassung gestellet worden, nicht mehr und grössere Weitläuftigkeit, indem etwa das conceptum nicht alsbald, wie wohl vermutlich, nach unser Meinung und Begehren stilisieret worden, entstehen möchten, als habe ich nicht alleine die Erinnerungen recht formaliter abgefasset, sondern auch damit sie mehrwohlgedachten Herrn Kanzlern im Lesen desto weniger remorieren oder offendieren möchten, dem contextui inserieret, inmassen EFG. aus der Beilage sub Nr. 7 gnädig zu ersehen haben."[1])

„Hierauf haben wir auf IFG. Befehlich uns den 18. Februarii zu den kurfürstlich brandenburgischen Herren Abgesandten, als nämlich dem Herrn Kanzlern Götzen und Herrn Leuchtenberg[2]) begeben, mit denselben aus diesen Sachen ausführlich kommuniziert und mit Anziehung

---
[1]) Siehe unten.
[2]) Gerhard Romilian von Calckum gen. Leuchtmar.

der naher Anverwandtnus zwischen beeden kur- und fürstlichen Häusern Brandenburg und Mecklenburg und jederzeit und sonderlich anjetzo unter IKD. und EFGG. gepflogenen vertraulichen Korrespondenz und dass sie zweifelsohne jetziger Zeit auch in gleicher Bemühung würden begriffen sein, umb dero ratsames Bedenken freundlich ersuchet und gebeten. Welche dann auch aus sonderbarer wohlgeneigter Affektion sich dazu gern verstanden und uns ihr vornehmes Bedenken dahin in gutem Vertrauen eröffnet, dass wir zwar bestes Fleisses zu versuchen, ob es bei dem ersten Konzept der Alliance verbleiben und in den spezifizierten Punkten Milderung erhalten werden könnte. Daforn aber solches nicht, wie es dann die Umbstände nicht anders geben, geschehen könnte, müsste man sich auf den neuen Begriff, damit man IKM., weil sie vorhin schon mehr dann gnug alteriert, nicht gar vor den Kopf stossen und die Traktaten ganz dadurch zerstören möchte, nur einlassen und die von IFG. aufgesetzte Erinnerungen, damit sie gar wohl einig wären, IKM. und dem Herrn Reichskanzler beweglich zu Gemüte führen."

„Gleichergestalt hat sich auch der württembergischer Abgesandter, der Herr Kanzler Löffler, wie wir hieraus mit ihm kommunizieret, erkläret und vernehmen lassen; inmassen denn auch des Herrn Pfalzgrafen Augusti und Herrn Landgrafen Georgen zu Hessen FGG. IFG. solches also geraten und unsere Erinnerungen also beliebet."

„Darauf seind wir auf unser Ansuchen den 21. Februarii umb 2 Uhr nachmittags zu dem Herrn Reichskanzler erfordert worden, der IKM. Reichsrat Herrn Sparren zu sich genommen und sich sambt uns niedergesetzet und drei secretarios, als Schwalenberg, Nicodemi und Camerarium hinter sich gestellet und darauf die Alliance, wie sie von ihm abgefasset und von IFG. mutieret und korrigieret worden, von Punkten zu Punkten durchgangen und konferieret, also dass sotane Konferenz bis an den späten Abend nach 8 Uhren gewähret und sich verzogen."

„Wiewohl nun in sotanem itzgedachten colloquio unsere aufgesetzte correctiones von dem Herrn Reichskanzlern scharf examinieret und perstringieret, und vorige exprobrationes wegen IKM. fast eiferig repetieret worden, so haben wir doch, so viel Gott Gnade geben, dieselben durch Einführung vieler erheblichen Motiven und Anziehung EFGG. und dero hocherschöpften Lande und Leute betrübten Zustandes bestermassen behauptet und endlich den Herrn Reichskanzler, wie wir bald von einander gehen wollen, zu etwas mildern Gedanken und dass er alles IKM. favorabiliter referieren wollen gebracht."

„Den 22. ist der Herr Major Loisson ankommen und die Entschuldigungschreiben wegen des Herrn Obristen Görtzken von EFG. überantwortet, darüber ich mich dann höchlich erfreuet, weil ich dadurch Gelegenheit erlanget, EFG. umb so viel besser zu entschuldigen."

„Den 28. morgens umb 7 Uhr seind wir auf unser vielfältiges Ansuchen wiederumb zum Herrn Reichskanzler erfordert, der uns praevia excusatione, dass es sich mit der Resolution bis nunmehr in den achten Tag verweilet, angezeiget, dass IKM. nicht allein von ihm referiert, sondern es hätten dieselbe auch selbst gelesen, was IFG. bei dem abgefassten Begriff erinnert und eingeführet. Nun hätten dieselbe in bemelten Begriff nichts anders setzen lassen, als dass von deroselben EFGG. zu ihren Landen und Leuten restituieret worden und dabei konservieret werden und sie dessen, weil sie je keinen Fuss breit mehr darin gehabt und dasselbe sonsten wieder zu erlangen ihnen die geringste Mittel und Hoffnung nicht übrig gewesen, von EFGG. Dank haben möchten. Sie befünden aber hingegen aus allen beschehenen Verweigerungen und Diskursen, dass sie solches Ziel bei ihnen nicht erreichet, indem sie sich in allem dermassen zuwiderlegten, dass sie nicht allein für sich nichts tun, noch dasjenige, was ihnen keinen Schaden gebe, auch von andern, welche IKM. nicht so hoch als EFGG. obligieret wären, gern zugegeben, als die Zölle und die Münze, nicht einmal verstatteten, sondern auch noch dazu deroselben ihre competentem actionem ganz abschneiden wollen, welches sie sich zu EFGG. nimmer versehen hätte. Damit man aber deroselben wohlgeneigtes Gemüt noch mehr und recht verspüren möchten, so liessen sie endlich geschehen, dass es in Art. 1 auf die restitutionem possessionis gerichtet würde, aber mit nichten könnte noch sollte die clausula „salva actione" ausgelassen werden. — Wegen Wismar und Warnemünde könnte auch der Artikul dahin gemildert werden, dass E. und dero Herrn Brudors FGG. respective insgesambt und absonderlich die Jurisdiktion verbliebe. — Die Kontribution betreffend, sähen IKM., dass EFGG. doch in effectu nichts tun wollten, dessen sich wohl jedermänniglich möchte verwundern, wann man konsiederierte, was andere Provinzien, die IKM. nicht so hoch obligieret wären als Mecklenburg, bei derselben täten; inmassen sie dann auch in den Werbungen, Einquartierungen und Durchzügen deroselben fast nichts wollten zu Willen sein. — Die confiscationes wollen IKM. auf das beschehene vielfältiges, bewegliches Ersuchen in ‚futuris casibus endlich fallen lassen und EFGG. allein übergeben."

„Es ginge aber deroselben nicht wenig zu Gemüt, dass EFG. die von IKM. den Obersten Ramsay und Winckel beschehene Donation und gegebene königliche Parole nicht soweit hätten respektieren mögen, dass, weil doch die Güter verwirket und auf andere Personen würden transferieret werden, IKM. auch EFG. in dero habenden jure feudi ganz nicht hätten präjudizieren wollen, sondern diese beede Obristen nicht weniger als andere vasalli dieselben gebührlich von EFG. rekognoszieren sollen, sie denselben diese beide Güter zu Ehren und Respekt IKM., von deren sie doch das ganze Land wiederbekommen, nicht einmal hätte geben und verlehnen wollen, und wären deswegen auch IKM. auf den Herrn Generaln Totten übel zu sprechen."

„Im übrigen liessen es IKM. bei dem Begriff allerdings bewenden; da uns nun dasselbe also beliebete, hätte es seine Richtigkeit, wo nicht, wäre es auch gut. Es hätten IKM. nicht ihrenthalben, sondern EFGG. zu gut sich zur Alliance verstanden; hätten sie es nicht angefangen, wollten sie es nicht tun; inmassen dann diese und dergleichen Disputaten IKM. schon dahin bewogen, dass sie mit andern keine mehr machen wollten, auch schon etzliche abgeschlagen hätten. Es könnten doch IKM. und EFGG. wohl gute Freunde sein, EFGG. könnten alsdann ihre Sache richten, wie sie aufs beste könnten, das wollten IKM. auch tun, sie wollten aber zu EFGG. Defension und Konservation unverbunden sein."

„Hierauf und was sonsten dergleichen mehr von dem Herrn Reichskanzler vorgebracht, haben wir angezeiget, dass wir von Herzen ungern und mit Betrübnis vernähmen, dass IKM. die beschehene Erinnerungen und Bitten so gar übel aufgenommen und EFGG. bei deroselben über alles Verhoffen und Vermuten in so gar böses Konzept geraten. Wir wären aber dessen in unserm Herzen gewiss und könnten dem Herrn Reichskanzler beständig versichern, dass EFGG. nicht allein IKM. herzlich liebeten und die grosse Wohltat mit dermassen dankbaren Herzen jederzeit erkannt und noch täglich erkenneten und rühmeten, dass sie IKM. nächst Gott für ihren grössesten Freund und patronum hielten und ehreten, sondern auch alles, was nur in ihren und ihrer armen, bis auf den äussersten Grad erschöpften Untertanen geringen Vermögen noch übrig wäre, schuldiger Gebühr nach gern ansetzen würden. Weil aber gleichwohl aus der betrübten Experienz notorium und einem jeden, der aus Mecklenburg käme, der elende Zustand des Landes und der Untertanen bekannt, als hätte ja die höchste Not erfordert, solche offenbare Wahrheit und grosse Not des Landes IKM. und dem Herrn Reichskanzler zu verstehen zu geben; nicht dass man sich ganz entziehen wollte, welches man weder vor Gott noch vor der ehrbaren Welt vor sotane grosse Wohltat verantworten könnte, sondern nur wegen der wahren Impossibilität umb gnädigste Milderung zu bitten und sich vorzusehen, dass man IKM. nicht ein mehres, als hernach aus allen und äussersten Kräften prästieret werden könnte, zusagte, und dann dadurch dieselbte, wann sie sich darauf verliessen und gleichwohl dasselbe hernach nicht erfolgen könnte, zu grösser Offension bewegen möchte. Es wäre ja IKM. und dem Herrn Reichskanzler die geringe Gelegenheit des Landes und hingegen die grosse erschreckliche, von so viel Jahren hero von den Kaiserlichen und nun dies Jahr hero von der königlichen und EFGG. eigen Soldateska bei währenden Belagerungen und sonsten ausgestandene Kriegslast, Verwüst- und Verheerung gnugsamb bekannt. Aus diesem Fundament und ganz nicht einiger widersätzlichen Verweigerung dessen, was man sonst wohl tun könnte, rühreten alle beschehene Erinnerungen und Bitten her, wie die dabei angezogene bewegliche Motiven und Ursachen gnugsamb bezeugeten".

„Die im 1. Artikul gesetzte clausulam „salva" hätten IFG. daher verbeten, weil sie dafür gehalten, dass dadurch IKM. gegen EFGG. getanes Anerbieten, sie plene in ihren alten Stand zu restituieren und deswegen von ihnen keine Erstattung zu begehren, in Zweifel gezogen werden könnte; dass sie aber IKM. sonsten gegen andere sollten ihren Zuspruch wollen abschneiden, das wäre niemals und so wenig in ihre Gedanken gekommen, dass sie auch sich geneigt und schuldig erkenneten aufs beste befordern zu helfen, dass IKM. für die grosse Freundschaft und Wohltat, so sie Gott dem Allerhöchsten zu Ehren und Erhaltung seines heiligen Worts und wahren christlichen Religion den sämtlichen hochbedrängten evangelischen Fürsten und Ständen in Deutschland mit dero ewigen unsterblichen Nachruhmb erwiesen und bezeiget, mit gebührenden hohen Dank begegnet werden möchte. — Wegen der Zölle hätten ja EFGG. solche durchdringende erhebliche Ursachen einführen lassen, dass daraus nicht anders zu ersehen, dann dass dadurch sowohl ihre Stadt Rostock gleich Wismar in äusserstes Verderb und Abgang ihrer Kommerzien und Nahrung kommen, als auch per consequens das ganze Land in unüberwindlichen Schaden würde gebracht und gestürzet werden. Wann es ausser dem wäre, wollten EFGG. hierin IKM. ganz gerne gratifizieren. Bäten derohalben nochmals höchstes Fleisses, dass, da es immer mueglich zu erhalten, sie damit verschonet bleiben, und also die gute Stadt Rostock wiederumb etwas respirieren und zu voriger Nahrung und Kommerzien umb des ganzen Landes Besten willen allgemach wieder gelangen möchte. Bevorab weil auch ohne das die künftige Erfahrung geben würde, dass IKM. wann sich also aller Handel von der Stadt unzweifentlich verlieren würde, deswegen schlechten Nutz, EFGG. aber unüberwindlichen Schaden haben und bekommen würden. — Wegen der Münze seind auch vorige rationes beweglich erwidert und repetieret worden. — Wegen Wismar und Warnemünde täten wir uns gegen IKM. bedanken. — In puncto contributionis bäten wir IExz. höchstes Fleisses, sie wolle doch in Erwägung der vorigen Motiven, nach dero habenden viel vermögenden Autorität bei IKM. es dahin bringen, dass an den 15000 Rt. monatlicher Kontribution eine gnädigste Milderung erhalten und das Initium derselben nicht auf den längst abgewichenen Monat Octobris vorigen Jahres, wie in dem Begriff gesetzet, weil ja solches eine pure lautere Unmueglichkeit wäre, und solche vorige Monat über vorhin schon ein so mächtig hohe summa wegen der beschehenen Belagerungen und zwar in die 40000 Rt. monatlich auf das Kriegswesen allhie aus dem Lande verwendet worden, sondern auf den Tag der Vollenziehung dieser Alliance gesetzet und davon, was auf künftige Durchzüge, Werbungen, Guarnison und Einquartierung gehen würde, abgezogen werden möchte. — Punctum confiscationis anbelangend täten wir uns wegen EFGG. für beschehene gnädigste Erklärung unterthänigst bedanken; so viel aber EFG. in specie betreffen täte, müsste ich wohl bekennen, dass es EFG. hierin wohl sehr uneben und unglücklich erginge. Sintemal dieselbe einzig und allein in Respekt IKM. und dadurch deroselben königliche freundvetterliche

Gunst und Favor umb so viel mehr zu erhalten und zu vermehren, das Gut Toitkenwinkel dem Herrn Generaln Totten, weil er ein so vornehmer Diener und Offizierer, auch geborner Untertan IKM. und von derselben EFG. in der anbefohlenen Kriegsexpedition adjungieret worden, verehret und geschenket; also dass EFG. dasselbe, womit sie verhoffet IKM. ferneren Favor zu erlangen, derselben zur Disgrazie gediehen und ausgeschlagen. Den Obersten Winckel betreffend wäre ja noch res integra und hätte meines Wissens derselbe einen Verwalter im Gut. Und würden sich in diesem allen EFG. gegen IKM. also schicken und bezeigen, dass dieselbe daran ein gutes contentement haben würde.

„Im übrigen wollten' IFGG. und wir ja nimmer verhoffen, dass IKM. sich dermassen gegen sie würde alteriert haben, dass sie sogar von ihnen Hand abziehen und die Alliance ganz bleiben und zurücksetzen wollte. Es stünde je nächst Gott zu IKM. EFGG. einige Hoffnung und Trost, sie würde je dasselbe nimmer über ihr Herze bringen können. Es wollte doch IExz. die Alliance noch einmal unbeschwert zur Hand nehmen und da in unseren Erinnerungen etwas wäre, was wir mit Fug nicht begehren könnten, solches ändern und IFG. solch Konzept kommunizieren; es würden EFGG. so viel in der Welt immer mueglich und tunlich sich IKM. accomodieren und bequemen."

„An dieses petitum hat der Herr Reichskanzler ganz nicht wollen, sondern immer IKM. gegebene endliche Resolution angezogen, und da EFGG. nicht gesinnet wären, die Münz, Zölle und den 19. Artikul zu admittieren, so dürfte es im andern auch keiner weiteren Diskurse nad würde nichts daraus. Zu dem, so erkläreten wir uns auch wegen der Kontribution also, dass man wohl sähe, dass es lauter nichts damit wäre, weil man anitzo nicht einmal dasselbe zu geben gedächte, was man hiebevor in Mecklenburg schon geboten hätte."

„Wir haben aber nichts desto weniger nochmals inständig angehalten, und den punctum wegen der Münz und Zölle noch einmal IFG. zu referieren uns anerboten. Es wollten inmittelst auch IExz. nicht allein bei IKM. EFGG. Bestes wissen und alles auf mildere Wege richten helfen, und in puncto contributionis es gleichfalls gewiss dafür halten, dass nichts anders als die wahre Impossibilität unser vielfältiges Suchen und Bitten wegen Milderung der Summen, darumb wir dann auch nochmals zum höchsten wollten gebeten haben, heraus gepresset hätte, sondern auch sich gnädig belieben lassen, die Mühe auf sich zu nehmen und das Konzept zu revidieren und alsdann IFG. zuzuschicken; welches dann noch endlich, wie wohl schwerlich erhalten worden."

"Sonsten hat auch IExz. des von EFG. an JKM. bei dem Major Loisson eingeschickten Schreibens erwähnt und gesagt, dass dasselbe also abgefasset wäre, dass er froh wäre, dass es IKM. selbst nicht gelesen. Hierdurch habe ich nun Ursach genommen, hieraus mit IExz. etwas weitläufiger zu reden und die unbegründete Beimessungen, damit EFG. bei IKM. beschweret worden, der Gebühr nach abzulehnen und zu beantworten. Mit Anzeige, dass der Herr Reichskanzler je leichtlich und hochvernünftig zu erachten hätte, nachdem EFG. so gröblich bei IKM. unschuldiger Weise angegeben, dass sie ja dazu nicht hätte stillschweigen können noch sollen, sondern IKM., dass sie hierin hintergangen und nicht recht berichtet wäre, freundvetterlich anfügen und also wie einem jeden privato und redlichen Mann freistehet und obliegt, sich der Gebühr nach verantworten müssen."

"Den 2. Martii Freitags vormittags ist des Herrn Reichskanzlers Secretarius Nicodemi zu mir gekommen und das Konzept der Alliance eingehändiget, mit diesem Bericht, dass IExz. auf unser inständiges Ansuchen in etzlichen Punkten dasselbe geändert und die summam der Kontribution auf 12000 Rl. gebracht, und stünde nun dahin, ob IFG. dasselbe verlesen und sich darauf erklären wollte. Ich habe mich wegen IFG. höchlich deswegen bedanket und solches IFG. zu hinterbringen erboten und gebeten, weil er seiner Entschuldigung nach obliegenden Geschäfte halber nicht länger zu verwarten hätte, er wollte sich belieben lassen auf den Abend unbeschwert wieder zu IFG. zu kommen und mit derselben Abendmahlzeit zu halten, und würden sich IFG. gegen des mit der Resolution gefasst halten."

"Hierauf ist nun IFG. derselbe Begriff, wie er verändert, vorgelesen und von Wort zu Wort deutsch gegeben und befunden worden, dass gottlob ziemlich viel erhalten; und demnach in fine principii quoad specificationem scopi hujus foederis; item art. 1. quoad restitutionem possessionis; art. 2. verba: ac in vicinia; art. 3. verba: si quid uspiam etc.; art. 4. verba: nisi communicata re; art. 6. ibi: Ast semper duranto bello etc.; art. 7. Ibi quantum per praesentis etc.; item: aut operant militi etc.; art. 9. verba: ac isiculi augere; art. 10. verba: pro tuendis; item duodecim millia tem divisis ditionibus; item Abzng wegen Werbung und Winterquartier; art. 11. ibi et nobis una centesima; ommisso toto articulo 13. de confiscationibus; art. 19. ibi aut jure in sequiorem sensum etc. et art. 21. ibi mille pedites et centum equites E FGG. gratifizieret worden."

„Alldieweil aber noch über die Zölle, Münze und Durchzüge, davon alle fernere Bitte ganz umbsonst gewesen, gleichwohl noch andere passus übrig geblieben, dabei notwendige Erinnerung haben geschehen müssen, so haben demnach IFG., ob sie sich schon neben uns erinnert, wie übel vorige Erinnerung aufgenommen und wie vielmehr dasselbe anitzo, da man in so viel Punkten uns gratifizieret, geschehen würde, dennoch hoher erheischender Noturft nach etzliche passus notieret und gegen des Secretarii Wiederkunft aufgesetzet, umb zu versuchen, ob noch in denselben eine Milderung zu erhalten sein möchte, inmassen aus der Beilage Nr. 8 zu ersehen."[1])

„Wie nun der Secretarius auf den Abend sich wieder eingestellet, ist mit ihm in IFG. Gemach aus den aufgesetzten Punkten konferieret und er fleissig sowohl vor als nach der Mahlzeit ersuchet und gebeten worden, seinem besten Vermögen nach zu versuchen, ob nicht diese aufgesetzete petita also könnten erhalten werden; und ihm hinwiederumb Zusag geschehen, dass EFGG. solchen grossen Fleiss und Bemühung dankbarlich gegen ihm zu rekompensieren gnädig geneigt wären; welches er dann auf sich genommen und seinen besten Fleiss darin zu tun versprochen."

„Folgenden Morgen, als den 3. Martii, ist der Secretarius Simon Gabriel zeitig zu Ihm geschickt und er durch denselben erinnert und gebeten worden, weil IFG. IKM. vorhabenden eiligen unvermutlichen Aufbruch von hinnen vernommen, er auch auf Strassburg verreisen müsste, er wollte doch vor allen Dingen und mit höchstem Fleiss befordern, dass zuvorderst dies Werk seine Richtigkeit erlangen möchte, und ist ihm auch sonderlich der 19. Artikul nochmals rekommandieret worden."

„Hierauf ist er umb 10 Uhren zu Herrn Passowen und mir gekommen und uns angedeutet, dass er mit allem Fleiss I Exz. die Sache vorgetragen und diese endliche Resolution bekommen: In

---

[1]) Siehe unten.

art. 1. könnten die Wort „singulos pluresve" durchaus nicht ausgelassen und das Wort „allos" substituieret werden; denn obschon IKM. die sumptus belli IFGG. nachgelassen, so hätten sie doch solches ihnen als dero nahen Anverwandten getan; was sie aber zu den Reichsfürsten ingemein vor Zuspruch hätten, das würden auch IFGG. als Mitreichsfürsten mit tragen helfen und dessen sich nicht entbrechen. — In art. 2. wäre der Zusatz und restrictio ad verbum „aliunde" beliebet. — In art. 6. sollte gleichfalls das verbum „hoc" inserieret werden, inmassen dann auch das gebetene rescriptum erfolgen sollte. — In art. 7. wäre die additio „salvo etc." in allem angenommen worden; die übrige clausula „simulatque etc." wäre und stünde nicht zu erhalten. — In art. 10. hätte er von der Kontribution-Summa noch 2000 abgehandelt und es auf 10000 gebracht; das initium contributionis aber auf den diem der Vollziehung der Alliance zu bringen, hätte nicht gehen wollen; weil aber gleichwohl an diesem Punkte EFGG. und dero Landen und Leuten merklich gelegen und solches über 100000 Fl. in den schon passierten fünf Monaten anlaufen würde, als ist ihm nicht allein umbständlich und beweglich remonstrieret worden, dass es über die Unmöglichkeit auch die höchste Unbilligkeit sein wollte, wann EFGG. von den passierten Monaten, darin sie schon so mächtig grosse Unkosten gestanden, noch eins die Kontribution geben und also mit mehr dann gedoppelten onere beleget werden sollten, sondern auch danebenst anfs höchste gebeten worden, hierin noch einmal ein Versuch zu tun, und sollte inmittelst in den Originalen, weil sie schon geschrieben würden, an dem Ort, gleich wie kurz vorher, da die summa soll gesetzet werden, auch geschehen, so viel spatii ledig gelassen werden; welchs er zugesagt und dessenwegen seine Reise nacher Strassburg aufzuschieben und IKM., weil sie heut schon aufgebrochen, nachzureisen versprochen. — Die centesimam art. 11. anlangend wäre dieselbe also zu verstehen, dass EFGG. von demjenigen, was IKM. an 100 Fl. Wert nehmen würden, EFGG. jederzeit eins bekommen sollten. Die restrictio ad portus sollte gebetener massen ausgelassen werden. Zur Einnahme aber und Administration der Zölle, weil IKM. gemeiniglich auf ihren Orlogschiffen den Zoll einnehmen, könnten dieselben niemand darzu verstatten, gäbe auch nur lauter Querelen unter den Dienern. Es wollten IKM. EFGG. deswegen mit guter Richtigkeit begegnen. — In art. 17. wären die Wort „quod huic adversetur etc." schon in sequenti articulo gesetzet. — Den 18. und 19. Artikul betreffend hätte er die aufgesetzte formulam „quamvis etc." dem Herrn Reichskanzlern vorgetragen. Es hätten sich aber IExz. darauf erkläret: es hätten dieselbe Wort nichts zu bedeuten, weil doch richtig, dass EFGG. Reichsfürsten wären und verblieben; weil aber künftig malitiosa ingenia könnten darüber kommen und das ganze foedus darüber in Zweifel ziehen, als wollten IKM., dass solches solle ausgelassen werden."

„Darauf er fortgereiset und wegen des Anfangs der Kontribution seinen besten Floiss anzuwenden höflich versprochen, inmassen er dann auch solches redlich prästieret und vermittelst des Herrn Reichskanzlers Rekommendation das initium auf den 1. Martii bei IKM. erhalten; dass also dieser Secrotarius wegen seines getreuen grossen Fleisses, unverdrossenen Bemühung und EFGG. und dero ganzen Lande zu grossen Nutz geleisteten Dienste wohl eine gute Rekompense meritieret hat. Ich geschweige, wie dem Herrn Reichskanzler als einen bei IKM. vielgeltenden vornehmen Herrn und der in dieser Sache viel Mühe und Arbeit gehabt, hierunter vor allen Dingen dankbarlich zu begegnen sein wird, inmassen EFG. sampt dero Herrn Bruders FG. solches leichtlich und hochvernünftig zu erachten haben."

„Und ist also hiemit, nachdem wir auch noch solch einen vornehmen Punkt mit EFGG. und dero Lande merklichen Besten abgehandelt und in allem übrigen ein mehres zu erhalten uns alle Hoffnung gänzlich abgeschnitten worden, endlich im Namen der heiligen Dreifaltigkeit mehr erwähnte Alliance, welche viel Mühe und Arbeit und EFG. Herrn Bruders FG. zu ihres fürstlichen Hauses und ganzen Landes Nutz und Besten bei IKM. mennigen harten Stand und viele Herzenbetrübnus und schlaflose Nachten gekostet, obgesetztermassen, jedoch mit ausdrücklichen Vorbehalt EFG. künftigen Ratifikation, also wie das Original besaget, vollnzogen und geschlossen worden."

„Darauf dann noch selbigen Tages nach gehaltener Mittagsmahlzeit IFG. sampt Herrn Pfalzgrafen Augusti FG., so auf Malnz IKM. nachgefahren, von derselben, weil sie ihr Vorhaben und Marsch ferner in Franken gerichtet, ihren Abscheid zu nehmen; welches dann auch geschehen. Und seind IFG. wie sie IKM. bis Stein das Gleit gegeben, den 6. wieder auf Frankfurt gekommen und den 9., nachdem der Trompeter mit dem andern Exemplar der Alliance

von IKM., so es unterschrieben, wieder zurück gelanget, und IFG. und ich vorher den Herrn Reichskanzler besuchet und ihm valedizieret, dabei es dann allerhand gute Diskurse gegeben, im Namen Gottes von Frankfurt wieder aufgebrochen und endlich durch desselben gnädige Verleihung IFG. mit guter Gesundheit den 23. zu Schwerin und ich den 25. ejusdem allhie bei EFG. wieder angelanget."
„Datum Güstrow, den 18. Majl Anno 1632.
EFG. untertäniger und gehorsamer Diener
Johan Cothman.

Beilage 5 und 7 zur Relation Cothmanus.

Neuer Begriff eines Bündnisses der Herzöge von Meoklenburg mit Schweden, aufgesetzt von Axel Oxenstierna und am 14. (24.) Februar 1632 den Meoklenburgern übergeben (Beil. 5); rechts steht, „was IFG. (von Meoklenburg) bei dem neuen Begriff erinnert und in acht zu nehmen gebeten".
(Beil. 7). — s. o. S. 328 n. 332. — vgl. Sverg. trakt. V. 704.

Nos Gustavus Adolphus etc. nosque Adulphus Fridericus et Joannes Albertus duces Megapolitani etc. nostro nostrorumque heredum ac successorum necnon respective regnorum, ducatuum et provinciarum nomine universis ac singulis, quorum interest aut quomodolibet interesse potest, hisce notum testatumque facimus, Quod cum paucis abhinc annis exorto per imperium Romanum Germanicae gentis motu universali omnis tam religionis quam publica libertas contra pacem religionis ac prophanam ipsasque imperii Germanici leges fundamentales concisa sublataque esset; atque inde enatum, ut Caesar arrogato aut verius arrepto absoluto dominatu per exercitum catholico-romanae ligae ad oppressionem evangelicorum roborato, plurimos principes ac status non adhibito electorum, principum atque ordinum consilio et consensu dignitatibus, juribus, privilegiis, bonis exutos partim proscripserit, partim exilio mulctatos aut paupertate rerumque omnium inopia oppresserit; quo singulis aut sublatis aut enervatis, caeteris in servitutem datis dominaretur, atque postmodum ad vicinos subjugandos rebus necessariis praeparatis observatisque occasionibus tanto accederet paratior et gradu pressiore. Cujus destinati effectum nos duces Megapolenses aliquot jam annis contra jus fasque, leges et constitutiones imperii ac religionis prophanamque solennem pacem inauditi atque indefensi

sola injustissimorum armorum vi, raro exemplo in Germania vix
audito, ditionibus bonisque nostris exuti sensimus, nihil nobis
opitulante vel innocentia nostra vel regum, electorum principumque
intercessione sedula et denegato etiam ipso justitiae rigore, ut
nulla nobis relicta fuerit spes aut ratio nisi per arma ad jus
nostrum redeundi. Idcirco denegata justitia et per iniquitatem
oppressi, cum in amicis et ceteris ordinibus imperii vel eadem vi
et dominato gravatis, vel partim studio abreptis nihil spei relictum
animadvertemus, ne in perpetuum exularemus ac in nos ipsos
posteritatem nostram et subditos ducatusque nostros injurii essemus,
id quod natura et ratio cunctis mortalibus dictat, ut vim vi repellant,
arripientes, cum vires nobis propriae deessent, ad S. R. Dig^{em} Sueciae
veluti cognatum nostrum et maxima nostri commiseratione motum
confugimus. Et nos rex Sueciae non immerito cognati sanguinis
rationem habendam rati, simul perpendentes miserabilem amicorum
atque ipsius etiam religionis per imperium statum, ex quo ad nos
et in regna nostra temporis lapsu infinita mala redundare possent,
neque id agitari clam esset, cum sine ulla nisi stabiliendi absoluti
atque ulterius in vicinos proferendi dominatus causa cuncta maris
baltici per imperium litora ab insolentissimo milite tenerentur;
Ipseque Caesar nuspiam a nobis laesus et non denunciato bello
exercitum in nos suum bis immisisset, legatosque nostros, quos
renovandae amicitiae causa miseramus contemptim et contra mores
gentium humanarum rejecisset, plurimisque injuriis aliis nos affecisset:
Id tandem dedimus justissimis precibus consanguineorum nostrorum,
ut armis illorum restitutionem (quae justitiae clementiaeve via
obtineri non poterat) ingressi Germaniae solum, divina adjuvante
dirigenteque bonitate, feliciter tentaverimus ac denique ejecto hoste
loca omnia ducatus recuperavimus. Succedente itaque tam prospere
benignitate Dei negotio, postquam nos duces Megapolenses neque
frui neque tenero jus nostrum possimus, nisi ab ser^{mo} rege Sueciae
id habeamus et in eo conservemur, nosque rex Sueciae nihil habeamus magis in votis, quam videre restitutos cognatos nostros
suisque bonis juribusque fruentes atque in iis conservatos: ideo
re bene accurateque deliberata

visum est utrique parti commo-	visum est utrique parti commo-
dissimum, foedere jungi nos et	dissimum, in nomine sanctae et
regna, ducatus, ordines subditosque	individuae trinitatis ad ejusdem
nostros, sicuti inter nos de con-	divini nominis honorem verbique

ditionibus convenit ad modum sequentem.

1) Primo nos rex Succiae armis nostris recuperatum ducatum Megapolensem cum adjunctis dominiis reddimus ill⁰ʳ ducibus Megapolensibus, cognatis nostris, cum suis munimentis, civitatibus, dignitatibus, privilegiis, redditibus, juribusque omnibus, ut illis uti, frui non minus nunc quam ante libere ipsis liceat jusque sit; salvo hoc foedere nostro sequentibus articulis uberius descripto, et actione nobis, heredibus, successoribusque nostris regibus regnoque Sueciae adversus singulos pluresve imperii status ex hoc bello enata competente.

sui propagationem, tam nostram nostrorumque ordinum ac subditorum nec non oppressorum imperii Romani statuum, qui utrique nostrum bene affecti huic foederi debite nomen dare volnerint, restitutionem ac conservationem nec non religionis statusque mutuam libertatem foedere jungi nos et regna, ducatus, ordines, subditos nostros, sicuti inter nos de conditionibus convenit ad modum sequentem.

1) Primo nos rex Sueciae ill⁰ᵒˢ duces Megapolitanos, cognatos nostros, contra omne jus et fas ducatibus suis ejectos in pristinam eorum restituimus possessionem, ita ut illos cum omnibus locis, civitatibus, munimentis, dignitatibus, regalibus, privilegiis redditibus, jurisdictione juribusque omnibus eo modo quo ante in perpetuum pro se et heredibus suis tenere ac possidere, illisque uti, frui non minus nunc quam ante libere ipsis liceat jusque sit, excepto eo, de quo specialiter hoc foedere aliter conventum.

2) Ast cum isthaec recuperatio conservari ac firmari nequeat, nisi parta et recepta vi armorum defendantur, donec stabiliri pax universalis per imperium ac pax universalis per imperium in vicinia possit: possit:

Idcirco nos rex Sueciae testandi summi nostri in cognatos nostros amoris atque affectus causa, promittimus nomine nostro, heredum ac successorum nostrorum atque regni nostri Sueciae, nihil nos quod in nostra potestate est intermissuros, sed viribus nostris omnibus enixuros adversus quemcunque, ut in ducatibus juribusque suis postliminio recuperatis Dil.** Suae conserventur et manuteneantur. Vicissim nos duces Megapolenses restituti rebus juribusque nostris et in pristinam libertatem statumque adserti, tum quod R. S. Dig** Sueciae nos subditosque nostros ac ducatus in suam tutelam ac protectionem susceperit, promittimus nostro posterorumque nostrorum ac subditorum nomine, nos acceptum beneficium grato animo semper reputaturos atque agnituros esse; ac primum quidem in tuitionem nostri atque causae communis per Germaniam vires nostras subditorumque nostrorum omnes cum S. R. Dig** conjuncturos ac optima fide summoque studio usque ad felicem rerum exitum (quem divina bonitas largiri dignetur) cooperaturos; deinde etiam R. S. Dig**** ejusque successores et regnum Sueciae haud deserturos in ipsorum necessitatibus, quae vel ex hoc bello vel aliunde

resultare possunt, ac multo minus prout infra in art. 21. dispositum, quicquam unquam facturos esse, quod vergere aut trahi in praejudicium illorum queat.

resultare possunt, ac multo minus quicquam unquam facturos esse, quod huic foederi adversetur.

8) Sit ergo mutuum foedus inter nos regem Sueciae, heredes ac successores nostros, regos regnumque Sueciae ex una, et nos duces Megapolenses, posteros nostros ac ducatus ex altera parte perpetuum, quo obstringimur ad mutuum amorem, benevolentiam, subsidium pro cujusque viribus et, ut in posterum convenerit,

nos rex Sueciae ad tutelam, nos duces Megapolenses ad subsidium, operam fidelem et constantem gratitudinem. Siquid uspiam agitari intellexerimus in praejudicium S. R. Dig** regnique Sueciae, id tempestive monebimus, et quantum est in nobis, detrimenta discriminaque S. R. Dig** regnique Sueciae avertemus et praecavebimus.

nos rex Sueciae ad tutelam, nos duces Megapolenses ad subsidium, operam fidelem et constantem gratitudinem. Siquid alter in alterius praejudicium agitari intellexerit, id tempestive monebit, omniaque detrimenta ac discrimina pro virili avertet et praecavebit.

Alter faveat alteri, neque unquam se participem faciat consiliorum, quae agitantur in alterius partis praejudicium aut damnum, ac multo minus cum malevolis rationes aut operas conjungat, ut fida sit et firma amicitia, decora tantis principibus tam arctis sanguinis et aliis nexibus junctis.

4) Nos rex Sueciae de pace cum Caesare ejusque cohaerentibus peracturi non sumus nisi inclusis Dil^bus S., ac ut prius caveatur ac satisfiat dignitati ac juri cognatorum nostrorum ducum Megapolensium; nosque duces Megapolenses vicissim nihil unquam cum Caesare aut ligisticis principibus eorumqne cohaerentibus vel tractaturi vel acturi, multo minus conclusuri sumus vel per nos vel per alios nisi autore rege Sueciae. non sumus, nisi ex scitu et voluntate Dil^um Suarum ipsisque Indicisis, ac priusquam earum dignitati et juri in spiritualibus et saecularibus tam ratione ducatuum quam episcopatuum, justissimisque postulatis de totaliter cassanda [et] nulliter facta translatione ducatuum suorum in ducem Fridlandensem, obtinendaque ejusdem plenissima renunciatione condigne et plene caveatur et satisfiat, inque eam conditionem sint statutae, ne amplius a quoquam hujus conjunctionis et imploratae tutelae nostrae nomine laedi possint. Nosque duces Megapolenses vicissim nullam cum Caesare aut ligisticis principibus eorumque cohaerentibus de pace tractationem vel per nos vel per alios inibimus, nisi ex scitu et voluntate regis Sueciae.

5) Ut autem belli a nobis rege Sueciae et confoederatis Germaniae principibus civitatibusque adversus persecutores evangelicae religionis pro libertate publica suscepti ratio eo melius constet, nos duces Megapolitani absolutum foederis hujus idque comitantis belli directorium R. S. Dig^ni Sueciae deferimus, ut id gerat ex usu et necessitate temporum, prout conducere belli rationibus ac causae communi sibi nobisque judicaverit. Quod nos rex Sueciae in nos recipientes, id cavere Dil^bus S. ducum Megapolensium voluimus, ut si quando vel injuria vel aliquo casu humano bellum (quod Deus avertat) relabatur aut retrahatur in ditiones S. Dil^eum, nosque ipsi distracti reliqui belli vel onere vel ratione non possimus ipsi praesentes rem bellicam administrare, substituemus virum aliquem aptum et S. Dil^bus non ingratum, qui durante bello praesto sit Dil^bus S. et rem militarem ex consilio Dil^eum S. dirigat nostro nomine,

hac lege, ut sit nobis specialiter obstrictus nostraque mandata immediate accipiat et obsequatur.

6) Postulat belli ratio, ut transitus commerciaque hosti praecludantur, semperque aperta sint militi atque exercitui nostro. Ideo nos duces Megapolitani promittimus, omnem Megapolitani, quo magis praesens hoc christianum R. S. Dig¹⁵ propositum facilitetur, promittimus, omnem omnino hostibus malevolisque Sueciae R. Dig¹¹⁴ aut causae communis ac nostrae militum collectionem et conscriptionem, tum transitum et commorationem semper a nobis praecludi et averti debere, neque nos illos unquam in castra, munimenta aut civitates nostras receptaros; Ast semper liberum fore durante hoc bello liberum fore S. R. Dig^u ex usu suo et communi militum colligere et conscribere in ditionibus nostris atque abducere cum placuerit, tum etiam cum exercitu transire provincias nostras, et si res ac rationes belli requirant, munimenta ac civitates firmare praesidio ad avertendam ingruentem aliquam calamitatem, fore et hoc eidem liberum quovis loco ducatus nostri, hac lege, ut praesidiarius miles, dum isthic haeret, non S. solum R. Dig^u sed etiam nobis ad rationes hujus foederis sit sacramento obstrictus, et politica administratio cum jurisdictione et imperio nec non juribus ac privilegiis nobis, prout ante fuit observatum, salva relinquatur. Quod si quae lis oriatur inter praesidiarium militem atque ordines ducatus aut subditos singulos aut universos, ea per mutuos utriusque partis aequali numero deputatos commissarios audiatur ac decidatur. Ut vero militis collectio transitusque minime subditis noceat, omnisque quaerelae ansa praecidatur,

id nos rex Sueciae serio ac severe conventum est, ut ea, quae in nostris officialibus ut praecaveant dictam militum collectionem, commandabimus, nihilque in nobis morationem et transitum a nobis patiemur desiderari, quin quantum ducibus Megapolitanis nostrisque per belli difficultates licet, rigor subditis imposita fuerint, de justitiae observetur, et miles iis, promissae menstruae contributionis quae vigore specialis conventionis summa subtrahantur et deducantur; offeruntur, contentus sit. quin immo nos rex Sueciae non solum serio ac severe nostris officialibus mandabimus, ut ad implenda haec omnia, detrimenta vero ac damna praecavenda et resarcienda rigor justitiae observetur; verum etiam quo magis subditi Dil^{aum} S^{rum} ab omni invasione et injuria tali sint, permittimus et concedimus Dil^{bus} S., ut palantes praedantesque milites nostros comprehendere ac in eos debito modo praevia cognitione animadvertere illis liceat.

7) Cum vero nihil sit magis praesenti statui rerum conveniens, quam ut S. R. Dig^{tas} adeo procul regno suo progressa pro restitutione amicorum secura sui reditus consiliorumque pro causa communi et amicorum susceptorum reddatur; tum ut ea loca in sua potestate habeat, quae apta in nostro ducatu navium stationi reperiantur: nos duces Megapolenses consensimus et consentimus hisce, ut S. R. Dig^{tas} retineat Wismariam cum adjunctis munimentis Walfisch et ceteris, tum Warnemundam et ostium fluminis Warnae cum adjuncto munimento. Illaque cuncta et singula muniat, firmet et validiora reddat reparandis augendisque veteribus munimentis, vallis et aggeribus novis loco commodo extruendis. Etsi belli ac securitatis ratio postulet, ut in propinquo vel in insula Poel aliquot munimenta nova erigantur, erit et id S. R. Dig^{ti} ad suum beneplacitum liberum; in quorum usum etiam operas rusticas concedemus, aut operanti militi e cassa publica pecuniam dictim subministrabimus. Civitatem vero Wismariensem cum munimento Walfisch et ceteris, urbem et portum Wismariensem cum adjunctis munimentis Walfisch et ceteris, tum fortalitium et portum Warnemundensem ad securitatem suam, usque dum bellum hoc Germanicum certa stabilique pace finiatur, in potestato sua retineat, praesidiis operibusque tam vetera reparando, quam nova extruendo, prout R. S. Dig^{ti} commodissimum et nostris ducatibus utilissimum visum fuerit, firmet ac muniat; ita tamen ut horum locorum dominium et administratio politica cum jurisdictione et imperio, nec non juribus et privilegiis ac redditibus nobis, ut antehac fuit, salva relinquatur et libera, omniaque ibidem praeter munimentorum reparationes vel

tum Warnemundam R. S. Dig^tem Sueciae tenebit cum jure ac jurisdictione omni ad dictam civitatem et munimenta spectante et portubus connexis, propriumque suum praesidium et gubernatorem nemini, nisi sibi ac regno suo Sueciae obstrictum imponet, ut eo tutius regia classis illic stare ac hybernare queat; idque usque ad exitum hujus belli, donec rebus pacatis ac tranquillitatis pace universali restituta de omnibus inter S. R. Dig^tem, confoederatos principes et status Imperii ac hostem convenerit, ex cujus conventionis praescripto utrinque standum erit.

extructiones necessarias in antiquo et pristino statu permaneant, nec quicquam dictis in locis in nostri nostrorumve subditorum atque ita in specie etiam nostrae civitatis Rostochiensis praejudicium in oppidulo Warnemunda jureque commerciorum innovetur. Et si belli ac securitatis ratio postulet, ut in propinquo vel in insula Poel aliquot munimenta nova erigantur, erit et id S. R. Dig^ti ad suum beneplacitum sub eodem modo liberum, in quorum usum etiam operas rusticas concedemus, quantum per praesentis temporis difficultates licebit.

Quaecunque vero loca, urbes vel munimenta in ducatibus S^rum Dll^^m hoc belli tempore nos rex Sueciae pro securitate nostra praesidiis nostris occupabimus et firmabimus, ea Dll^bus S. statim bello hoc Germanico universali pace sopito, cum omnibus pertinentiis, juribus ac regalibus pristinis restituemus, nullasque plane munitionum aliasve impensas (quando quidem pro singulari illo, quo Dll^m S. complectimur affectu, omnes illis belli sumptus praeter eos, de quibus hoc foedere specialiter cautum, benigne remisimus et hisce remittimus) a S. Dll^bus requiremus.

ß) Recuperatis arcibus et civitatibus nos duces Megapolenses tales officiales praeficiemus, qui hostibus aut malevolis causae communis aut S. R. Dig^ti nec obnoxii sint; iisdemque serio mandabimus, ut S. R. Dig^ti ad id deputatis ministris in omnibus, quae ducatuum nostrorum tuitionem concernunt, manu porrigant et juvent.

9) Copias nostras, quas hactenus conscripsimus aut in posterum colligere poterimus, omnes S. R. Dig⁽ᵘ⁾ in usum communis causae traditori sumus, exceptis necessariis praesidiis locorum munitorum; ac sicuti augere in dies exercitum S. R. Dig⁽ᵗⁱˢ⁾ non intermissuri sumus, ita ex contrario omnem militis collectionem, diribitoria et concursus hostibus et malevolis S. R. Dig⁽ᵗⁱˢ⁾ modis omnibus inhibebimus, et si quis de facto id attentaverit, pro viribus nostris disjiciemus.

Weil das Vermügen nicht da, IKM. Armee täglich zu stärken, auch an dessen Statt die monatliche Kontribution gegeben wird, als werden IKM. IFGG. nicht verdenken, dass sie nicht versprechen, was sie nicht prästieren können; so ist auch das übrige wegen der Werbung etc. schon in dem 6. Artikel enthalten.

10) Ad gerendum bellum et feliciter ad exoptatum finem perducendum magnae requiruntur copiae et immensi sumptus, quibus comparandis tollerandisque nos rex Sueciae non modo hactenus eduximus et evocavimus florem juventutis regni nostri et in posterum durante bello saepius evocare cogimur; sed impendimus quoque hactenus et impensuri sumus magis aliorum quam nostra causa conctus regni nostri ordinarios extraordinariosque redditus non sine summo ordinum subditorumque nostrorum onere ac querella collectos, unde non parum regnum nostrum enervatur statusque rerum nostrarum nonnihil in discrimen conjicitur. Quod nos duces Megapolenses probe considerantes, nihil magis aequitati consonum duximus, quam pari promptitudine, si nequeamus majore, respondere S. R. Dig⁽ᵗⁱˢ⁾ affectui in rem communem et nostram directo. Itaque pro reficiendis copiis regiis collectionem militum in ducatibus nostris promovebimus et subditos vasallosque nostros postulante necessitate ad requisitionem S. R. Dig⁽ᵗⁱˢ⁾ congruo tempore et sub privatione feudi evocabimus, eorumque opera et servitiis sub S. R. Dig⁽ᵗⁱˢ⁾ directione pro tuendis provinciis nostris in hoc bello utemur. Deinde etiam pro tollerandis necessariis bellorum sumptibus ac ne ob eorum defectum alia majora incommoda exoriantur, convenit, ut ex ducatibus nostris menstruatim

quindecim millia imperialium solvantur, divisis ditionibus nostris .... millia imperialium solvantur, ut inde praesidia, quae locis

in decem aequales partes et ex qualibet decima parte menstruatim mille quingentis imperialibus S. R. Dig^{li} assignatis, ut vel hinc illos exigere, aut ex camera nostra, prout visum fuerit commodius, recipere S. R. Dig^{tis} ministris liberum sit: initio sumpto a primo octobris anno supra 1631, et continuando usque ad exitum hujus belli.

Hisce subtrahetur quicquid impensum fuerit a subditis ducatuum in praesidia Wismariense et conjunctorum munimentorum vel Warnemundae, quae S. R. Dig^{ti} soli obstricta sunt, non numeratis aut consideratis iis, quae impenduntur in nostra ducum Megapolensium caeteris locis imposita praesidia, sicuti neque consideratis, quae in collectione militis aut transitu secundum tenorem certae transactionis impensa fuerint.

ducatuum nostrorum R. S. Dig^{tas} imponere necessarium duxerit, alantur, ceteraque inibi militiae onera sustineantur, et quod reliquum fuerit R. S. Dig^{tas} quocunque voluerit convertat, quod vero defuerit ab eodem suppleatur, initio sumptu a .... anni currentis 1632 et continuando usque ad hujus belli exitum.

Wegen der Summen wird IKM. höchstes Fleisses gebeten, IFGG. und des armen ruinierten Landes Gelegenheit anzusehen und diese summam gnädigst zu mildern und den Anfang derselben bis auf die Vollenziehung dieser Alliance zu richten; in sonderbarer Betrachtung, weil diese vorige Monat her IFGG. schon mit ihrer Lande augenscheinlichen, unsäglichen grossen Verderb monatlich schon mehr hergegeben, als diese monatliche Kontribution, so IKM. von IFGG. können begehren, über dreimal austräget, dass demnach IFGG. die ungezweifelte Zuversicht zu IKM. haben, dass, wann sie nur dieses erinnert werden, sie von diesen passierten Monaten nimmer etwas begehren werden.

Weil auch IFGG. eine gewisse summam werden kontribuieren und der modus collectandi Ihnen heimbgestellet, als werden IFGG. darob sein, dass die summa, dazu es IKM. denselben werden kommen lassen, möge unfeilbar auskommen, und wird demnach billig ausgelassen, was de divisione provinciae et exactione commissariorum gesetzet worden. Anlangend die Werbungen und Durchzüge, da wollen IKM. gnädigst beherzigen, wie schwer ja unmöglich IFGG. fallen würde, wenn sie über die monatliche Kontribution noch damit sollten beleget werden. Wird derhalben höchlich gebeten, es auf die Masse, wie bei dem 6. Art. erinnert, zu dirigieren und es bei demselben Artikul verbleiben zu lassen.

11) Praeter haec ad sublevandos praedictos immenses sumptus consentimus hisce, ut S. R. Dig^{tae} ad Warnemundam et Wismariam inque portubus et fluminibus ducatus nostri caeteris vectigalia institutat, salvis vectigalibus nostris veteribus, ad modum in portubus Pomeraniae receptum et usitatum.

Dieser Artikul wird von IFGG. aus den hiebevor angezogenen hochwichtigen Ursachen aufs höchste vorbeten.

12) Si belli necessitas ac ducatus Megapolensis securitas exegerit majores praeter ordinaria praesidia copias, aut ut regio exercitui de hybernis ibidem provideatur, horum dispositio dispensatioque concredetur utrinsque nostrum deputatis commissariis, quorum officium erit et militi de necessariis secundum tenorem transactionis praecedentis articuli sexti providere, ac simul id agere, ut subditi ducatuum quam minime fieri possit onerentur, et justitia administretur, disciplinaque conservetur. Sciscendarum vero contributionum ratio nobis ducibus Megapolensibus et nostratibus reservatur, modo id, quod promissum est, menstruatim solvatur.

Majores copias oder auch einen ganzen königlichen exercitum in hybernis zu unterhalten und nichts desto weniger monat-

13) Postquam ad requisitionem nostram regis Sueciae vasalli S. Dil^{bus} uti ante praestito esse teneantur, fieriqne possit, ut quis quive vocati contumaciter emanserint, idcirco nos rex Sueciae Dil^{bus} S. manus auxiliares praebebimus et contumaces ad debitum obsequium cogemus, hos tam pro hostibus habendo cum fuerit necesse, quam ad dictam feudi privationem contra eosdem exequendo. Quo casu S. Dil^{bus} dominium directum manebit, utilitate in usum communem relata, provisuri ut id datum execationi Dil^{bus} S. conservetur. Foederis vero scopo obtento, aut si interea aliter convenerit, utilitas cum proprietate consolidata domino directo accedet. Nulli vero ad hunc modum delinquentium vasallorum nos rex Sueciae sine S. Dil^{um} consensu delicti veniam indulgebimus.

lich zu kontribuieren, ist eine wahre Unmöglichkeit. Weil IFGG. eine gewisse summam kontribuieren, bitten sie, dass solche Fälle, die sich auch sonst fast nunmehr schwerlich begeben werden, cum utilitate ihnen verbleiben mögen.

14) Ad praecavendas lites inter utriusque nostri officiales aliasque rerum confusiones convenit, ne quis alterius transfugas, seu officiales, seu milites gregarios, equites peditesve, aliosve maleficos ad se receptos suis servitiis adscribat, tueatur aut consilio operave juvando impunitatem praestet; quin potius quocunque loco reperti fuerint, seu in ducatu seu extra (in quibus inquirendis mutuas operas conferemus), noxii illico comprehensi debito supplicio subjiciantur. Subditi vero, si comprehendi nequeant, honoribus, dignitatibus, privilegiis ac juribus privabuntur, neque alteri sine alterius consensu cuiquam facti veniam dare fas erit.

15) Publicatis mandatis nostris avocabimus subditos vasallos nostros sub signis hostilibus merentes prima quaque occasione, eos-

que sub poena confiscationis bonorum tam allodialium quam feudalium, tum amissione vitae ac honoris ad obsequium et signa nostra revocabimus, ita ut in eum eosve, qui non paruerint ad praescriptum diem, seria executione procedatur.

16) Commercia inter nostros regis Sueciae ac ducum Megapolensium subditos regnorumque ac ducatuum nostrorum incolas libera minimeque impedita erunt, et solutis vectigalibus utrinque a magistratibus locorum tam navigationis usus, quam commercandi libertas omni meliore modo promovebitur, tum favore mutuo, tum indilata, ubi opus erit et implorabitur, justitiae administratione.

17) Cum belli gerendi ratio nobis regi Sueciae vix constare possit, nisi monetae nostrae usus apud confoederatos et imprimis ad mare balticum sit: idcirco nos duces Megapolenses recipimus et volumus, ut ubique locorum in nostris ditionibus Succica moneta valeat et acceptetur, et si quis nostratium contravenerit in eum debito modo animadvertemus.

Dieser Artikul wird wegen der hiebevor angezogenen hochwichtigen Ursachen nochmals höchlich verbeten.

18) Foedus inter nos regem Sueciae, successores nostros reges et regnum nostrum Sueciae ex una et nos duces Megapolenses ducatusque nostros ex altera partibus ad modum et leges supradictas initum, hisce fide regia ac ducali sancte utrinque servatum iri promittimus et spondemus; ac ne obliteretur temporis injuria aut personarum mutatione, semper decimo quovis anno elapso renovabitur et firmabitur, nec quisquam nostram absque pleno consensu alterius partis ab eo recedet. Nos quoque duces Megapolenses promittimus, nos cum nemine, quisquis is fuerit, nemine excepto, tractatum

ullum aut foedus

ullum aut foedus, quod huic adversetur,

initurós, multo minus cum hosto pacturos esse. Et nos rex Sueciae vicissim promittimus, oblata tractandi cum quoquam occasione, nihil nos constituros de S. Dil^{bus} earumve ducatibus ac subditis, nisi simul comprehensis et ex earum scitu ac voluntate.

19) Ne vero arctissimo foederi huic nostro fraus ulla fiat, aut

Quemadmodum vero hoc foedus nostrum tantum abest, ut contra

occasio et praetextus sit hominibus temerariis ejus infringendi, volumus utrinque et hisce statuimus, ut cuncta quae hic transacta sunt, regia ac ducali fide serventur, neque adversus haec ulla exceptio valeat antiquorum seu novorum pactorum, foederum aut nexuum homagii; inprimis nos duces Megapolenses probe considerantes, restitutionem nostri et conservationem in ducatibus nostris pendere a S. R. Dig**; declaramus hisce, nexum quo imperio aut circulo Saxoniae vel vicinis caeteris obstrictos nos habemus, nihil officere aut praejudicari debere aut posse huic foederi nostro, promittimusque et spondemus, nihil nos cum quoquam, sive in imperio, sive extra acturos aut conclusuros esse, quod adversetur hisce pactis promissisque nostris, aut jure in sequiorem sensum aut horum praejudicium trahi queat.

imperium, ut etiam respective pro sano imperii statu in pristina sua forma, tranquillitate et libertate religionis et politica, contra pacis publicae turbatores tuendo sit initum; ita nec per id nos duces Megapolitani ab imperio Romano circulove Saxonico nos subtrahimus, sed potius iisdem legitime debita officia nostra, quamdiu nobis reciprocum praestiterint nec hisce pactis contravenerint, expresse reservamus, nec statum ducatuum et provinciarum nostrarum hisce mutamus aut quicquam aliud praeter haec imperio vel jurisdictioni, legibus aut statutis, juribus aut privilegiis nostris universalibus vel singularibus detrahimus aut derogamus, sed eundem potius hoc foedere sartum inviolabilemque conservamus. Proinde ne arctissimo huic foederi nostro fraus ulla fiat aut occasio et praetextus sit hominibus temerariis ejus infringendi, volumus utrinque et hisce statuimus, ut cuncta quae hic transacta sunt, regia ac ducali fide serventur, neque adversus haec ulla exceptio valeat antiquorum seu novorum pactorum, foederum aut nexuum homagii; reliquae, quae sequuntur, continentur praecedentibus et artic. 4. et 18.

20) Si quid hostilitatis in futurum alterutri exstiterit ex occasione hujus foederis, nos rex Sueciae cum regnis nostris protegemus et defendemus S. Dil** ducum Megapolensium eorumque ducatus; et nos duces Megapolenses reciproce id beneficii agnos-

centes, si quid S. R. Dig⁰, successoribus aut regno Sueciae ob foederis hujus rationes aut ejus effectum enatum fuerit inimicitiae bellive, reciproce ad subsidium pro virili subministrandum teneri nos, heredes nostros ac ducatus debere promittimus ac spondemus.

21) Sopito divina juvante clementia hoc bello Germanico et tranquillatis rebus nostris ducum Megapolensium firmum nihilominus manebit et servabitur foedus hoc; Nosque duces Megapolenses, si contigerit S. R. Dig⁰⁰, heredes ac successores ejus et regnum Sueciae involvi bellis aliis, promittimus nos, heredes nostros et ducatus mille pedites ct centum equites regi regnoque Sueciae in subsidium missuros, nostrisque sumptibus sustentaturos esse durante bello, aut ejus loco pecuniam subministraturos, qua secundum rationem temporum mille pedites et centum equites conscribi et ali possint.

Weil dieses in 9. art. auf eine fernere künftige Vergleichung ausgesetzet und IFG. nicht zweifeln, es werden sämtliche evangelische Fürsten und Stände sich für die hohe und grosse Freundschaft, so IKM. denselben in Leistung dero mächtigen Hülf und Rettung aus dero Nöten und Drangsalen erwiesen, sich also bei künftigen Traktaten gegen IKM. bezeigen, dass sie daraus derselben dankbares Gemüt in Werk und in der Tat wird zu verspüren haben, demselben auch IFGG. wegen der hohen Dankbarkeit, dazu gegen IKM. sie sich sonderlich obligat erkennen, nicht allein sich gerne gemäss verhalten und bezeigen, sondern es auch bestermassen zu befördern sich schuldig und geneigt befinden und höchlich angelegen sein lassen wollen: Als stellen IKM. IFG. freundvetterlich anheimb, ob sie bis auf solche allgemeine Vergleichung und Verpflichtung IFGG. befristen wollen, damit durch gesamptes Zutun aller evangelischen Fürsten und Stände IKM. mit desto grösserem Respekt und Nachdruck hierunter begegnet und an die Hand gegangen werden möge. Gleichwohl aber mit dem freundvetterlichen Anerbieten, da IKM. belieben sollte, mit IFGG.

deswegen vorher eine Vergleichung zu treffen, dass IFGG. zu Kontentierung (!) erwähnter ihrer schuldigen Dankbarkeit hierin IKM. auch gern gratifizieren und nach ihrem geringen statu und erschöpften Landes kundbarer Ungelegenheit gegen dieselbe also erklären wollen, dass sie davon verhoffentlich ein freundvetterliches contentement haben und tragen sollen; jedoch wann hernächst IFGG. sampt andern ihren evangelischen Mitfürsten und Ständen ein allgemein Vergleichung mit IKM. treffen werden, sie alsdann dazutreten und andern ihren Mitfürsten gleich gehalten und bei ihren gewöhnlichen Reichsanschlag gelassen werden, und was demselben sonsten darin zu gute möchte disponieret werden, auch IFGG. zu besten und zu statten kommen und gedeihen, und daran diese itzige Verpflichtung ihnen unpräjudizierlich sein.

22) Tandem si de aliquo capite vel hactenus dictorum vel in posterum addendorum articulorum aliave re quacunque quaestio aut controversia oriatur inter nos ipsos, regnave ac ditiones aut status nostros, non committetur ea lis resve discrimini gladii aut armorum, sed mutuis pari numero commissariis amicabiliter componenda aut decidenda. Inter quos, si ob votorum paritatem compositioni decisionive remora fuerit injecta, res ad arbitrum, libera utriusque partis electione, aut hac non procedente, sorte designandum referatur, ex cujus arbitrio pars utraque stabit.

In quorum omnium fidem ac robur perpetuo valiturum supra memorati nos Gustavus Adolphus rex Sueciae et nos Adolphus Fridericus et Joannes Albertus duces Megapolenses nomine nostro regnique Sueciae ac ducatus Megapolensis foedus hoc regiis et

ducalibus manibus nostris propriis subscripsimus et ex certa
scientia sigilla nostra appendi voluimus. Actum Francofurti ad
Moennm die . . Februarii anno millesimo sexcentesimo trigesimo
secundo.

Es hätten zwar IFG. gern gesehen, weil sie ohne Willen und
Vorbewusst dero Herrn Bruders FG. und ihrer Ritter- und Landschaft von der ersten Alliance abzuweichen und einen neuen Begriff
anzunehmen und zu schliessen sich nicht bemächtigt befinden, auch
befürchtet, dass IKM. sich durch ihre Erinnerung, so sie hocherheischeuder Noturft nach dabei tun musste, offendieren würde,
dass es demnach bei der ersten von IKM. vollenzogenen Alliance
verbleiben und sie auf die proponierte Punkte sich zu gnädigster
Milderung gegen IFG. erklären mögen. Alldieweil aber höchstgedachte IKM. sich gegen IFG. erkläret, dass sie uur alles, was
sio vor nötig befünde, dabei erinnern und anzeigen sollte, sio
wollten solches ganz gern vernehmen und in allem guten auf- nud
annehmen: so haben demnach IKM. IFG. hierin wie auch in allem,
was ihr nur auf der Welt möglich und tunlich, vermittelst itzerwähnten Vorbehalts gratifizieren wollen und derowegen, was sie
vor hochnötig befunden und wohin etwa die Artikul zn richten
sein möchten, aufsetzen und damit es IExz. dem Herrn Reichskanzlern in dem Durchlesen desto bequemer fallen mochte, die
Eriunernngeu dem contextui iuserieren und nicht absonderlich aufsetzen lassen wollen. Und weil dann gleichwohl IFG. dieselbe
also beschaffen halten, dass sie auf keiner Unbilligkeit beruhen,
sondern auf IKM. principalem scopum (als dass dieselbe aus
sonderbarer Liebe und Affektion sie und dero Herrn Brudern in
ihren vorigen alten Staud zu restituieren sich mit dero ewigen
unsterblichen Nachruhmb gegen sie und die ganze Welt erkläret;
hingegen auch alles, was zu IKM. vollenkommenen Versicherung
dienet, ihr nicht weniger als an andern Örtern in IFGG. ganzen
Lande eingewilliget; und dann zu schuldiger Hilf und Fortsetzung
ihres christlichen Intents und Vorhabens alles, was uur in ihren
und des ganzen Landes Mächten ist, hierin offerieret wird) einzig
und allein zielen und gehen: als ersuchen IFG. IExz. hiemit
gonstig und höchstes Fleisses, dieselbe wolle nach ihrer sonderbaren Dexterität und Diskretion alles dieses und sonderlich IFGG.
und dero armen Laude betrübten, elenden und hochbeschuldeten
Zustand mitleidentlich erwägen und seinem Wohlkönnen nach bei

IKM. es dahin befördern, dass IFG. hierin freundvetterlich geruhet und gebetenermassen die Artikul eingerichtet werden, und also IFG. nmehr nach so geraumer Zeit der grossen Unkosten dieser Örter entfreiet und mit gutem contentement zu den ihrigen ehist gelangen mögen. Solches wird IKM. bei jedermänniglich zu fernern hohen königlichen Ruhmb und immerwährenden herzlichen Affektion gereichen, und werden es umb dieselbe wie auch IExz. IFG. sampt dero Herrn Bruders FG. mit allen respektive freundvetterlichen Diensten und gonstigen Bezeigungen jederzeit dankbarlich zu verschulden und zu erkennen schuldiger Gebühr nach höchstes Fleisses sich angelegen sein lassen.

Beilage 6 zur Relation Cothmanns.

Fernere Erinnerungen bei dem zuletzt übergebenen Begriff.
s. o. S. 340.

ad art. 1. Weil IKM. Ihren FGG. aus freundvetterlicher Liebe und Affektion die Kriegeskosten erlassen, solches auch noch gestriges Tages gegen sie wiederholet, als hätten sie zu bitten, ob nicht allen Irrungen vorzukommen, vor die Wort „singulos pluresve" möchte gesetzet werden „alios".

ad art. 2. In fine post verbam „aliunde" addendum: uti infra art. 20. de eo dispositum.

ad art. 6. Wird nur incuria describentis in versiculo „Ast semper durante bello" das Wörtlein „hoc" ausgelassen sein.

ad art. 7. post verba „munimento adjuncto" bitten IFG. zu desto deutlicher Verständnus diese weinig Wort zu setzen: salvo nobisque reservato dominio istorum locorum et jurisdictione tam civili quam criminali in cives subditosque nostros, nec non regalibus, redditibus caeterisque juribus nostris pristinis usuque et jure commerciorum.

Nachdemmal IKM. wie obgesagt IFGG. die belli sumptus nachgegeben, als zweifeln sie nicht, es werde dieselbe anstatt der folgenden Wörter dieses inserieren zu lassen sich gnädigst belieben lassen: post verba „exitum hujus belli etc." Simulatque vero bellum hoc

Germanicum universali pace sopitum fuerit, nos rex
Succiae omnia loca, quae in Dil°ᵃᵐ S. ducatibus praesidiis nostris occupavimus et firmavimus, Dilᵇᵘˢ S. cum
omnibus pertinentils, juribus ac regalibus pristinis
restituemus, nullosque plane munitionum allasve impensas (quando quidem pro singulari illo, quo Dilᵃᵉ S.
complectimur affectu, omnes illis belli sumptus, praeter
eos, de quibus hoc foedere specialiter cautum, benigne
remisimus et hisce remittimus) a S. Dilᵇᵘˢ requiremus.

ad art. 10. Da es IKM. aus freundvetterlichen guten Willen
zu den 10000 Rt. wollten gnädigst kommen lassen,
hätten IFG. höchlich darumb zu bitten; sonderlich aber
zweifeln sie ganz nicht, es werde der Anfang auf die
Vollenziehung dieser Alliance gesetzet werden.

ad art. 11. Centesima dilucidius exprimenda, omittenda verba
(ad portus Warnemundensem et Wismariensem exacti).
Weil auch sowohl wegen eines Dieners, welchen
IFGG. dazu mit verordnen müssen, als sonsten des
ganzen Werkes halben nötig sein will, dass darein ehist
Richtigkeit gemacht werde, als stellen IKM. IFG. anheimb, was sie deswegen vor Verordnung tun wollen.

ad art. 17. Post verba „tractatum ullum aut foedus etc."
addendum: „quod huic adversetur"; weil es ohne das
den Verstand hat und auch sequ. art. 18. ebenwohl
enthalten.

Ob zwar auch schliesslich noch etzliche passus
wären, darin IFG. umb eine geringe Veränderung zu
bitten hätten, so wollen doch IFG. zu Verhütung besorgender Offension und damit sie umb so viel mehr
IKM. beständige freundvetterliche und königliche Affektion, Gunst und Favor konservieren und beibehalten
mögen, dieselbige hiemit nicht ferner behelligen.

ad art. 19. Ob nicht zu erhalten, dass derselbe aufs wenigste
nach folgender Gestalt gefasset werden möge: Quamvis vero nos duces Megapolitani per hoc foedus nos
ab imperio Romano circulove Saxonico non subtrahimus,
nec statum ducatuum et provinciarum nostrarum hisce
mutamus, aut quicquam aliud praeter haec imperio vel

jurisdictioni, legibus aut statutis, juribus aut privilegiis nostris universalibus vel singularibus detrahimus aut derogamus, sed eundem potius hoc foedere sartum inviolabilemque conservamus: Tamen ne arctissimo huic foederi nostro fraus ulla fiat, aut occasio et praetextus sit malis hominibus temerariis ejus infringendi, volumus utrinque et hisce statuimus etc. usque ad verbum homagii inclusive.

II.
Briefwechsel Gustav Adolfs
mit den Herzögen zu Braunschweig - Lüneburg, nebst einigen anderen verwandten Aktenstücken.

12.
1629 Dez. 13 (23). Upsala.

König Gustav Adolf an Herzog Georg von Lüneburg.

Hannover, Kal. 16. A. 305. Ausfertigung.

Ut Dil. Vra. ratione istius negotii, cujus exordium ab illa per nuperas suas factum, quodque nobis gratissimum est, de mente nostra certior fiat atque una intelligere possit, quantopere nos ejus studiis conatibusque bonum publicum praesertim concernentibus faveamus, mittimus ad Dil^m V^m exhibitorem praesentium, consiliarium nostrum, Christophorum Ludovicum Raschium in Sagaltz et Valck hereditarium, equitem auratum; rogamus itaque etc.

Dabantur in regia nostra, quae Ubsallae est, die XIII mensis Decembris anno M. DC. XXIX.

13.
s. d. [1630 April].

Bericht Johanns v. Drebber an den Ritter Christoph Ludwig Rasch, schwedischen Legaten in Deutschland, über seine Verhandlungen mit Herzog Georg von Lüneburg.

Hannover Mscr. K. 5. Fol. 0 ff. Eigenhändig. - Die in [. . .] gesetzten Worte sind hinzugefügt, da das Papier durch Mäusefrass gelitten hat.

Nachdem dem hochedlen gestrengen und vesten Herrn Christoph Ludwig Raschen, Rittern, der KM. der Reiche Schweden geheimen Rate und itziger Zeit hochansehnlichen Abgesandten in Deutschland

Beilage 13.

grossgünstig gefallen, ans gewissen notwendigen Ursachen in seiner an Ihm. H. Georgen zu Braunschweig-Lüneburg tragender ambasciata meiner Person nachgemelter massen sich zu bedienen, Ich auch in SFG. Residenz zum Herzberge den 5. Aprilis dieses 1630. Jahres angelanget und durch ein Schreiben meine Anwesenheit und derselben Ursache SFG. eröffnet und umb eine geheime Andienz gebeten, als habe ich dieselbe alsobald bei SFG. in dero Zimmer erhalten, unterdessen aber hat es bei dem Hofgesinde überall das Ansehen und Prätext gehabt, ob wäre Ich von meinem gn. Fürsten und Herrn, Herzog Wilhelmen zu Braunschweig-Lüneburg[1]) an SFG. abgeschicket, in solchem Namen Ich daselbst auch gehalten.

Wie Ich aber zu SFG. ins Gemach kommen und die Diener abgetreten, haben SFG. angefangen und gesagt: Sie hätte aus dem ihr zukommen Schreiben meine Anwesenheit, auch die Ursache vorstanden; was Ich nun deswegen ferner vorzubringen, wollte sie gerne vornehmen.

Darauf habe ich diesergestalt angezeiget: SFG. würde sich gn. zu erinnern geruhen, dass vor diesem ihr mit mehrem von mir vorbracht, welchergestalt die KM. in Schweden vorscheidenlich vorkommen, dass SFG. vor andern Fürsten nicht allein mit besondern Tugenden und heroischen fürstlichen Qualitäten begabt, sondern auch SFG. hochgemelte KM. jedezeit in ihren militärischen Prozeduren, wie auch sonsten [hoch] und wert gehalten; welches dann [bei S]KM. eine gleichmässige Favor [und] Affektion zu SFG. dergestalt [verursacht?], dass IKM. SFG. [gern?] kennen, in nähere Verstandtnus [zu] derselben treten, auch da es Zeit [und] Gelegenheit leiden wollte, dieselbe auch wohl umb sich sehen und haben möchte. Zu solchem Effekt nun zu gelangen und damit auch SFG. umb so viel mehr höchstgedachter KM. gute Konzepten realiter zu verspüren und sich zu vorassekurieren haben möchte, hätte sie obhochgedachten ihren geheimen Rat mit Werbung an SFG. abgefertiget. Weiln derselbe aber in dem Herauskommen vormerket, dass wann er seinem habenden Befehl gemäss allhie bei SFG. in der Person sich instellete, solches ihr einen beschwerlichen Argwohn, ihme Herrn Gesandten aber nicht geringe Gefahr gebären und dadurch diese gute intentiones interrumpiert werden möchten, so hätte er mich dahin vermocht, welln vor diesen Ich mit SFG.

---

[1]) Zu Harburg.

dieser vornehmen Sache halber mehr kommuniziert, ihr diese ambasciata zu eröffnen; und stellete der Herr Abgesandter SFG. anheim, durch wen und an welchem Orte SFG. bequem, ihn hören zu lassen; wäre er alsdann erbietig, auf deswegen ihme vorbrachtes Kreditif das Seinige demselben zu exhibieren und was sein allergnädigster König ihme befohlen, demselben zu eröffnen. Interim täte er zu Hamburg subsistieren, SFG. Verordnung erwarten und gelebete der Zuvorsicht, sie würde diese seine Meinung aus angezogenen Bewegnussen sich gefallen lassen und selbsten gut befinden. Cum annexa oblatione et salutatione.

Daranf resolvierte sich SFG. solchergestalt, dass ihr lieb wäre, dass die KM. sie mit dieser Beschickung gewürdiget, und ob sie wohl den Gesandten (nach dem sie dann seiner Person und Qualitäten halber umständlich fragete) in der Person zu der KM. Respekt nicht allein, sondern auch sonsten vor sich selbsten gerne hören und in loco haben möchte, so sehe sie aber nicht, wie ohne sondere Gefahr solches geschehen könne, und wann sie deswegen bereits auf einer Jagt eine fügliche Anstaltnus tun könnte, würde [vor] dero Diener es schwerlich in ge[heim] bleiben, ohne dass auch ohne [Pass er?] nicht wohl zu ihr gelangen [könne?].

Derowegen wann es dem Herrn Gesandten [...] hätte SFG. es gerne gesehen, dass [...] mir dieselbe an ihr zu reportieren anvertrauet oder annoch anvertrauen würde.

Ich demonstrierte, wie ich dafür es erachtete, dass der Herr Abgesandter wegen hohen Respekts der KM. dieselbe also schlechts niemandt aufgeben könnte, auch mir dieselbe also auf- und anzunehmen nicht gebührete, sondern der Sachen Importanz, als beider hohen Personen atima erforderte, dass in geziemender Solennität SFG. jemandem in specie ausser meiner Person dazu Befehl aufgetragen würde, schlug auch modos et personam vor, wie es füglich geschehen könnte. Welches SFG. plaziert und von mir umb mehrer Geheimnus begehret, beikommendes Schreiben an den Herrn Abgesandten zu begreifen, darans derselbe grossgünstig zu ersehen, dass SFG. Cardl. Plato Gehien, Obersten und Landdrosten der Grafschaft Diepholz, dazu gebührlich legitimiert und befehligt; gestalt dann SFG. nach desselben getaner Relation sich fürstlich und wohl resolvieren und dero behuf gegen diese Pfingsten[1]) zu Zell anlangen werden.

---
[1]) Juni 9/19.

Aus allen Umständen aber habe ich gesehen und verspüret, dass SFG. diese ambasciata sehr wert und genehm gewesen und halte ich gänzlich und ohne allen Zweifel dafür, SFG. hätten den Herrn Abgesandten zu hören sich selbst in Person nacher Hamburg gerne erhoben, wann sie nicht die Beisorge getragen, dass sie als ein bekannter Fürst an dem Orte, daselbsten die Spionerei ohne das sehr praktikabel, bei dieser Sache wären ausgekundschaftet.

Nach solchem und wie man zur Tafel kommen, diskurrierte SFG. aber unvermerkt und per occasionem einer Nachfrage, was man von der KM. neues in Hamburg hätte, sehr viel und rühmlich von dero königlichen guten Kriegsmanieren und Prudenz, erwähnete auch, dass sie von dem Arnimb viel davon gehöret, auch d[er von ?] Varensbeck dieselbe oftmals et [qui]dem per comparationem sed dissimilium der KM. zu D[änemark] gerühmet.

Zu Abends und wie SFG. [mir ?] nicht erlassen wollte, nahme sie nach aufgehobener Tafel mich auf eine Seite in dem Gemach allein und redete daselbsten über eine Stunde von höchstgedachter KM., lobte ihre militärische Intentionen et Ita inter discursum trank sie eins mit dem voto IKM. Gesundheit, repetierte es auch andermals auf dero glückseligen Success mit gn. Begehren, ich solches unvermerkt unterm titul aller deren, die es mit dem evangelischen Wesen getreulich meinen, an andere zu vorbringen. In summa, in allen Manieren bezeigeten sie sich sehr affektuos, fragte auch gar fleissig nach, ob mir dann nicht wissend, was der kgl. Abgesandter in commissione und Werbung hätte. Ich berichtete, dass ich davon nichts vornommen, mutmassete aber, dass SKM., als welche SFG. heroisch Gemüt und denen, welche die Waffen liebten, wohlaffektioniert, würde dieselbe ohne Zweifel in ihren militärischen Expeditionen gerne um und bei sich haben wollen. Welches sie demonstrierte et verbis et gestu wie lieb ihr solches, wann sie mit guten Effekten nur zu Werke richten könnte, sein sollte; zeigete auch nochmals in gn. Vertrauen dabei an, dass Kursachsen darauf bedacht wäre, sie auch in Bestallung zu nehmen und möchte noch wohl eine Werbung bei derselben abgeben.

Ich remonstrierte wie solche Bestallung gute compatibilia wären und wie Kursachsen ohne eines auswärtigen Potentaten und in specie höchstgedachter KM. Assistenz nunmehr, da alle Mittel ans Händen gelassen, nicht aufkommen könnte, und wie füglich und bequem gemelte beide Potentaten [in] gute enge Vorständnus einer [den] andern, insonderheit nud vor[nehm]lich die KM. Kur-[sachsen] durch Mechelburg, Pommern [und] Schlesie succurieren, sublevieren und [rem] perditam mit solcher einmütigen Zusammensetzung restaurieren könnten. Deme SFG. dann gn. Gehör gaben und wohl astipulierten, und frageten und diskurrierten weitläuftig und viel, aber affektionierlich wohl von der KM. Intention und Vorhaben ihres durch gemeinen Geschrei erschollenen Zuges in Deutschland und argierte fast hierinnen sehr meine Beantwortung und Resolution. Ich, der von solcher vormeinten Impresen nichts wusste, auch in omnem eventum davon zu diskurrieren nicht gebührte, dennoch aber damit in soweit es sich tun lassen SFG. sekundierte, zuvorderst aber als ein geringster der KM. alleruntertänigster Diener hohen Respekt mich konformierte, zeigte ich an: da SKM. etwas wie das gemeine Geschrei und Fama fast geben wollte in desegno hätte, würde sie durch eine unbesonnene Temerität nicht kommen, sondern würde einig und allein (wie auch zu der Defension der Stadt Stralsunde) gleichsam gezwungen ihren Staat in salvo zu erhalten; demonstrierte dasselbe, wie die Ostsehe könnte unsicher gemacht, die Häfen von den Kaiserlichen wo nicht in kurzer Zeit, dennoch in Erfolg der Jahren okkupiert werden, und wie endlich die Kron Schweden durch zu langes Zusehen exemplo der deutschen Fürsten in die äusserste Not und Gefahr geraten könnte. Zu deme weiln die Kron Schweden mit Deutschland, insonderheit dem niedersächsischen Kreis und dessen Sehestädten eine gute Korrespondenz und stetige Kommerkation gehabt, könnte gemeltes Königreich ohne empfindliche Alteration oder Konkussion nicht sein, wann dieser niedersächsischer Kreis sowohl quoad politica als ecclesiastica nicht in seinem vorigen Stande gelassen und r[estit]uiert würde. Zu geschweigen deren höchstgedachter SKM. der deutschen Fürsten, Religions- und Blutsverwandter, was sich per discursum daraus für argumenta inführen liessen.

Weiln nun SFG. dies alles, was hinc inde unter uns in solchem gnädigem respective und untertänigem colloquio ingeführet wurde, selbsten rationibus stabilierten, binwider aber die Gegenprozesse höchlich et quidem diris improbierte, so habe ich solches dem Herrn Abgesandten zu dem Ende in die Relation allhie bringen wollen, damit daraus so viel mehr SFG. Gemüts Propension und Inklination gegen die KM. und ihre actiones vorspüren und an seinem hohen Ort hinwiderumb gebührlich hinterbringen möge. Und kann sich der Herr

Abgesandter hiebei gewisslich vorsichern, dass man allhie nicht allein subjectum tractabile, sondern auch denselben Herrn bei diesen Traktaten vor sich habe, der gegen höchstgedachte KM. vor sich selbsten et sponte sua ad quaevis officia nicht alleine prompt, sondern vielmehr gar begierig sei, inmassen ich dann wünschen möchte, dass der Herr Abgesandter selbsten in persona die ambasciata abzulegen nicht wäre gehindert, würde er alsdann selbsten solches in viel Wege verspüret und gesehen haben. Nur alleine ist zu bedauern, dass haec temporis injuria et difficultas SFG. gute Intention etwas schwer machen wird, deswegen sie dann mit mir sowohl in ihrem Gemache, als sonsten, absonderlich in der Tafelstuben,[1]) wie und mit welchen Effekten sie gegen höchstgedachte KM. sich dergestalt, damit sie auch demonstrationes und Realitäten von sich geben könne, inzulassen, und weiln davon viele in diesem und jenem Vorschlage vorgelaufen und SFG. deswegen ziemliche Instantien gemachet, habe ich mich endlich mit der Resolution davon entlegt, man hätte zuvor zu sehen und zu vornehmen, wie der Herr Abgesandter seine Proposition formieren würde und was er dieserwegen vorzubringen in Befehl hätte; alsdann könnte man die Gedanken auf was Gewisses formieren und richten.

Nun ist nicht ohne, dass wann SFG. der KM. alsobald aperto Marte bedient sein sollte, redet die Sache und leidige Zustand des lieben Deutschlands selbsten, dass solches zu dieser Zeit ohne äusserste SFG. Gefahr und fast besorglichen Ruin beider Fürstentumb Braunschweig und Lüneburg nicht wohl geschehen könne. Derowegen erachte ich, dass dem Werke und dem ganzen negotio tractandi zu gedeihlicher Erreichung des hierunter haftenden Intents ein Prätext, species aliqua, simulacrum et imago obtendiert werden müsse, und solches unvorgreiflich auf dieselbe Masse, dass höchstgemelter KM. SFG. wider alle dero und der Kron Schweden Feinden, welche sie itzo haben oder hinkünftig überkommen sollten, es wäre Polen, Reussen oder jemand andere benachbarte Potentaten, dienen wollte, jedoch solches mit Exzeption und Limitation des römischen Reichs und kaiserlicher Majestät; durch welche inserierte Klausul entginge SFG. itziger Zeit aller Gefahr und könnte unter solchem Prätext zu desto mehrem Nutz und Fortstellung der königlichen Intention sowohl per directum als vornemblich per indirectum öffentlich pro re nata maneggieren, in Ansehung, dass auf solche

---

[1]) Hier fehlt etwa: diskurriert.

Masse auswärtigen Potentaten zu dienen den deutschen Fürsten als eine Libertät in den Reichsabschieden ausdrücklich vorbehalten. Und ist und bleibet zwar an sich selbsten in unbeweglichem Fundament, dass wider den imperatorem ut imperatorem, hoc est talem se ex officio juxta imperii capitulationes gerentem nicht zu dienen sei. Aber damit unterdessen die KM. zu SFG. sich alles guten zu versehen haben, auch SFG. durch solche Limitation sich selbsten nicht zu sehr astringierten, könnte vielleichte ein diennliches Wort und phrasis hiezu gebraucht und gefunden werden, und müsste man unvorgreiflich solchen Prätext und clausulam also formieren: „dass SFG. wider die kaiserliche Majestät zu dienen nicht wolle vorpflichtet sein", und wäre nicht zu setzen: „dass sie wider die kaiserliche Majestät nicht dienen wollte". Dann „nicht dienen wollen" inkludiert praecisam obligationis necessitatem, aber „nicht wollen vorpflichtet sein" reservat liberum arbitrium et voluntatem, also dass wann er will, so kann er es tun etc.

Ob nun auch es auf die Wege gebracht werden könnte, dass SFG. die Bestallung ohne einige Restriktion und Limitation über sich nähme, und aber hingegen in dem Revers solche Limitation restringiere, solches wäre mit SFG. zu traktieren. Und damit dies vornehme, gemeinnützige Werk endlich ohne weiteren Vorzug seine gedeihliche Erledigung und Endschaft erreichen möge, so ermesse und befinde ich aus allen Umständen, dass es nur darauf beruhet, dass SFG. die Ehre begegne und von der KM. die Bestallung offeriert werde. Alsdann wird SFG. zu IKM. contento dieselbe an ihrem Orte vollenziehen und sonder Zweifel ihrem fürstlichen, aufrichtigen heroischen Gemüte gemäss nach dero Willen ihr dienen. Wann nun dies vornehme negotium endlich solchergestalt gedeihlich geschlossen werden möchte, sein daraus sowohl in praesenti als futuro vielfältige gemeinnützige commoda in infinitum zu gewarten, Dann alle consilia und actiones werden bei diesem fürstlichen Hause, dahin der ganze niedersächsische Kreis ein Auge und Respekt traget, zu der KM. miteinlaufender Intention allemal dirigiert werden, bevorab weiln Herzog Christians FG. als regierender Landesfürst zu dieses Werkes Vollenziehung sehr inkluiert. Beide Teile werden hierunter hohen Respekt und Ansehens haben: dann der KM. wird rühmlich sein einen solchen tapfern Fürsten zum Diener zu haben; SFG. ist wohlanständig und gleichergestalt rühm- und reputierlich, in eines solchen hochgelobten Potentaten

Beilage 13.

der Christenheit Favor, Dienst und Hulde zu stehen; und hat das Haus Lüneburg daran ein festes Stabilliment und fulcrum, die KM. aber wider alle Feinde allemal promptum exercitum und andere mehr der Kron Schweden erschiessliche Mittel zu Ihrem Gefallen; dazu dann dies Fürstentumb beqnemlich situiert, in Erwägung, dass aus diesem Fürstentumb bis nacher Lübeck nur [...] kleine Meile tragen, welche Distanz [ich] in effectu also konsideriere, gleich wären das Fürstentumb Lüneburg und die Reiche Schweden nicht weiter von [ein]ander entlegen, weilen die [...] von Lübeck keine sondere dis[...], und also nicht sonderlich ratio[ne distan]tiae loci in Konsideration zu [ziehen, zu ge]schweigen, dass die Kastelle [.... und] Winsen, auch die Stadt [Harburg?] mit mehreren lüneborgischen [...] an der Elbe gelegen [wo..?] man sich Imbarkieren und [über die?] Westsehe in das K[önigreich] füglich überschiffen mag.

Und sein dieses alles meines Ermessens nur minutiora, die potiora et praegnantiora commoda sein besser zu bedenken, als davon zu diskurrieren und wird progressus temporis dieselben zum Flor und Maturität bringen.

Hiebei aber muss ich meinem grossgünstigen Herrn Abgesandten schliesslich dies eröffnen, dass vor wenig Tagen, wie die sämtliche Herzogen zu Lüneburg Ihre Räte in wichtigen Sachen zusammengeordnet, post finitam consultationem mir von den fürstlich zellischen Anwesenden sed in anrem vortrauet, dass sich itzo Leut finden, die daran laborieren und vorsuchen, die KM. zu Dänemark und das Haus Lüneburg zu rekonziliieren. Ehe und bevor aber davon etwas zu Werke gesetzet werden möchte, sähe ich gerne, dass diese obgemelte Konjunktur zu seiner Erledigung und endlichem Schluss gebracht würde, dann wann ein solches Fondament erst geleget, wird sich viel Gutes darauf astruieren lassen.

Unterdessen habe ich diesen Verlauf und was meine Vorrichtung gewesen dem Herrn königlichen Abgesandten dienstfreundlich referieren sollen. Befehle damit die Sache zu seiner hochvernünftigen, aber zeitigen Direktion, mich in seine beharrliche Gewogenheit und vorbleibe

Euer Gestrengen dienstbereitwilliger Diener

Johan [Drebber.]

14.

1630 Juni 9 (19). Zelle.

Herzog Georg von Lüneburg an den König Gustav Adolf.

Hannover, Kal. 10. A. 305. — Abschrift.

Gleich wie wir EKW. wegen ihrer heroischen königlichen Intentionen und Qualitäten allemal hochgeschätzet, auch lieb und wert gehalten, also verobligieret uns desto mehr, dass sie in Erweisung gleicher Gegenaffektion uns mit der vornehmen ambasciatn ihres geheimen Rats Christoff Ludwig Raschen, Ritters, freundlich respektieren wollen, befinden auch ans dem mit sonder Dexterität beschehenen Anbringen und dahero uns anscheinender königlicher Partikolarfavor unsere hohe Schuldigkeit, ihr nicht allein in geziemender Gegengebühr zu korrespondieren, sondern unsere zu ihr allezeit gerichtete Gemütsmeinung reizet uns sie hierunter zu avanzieren. Ermessen auch selbsten und befinden bei itzigen hochgefährlichen Läuften, dass eine accessio und näher Konjunktur, die wir selbsten bei EKW. hoch expetieren, unserm fürstlichen Hause nicht weniger zu einem sonderen Stabiliment gereichen möge, als auch wir hingegen dasselbe, was ihro und dero Königreichen in allen Begebenheiten zu erspriesslichen Diensten gelangen mag, zu ihrer Wohlgefälligkeit zu leisten beflissen sein.

In particular aber unsere Person betreffend acceptieren wir nicht allein die aus EKW. wohlgeneigten Gemüte hergeflossene hohe Offerten, sondern bedanken uns auch, dass sie unsere Erklärung auf fernere Vorschläge und Veranlassung uns frei anheimb gestellet. Führen uns dabei zur Gedächtnus der EKW. vorlängst von uns eingelangten Resolution, inhärieren derselben nochmals und bitten dienstfreundlich, sie sich gegen uns eines rechtschaffenen aufrichtigen Gemüts und ihro ergebenen Affektion versicheren wolle; erklären und erbieten uns auch ferner hiemit dahin, EKW. militarische disegni, wo wir können und mögen, in allen Occasionen nicht allein tätig zu sekundieren, sondern auch zu unsers Gemüts mehrerer Demonstration mit persönlichen oder anderen angenehmen Diensten in vorfallenden Expeditionen ihr wirklich beizutreten. Vorstellen aber dabei zu EKW. hoher Diskretion und Gutachten, wie sie uns deswegen zu employieren gemeint. Dann ihro hierunter mit unseren Vorschlägen einige Mass zu geben, uns nicht geziemen will.

Beilage 14.

Weilen aber hierunter uns der jetziger hochleidige Übelstand des Deutschlandes in etwas im Wege lieget, und ans den selbstredenden Diffikultäten klärlich vor Augen, dass wir bei solcher Bewandtnus in itziger von EKW. vorgefassten gemeinnützigen impresa mit Zuführung einiger Armee, bevorab bei den allenthalben occupierten Pässen und gesperreten Werbungen, schwerlich zur Hand gehen oder aufkommen können, und mit unser blossen persönlichen Stellung oder Anzug ihro wenig gedienet, dieselbe auch ohne eine ihro zugeführte Soldateska uns vielmehr disreputierlich sein wollte: so stellen wir ihro anheim und bitten freundlich, sie in dieser ihr offerierten Dienstwärtigkeit bei hinkünftiger Kapitulation sich belleben lassen und zugeben wolle, dass wir desfalls das Reich und kaiserliche Mt. dergestalt, dass wir wider dieselbe zu dienen nicht sollen vorpflichtet sein, ausnehmen mögen, verbleiben wir alsdann in den Schranken der Reichskonstitutionen und können in mehrere gefügliche Wege ihren königlichen Intentionen mit desto fruchtbarer Succes in vielfältigen Manieren kooperieren.

Und wie wir solch Reservat ex dictamine der itzigen Läufte nur zu unsers fürstlichen Hauses und Angehörigen Sicherheit blosslich zu prätexieren gemeint, also geben es alle Umstände, dass wir wegen beharrenden und immer mehr und mehr geschärpften Pressuren und periklitierenden gemeinen Wesen EKW. auch in diesen Pass neben andern die deutsche Libertät liebenden Patrioten valorosement zu konjungieren altro möchten gedrungen werden. Sonsten im übrigen wollen wir unser obvorstandener gefassten Resolution gemäss beflissen sein, ihro zu dero Gefallen und guten Satisfaktion uns zu accomodieren. Dann EKW. vorspüret, uns liebe Favor dienstfreundlich zu fomentieren und wie hoch wir dieselbe stets apprezziert und in Achtung gehalten zu kontestieren, wünschen wir erfreuliche Occasionen dessen, wie auch unsers ihr zugewandten dienstwilligen Gemüts eine satte Probe vielmehr mit guten Effekten in den Werken als mit Worten von uns zu geben.

Wir erwarten EKW. beliebige Resolution, tun sie des Allerhöchsten Obacht, uns aber zu ihrer beharrlichen Benevolenz rekommandieren.

Datum Zell, den 3. Junii Anno. 63.

15.

[1630 Mitte Juli] Lager bei Stettin.

König Gustav Adolf an den Herzog Georg von Lüneburg.

Hannover, Kal. 16. A. 805. — Ausfertigung.

Was ELbd. sich gegen uns auf unsers Abgesandten Ludwieg Raschens Anbringen freundlich erklären wollen, haben wir aus deroselben Schreiben vom 9. Junii verstanden. Und wie wir daraus ELbd. sonderbaren Eifer und mit uns zu gemeiner Wohlfahrt einstimmige Intentionen, dannenhero auch uns anscheinende Partikulier-Affektion mit mehrem gespüret, also haben wir daher Ursach genommen, unsere bei diesem leidigen Übelstand des Deutschlandes und grassierender allgemeiner Schlafsucht fast erstorbene Hoffnung umb so viel mehrers zu erwecken, als wir gesehen, dass ein so hohes Haus auf die Gedanken gefallen, sich noben andern der deutschen Libertät liebhabenden Patrioten uns valerosement zu konjungieren, der Eifer auch dessen vornehmb Glied ELbd. so erwältiget, dass dieselbe unsern Intentionen zu kooperieren uns mit persönlichen Diensten beizutreten entschlossen.

Ermessen ohnschwer, was sowohl durch die gedachte von uns oftmaln erwünschete Konjunktur gemeiner Wohlfahrt, als durch den Access ELbd. hochansehnlichen Person unsern Partikulier-Sachen allhier zugehen sollte, und dass derselbe nit weniger ein ansehnlicher Zusatz unserer Armee, als jene ein Stabillment gemeiner und unser beederseits Landen Sicherheit sein würde.

Wollten wünschen, dass wir solche gemeinnützige Konjunktur allbereit sowohl ins Werk gesetzt sehen möchten, als wir ELbd. fürstlichen Hauses hierzu Inclination, sonderlich aber ELbd. eigene Affektion gegen uns, und dass sie uns mit ihrer hochansehnlichen Dienstwärtigkeit zu ehren gemeint, zu hochfreundlichen Dank annehmen, erbieten uns ELbd. hinwiederumb bei allen Begebenheiten mit sotaniger Gegenbezeigung zu begegnen, dass dieselbe unser geziemenden Erkenntnus und zugewendten Gemüts Dokument klarlich darbei abzunehmen.

Nachdemmale aber die Bewandtnus des Deutschlandes dieser Zeit viel anders, als dass sie ELbd. verstatte dero heroische Tugenden unter unsern militarischen Übungen allhier zu verschliessen, sondern dieselben in allweg höhern Affairen reserviert zu haben scheinet, wird uns schwerlich geziemen gemeiner Wohlfahrt hierunter zu präjudizieren und deroselben ELbd. Person zu entziehen, sonderlich da auch ELbd. in partikulier daher kein Vorteil anwachsen, noch ihrem derzeit hochbedrücktem Haus Leichterung zustehen sollte. Da wir doch hingegen leichtlich erachten, was gemeiner Wohlfahrt und ELbd. eigenem Hause für unschätzlicher Nutzen zuwachsen würde, da ELbd. uns vor fernern assistieren und ihre und ihrem Haus von Gott vorliebeno Mittel employieren wollten. Haben also ELbd. hohen Veranlassung nochmaln anheimb stellen sollen, ob deroselben beliebet, ihr gemeinem Nutzen und uns ergebene Gemütsneigung zu diesen mehr erspriesslichen Gedanken zu richten und auf Mittel zu gedenken, wie sie gegenwärtigen Zustand, da der grassatorum vires aller Orten distrahiert, die Geld- und contributionis Mittel erschöpft, die Gemüter abalieniert und fast gar zur Desperation gebracht, eine Armee auf die Bein bringen und uns damit kooperieren wollten, zweifeln nit, dass solches von ELbd. gar wohl geschehen könne, in Anmerkung ihres bei Freunden und Feinden habenden Respekts, ihres Hauses ansehenlicher Mittel, der Bedrückten Assistenz und sonderlich deren bei den Städten Braunschweig und Lüneburg zu werben ereignenden guten Gelegenheit, welche so ELbd. ihrer hohen Diskretion nach wohl menagieren sollte, Mittel gnug, eine Armee unter der Hand zu formieren, und also sowohl gemeinen notleidenden Wesen unter die Arm zu greifen, als ihre eigne Landen aus dem verderblichen Bedrück zu reissen, und sonderlich aber ELbd. unstreitig höchstpericlitierend Recht an Braunschweig wider ihre Aufsätzige zu manutenieren, geben sollte. Und wir wollten auf solchen Fall ELbd. christ- und löblich Intention nit allein mit unser Favor sekundieren, sondern auch unsere Waffen, die wir im wenigsten nit wider das römische Reich oder einigen dossen rechtmässigen Stand, sondern viel mehr dessen Turbatoren und gemeiner Reiche Zerstörer führen, partizipieren und uns ELbd. an die Hand zu gehen möglichst angelegen sein lassen. So wir ELbd. zu freundlichen Nachsinnen widerantwortlich anfügen sollen, und tun dieselbe des Allerhöchsten heilwertigen Schutz zu allem Wohlstand ganz treulich empfehlen.

Geben aus unserm Feldlager bei Alten Stettin.

16.
1630 Okt. 26 (Nov. 5) Stralsund.

Schwedisches Patent für den Herzog Georg von Lüneburg.

Hannover, Kal. 16. A. 305. — Ausfertigung. — v. d. Decken I. No. 79.

König Gustav Adolf bestellt den Herzog zu seinen Diensten in Anwartung.

17.
1631 Febr. 14 (24) Lager bei Demmin.

König Gustav Adolf an Herzog Christian von Zelle.

Hannover, Zelle 11. 92. — Ausfertigung. — praes. Zelle, den 11. (21.) Juli 1631.

Kreditif für den Staatssekretär und Legaten Johann Salvius.

18.
1631 April 21 (Mai 1) Zelle.

Revers des Herzogs Georg von Lüneburg auf die schwedische Bestallung vom 26. Okt. (5. Nov.) 1630.

Hannover, Kal. 16. A. 305. — Entwurf. — v. d. Decken I. No. 60.

19.
1631 Mai 21 (31) Lager bei Spandau.

König Gustav Adolf an die Stände des niedersächsischen Kreises.

Hannover, Zelle 11. 92. — Abschrift.

Kreditif für den Hofrat und Legaten Johann Salvius.

20.
1631 Juli 10 (20) Harburg.

Herzog Wilhelm von Harburg an König Gustav Adolf.

Hannover, Zelle 71. 40 No. 6. — Entwurf.

Wie EKW. hoher Nachruhmb nunmehr gleichsam in der ganzen Welt hochpreisslich erschollen, also wissen wir und sein gesichert, dass dero königliche Armatur dem notleidendem evangelischen Wesen zu EKW. unsterblichem Lobe heilsam und gemeinnützig sei. Dahero reizet uns unsere ohne das gegen sie

tragende ungefärbte Liebe und Affektion, sie wegen ihres durch
des Allerhöchsten Beiwohnung und dero tapfere Waffen erlangeten
obsieglichen Successus treumeinend zu gratulieren, mit inniglichem
Wunsch, des obersten Kriegesfürsten mächtige Hand EKW.
heroischen Intentionen in allem nach derselben eigenem voto obsieglichen also sekundieren wolle, damit der allgemeiner zerrütteter
Übelstand des gemeinen Wesens darunter heilsamlich restauriert
werden möge. Bitten aber dabei dienstfreundlich, da bei dieser
Ihrer königlichen Krieges-Expedition und fernern vorhoffetem
Progress sie mit ihrer Armee unsern Ort Fürstentumbs berühren
würde, sie uns in dero königlichen Favor komplektieren und wider
dieselbe Beschwerden, welche die Kriegeslast nach sich führet,
wohlgewogenlich befreien wolle, damit wir endlich durch EKW.
dermalen unter so vielfältigen ausgestandenen Pressuren eluktieren
mögen. Wir versichern dieselbe, dass sie uns hinwiederumb zu
allem, was ihr lieb und uns möglich, nach ihren geneigten Willen
uns ganz willfährig und bereit haben sollo. Damit wir etc.
Datum Harburg, den 10. Julii Anno 1631.

21.
1631 Juli 12 (22) Werben.
König Gustav Adolf an Herzog Christian von Lüneburg.
Hannover, Zelle 11. 92. — Ausfertigung. — Vaterländ. Archiv
1826. II. S. 9. — Auszug.

Es ist unnötig, ELbd. vorzuhalten, warum wir unsere Waffen
so tief nach Deutschland geführt haben: die äusserste Not des
evangelischen Wesens und der deutschen Freiheit sind der Anlass.
Wir zweifeln nicht ELbd. werden diese Gelegenheit nicht ausser
Acht lassen, dem gemeinen Wesen die hilfreiche Hand bieten, uns
unter die Arme greifen und in ihren angrenzenden Ländern einen
Teil der Last tragen helfen. Wir geben deshalb ELbd. an die Hand,
Kommissare cum pleno zu uns abzufertigen.

22.
1631 Juli 16 (26) Zelle.
Herzog Christian von Zelle an König Gustav Adolf.
Hannover, Zelle 11. 84a. — Entwurf.

EKW. geben wir hiemit freundlich zu erkennen, dass
wir von unsern Untertanen und Eingesessenen unsers Fleckens

Schnackenburg berichtet [werden], welchergestalt EKW. mit teils dero Armee sich unserm Fürstentumb genähert, dahero Supplikanten sich besorgen, dass von der abstreifenden Soldateska sie angriffen und sowohl an ihrem Korn als Vieh und Pferden benommen werden möchten. Wie wir uns nun versichert wissen, dass EKW. und dero sieghaften Armee glückliche Ankunft dieser Orter vielmehr zu Rettung unser und anderer bedrängter evangelischen Fürsten und Stände und dero Mitglaubensgenossen, als zu deren Oppression und Unterdrückung angesehen und gemeinet, also zweifeln wir gar nicht, wollen auch zugleich darumb freundlich gebeten haben, EKW. werden und wollen geruhen bei dero königlichen Kriegsobristen und anderen Offizierern und Befohlhabern eine solche Anstalt und Verordnung zu tun, dass unser ohne das erschöpftes Fürstentumb so viel immer möglich mit Durchzügen verschonet, die Abnahm- und Wegtreibung des Viches und andere Hostilitäten gänzlich eingestellet und abgewendet, auch itzigen Supplikanten, die ohne das durch vorige Kriegspressuren zu armen Leuten gemachet, die gebetene salva guardia erteilet werden möge. Daran erweisen EKW. uns eine besondere hohe und grosse Favor, so umb sie freundlich, nach unserm Vermögen, zu beschulden wir ganz willig und bereit sind.

Datum uf unser Festung-Zell, den 16. Julii Anno 1631.

23.
1631 Juli 17 (27) Zelle.

Herzog Christian von Zelle an König Gustav Adolf.

Hannover, Zelle 11. 93a. — Entwurf.

Kreditif für die geheimen Räte Christoph v. Bodenteich und Georg Hilmar v. d. Wense.

24.
1631 Juli 18 (28) Zelle.

Instruktion des Herzogs Christian von Zelle für Christoph von Bodenteich und Georg Hilmar v. d. Wense, Abgesandte zu König Gustav Adolf.

Hannover, Zelle 11. 92. - Ausfertigung. — z. T. Auszug.

Sollen sich in das Hauptquartier verfügen und in der Audienz danken „dass IKW. uns ohnlängst mit dero königlicher Legation" gewürdigt; wir hätten Salvius gehört und uns so resolviert, dass wir hoften, der König werde damit zufrieden sein; Salvius wird inzwischen referiert haben.

Nachdem wir Bericht erhalten, dass der König sich unsern Grenzen etwas genähert, hätten wir diese unsere Absendung für nötig erachtet und das um so mehr, als wir, während wir im Werk gewesen sie zu expedieren, IKW. Schreiben dd. Werben Juli 12 (22) erhalten hätten.

„Als dann IKW. zu mehrmale für der ganzen Welt kontestieret, wohin sie mit dieser ihrer Armatur und Kriegsverfassung zielen täten, und dass die nicht zu Unterdrück- und Beleidigung einiges ohnschuldigen, zumal evangelischen Fürsten oder Standes des heiligen römischen Reichs, sondern vielmehr zu Hilf und Rettung des notleidenden evangelischen Wesens, Restitution und Wiederaufrichtung dero entwehrten oder bedrängten verwandten Fürsten und Glaubensgenossen, auch deutschen Libertät angesehen und gemeinet, welche Erklärung IKW. auch in dero letzvermeltem jüngsten an uns abgegangenem Schreiben wiederholet, so zweifelten wir gar nicht, IKW. auch gegen uns als einen dero glaubens- und blutsverwandten evangelischen Fürsten ebenergestalt würden gesinnet und dahero mit nichten gemeinet sein, uns oder unsere Land und Leute durch dero Armee in weiteren Schaden, Nachteil und Verderb zu setzen, sondern vielmehr aus den bishero erlittenen und annoch kontinnierenden Pressuren und Drangsalen mächtig zu erretten und dero befreien zu helfen."

„Hierumb wir dann inständig und fleissig bitten täten, IKW. unsern und unser durch das langwierige Kriegswesen erschöpfter armer Untertanen bekümmerlichen Zustand, und dass sie durch Raub und Brand, vielfältige Durch- und Überzüge, exactiones und andere Pressuren allbereit ins äusserste Verderben gesetzet, mitleidentlich in königlichen Gnaden erwägen und wo immer möglich mit weiter An- und Durchführung dero königlichen Armee unserer und gemelter unser Land und Leute zu verschonen geruhen wollten. Da aber je über Zuversicht solche Verschonung unser Landen nicht zu erhalten, sondern dieselbe von der königlichen Armee berühret, oder auch der Pass durch unsere Lande dem königlichen Volke verstattet werden müsste, uf solchen ohnverhofften Fall hätten wir höchlich zu bitten, IKW. unsern armen Untertanen zu Trost und Erleichterung die erspriessliche Verordnung zu tun Ihro belieben lassen wollte, dass bei der An- und Durchführung des königlichen

Kriegsvolks gute Ordre und Disziplin gehalten, die Stilllager und Ruhetage so viel immer möglich eingezogen oder vielmehr gar nachblieben, die Soldateska mit demjenigen, was an Proviant und Fourage vermittelst Anordnung unser darzu deputierter Kommissarien bei unsern erarmten Untertanen zu wege gebracht und beigeschaffet werden könnte, sich kontentieren und vorlieb nehmen, alle excursiones, Beraub- und Benehmung unser Untertanen gänzlich abgestellet und verhütet, unsere fürstliche Ambt- und Vogteihäuser, Vorwerke, auch Stifter, Klöster und adeliche Sitze gänzlich von aller Einquartierung und vielmehr Direptionen befreiet, und darüber auf den Notfall königliche schrift- oder lebendige Salvaguardien erteilet und sonsten so viel immer tunlich aller Schade und Verderben von unsern Landen und Leuten abgewendet werden möchte."

„Dagegen wären wir erbötig IKW. nach unserm itzo erschöpften Vermögen alle angenehme Dienste und willfährige Bezeigung widerfahren zu lassen und im Werke zu kontestieren, dass wir die Wohlfahrt des gemeinen evangelischen Wesens uns getreulich mit angelegen sein lassen wollten."

Die Gesandten sollen ferner alles in Obacht nehmen, was zur Abwendung alles zu besorgenden Schadens dienen kann.

Signatum Zell den 18. Julii anno 1631.

25.

s. d. [nach 1631 Juli 23 (Aug. 2).]

Bericht der zellischen Gesandten v. Bodenteich und v. d. Wense über ihre Verrichtung bei Gustav Adolf zu Werben.

Hannover, Zelle 11. 92. — Ausfertigung. — z. T. Auszug.

Am 18. (28.) Juli sind wir abgefertigt worden und am 21. (31.) Juli in Werben angelangt; in der Audienz am 23. Juli (2. Aug.) antwortet der König auf unsere Proposition folgendes:

„IM. hätten dieses Werk zu Diensten des evangelischen Wesens, wie sie das mit Gott bezeugen könnten, dann auch zu Verassekurierung ihres eigenen status angefangen, sie hätten sonsten mit uns nichts zu tunde, weilen aber der Kaiser sie hostiliter aggrediert und solches die Reichstände ihme nicht verbieten können noch wollen, so müssten es IM. dahin anstellen, dass sie es ihme selbst verbieten künnten, bis so lange die Reichsstände IKM. gnugsamb verassekurierten, dass sie und ihre königliche Krone vom Kaiser gefreiet sein und bleiben künnten. Was sonsten die Verschonung unsers gnädigsten Fürsten und Herren Land und Leute, auch auf allen Fall zu haltende gute Ordre beträfe, möchten IM. von Herzen wünschen, dass alle Disorbitantien dergestalt künnten verhütet bleiben, wie mans gerne sähe, es wäre aber an deme, dass unter ihrer Armada gleichsamb eine Konfluenz allerhand Volks, welche allemal so eben in Zaum nicht künnten gehalten werden, angesehen die Wahrheit zu sagen, sie nicht sonderlichen gezahlet würden. Dabei dann bekannt, quod famelicus exercitus non posset observare ordinem. Die Offizierer stünden alle dar gegenwärtig und wüssten, dass IM. an IFG. Landen sich nicht zu vergreifen öffentlichen ausblasen lassen, auch allemal gute Ordre zu halten ernstlichen befohlen. Sie künnten aber im Grunde IFG. auf gute Ordre nicht vertrösten, wir möchten die anwesende Offizierer selbsten ansprechen, das wären unsere Anverwandte und Landsleute. Wann sie jebe Ursache, gute Ordre zu halten, hätten, so wären sie darzu in des Kurfürsten Landen vielmehr verobligieret, angesehen IKD. zu Brandenburg ihnen mit naher Blutsfreundschaft verwandt; dennoch künnte die Ordre allemal so eigentlichen nicht gehalten worden."

„Was sonsten betreffe, dass wir uns auf Relation des Salvii boriefen, wäre selbige annoch IM. nicht zukommen; wollten dennoch deshalber mündlichen mit uns reden lassen, damit sie den Inhalt des negotii vernehmen künnten."

„Ob wir nun wohl replizieret, massen von EFG. wir instruieret worden, so sein dennoch IM. nicht weiter gangen, sondern ohne einzige Danksagung oder oblati Acceptierung nur gesagt: sie wüsten selbesten nicht, wor der Feind sie hinbringen möchte, jebe weiter sie uns blieben, jebe besser es für uns und jebe angenehmer sie uns sein würden. Erteileten darauf uns gnädigsten Abscheid, und begehreten an uns IM. Freundschaft unserm gnädigsten Fürsten und Herrn hinwiederumb zu vermelden."

Christof von Badendick m. p.
Georg Hillmer von der Wensse m. p.

26.
1631 Juli 29 (Aug. 8) Lager bei Werben.
König Gustav Adolf an Herzog Wilhelm von Harburg.

Hannover, Zelle 71. 40. No. 8. — Ausfertigung. — praes. Harburg
1632 Aug. 3 (13).

ELbd. angenehmes Grussbrieflein von dem 10. dieses, darin ELbd. in gegenwärtiger Kriegsexpedition uns wegen der bishero von dem Allerhöchsten verliehenen glücklichen Successen freundlichst gratulieren, und forner zu unsern dem notleidenden evangclischen Wesen zum Besten ergriffene Waffen Glück und gedeihlichen Success treulich anwünschen, haben wir allhie zurechte empfangen, und daraus ELbd. besondere Affektion sowohl gegen uns als allgemeinen Wesens Wohlstand gnugsamb vernommen. Wie uns nun dasselb zu freund-, oheimb- und schwägerlichen danknehmigen Gefallen gereichet, als wollen sich ELbd. hinwieder aller freund-, oheimb- und schwägerlicher Bezeigung, auch beständigen Favors gegen des allgemeinen notleidenden evangelischen Staats Wiederbringung unserseits vorsichert halten und nit zweifeln, dass wir bei fernerm Progress und Avancierung unser Waffen ELbd. Lande und Untertanen uns nach Möglichkeit rekommandieret sein lassen, und uns gegen dieselbe gestalten Sachon nach in der Tat also erweisen werden, dass ELbd. dero zu uns gesetzten gutem Vertrauen nach unsere beständige Affektion und Freundschaft umb so viel mehr daraus zu verspüron haben mögen. Worauf sich ELbd. freund-, oheimb- und schwägerlich gegen uns zu verlassen, dieselbe wir etc.

Datum in unserm Feldlager bei Werben den 29. Julii Anno 1631.

27.
1631 Juli 29 (Aug. 8) Herzberg.
Herzog Georg von Lüneburg an König Gustav Adolf.

Stockholm. German. Lüneburg. Eigenhändige Ausfertigung.

Durchlauchtigester Grosmechtigester Kunig. Enehr Kun. Würdten hochangenehemes handtbrifflen habe Ich aus handten Enehr Kun. würden bestalten Obristen Leutenambts Fridterich von Marretich[1]) woll Eudifangen, darbeneben so woll aus mündt-

---
1) Vgl. Arkiv L No. 841.

lichen an- vndt vorbringen also auch ans vnbedenklichen vorzoyge
der haubt Instruction Euebr Kun. würdten meinung aller genuge
vorstandten; vndt sollte miehr nuehn Ihn meinem hertzen nichtes
angenemers Sein, alsso Euebr Kun. Würdten hoch Rhumblichen
Intention midt meinem wenigen dinsten zu Assistiren, ja Euebr
Kun. Würdten Eigenen Wordt nach midt handt anzuschlagen; wann
Ich aber dem werck ja Edtwas tiffer nachgesonnen, auch die
Conditiones vndt vorgeschlagene mittelwege, wardurch Euebr Kun.
Würdten Ihre Lobwürdige Intention zu extendiren vormeinen Er-
wege, So befindte Ich dieselben alsso beschaffen, das Ich wedter
zum Ahnfange, weniger zum gedteiligen progres, noch zur Zeidt
occasion absehe. Vndt weill das principal Negotium bei dem
hogebornen Vnseren fr. Liben bruder L. mus benor fundamental
gemacht, auch dergestaldt gegrundtedt werdten, das Sicherlich
darauff zu bauwen, Also werdte Ich nicht vnterlassen midt Ihr L.
hiraus, wo Immer mügelich wegen vilfeldtigen durchmarschirenten
Krigesvolckes, perschonlich zu communiciren, auch ferner nach
vermugen das werck zu disponiren helffen, darmidt Euebr Kun.
Würdten midt einer vormugendten resolution begnad[ige]t werdte.
Vnterdessen wollen Euebr Kun. Würdten dero abgefertigdten
Oberisten Leudtenambt nich[t] allein genedtig horen, beschonder
Ihn allen, was Ich der Zeidt nach midt Ihm abgerehdt vndt vor-
abscheidten konnen, hinwidter vollen gelauben beimessen, vndt
Mich Ihn Dero Kunichligen affection beshollen Shein lassen.

Datum Hertzberg den 29. Julij Anno 1631.

Euebr Kungl. Würdten Dienstwilliger vnd getreuwer Ohim

Georgius, H. z. B. vndt Lüneburgk m. p.

28.

1631 Aug. 4 (14) Dannenberg.

Herzog Ernst Julius von Dannenberg an König Gustav Adolf.

Vaterländ. Archiv 1829. II. 115.

Beschwerde über die Plünderungen und Räbereien der schwedischen Soldateska und Bitte um Abstellung.

29.
1631 Sept. 17 (27) Halle a. Saale.
König Gustav Adolf an Herzog Friedrich Ulrich von Wolfenbüttel.

Wolfenb. 30 jähr. Krieg III. 1. — Ausfertigung.

Kreditif für den Geheimrat und Staatssekretär Johann Salvius.

30.
1631 Sept. 26 (Okt. 6) Zelle.
Herzog Christian von Zelle an König Gustav Adolf (m. m. an Kursachsen).

Hannover, Zelle 11. 93a. Entwurf.

Kreditif für Johann Eberhard v. Steding, Hofmeister des Herzogs Georg.

31.
1631 Sept. 26 (Okt. 6) Zelle.
Instruktion des Herzogs Christian von Zelle für Joh. Eberhard von Steding an Gustav Adolf und an Kursachsen.

Hannover, Zelle 11. 93a. Entwurf. — Auszug.

Steding soll sich zunächst zum Könige begeben und ihm zu dem Siege bei Breitenfeld die Glückwünsche des Herzogs aussprechen. Ferner soll er berichten, dass die jenseits der Elbe liegende Soldateska fast täglich in die Ämter Bleckede, Garz u. s. w. einfiele und den Untertanen, die sich in Busch und Braken verbergen müssten, viel Schaden zufügten; der Kommandant in Lauenburg, Oberst Daniel de Battallie hätte sich des Passes bei Lüdershausen bemächtigt und wollte die Untertanen mit Kontribution belegen, auch unser Vorwerk daselbst und andere Gebäude niederreissen lassen. Der Herzog sei bereit, soweit es der durch den langen Krieg erschöpfte Zustand seines Landes zuliesse, alles zu Diensten des Königs und des evangelischen Wesens zu tun, stünde deshalb auch bereits mit dem Kommandanten in Werben in Unterhandlungen über die Kontribution; aber einem jeden absonderlich Kontribution zu bewilligen, sei nicht seines Vermögens; der König möchte deshalb Verordnung tun, dass eine erträgliche Zulage an einem bestimmten Ort monatlich angenommen werde, dagegen die Exkursionen und Partikular-Kollektionen eingestellt werden.

Ferner soll er sich zu Kursachsen begeben und ihm ebenfalls zu dem Siege bei Breitenfeld beglückwünschen; ihn auch bitten, die lüneburgischen Länder dem Könige aufs beste zu rekommandieren, damit sie von dem Kriegsvolke verschont werden.

32.
1631 Okt. 10 (20) Würzburg.
König Gustav Adolf an Herzog Christian von Zelle.
Hannover, Zelle 11. 99. — Ausfertigung. — praes. Zelle 1631 Okt. 22 (Nov. 1).

Rekreditif für Johann Eberhard v. Steding.

33.
1631 Okt. 12 (22) Schweinfurt.
Johann Eberhard von Steding an den zellischen Statthalter Julius von Bülow.
Hannover, Zelle 11. 92. — Eigenhändig. — z. T. Auszug.

Auf Befehl des Herzogs Christian bin ich mit Instruktion zum Könige gereist, den ich aber erst im Stift Würzburg getroffen habe, auch habe ich wegen einer Audienz bis nach der Eroberung der Festung warten müssen. „Nachgehends aber ich nicht allein gnädigst gehört, sondern schleunig expediert worden; und mit kurzem haben sich IM. bedanket des zuentbotenen Grusses und wegen Gratulation der Victori, haben auch ungern vernommen, dass der Obrist Battalgi wider Ordre und einziges Befehl dem Fürstentumb Lüneburg beschwerlich gewesen, mit Andeuten, da von Importanz was vorübet, soll man kecklich zur Liquidation bringen, soll deswegen Satisfaktion IFG. gemacht werden, mit weiterm."

„Im Hauptwerke haben sie ganz gern vernommen, dass nunmehr das Haus Lüneburg geresolviret dem allgemeinen evangelischen Wesen nach Vermögen des verderbten Landes Assistenz zu tun und dergestalt, da IFG. zur Realität der Werbungen sobald nicht gelangen können, dass sie dann nach Möglichkeit monatlich

IM. zu Hilf springen und also ihre Devotion dem evangelischen Wesen realiter demonstrieren wollen; alles nach überschickter Instruktion weitläuftiger."

„IM. haben hierbei sich ferner vernehmen lassen, dass es unmöglich mehr sein könne, still zu sitzen; sie müssten versichert sein, dass die Lande vom Feind expurgiert und auf allen Fall zur Retirada könnten gebrauchet werden; man müsste in den sauern Apfel beissen, es käme ihr selber und nicht IM. zum Besten; sollt IM. alle Spesen allein anwenden, möchte darnach ein beschwerlich facit den Häusern gemacht werden, und was der Rationen unzählich viel mehr. Jedoch hätten IM. ihrem legato Salvio in hoc negotio allbereit Plenipotenz gegeben zu traktieren, dem müsste nachgangen und gelebet werden."

„Wie ich alles umbständlich nun nicht habe schreiben können wegen Unvermutlichkeit, dass ich von hieraus mit meinem Herrn[1]) habe wieder zurückreisen müssen, als will bei meiner Wiederkunft weitläuftiger andeuten. Weil der Herr Vater nun siehet, was IM. Meinunge, als werden wir wohl mehr Information, weil mein Herr selbst heut nach dem Könige reiset, mitbringen."

„Ich tue derowegen das Rekreditif hiemit übersenden, weil mir gewisse Gelegenheit bis Harzburg vorgefallen, damit sie die Nachricht daraus zu ersehen."

„Gegeben in der Reichstadt Schweinfurt, den 12. Octobris Anno 1631."

PS. „Ihre kurfürstliche Durchlaucht in Sachsen habe ich, weil sie in Schlesien gezogen, nicht folgen können."

34.
1631 Okt. 12 (22) Zelle.
Herzog Christian von Zelle an König Gustav Adolf.
Hannover, Zelle 11, 113a. — Entwurf.

EKW. können wir hiemit ohnumbgänglich nicht verhalten, welchergestalt der Obrister [Du] Meny, so zur Lauenburg an der Elbe sein Quartier hat, unterm Fürwand EKW. habender Ordinanz sich unterstehet nicht allein unsere Stadt Lüneburg, sondern auch andere unsere Untertanen mit Kontribution seines Gefallens zu

---
[1]) Herzog Georg von Lüneburg.

belegen; insonderheit aber die aus gemelter unser Stadt Lüneburg nacher Lübeck und Hamburg gehende mit Salz beladene Schiffe zu bemelter Stadt empfindlichen schweren Nachteil, auch merklicher hochschädlicher Hinder- und Sperrung der Kommerzien zu besagtem Lauenburg auf- und anzuhalten. Ohngeachtet nun wir an ihne gelangen lassen, dass mit EKW. in Werben loslerenden Kommandanten wir der Kontribution halber uns eingelassen und dass uns und unsern Untertanen ganz beschwerlich fallen wollte, mit unterschiedlichen Offizierern in particulari der Kontribution halber zu handlen; inmassen wir dann auch berichtet worden, dass von EKW. gedachter Obrister Du Meny nicht, sondern der Kommendant zu Werben der Kontribution halber mit uns zu traktieren Ordre haben solle: So hat er doch von seinem Intent sich nicht wollen wendig machen lassen, sondern darauf steif beharret und nicht allein die Schiff nach wie vor angehalten, sondern auch den Unserigen sowohl mit anbedroheter Abnahm ihres noch übrigen wenigen Viehes und andern geringen Vorrats, als auch Auffangung unserer eignen Beampten und Diener die Kontribution abzupressen sich unterstehen dürfen.

Wir haben zwar nicht unterlassen EKW. bestelltem Generaln über die Kavallerie Herrn Achatio Totten solches schriftlich zu erkennen zu geben und umb Remedierung anzusuchen, es hat aber derselb mit Vermeldung, dass mehrbesagter Obrister Du Meny nicht gemustert, auch seinen des Generaln Kommendo nicht parieret und er der General dahero Bedenken trüge, ihme deswegen etwas zu befehlen, an EKW. uns verwiesen, wie Kopia seines Schreibens ausweiset.

Wann aber EKW. wir gänzlich aus Handen zu geben oder uns zu entziehen nicht gemeinet, sondern zu Unterhaltung dero Soldateska, so viel unseren durch die langwierige Kriegspressuren ausgemergelten Land und Leuten erträglich, gerne dabei tuen wollen, gleichwohl die Partikular exactiones, so der eine bald hie bald dort den Unserigen zumutet, uns zu schwer und unerträglich fallen wollen: Hierumb gelangt an EKW. unsere freundliche Bitte, sie wollen ihro gewogentlich belieben und gefallen lassen, angedeute particulares exactiones abstellen zu lassen. Und dafern wegen unsers ganzen Fürstentumbs eine solche leidliche Anstalt gemachet, dass es zu ertragen und darob unsere arme Untertanen in etwas Erleichterung empfinden mögen, seind wir geneigt und willig uns also zu bezeigen, dass EKW. verhoffentlich mit uns werden friedlich sein, und unser deroselben zu dienen ganz begierig- und williges Gemüt verspüren können. EKW. erweisen daran uns und unserm ganzen fürstlichen Hause eine hohe besondere Gunst und Favor und umb EKW. seind wir es etc. Datum uf unser Festung Zell, 12. Octobris 1631.

35.
1631 Okt. 14 (24) Braunschweig.
Herzog Friedrich Ulrich von Wolfenbüttel an König Gustav Adolf.
Wolfenb. 80. Jahr. Krieg. III. 1. — Entwurf.

Wir seind jederzeit begierig gewesen mit EKW. und Lbd. der nahen Anverwandtnus nach freundvetterliche Korrespondenz zu pflegen, uns auch zu solchem End bei deroselben vorlängst anzumelden. Uns hat aber das vorgangenes Kriegsunwesen für andern evangelischen Kur-, Fürsten und Ständen des heiligen römischen Reichs so hart betroffen, dass unsere Fürstentumbe und Lande und darin belegene feste Plätze, sogar auch unsere uralte fürstliche Residenz mit fremdden Kriegsvolk nun etliche Jahr hero gar stark belegt, dieselbe grossenteils dismembriert und wir in einem so kümmerlichen Zustand begriffen gewesen, dass wir keine freie Hand gehabt, ohne sonderbare Suspizion und Gefahr unserer von gemelter Soldatesska durch Einquartierung, Durchzüge, Verpflegung und andere Kriegsbeschwerlichkeiten auf viel Millionen Geldes allbereit erschöpften Land und Leute uns umb dasjenige, so uns und denselben zur Konservation, Ruhe, Aufnahme und Besten ersprienssen möge, zu bemühen, sondern haben alles über uns ergehen und der Geduld und Zeit befehlen, uns gleich inklavieren und gerührter Schickung und Korrespondenz wider unsern Willen entziehen lassen müssen; gleichwohl zu Gott dem Allmächtigen unzweifenliche Hoffnung und feste Zuversicht gehabt, (seine[1]) göttliche Allgewaltigkeit werde nicht zurückbleiben, sondern gnädige Verleihung tun, damit es zu seines göttlichen Namens Lob, Ehr und Preis gereichen, die höchstbedrängte evangelische Kur-, Fürsten und Stände bei der wahren christlichen Religion und hergebrachter

---
[1] [...] wieder weggestrichen.

teutscher Libertät erhalten, der so teuer erworbener Religion- und Profanfrieden redintegriert und also diejenige Abschiede, constitutiones und Fundamentalgesetze, wodurch das heilige römische Reich, unser geliebtes Vaterland teutscher Nation, durch einhelligen einmütigen Schluss aller dieser Stände befestigt, darauf auch die königliche Krönungs-Kapitulation gerichtet, dermaleins hinwieder zu gebührendem Effekt gesetzt werden möchten]. Wir haben auch nicht allein zu verschiedenen Malen an den kaiserlichen Hof, ingleichen gegen Regensburg und wo dergleichen conventus angestellet, sonderbare Abschickung getan, sondern auch noch jüngsthin die zu Leipzig von den evangelischen Ständen angestellte Zusammenkunft durch die Unserige besuchen lassen, das evangelische notleidende Wesen in reife Beratschlagung ziehen, und was zu dessen Rettung für nötig ermessen und insgemein beliebt worden, schliessen helfen; wie nicht weniger denen darauf in diesem niedersächsischem Kreis zu Hamburg anberohmten Konvent, wie wohl nicht ohne grosse Gefahr, inmassen wir deshalb von dem Kriegskommandanten in nuser Festung Wolfenbüttel zu Reden gesetzt werden wollen, ebenmässig beschickt, und wie derselb zu keinem Schluss gebracht, unsere Vollmacht Herrn Christians, Herzogen zu Braunschweig und Lüneburg Lbd. Deputierten aufgetragen. Und weil Kur- und Fürsten zu Leipzig neben uns angestanden, ob wir unsere Residenz und Festung Wolfenbüttel sobald zu verlassen und uns an andere Örter zu begeben, oder darin noch zur Zeit zu verharren, endlich aber uns solches zu unserm ferneren Fürstuneu, auch dass wir darüber die rechte Zeit treffen würden, gestellet, so haben wir zu hochermelts unsers lieben Vettern am 30. des vorlittenen Monats Septembris eine Reise nacher Zelle übernommen, uns daselbst etzliche Tage aufgehalten, unterdessen mit dessen Lbd. allerhand Konferenz gepflogen und uns darauf gestrigs Tags anhero in nnsere Stadt Braunschweig begeben; seind auch entschlossen, unsern Hofhalt und Regierung, bis es mit unseren Landen und gerührter unserer Residenz durch Gottes Hilf zu andern und bessern Stand geraten, darin zu führen.

Inmittels vernehmen wir gar erfreulich, dass EKW. unsere Ritterschaft und Diener in unserer Grafschaft Honstein jüngsthin zu Erfurt gnädigst gehört und dieselb mit so gewäriger Resolution versehen. Wir erspüren darob EKW. zu uns und unsern Landen königliche Affektion, bedanken uns dafür gar hoch und wollen an uns, dieselb nach aller Möglichkeit zu verdienen nichts abgehen lassen. Und weil der allgewaltige Gott EKW. zu dero ihr zu unsterblichem Nachruhmb in glorwürdigsten Eifer übernommenen Defension und Rettung der bedrängten evangelischen Kur-, Fürsten und Stände, auch deren äusserst gepressten Land und Leuten durch seine göttliche Assistenz nicht alleine anfangs zu Okkupierung der Insel Usedom, sondern auch nachgehends in Pommern und fürters an andern Orten, bevorab die denkwürdige Victori bei Leipzig verliehen, so haben unsere Schuldigkeit zu sein ermessen, der göttlichen Majestät Dank zu sagen und EKW. dazu hiemit aus erfreuetem Gemüt zu kongratulieren, wünschen und bitten auch den allgütigen Gott, er wolle ferner seinen starken Arm ausstrecken, über EKW. und das kleine Häuflein der christlichen Kirchen seine Schutzhand halten und weiter gedeihlichen Progress geben, dass es zu Lob, Preis und Ausbreitung seines Namens, zu Erhalt- und Fortpflanzung der christlichen Kirchen, zu EKW. gedeihlichen Prosperität, zu Konservierung der teutschen Libertät, zu Fortstellung des teuer erworbenen Religion- und Profanfriedens, zu Lieberierung der Bedrängten und Wiederbringung des verlorenen edlen Friedens gereichen möge.

Rekommandieren auch EKW. nicht allein unsern ganzen fürstlichen statum, sondern auch unsere erarmte, zerrissene Land und Leute zum fleissigsten und bitten EKW. wollen ihro dieselb zu aller gedeihlichen Wohlfahrt unbeschwert empfohlen sein, unserer und deroselben eingedenk verbleiben und zu demjenigen, was zu unserer und deren Erspriesslichkeit erschiessen mag, uns ihre königliche Handbietung widerfahren lassen, uns aber, dass wir aus obangezogenen Ursachen bis dahero sieder dem Leipzigschen Schluss keine mehre Realität erweisen, noch unsere Intention adimplieren können, entschuldigt halten. Wie wir niemals gemeint gewesen, uns dem publico zu entziehen, also wollen wir auch noch fürters dabei beständig kontinuieren und alles dasselbe, so uns, wann wir unrt unsere Lande in etwas oder ganz wieder mächtig, obliegen und gebühren wird, zu prästieren an uns nichts erwinden lassen. [Inmussen auch des .. Herrn Ludwigen Fürsten zu Anhalt .. Lbd. für wenig Tagen bei uns einen Gesandten gehabt und uns in EKW. Namen allerhand Eröffnung tun lassen; wir haben auch denselben mit solcher Resolution versehen, dass ILbd. daran eine Begnüglichkeit haben werden und seind wir gemeint, an ILbd.

jemanden der Unserigen hinwieder zu schicken und darauf zum
forderlichsten an EKW. selbst eine Gesandtschaft zu tun.]¹) Inmittels versichern wir uns EKW. Affektion festiglich und seind
der Zuversicht, sie werden uns damit ferner komplektieren und in
ihrer beständigen Rekommendation und Favor (dergestalt]¹) behalten, [im Fall EKW. mit Bayern dem Verlaut nach zu traktieren
sich bewegen lassen würden, dass alsdann wir und unsere Lande
mit eingenommen, dieselbe neben unserer Residenz Wolfenbüttel,
allermassen kaiserliche Majestät und des Kurfürsten Lbd. selbst
hiebevorn unterschiedliche Mal befohlen, sampt andern festen Orten
darin ganz delogiert, das Kriegsvolk abgeführt und selbige
Festungen zu unsern Handen gestellet werden mügen; darauf
werden uns umb so viel eher Mittel zugehen, EKW. mit Leistung
wirklicher Assistenz gebührende Realität, wie wir erbietig, zu re-
monstrieren].¹) Ist auch in unserm Vermögen etwas, so EKW.
zu angenehmer Wohlgefälligkeit und Freundschaft gereichen
könnte, darzu wollen wir allen Fleiss anwenden und seind EKW.
wohlgefällige Dienste zu leisten gar willig und geflissen.

Datum in unser Stadt Braunschweig am 14. Octobris Anno 1631.

36.

1631 Okt. $\frac{15\ (25)}{18\ (28)}$ Würzburg.

Verhandlungen des Herzogs Georg von Lüneburg mit dem Könige Gustav Adolf.

Hannover, Kal. 16. A. 305. — Ausfertigungen, Abschriften und
Entwürfe. — v. d. Decken II. No. 81.

1. KM. zu Schweden erste Erklärung, was sie vermeinen, was
von SFG. Herzog Georg zu tun sei. dd. Okt. 15 (25). —
v. d. Decken 81. No. I.

2. Kgl. schwedische considerationes wegen des jungen Prinzen in
Dänemark. dd. Okt. 15 (25). — Abschrift.

   Auch wird IFG. zweifelsohne vorkommen sein,
   wasgestalt die KM. zu Dänemark eine Verfassung in
   dem niedersächsischen Kreis unter der Direktion ihres
   jüngsten Herrn Sohns anzustellen im Begriff sein sollen.

---

¹) [...] später hinzugefügt.

Nun ist nit ohne, dass IKM. gedachten Prinzen die hierunter intendierte Stifter von Herzen gönnen und zu Obtinierung derselben ihme in all mügliche Weg an die Hand gehen werden. Alldieweil aber die vielfältige Direktion andere nichts als Jalousien und Disorder kansieren und ohne das Mittel gnug sein, dass hochgedachter Prinz vermittelst IKM. zu seinem scopo gelangen könnte: Als würden IFG. gemeiner Wohlfahrt und ihme Prinzen selbsten ein grossen Dienst und Freundschaft tun, wann sie bei ihren Kreisverwandten alles zu IKM. vorgeschlagner gemeinnützigen Intention dirigierten und dergleichen directoria vermittelten und des Herrn Prinzen FG. ebenmässig an IKM. verwiesen, da sie dann alles, was zu ihrem Aufnehmen und Erhaltung obangeregter Intention dienlich, zu gutem contento finden würden.

3. Resolution des Herzogs Georg. dd. Okt. 16 (26). — v. d. Decken ebd. No. II.
4. Replik des Königs. dd. Okt. 17 (27). „Kgl. schwedische Kapitulation mit Herzog Georgen FG." — v. d. Decken ebd. No. III.
5. Kgl. Patent für die Werbungen des Herzogs. dd. Okt. 18 (28). — v. d. Decken ebd. No. IV.

37.
1631 Okt. 20 (30) Zelle.

Herzog Christian von Zelle an den König Gustav Adolf.

Hannover, Zelle 11. 00a. — Entwurf.

Kreditif für den Kapitän Ernst Adolf Blanckenberg.[1])

38.
1631 Okt. 20 (30) Würzburg.

König Gustav Adolf an Herzog Christian von Zelle.

Hannover, Zelle 11. 92. — Ausfertigung. — praes. 1631 Nov. 6 (16).

Wir lassen ELbd. unverhalten sein, wasgestalt wir zufolg unserer von Gott verliehenen Viktorien mit unser Armee dieser Orten angelangt, uns der Residenz und vornehmbsten Grenzstädte

---

¹) Über den Inhalt seiner Mission ist nichts bekannt.

des Herzogtumbs Franken bemächtiget, und nun an deme sein, die evangelische Stände des fränkischen und schwäbischen Kreis zu royalen Konjunktion zu vermögen und also mit so viel grösser Macht unser christliche und gemeinnützige Intention fortzusetzen. Alldieweil aber hierdurch den Sachen noch nit gnugsam geholfen, in Betracht die Gewalt und Macht unser Widerwärtigen und christlichen Glaubensfeinde noch fast gross und stark, und wir darher sorgfältig gedacht, wie der Feind auf mehr Weg distrahiert und sonderlich ihme der nervus belli, den er aus Braunschweig hat, abgeschnitten werde:

So haben wir eine Noturft erachtet, auch .. Herrn Georgen, Herzogen zu Braunschweig und Lüneburg freundlich zu vermögen, dass SLbd. im Herzogtumb Braunschweig etliche Regimenter zu Ross und Fuss werben, daselbsten den Feind okkupieren, ihme mit göttlichen Beistand dies edle Fürstentumb entziehen und also aus der obhandenen Servitut reissen und in vorigen Stand setzen wollte, gestalt wir ILbd. hierauf Patent und Vollmacht zugestellt haben.

Und wir leben hierauf des festen Vertrauen zu ELbd., sie werden sich ihrem zu gemeiner Wohlfahrt und sonderlich dem evangelischen Wesen gerichteten hochrühmlichen Eifer nach dieses Vorhaben nit allein gefallen lassen, sondern auch selbiges als zu Beförderung gemeinen Wesens und ELbd. selbst eignen Besten angesehen, möglichst befördern und hochgedacht SLbd. vermög unsers erteilten Patents alle wirkliche Handbietung tun und in der Tat sich so bezeigen, dass gemeine Wohlfahrt dessen merklich zu empfinden habe; und wir seind es, als uns ein angenehmes Werk, bei aller Okkurenz umb ELbd. zu erwidern geneigt.

Datum Würzburg, den 20. Octobris Anno 1631.

39.

s. d. [1631 Nov.]

König Gustav Adolf an Herzog Christian von Zelle.

Hannover, Zelle 11. 92. — Ausfertigung. — praes. 1631 Nov. 16 (26).

Kreditif für den geheimen Rat und Staatssekretär Johann Salvius.

40.

1631 Dezember 29 (1632 Januar 8) Zelle.
Herzog Georg von Lüneburg an König Gustav Adolf.
Hannover, Kal. 16. A. 305. — Entwurf.

EKM. in hocherwünschtem Zustand dero kontinuierenden Felizität und allem königlichen Wohlergehen zu vernehmen, tragen wir ein herzliches Verlangen. Nächst diesem werden sich EM. in königlicher Affektion erinnern, welchermassen wir uns ohnlängst zu Würzburg in deroselben Kriegsbestallung sechs Regimenter zu werben und schleunigst auf den Fuss zu führen obligative resolviert. EM. wird daneben ohnentfallen sein, was sie zu Beförderung dieser sechs Regimenter Herrn Salvio, als EM. ordinari-Residenten in Hamburg für gnädigste Kommission erteilet, die Werbgelder und andere nötige requisita (im Fall es von den Städten dieser Lande so schleunig nicht zu erheben) bei die Hand zu schaffen und zu verschiessen; was auch sonst der versicherten Musterplätz halber, die ihme forner kommittiert und darin zu negotiieren anbefohlen, ist EM. alles noch ohnvergessen. Nun haben wir von einer Zeit in die andere gehoffet, es sollte sowohl der Gelder als Quartier halber was fruchtbarliches offektuiert worden sein; derowegen zu Gewinnung der Zeit, auch erengender Kommodität halber etliche Truppen Reuter und Knechte (insonderheit weil von unsers Herrn Brudern, Herzog Christians Lbd., uns anfangs zu Beförderung unserer Intention mit wenigem als 4000 Rt. assistiert) zusammenzubringen keine Mühe gesparet, aber dato noch zum gewünschten Ziel weder zu EM. ohnzweifelbarer und präkonzipierten Meinung, wie gern wir es auch gesehen und die Not wohl erfordert hätte, gelangen können.

Und weiln auch jetzo die Gelder zur Werbung noch nicht aufkommen, sintemal die vorigen Deputierten ins Niederland vergriffen und fürm Mittel des Januar keine andere zu hoffen, als gehen die Werbungen so widerwärtig, wardurch dann die edle Zeit verloren, gute occasiones verabsäumet, der Kern der Soldateska weggeworben, ja so nuzählich viel Inkommoditäten hierdurch verursachet, dass wir nicht wissen, wie es gegen EM. zu verantworten. Weil auch der Quartier wegen EM. Resident Herr Salvius bei den Städten allen möglichen Fleiss angewendet, als bestehen sie zwar in guter Devotion, unser Intent aber darunter zu erreichen, dass neugeworbene Volk in Sicherheit zu bringen und ferner uns daraus zu formieren, ist vergebens gewesen. Derowegen dann unsere Truppen mehrenteils (weiln vom Feind noch das ganze Land zu Braunschweig, deme das Stift Hildesheimb eingeschlossen, und von 2 zu 3 Meiln in die 10 und mehr Posten an einander gleich konnektiert, dass ohne Macht der Kanonen keine zu bezwingen, und also von ihnen mit Macht etlicher 1000 Mann darzu noch manutenieret) ausser einem Regiment zu Fuss und drei Kompanien zu Pferd, welche in unserm und unserer Herren Brüder Lbd. Landen einquartiert und unterhalten, divagant herumbreiten und beschwerlich sich enthalten müssen.

Damit es aber bei E.M. nicht das Ansehen gewinnen möge, gleich bestünde solche mora bei uns, so habe mit diesem Briefleln EKM. aufzuwarten, ihr solches zu notifizieren und uns dadurch zu entschuldigen hochnötig erachtet. Und ob es billig vorlängst geschehen sollen, haben wir doch von einer Zeit zur andern gehoffet, also dass es uns fast zur widerwärtigen Hoffnung gediehen. Und weiln wir benebens unserer Herren Brüder Lbd. nunmehr unserer Fürstentumber und Lande [halber] (zumal die mit EM. aufgerichtete Alliance und unsere jetztführende Kriegsexpedition aller Welt kund worden) in keiner geringen Perikul, besondern der jetzo neuen Machinationen des Feldmarschallen des von Pappenheimbs, so in weniger Zeit in diesen Landen sich wieder eingeschlichen, gleich beschwerlich annoch untergeben, als besorge, da durch Hilf beider Herren Generaln Totten und Baniern, welcher Assistenz wo nicht gänzlich, jedoch zum Teil wir uns nunmehr täglich versichert hoffen, uns hierunter nicht bald sekundiert, es möchte gegen diese unsere Lande, gleichwie gegen das Erzstift Bremen noch was beschwerliches attentiert werden. Doch verhoffe ich sicherlich, sobald sich die Regimenter movieren, soll allen Widerwärtigkeiten gesteuret und uns die Tor zu Fortführung unserer Intention geöffnet werden.

Im übrigen empfahen EM. ohn Zweifel von Ihrigen auch eigentlichen Bericht, wies umb Magdeburg und Wismar beschaffen, und wollen wir deren Eroberung nunmehr auch endlich erwarten. Als verhoffen wir dieser Orter mit Gottes Hilf auch den Anfang zu machen und zu sehen, was wir vermög seiner Allmacht [und] Hilfe ausrichten. Berichten EM. aber wir freundvetterlich, es ist deroselben auch vorhero bewusst, wasmassen in diesen Landen noch bei etliche 20 vornehmb Plätze vorhanden. Wie nun zu

Verhütung allerhand Konjunktionen ein mehrere Reiterei bei uns über die 2000 Pferd höchlich vonnöten sein wollten, so haben wir dem Obristen Wettbergk, welcher sonsten ein ehrlicher alter Soldat und in Kriegsachen renommierte Person ist, Patent geben, zu Fortsetzung E.M. königlichen Intention 500 Pferde zu werben und dieselben zu E.M. Besten als ein Obrister zu führen. Wann wir nun gewiss vermeinen, dass E.M. Dienst hierunter befördert werde, so zweifeln wir auch nicht, E.M. werde sich dieses unsers vorgenommenen Werks gefallen lassen und im übrigen gemeltes Obristen getreue Dienste in allewege versichern. So E.M. unserer Notdrft nach wir unumbgänglich entdecken wollen.

Datum Zelle am 20. X^{bris} Ao. 1631.

41.
1631 Dezember 29 (1632 Januar 8) Zelle.
Herzog Georg von Lüneburg an König Gustav Adolf.

Hannover, K.A. 16. A. 305. — Entwurf zu einem Handschreiben.

Wiewohl mir ohnlängst hätte gebühren sollen E.K.M. mit meinem Schreiben aufzuwarten und dadurch den Zustand dieser Lande, des Feindes Vorhaben und wie es umb den Progress meiner Kriegsexpedition bewandt, zu notifizieren, bin ich doch von einen Tag zum andern, wie E.M. aus neben überschickten Schriften weitläuftiger vernehmen, daran verhindert. Verhoffe E.M. werde dieserwegen kein Missfallen schöpfen, noch mir diesen Verzug imputieren. Wolln es mit den Garnisonen zu Magdeburg und Wismar verhoffentlich auch bald seine Endschaft erreichen wird, als werde ich mich mit beiden Herrn Generaln Totten und Banier zu fernerm Intent bereden, und darauf was dienlich und die Notdrft erfordern wird, zur Hand nehmen.

Unterdess ist der von Pappenheimb neulich wieder in diese Lande gekommen, möchte für unser Konjunktur noch was beschwerliches ohne Widerstand machinieren. Doch hoffe ich, sobald sich die Regimenter von der Elbe anhero movieren, soll seinem Beginnen leicht gesteuret werden. Inmittels habe meine Schuldigkeit erwogen, E.M. hiemit also den Verlauf dieses Orts kund zu machen und mich zu dero königlichen Favor mit den Meinigen zu rekommendieren; E.M. aber hiebei dienstlich ersuchend, weil ich vermerke, dass bei Reoccupierung und gellebts Gott glücklichem

Success unserer vorhabenden Entreprise in diesen Landen (in specie
aber wider Hildesheimb, worauf ich doch wegen meines fürstlichen
Hauses gesambten Interesse nicht geringe Prätension habe) allerhand Praktiken zu meinem und der Meinigen Verderb und künftigem
Nachteil möchten geschmiedet werden, EM. geruhen wollen solchen
sich königlich zu opponieren und nicht zu verhängen, dass was
präjudizierliches mir und den Meinigen möchte erhalten oder zum
Schaden abgeschwacket worden. Wie ich EKM. Herz und Gemüt
bei meiner Anwesenheit selbsten gehöret und sowohl in effectu
ohnlängst gegen mich und die Meinigen gespüret, also werden sie
derselben königlichen Affektion annoch inhärieren und mich mit
den Meinigen sich ferner freundvetterlich befohlen sein lassen.

42.
1632 Januar 12 (22) Hanau.
König Gustav Adolf an den Herzog Friedrich Ulrich von Wolfenbüttel.

Wolfenb. 30 jähr. Krieg III. 1. — Ausfertigung. — praes. Braunschweig, den 28. Januar (7. Februar).

Rekreditif für die braunschweigischen Gesandten.

43.
1632 Januar 12 (22) Hanau.
Resolution des Königs Gustav Adolf für die braunschweigischen Gesandten.

Wolfenb. 30 jähr. Krieg III. 1. — Ausfertigung.

Die KM. zu Schweden haben zu sonders freundschwägerlichem
Gefallen danknehmig verstanden, wasgestalt Herzog Friedrich Ulrich
FG. zu deroselben die starke Konfidenz gesetzt und SKM. neben ansehenliche fürstliche Offert umb Schutz und Protektion ansuchen
wollen. Wie auch dero getreue Affektion und zu gemeiner Wohlfahrt gerichter Eifer hieraus, sowohl aus der mit den Herren Abgesandten hierauf angestellter Handlung genugsam erleuchtet: So
wollten SKM. wünschen, dass sie Gelegenheit gehabt hätten, SFG.
alsofort ihre getreue freundschwägerliche Neigung in der Tat zu
kontestieren und begehrte nähere Einigung zu vollziehen. Es
haben aber die königlichen Geschäfte und fürgefallene hohe Ehaften,

sonderlich die pappenheimbsche impresa, der IKM. in Eil zu begegnen aufmarschieren müssen, solches nit gestatten wollen. Und werden demnach die Herren Abgesandten bei ihrer Gott gebe glücklicher Zurückkunft solches bei IFG. auf das beste zu excusieren, und neben Deferierung IKM. Freundschaft und Anwünschung eines freudenreichen glücklichen neuen Jahrs IFG. versichern, dass, obwohl die Enge der Zeit und vorgefallene Hinderungen für diesmal nit leiden wollen den angefangenen Traktaten eine völlige Endschaft zu geben, SKM. dennoch nichtes desto weniger bereit und erbietig sein, IFG. und dero Land und Leute in königlicher Obacht zu halten und bei allen Occurrentien deroselben zu erweisen, dass sie nichtes unterlassen haben, was einem Freund zuständig, und zu Ellberierung dero Landen und Leuten und Beförderung IFG. Hoheit und Aufnehmen gedeihen möge. Gestalt IKM. der Hoffnung leben, dass bei bevorstehender ihrer Expedition sich Gelegenheit hierzu eröffnen werde, welche sie dann nit aus der Acht zu lassen gemeint sein, und solches den Herren Gesandten zu einer Interims-Resolution, denen sie sambt und sonders mit Gnaden gewogen, gnädigst erteilen wollen.

Datum Hanau, den 12. Januarii Anno 1632.

44.

1632 Januar 22 (Februar 1) Frankfurt a. M.

König Gustav Adolf an Herzog Georg von Lüneburg.

Hannover, Kal. 10. A. 305. — Ausfertigung. — praes. Zelle, den 8. (18.) Februar 1632.

Uns sein dieser Tagen ELbd. Schreiben mit angehefteten Kopien der reformierten Bestallung und darauf ausgelassenen Patenten zurecht eingeantwortet worden. Nun ist uns zuvörderist frembd zu vernehmen gewesen, dass da wir nunmehro auf unsere gewöhnliche Bestallung weit über 100 Regimenter zu Fuss, darunter viel vortreffliche cavallieri sein, gerichtet und in Deutschland zusammengebracht, sich anjetzo etliche finden sollen, welche solch unsere Bestallung bei ELbd. zu reformieren sich unterstanden, da doch ihnen so frei gewesen, sich derselben, do sie ihm nit gefällig, zu enthalten, als wir ihrer so hoch nicht bedürftig, vielweniger sie darumb ersucht haben.

Dieweil aber an solcher Reformation unser ganzer status hanget und sonderlich hierdurch leichtlich eine Konfusion unter unserer Soldateska verursacht werden könnte, will uns so viel mehrers gebühren, hierauf ein wachend Aug zu haben und nichtes geschehen zu lassen, welches uns zu so hohem Nachteil gereichen und konsequentlich die gemeine Wohlfahrt selbsten turbieren möchte. Ersuchen demnach ELbd. freundvetterlich, sie wollen diejenige, welche solche Neuerung suchen und unter unser Direktion anderst als andere unsere Offizierer traktiert sein wollen, schlechtlich abweisen, da auch mit Publizierung eines vorgreiflichen Patents allbereit etwas vorgangen wäre, solches entweder wiederumb einziehen, oder sotanige Mittel finden, damit sie uns nit zu Präjudiz reichen. Welches dann anderst nicht geschehen kann, als wann ELbd. ohne unser und der Unserigen Zutun und Spese die Armee richten, ein separat corpus formieren und selbe aus ihrem Beutel unterhalten wollten.

Wie wir aber solches zu dieser Zeit nit zu praktizieren finden, also versehen wir uns, ELbd. unsere Mittel zu unserm Nachteil nit verwenden und uns mit unserm eigenen Geld ein so hohen und unreparierlichen Schaden einkaufen werde.

Datum Frankfurt, den 22. Januarii Anno 1632.

45.

1632 Februar 2 (12) Frankfurt a. M.

König Gustav Adolf an Herzog Georg von Lüneburg.

Hannover, Kal. 10. A. 305. — Ausfertigung.

Beglaubigungsschreiben für den geheimen Hof- und Kriegsrat Jakob Steinberg, der ihm sowohl des Königs Meinung eröffnen, als auch „bei Vorfallenheiten zu gemeines evangelischen Wesens und ELbd. Besten mit gutem Rat assistieren möge".

Datum Frankfurt am Main, den 2. Februarii 1632.

46.

Desgl. mut. mut. an Herzog Friedrich Ulrich von Wolfenbüttel.

Wolfenb. 30jähr. Krieg III. 1. — Ausfertigung.

47.

1632 Februar 4 (14) Braunschweig.

Herzog Friedrich Ulrich von Wolfenbüttel an König Gustav Adolf.

Wolfenb. 30jähr. Krieg III. 1. — Entwurf.

Aus unserer Abgeordneten einbrachten unterthänigen Relation haben wir zuvorderst EKW. wohlgedeihliche Leibesfristung, sieghaften Progress nnd alle andere hochgesegnete königliche Glückseligkeit mit sondern Erfreuen verstanden; wünschen von Herzen, dass sie dabei zu der Kirche Gottes und des allgemeinen notleidenden evangelischen Wesens Besten, auch Ihrer selbst eigenen unsterblichen Angedenken je mehr und mehr grünen, wachsen und zunehmen möge. Bedanken uns daneben dienstfreundlich, dass sie bei Ihren so viel überhäuften schweren Kriegs- und andern Obliegen die Unserige mit Ihren Anbringen gnädigst hören, zu völliger Abhandlung der Sachen ansehnlichen deputieren, sich auch mit Ihren königlichen Gedanken selbsten schriftlich vernehmen lassen wollen. Und ob uns nun zwar nichts liebers und angenehmers hätte sein können, als dass solch gemeinnütziges Werk sofort zum gänzlichen Bestande nnd Schluss gebracht werden mögen, so befinden wir doch die in EKW. unterm dato Hanau 12. Januarii 632 ertellte Resolution angezogene Behinderungen dero Erheblichkeit, dass wir dabei nicht allein billig in Ruhe stehen, sondern auch mit Dank und Freuden rühmen, dass sich EKW. gegen uns und zu unserer Lande Liberierung dermassen tapfer, freundvetterlich und offenherzig erklären wollen; bitten mehr nicht, als dass EKW. bei solcher wohlaffektionierten Neigung kontinuieren und sich hinwiederumb von uns alles dessen gewiss und eigentlich versichern wollen, was von einem aufrichtigen, getreuen und deroselben vom Herzen zugetanen Freund, Anverwandten und deutschen Fürsten immer wird herfliessen können; an dessen Real-Kontestierung soll es bei aller Gelegenheit nicht ermangeln, seind auch gemeint zu EKW. die Unserigen ehestes Tages zu endlicher billigmässigen Ausarbeitung deren noch wenig unabgehandelten Punkten wieder abzufertigen, und freundlicher Zuversicht, dieselbe werden Ihr solches nicht zuwider sein lassen.

Inzwischen aber verhalten EKW. wir hiemit nicht, dass wir uf gesambtes Miteinraten unserer Landschaft für hochdienstsamb befunden, zu wirklicher Werbung und Kriegsbereitschaft, daran wir

Beilage 47.

ans denen EKW. von den Unserigen gehorsamblich fürbrachten Ursachen bishero wider unsern Willen behindert worden, nunmehr zu schreiten. Und stehet ausser Zweifel, dass dadurch die Rekuperierung unserer mit lauterer Gewalt zerrissenen Landen und deren Besetzung und Assekuration faziliiert, EKW. Dienste befördert, die evangelische und insonderheit dieses niedersächsischen Kreises Armatur merklich sekundiert, die Grenzen noch stärker versichert und für allem besorgenden Einbruch umb so viel mehr manutenieret werden können. Zu welchem Ende wir vor zwei Regimenter zu Fuss und eins zu Ross Im Namen des Allerhöchsten gleich itz den Anfang gemacht, und verhoffen damit innerhalb weiniger Zeit aufzukommen; wollen uns auch mit EKW. Kammerordre willlglich konformieren.

Es haben aber dieselbe hochvernünftig zu ermessen, dass wir uns der Lauf- und Musterplätze, wie auch anderer Notarft an keinem fremden Ort erholen können, sondern uns dazu unserer eigenen Landen, Fürstentumben, Graf- und Herrschaften, wie schwer dieselben auch unter dem bisherigen Joch geseufzet, werden bedienen müssen. Nun seind zwar des... Herzog Wilhelms zu Sachsen Lbd., wie auch der Herr General Baner mit ihren Armeen für neulicher Zeit bei Verfolgung des Pappenheimbs in unsere Landen gerücket, wir haben auch zu Anschaffung notwendigen Proviants so viel immer möglich gewesen, gebührende Vorsehung gemacht; vernehmen aber, dass ILbd. sich nunmehr wieder nachm Eichsfeld gewendet, und wissen den Herrn General Baner einer solchen vornehmen guten Diskretion, dass wir uns keinen Zweifel machen, er werde uns zu dieser unserer wohlgemeinten christlichen Intention vielmehr alle hilfliche Handbietung leisten, als darinnen die weinigste Behindernus verstatten oder fürgehen lassen.

Damit aber dennoch alles desto schleuniger effective fortgestellet und andere vielleicht von Zeiten zu Zeiten einfallende obstacula vorkommen werden mögen, so haben EKW. wir solche unsere zu Hilfe und Rettung des Vaterlandes genommene Resolution in sorgfältiger Konfidenz zu entdecken für nötig ermessen, mit dienstlichem Ersuchen, sie wollen ihr nichts missfallen lassen, dero Gutbelieben nach in diesen niedersächsischen Quartieren und an Orteren, da sie es für nötig ermessen, förderlichst Ordre zu erteilen, dass unsere Lande, Fürstentumb, Graf- und Herrschaften mit andern Lauf-, Musterplätzen und dergleichen Assignationen verschonet bleiben, und wir an bemelten zu EKW. wie nicht weiniger des ganzen evangelischen Wesens Diensten und Nutz gemeinten Vorhaben nicht behindert werden mögen. Wir erbieten uns einen Weg wie den andern dahin, dass so bald zur Belagerung unserer Feste Wolfenbüttel oder anderer Orten geschritten, oder auch sonsten die Marschen in und durch unsere Lande, Fürstentumben, Graf- und Herrschaften gehen sollte und müsste, an menschmüglicher Handreichung überall nichts erwinden lassen, sondern der Armee an Proviant und anderen Notwendigkeiten soweit sich nur immer unser und unserer jämmerlich erschöpften Untertanen jetziges weiniges Vermügen erstrecket, das äusserste gern zutragen wollen. Jedoch werden EKW. selbsten für nützlich ermessen, dass gut Ordre und Disziplin gehalten, die beängstigten Leute bei dem Ihrigen geschützet und insonderheit derer Mittel nicht entwehret werde, dadurch sie den lieben Feldbau nunmehr wieder beschicken und folgig vermittelst Gottes milden Segens dem ganzen corpori nützliche Hilfe leisten können. Denn sollte solches nicht geschehen, sondern mit denen bei jetzigen Marsche und Einquartierungen [geübten] schweren Ungelegenheiten und zumal Abnahm der Pferde ferner kontinuieret werden, so besorgen wir uns höchlich und ist nichts gewissers, denn dass alles öde und wüste liegen bleiben, sowohl der Soldat als Untertan, Herr und Knecht Not leiden und die ganze Armee dieser Örter aus Mangel Proviants und anderer Notnrft für sich selbsten unumbgänglich würde zerfallen und gar zu Grunde gehen müssen. Und wie wir nun dieses EKW. aus wohlmeinenden Sorgfalt und Schuldigkeit entdecken wollen, also getrösten wir uns, dieselbe werden ihr solches unser Anliegen zu dero willfährigen geneigten förderlichsten Resolution und Ordonanz in königlicher Affektion rekommandiert sein lassen, wollen es um dieselbe jederzeit mit Darsetzung des Äussersten zu verschulden unvergessen bleiben.

Datum in unser Stadt Braunschweig, den 1. Februarii Anno 1632.

48.
1632 Februar 7 (17) Höchst.

König Gustav Adolf an Herzog Georg von Lüneburg.

Hannover, Kal. 16. A. 305. — Ausfertigung. — Das Memorial für Grubbe, dd. Februar 9 (19) bei Droysen, Schriftstücke, S. 216.

Beglaubigungsschreiben für seinen Sekretär Laurentz Grubbe.

49.

1632 Februar 10 (20) Zelle.

Herzog Georg von Lüneburg an König Gustav Adolf.

Hannover Kal. 10. A. 305. -- Entwurf.

Was den 22. Januarii von Frankfurt uns in Widerantwort zukommen, haben wir zurecht den 7. d. M. Februarii empfangen; vornehmen daraus mit Bestürzung, dass FKM. unser neulichst unter dato des 12. Dezembris getanes Zuschreiben über einen unvorgreiflich Konzept einer überschickten Kapitulation, worin wir zwar des Unterhalts halber, jedoch nicht anders als auf EM. gnädige Beliebunge, Gutachten und Ratifikation Erwähnung getan, ungnädig aufgenommen. Nun können wir in höchster Wahrheit EM. fürstlich vorsichern, dass wir schon einen ziemblichen Anfang in unserer Werbunge gemacht, ehenbevor wir von einigem Menschen EM. gewöhnliche Traktaments-Notul auf das Fussvolk gesehen oder erlangen können; derwegen weil die Offizierer hierum zum öftern curiose angehalten und begierig wegen ihrer Traktamenten Nachricht zu erforschen gewesen sein, so haben wir unvorfänglich sie in etwas zu kontentieren (jedoch ohne alle vorbindliche Vorsehunge), domaln Überschicktes entworfen, und umb EM. darüber zu vornehmen und ihre gnädige Disposition hierin zu erwarten selbiges übersendet. Dass sie es aber ungnädig aufgenommen und angesehen, tuet uns wahrlich sehr weh und werden sich EM. nimmer dieses anders zu Herzen ziehen, als dass es mehr pro informatione, als etwa eine Erneuerunge oder sonst etwan eine Singularität zu stiften, woraus dann leichtlich eine Konfusion entstehen könnte wir selbst bekennen müssen, angesehen; und da wir EM. dieserwegen zu einiger Offension bewogen, als haben in schuldiger Submission hinwieder bei EM. hiermit einkommen und umb Vorzeihunge bitten wollen; in höchster nochmaln Vorsicherunge, dass wir im geringsten niemaln, sowohl bei unser itzigen Expedition, als sonst ichtwas zu vorhängen oder vorgehen zu lassen [im Willen sind], das EM. einige Widerwärtigkeit geben oder dero status im geringsten nachtellig sein oder erscheinen soll. Wir hätten dargegen wünschen mögen, dass es der Möglichkeit gewesen und uns bei Zeiten hätte zur Hand können gegangen worden sein, wollten wir durch Gott anderergestalt EM. uns präsentiert und unser treucifrige Intention remonstrieret haben. Weil es aber an den notwendigsten requisitis dato gemangelt und die poppenheimsche Disturben uns in den Laufplätzen grosse Vorhinderunge vorursachet, als hat es sich in etwas verweilet; nunmehr aber, da uns durch die marschierende Armee des Herrn Herzogen zu Sachsen-Weimar Lbd. und Herrn Generals Banier die Plätze wieder in etwas eröffnet, und des Unterhalts halber mit SLbd. des Herrn Herzogen zu Braunschweig in Traktaten uf Vorgleich kommen, als sein wir in dem Begriff, unsere Truppen zu vorsenden und EM. Ordre nach die Blockierunge für Wolfenbüttel in Gottes Namen anzufangen. Weil uns aber wegen der Laufplätze auch annoch gross Hinderunge geschieht, und der anstehenden Musterunge halber wohl eins stetigen commissarii bei uns Not, von Herrn Salvio auch vornommen, dass EM. Herrn Steinbergen darzu schon deputiert, als hätten wir zu bitten, dass je eher je lieber mit genugsamer Erstattung und Plenipotenz darmit vorfahren und ihme Ordinanz gegeben werden möchte, damit zu einer Realität wir gelangen und dem Werke anderst näher treten können. Wie EM. in diesem allem eine gnädige Vorordnung zu machen ohne das werden begierig sein, als erwarten wir dann schleunigste königliche Resolution.

Zelle, den 10. Februar 1632.

50.
1632 Februar 11 (21) Zelle.

Herzog Georg von Lüneburg an König Gustav Adolf.

Hannover, Kal. 16. A. 305. — Entwurf.

EKM. können wir unser unumbgänglichen Noturft halber abermal unberichtet nicht lassen, dass unserer Obligade und Schuldigkeit, damit EM. wir addiciert und verwandt sein, zu gehöriger Folge wir nicht unterlassen uns zum höchsten zu bemühen, dasjenige ad effectum zu bringen, worzu unsere getane Versprechnus uns weiset und verbindet. Wiewohl wir nun in fine Januarii Speranz gehabt, dass wir der von EM. uns zum Vorschuss versprochenen Werbgelder sollten in allem endliche contantament bekommen, deswegen wir auch zwei Obristen zu uns bescheiden, die dann ihre desfalls Subordinierte zu der Zeit allhier gehabt und mit grosser Begierde des wirklichen Effekts erwartet, so sein dennoch unsere deswegen spedierte Lent in hoc passu re infecta wiederkommen, mit diesem Bericht: obwohl EM. Räte und Diener

zu Hamburg herzlich gern uns succurrieren, EM. Dienst und Befehl
befördern und geleben wollten, so wären dennoch ganz keine
Mittel dahero vorhanden, da die Hamburger Gelder auf EM. andere
Armeen notwendig verwendet und man der [bei] itziger Winterzeit
nicht vorgehenden Navigation halber zu keinen Mitteln itzo gelangen
könnte. Alldieweiln nun uns hierdurch abermal in unserm propos
merkliche grosse Verhinderungen kausieret werden, also dass wir
so schleunigst, wie sich's wohl gebühret, auch EM. und des allgemeinen Wesens Dienst erfordert, nicht können in allem auf einmal aufkommen, so hat uns dahero gebühren wollen EM. solchen
Mangel und Zustand vetterlichen zu berichten und uns bei deroselben
desfalls zu entschuldigen. Wir haben sonsten die Völker worauf
wir Gelder empfangen, effective beisammen und erwarten stündlichen
einos commissarii, so EM. wegen die Musterung hielte und sonsten
alles der Quartier halber in diesen Landen mit ordinierte, damit
wir EM. Dienst und Befehl, auch unsere Sachen desto eigentlicher
könnten ausrichten und alsdann mit Gottes Hilf EM. gegebene
Ordre vollführen und das Blocquement der Veste Wolfenbüttel vornehmen.

Nachdem sich aber des Herzogen von Braunschweig Lbd.
der Unterhaltung und ander Notwendigkeit halber zu nichts verstehen wollen, wie EM. aus SLbd. ausführlichem Schreiben bei-
liegend¹) zu ersehen haben, hochgedachtes Herzogen Lbd. auch im
Begriff sein, sich selber in Verfassung zu stellen, dahero man uns
und den Unserigen zu keinem Quartier in ihrem Fürstentomb,
weniger zum Unterhalt Verstattung tun, noch sonsten ohne EM.
Kommissarion uns das geringste zu Willen sein will, als wollen
EM. wir fleissig ersuchet und gebeten haben, weiln wir allenthalben
also impedieret werden, EM. wolle uns nicht allein freundvetterlichen entschuldiget und sicherlich gewiss dafür halten, dass uns
trefflich sehr zu Herzen gehet, dass wir wider unsern Willen so
gehindert werden, sondern unbeschwert den grossen königlichen
Favor erweisen und unverläugte Disposition durch die Ihrige machen
lassen, damit uns doch in unsern angezogenen requisitis möge Rat
und Satisfaktion wirklich geschehen. So EM. wir unvermeldet
nicht lassen sollen.

Datum Zell am 11. Februar 1632.

¹) H. Friedrich Ulrich an H. Georg. dd. Febr. 9 (10). Kal. 16. A. 307.

51.
1632 Februar 14 (24) [Zelle].
Herzog Christian von Zelle an König Gustav Adolf.
Hannover, Zelle 11. 99. — Entwurf.

Wir setzen in keinen Zweifel, EKW. werden von dero Rat und Abgesandten Herrn Johanne Salvio allbereit berichtet sein, welchergestalt zwischen deroselben durch besagten Herrn Salvium und uns nf EKW. Ratifikation eine Alliance verglichen und aufgerichtet, von uns allerdings vollnzogen, auch verhoffentlich von EKW. nunmehr ratifizieret nnd beliebet worden. Deroselben dann zu wirklicher Folge wir uns äusserst angelegen sein lassen wollen (inmassen auch allbereit zum Teil geschehen), desjenig warzu wir uns pflichtbar gemacht, so viel in unserm Äussersten Vermögen ist, fürstlich zn adimplieren. Halten uns auch hinwieder gnngsam versichert, dass von EKW. uns hergegen der versprochene Schutz neben andern in der Alliance begriffenen Punkten ohne einigen Mangel königlich werde prästieret nnd geleistet werden.

Nun machen wir uns bieneben keinen Zweifel, EKW. werde fürkommen sein, welchergestalt der von Pappenheimb (deme die Inspektion nnd Kommando über das in diesem niedersächsischen Kreis noch vorhandene kaiserliche und ligistische Volk mit einer Plenipotenz anvertrauet) sich äusserst angelegen sein lässet, den Fuss in diesem niedersächsischen Kreis zu behalten, dero behuf er sich ans den benachbarten katholischen Erz- und Stiftern Köln, Münster, Paderborn, Osnabrück und andern Ortern von Tag zu Tag an Volk und Munition mächtig stärket und eine exploit über die andere bald hie bald dort für und an die Hand nimmt, und sich sonderlich dessen, dass EKW. Armeen etwas von einander separiert und ihre absonderliche intentiones und Verrichtnng mit Blockier- und Belagerung verschiedener Plätze und Örter fürhaben, zu seinem Vortel gebrauchet; insonderheit aber unserm Fürstentumb nnd Landen, dweil wir ihme nichtes zu Willen wissen, mit feindlichen Ein-, Über- uud Anfällen zu dero gänzlichem Ruin in Devastation zum heftigsten drohet, darzu auch bereit vor weniger Zeit einen nicht schlechten Anfang gemachet, nnd da das ranhe ungeschlachte Wetter ihne daran nicht gehindert, ohne Zweifel sein gefährliches Fürnehmen ferner würde exekntiert und zu Werke gerichtet haben.

Nun wird es von violen dafür gehalten, nachdemal so starke unterschiedliche EKW. Armeen unter dero Generalen, wie auch des Herzogen zu Sachsen-Weimar und Landgrafen zu Hessen LLbd. (der bremischen und unsers lieben Bruders Herzog Georgens Truppen zu geschweigen) sowohl dies- als jenseits der Weser uf den Beinen, dass durch deren einmütige Zusammensetzung ihme Pappenheimb wohl gesteuret oder er vielmehr aus den Quartieren an der Weser und also gänzlich aus diesem Kreis getrieben, folgends der Pass über die Weser ihme abgeschnitten, ja er selbst zu Grunde opprimiert, gedämpft und vertilget werden möchte. Darzu dann nicht wenig diensamb erachtet wird, wann er in der Stadt Hameln dies- und jenseit der Weser blockieret oder belagert, oder sonsten die Armeen uf ihne bei präsentierender Occasion zugeführet würden; und wann er dergestalt gedämpfet oder doch ihme ein merklicher Abbruch geschähe, würde sichs mit Evakuation der Besatzungen in diesem Kreis wohl schicken und dieselbe vor sich selbst fazilitieret werden. Im widrigen Fall und da die starken Armeen also länger in diesen Landen liegen bleiben und der von Pappenheimb nicht ehist angegriffen und getilget worden sollte, stünde stark zu besorgen, dweil durch das langwierige Kriegswesen die arme Untertanen dieser End zu Grunde erschöpfet und der Rest von dem Feind noch täglich weggeholet wird, es möchten die königlichen Armeen aus Hunger und Not diese Lande zu quittieren genötiget, und konsequenter dieselbe dem Gegenteil zum Raube und Beute nach seinem Willen damit zu gebieten ausgestellet und hinterlassen werden.

EKW. haben wir dieses aus getreuer wohlmeinender sowohl gegen derselben als dem ganzen evangelischen Wesen tragender Affektion und Devotion, mit nichten aber derselben, als dero höchsterleuchter Verstand, Erfahren- und Tapferkeit nicht allein uns, sondern der ganzen Welt gnugsam bekannt, einigergestalt vorzugreifen oder Ziel oder Mass zu setzen, dienstfreundlich anzufügen keinen Umbgang haben können, höchstfleissig bittend, sie wollens auch von uns nicht anders verstehen und aufnehmen, ihro auch uns sambt unserm Land und Leuten in dero königlichen Favor und Protektion rekommendiert sein lassen, sodann insonderheit dero Generaln befehlen, dass sie uns in bevorstehenden Notfällen mit ohngesäumbter Hilf und Succurs beispringen und von des Feindes Gewalt retten und freien helfen. Dessen tun gegen EKW. wir uns festiglich getrösten und verbleiben derselben hinwieder nach äusserstem unserm Vermögen angenehme behagliche Dienste zu erweisen so willig als pflicht- und schuldig.

Datum den 14. Februarii Anno 1632.

52.

1632 Februar 29 (März 10) Frankfurt a. M.

König Gustav Adolf an Herzog Georg von Lüneburg.

Hannover, Kal. 10. A. 305. — Ausfertigung. — praes. Braunschweig 12 (22.) März 1632.

Dass ELbd. die jüngst überschickte capitulationis-Notul nur vorschlagsweis und zu keiner Neuerung angesehen und gemeint, ist uns zu vernehmen sehr lieb gewesen, alldieweil ELbd. ihrem hohen Verstand nach selbsten ermessen können, was in einem corpore, wann ein Regiment anderst als das andere traktiert würde, für confusiones entstehen könnte.

Und wie wir ELbd. freundvetterliche Offerte, dass sie weder in diesem noch in andern ichtwas, so uns und gemeinem evangelischen Wesen zu Nachteil gereichen möchte, verhängen wollen, zu freundvetterlichem Dank auf- und annehmen, so haben sie sich hinwiederumb zu versichern, dass wir an unserm Ort ELbd. und dero Hauses Aufnehmen nit aus der Acht lassen werden. Gestalt wir unsere vorige Erinnerung auch zu keinem andern End wohlmeinend angesehen, als ELbd. selbst eigene Nachteil zu verhüten, und fürters deroselben unsere freundvetterliche Sorgfalt zu kontestieren sowohl durch unsern an dem braunschweigischen Hof verordneten Legaten Jakob Steinbergen, den wir zu dem End auch befehligt, als selbsten keine Gelegenheit verabsäumen werden.

Datum Frankfurt a. M. den 29. Februarii Anno 1632.

53.

1632 Februar 29 (März 10) Frankfurt a. M.

König Gustav Adolf an Herzog Christian von Zelle.

Hannover, Zelle 11. 99. — Ausfertigung. — praes. Zelle 1632 März 17 (27).

Der König accreditiert den nach Braunschweig als Ambassadeur gesandten Hof- und Kriegsrat Jakob Steinberg in Zelle.

54.

1632 Februar 29 (März 10) Frankfurt a. M.
König Gustav Adolf an den Ambassadeur Jakob Steinberg.

Hannover, Kal. 16. A. 305. — Abschrift. - Beilage Nr. 3 zu dem Schreiben Steinbergs an den Herzog Georg, dd. 1632 September 10 (20).

Weil wir auch die Stadt Braunschweig mit dem Hause Peine gerne benefiziert sehen möchten, werdet Ihr zusehen, ob ihr des Herzogs von Braunschweig und Lüneburg Lbd. darzu disponieren könnet; in Verbleibung dessen müssen wir dahin bedacht sein, wie die Stadt mit einem anderen Gratial zu versehen sei, sintemal wir ihnen allbereit auf ein oder anderen unsere königliche Parole gegeben. Datum Frankfurt a. M. den 29. Februarii 1632.

55.

s. d. [1632 Ende Februar.]
Auszug aus der Instruktion Gustav Adolfs für den Ambassadeur Jakob Steinberg.

Hannover, Kal. 16. A. 306. — Abschriften. Beilagen No. 2, 5 und 6 zu dem Schreiben Steinbergs an den Herzog Georg dd. 1632 Sept. 10 (20). — Nur diese Paragraphen sind bekannt.

Fürs ander soll er Steinberg von da so bald möglich nacher der Stadt Braunschweig eilen, sich bei Herzog Friedrich Ulrichs zu Braunschweig und Lüneburg Lbd. mittels unsers Kreditifs umb Andienz anhalten und in derselben SLbd. post solita curialia andeuten, welchergestalt wir uns nuhmer, nachdem wir von der pappenheimischen Marsche und deren Ausgang avisieret worden, uns im Namen Gottes laut dessen Ihme Steinbergen mitgegebenen und von uns vollnzogenen Originalen resolviert, uns mit SLbd. und dem samptlichen fürstlichen Haus Braunschweig wolfenbüttelscher und zellischer Lini in elue Alliance einzulassen. Als wir nun dieselbe SLbd. bei uns in Neulichkeit gehabter Abgesandten angegebener Instruktion nicht ungemäss, dann unsern und SLbd. Staat erbaulich erachteten, so wollten wir vernehmen, ob SLbd. damit einig; uf welchen Fall er Steinberg dieselbe von SLbd. zuvorderst der Gebühr vollnziehen lassen und gegen Auslieferung solchen Originals das Unserige auch ausantworten sollte.

Fürs Sechste soll er von dannen sich nacher der Stadt Braunschweig begeben und daselbsten als unser Ambassadeur und Kriegsrat in den Fürstentümern Braunschweig und Lüneburg residieren, principaliter dahin mit allem sorgsamen Fleiss sehen und sich bearbeiten, damit unserm statni, tam in politicis quam militaribus kein Präjudiz, Nachteil oder Schade in den Fürstentümern Braunschweig und Lüneburg zugezogen, sondern derselbe vielmehr erhoben, befördert und stabiliert, vornehmlich aber von den fürstlichen Häusern wolfenbüttelscher und zellischer Lini dero etwa getroffenen Alliance getreulich nachgesetzet und gelebet, dann die beede Häuser in gutem festen Vertrauen und Korrespondenz bei einander verbunden, konserviert und erhalten werden.

Dieweil auch zum Zehnten in der Alliance versehen, dass Herzog Friedrich Ulrichs Lbd. die drei übrige hildesheimische Stiftshäuser und andere geistliche und weltliche Pfaffengüter nebens der Stadt Hildesheimb in unserm Namen und von unserntwegen angewiesen werden sollten, so haben wir ihme solche Kommission inhalts der Alliance gebührlich zu verrichten hiemit gnädigst auftragen wollen.

56.
1632 März 2 (12) Frankfurt a. M.
König Gustav Adolf an den Herzog Friedrich Ulrich von Wolfenbüttel.

Wolfenb. 30jähr. Krieg III. 1. — Ausfertigung. — praes. Braunschweig, den 10. (20.) März 1632.

Wasgestalt ELbd. nunmehr zur Werbung zu schreiten Vorhabens, und zu solchem Ende uns umb Abstellung der Musterplätze freundvetterlich ersucht, solches haben wir ab dero Schreiben vom 4. Februarii mit mehrerm vernommen. Wie wir uns nun solchen ELbd. Eifer bei vorhabender Werbung als ein zu gegenwärtiger unser Expedition ganz nützliches Werk höchlich gefallen lassen, als wollen wir zu Beförderung dessen nit allein dero Lande mit Musterplätzen hinfürter verschonen, sondern auch dahin bedacht sein, wie die angestellte füglich aufgehoben und ELbd. Lande so viel möglich davon befreiet werden mögen. Nur allein haben wir dem Obristenleutenant Heyden einen Musterplatz in ELbd. Landen assigniert und weil ELbd. sich dessen gebrauchen können, nach-

demal sie selbsten in Werbung zu treten entschlossen, als werden
ELbd. solches ihr nit missfallen lassen. Welches wir derselben in
Antwort freundvetterlich nit bergen wollen.
Frankfurt, den 2. Martii Ao. 1632.

57.
1632 März 4 (14) Mainz.
König Gustav Adolf an Herzog Friedrich Ulrich von Wolfenbüttel.

<small>Wolfenb. 30 Jahr. Krieg III. 1. — Ausfertigung. — praes. Braun-
schweig den 26. März (5. April) 1632.</small>

Wir erinnern uns, dass wir dieser Tage ELbd. zu freundschwägerlichem Gefallen uns erkläret, dass wir in Ansehung der
ausgestandenen Pressuren ihrer höchsterschöpften Landen und
Leuten mit Musterplätzen, doch vorbehältlich unsers Kriegsrats
und Obristen des von Heydens Regiment, verschonen wollten.
Wann wir aber inmittelst Bericht empfangen, dass unser General
Herzog Georgen zu Lüneburg Lbd. schon vor diesem auf ein und
ander Regiment Assignation getan, selbige Regimenter auch in
vollem Anlauf sein sollen, und dahero solch assignierte Sammel-
und Musterplätze ohne Abbruch unserer Armee und gemeiner Wohlfahrt merklichen Schaden nit kassiert werden können; wissen wir
zwar ELbd. der getreuen Affektion und Eifers zu gemeinem evangelischen Wesen und uns, dass sie ein solches nicht begehren,
sondern viel lieber wie bishero also welters etwas Ungemachs über
sich gehen, als unsere Werbung mit ihrem augenscheinlichen eigen
Ruin hindern werde: so haben wir nichts desto weniger umb ELbd.
unsere diesfalls tragende Sorgfalt zu kontestieren sie hierunter
freundschwägerlich belangen und ersuchen wollen, sie wolle ihr
nit zuwider sein lassen, sowohl obgedachten unserm Kriegsrat und
Obristen dem von der Heyden, welcher ohne das der fürnehmbsten
Stände einer in ELbd. Fürstentumb ist und so viel mehrer Ursach
hat deroselben Aufnahm und Erhaltung zu suchen, einen notürftigen
Lauf- und Musterplatz in ihren Landen anzuweisen, als die von des
Herzogen zu Lüneburg Lbd. allbereit assignierte unschwer zu
ratifizieren und diesfalls uns nicht aus Händen zu gehen. Zumaln
weiln ELbd. hochvernünftig zu ermessen, dass bei verstärkter
Armatur des Feindes unmüglich ihre Lande mit ein paar Regimenter
zu liberieren, weniger zu konservieren, sondern wann angeregte

unser Armee zu deren Konservation angesehen sein solle (wie sie denn in Wahrheit ist), also selbige notwendig nach des Feindes Macht proportionieret und von ELbd. Landen assistiert werden muss. Solches wie es angedeutermassen zu ihrem eignen Besten gedeihet, beschieht uns zu angenehmer Freundschaft. Datum Mainz den 4. Martii Ao. 1632.

58.
1632 März 4 (14) Mainz.
König Gustav Adolf an Herzog Georg von Lüneburg.

Hannover, Kal. 10. A. 305. — Ausfertigung.

Nachdem wir den edlen und festen unsern lieben getreuen Hans Wolf von der Heyden gnädigst gewilliget unter ELbd. ein Regiment zu richten, haben wir ihme beinebens gnädigst auftragen wollen, ELbd. als unser Kriegsrat beizuwohnen und das Regiment, damit er desto füglicher davon ab und auf Erforderung uns aufwärtig sein möge, mit einem wohlqualifizierten Obristenlentnant zu versehen, hoffen ELbd. ihr solches nit missfallen lassen, sondern ihne gerne aufnehmen und in ihren und unsern, auch gemeiner Wohlfahrt konzernierenden Angelegenheiten willig hören und seines Mitrats gebrauchen werden.
Datum Mainz den 4. Martii Ao. 1632.

59.
1632 März 4 (14) Mainz.
König Gustav Adolf an den Legaten Salvius.

Hannover, Kal. 10. A. 305. — Abschrift.

Wir haben Euch ehegestern die Bestallung unsers Obristen N. von Heyden notifizieret und darbei dass Ihr ihme die Werbgelder auf ein Regiment zu Fuss fournieren sollet, anbefohlen. Wann wir dann wollen, dass er unverlängert mit dem Regiment aufkommen und sich darbenebens als unser Kriegsrat bei Herzog Georgen zu Lüneburg Lbd. einstellen möchte: werdet Ihr so viel mehres ihme nit allein mit den Werbgeldern befördern, sondern an dero Hand zu behalten mit fleissiger Kommunikation unsern und gemeinen Wesens Notdurft unterhalten, und dass durch ihme zu unserm Besten von besagten Herzogen Lbd. getreulich kooperiert werde, zu sehen.
Datum Mainz den 4. Martii Anno 1632.

60.

1632 März 15 (25) Zelle.

Herzog Christian von Zelle an König Gustav Adolf.

Hannover, Zelle 11. 110. — Entwurf.

EKW. wird unser Schreiben vom 14. Februarii, darin wir derselben den gewaltsamen Einbruch und feindliche Grassation des von Pappenheimbs in diesem niedersächsischen Kreis zu wissen getan, nunmehr verhoffentlich zukommen sein. Und mögen derselben wir ferner unser unumbgänglichen Noturft nach dienstfreundlich nicht verhalten, dass gedachter von Pappenhelmb sich nicht allein je länger je mehr stärket, sondern ohnlängst und benenntlich den 6. hujus unser bischöfliche mindisch Residenzhaus Petershagen, da wir unsere besondere Kanzlei und Regierungsräte haben, so bei alle diesen währenden troublen bishero mit Einquartierung und andern Kriegsbeschwerungen von allerseits kriegenden Teilen verschonet blieben, mit Gewalt und bewehrter Hand einnehmen und besetzen, unsere Kanzler, Räte, Sekretarien und Beampten daselbst in Arrest legen, folgende gedachtes unsers Stifts Amptshaus zum Hausberge ebenmässig occupieren und unsere Beampte daselbst arrestieren lassen. Wir werden auch berichtet, dass mit den anderen und übrigen unsern Stiftshäusern auf gleiche Weise zu prozedieren und uns also unsers ganzen Stifts, welches wir nunmehr über 33 Jahr ruhiglich ingehabt, zu entwaltigen er entschlossen sein solle. Dabei es aber nicht verblieben, sondern uf seinen Befehl und Ordinanz haben die in unsern und unsers freundlichen lieben Vettern und Sohns, Herzog Friedrich Ulrichs zu Braunschweig und Lüneburg Festungen und Häusern Nienburg, der Neustadt, Stolzenau und anderen Ortern annoch vorhandene ligistische Garnisonen, sonderlich die Reiter sich zusammengetan und über die etliche Tage vorher in unserm Ampt Hoya beschehene Plünderung in dies unser Fürstentumb einen Einfall getan, mit Abbrennung vieler Häuser und Dörfer, Niederschiessung unser Untertanen, Hinwegtreibung des Viehes ganz feindlich sich erzeiget, und haben wir die gewisse Nachrichtung, dass ihnen Ordinanz erteilet, damit ferner so weit sie nurt immer können in unsern Landen zu verfahren und also alles herumb durch Raub, Brand, Feuer und Schwert zu verderben und wegzuräumen, zweifelsohn der Intention, wann mit Blockier- oder Belagerung wider obgemelte Orter inkünftig etwas fürgenommen werden solle, dass alsdann nichtes vor die Soldateska übrig sein, und also aus Mangel der Provianten und ander Notnrft die Blockier- oder Belagerung nicht fortgesetzt werden möge.

Es wird ausgegeben, dass gedachter Pappenheimb sich nunmehr an die 20000 stark befinde, auch des Landgrafen zu Hessen Lbd. etwas Abbruchs getan haben solle; dahero stark zu besorgen, wofern nicht mit einmütiger Zusammensetzung der in diesem niedersächsischen Kreis unter EKW. Generaln des Herrn Totten Kommando vorhandener Armee sampt des Herrn Erzbischoffen zu Bremen, unsers Brudern Herzog Georgen und des Landgrafen von Hessen Truppen der von Pappenheimb mit Ernst angegriffen wird, dem ganzen evangelischen Wesen zu ohnwiederbringlichem Nachteil er in diesem Kreis, sonderlich an dem Weserstromb sich also firmieren und einen solchen festen Fuss setzen, dass er schwerlich daraus zu bringen, wo nicht (welches Gott gnädig verhüte) ganz Meister darin spielen möchte.

Habens derowegen EKW. zu notifizieren für eine hohe ohnvermeidentliche Noturft erachtet, nicht zweifelnd sie werden ihren von Gott verliehenen höchsterleuchtetem Verstand, vortrefflicher Prudenz und Vorsichtigkeit nach solche Ordre zu geben und anzustellen wissen, damit weiteren Onheil vorgebauet und dieser löblicher Kreis mit seinen Gliedern dem evangelischen Wesen zum Besten konserviert und erhalten werde, uns auch uf den Notfall vermöge der Alliance notürftiger Succurs und Rettung widerfahren möge.

Datum uf unser Festung Zell den 15. Martii Anno 1632.

61.
1632 März 17 (27) Zelle.

Herzog Christian von Zelle an König Gustav Adolf.

Hannover, Zelle 11. 99. — Entwurf.

Wir haben mit erfreutem Gemüt vernommen, dass EKW. Armee unter dem Kommando .. Herrn Wilhelms, Herzogen zu Sachsen .. sich der Stadt Duderstadt uf dem Eichsfeld bemächtiget. Nun mögen EKW. wir nicht verhalten, dass solche Stadt neben dem Ambt Gieboldehansen nnd anderen fürnehmen Stücken des Eichsfelds von unserm gemeinen Stammvater weiland Herzog Otten vor vielen Jahren hero als ein von dem Stift Quedlinburg rührendes

Lehen erworben und an unser fürstliches Haus Braunschweig-Lüneburg erblich gebracht, hernach in Teilung unseren Vettern, den Herzogen zu Grubenhagen zugefallen und angestammet, von denen folgends ans Erzstift Mainz mit vorbehaltener Wiederlöse versetzet. Und dweil es ein altväterlich Stammlehen unsers gesambten fürstlichen Hauses Braunschweig-Lüneburg, und dahero vermöge der Rechten zu Nachteil der Agnaten und Stambsverwandten nicht versetzet noch alieniret werden können, als ist von unsern Vettern den nächstabgelebten Herzogen zu Braunschweig und Lüneburg grubenhagischer Lini besagtem Stift Mainz uf vorgangene Loskündigung der Pfandschilling präsentieret, und wie derselb nicht angenommen werden wollen, gerichtlich deponieret, auch die braunschweig-lüneburgische Wappen zu Duderstadt an verschiedenen Ortern vor diesem öffentlich angeschlagen und dahin jederzeit getrachtet worden, wie dies fürstlich Haus zu der Possession solcher von Mainz widerrechtlich und de facto detinierter Güter wieder gelangen möchte. Demnach dann uf tötlichen Hintritt der letzten abgelebten Herzogen zu Braunschweig und Lüneburg grubenhagischer Lini ohne männliche Leibs-Lehnserben uf uns und unsere Mitstambs-Verwandten zellischer Lini als der rechte und nächste Lehensfolger besagtes Fürstentumb Grubenhagen mit allen seinen Pertinenzien und Zubehörungen jure agnationis et successionis devolvieret, inmassen uns auch solches mit Urtel und Recht zuerkannt und wir darauf die Possession selbigen Fürstentumbs rechtmässig erlangt und dabei allnoch befunden werden: So haben EKW. darob unser an bemeltem Duderstadt und anderen eichsfeldischen Gütern als uralten Pertinenzstücken unsers Fürstentumbs Grubenhagen zustehendes Erbrecht und Befugnis augenscheinlich zu verspüren. Und nachdeme es aus sonderbarer Schickung Gottes nunmehr dahin geraten, dass EKW. in ihren Mächten und Händen haben uns und unser fürstliches Haus zu der Possession besagter Stadt Duderstadt und anderer unser eichsfeldischer altväterlicher Stamb- und Lehengüter, wann sie nur wollen ohne sonderbare Diffikultät zu verhelfen, zu derselben auch, als die den hohen Ruhmb eines zu der Justiz ganz devoten und wohlaffektionierten Potentaten, der einen jeden, insonderheit aber die alten fürstlichen Häuser zu dem Ihrigen gerne befördern und dabei raten helfen, bei männiglich hohes und niedriges Standes in und ausser dem heiligen Reich erlanget, wir das gänzliche Vertrauen tragen, sie werden uns auch zu Wiedererlangung des Unserigen dero königliche Hilf, Favor und Hulde widerfahren zu lassen nicht abgeneigt sein:

Hierumb gelanget an EKW. unser ganz fleissige Bitte, sie wolle uns und unserm fürstlichen Hanso besagtes Duderstadt wirklich einräumen und die Untertanen, so auch darzu ganz willig, uns als ihren natürlichen Erbherren die schuldige Erbhuldigungspflicht abstatten lassen. Solches wird uns und unser fürstliches Haus umb soviel desto mehr ermuntern und zu williger Leistung dessen, was zu EKW. Dienst und Erreichung dero gemeinnützigen hochlöblichen Intents gereichen mag, aufrischen und bestätigen. Datum Zell, den 17. Martii Anno 1632.

62.

1632 März 18 (28) Braunschweig.

Herzog Friedrich Ulrich von Wolfenbüttel an König Gustav Adolf.

Wolfenb. 30. jähr. Krieg. III. 1. — Entwurf.

Von EKW. Gesandten, Hof- und Kriegsrat Ern Jakob Steinborgen haben wir bei seiner Anherokunft ganz erfreulich und danknehmig vernommen, dass es nunmehr mit dero zwischen EKW. und uns traktierter näheren Alliance und Verständnus seine gewisse Richtigkeit, seind auch gleich im Werk derosselben das vollnzogene Original durch einen eigenen Abgeordneten binnen wenig Tagen einliefern zu lassen.

Inzwischen aber haben wir nicht umbhin gekunnt, EKW. den abermals eingefallenen hochgefährlichen und weitaussehenden Zustand dieser Örter aus getreuer sorgfältiger Wohlmeinung freundvetterlich zu entdecken. Indeme der von Pappenheimb den 10. hujus zu Lauenförde mit etzlichen Regimentern zu Ross und Fuss über die Weser gesetzet, dagegen unsers lieben Vettern, Landgraf Wilhelms zu Hessen Lbd. mit ihren, wie auch des Obristen Kaggen Truppen Höxter quittieret, und zwar ILbd. dero Retirado uf Göttingen, Obrister Kagge aber uf Goslar und Halberstadt genommen; wodurch dann nicht allein unsere Lande dem Feinde abermal ganz offen und frei stehen, sondern hat Er auch darauf alsofort seine Marsche nach Dassel, Elmbeck und gestern auf Alfeld genommen, und wills fast das Ansehen gewinnen, dass

Er seine Intention auf die Stadt Hildesheimb gerichtet; nun seind wir hierob in grossen Sorgen begriffen, sehen unserer Lande abermaligen Ruin vor Augen; gerührter Ort ist an Proviant und anderer Noturft, wie auch sonst also beschaffen, dass Er daraus das ganze platte Land zu seinem Kommando hat; zumal weil Er die Pässe an der Weser, wie auch Wolfenbüttel und ander Orter mehr noch in seinen Händen; unsere wohlgemeinte Armatur, dazu wir einen guten Anfang gemacht, wird dadurch gestopfet, sedes belli kumbt mitten ins Land, EKW. Kriegsverfassung kann dieses Orts wenig, auch fast keine Handbietung geschehen; dagegen hat Er uf solchen unverhofften Fall stattliche Gelegenheit, sich daselbst seinem Gefallen nach täglich zu stärken und zu befestigen, und ist wohl zu befürchten, wo ihme nicht in aller Eil mit guter Ordre und tapferer einmütiger Konjunktion begegnet wird, dass Halberstadt, Magdeburg, Kursachsen und wohl was noch jenseit der Elbe ist, wie nicht weniger diese Stadt selbsten, in grosser Gefahr stehen dörfte. Wir haben zwar diese und andere wichtige Umbstände mehr unsern lieben Vettern Herzog Wilhelm zu Sachsen Lbd. und Herrn General Banern, als sie in unsern Landen eine Zeit lang logiert, schriftlich und durch Gesandte zu mehrmaln beweglich zu Gemüt geführt und erinnert, dass der ober- und niedersächsischen Quartiere zwischen der Elbe und Weser und andere dies- und jenseits derselben gelegener Provinzien Wohlfahrt in dem bestunden, wann im Lande allhier gute Ordre gehalten, der noch vorhandene Vorrat wohl in Acht genommen, insonderheit aber die Hauptintention fortgestellet, der von Pappenheimb mit ihrer damals bei einander gehabter gesambten ansehnlichen Macht und do nötig des Herrn Landgrafen Lbd. Konjunktion angegriffen, verfolget, moles belli über die Weser transferieret und ihme zu fernerer Stärkung keine Zeit gelassen würde. Weil es aber ja nicht hat sein wollen, sondern vielmehr unsere Fürstentumb, Grafund Herrschaften ufs äusserste mit Abnahm vieler Tausend Pferde und ohnzähligen Viehes und andern hochbeschwerlichen Bedrängnussen durch gemelte Soldateska ruinieret, ausgesogen und so gar verherget, dass es auch die ganze Zeit des Kriegsunwesens nicht ärger gewesen, so haben wirs damals mit Geduld geschehen lassen und dahinstellen müssen, und ist nunmehr, was wir zuvor gesehen und wofür wir so treulich und oft gewarnet, erfolget. Denn das Land ist wüste und öde, Bauern und Bürgere seind verlaufen, die Bestellung des Feldbaues bleibt zurücke, aller Proviant ist konsumieret, also dass es nunmehr dieser Örter leider an denen Mitteln gänzlich ermangelt, dadurch sonst EKW. und die evangelische Armee zu Erreichung des gemeinnützigen christlichen Zwecks verhoffentlich eine gute Zeit unterhalten werden können. Inmassen dann unsere Noturft. erfordert, EKW. davon hiernächst noch mehr Partikular-Ausführung zu tun.

Für jetzo wirds dero vor Augen stehender grossen Gefahr halber an dem erwinden, dass EKW. ihrem für das evangelische Wesen tragenden höchstlöblichen Eifer nach uf solche wohlpraktizierliche Hilfe und Mittel zu gedenken ihr gefallen lassen wollen, dadurch diese herausgeschlagene sorgsame Flammen ohne allen Verzug gedämpfet werden.

Unserstells wollen wir alles, was nur in unserm Vermögen, willlglich prästieren und zutragen, haben auch nebenst EKW. Gesandten solchen Übelstand an alle diensame Örter berichtet und die so oft fürgeschlagene Konjunktion und schleunige Rettung ehist und ohne Verabsäumung einigen Moments zu Werk zu richten höchlich urgieret.

Sonsten wird des Pappenheimbs ganze Armee von etzlichen uf zehen, von anderen uf acht Regimenter, von etzlichen etwas höher ausgeben, davon wir aber noch derzeit keine eigentliche Gewissheit, und verbleiben etc.

Datum in unser Stadt Braunschweig, den 18. Martii 1632.

63.

1632 März 19 (29) [Zelle].

Herzog Georg von Lüneburg an König Gustav Adolf.

Hannover, Kal. 16. A. 305. — Entwurf, Bruchstück.

Wiewohl IFG. hätte gebühren sollen von dem Verlauf und Zustand dieses Kreises IKM. zu mehrmaln etwas Bericht zu tun, so wäre doch sonderlich nichts passiert, ausser in weniger Zeit, seit die Bannlerschen und Weimarschen abgezogen, als hätte hiedurch der von Pappenheimb Occasion gewonnen, mächtig sich zu verstärken, dergestalt, dass er von allen Seiten angelangen die vielfältigen Posten im Land stärker zu besetzen, zu proviantieren und mit aller Noturft zu versehen; wardurch dann dies verursachet, dass von allen Seiten durch stetige Ausfälle unsere Fürstentumb und Lande mit Plündern, Sengen und Brennen ein unüberwindlicher Schade kausieret. Deswegen wir verursacht unser Volk, jedoch in vier Regiment, so viel uns möglich gewesen, zusammenzuführen, in Meinunge einen Post nach dem andern zu attackieren und solchem Unheil zu begegnen: so kombt uns von dem hochgebornen unserm lieben Vettern dem Landgrafen eilends unterschiedlich Bericht ein, dass der Feind auf SLbd. stark avanciere, welcherwegen sie dann die Konjunktion mit uns als Herrn Feldmarschall Totten inständig sollizitiert, wie aus den Kopien II.bd. und dero Räte zu ersehen.

64.
1632 März 20 (30) Braunschweig.
Herzog Friedrich Ulrich von Wolfenbüttel an König Gustav Adolf.
Wolfenb. 30. jähr. Krieg. III. 1. - – Entwurf.

Ab EKW. Gesandten Ehrn Jakob Steinbergs bei uns wohlabgelegten Werbung haben wir deroselbigen königlichen Wohlstand und glückliche progressus erfreulich vernommen, wünschen und bitten die göttliche Majestät, dass sie deroselben ferner von oben herab Glück, Heil und steten Sieg wider dero Feinde verleihen wolle.

Wir haben auch gleichfalls mit sonderlichem Bellebnus verstanden, dass nunmehr zwischen EKW. und uns die nähere Verein und Alliance richtig plazieret. Bedanken gegen EKW. uns in dienstlichem Fleiss, dass sie sich so königlich und freundvetterlich gegen uns und unsere höchstbedrängte arme Land und Leut erklären wollen, spüren darob deroselbigen Eifer, Lieb und Affektion, welche wir nach äusserstem Vermögen Zeit unsers Lebens zu erwidern uns angelegen sein lassen wollen. Damit dann an gänzlicher Kompletierung solches christlichen Werks nunmehr nichts versäumet werden möchte, so haben wir gegenwärtigen unsern Lehenmann und lieben getreuen Franz Friedrich von Uslar an EKW. abgefertiget, unser vollzogenes Original solcher Alliance deroselbigen zu überreichen und sie fürters in unserm Namen dienstfreundlich zu ersuchen, dass sie ihro möge belieben lassen uns obenmässig ihr königliches Original unter dero königliche Subskription und Insiegel auszuantworten.

Gleich wie wir nun darau die allergeringste Beisorge nicht tragen, also versichern EKW. wir hiemit fürstlich, dass an unserer wirklichen Real-Gegenbezeigung lauter nichts abgehen, noch ichts hinterlassen werden solle. Wir können aber hiebei höchster Noturft nicht Umbgang haben, EKW. mit Schmerzen zu berichten, dass Zeit traktierter dieser christlichen Alliance nicht allein die pappenheimische Armee zu zweien Malen, sondern auch das banniresche und weimarsche Kriegsvolk unser Land und Leute auf das Äusserste mit allerhand Exorbitantien, als Rauben, Plündern und sehr schweren Kontributionen dermassen erschöpfet, dass das Elend und der Jammerstand nicht gnugsamb zu beschreiben. Über das alles hat die hessische Armade ihr Quartier genommen, wie auch unsers Vettern Herrn Georgen, Herzogen zu Braunschweig und Lüneburg Lbd. Regimenter zu Ross und Fuss in unsere Fürstentümer und Lande ohne unsern Konsens logieret und dadurch alle Noturft und vivres auf einmal ausgezehrt, welches noch diese Stund leider kein Ende hat, und wir die klägliche Querelen alle Moment mit höchster Displizenz anhören müssen. Inmassen wir wegen der Spezialitäten obgemelten unserm Abgeordneten ein sonderbares Memorial und Designation zustellen lassen und und befohlen, EKW., im Fall es deroselben also gefällig sein wird, weitern mündlichen Bericht zu tun, unnötig ermessend EKW. diesmals in unserm Schreiben mit länglicher Erzählung damit ufzuhalten.

Ersuchen EKW. demnach ganz dienstliches Fleisses, sie wolle oberwähnten unserm Abgeordneten, welcher sich bei dero königlichen Hofstaat eine Zeit lang als unser Resident aufhalten wird, allemal uf sein gehorsamstes Anmelden mit gedeihlicher Resolution versehen. Insonderheit aber bitten EKW. wir zum höchsten, dass schleunigst eine solche scharfe königliche zureichende Ordinanz möge ausgelassen und exequieret werden, damit wir und unsere arme Land und Leut von den unerträglichen Pressuren entlediget und also Kräfte und Stärke erlangen können, dasjenige bei dem gemeinen Wesen zu tun, was EKW. wir verheissen und im Werk zu erfüllen die höchste Begierde tragen. Soustet und da den feindlichen Irruptionen nicht mit heroischer Tapferkeit gewehret und die geklagte innerliche confusiones vermieden werden sollen, würden endlich EKW. und des gemeinen Wesens hochersprissliche Dienste zu Grund gehen und dem Feinde dies edle Land sambt dem ganzen nieder- und obersächsischen Kreis zu Raub und Beute

ausgestellt werden müssen. EKW. Intention ist Gott Lob viel
anders der ganzen ehrbaren Welt bekannt, und wir wollen deroselbigen mit Leib, Gut und Blut fürstlich zu sekundieren allezeit
bereit sein und bleiben.
Geben in unser Stadt Braunschweig, den 20. Martii Anno 1632.

65.
1632 März 24 (April 3) Zelle.
Herzog Georg von Lüneburg an König Gustav Adolf.

Hannover, Kal. 16. A. XXV. — Entwurf.

EKM. berichten wir hiemit freundvetterlichen, dass Herr
Obrister von der Heyden allhie heut Gott Lob in salvo angelanget,
und haben EM. Meinung wir nicht allein ob seinem schriftlichen
als mündlichen Anbringen vernommen, sondern sein auch willig
und bereit EM. Begehren und Erinnerungen in allem völlige
Satisfaktion zu tun, wie wir denn nicht unterlassen, weiln es der
Zustand hiesiger Orter hoch erfordert, alsobald unsern Obristen
Leutenambt zu Fuss, Georg Ernst Wurmb, an den Herrn Feld-
marschall Totten zu schicken, sowohl auch an den Herrn General-
Komissarium Erich Anderson auf solche Mass die Noturft zu
schreiben, wie EM. ob eingelegten Abschriften zu ersehen freund-
vetterlich geruhen wollen. Und weiln die unumbgängliche hohe
Noturft, dass unsere Truppen nunmehr gemustert und in EM.
Pflicht genommen werden, so haben wir nicht allein desfalls bei
Herrn Kommissario Erinnerung getan, sondern ersuchen auch EM.
ganz freundvetterlich, sie wolle zu Beförderung dieses notwendigen
Werks sich solcher mit gefallen lassen und desfalls weitere gnädigste
Verordnung tun, damit solches ja nicht länger mag nachbleiben.
EM. haben wir allbereit berichtet, dass unsere Reuterei etwas
Schadens gelitten; weiln sich aber der mehrer Teil wiederumb
stellen tut, und der Verlust also nicht gross,[1]) so haben EM. den
wahren Verlauf hiemit also berichten und solche hiebei des Aller-
höchsten Schutzes . . .
Datum Zell am 24. Martii Ao. 1632.

---

[1]) Ausgestrichen: und nicht über 100 Pferde ermangeln.

66.

1632 März 26 (April 5) Zelle.

Herzog Georg von Lüneburg an König Gustav Adolf.

Hannover, Kal. 16. A. 305. — Entwurf.

EKM. mögen wir freundvetterlich nicht verhalten, dass in unsern vermöge EM. Ordre uns assigniertem Quartier unter andern Plätzen Goslar, Göttingen, Münden und Bockenemb mit Landgraf Wilhelms zu Hessen und des Herrn Generaln Banlers Truppen zum Teil belegt sein. Wann wir nun bishero das geringste aus demjenigen Quartier, so von EM. uns attribuiert, dahero haben können, dass der Feind aus den vielfältig zusammengrenzenden Garnisonen bishero und noch diese Stunde solches verwehrt, und wir nun noch zwei Regiment, als des Herrn Obristen Heyden und des Obristen Gehlen zu Ross (welches letzte noch zur Zeit das geringste nicht zur Accomodation hat) EM. zu Dienst auf die Bein bringen müssen: als bitten und ersuchen EM. wir freundvetterlich und ganz fleissig, weiln wir das geringste zu Employierung EM. uns untergebenen Obersten und deren Regimenter aus unsern Quartieren nicht erhoben, noch sonsten soviel deren genossen, dass eine Kompanie ihren Unterhalt daraus haben mögen, gestalt uns unsers Vettern des Herzogen zu Braunschweig Lbd. wird Zeugnus geben, EM. gernhe, dass obgenannte Plätze uns und bemelten beiden Obristen alsobald mögen eingeräumet und an unsere Quartier, um desto eher aufzukommen, cediert werden.

Datum Zell am 26. Merzen Ao. 1632.

67.

1632 März 29 (April 8) Braunschweig.

Herzog Friedrich Ulrich von Wolfenbüttel an König Gustav Adolf.

Wolfenb. 30jähr. Krieg III. 1. — Ausfertigung und Abschrift.

Wir setzen in keinen Zweifel EKW. werden unser Schreiben vom 18. hujus, darinnen wir den itzigen sorgsamen Zustand dieser niedersächsischen Quartiere vertraulich avisieret, nunmehr zu recht eingeliefert, wie nicht weniger unser Abgeordneter Friedrich Franz von Usler angelanget sein, die vollnzogene originalia der geschlossenen Alliance überantwortet und von allen nötigen Partikularitäten sattsam Bericht getan haben. Wiewohl wir nun vergewissert, EKW.

werden darauf alsofort zu schleuniger Dämpfung dieses angehenden neuen Feuers unverzügliche proportionierte Gegenmittel verordnet haben, so haben wir doch aus schuldiger Sorgfalt nicht umbhin gekunnt, hiemit weiter zu notifizieren, dass der von Pappenheimb sich dasieder der Stadt Eimbeck, eines importierenden und an Proviant und anderer Noturft wohlversehenen Orts durch Accord bemächtiget und also nunmehr das ganze platte Land und alle unsere Fürstentumbe wie auch den ganzen Weserstromb bis ins Erzstift Bremen ausserhalb dieser unser Stadt Braunschweig, Hannover und Hildesheimb unter seine Macht und Kontribution gebracht. Sollte er sich nun nach Halberstadt, Magdeburg und gar in Kursachsen wenden, so stehet ihm alles offen und werden EKW. selbst des Passes halber über die Elbe sehr hoch periklitieren; wiewohl uns gleichwohl gestern glaubhafte Nachrichtung zukommen, dass er strackesweges uf Hannover und ins Stift Bremen zu gehen gemeinet, ohngezweifelt sein Heil an der Tottischen Armee gleichergestalt zu versuchen. Der Allerhöchste wolle des Orts weiter Unglück verhüten, wie wirs denn per posta sowohl . . Herzogen Georgens zu Lüneburg Lbd. als auch dem Feldmarschalck Tottou selbst avisieret, und zweifeln nicht, sie werden sich in guter Garde finden lassen. Einmal wollens EKW. gewiss dafür achten, dass die Gefahr nicht schlecht, sondern sehr gross. Er hat jetzo die beste Kommodität sich von Tage zu Tage zu stärken, die wolfenbüttelsche Garnison fället täglich ohne alle Resistenz aus, plündern auf etliche Meil herumb alles weg und kunnte leicht geschehen, dass was EKW. mit so hoher Periklitierung ihrer eigenen Person, unerschrockener Resolution und so vielem Blutvergiessen dies- und jenseits der Elbe befreiet, uf einmal wegginge, insonderheit wann diese Stadt, welches Gott gnädiglich verhüten wolle, Not leiden und gelassen werden sollte.

Wie nun dieses alles verhoffentlich durch Verleihung des Allerhöchsten gar wohl verhütet werden können, wann man unsern so vielfältigen treuherzigen Anmahnungen gefolget und gestracks anfangs mit einhelliger Konjunktur so vieler allhie beisammen gewesener mächtiger Armeen an den von Pappenheimb gangen, denselben verfolget und gedämpfet hätte. Also werden EKW. ihr gefällig sein lassen, weil solch tempo einmal hinweg und nicht zuwiederbringen, damit durch andere gougsame Mittel und ernste Anordnung diesem für Augen stehenden grossen gefährlichen Unheil mit unerschrockenem Mute begegnet und darunter ob summum periculum in mora kein Moment versäumet werden möge, zu dessen glücklicher und besserer Erweisung wohl hochbillig und diensamb sein würde, wann EKW. eine wohlqualifizierte Person in diese niedersächsische Lande verordne, so mit gnugsamer Plenipotenz das Oberdirektorium über alle Armeen führen und was wider des von Pappenheimbs Machinationen weiter vorzunehmen, anordnen und disponieren könne.

Was sonsten EKW. vom 4. hujus an uns aus Mainz der Lauf- und Munsterplätze halber für hochgedachts.. Herzogen Georgens zu Braunschweig und Lüneburg Lbd. gelangen lassen, solches ist uns für wenig Tagen eingeliefert worden. Als nun EKW. aus dem bisherigen Progress selbs hochvernünftig befinden werden, dass im verschienen Januario der von Pappenhelmb durch seine magdeburgische Marsch und Remarsch unsere Lande zu Grunde verderbet, hernacher die welmarsche, landgräfliche und bauersche Armeen weit über 20000 Mann stark etzliche Wochen, und zwar mit schweren unverantwortlichen Exorbitantien darinnen logieret, nunmehr aber der von Pappenheimb das ganze platte Laud in seinen Händen hat: So ist leicht zu ermessen, dass so gar auch für unsere eigene Armatur kein Laufplatz darinnen mehr übrig, sondern für allen Dingen dieser feindseliger, vorderblicher Einbruch wieder abgetrieben werden muss. Da wirs dann bei der geschlossenen Vereinigung allerdings verbleiben lassen und dem evangelischen Wesen zum Besten unsere äusserste Müglichkeit willig und gern darstrecken wollen.

Bitten allein nochmals freundvetterlich EKW. wollen mit eilender ungesäumbter Rettung und Succurs uns und diese in grosser Not und Gefahr begriffene Laude, insonderheit diese drei Hauptstädte Braunschweig, Hildesheim und Hannover fürderlichst und chist erfreuen, dero wir alle frenndvetterliche Dienste nach äusserster Müglichkeit zu erweisen jederzeit bereitwillig sein.

Datum in unser Stadt Braunschweig den 29. Martii Anno 1632.

PS. Demnach gleich jetzo und nach Schliessung dieses uns gewisse Relation zukompt, wie es mit Eroberung der Stadt Eimbeck daher gegangen, haben EKW. wir dieselbe neben einer Liste der pappenheimbschen Armee wollen zufertigen, und obwohl in berührter Relation berichtet wird, dass der Graf von Merode mit vielem Volk jenseits der Weser im Anzuge und mit dem von

Pappenheimb sich konjungieren wolle, haben wir doch so viel Nachrichtung, dass gedachter Graf nur 6000 Mann stark, aber doch gleichwohl sich täglich je mehr und mehr stärke und zu befürchten, wo nicht bei Zeiten des von Pappenheimbs Intention gebrochen wird, es werden viel unzählig böse und hernacher unwiederbringliche inconvenientia daraus entstehen und erfolgen; darumb wir nochmals freundvetterlich bitten, EKW. die gesuchte hochnötige und keinen längeren Anstand leidende Verordnung schleunigst maturieren wollen.

68.
1632 März 31 (April 10) Zelle.
Herzog Christian von Zelle an König Gustav Adolf.
Hannover, Zelle 11. 99. — Entwurf.

EKW. wie ohngern wir auch dieselbe bei dero schweren Obliegen und zu allgemeiner Wohlfahrt der bedrängten christlichen Kirchen angesehenen Verrichtungen behelligen wollten, müssen wir doch unserer ohnumbgänglicher Notnrft nach zu erkennen geben, dass der von Pappenheim bei der jüngst geklagter gewaltsamer Occupation unsers nunmehr über die 83 Jahr ruhig und rechtmässig eingehabten Stifts Minden es nicht gelassen, sondern noch ferner unsere Stadt Eimbeck als die Hauptstadt unsers Fürstentumbs Grubenhagen feindlich belagert und also forcieret, dass sie sich den 24. hujus per Accord ergeben müssen. Dadurch er dann nicht allein einen grossen Vorrat an vivres, Geschütz und Munition und was sowohl die adeliche Landsassen als andere Untertanen dahin geflehet, überkommen und sich mächtig gestärket, sondern auch effective des ganzen Fürstentumbs Grubenhagen sich bemächtiget, andern benachbarten Städten, als Braunschweig, Hildesheimb und Hannover einen grossen Schrecken eingejaget, dass dieselbe nicht in geringer Gefahr ebenmässiger geschwinder Überwältigung begriffen. In beiden unsern Grafschaften Hoya und Diepholz hat er vorhin seine starke Besatzung, dass er dieselbe zu seinem Willen, und wir deren fast in nichtes gebessert sein. Dies unser übriges Fürstentumb ist gutenteils und wird noch ferner durch die Ausfälle und Plünderung der in Wolfenbüttel, Nienburg, Neustadt, Stolzenau, Peine usw. liegender Garnisonen also zugerichtet, dass unsere arme Untertanen fast nichtes mehr hergeben können und uns allgemachsam an unserm fürstlichen Unterhalt ermangeln möchte. Über dies alles seind wir in unser hiesigen eigen Residenz unser und unserer freundlichen lieben Brüder fürstlichen Personen halber gegen die besorgende feindliche An- und Überfälle nicht allerdinge gesichert. Wir haben diese Bewandtnus EKW. Herrn Generaln wie auch dem commissario Salvio zeitlich und zu mehrmaln zu wissen getan, umb Succurs beweglich angehalten, sind aber bishero damit noch nicht versehen worden; dass also zu besorgen, wofern dem Pappenheimb, dessen Macht im Anfang nicht gross und, wie es dafür von vielen gehalten, leichtlich zu dämpfen gewesen, nicht mit einer tapfern Resolution und einmütigen Zusammensetzung unter einem General-Hauptdirectorio begegnet, es umb diesen Kreis getan und derselb zu ohnwiederbringlichem Nachteil des ganzen evangelischen Wesens (welches doch der getreue Gott gnädig verhüten wolle) unter des Gegenteils Gewalt gänzlich geraten dürfte. Bitten und ersuchen demnach EKW. uſs allerfleissigste und beweglichste, sie wollen sich unser mit möglichster Assistenz, Hilf und Rat annehmen und nicht zugeben, dass diese uralte löbliche Fürstentumber Braunschweig und Lüneburg dergestalt ihren rechten natürlichen Erbherren entzogen und anderen fremden zu teil werden mögen. Ohne dass nun EKW. ihro hiedurch unser ganzes Haus Braunschweig-Lüneburg zum höchsten obligat machen, werden sie auch dasjenige, was zu Ufnehm- und Stabilierung des ganzen evangelischen Wesens und ihres eignen Staats Versicherung nutz und dienstam ist, zu ihrem ohnsterblichen Nachruhmb verrichten.

Datum uf unser Festung Zell den 31. Martii Anno 1692.

69.

1632 April 3 (13) Braunschweig.

Herzog Friedrich Ulrich von Braunschweig an König Gustav Adolf.

Wolfenb. 30jähr. Krieg III. 1. — Entwurf.

Wir wollen guter Hoffnung leben, EKW. werden nunmehr unsere vom 18. und 29. Martii abgangene Schreiben wohl eingeliefert sein, darab dann dieselbe mehrer Länge ersehen mögen, wasergestalt die Stadt Elmbeck und fürter alle umbliegende Örter bis an Hildesheimb und Hannover in des von Pappenheimb Gewalt und Disposition geraten. Unsere Festung Wolfenbüttel und was an festen Plätzen zwischen unser Stadt Braunschweig, Hildesheimb und Hannover belegen, als Steinbrück, Peine, Steuerwald und Kalenberg seind ebenergestalt in des von Pappenheimbs Händen gelassen, unerucht man jüngster Zeit, da drei unterschiedliche starke Armeen in unsern Landen in die fünf oder sechs Wochen logieret, sich derselben unsers Ermessens leichtsam bemächtigen können. Die wolfenbüttelsche Garnison exkurrieret fast täglich bis zu unser Stadt Helmstedt und das Stift Halberstadt, machen überall reine Bahn, dass fast weder Mensch noch Viehe sich auf dem Laude enthalten und den Ackerbau und Haushalt wieder anrichten kann. Seind also unser gesampte Fürstentumb nud Lande entweder des von Pappenheimb Besatzung und Kontribution oder Streifereien und Auspländerungen unterworfen.

Ob es nun wohl diescrends leider itzo angezogenen kläglichen Zustand gewonnen, so wird uns doch von EKW. Offizierern eine Beschwerde über die andere angemutet und zugezogen, dass nns fast alle Mittel entgehen, unsere eigne zu EKW. und des ovaugelischen Wesens Dienste geworbene Soldateska zu logieren und zu verpflegen. Wir haben uns zu allem, wozu wir kraft der getroffenen Alliance verbunden, mehrfältig anerboten, mit Bitte in uns weiter nicht zu dringen und dahin fürnemlich alles Absehen zu richten, wie sich die landgräfliche und tottische Armeen forderlich konjungieren, denselben alles Volk, was nnrt aufzubringen, zugestossen und der Feind coadunatis viribus wiederumb über die Weser aus diesen niedersächsischen Landen getrieben werden könnte; dazu wir dann alles, was uns noch eines und andern Orts etwa übrig gelassen sein möchte, ganz willig und gerne herschliessen und zutragen wollen.

Wann auch der von Pappenheimb zurückgewiesen und unsere Lande in unser Disposition gelanget und in etwas erquicket, wollen wir fürter das Äusserste daran setzen und laut der Alliance unsere Schuldigkeit unweigerlich abstatten. Wir tragen keinen Zweifel, wann EKW. oberzählte wahre Beschaffenheit und andere mehr Umbstände der Gebühr fürkämen, sie würde mit uns und unserer ausgemergelten, ersogenen und fast an Menschen und Viehe desolierten Land und Leuten nit allein christlich kondolieren, sondern Dero königlichem hochbegabtem Verstande nach selber ermessen, dass uns so wenig möglich wäre, ein mehres zu ertragen, als wir vermöge angeregter Bündnus zu leisten schuldig sein.

EKW. mögen wir bei Dero hohen königlichen überhäuften Obliegen mit mehrer Anführung nit behelligen, haben aber den itzigen Zustand dieser Lande Deroselben Reichskanzler Ochsenstern[1]) etwas particularius entdecket, guter Zuversicht, selbiger werde EKW. von allem salten Bericht tun. Und reichet demnach dieselbe unser freundvetterliche Bitte, sie wolle sich den Wohlstand dieser niedersächsischen Lande mit hoher königlicher Sorgfalt angelegen sein lassen und bei Dero hohen Offizierern die zureichende Verfügung tun, dass sie in unsern Landen bessere als leider bishero geschehen Ordre und Krieges-Disziplin halten, auch sonsten im übrigen uns wider die hochbeteuerte Konföderation überall nit beschweren mögen.

Geben in unser Stadt Braunschweig am 3. April Anno 1632.

PS. Auch geben EKW. wir in freundvetterlicher Wohlmeinung zu vernehmen, dass der von Pappenheimb in Eroberung der Stadt Eimbeck unsern geheimbten Rat Joachim Götzen von Olenhausen, Johan von Falkenberg und nnsern Landcommissarinm Jacob Arend Papen, welche der Zeit in publicis negotiieret, daselbst angetroffen, aufs Rathaus setzen und neben andern unsern Beamten arrestieren, stark bewachen und nunmehr gar gen Hameln wegführen lassen. Zugleichen hat er dem ligistischen Kommandanten in unser Festung Wolfenbüttel Ordinanz geben, unsere allda hinterlassene Offizierer und Diener in gewahrsame Haft zu bringen, wie dann geschehen. Wie gern wir nun unsern getreuen Rat Joachim Götzen von Olenhausen, dem unsere consilia überall bekannt, der sich auch allerends unerschrocken gebrauchen lassen, neben andern unsern Offizierern und Dienern geholfen sehen möchten, so haben wir doch zu ihrer Erledigung noch zur Zeit kein fürtraglicher Mittel absehen können, als dass die papistische Klerisei in Hildesheimb durch den Rat daselbst auf Anordnung und Begehren EKW. in Dero Namen ebenermassen angehalten und nach Gelegenheit der Person gegen unsere Räte und Diener und uit ehe erlassen würden. Gelanget demnach an EKW. hiewit unser freundvetterlich Suchen, sie wolle ihro gefallen lassen, eine solche Ordinanz an gedachten Rat zu Hildesheimb zu erteilen. Daneben aber will die höchste Notnrft sein und ersuchen EKW. wir freundvetterlich, sie wolle sich nicht zuwider sein lassen, bei dem Feldmarschall Pappenheimb ernstlich

---

[1]) Friedrich Ulrich an Axel Oxenstierna dd. 1632 April 3 (13) ebd.

zu erinnern, gedachten unsern Rat Götzen und andere loszugeben, oder nf allen Fall ehrlich zu traktieren und mit keinen gefährlichen Prozeduren wider sie zu verfahren, oder EKW. könnten nicht umbhin mit andern Gefangenen von eben solcher Qualität und Kondition gleichergestalt und hinwider zu verfahren. Insonderheit aber wollen wir dafürhalten, dass berührter unser Rat gegen den Obristen von Westphalen, welcher von des Herzogs zu Sachsen-Weimar Lbd. gefänglich enthalten [wird], umbgewechselt werden könnte; zweifeln auch nicht EKW. werden es durch dero königliche Interposition bei SLbd. leicht dahin richten. Wir tragen daran keinen Zweifel, unsere Diener werden dadurch erquickt und zu EKW. Dienste aufgemuntert werden.

Ut in litteris.

70.

1632 April 7 (17) Winsen a. d. Luhe.

Herzog Georg von Lüneburg an König Gustav Adolf.

Hannover Kal. 16. A. 305. — Entwurf.

EKM. mögen wir freundvetterlichen nicht verhalten, wie dass wir uns vergangen Montag[1]) nacher Buxtehude begeben, und was die unumbgängliche hohe Notnrft und EM. Dienst hiesiger Örter erfordern wollen, mit Herrn Feldmarschall Totten, Herrn Generalleutenambt Bandissin, sowohl Herrn Generalmajoren Lohausen, als auch EM. uns adjungierten Kriegsrat, Herrn Obristen von der Heyden und Herrn Salvio zum allerfleissigsten konsultiert. Wann wir uns nun eines gewissen conclusi unanimiter verglichen, gestalt Herr Salvius EKM. davon mit mehrem Umbständen dem Verlass und Abrede nach berichten wird, also verhoffen wir, EM. werde sich nicht allein solchen, alles wohlgemeinet, belieben lassen, sondern gewiss dafür halten, dass wir unserm hohen obligo zufolge alles tun werden, was uns immer mensch- und müglich sein will. Sonsten hat der Feind, nachdemb er unsere Stadt Eimbeck per accordo ingenommen sich keiner ferneren Belagerung unterwunden noch firmb gelegt, sondern grassiert der Ends im Fürstentumb Kalenberg, nacher Neustadt und Rethem allenthalben herumb. Wir haben aber auf seine actiones ein wachendes fleissiges Auge und werden keine Occasion versäumen, worin wir ihm können und

---

[1]) April 2 (12).

mögen Abbruch tun. Was weiter vorgeht, soll EM. allemal schuldigermassen advertieret werden. Datum Winsen auf der Luhe am 7. Aprilis Ao. 1632.

71.
1632 April 28 (Mai 8) Moasburg.
König Gustav Adolf an Herzog Christian von Zelle.

Hannover, Zelle 11. 99. — Ausfertigung. — praes. Zelle 1632 Mai 22 (Juni 1).

Wir vernehmen mit sonderbarem Leidwesen, in was übelm Zustand ELbd. Landen, sonderlich das Stift Minden und Fürstentumb Grubenhagen wegen obliegender Feindsgefahr begriffen. Nun bezeugen wir mit Gott, dass wir an uns bishero nichts ermangeln haben lassen, dasjenige fortzustellen, was zu deren Versicherung immer dienlich geschienen. So auch dass wir solches zu ELbd. contentement ins Werk zu setzen, dero eigenen Bruders Herzog Georgens Lbd. gebrauchen wollen, ungezweifleter Meinung, es sollte und könnte nit besser administriert werden, als durch denjenigen, deme das künftige anfallende Interesse als für das Seinige selbsten zu sorgen machen sollte. Was wir auch sonsten bei andern unsern der Enden vorhandenen Generaln ELbd. zu gut für Anstalt gemacht, weisen unsere hierüber vielfältig erteilte Ordonanzen gnugsamb aus.

Dass aber alles so nit, wie wir gewünscht und intendiert haben, gangen, sondern die Werbungen sich so lang gezogen, die conjunctiones gesteckt und diverse intentiones oder auch wohl Privatrespekten untermischt haben, solches können wir so wenig bessern, als möglich gewesen, dass wir hintangesetzt des Hauptwerks uns der Orten selbsten befinden oder allerwegen sein können. Werden demnach ELbd. uns unsers Orts freundvetterlich entschuldiget halten und sich versichern, dass wie bishero also fürters an uns nichtes desideriert werden solle; gestalt wir dann bei unsern Generalen die abermalige Anstalt gemacht, ELbd. möglichst zu succurieren, nit zweifelnd sie werden selbigen nachkommen und des Pappenheimbs bisher ungehinderte Progress nunmehr sistieren. Ersuchen dabei ELbd. freundvetterlich sie wolle ihres Orts unbeschwert sein, ihnen selbsten mit Rat und Tat zu assistieren und dergestalt unter die Arm zu greifen, dass sie so viel eher zu unser

Intention und ELbd. Wunsch gelangen und dero Landen in Sicherheit stellen mögen.

Wo wir weiters ELbd. angenehme Freundschaft bezeigen werden können, darzu haben sie uns allstets willig [und] geflissen, und empfehlen etc.

Datum in unserm Hauptquartier Mossburg den 28. Aprilis Anno 1632.

72.
1632 Mai 8 (18) [Zelle].
Herzog Christian von Zelle an König Gustav Adolf.

Hannover, Zelle 11. 99. — Entwurf.

Wir können anders nicht, dann uns von Herzen erfreuen über den glücklichen Progress dero von dem allgewaltigen Gott EKW. verliehener so stattlicher Viktorien und triumphwürdiger Überwindungen ihrer und der wahren christlichen Kirchen Feinde und Verfolger, davon wir jüngsthin berichtet worden. Kongratulieren derentwegen EKW. aus rechtschaffener getreuer Affektion, und danken dafür dem Allerhöchsten und bitten seine göttliche Allmacht, die wolle EKW. für allen Ohnfall Leibs und der Seelen gnädig bewahren, sie bei langem gesunden Leben fristen und das wohlangefangene und mit männiglichs, ja fast der ganzen Welt Verwunderung bis hiehin gebrachtes Werk ferner zu seines heiligen Namens Ehr, Ausbreitung seines allein seligmachenden Worts und Rettung seiner bedrängten Kirchen glücklich und sieghaftig ausführen und vollenden.

Je herrlicher und wunderbarlicher nun solche EKW. von Gott verliehene Viktorien und heroische Taten in aller redlicher Patrioten und rechtschaffener christgläubiger Menschen Herzen und Augen sein und billig geachtet werden sollen, je mehr man sich über diejenige verwundern muss, die solche der gewaltigen Hand Gottes scheinbare Werke nicht allein nicht achten, noch erkennen, noch sich an anderer Ihresgleichen, mit denen dann deposuit heutigen tags gespielet wird, Exempel spiegelen und kehren, sondern gleichsam mit verstocktem Gemüt aus einem ohnzeitigen römisch-katholischen Eifer oder vielmehr Begierde dessen, was einem andern zustehet, nach ihrem Ohnglück ringen und ohne Fug und Ursach sich zumal zu dieser Zeit zu friedfertigen evangelischen Fürsten und Ständen nötigen. Eben dasselbe tuet der itzige Bischof zu Osnabrück und

Beilage 72.

Verden, Franciscus Wilhelmus Graf zu Warteuberg, der daran nicht ermättiget, dass die beeden Stifter Osnabrück und Verden, so dabevor ein evangelischer Fürst, als weiland Herr Philipp Sigismund Herzog zu Braunschweig und Lüneburg . . bis zu seinem Sterbtag ingehabt und löblich regieret, durch Vorschub des itzigen Erzbischofen und Kurfürsten zu Köln, dabei er sich ein Zeit lang zu Hof ufgehalten, erprakltisieret und an sich bracht, die Städte Osnabrück und Verden sampt dem ganzen darzu gehörigen Lande, darin die evangelische Religion lange und viele Jahr im Gang und Schwang gewesen, mit grossen Seufzen und Weheklagen der Untertanen uf papistisch reformieret [und] viele Leute ins Elend verjaget: Sondern hat noch ferner am papst-, wie auch kaiserlichen Hofe anf und über unserm Stift Minden (ohnangesehen wir als rechtmässig erwählter Bischof denselben Stift über 33 Jahr ruhig ingehabt und verwaltet, auch für einen Bischof daselbst im heiligen römischen Reich sowohl von katholischen als evangelischen Kur-, Fürsten und Ständen öffentlich erkannt, geuennet, respektieret und gehalten, demselben auch also vorgestanden, dass wirs für Gott und männiglich zu verantworten getrauen) päpstliche Bullen und kaiserliche rescripta, so einzig und allein uf das ohnglückselige in anno 1629 publizierte Religionsedikt fundieret, hinterrücklich wider uns ausbracht und, ohnangesehen dass solche papst- und kaiserliche Briefe im Septembri abgewichenen 1631. Jahrs datieret und er so lange damit zurückgehalten, noch neulich am 27. April jüngsthin, wie er ohne allen Zweifel verhoffet, die papenheimbsche Expedition würde nach seinem Wunsch ablaufen, seine ministros in unser Stadt Minden gesandt, obgenannte papst- und kaiserliche Briefe sowohl unserm würdigen Domkapitel als Ritter- und Landschaft, wie auch den Rat unser Stadt Minden insinuieren, und bei ermelter Landschaft und Rat zu Minden gar stark mit allerhand Bedrohung umb die Huldigung ihme zu leisten anhalten lassen. Wir haben dagegen ermeltes unser Domkapitel, Landsassen und Untertanen ihrer uns geleisteten Pflicht und Eiden erinnert und zur Beständigkeit augemahnet, verhoffen auch sie werden dabei standhaft verharren und von uns sich nicht wendig machen lassen.

Sollte nun durch die in unser Stadt Minden liegende papistische Garnison, durch welche uf des von Pappenheimbs Direktion und Befehl schon vor etlichen Wochen alle unsere Stiftshäuser occupieret und besetzet, unsere Kanzlei daselbst verschlossen, die Räte und

Beampten verstricket worden, wider uns und zu unserm Präjudiz von dem von Pappenheimb nf des Bischofs zu Osnabrück Ansuchen noch weiter etwas verhänget und zu Werke gerichtet werden, so tragen zu EKW. wir das gewisse ohnfehlbare Vertrauen, sie werden sich unser mit möglicher Assistenz annehmen und uns sowohl bei unsern Wahl- als Erblanden mächtig schützen helfen, darumb wir sie auch dienstfreundlich und fleissig ersuchen tuen.

Nicht weniger bedanken gegen EKW. wir uns höchlich, dass gegen unsern an dero Hofe habenden Agenten, Bodo von Hodenberg, sie sich dergestalt, wie uns er gerühmet und überschrieben, miltiglich erkläret, und nicht allein wegen des uns von dem von Pappenheimb entwältigter Stadt Einbeck und anderen zugefügten Schadens ein so mildes Mitleiden getragen, sondern auch zu dero Rekuperation und sonsten sich zu aller befürderlichen Hilf, königlichen Schutz und Rettung erboten. EKW. wolle sich hinwider versichern, dass deroselben wir nach aller Möglichkeit zur Hand zu gehen und von unser gegen derselben gefassten Devotion, Lieb und Treu uns durch nichtes wollen demovieren oder abwendig machen lassen.

Datum etc. 8. Maji 632.

73.
1632 Mai 11 (21) München.
König Gustav Adolf an den Legaten Salvius.

Hannover, Kal. 32. II. 56. — Abschrift.

Dass wir nun etliche Wochen kein Schreiben von Euch empfangen, befrembdet uns nicht weniger, als wir darfür halten müssen, ihr habt entweder selbsten der bei euch passierten Händel schlecht Kenntnis oder wollet uns die Ursach des übeln Zustands daselbsten nit entdecken. Wie aber jenes eine Anzeig ener geringen Korrespondenz und Vertraulichkeit mit dem Feldmarschall Totten wäre, so würde dieses euch wenig verantwortlich sein, als den wir zu dem Ende dem Feldmarschall adjungiert, dass ihr consiliorum director sein und uns von allen stets treulich avisieren sollet. Werdet demnach nit allein [in] was Zustand unsere Sachen alldar begriffen, sondern auch worumb die consilia bishero so schlecht allda geloffen und von euch nit anders dirigiert worden sein, uns unverzüglich in Umständen und zwar ohne Verblümung (welche wir bishero in euern Schreiben verspürt und daher, welches zu beklagen,

oftmal euer Schreiben nit verstanden, zu geschweigen die Noturft
darauf fortsetzen können) berichten, angesehen alle Courrenten von
der Unserigen übeln Administration und des Pappembeimbs al despetto
unserer Armee ungehinderten Progress zu euer sambt
schlechten Ruhm voll sein, der Effekt selbsten auch solches gnugsam
ausweiset und schleunigste Remedierung erfordert, welches
jedoch nit geschehen kann, wir haben dann unsers daniedigen
Staats und der darein eingeschlichenen Mängel richtige Kenntnus.

Damit aber inmittels das Übel weiter nit umb sich fresse,
sondern möglichst redressieret werde, haben wir dem Feldmarschalln
Totten unsere abermalige Ordre, deren Kopei ihr hierneben zu
zu empfangen,[1]) zugemacht, und befehlen euch hiermit nochmaln
ernstlich, ihr wollet darob sein, damit solcher allerseits nit ans
der Acht gelassen, sondern ins Werk gesetzt werde.

Es ist aber unsere Meinung dies, weiln Pappenheim nunmehr
sich mit solcher Macht umb Stade befindet und vermutlich die
Däulschen mit ihme unter der Decke liegen möchten, dass demnach
Tott alle Truppen, so viel wir ihme assigniert und beigehende
Designation ausweiset, unverlängert zusammenziehen und so lange
beisammen halten soll, so lange Pappenheim rerum (?) und darneden
ist. Darbei er aber alle abängliche Mittel und Wege zu suchen,
wie er den Feind Abbruch tun, oder da sich Gelegenheit öffnete,
ihme schlagen möchte, gestalt er dann Ihme überflüssig gewachsen,
und wann die Truppen alle beisammen sein, des Kommissarii Andersons
Verschlag nach über 16000 Mann stark sein wird. Sollte er nun durch
göttliche Verleihung Pappenheimb schlagen, so hätte er nach
Proportion der Besatzung in Stade und der Gefahr, die aus
Dennenmark zu besorgen sein möchte, so viel Truppen als von
Nöten darfür, die Stadt zu blockieren und auf Dennenmark Acht
zu geben, zu lassen; von dem übrigen dem Reichskanzler
5 oder 6000 zu schicken und den Rest an die Havel zu führen
und Kursachsens Lbd. auf den Notfall zu assistieren, oder da die
Sachen allda widrig laufen und der Feind fürbrechen wollte, unsern
Staat daselbsten zu sustinieren. Jedoch müssen ihr hierbei die
Beschaffenheit Kursachsens und des Reichskanzlers Zustand wohl
dejudizieren, und da sich Sachsens halber nichtes zu befahren, der
Reichskanzler auch keine Not hätte, könnte Tott zu den Truppen,

---

[1]) d. eod. Arkiv L. no. 447.

die an die Havel deputiert sein, auch so viel als möglich von denen zu Stade hinterlassenen nehmen und damit sein Heil in Braunschweig versuchen, und dass er solches Herzogtumb vollends in unsere Devotion bringe, zusehn.

Im Fall aber Pappenheimb sich von Staden retirieren würde, so hättet Ihr zweierlei in Acht zu nehmen. Erstlich die Beschaffenheit der Stadt Stade, zum andern wohin sich Pappenheimb wenden möchte. Stade wird er entweder verlassen und das Volk daraus ziehen, oder besetzen und die Garnison verstärken, oder aber, welches dann zu besorgen, dem König in Dennenmark übertragen. Verlässt er Stade, so hätte Tott die Stadt nach Noturft zu besetzen; da er sie aber behält und mehrers verstärket, wie gesagt zu blockieren. Sollte er sie aber dem König in Dennenmark übergeben, müsste Tott wohl zusehen, ob Pappenheim seine Garnison dem König in Dennenmark überlassen hätte und also nur ein Spiegelfechten machte, oder ob sie ab- und hingegen die dänische eingeführt wäre; auf welchen Fall ihr mit des Bischofs zu Bremen Lbd. zu konsultieren, was darinnen vorzunehmen, und unsers Erachtens solches zugeben möchten, da allein des Königs in Dennenmark Lbd. uns versicherte, dass solches des Bischofs Lbd. zu keinem Präjudiz geschähe und sie ihr Lbd. bei Lebzeiten nit verdringen, auch die Stadt künftig den Kaiserischen oder andern unsern Feinden nit mehr einräumen wollten. Sollte es aber nur ein Spiegelfechten sein und die Garnison allein den dänischen Namen tragen, in Effekt und Werk selbsten aber kaiserisch sein sollte, würde Tott nit lassen, sie als kaiserisch zu traktieren. Ihr müssten aber in diesem und allen andern Fällen, da sich Dennenmark interessiert machen möchte, alles mit höchster Diskretion moderieren und ja den Glimpf gegen Dennenmark nit aus der Acht lassen.

Des Pappenheims Marsch auf solchen Fall betreffend, hättet ihr wohl in Acht zu nehmen, ob er über die Weser und nacher Hameln, oder aber an den Rhein und zwar mit ganzer oder halbierter Macht gehen würde. Sollte er mit ganzer Macht an den Rhein gehen, so hättet ihr so viel mehr Truppen dem Reichskanzler zuzuschicken und den Succurs darnach proportionieren, vor Stade auch mehrers nit, als was zum Bloquiment oder selbiger Besatzung, da es über wäre, nötig, lassen und den Überrest nacher der Havel unter den Feldmarschall Totten, Kursachsens und unsers Staats Sicherheit allda wahrzunehmen, zu schicken. Ihr müssten aber, wie allzeit, also auch auf solchen Fall die Sachen so anstellen, dass der Succurs für den Reichskanzler dem Feind nit zu nahe komme, sondern so gehe, dass er ihm allzeit auf der Seiten sein und doch nit überfallen oder abgeschnitten werden möge, 2) das Bloquiment zu Stade darnach moderiert und so viel möglich erleichtert werde. Würde er aber mit ganzer Macht wieder zurück nacher Hameln gehen und sein Intent auf die obersächsische Lande oder der Orten haben, so müsste Tott ebenmässig mit seiner meisten Macht ausser des Bloquiments der Stadt Stade ihme nachrücken, alle Mittel und Wege, wo er ihme emusieren und ruinieren möge, suchen und diesfalls cordat handelen, gestalt ihm Zeit und Ort, was er tun und lassen soll, lehren und wir so gnau nit vorschreiben können.

Wenn aber nit zu glauben, dass Pappenheim mit aller Macht nacher den Rhein gehen, weniger die Weser verlassen werde, sondern vermutlich mit einem Teil seines Volks den Spanischen assistieren, mit dem andern aber die Weser manutenieren möchte, so würde Tott auf solchen Fall sich auch darnach richten und dem Reichskanzler ein 6000 Mann zuschicken, selbsten aber in Person an die Havel gehen und allda sein Aug auf die Sicherheit des Kurfürsten zu Sachsen und unsers sächsischen Staats schlagen, und da es die Not erfordert, Kursachsen assistieren, im übrigen unser bei Sekretari Grubben überschickter Information folgen. Gestalt ihr solches getreuestes Fleisses zu moderieren und in Effekt zu bringen euch angelegen sein lassen werdet.

Sonsten so verstehen wir aus Totten Schreiben, dass unter der Soldateska ziemlicher Unwillen (welcher leicht zu einer Meutination anschlagen möchte) sein solle. Wie wir aber die geringste Ursache darzu nit absehen können, angesehen es dieser Zeit ganz kein Gebrauch, dass die Soldaten mit Geld unterhalten, sondern mit dem Proviant aller Orten vergnüget sein müssen, ihr aber zu ihrer Verpflegung reiche Städte und Länder gnug gehabt habt, also da wider Verhoffen etwas ungleiches fürgehen und die Soldateska in Meutination ausfallen sollte, könnten wir uns nit anders einbilden, als dass der Offizierer Geiz und Unersättigkeit hierzu Anlass gegeben und entweder den Soldaten ihre gebührende Unterhalt entzogen und sie dardurch in Meutination versetzt habe, oder dass sie sonsten ihre Privatintentiones durchzudringen hierunter suchen. Ihr werdet aber diesfalls abermässig euch eures Ambts [erinnern] und allerseits in Zeiten unterbauen, damit durch richtige Verpflegung die Soldaten in officia gehalten, den Offizierern aber ihren Eigennutz und Geiz fortzusetzen alle Mittel abgeschnitten werde; wie ihr dann diesfalls Totten absonderlich von dem Geiz ermahnen und ihme wie schämlich es stehe, dass ein General durch dergleichen Privatvortl gemeinen Nutzen und seines Herrn Dienst verwahrlose, für Augen stellen [sollt].

Sonsten so haben wir noch zur Zeit von euch weder der Kontribution noch der hamburgischen 150000 Rt. halber die wenigste Rechnung nit, wissen uns auch des geringsten Wechsels ausser den, so Sparr und D. Winss auf euch getrocken, zu erinnern; alldieweil des Grubbens Schulden von Erich Larson allbereit bezahlt und uns zur Rechnung geführt, D. Winsens Wechsel aber so beschaffen, dass er durch Getreid verursacht und erst nach 10 oder 12 Monaten bezahlt werden darf, vornehmblich da das Getreid noch nit alles, vielleicht auch kaum die Hälfte geliefert und derhalben nit für baar Wechsel bezahlt werden kann. Und ob wir wohl zur Zeit kein Rechnung von euch haben, so haben wir euch jedoch vor das noch 30000 Rt. von hier aus durch Erich Larson, damit ihr ja die Lücken, welche von Peter Grünbergen nit gestopft, zu füllen und Mittel haben möget, die Soldateska in officio zu halten.

Ihr werdet aber, was wir uns zu der Soldateska eigentlich zu versehen, uns erstes Tages umbständliche Nachricht einschicken und uns hinfüro lieber mit Rechnung als Queerelen, deren wir nit bedörfen, behelligen, im übrigen unser Dienst und Nutzen treuestes Fleisses befördern. Und wir verbleiben etc.

Datum München den 11. Maii 1632.

P. S. 1. Auch Lieber, Getreuer. Wann es dahin kommen sollte, dass Pappenheim den König aus Dennenmark Stade übertragen wollte und solches nit gehindert werden könnte, gestalt wir es endlich, in Anmerkung ILbd. uns allhier von neuen ihrer Freundschaft versichert, und dass sie weder Jalousie tragen, noch uns in unsern Vorhaben hindern wollte, sich erkläret, geschehen lassen müssen; so müsstet ihr die Sachen dahin richten, dass diesfalls ein gewisser Rezess gemacht und stipuliert würde, dass ILbd. ein mässige Garnison darin halten, und selbige keineswegs verstärken, noch uns zu Nachteil gebrauchen, oder dem Feind überlassen wolle. Vor allen Dingen aber müsstet ihr zusehen, dass

Dennenmark sich weiter in keine Verfassung stelle, und diesfalls alle Werbungen hindern und durchaus nit gestatten; in allen aber solche Diskretion gebrauchen, dass sie kein Ursach zu Misstrauen darob nehmen möge, sondern wie ihr in Abstellung der Werbungen euch auf die Diffikultäten, die unsern Werbungen daraus erwachsen würden, ziehen könnet, als werdet ihr bei gesuchter Versicherung wegen Stade euch auf die hiesige Akten und jüngster dennenmärkischer Erklärung referieren. Datum nt in lit.

P. S. 2. Auch Lieber Getreuer, verstehen wir ans des Feldmarschalls Totten Schreiben an Erich Anderson, dass ihr in etlichen Wochen nit beisammen gewesen; welches uns dann nit wenig befremdet; müssen gedenken, die unter unsern niedersächsischen Offizierern regierende Jalousie habe sich auch zwischen euch gelegt und Misshelligkeiten verursacht. Wie aber hiedurch unsere Dienste wenig gefürtert werden, so ermahnen wir euch bei der Treu, so ihr uns und euren Vaterland schuldig, ihr wollet solcher kein Raum geben, noch euch [durch] einige Privataffekten von dem publico abhalten lassen. Da ihr aber wider Zuversicht in directione consiliorum Anstoss verspüren und euer diesfalls habende Kommission zu unserm Nachteil nit gebührend respektiert werden wollte, hättet ihr uns solches in Zeiten umständlich zu avisieren und Remedierung zu erwarten.

Datum ut in literis.

74.
1632 Mai 16 (26) Winsen a. d. Luhe.
Herzog Georg von Lüneburg an König Gustav Adolf.

Hannover, Zelle 11. 92. — v. d. Decken II. Nr. 95. — Auszug.

In den meisten der uns von KM. angewiesenen Quartieren werden wir beeinträchtigt durch die feindlichen Occupationen und die elende Verwüstung der Länder Braunschweig und Hildesheim, so dass wir allein auf Lüneburg angewiesen sind; hier sind auch bereits drei Regimenter zu Fuss und z. T. zwei Regimenter zu Pferd aufgebracht. Die Quartiere für die beiden andern Regimenter (1 zu Pferd des Obersten Curd Plato Gehlen und 1 zu Fuss des Obersten v. d. Heyden) in Lüneburg macht man uns streitig, und hat sie den Regimentern des Herzogs Franz Karl von Sachsen zugeordnet. Den Oberst v. d. Heyden haben wir hierher nehmen müssen.

75.

1632 Mai 25 (Juni 4) Zelle.

Herzog Christian von Zelle an König Gustav Adolf.

Hannover, Zelle 11. 99. — Entwurf.

EKW. in dero Hauptquartier Moosburg den 28. Aprilis datiertes Schreiben haben wir allhie den 22. dieses zu unsern Händen mit gebührendem Respekt empfangen und dessen Inhalt ablesend, zuvorderst aber dero zu uns und unserm fürstlichen Hause tragende sonderbare königliche Favor und Hulde sowohl ob dero kontestierten Mitleiden und Leidwesen über die uns zugestandene Drangsal und Beschwerung, als zugleich dero königlichen wohlmeinenden Sorgfalt und treueiferiger Bemühung auch fernerm Erbieten gegen uns zu unserm nicht geringen Trost und Ergötzlichkeit vernommen; tuen gegen EKW. uns dafür zum allerhöchsten bedanken, und wie nächst Gott zu EKW. wir die Speranz und Zuversicht unser Hilf und Rettung, auch Wiedererlangung und Konservation unsers Staats fürnemblich setzen, also wünschen und bitten wir den getreuen Gott von Herzen, der wolle EKW. in aller Gefährlichkeit schützen, sie bei langem gesundem Leben fristen und erhalten, ihre heilsame Rat und Anschläge, auch tapfere Heldentaten zu seines göttlichen Namens Ehr, Ausbreitung seines allein seligmachenden Worts, Trost und Rettung seiner bedrängten christlichen Kirchen, Wiederaufrichtung der unterdrückten deutschen Freiheit und Reduzierung eines im ganzen römischen Reich durchgehenden allgemeinen beständigen sicheren Friedens ausführen, prosperieren und gedeihen lassen.

Dass es dann dieser Ends bishero nicht allerdings nach Wunsch und wie es wohl EKW. Intention gemäss und dem gemeinen evangelischen Wesen fürträglich gewesen, hergangen, dessen kann EKW. so wenig von uns als jemand anders die geringste Ursach mit Fug nicht beigemessen oder zugelegt werden. Sie haben ja an ihrem hohen Ort alles was tunlich gewesen, getan, dero Königreiche, Fürstentumb, Land und Leute, ja ihre eigne königliche Person, Leib und Leben für die gemeine Wohlfahrt, Religion und deutsche Freiheit (dergestalt wie fast nie erhöret zu ihrem ewig währenden Nachruhmb) aufgesetzet und gewaget; auch solche Ordinanz erteilet, dass woferne derselben wirklich dieser Orter nachgesetzet, es verhoffentlich zu anderem und besserem Stand hätte ausschlagen und geraten mögen.

Wir wollen auch nicht hoffen, dass an unserm wenigen Ort wir ichtwas, so weit es in unserm Vermögen gewesen, sollten haben ermangeln lassen. Dann mit wenigem hievon EKW. (da derselben etwan ein ohngleiches von unsern Missgünstigen fürbracht werden sollte) zu notwendiger unser Verwahrung zu berichten: So wollen wir nicht berühren, was wir vor der mit EKW. Abgesandten Herrn Salvio ufgerichteter Alliance bei dero Armee getan und an Gelde und sonsten beigesteuret. EKW. aber können wir mit höchster Wahrheit für gewiss wohl berichten, dass von Zeit an, dass besagte Alliance zwischen uns und Herrn Salvio geschlossen, ohnangesehen wir zu deren Implement vor erfolgter EKW. Ratifikation (so uns noch bis dato nicht zukommen) nicht verbunden gewesen, dannoch dasjenige warzu wir uns in erst erwähnter Alliance pflichtbar gemacht, nicht weniger als wann die ratificatio alsbald und in continenti erfolget, von uns wirklich und in der Tat nicht allein versprochenermassen, sondern darüber und ein weit mehrers prästieret und geleistet worden.

Dann erstlich obwohl EKW. unsers Bruders Herzog Jörgens Lbd. dero bewilligte Regimenter zu richten das Fürstentum Braunschweig und Stift Hildesheimb assignieret, als dannoch obgemelte beide Lande von dem kaiserlichen und ligistischen Volk mehrenteils occupiert und die Pässe und Festungen besetzet gewesen und noch sein, haben wir SLbd. da sie nur anders mit ihren Regimentern ufkommen sollen, in unsern Landen den Sammel- und Musterplatz darzu verstatten und zulassen müssen: diesergestalt ganze sechs Regimenter,[1]) als 4 zu Fuss und 2 zu Pferd, nicht allein ihren Sammel- und Laufplatz in unserm Fürstentumb und Landen erlanget, sondern sind auch deren etliche nunmehr über ein halbes Jahr daraus verpfleget und unsern armen Leuten überm Hals gelegen. Darzu will uns anitzo noch das siebente Regiment zu Ross unter dem Obristen Curt Plato Gehlen, und das achte unter Herzog Franz Karl zu Sachsen ufgedrungen werden.

Und zwar haben die Offizierer und Soldateska mit deme, was EKW. in dero Kammerordinanz verordnet, nämlich uf jede Person 2 Rt. monatlich bis zur Musterung, keinesweges sich kontentieren lassen wollen, sondern sie haben bei unsers Bruders Lbd. mit Fürwendung des sonsten anbedrohten oder besorgenden Austretens

---
[1]) H. Georgs zwei Leibregimenter zu Ross und zu Fuss. — Wettberg — Meerrettig — Pithan — v. d. Heyden.

und Verlaufens der Soldateska eine solche Traktamentsordnung erpresset, die sich viel höher anlaufet, als wann ihnen nach EKW. Kammerordinanz auch auf vorhergegangene Musterung die volle monatliche Gage wäre abgetragen worden, wie EKW. aus angeschlossener Designation und gegen einander Haltung beider Ordinanzen zu ersehen. Dahero uns dann ein solcher Anschlag gemacht, dass die Verpflegung eines einzigen Regiments monatlich über die 8500 Rt. zu stehen kommen, zu geschweigen was uf alle 7 oder 8 Regimenter gehen wird. Wiewohl wir uns nun demselben widersetzet und uf EKW. Ordinanz und dass derselben strikte nachgegangen werden möchte, stark gedrungen, so haben wir doch bei der Soldateska, so in unseren Landen prädominieret, solches nicht vermocht zu erhalten, sondern geschehen lassen müssen, dass unsere arme Untertanen zu Hergebung solcher aufgesetzten übermässigen Gage angenötiget worden.

Nicht desto weniger haben wir die vom General Tott kommandierte ganze Armee von Zeit an sie anhero über die Elbe gerücket, etliche Wochen lang in unserm Lande gehabt und dieselbe mit notürftiger Proviant und Fourage versehen lassen; darauf etlich viel tausend Reichstaler Ohnkosten gangen, so gutenteils bei den benachbarten Städten erborget und annoch ohnbezahlet ausstehen. Ingleichen unsers Brudern Herzog Jörgens Lbd. bei sich habende Armee wird uf den heutigen Tag in und aus unserm hiesigen, uns noch überbliebenen Fürstentumb proviantiert; und dweil des General-Leutenambts Baudissin unterhabende Armee sich mit unsers Brudern Herzog Jörgens Lbd. Armee nunmehr stündlich in hiesigem unserm Fürstentumb konjungieren wird, als haben wir uns erkläret, dass solchen beiden konjungierten Armeen so viel immer möglich mit Darreichung der Proviant und sonsten alle zuträgliche Handbietung widerfahren solle. Über das alles haben wir noch etliche tausend uns durch Herrn Salvium assignierte Reichstaler zu Behuf EKW. Armeen, wie schwer es uns auch ankommen, auszahlen und richtig machen lassen.

Ein mehrers zumal bei itzigen unserm Zustand, da wir unsers Fürstentumbs Grubenhagen, Stifts Minden, Grafschaften Hoya und Diepholz dergestalt destituieret, dass wir davon das geringste nicht zu geniessen, dies unser Fürstentumb auch durch die noch währende Einquartierung, vielfältige Durchzüge, der angrenzenden Garnisonen feindliche Ausfälle und exactiones der Kontributionen, Abnahme der Untertanen Pferd und Viehs fast aufs äusserste erschöpfet, hat von uns nicht prästieret, auch verhoffentlich uns nicht zugemutet werden können.

Das alles nun, was uns dergestalt begegnet, wollten wir mit desto freierm Gemüt tragen und uns nichts dauern lassen, wann nur EKW. lobwürdigsten Intention zufolge dem gemeinen Wesen dadurch wäre geholfen worden. Woran es nun gehaftet, dass solches nicht geschehen, darüber wollen wir anderen vielmehr das Urtel und Ausschlag anheimb stellen, als jemanden zu Präjudiz und Nachteil uns dessen selbst unterfangen. Die über der Elbe gesessene Stände, nachdem wir das Volk diesseits der Elb in unserm Lande und gleichsam überm Hals haben und sie sich etwas weit von der Gefahr achten, haben allem Ansehen nach wenig Lust bei den Sachen etwas zu tun; sondern da ihnen Einquartierung oder dergleichen etwas angemutet, erzeigen sie sich nicht allein weigerlich, sondern dürfen sich auch wohl mit Gewalt dawider setzen. Zu geschweigen dass auch wohl gesagt worden will, wie von etlichen Orten dieses Kreises mit Proviant und sonsten dem Feinde freiwilliger Vorschub erwiesen sein solle.

Inmittels lässet der Herr Salvius nicht nach, bei und an uns bald diesem bald jenem Offizierer Quartier, Lauf- und Sammelplatz in diesem unserm uns anitzo fast sehr beschnittenen und darzu verderbeten Fürstentumb, auch ansehnliche Summen Geldes ohne Raison, auch der afgerichteten Alliance schnurstrack zuwider zu assignieren und anzuweisen.

Demnach aber aus diesem allen EKW. gnugsam zu ersehen, auch da nötig noch ferner beizubringen stehet, dass wir ein weit mehrers, als darzu wir vermög mehrangezogenor Alliance verpflichtet gewesen, bei dem gemeinen Wesen getan; inmittels durch gewaltsame feindliche Entziehung und Occupation unser Fürstentumb, Land und Leute wir dermassen an Vermögen geschwächet, dass vor erfolgter Rekuperation unser mit Gewalt uns entwehrter Landen, zumal wann die Regimenter und Truppen, denen der Laufplatz in diesem unserm noch übrigen Fürstentumb assignieret, noch länger darinnen ihren Auf- und Unterhalt haben sollen, uns ein pur lautere Ohnmöglichkeit sein will, die von uns bewilligte und versprochene monatliche Hilfgelder abzutragen.

Als versehen zu EKW. wir uns ganz zuverlässig, bitten und ersuchen dieselbe auch aufs allerbeweglichste, sie werden und wollen dero bekannten hohen königlichen Diskretion und billigmässigen Moderation nach uns gleich unsers lieben Vettern Herzog Friedrich Ulrichs zu Braunschweig und Lüneburg Lbd. mit besagten monatlichen Hilfgeldern so lange gewogentlich übersehen und verschonen lassen, bis wir wieder zu unseren uns entwendeten Land und Leuten geraten und deren zu unserer freien Disposition mächtig, dieselb auch von den beschwerlichen Einquartierungen gefreiet sein werden. Dero Behuf sie dann auch dero commissario und Abgesandten Herrn Johanni Salvio gnädigsten Befehl zu erteilen geruhen wollen, uns bis dahin mit keinen Assignationen weder an Geldern noch Einquartierung, Lauf- oder Sammelplätzen beschwerlich zu sein, sondern sich deren gänzlich zu enthalten. Daran erweisen EKW. ohne was der natürlichen Rede und Billigkeit, auch getroffener Alliance gemäss, uns dero zuverlässige königliche Favor, Milde und Gewogenheit, so umb EKW. mit unsern bereitwillig geflissenen Diensten nach äusserstem Vermögen zu erwidern wir ohnvergessen bleiben wollen.

Datum Zell den 25. Maji Anno 1632.

Anlage.

KM. zu Schweden Ordnung.		Im Fürstentum Lüneburg aufgestellte Ordnung.	
dem Obristen monatlich	184 Rt.	dem Obristen Meerrettig[1])	320 Rt.
Obristen-Leutenambt	80 „	Obristen-Leutenambt	160 „
Obristen-Wachtmeister	61 „	Obristen-Wachtmeister	120 „
Obristen-Quartiermeister	30 „	Obristen-Quartiermstr.	100 „
2 Predikanten, jedem	18 „		
Regiments-Schulzen	30 „		
4 Balbieren, jedem	12 „		
4 Profosen, jedem	12 „	Regiments-Profosen	16 „
Regiment-Schreiber	30 „		
Gericht-Schreiber	18 „		
2 Stocken-Knechten, jedem	9 „		
Scharfrichter	7 „		

[1]) Der Name ist wieder weggestrichen.

Auf die Kompanie monatlich.

dem Kapitän	61 Rt.	dem Kapitän	80 Rt.
Leutenambt	30 „	Leutenambt	40 „
Fähndrich	30 „	Fähndrich	32 „
2 Sergianten, jedem	9 „	2 Sergianten, jedem	12 „

dem Fourierer, Musterschreiber, Rüstmeister, jedem	7 Rt.	dem Musterschreiber . .	10 Rt.
Trommelschläger und Pfeifer, jedem . . .	4 „	3 Spielleuten, jedem .	6 „
6 Korporalen, jedem .	6 „	Gefreiten-Korporal . .	12 „
15 Rottmeistern, jedem	5 „		
jedem gemeinen Soldaten	3½ „	124 gemeinen Soldaten, jedem	4 „
4 Musterjungen, jedem	3 „		
14 Passevolanten, jedem	3 „		

76.

s. d. (1632 kurz nach Juni 15/25.)

Herzog Georg von Lüneburg an König Gustav Adolf.

Hannover, K.A. 16. A. 305. — Entwurf.

EKM. werden mit mehrem schriftlichen von Herrn General-Kommissar Erich Andersohn berichtet werden, in was Vornehmen wir dieser Orter begriffen gewesen und wie wir dahin gezielet, dass wir uns mit unsers Vettern Landgraf Wilhelms zu Hessen Lbd. Armee konjungieren und dasjenige dann vornehmen, was zu gemeiner Wohlfahrt und EM. Dienst Beförderung ausschlagen möchte. Indeme wir nun unsern Cavallieren den von Nostitz an hochgedachtes Landgrafen Wilhelms Lbd. unterschiedlichen spediert und solch hochnotwendig Werk zu befördern in opere gewesen, kompt uns eben aller Orten Bericht nach diese unverhoffte Nachrichtung, welchermassen die landgräfliche nacher Volkmarsen auskommandierte Truppen ziemblichen grossen Abbruch gelitten,[1]) dass sie dahero in Konfusion geraten und dabei in die 5 Standarten verloren hätten. Alldieweilen nun solchem unserm propo allerhand obstacula dieses unverhofften Incidents halber vorfallen, und wir nun bei sogestalten Sachen nebenst Herrn Generalleutnant Bandissin, Herrn Generalmajor Lohausssen, Herrn Obristen von der Heyden und Herrn Andersohn dieser Orter für gut befinden, dass nicht allein das Landgräfliche dieser EM. zugehöriger Armee adjungiert, sondern auch noch ein ziembliche Anzahl Völker von EM. in diese Lande

---

¹) am 15/25. Juni. Hommel VIII. S. 196.

remittiert und dadurch des Pappenheimbs ferner besorgender Progress
und Stärknng (so sich in wenig Wochen auf 30000 Mann allen
eingelangten Kundschaften nach beloffen möchte) verwehrt werde:
So wollen EM. wir hiemit frenndvetterlich ersuchet haben, ihrem
hohem königlichen Verstande nach diese mit wohlgedachten Herren
ergriffene Vorschläge königlich zu konsiderieren und nnbeschwert
diese Versehnng tun zu lassen, damit in kurzem ein ansehnliches
Volk von EM. hiesiger Ends kommandiert nnd wir also dieses
Ortes (welcher cor et anima des Reichs principaliter ist) des
schädlichen Feindes mögen abkommen. EM. haben wir es der
höchsten Noturft nach vermelden wollen und bleiben etc.

77.
1632 Juni 17 (27) Hersbruck.
König Gustav Adolf an Herzog Georg von Lüneburg.

Hannover, Kal. 16. A. 305. — Ausfertigung. — praes. Hildesheim
1632 Juni 30 (Juli 10).

Ob wir wohl gern gesehen, dass ELbd. ihr belieben hätten
lassen ihre Truppen mit unsers General-Kommendanten der niedersächsischen Armee Wolf Henrich von Baudissin zu konjungiern
und nebens ihme dem Pappenhelmb dergestalt unter Augen zu
gehen, dass dermaleines seinen Progressen gesteuret und unserer
Armee Reputation wieder erholet worden wäre, so befinden wir
jedoch, dass Pappenheimb durch solche höchstnötige Zusammensetzung so gar nit uffgehalten, dass er vielmehr ob der Dissonanz
der Intentionen und humores unserer Generaln Ursach genommen
die disbandierte forza geringschätzig zu halten und al despetto
der Armee seines Willens zu geleben. Dahero er ungehindert bis
an die thüringische Grenzen gangen nnd apparentlich gar durchbrechen und sich mit Wallenstein und dem Herzog in Baiern konjungieren möchte. Nachdeme aber solchergestalt dieser Last ebenmässig Kursachsen auf den Hals geführt werden möchte, und wir
dahero soviel mehr Sorg tragen, wie wir uns gegen den obliegenden
grossen Macht des Feindes proportionieren und SLbd. in Zeiten
sneeurieren mögen, zu dem Ende unsere Truppen bin und wieder
zusammenziehen und in den Koburgischen unter ein corpus samblen:
als ist an ELbd. unser frenndschwägerlich Begehren, sie wolle
sich ihres Orts ebenmässig bequemen und uns mit ihren Truppen

zu Ross und zu Fuss unverlängert recta nacher Koburg ohne Absehen auf jemands andern zu ziehen, sich auch davon [durch] keinerlei Respekt verhindern lassen, sondern versichert sein, dass wie sie dem evangelischen Wesen kein grösser und besser Dienst als diesen tuen können, also sie sich dadurch um das kurfürstliche Haus Sachsen In specie höchlich meritieret machen und bei der Posteritet ruhmbwürdig Nachgedenken stiften können. Wir haben solches ELbd. zu der Nachricht nicht verhalten wollen, verlassen uns zu dero willfährigen Beqnemung, und empfehlen dieselbe hieneben der Gnaden Gottes.

Datum Herspruckh den 17. Junii 1632.

78.
1632 Juni 20 (30) Brunnschweig.
Herzog Friedrich Ulrich von Wolfenbüttel an König Gustav Adolf.

Hannover, Zelle 72. Syke Nr. 19. — Ausfertigung.

Als der allmächtige Gott EKW. die nächst verflossene Zeit her abermal ganz wunderbare progressus und sieghafte Überwindung der mächtigen Widersacher gnädiglich verliehen, haben wir uns darob höchlich erfrenet, auch deswegen öffentliche Danksagung in der Gemeine Gottes verrichten lassen; wünschen deroselben fürters heilsamen Success und alle gedeihliche Glückseligkeit, damit die arme unterdrückte evangelische Kirche und hochnotleidende deutsche Libertät befestiget, firmieret und EKW. als ein sonderbar Rüstzeug des Allerhöchsten unsterbliche Glori und Nachruhmb je mehr und mehr darob erlangen mügen.

Wie ungern wir auch EKW. mit unserm Schreiben bei dero hohen Kriegsobliegen bemühen, so unvermeidlich ist uns gewesen solches jetzmals zu unterlassen. Dann es an dem, dass Diederich von Horn, Hauptmann, und dessen Fähnrich Johann Horn sich erkühnet am 30. Maii jüngsthin unsern Amtschreiber uf unserm Haus Syke Heinrich Meyern in Arrest zu nehmen und ihm bedrohlich anzumuten, alle unsere Amtsregister, Intraden, Urkunden, Schlüssel und dergleichen mehr von sich zu stellen und ihnen, den von Horn einzuhändigen. Und ob zwar dieselbige sich ausdrücklich auf den Herrn General Wolf Henrich Bandissin und dessen Kommando, als wenn uf dessen Befehlich und zu dessen Besten solche Neuerungen von ihm dem Hauptmann und Fähnrich fürgenommen worden, beziehen dürfen, hat doch uf unser gebührliches Notifikation- und Nachfrag-Schreiben, davon Abschrift sub lit. A. B., wohlgemelter Herr General sich gegen uns erkläret, wie die Einlage sub lit. C. anführet und zu solchen unverantwortlichen Dingen nicht verstehen wollen; daran er zumal wohl und christlich getan. Und dafern die Exzedenten darüber der Gebühr angesehen, die Tätlichkeiten eingestellet, und sowohl wir als auch unsere Diener bei dem Unserigen unbetrübt fürbass allerdings gelassen werden, hat es deswegen sein Richtiges.

Weil aber aus jetzangeregter Beilage und des Herrn General Schreiben wir so viel wahrgenommen, dass bei EKW. derselbige mit seinem Bericht einkommen wollte, so haben wir mit dieser unser Information gleichfalls deroselbigen unsere Gerechtsamb zu entdecken keinen Umbtritt nehmen mögen.

Wie wohl nun nicht gar ohn, dass für etzlichen Jahren die KW. zu Dänemark auf angedeutetes unser Haus Syke eine Summen Geldes uns vorgeliehen haben möchte; wiewohl sichs auch zugetragen, dass der ligistische General Graf Tilly sich einer Zession nichtiglich gerühmet: dennoch wollte dahero mehrgemeltem General Baudissin oder jemanden gegen uns, unsere Fürstentumb, Land und Leute gar kein Recht zustehen, weiniger wir solcher Prätension halber in freier Administration und nutzbarlichem Gebrauch des Unserigen einigerlei Weise zu behindern sein. Dann EKW. haben in freundvetterlichem Andenken, dass in der zwischen ihro und uns errichteten Alliance dergleichen Tätlichkeiten, praetensiones und actiones gänzlich improbieret, EKW. auch königlich uns versprochen, solche tillysche und andere feindliche unbegründete Eingriff von Grund aus wegzuräumen und zumal abzutun, uns aber bei dem Unserigen zu schützen. Bevorab EKW. dero hocherleuchtetem königlichem Verstande nach selbst augenscheinlichen befinden, dass es nicht allein ihrer hochrühmlichen und unser Hauptintention schnurgleich zuwider, sondern über das ein gar ärgerliches, hochschädliches Exempel einführen dörfte, wenn unter evangelischen alliierten Potentaten und Fürsten des Tilly und anderer grausamer Feinde actiones von neuen aufgesucht, reassumiert, pro fundamento gesetzt und unter solchem Schein den schon bedrängten evangelischen Ständen weitere Unterdrückung zugezogen werden sollte.

Über das seind IKW. zu Dänemark, noch auch dem Tilly wir keines Hellers oder Pfennigs geständig gewesen, sondern haben wider solche in Rechten stattlich begründete exceptiones und reconventiones einzuwenden, dass vielmehr wir von bemeltem Tilly und seinem ligistischen Anhang viel Million Golds zu fordern gehabt, wenn nurt Recht Recht sein mögen und von den Feinden wider Gott und alle Billigkeit lauter freventlich mit uns nicht gebahret, auch wir gegen aller Völker Recht ganz ohnerhört zu unchristlicher Exekution ante legitimam cognitionem et sententiam gezogen worden wären.

Wofern demnach bei EKW. mit seinem Anbringen wohlgemelter Herr General, wie er in seinem eigen Schreiben berühret, sich anmelden und versuchen würde, durch obgedachte tillysche ungültige, nichtiglich gerühmbte Zession und vitiosissima attentata factaqne injustissima einig jus an unserm Hans und Amt Syke zu prätendieren: So bitten dieselbige wir ganz freundvetterlich solchem Anbringen keinen Beifall zu geben, sondern inhalts dero königlichen und respective fürstlichen Verbündnus uns bei dem Unserigen geruhig zu manutenieren, und den Herrn General durch dero Autorität, jetztangeregte und andere dienliche unwiderlegliche Motiven von diesem seinem Vornehmen abzustehen, gnädigst bedeuten zu lassen.

Dieses und eines mehren freundvetterlichen Schutzes getrösten zu EKW. wir uns festiglich und seind bei deroselbigen das äusserste mit fürstlichem getreuen Eifer aufzusetzen ganz geflissen, dieselbige etc.

Geben in unser Stadt Braunschweig am 20. Junii Anno 1632.

79.

1632 Juni 25 (Juli 5) Hildesheim.

Herzog Georg von Lüneburg an König Gustav Adolf.

Hannover, Kal. 16. A. 305. — Entwurf. — Auszug.

Hat den Sekretär Laurentins Grubbe in Audienz empfangen, auf dessen Bericht er sich bezieht.

80.

1632 Juni 26 (Juli 6).

Herzog Friedrich Ulrich von Wolfenbüttel an König Gustav Adolf.

Wolfenb. 30 Jahr. Krieg. III. 1. — Ausfertigung. — „Ist nicht abgangen, weil der Herr Abgesandter (Steinberg) seine Reise eingestellet."

Als EKW. und gemeinen evangelischen Wesens, bevorab aber dieser niedersächsischen Länder obschwebende Notwendigkeit erfordert, dass dero bei uns residierender Ambassadeur . . Jakob Steinberg eine Reise mit unserm Einraten an EKW. übernehmen wollen: So haben wir nicht umbgehen mögen, deroselben dieser Lande Wohlstand nochmals zu rekommandieren. Wasgestalt der General Pappenheimb abereins mit seiner Armee über die Weser mitten in in unsere Lande bis an die Leine gerücket und dadurch EKW. vor Hildesheimb im Feldlager sich annoch enthaltendes Kriegsheer in nicht geringe Perplexität geraten, auch was sonst in diesen niedersächsischen Quartieren vor Defekten erscheinen und wie gröblich von der Soldateska exorbitieret wird: solches alles wird gedachter EKW. Abgesandter, welchem alle Umbstände nnd Gelegenheit gnugsamb bewusst, mit mehrem eröffnen können.

Dieses müssen wir guter Wohlmeinung und gegen EKW. und das gemeine evangelische Wesen habendem treueiferigen Herzen notdränglich mit einem Wort andeuten, dass unsere Stadt Hannover und Hildesheimb, darauf neben unser Stadt Braunschweig die Rekuperier- und Erhaltung dieser Länder noch zur Zeit einig und allein beruhet, durch die anmarschierende und eine Weil hero ohne sonderbare Verrichtung stilliegende Armeen lauter ausgezehret und daneben das platte umbliegende Land mit Rauben und Ausplündern dergestalt devastieret worden, dass fast zwischen hiesigen unsern Städten Braunschweig, Hannover und Hameln wie auch Hildesheimb kein einiges Dorf anzutreffen, daraus die arme Leute nicht überall entwichen und entweder in die Städte oder Wälder oder Einöde verlaufen. Das Getreid wird durchritten und darein die verjagte arme Untertanen gleich wie ein wildes Tier gesuchet. Der allgütige Gott hat diese Länder itzo mit Getreid reichlich gesegnet, die Ernte rücket heran und wird kein Mensch sicher sein zu ernten, wenn EKW. bei dero Armee durch kräftige zulangende Ordinanz dem vor Augen stehenden Untergang nicht schleunig vorbauen werden. Und ist wohl zu bedauern, dass man durch Konsumierung aller Mittel die Armeen und Länder ingesambt ruinieren tut. Wir haben allschon vorm halben Jahr bei den Offizierern aus getreuer Sorgfalt embsig erinnert und gebeten, dass diese Völker sich mit dem Herrn Landgrafen zu Hessen forderlich konjungieren, dem Feind conjunctis viribus entgegentreten und demselben über die Weser in die westfälische Provinzien abtreiben, daselbst die angestellte Werbung und Musterplätze hindern und also des Feindes Mittel in seinen eignen Landen ruinieren muchten. Wir haben aber damit nicht gehöret werden können. Itzige Zeit seind leider unsere Lande abereins das theatrum der streitenden Armeen worden, und wenn dieses Unheil durch EKW. heroische Tugend und bishero von dem Allerhöchsten verliehene Glückseligkeit nicht abgewendet wird, müssen allem Ansehen nach diese herrliche, wohlgesegnete Länder bis an die Elbe lauter zu Scheitern, zu Sumpf und zu Boden gehen. Was aber an Erhaltung derosalben EKW. statui und der gesambten Evangelischen Sicherung gelegen, solches ist Ihro besser bewusst, als wirs mit Schreiben fürstellen können. Wollteus EKW. aus getreuem Herzen mit weinigen anführen und dieselbe etc.

Geben in unser Stadt Braunschweig am 26. Junii Anno 1632.

81.

1632 Juni 28 (Juli 6) vor Nürnberg.

König Gustav Adolf an Herzog Georg von Lüneburg.

Hannover, Kal. 10. A. 905. — Ausfertigung. — pracs. Hildesheim Juli 0 (16).

Wir zweifelen nicht ELbd. werden vor Anlangung dieses von Herzog Franz Karln zu Sachsen Lbd. verstanden haben, was wir bei gegenwärtiger Konjunktur und gemeinen evangelischen Wesens Notarft an dieselbe zu sinnen SLbd. aufgetragen; wann dann sieder der Zeit soviel mehrer Apparenz, dass der Feind mit aller Macht auf uns gehen und uns von der Stadt Nürnberg als vornehmsten sede belli dieser Landen abzuschneiden gemeint seie, sich herfür getan, und demnach so viel mehrer Notwendigkeit sein will, dass wir unverlängert unsere vires zusammenziehen und so proportionieren, dass wir dem Feind zu resistieren bastant sein mögen:

Als wollen wir der tröstlichen Hoffnung leben, ELbd. die Nezessität unsers Ansinnens für sich selbsten genugsamb anmerken und bereit sein werden, uns darin zu willfahren. Damit jedennoch nichts verabsäumet und wir so viel mehrers ELbd. Willführigkeit versichert sein mögen, haben wir nit unterlassen wollen, dieselbe hiemit dessen nochmaln zu erinnern und darbei zu erkennen zu geben, dass wir uns die andringende Macht des Feinds zu sustinieren so lang mit dem Läger hieher nacher Nürnberg begeben und allda des seconrs zu erwarten gedenken, gestalt wir nebens Herzog Wilhelms zu Weimar und Landgrafen zu Hessen LLbd. Truppen auch des General Banner mit der Armee und von dem Reichskanzler vier Bregaden und 36 Kornet Reuter dahin beschieden und sie befehligt mit einander fleissig zu korrespondieren;

Ersuchen auch ELbd. hiemit freundvetterlich, sie wolle ihr die vertrauliche Kommunikation mit gemelten Generaln und sonderlich dem General Banner ebenmässig angelegen sein lassen, und auf den Fall der Feind sich zwischen uns und dieselbe einlegen sollte, sehen, wie sie sich mit denselben sambt und sonders an dem Main konjungieren möge; da er aber ins Stift Würzburg zu gehen sich unterstehen würde, können ELbd. so lang an dem Mainstrom Stand lassen und selbigen defendieren, bis wir derselben zu Succurs kommen, gestalt wir dann auf solchen Fall nicht unterlassen werden, mit ganzer forza dahin zu gehen und ELbd. oder andern Notleidenden zu succurieren. Unterdessen aber versehen wir uns zu ELbd., sie werde das Beste tun, unerörtert eins oder des anderen zu avancieren und zu uns hieher im Lager zu stossen. Und wir empfehlen ELbd. hierüber der Gnaden Gottes getreulich.

Datum im Feldlager vor Nürnberg den 28. Junii 1632.

82.

1632 Juli 4 (14) Lager vor Hildesheim.
Herzog Georg von Lüneburg an König Gustav Adolf.

Hannover Kal. 16. A. 805. — Entwurf.

Wir setzen ausser allen Zweifel EKW. werden nunmehr ab unserm sub dato 11. Junii abgangenen Schreiben den Zustand hiesiger Orts und was von uns darinne wegen der dazumal zu EKW. Dienst und Besten vermittelst der Gnade Gottes occupierten beeden bischöflichen Häuser Steuerwald und Marienburg von uns dienstlicher Gebühr nach anerinnert und gesucht worden, vorgetragen, auch darauf schon bei Ankunft unsers nach der Hand den 23. Junii von hinnen an EKM. abgefertigten General-Quartiermeistern (bei welchen wir den fernern erfolgten Zustand unserer Armada gleichmässig dienstlich berichten lassen) darauf schon eine gewürige Resolution gefallen sein. Nun gleichwohl, enzwischen uns dieselbe wieder zurückkombt, in solchen dienstlichen Advertissementen unsere schuldige Kontinuation zu prästieren, haben wir nicht können unterlassen EKM. dienstlich zu berichten, wasgestalt nach neulicher Zeit feindlichem erlangten Vorteils mit des Landgrafen Wilhelm zu Hessen Lbd. dem Feind die Mutfederen etwas und soweit gewachsen, dass er sich zwar verkühnet etwa den 29. Junii mit der ganzen Macht zu Ross und Fuss dieser Stadt bis an unser Lager zu präsentieren, aber uns in unserm Vorteil befindende und dass wir uns mit etlichen auskommandierten trouppes repräsentieren wollen, bald, ja noch selbigen Abend einen Zurücktritt genommen, folgendes Tages nach solcher Retraite das Haus Kalenberg angefangen zu demolieren, und endlich den 1. Julii gar zu verlassen; den 2. hujus etwa Vormittag umb 9 Uhr hat er das kurfürstlich bischöfliche Haus und Städtlein Peine auch quittiert, die Garnisonen davon, wie auch uns gestern einkommenem Berichte nach das Haus Steinbrück gleichfalls der Besatzung entblösset, und nichts apparentlicheres mehr von ihme zu verhoffen, dass er die Garnisonen von Wolfenbüttel und anderen Orten auch nehmen, diesen Kreis gar quittieren und nacher dem westfälischen Kreis sich wenden möchte. Den weiteren Erfolg wollen wir in fleissiger Obacht halten und dabei das geringste nicht verabsäumen, was wir zu EKM. Diensten und des allgemeinen evangelischen Wesens Wiederaufnehmen werden befinden können.

Weiln es nun, vielgeliebter Herr Vetter und Schwager unterdessen mit dem kurfürstlich bischöflichen Haus Peine in obberührten Stand geraten und solches Haus ein unmittelbares, illitigioses Stifthaus ist, so nie zuvor von unserm Haus Braunschweig wolfenbütlerischer Linf kontrovertieret worden, auch an unserm Fürstentumb Lüneburg also nahe begrenzet ist, dass unsere zellische Lini, sonderlich in dem vorigten seculo von demselben viele präjudicierliche Eingriffe hat allewege erwarten und ausstehen müssen, und dann EKM. wissend, dass wir noch zur Zeit an der Regierung nichts gemeins haben und gleichwohl mit Hintansetzung alles des

Unserigen, sonderlich desjenigen, was uns zu unserer und der Unserigen Sustentation ausm Fürstentumb Grubenhagen von unserm regierenden Brudern Lbd. zum Deputat verordnet, welches, nachdem wir uns in EM. Diensten befunden, von dem Feind in solchen Ruin gesetzet, dass da EM. Dienste wir nicht mehr geniessen sollten, wir nicht wissen, wovon wir uns, unsere vielgeliebte Gemahl und Kinder zu unterhalten haben werden, uns nichts mehr, weiss Gott, angelegen sein lassen, als EKM. alle beliebige getreue Dienste zu beweisen: Als haben wir der Ratsambkeit ermessen, unserem vorigen wegen der obangeregten beeden Ämpter Steuerwald und Marienburg beschehenen dienstlichen Ansuchen dieses zu kohärieren, mit dienstfleissiger Bitte EM. wollen geruhen in Betrachtung obigen allen dieses Ampt als ein Hauptglied des vorigen corporis selbigem beizufügen und zu einer Ergetzung und Unterhaltsversicherung uns diese drei Ämpter ingesambt zu attribuieren. EKM. versichern wir hiemit nochmaln, dass wir zu Konservation dieser Orten zu dero Diensten die dazu gehörige Soldateska nach wie vor davon unterhalten, wie dann auch allemal auf ihro Belieben dieselbe zu ihres eigenen status Assekuration einzuräumen uns allewege so willig als schuldig erweisen wollen. Wie wir dann EKM., die wir göttlicher Obhut zu langem Leben und fernern glücklichen Progress und uns und unser Haus in dero beharrliche Faveur und Affektion befehlen, zu allen behäglichen getreuen Diensten so geflissen als schuldig verbleiben.

Datum im Feldlager vor Hildesheimb den 4. Julii 1632.

83.
1632 Juli 4 (14) Hildesheim.
Herzog Georg von Lüneburg an König Gustav Adolf.

Hannover, Kal. 16. A. 305. — Abschrift. Rückenaufschrift: Illmi Antwortschreiben ad regem Succiae, dd. Hildesheim, den 4. Julii 1632.

EKW. an uns aus Hirschpruck den 17. abgegangenes Schreiben haben wir den 30. desselben allhie zu Hildesheimb zu recht empfangen. Wie wir nun vornehmblichs dahin zielen, wie EKW. und dem gemeinen evangelischen Wesen wir angenehme Dienste leisten können, als wollten und sollten wir im geringsten an uns nichts ermangeln lassen, welches zu unsaumblicher Vollziehung EKW. uns aufgegeben gnädigen Befelchs gereichen möchte, wann wir nicht durch beigefügte Ursachen und wichtige Bewegnussen davon wären abgehalten worden; welcher Verlesung und reife Erwägung bei EKW. uns verhoffentlich unentschuldigt nicht lassen werden, inmassen [wir] dienst-, freund- und vetterlich darumb bitten. Die anbefohlene und begehrte Konjunktion ist mit teils unserm Volke zu Ross und zu Fuss allbereit zu Buxtehuden mit dem Feldmarschall Totten, mit übrigem längst zu Hannover geschehen. So befinden wir auch, Gott Lob, zwischen uns, Herrn Generallentenant Bandissin und andern hohen Offizierern keine Discrepanz oder Disonanz der Intentionen, sondern begehen uns einander sehr wohl.

Was aber die Hauptursache, warumb des von Pappenheimbs glücklicher Progress, wie wir herzlich wünschen, auch nach all unserm Vermögen daran nichts erwinden lassen, nicht so gählinghat können gehemmet werden: solches wird EKW. von wohlbesagtem Herrn Generallentenant zweifelsfrei berichtet sein, dabei wir unsers Ortes es bewenden lassen. _____

Ursachen, welche Herzog Georgens FG. sowohl mit dero Truppen als für ihre Person allein zu IM. sich zu begeben im Weg stehen und abhalten.

1. Erstlich wann die hiesige anwesende königliche und des allhie sich befindenden Feindes Armaden gegen einander proportioniert werden, so wird klar erhellen, dass solche Truppen hier abzuführen ohne sonderbares Nachteil nicht geschehen könne.
2. So kann auch fürs ander IFG. schwerlich absehen, was für ihre Person allein und ohne deroselben geworbenen Truppen, so noch allerdings nicht komplet, sie IM. und gemeinem evangelischen Wesen in Verlassung dieses Orts für sonderbare Dienste leisten können.
3. Sondern achten fürs dritte, obhöchsterwähnt IM. und gemeinem evangelischen Wesens Dienst werde deroselben allhie Verbleiben nutz- und zuträglicher sein; sintemaln sie dieser Orter besser kundig, die Einwohnere IFG. wohl affektioniert, dannenhero man bessere Kundschaften und andere dienliche Befordersamb, insonderheit von den Beambten haben kann.
4. So hoffen auch IFG. und vermuten viertens nicht, dass zwischen deroselben und Generallentenant Bandiss einige

Discrepanz oder Dissonanz der Intentionen sein werde, inmassen sie des Jegenteils sich befleissen und vorderist auf das allein sehen, was zu oft erwähnten Zweck KM. und gemeinen Wesens Dienste gereichen mag.

5. Es ist auch fünftens das des Landgrafen zu Hessen Truppen zugestossenes Unglück kein geringe Ursach, dass IFG. solchem königlichen Befelch wirklich alsofort nachzusetzen abgehalten werden, gestalt die gewünschte und gesuchte Konjunktion dadurch gehindert und dieser Orten befindliche Kriegesmacht nicht wenig geschwächet werde.

6. Sollte dann sechstens, wann, wie es sich etwan ansehen lässt, der Pappenheimb seine Marsch ein oder andern Weg, insonderheit wie fast vermutlich auf Herrn Reichskanzler zu nehmen würde, königlichem gnädigsten Befelch nach ihme auf den Fuss gefolget werden, so müsste doch zum wenigsten ein Mann 3 oder 4000 an diesem Ort gelassen werden; welches aber, wann solche Spildung geschähe, aus diesem corpus zu nehmen, und sich also in drei Teile zu teilen eine wahre Unmöglichkeit.

7. Wann dann nun siebentens an Konservation dieses Orts zwischen Weser und Elbe, wie auch müglicher Entfreiung des Weserstroms in Betrachtung vieler wichtigen Motiven dem Hauptwerk nicht wenig gelegen, so hoffen IFG. IKM. werden in Erwägung dieser eingeführten nicht unwichtigen Gründe diese geringe Verzögerung in königlichen Hulden sich nicht entjegen sein lassen, nebenst angehängt dienst-, freund- und vetterlichem Erbieten, dass da IM. es ferner gnädigst befehlen würden, sie dero königlichem Befehl willfährig Folge leisten und solchen zu Werk zu richten sich angelegen sein lassen wollten.

84.
1632 Juli 5 (15) Hildesheim.
Herzog Georg von Lüneburg an König Gustav Adolf.

Hannover, Kal. 16. A. 305. — Entwurf. Gedruckt im Arkiv II. no. 799. — Auszug.

Wir haben das königliche Schreiben vom 28. Juni (8. Juli) heute Abend erhalten. EM. werden aus unserm Schreiben und dem Memorial vernommen haben, aus welchen Ursachen wir uns mit Gutachten Bandlssins, Lohausens, Heydens und Grubbes retardiert haben. Der Zustand hier ist noch sehr perplex, der Feind vagiert noch immer an der Weser und man weiss noch nicht, wohin er seinen Marsch nehmen wird. Wir sind aber im Begriffe in wenigen Tagen aufzubrechen, um uns mit EM. zu konjungieren.

85.
1632 Juli 7 (17) Braunschweig.
Herzog Friedrich Ulrich von Wolfenbüttel an König Gustav Adolf.
Woltenb. 30jähr. Krieg III. 1. — Entwurf.

EKW. Antwortschreiben sub dato Frankfurt a. M. den 2. Martii jüngsthin, darin sie Ihr unsere zu Austreibung der ligistischen Garnison aus unsern Landen und dem gemeinen evangelischen Wesen zum Besten angesehene vorhabende Werbung als ein zu gegenwärtiger EKW. Expedition ganz nützliges Werk sich höchlich gefallen lassen und erbieten, zu Beförderung dessen unsere Lande mit Musterplätzen hinfürter zu verschonen, auch dahin bedacht zu sein, wie die angestellte füglich aufgehoben und unsere Lande so viel möglich davon entfreiet werden mögen, hat uns in solanem unserm Vorhaben merklich konfirmiert und angefrischet. Und obwohl durch des von Pappenheims Marsch und Remarsch nacher und von Magdeburg, durch dessen stetiges Grassieren in und durch unsere Lande, da er nach Beliebung darin von einem Ort zum andern bis noch herumbgezogen, bald über die Weser, bald zurück in unsere Lande gangen, wir daran sehr behindert, zumal aller Vorrat an Viehe und andern Mobilien, so nurt angetroffen, auf dem Lande durch dessen Armee weggeraubet; ob auch wohl auf die Verpflegung . . Herrn Wilhelm Herzogen zu Sachsen und Herrn Wilhelm Landgrafen zu Hessen LLbd., inglelchen des Herrn General Banera Armee, so teils etzlich und in die siebente Wochen in unsern Landen logiert, ein Grosses gangen, dann auch uf . . Herrn Georgen Herzogen zu Braunschweig und Lüneburg Armee, seitdeme dieselbe in unsern Landen zu Hannover und Hildesheimb sich ufgehalten, ein Hohes aus unsern Landen willlglich verwendet: So haben wir uns doch von obberührter vorhabender Werbung nicht abschrecken lassen, sondern seind damit äusserster Bemühung verfahren, auch nunmehr im Namen des Allerhöchsten entschlossen mit

Beilage 85.

unserm eigenen Volke unsere Festung Wolfenbüttel ehestes Tages,
damit ihnen die annahende Ernte gehindert, auch die Zufuhr zu
dieser Stadt nicht versperret werden möge, zu belagern, haben es
auch mit EKW. allhie residierendem Ehrn Jakob Steinberg und
General-Komissario Ehrn Erichen Andersohn in Rat gestellet, welche
sichs nicht allein ganz wohl gefallen lassen, sondern auch ihresteils
zu allem möglichen Vorschub und Foderung anerboten. Seind auch
der Zuversicht, zuvoderst EKW. selbst es vor eine hohe Notwendigkeit
ermessen werden, angesehen die darin logierende Garnison uf
etzliche viele Meilen Wegs dem platten Lande kommandiert und
durch die Ernte sich gewaltig stärken muchte; inmassen sie dann
vor 5 Tagen zu Vorigen bei 400 hineinkommen, also dass nunmehr
1200 Mann, darunter etwa 200 Pferde, darin logieren und soll noch
das Böninghansische Regiment darin erwartet werden.

Zu Fortstellung dieses unsers Intents will nun höchst nötig
sein, Erstlich dass wir alle und jede Mittel, so in unsern Landen,
Fürstentumben und Grafschaften immer anzubringen, gebrauchen
und anwenden; auch dahero ferner nötig, dass uns als Landesfürsten
selbige Mittel dero Behuf gelassen und unsere Lande und Untertanen
mit andern Kriegesbeschwerungen, Einquartierungen, Musterplätzen,
unnötigen Durchzügen oder dergleichen nicht belegt, insonderheit
alles Rauben, Plündern und andere Hostilitäten in unsern
Landen von Freunden abgestellet werden. Wir sollten uns auch
dessen sowohl wegen oberwähnten EKW. Schreibens, als der zwischen
deroselben und uns getroffenen Alliance, darin solches schon enthalten,
gegen EKW. hohe und niedrige Offizierer billig versehen; wann
wir aber dabei, was fürgangen erwägen, sonderlich dass der Obriste
Sparenberg unser Grafschaft Honstein seines darin genommenen
Laufplatzes halber über 10000 T. gekostet; der Obriste Treskow
fast ein halb Jahr mit seinem Regiment zu Pferde in unser Grafschaft
Reinstein Verpflegung gehabt; dann das englische Volk daselbst
geraume Zeit logiert gewesen und sehr üppig und übermässig
von der armen Leute Schweiss und Blut gezehret; der
Obriste King von unser Stadt Helmstedt 3000 T., dass er sie mit
angedrohtem Laufplatz darin verschonet, erpresset; anitzo zu Behuf
der lüneburgschen Armee von unser Stadt Hannover, welche doch
schon mit 5 Kompanien teils unsere, teils . . Herzog Georgen zu
Lüneburg Lbd. Volks besetzet und daran ihre schwere Last haben,
eine ansehnliche Summa Geldes gefordert wird; was mit unserm

Hause Syke fürgenommen, so EKW. wir vor wenig Tagen in Schriften freundvetterlich zu erkennen geben; insonderheit dass bishero durch ein und ander Armee Kriegsvolk in unsern Landen mit Abnahme, Plündern, Morden, Weiber- und Jungfern-Schänden nicht anders, dann in Feindeslanden gebahret, dahero die Leute ufm Lande fast allenthalben verlaufen und in die Städte und Einöde sich verstecken und der Armee eine solche Hilfe, wie wir und sie gern wollen, auch nötig, nicht erweisen können, und der Feldban zu Verderb der Untertanen und Armeen eine Zeit hero liegend geblieben, auch die dabevor gespürte wohlgeneigte affectio der gemeinen Untertanen, so uf das Gegenwärtige ihr Absehen richten, sehr verloschen: So seind wir dieserwegen nicht wenig betreten und haben es an EKW. zu bringen vor eine unumbgängliche Noturft ermessen, wiewohl wir itzangezogener Exzessen und Querelen wider unsern Willen ganz ungern gedenken.

Gleichergestalt befinden wir, vors Andere, nochmals hochnötig, dass die geringe Festungen in unsern Landen, so wider eine Armee sich ganz nicht ufhalten können, dahero nicht alleine nicht nützlich, sondern schädlich sein, als Steinbrück, Peine, Kalenberg (welche drei Plätze das ligistische Volk vor wenig Tagen vor sich quittieret und offen stehen lassen), Neustadt, Syke, Stolzenau, Erichsburg (so sämtlich geringe enge Plätze, darin nurt unsere eigene Amtsgebäude) ehestes Tages rasieret werden, damit das Volk und Kosten, so sonsten [auf] die Besatzung dero Örter zu verwenden, wir zu obiger Behof und Unterhaltung nötiger Garnison in unsern Städten, daran es denselben sehr ermangelt, zu gebrauchen haben mögen.

Vors Dritte können und mögen wir mit oberwähnter Blockierung beständig nicht verfahren, es werde dann der Graf von Pappenheimb, so nunmehr abereins über die Weser mit seiner Armee passieret, und dem gewissen Verlaut nach nacher Köln marschieren soll, verfolget und von unsern Landen abgehalten; und ob wir wohl der Meinung, dass EKW. in und umb Hildesheimb annoch logierende Armee unter .. Herzog Georgen Lbd. und Herrn General Leutenant Bandissin darauf schon befehligt sein mögen, weil dann noch der Pappenheimb bishero in unsern Landen uf und nieder ohne Widerstand ungeschenet gezogen, so haben wir gleichfalls EKW. Spezialordinanz halber dieserwegen belangen müssen.

Und gereichet dann allem nach an EKW. unser freundvetterlich Suchen und Bitten, dieselbe dero Generaln, hohe und niedrige Offizierer sampt und sonders durch ein offen Patent unter dero königliche Hand und Siegel ernstlich und respective bei gebühriger Poen gebieten wollen, dass sie und jeder insonderheit ohne ferner Einholung Spezialordinanz bei einem oder andern Punkt der zwischen ELbd. und uns aufgerichteten Alliance in keine Wege widerkämen, sondern darüber steif und fest, so viel sie konzernieret, halten; insonderheit unsere Lande mit Musterplätzen, unnötigen Einquartierungen und Durchzügen, Exaktionen und dergleichen Kriegsbeschwerungen gänzlich verschonen, auch darin alle Hostilitäten, Rauben, Plündern und dergleichen Untaten, so keine Mittel Armeen zu konservieren, sondern Gottes Zorn und Straf darüber zu erwecken und selbige zu ruinieren, äussersten Vermögens verhüten; wann je wegen Kriegsnotturft darin Quartier zu nehmen oder dadurch Marsch anzustellen, gute Ordre und Regiment, damit unsere Untertanen möglichst verschonet und niemand über die Gebühr beschweret werde, führen; auch dass sie uns in Exerzierung unser fürstlichen Hoheit, sonderlich in vorhabender Demolierung obberührter geringen nachteiligen Blocquen keinesweges behindern, sondern vielmehr gute Beförderung erweisen müssen.

Zweifeln letzlich nicht, EKW. dero beiwohnenden königlichen Fürsichtigkeit nach auf Mittel und Wege schon werden gedacht und angeordnet haben, oder noch schleunig anordnen, dass der von Pappenheimb mit seiner Armee, so sich täglich stärken soll, verfolget und in der Feinde Lande wo nicht fürderlichst gedämpfet, doch aufgehalten werden möge. Da solches geschiehet, werden nicht alleine unsere, sondern auch die Lande Magdeburg und Halberstadt von dem Feinde in Sicherheit gesetzet, der Krieg in Feindes Lande geführet und seine vivres, so er sonsten aus Westfalen, den Stiftern Paderborn und Köln haben können, merklich geschwächet; uf widrigen Fall wollen ihme nicht allein berührte Lande, sondern auch Thüringen und Meissen offen stehen, würde sich daraus bei herannahender verhoffentlich reichen Ernte sehr wohl proviantieren und allerhand Mittel überkommen, wodurch er sich solcher Länder wieder mächtigen, darin nach Gefallen ferner grassieren und EKW. Armeen besorglich notürftigen Unterhalt entrücken möchte. Welches alles und mehres EKW. dero hohen königlichen Gaben nach weit basser absehen, dann es von uns anzuführen. Ersuchen dabei EKW. freundvetterlich, dieselbe uns unbeschwert, wozu wir uns mittels göttlicher Verleihung dieserwegen zu verlassen, berichten, auch daneben an dero Generaln in der Nähe Ordinanz erteilen wollen, dass sie uns in Fortstellung vorhabender Blockierung nicht allein in keinerlei Wege hindern, sondern so oft und mit so viel Volk, als es nötig succurrieren und schleunig zu Hilfe kommen mögen; auch solche Ordre in originali et copia unserm bei EKW. Hofe residierenden Agenten fürderlichst einhändigen lassen, welcher derentwegen der herannahenden Ernte halber fleissig zu sollizitieren und selbige uns schleunig zuzufertigen befehliget, haben wir selbige fortzuschicken und uns freundvetterlich deren desto bass zu bedienen.

Letzlich können EKW. wir freundvetterlich nicht unangedeutet lassen, wasgestalt von mehrerwähnts unsers Herrn Vettern Herzogen Georgen zu Lüneburg Lbd. Volk unlängsten unser Haus Kalenberg etzliche Tage belagert gewesen, folgends aber wie der Pappenheim etwa zum Succurs herangerücket, sich reterieret und die Belagerung quittieret; etzliche Tage hernacher die ligistische Garnison allerhand Vorrat weggeschaffet, vor sich davongezogen und das Haus offen stehen lassen. Dahero etzliche Dragoner unsers Volks, so sämptlich vermöge der Alliance in EKW. Pflichten und derselben obersten Directorio unterworfen und eben in der Nähe, hinaufgerücket und selbigen Ort zu unser Behuf uf habenden Befehl eingenommen und verwahret, auch weitern Befehl gehabt, daran zu sein, dass solcher Ort ungesäumt demolieret werde. Es ist aber bald darauf der Obriste Kagge mit etzlichem Volke dafür kommen und hat den Unsrigen unterm Schein, ob täte solche Occupierung der in der Nähe logierenden Armee zu Schimpf gereichen, davon abzuziehen genötiget, und soll der Herr General-Leutenant Bandiss sich dabei haben vernehmen lassen, es sollte unser Haus Kalenberg nicht ehe quittieret werden, bis von EKW. Ordre produzieret würde. Welches uns nicht wenig betrübet, und hätten dafür gehalten, dass EKW. Offizierer sich vielmehr solches, dass der Feind einen Platz verlassen und selbiger zu unserm als Erb- und Eigentumsherrn, deroselben Alliierten, Händen hinwieder gelangt, zu Ruhm und Ehr anziehen sollen; vielweniger kann der Armee zum Despekt gereichen, wann wir das Unserige rekuperieren. Was uns aber durch obberührte Abtreibung der Unserigen vor Despekt und Schimpf zugezogen, ist leicht zu ermessen. Zweifeln nicht EKW. daran und dass man uns des Unserigen dergestalt entwehren wollen, ein hohes Missgefallen haben, wie vorher schon freundvetterlich gebeten eine solche Versehung tun, dass wir in

Übung unser landesfürstlichen Hoheit uf dergleichen oder andere Weise ferner nicht der Alliance zuwider behindert werden mögen. Wie dies alles zu Abbruch unser beiderseits gemeinen Feinden, auch Observier- und Manntenierung unser aufgerichteten Alliance, darin unser Suchen schon ausdrücklich enthalten, gereichet, also versehen wir uns dessen gänzlich und seind es mit Darsetzung des Aussersten zu verschulden bereit und geflissen.

Datum in unser Stadt Braunschweig am 7. Julii Anno 1632.

86.
1632 Juli 11 (21) Lager bei Nürnberg.
König Gustav Adolf an den Ambassadeur Steinberg in Braunschweig.

Hannover, Kal. 16. A. 305. — Abschrift.

Wir lassen Euch hiemit unverhalten sein, dass des Herrn Friedrich Ulrich Herzogen zu Braunschweig-Lüneburg L.bd. uns zu verstehen geben lassen, wasmassen der kaiserlicher Feldmarschall Pappenheimb bei Einnehmung der Stadt Einbeck etliche von SLbd. Räte, Offizierer und Diener gefangen genommen und nach Hameln wegführen lassen; wie dann neulich der kaiserliche Kommandant zu Wolfenbüttel an ILbd. daselbst hinterlassenen Dienern sich vergriffen und sie teils auf dem Rathause, teils auch in ihren Häusern arrestiert und [von] Soldaten verwahren und übel halten lasse, deren Namen aus beigefügter Designation ihr zu ersehen habt.

Wann dann auch daneben SLbd. bei uns gesuchet, weil deroselbigen an solcher Gefangenen Entledigung merklich gelegen, in Betracht teils ihnen ihre consilia bekannt und sich unerschrocken gebrauchen lassen, und also gern sie der gefänglichen Haft entfreiet und benommen sehen täten, zu solcher ihrer Entledigung aber noch zur Zeit kein ander fürträglichers Mittel absehen können, denn dass die papistische Klerisei in Hildesheimb durch den Rat daselbst durch unsere Anordnung und Begehren ebenermassen anzuhalten und nach Gelegenheit der Personen gegen ILbd. Räte, Offizierer und Dienere und nit ehe los gelassen würden, sich an denselbigen zu erholen, an gedachten Rat zu Hildesheimb eine solche Ordonanz zu erteilen:

Als wir dann berührtem des Herzogen zu Braunschweig-Lüneburg L.bd. getanen Suchen gerne stattgeben und dero gefangene Leute

Beilage 16.

vermöge unser zusammenhabenden Alliance Eilberierung und ihnen geholfen sehen möchten, auch dafür halten, dass wir salvis compactatis, so wir mit berührter Stadt eingangen, solches zu ordinieren wohl befugt sein: als befehlen wir Euch hiemit und wollen, dass ihr in unserm Namen es dem erwähnten Rat zu Hildesheimb, wie auch unserm von des Herzogen zu Lüneburg Lbd. daselbst hinverordneten und sich anfhaltenden Kommandanten die unfeilbare Versehe- und Verordnung tut, auch euch sonsten dahin bearbeitet, dass vorgedachtes des Herzogen von Braunschweig Lbd. geschehenen petitis nachgelebet und damit gewillfahret werden möge.

Demnach auch weiters SLbd. zu unterschiedlichen Malen so durch Schriften als durch dero bei uns und unserer Armee sich aufhaltenden Residenten sich höchlich beschweret, klagende dass unser in dero Fürstentamb und Landen sich aufhaltende Krieges Offizierer, hohe und niedrige, auch gemeine Soldaten allerlei viele und grobe Exorbitantien und Exzesse daselbst begehen mit unträglichen Beschwerungen der armen Untertanen, Beraubung und Entnehmung ihrer Güter, böser Disziplin, auch ILbd. selbsten pur lauter Unmöglichkeiten, wo sie selbsten nicht Mangel leiden wollen, anmuten und begehren und sonst ärger denn der Feind hausieren sollen; Und wir aber nicht gemeint sein jedem Offizierer nach Gefallens kontribuieren und dergleichen onera dem Lande anflegen zu lassen, sondern diesfalls von euch die Disposition und Verantwortung suchen werden, wir auch ohne das über solche Exorbitantien ein ungnädiges Missfallen tragen und unsere Meinung gar nicht ist, wissentlich und mit unserm Konsens und Willen Land und Leute verderben und ruinieren zu lassen: Als befehlen wir euch hiemit und in kraft dieses abermaln ernstlich und wollen, dass ihr allenthalben gute Erkundigung einnehmet, allen fürfallenden Querulieren nach Möglichkeit remediert und abhelfet, die Verbrecher strafen lasset und bei allen unsern hohen und niedern Krieges Offizierern die Verfügung tut, dass gute militärische Disziplin gehalten, ein jedweder sich der Gebühr bezeige, sich der geklagten Verübunge und mutwilligen Pressuren enthalte, die Untertanen ihren Ackerbau ungehindert verrichten und einen jeden bei seiner Nahrung verbleiben lasse, damit nicht so wol unsere Armee und Soldateska, als sie durch solche vorgehende Insolentien kauaierender und gefährlich entstehender Mangel mit konsumiert und zu Ruin und Grund geraten, sondern diesfalls in allem vorberührte Alliance und von uns

ausgelassene Krieges- und Kammerordnung nach gehandelt und
denselbigen keineswegs kontravenlert werden möge, so lieb einem
jedwedern unsere königliche Gnade und Leib und Lebens Straf zu
vermeiden sein wird.
 Geben in unserm Feldlager bei Nürnberg den 11. Julii 1632.

87.
1632 Juli 15 (25) Osterode.
Herzog Georg von Lüneburg an König Gustav Adolf.

Hannover, Kal. 16. A. 305. — Entwurf.

EKW. werden aus unsern unterschiedlichen Schreiben datiert
zu Hildesheimb und sonsten von Herrn General Leutenambt Baudissin
vernommen haben, wie es umb diese EKW. zugehörige Armade
eigentlichen beschaffen und wie weit bei der starken feindlichen
Präsenz und Garnisonen die Progresse hiesiger Orter zu bringen
sein wollen. Nun ist uns darauf vielleicht darumb, dass die Schreiben
bishero sehr, auch für zwei Tagen EM. Post einer bei Gandersheim interzipiert, keine und gewierige königliche resolutio worden;
dorowegen wir dann bei sogestalten Sachen und dass sich der
Feind nacher dem Stift Paderborn gewandt, solches mit Herrn
Generalleutenambt Baudissin, Lohausen und Obrist Heyden allen
Obliegs nach in fleissige Konsideration zu ziehen und unsern Marsch
fürters zu EM. anzustellen nicht unterlassen sollen, und welln nun
mit gedachter EKM. Armee wir dieser Örter angelanget, unserm
letzten Zuschreiben zu gebührlicher Folge uns bei EM. zu sistieren
und dasjenige zu verrichten, was unserer aller Schuldigkeit und
EM. und des evangelischen Wesens Dienst erfordert, so bringen
uns unsere Spedierte zu Reporte, dass sich der Feind in seiner
Marsch nacher dem Rhein dahero gestossen, dass sich der Herr
Reichskanzler Oxeustirn vom Rhein wieder etwas ins Land abgetan.
Welln wir nun besorgen, der Feind möchte sich wiederumb dieser
Örter wenden, wie wir denn schon Nachricht etwas erlanget, dass
er mit gestärkter Armee solches gegen uns zu tentieren gemeinet,
als bitten und ersuchen EKW. wir nicht allein ganz fleissig und
freundvetterlich, uns auf solchen Fall zu Succurs die Ihrigen, so
sie Ihrem königlichen Gefallen nach verordnen werden, schleunigst
zuzuschicken, sondern uns ja nicht zu verdenken, dass wir bei so
gestalten Sachen EM. nicht der Gebühr uns stellen. EM. werden

von Herrn General Leutenambt Bandissin und andern EM. ansehnlichen Abgeschickten unsere diesfalls ergriffene resolutiones in königlichen Hulden allemal freundvetterlich konsiderieren und uns ja nicht desfalls verdenken. EM. versichern gewiss, dass wir [auf] des hiesigen Feindes Grassieren ein wachendes Auge haben werden und uns demjenigen konformieren, was EM. neulichst an uns gelangen lassen. Sollte er sich nun auf solche Weise versuchen wollen, wie EM. in königlicher Vorsorge tragen, werden wir ihm alle mal a tergo sein und seine actiones zu observieren nicht unterlassen.

Datum Osterode den 15. Juli Ao. 1632.

88.
1632 Juli 18 (28) Braunschweig.
Herzog Friedrich Ulrich von Wolfenbüttel an König Gustav Adolf.

Wolfenb. 30. Jähr. Krieg. III. 1. — Entwurf.

Wiewol wir EKW. bei dero hochwichtigen Obliegen itzo ganz ungern behelligen, so dringet uns doch die unumbgängliche Notwendigkeit, deroselben mit wenigem anzudeuten, dass unser Abgeordneter wegen Subskribierung der zwischen EKW. und uns getroffenen Alliance nunmehr über ein ganz Vierteljahr aufgehalten und dieser Örter wir fast in allen Punkten dawider zu gänzlichem Untergang unser Lande graviert werden. Ueber das werden unsere Lande mit solchen unchristlichen barbarischen Wesen devastieret und verwüstet, dass es gewiss mit Worten nit zu beschreiben. Dagegen hilft kein Bitten, kein Flehen, kein Erinnern. Ersuchen demnach EKW. hiermit äussersten Fleisses, sie wolle gerührte Alliance auch ihrestells förderlich unterzeichnen und daneben an dero im niedersächsischen Kreis vorhandene Krieges- und andere Offizierer ernsten Befehl erteilen, dass sie sampt und sonders ohn ferner Spezialordre erwähnter Bündnus in alle ihren Punkten wirklich Folge leisten. Wir unsersteils vergewissern EKW. hiemit nochmals, dass wir bei deroselben unausgesetzet beharren und das Äusserste aufsetzen wollen, guter Hoffnung, EKW. werden unverweilt zureichende Verfügung tun, dass die Offizierer dero königliches Wort auch effektulieren müssen.

Geben in unser Stadt Braunschweig am 18. Julii 1632.

89.

1632 Juli 19 (29) Lager vor Duderstadt.

Herzog Georg von Lüneburg an König Gustav Adolf.

Hannover, Kal. 16. A. 305. — Das Hauptschreiben gedruckt Arkiv II. no. 814 (hier nur im Auszug wiedergegeben). — Das PS. Entwurf.

Der Herzog habe sich von Bandissin nicht trennen mögen, weil sie Nachricht erhalten, dass Graf Gronsfeld sich verstärkt habe, um gegen sie etwas zu unternehmen. Er kann sich deshalb beim Könige nicht einstellen.

PS. Wir haben bishero wegen der zu EM. Diensten geoccupierten Stift hildesheimbischen Häuser als Peine, Steuerwald und Marienburg keine gewisse Anordnung machen können, weiln uns von EM. keine Specialordre zukommen, wie es damit eigentlich gehalten werden sollte. Nun zweifelt uns nicht EKM. werden in frischem königlichem Angedenken haben, was uns auf die Fälle wir solche Orter occupieren würden, vor mündliche Promess geschehen. Dieweiln uns dann auf unsere dieserwegen an EKM. zu zweien unterschiedlichen Malen getane dienstliche Anerinnerung bis dato keine Resolution zukommen, als haben wir der Notdurft erachtet bei dieser Gelegenheit dessen dienstliche Erwähnung zu tun, der steten Hoffnung, sie werde geruhen uns damit zu willfahren. [Insonderheit,[1]) wie weiters mit den anderen beiden occupierten unserm Hause Braunschweig immediate zustehenden Häuseren, als Kalenberg und Steinbrück, zu verfahren sei.]

Datum ut in literis.

90.

1632 Juli 20 (30) Lager bei Nürnberg.

König Gustav Adolf an Herzog Georg von Lüneburg.

Hannover, Kal. 16. A. 305. — Ausfertigung. — praes. Feldlager vor Wolfenbüttel, den 1. (11.) September 1632.

Demnach wir sowohl an dem braunschweig- und lüneburgischen Hof unsertwegen zu residieren, als unsere Armee daselbsten beizuwohnen den edlen und vesten unsern Rat und lieben getreuen Jacob Steinbergen gnädigst verordnet, als haben wir nit weniger

---

[1]) [...] wieder ausgestrichen.

anitzo als vor diesem überflüssig erachtet, an ELbd. die ihme aufgetragene Werbungen durch absonderliche Schreiben zu wiederholen, sondern uns vielmehr die Gedanken machen wollen, sie werde unsere Intention jederzeit von ihme als unserm Ambassadeur gerne und zu genügen eingenommen haben. Wie er dann ELbd. mit mehrerm referieren wird, dass ob wir wohl sie, als wir deroselben durch den Herzog Franz Karln zu Sachsen Lbd. angedeutet, gerne bei uns gesehen hätten, wir doch nunmehr vor ratsamb halten, weil ELbd. sich mit dem General-Leutenant konjungiert, dass sie selbigen statum zu suffulzieren ihme an die Hand gehen und insonderheit die Sicherheit der lüneburgischen Landen ihr angelegen sein lassen wolle.

Datum in unserm Feldläger bei Nürnberg, den 20. Julii Anno 1632.

91.

1632 Juli 20 (30) Lager vor Nürnberg.

König Gustav Adolf an Herzog Friedrich Ulrich von Wolfenbüttel.

Hannover, Zelle 72. Syke Nr. 19. — Ausfertigung. — praes. Braunschweig 1632 Aug. 31 (Sept. 10).

Uns hat zu unterschiedenen Malen der edel und mannhaft unser General-Leutenant, Kommandanten über unsere niedersächsische Armee, besonders lieber und getreuer Wolf Henrich von Baudissin untertänigst angesucht, wir ihne mit dem Ambt Syke gnädigst zu bedenken geruhen wollten. Nun erinnern wir uns, dass solches ein Pertinenz ELbd. Landen und Herzogtumbs und wir dannenhero bei den pactis conventis, so wir mit deroselben getroffen, gerne geschehen lassen, dass solches nicht weniger als das übrige von dem Feind durch unsere Waffen wiederumb erobertes Land zu ELbd. wiederkehren und dem Herzogtumb annex verbleiben möchte.

Wann wir aber darbei nicht unbillig erwägen, was vor getreue unverdrossene Dienst unser General-Leutenant uns nit allein zu gemeiner Wohlfahrt Restem, sondern auch ELbd. selbst eigener Restabilierung eine geraume Zeit hero geleistet und noch ferner leisten soll und will; auch ELbd. selbsten wissend ist, dass gemeltes Ambt nit allein deroselben weit und nach der Weser zu entlegen, sondern auch, da unser General-Leutenant mit demselben benefizieret wird, jedoch dardurch ELbd., als von deren er es nicht weniger zu rekognoszieren willig, so welt nichts verlieren, dass sie vielmehr aus Accesion eines solchen Edelmanns sowohl bei gegenwärtiger Konjunktur als künftigen Fällen nicht geringen Nutzen zu schöpfen; und über das, da ja ELbd. etwa hierunter etwas abgehen sollte, wir die Gelegenheit und Affektion ELbd. mit Importantem und dero besser gelegenem Ort zu versehen; zumaln auch gedachtes Ambt unserm Feind dergestalt affiziert ist, dass wir ELbd. eben hierumb anzusprechen desto weniger Bedenkens haben können: So möchten wir unserstells unsern General-Leutenant seines Wünschens und Suchens gerne gewähret sehen.

Und wie wir zu ELbd. das Vertrauen, sie uns zu Gefallen ein so geringes gegen diejenige Dienste, so von einem Kavallier, deme wir unser Armee anvertrauet, das ganze gemeine Wesen und wir ferner erwarten, nit ansehen werde, also wollen wir auch ELbd. umb diese Konzession freundvetterlich hiemit ersuchet, sie zugleich versichert haben, dass wodurch wir hinwiederumb ELbd. unsere freundvetterliche Neigung zu dero Wohlfahrt wir zu erweisen vermögen, wir es noch ferner an angenehmer Freundschaftsbezeigung nit wollen lassen ermangeln. Befehlen etc.

Datum in unserm Feldlager vor Nürnberg, den 20. Julii Anno 1632.

92.
1692 Juli 21 (31) Lager vor Duderstadt.
Herzog Georg von Lüneburg an König Gustav Adolf.

Hannover, Kal. 16. A. 305. — Entwurf. Rückenaufschrift: de dato 22. Julii.

Wiewohl wir uns schuldig erkennen, EKM. bei dieser Armee uns vorgestellten Artikulsbrief zu Erhaltung guter Disziplin sowohl unter die Offizierer als Soldateska in allen Punkten und Klausulen wirkliche Folge und Manutenenz [kraft[1]) von derselben tragenden Generalats] zu leisten, ohne dass wir uns darinne eines oder anderen Respekts zu gebrauchen; gleichwohl aber weiln sich neulicher Zeit bei unserer Anwesenheit zu Hildesheimb in dem Nebenschluss[2]) aufgesetzte und vom hohen Kriegsgericht decidierte Kontrovers

---

[1]) [. . .] ausgestrichen. [2]) Fehlt.

erhoben, so dermassen beschaffen, dass die andern Herrn Generalspersonen etwas Bedenken gemacht, der Exekution ohne EM. eingeholete königliche eigentliche Erklärung oder Konfirmation zu unterfangen, als haben wir wenigers nicht tnen können, dann uns deren hierüber zu erholen, mit dienstlicher Bitte, sie wollen geruhen und uns dieselbe hierüber zukommen zu lassen.
Datum im Feldlager vor Duderstadt den 21. Julii 1632.

93.

1632 Juli 30 (Aug. 9) Lager vor Duderstadt.

Herzog Georg von Lüneburg an König Gustav Adolf.

Hannover, Kal. 16. A. 305. — Entwurf. — Rückenaufschrift „ausm Feldlager vor Duderstadt, den 81. Julii 1682".

Wir zweifeln gar nicht, es werde EKM. nunmehr unser sub dato 19. d. von hiesiger Gegend ausgelassenes Schreiben wol zu Handen kommen sein und dieselbe daraus verstanden haben, in was Desseln wir dazumal begriffen gewesen. Zu Kontinuation unser EKM. schuldige Reporte verhalten deroselben wir hiemit dienstlich nicht, dass wirs vermittelst göttlichen Beistands mit unser nach der Hand immer kontinuierenden Approchen an diesen Orte soweit gebracht, dass zwaren die in der Stadt sich befundene ligistische Besatzung den 24. d. zum Accord sich ultro geprasentiert und ihre Geiseler herausgeschickt, wie aber man über ihre postulata in Deliberation getreten, hat sich eine Meutination in der Stadt unter der gemeinen Soldateska erhoben, welche sie in dermassige Koufusion und Perplexität gesetzt, dass sie darauf alsbald und noch selbigen Abend während der Deliberation einen anderen Rittmeister herausgeschickt, der im Namen des in der Stadt gebliebenen Kommandanten Obristleutenambten Helsters und anderen Offizierern unsere Protektion gesucht. Welche gewünschte Occasion wir zu Verschonung der Soldateska, so man sonsten in der Kontinuation der Approchen noch weiters hätte in Gefahr setzen müssen, geariplert, haben darauf folgenden Tages, als den 25. ejusdem, 2 Regiment zu Fuss hineingeschickt und die darinne gelegene Reuter und Knechte, deren Anzahl sich über 2000 erstrecket, zur Deposition ihrer Waffen disponieren und mit der Kondition, dass sie sich unterstellen sollten, pardoniert, die Offizierer aber zusambt ihrem Anhang, den kurmainzischen Beamten und Dieneren seind in Arrest genommen; werden auch förters die Anstalt machen, dass sie an sicheren Ort gebracht werden.

Die Stadt betreffend haben wir nebenst Herrn General-Leutenambt Baudissin und anderen uns geadjungierten Generalspersonen, Kriegsräten und respective Kommissarien in gehaltenem Kriegsrat vor ratsamb befunden, die darumb vorhandene Werke zu demolieren und solches aus diesen Reden: 1) dass es ein weitläufig corpus und bei so annoch bewandter Konjunktur ohne etliche tausend Mann nicht kann konserviert und maintenieret werden, 2) dass wir auch nicht gesehen, waher bei allenthalben dieser Enden Verdorbenheit die spesa dazu zu nehmen wären gewesen, 3) dass uns auch nicht zu raten sein wollen, EKM. dieser Gegend habende Armee damit zu splitteren und, do es die Noturft erforderen sollte, wir dero zu Vollführung ihrer anderer habenden hohen heroischen Desseinen etwa von dieser Armada einen Succurs zu schicken, dass wir alsdann nicht möchten bastant geblieben sein, unserm annoch nicht so gar weit entwichenen Feind die Stange zu halten, geschwelgen die andere dieser Orten occuplerte Plätze zu maintenieren, 4) wenn wir mit der Armee diese Örter verlassen und uns anderstwohin wendeten, dem Feind, do er sein Absehen dieser Enden wieder nehmen würde, leicht- und besorglich hiedurch Anlass geben werden möchte, eines solchen Platzes zu Abschneidung unser vivres wiederumb sich zu gebrauchen, 5) dass auch die mit unserm fürstlichen Hause Braunschweig und Lüneburg in EKM. Namen aufgerichtete Alliance uns Anleitung giebt, an dergleichen intenablen Plätzen vergeblich die Soldateska in Besatzungen [nicht] zu konsumieren und im Felde uns zu schwächen; andere Konsiderationen zu geschweigen.

Sobald wir mit dieser Demolition etwas fertiger worden, werden wir uns nicht versäumen, dasjene weiters zu Werk zu richten, was zu EKM. Dienste und für der gemeinen evangelischen Sache immer gut gefunden werden kann.

Datum im Feldlager vor Duderstadt, den 30. Julii 1632.

94.
1632 Juli 31 (Aug. 10) Lager vor Duderstadt.
Herzog Georg von Lüneburg an König Gustav Adolf.

Hannover, Kal. 16. A. 305. — Abschrift. — Arkiv II. no. 628. — Auszug.

Nach der Eroberung Duderstadts berichtet er dem König, dass etliche Stücke des Eichsfeldes (die Stadt Duderstadt und dazu gehörige Dorfschaften, Amt Gieboldehausen, sowohl die Gerichte See- und Bernshausen und andere im Lehnbriefe spezifizierte Stücke) alte grubenhagische Stammlehen sind. Wie er hört, soll Herzog Wilhelm von Weimar auf diese Stücke vertröstet worden sein; er bittet den König die Rechte seines Hauses nicht zu schmälern; dem Herzoge von Weimar verbleibe ja noch der grösste Teil des Eichsfeldes.

95.
1632 Juli 31 (August 10) Lager vor Duderstadt.
Herzog Georg von Lüneburg an König Gustav Adolf.

Hannover, Kal. 16. A. 305. — Entwurf.

EKM. können wir dienstlich anzufügen nicht umbgehen, welchergestalt uns heute gewisser und glaubhafter Bericht beikommen, dass unser etwa den 24. Junii an EKM. von Hildesheimb aus abgefertigter General Quartiermeister[1]) mit denen bei sich gehabten Schreiben in des Feindes Handen geraten. Wiewohl wir nun den Einhalt des ersten Schreibens, darinne derozeit EKM. wir die domalige dieser Enden befundene Konstitution des status belli und von EKM. unterhabenden Armee Beschaffenheit reskribiert, anitzo zu rezitieren vor unnötigt erachten, sintemal sieder der Zeit dieselbe zur Veränderung geraten und wir anitzo in einen ganz anderen Staat begriffen, wie EKM. mit mehrerm aus einem andern an dieselbe ausgelassenen Schreiben vernehmen werden: So haben wir doch des zweiten, betreffend die Occupation der hildesheimbischen Stiftshäuser, als Peine, Steuerwald und Marienburg in der Kürze dienstliche Wiederholung zu tun nicht unterlassen können.

---

[1]) Johann Dietrich von Ehlen; er wurde bei Neustadt a. d. Aisch von Kroaten gefangen, es gelang ihm aber wieder zu entkommen und die Schreiben dem Könige unversehrt einzuhändigen. Ehlen an Herzog Georg. dd. Nürnberg Juli 28 (August 7). Original ebd.

Und ist unser Suchen dahin gerichtet gewesen, weiln nunmehr vermittelst der Gnade Gottes solche Häuser in unsere Hände geraten, dass EKM. geruhen wollten kraft ihrer uns bei deroselben genommenem Abzug von Würzburg getanen königlichen Promess, sobald wir uns der hildesheimbischen Stiftshäuser ermächtigen würden, uns dieselbe zu attribuieren und solches aus nachfolgenden Reden, dass wir noch zur Zeit an der fürstlichen Landregierung keinen Anteil haben, sondern nurt mit dem uns von unsers regierenden Herrn Bruders Herzog Christian zu Braunschweig und Lüneburgs Lbd. zugelegten Deputat uns kontentieren, hingegen aber unsere fürstliche Gemahlin und Kindere unterhalten müssen, und 2) dieweiln wir uns in EKM. Diensten befinden, solchen Deputats nicht viel zu erfreuen haben würden, sintemal wie am Tage wir unsere Barschaft bei der Werbung vorehist einschliessen müssen, anderer Inkonvenientien zu geschwelgen. Inmassen dann, sobald wir von unser Werbung einen Anfang gemacht, der Feind alsbald nacher unserm Fürstentumb Grubenhagen gewendet, dasselbe zum mehrenteil geruinieret und über solche ausgestandene feindliche Exaktionen nun eine Zeit hero EKM. Armee darinne unterhalten, proviantiert und solches Fürstentumb neben dem ganzen Land Lüneburg dahero in solchen Nachteil gesetzt, dass wir nicht sehen, wie wir in etlichen Jahren unsers Deputats wiederumb fähig sein können.

Alsdann nun freundlicher vielgeliebter Herr Vetter und Schwager itzerwähnter unser Zustand offenbar, so zweifeln wir nicht, EKM. werden zum Rekompens unser also mit Ufsetzung unsers Leibs, Guts und Bluts geleisteten getrenen Dienste der Effekten ihrer königlichen parola uns nunmehr teilhaftig zu machen sich nicht missgewürig bezeigen, zumaln obangeregte Häuser nie in lite gewesen, viel weniger von unsers Vettern Lbd. Vorfahren possedieret worden. Gestalt wir dann unser dieserwegen nach der Hand getanes dienstliches Suchen, hernacher zu verschiedenen Malen getane dienstliche Anerinnerungen anhero wollen erwiedert und ferner dienstlich gebeten haben, [EM.] wollen bei unserm hiemit sonderlich abgeordneten Boten ihre gewürige nachrichtliche königliche Resolution [uns] wiederfahren lassen. Wir seind des dienstlichen Anerbietens nichts doweniger zu EKM. Diensten die des Orts liegende Soldateska, solange es EM. gutfinden werden, nach wie vor zu unterhalten. Dieselbe dann dienstlich erwartende, befehlen EKM. etc.

Datum im Feldlager vor Duderstadt den 31. Julii 1632.

96.

1632 August 11 (21) Stöckheim.

Herzog Georg von Lüneburg an König Gustav Adolf.

Hannover, Kgl. 16. A. 305. — Entwurf. — Arkiv II. no. 826, aber mit dem falschen Datum August 14 (24). — Auszug.

Hat sich von Bandissin getrennt und ist am Dienstag (7/17. August) hier angelangt, um Wolfenbüttel zu blockieren. Nachdem heute das Regiment Termo Ahlum besetzt, ist Wolfenbüttel eingeschlossen. Hofft auf baldige Übergabe, wie bei Duderstadt.

97.

1632 August 12 (22) Braunschweig.

Herzog Friedrich Ulrich von Wolfenbüttel an König Gustav Adolf.

Wolfenb. 30. Jahr. Krieg. III. 1. — Entwurf.

Es erfordert EKW. in diesen Quartieren logierender Armeen Notnrft, des allgemeinen Wesens Bestes, unser eigenes Anliegen und unser tränenden Untertanen stets währendes Seufzen, dass EKW. wir gegründeten Bericht einschicken, wie unsere Lande ohne allen Nutz und Not unaufhörlich und zwar alles nit allein wider unsern fürstlichen statum und landesfürstliche Superiorität, sondern wider die geschlossene Alliance bedränget und aufgerieben werden. EKW. wollen uns sicherlich glauben, dass umb etzlicher wenig Kompanien willen, so etwa vielleicht noch erst im halben Jahr uf die Beine gebracht werden möchten, das ganze Land unsicher gemacht, unser Superiorität, Hoheit und Respekt ganz vernichtet, Bürger und Bauer verjaget, der jetzige Vorrat verderbet, verzehret und absumieret, die künftige Samzeit und Bestellung des Feldbaues rein niedergeleget und endlich alle Mittel und Vorschub zu künftiger Unterhaltung der Soldateska und der Kontribution in diesen ansehnlichen Quartieren abgeschnitten werden. Es ist auch mehr dann gewiss, wo nicht unverzüglich Remedierung erfolget, dass die Blockierung Wolfenbüttel nicht kontinuieret, sondern mit Schimpf, Spott und Gefahr quittieret werden muss. Der Allmächtige verhüte solchen traurigen, besorglichen Event; bitten allein EKW. wolle Ihr freundvetterlich belieben lassen, beikommenden kurzen

Extrakt bei ihren andern schweren Obliegen durchzusehen und die ernste Verfügung zu tun, damit solches verderbliches Unheil und unverantwortliches procedere der Offizierer in Zeiten wirklich abgeschaffet, verhütet und wir wider unser landesfürstliche Hoheit und die so wohlerwogene und gemeinte Alliance nicht beschweret werden mögen. Wir wollen ganz willig und gern bei EKW. unser äusserstes Vermögen ansetzen, wenn dort unsere Lande nit auf einmal ohn Not zu Grund gerichtet und wir in unserm fürstlichen statu nit opprimieret werden.

Datum in unser Stadt Braunschweig den 12. Augusti Anno 1632.

Kurzer Extrakt, wie des Herzogs zu Braunschweig FG. und dero Lande und Leute itziger Zeit wider derselben fürstlichen Statum und Hoheit, auch Alliance traktieret werden.

1. Die Alliance vermag, Art. 2 und 4, dass dem Herzogen zu Braunschweig und Lüneburg FG. die hildesheimbschen noch übrige Häuser, als Peine, Steuerwald und Marienburg, wie auch andere dem clero daselbst zustehende Güter nach deren Occupierung alsofort angewiesen und eingeraumbt werden sollen. Econtra und ohnerachtet IKW. residierender Gesandter allhier, Herr Jakob Steinberg, die Beamte SFG. angewiesen und den Zustand allen hohen Krieges Offizierern notifizieret, wird SFG. noch bis dato darin beeinträchtigt, der Pfäfferei zu Hildesheimb salvaguardia uf ihre Person und alle Hab und Güter gegeben; dagegen SFG. Beamte bedrauet, behindert, verjaget, arrestiert, wie solches in specie dem Amtmann zu Peine von jetzigem Kommandanten daselbst, dem Obristen Brünecken widerfahren.

2. Zum Andern besaget die Alliance Art. 9, dass keine Sammel- und Laufplätze in SFG. Fürstentumb, Graf- und Herrschaften und Landen bis zu deren gänzlicher Rekuperierung angestellet werden sollen, und ist dabei in specie versehen, wie es uf allen Fall damit nach erwähnter Rekuperierung zu halten. Econtra hat der General Wolf Heinrich von Baudiss seinem Majorn Hans Christoph von Königsmarken das Haus und Ampt Steinbrück mit dessen also von ihm genannten Zugehörungen und anderen unseren vornehmen Ämtern Koldingen, Lauenstein und Poppenburg daselbst ein Regiment Dragoner von

1000 Köpfen zu werben, auch die Werbgelder, so uf 32000 T.
gefodert werden, ohne die Verpflegung, so ohne das hergeben
werden muss, vor sich selbst aus diesen Ämtern zu heben,
assigniret, laut beillegender Ordre sub lit. A., und giebet die
Beilage sub B., was für Traktament bloss uf eine Kompanie
Dragoner angesetzet worden, alles mit Bedrauung militärischer
Exekution. Der königliche Kommissarius und geheime Sekretarius Grubbe hat dem Obristen Abraham Brüneck zum Sammel-
und Laufplatz auf 8 Kompanien zu Ross und 4 Kompanien
Dragoner folgende Ämter und Städte: Peine, Sarstedt, Dompropstei Enzelndorf (? sic!), Stadt Bodenwerder, Gronau und
Ärzen assigniret, und ist daneben den Einwohnern jedes
Orts angedentet worden, dass sie sowohl gebührlich Traktament geben, als auch die Werbgelder uf 18000 T. erlegen
sollen, sub lit. C. Mit was unverantwortlichem procedere
solches von gedachtem Obristen im Städtlein Sarstedt vermittelst gefänglicher Behaftung des Stadtschreibers, auch Wegnehmung des Viehes exequieret wird, solches giebt die Beilage sub D. In die arme Stadt Göttingen, dero grosses
Elend, so sie durch Kontributien, Einquartierung, Belagerung,
Ausplünderung und ander Kriegspressuren ausgestanden, nicht
mit Worten gnugsamb zu beschreiben, hat man ohnangesehen
sie wegen ihres kundbarlichen Jammerstandes mit einem Fussfall dafür gebeten oder sie nur mit Weib und Kindern, Sack
und Pack abziehen zu lassen zum wehemütigsten geflehet,
dennoch dem Obristen Kalkreuter geleget, welcher daselbst
sein Regiment komplieren soll, und dagegen SFG. Garnison
ohne einige Begrüssung abgeschaffet; und obwohl solches
wegen der feindlichen Besatzung in Eimbeck entschuldiget
und dass die Göttingischen nur das blosse Lager hergeben
sollten, fürgeben werden wollen, so ist doch wahr, dass nicht
über 400 Soldaten effective, aber viel Offizierer bei gedachtem
Regiment vorhanden und es also nmb Kompletierung und
Erpressung der Werbgelder zu tun; es muss auch die Stadt
Essen, Trinken und Servitien hergeben. Was vor grausame
Fressereien darinnen verübet werden und uns täglich mit
Weinen und herzbrechenden Klagen vorkommen, mögen wir
mit schreiben. Was sonst uf 700 Mann zu Fuss und
300 Pferde, so doch noch der Zeit nicht, sondern wie

gemeldet allein 400 Soldaten darinnen vorhanden, gefodert wird, solches ist sub E zu befinden. Zu Northelmb seind 5 Kompanien einquartieret und gehets mit der Verpflegung und Kontribution nicht besser als an anderen Orten. In der Grafschaft Honstein will man einesteils von des Herrn General Leutenants Herzog zu Weimar Volk 6 Kompanien zu Fuss einquartieren; anderntells seind 180 Kranke und Verwundete von Duderstadt dahin gebracht, so mit Essen, Trinken, Arznei und anderer Noturft unterhalten werden müssen; und hat daneben der Kommissarius Grubbe den Obristen Kalkreuter, so in Göttingen quartieret, mit 8000 T. an gemelte Grafschaft unter dem Prätext anweisen wollen, als ob sich die Landschaft mit den Pappenheimbschen uf eine solche Summe verglichen und interessiert gemacht, da man doch nie den geringsten Gedanken gehabt, denselbigen einigen Heller zu geben, noch vielweniger aber gegeben, sondern sich ganzer 6 Wochen nurt mit blossen Worten und Vertröstungen, und zwar uf Miteinraten des königlichen schwedischen Residenten zu Erfurt Alexander Essken zu dem Ende aufgehalten, ob inmittelst Rettung erfolgen und die Totalruin und Einäscherung des Landes dadurch abgewendet werden möchte. Ob nun wohl dieser dem Herrn General Baudiss und Kommissario Grubben von SFG. ausführlich remonstriert, will doch alles nichts helfen, sondern sollen die Landstände wider Gott und alle Billigkeit gerührte 8000 T. bei Vermeidung militärischer Exekution, auch Ab- und Wegführung alles Viehes und Getreides, ja der vornehmen adelichen Personen und SFG. eigenen Offizierern ausbringen, inmassen denn auch allbereit 100 Pferde zu gänzlicher Verderb des Landes aus Göttingen dahin kommandieret sein. Wie es SFG. mit dero Amt Syke, welches ein Grenzhaus und über zwo Meilen lang und breit (und ordinari 6000 T. austragen kann),[1]) ergangen und SFG. Diener und Offizierer daselbst traktieret worden, solches ist IKW. allbereit zu erkennen gegeben. Hiezu lege man nun die Blockierung von Wolfenbüttel und was der Feind am ganzen Weserstrom bis Bremen in seinen Händen und Kontribution hat, so wird sichs finden, dass alle SFG.

---

[1]) [. . .] wieder gestrichen.

Fürstentumbe, Graf- und Herrschaften mit Lauf- und Musterplätzen, Werbung und Rekruten der Alliance schnurstracks zuwider gleichsamb überschwemmet und derselben sogar zu ihrem Ankommen nichts übriges verbleibet.

3. In der Alliance ist beim 5. Art. Sr. des Herzogs FG. Gegenobligation ausdrücklich versehen, dass so lang der Krieg in SFG. Fürstentumb und Landen währet, ein Kriegsrat conjunctim bestellet werden soll oder SFG. den Kriegsconsultationibus und expeditionibus einen commissarium zuordnen mögen, dessen Bedenken und Gutachten befundenen Dingen nach nicht aus Obacht gesetzt werden soll; item Art. 14, dass SFG. uf allen Fall die Anlagen ufs Land ganz ungehindert und unbeeinträchtiget vor sich selbst zu machen und einzubringen die freie Hand gelassen werden soll. Econtra ists wahr und bezeigts der bisherige so oft geklagte Verlauf, dass SFG. nicht allein zu nichts gezogen, sondern auch alle wohlmeinende Erinnerung für nichts geachtet, die expeditiones in dero Landen ihrer ganz unbegrüsset und unwissend zu Handen genommen, Ordre erteilet, Lauf-, Werb- und Musterplätze assignieret, Garnison eingelegt, die contributiones nach eigenem Gefallen angesetzet, selbsttätig exigieret, die Amtleute unersucht SFG. zitieret, fürgefodert, bedranet, arrestieret und in die Ordre wohl gar gerücket wird, dass man SFG. Gebots und Verbots nicht achten sollte. Es ist auch die Veracht- und Beschimpfung so gross, dass sich der Kommandant zu Peine unverhohlen vernehmen lassen, wann der Herzog zu Braunschweig seine Leute dahinschickte, wollt er dieselben mit Prügeln traktieren; ingleichen der Obristleutenant von des Kalkreuters Regiment ungescheuet und gut rund fürgegeben: was sich die Göttingschen uf SFG. Resolution beziehen wollten, ob man nicht wüsste, dass der General Bandiss und nicht der Herzog zu Braunschweig im Lande kommandiere. Mit einem Wort, ist weder Respekt noch Folge mehr vorhanden.

4. In der Alliance ist beim 20. Art. disponieret, dass SFG. frei und bevorstehen soll, etzliche geringe Festungen, welche wie der Augenschein bis jetzo erweiset, nur zum Verderb des Landes gereichen, gänzlich zu demolieren. Econtra wird SFG. an Rasierung des Kalenbergs, Steinbrück und Peine,

welche doch der Feind selbst quittieret, und kein Mann dafür gebrauchet oder verloren worden, verhindert; und seind solches nichtswürdige Bicoquen und blosse Raubnester; ist auch zu besorgen, do der Feind sich deren Örter eines hinwieder bemächtigen sollte, dass es derselbe so leicht nicht wieder quittieren, sondern zu Rekuperierung gute Zeit und unermessliche Unkosten von nöten sein, ja das ganze umbliegende Land uf etzliche Meilen dadurch in Unsicherheit und Ruin gesetzt würde. So ist dem Lande durch dieselben Örter nicht der geringste Nutz geschaffet; sie liegen zum Teil nur eine Meile von einander und dependieret das rechte Firmament des Landes vom Weserstromb, Hildesheimb, Hannover, Braunschweig, Wolfenbüttel und Göttingen: seind dieselben als die rechten Vormauern wohlverwahret und assekurieret, so befindet sich zugleich das ganze platte Land in guter Verwahrung und Sicherung.

Derowegen IKW. die zuversichtige, gute Verordnung machen wird, dass allem besorgenden Unheil fürgetrachtet, solche unleidliche Exorbitantien, desgleichen man bei des Feindes Zeiten nicht erfahren, abgeschaffet, SFG. an Ihrem fürstlichen statu und landesfürstlicher Superiorität nicht betrübet, die christliche Alliance in ihren vollständigen Effekt gebracht und aller Untertanen Herzen und Gemüter in beständiger, unausgesetzter Liebe, Treue und Devotion erhalten werden mögen. SFG. seind dagegen des fürstlichen, treuherzigen Anerbietens bei EKW. alles anzusetzen, wozu sie laut der Alliance verbunden, auch was sonsten mehr in ihrem äussersten Vermögen sein mag.

98.
1632 August 14 (24) Lager vor Wolfenbüttel.

Herzog Georg von Lüneburg an König Gustav Adolf.

Hannover, Kal. 16. A. 305. — Entwurf.

Nachdem die separatio zwischen uns und EKM. bestalltem General-Leutenambt W. H. v. Baudissin bei Duderstadt vorgangen, haben wir uns mit unsern Truppen zu Ross und Fuss auch mit des Herrn General-Wachtmeistern Lobausen Regiment zu Fuss und andern mehr anhero begeben und heut 8 Tage angefangen die Veste

Wolfenbüttel zu blockieren; und weiln wir nun gute Hoffnung haben vermittelst göttlicher Hilf solche dahero bald zu erlangen, dass die notwendigste requisita darin mangelen, wir auch nach erlangter Verstärkung, so aus den Landen Magdeburg und Halberstadt zum Teil angelanget und vorhanden, auch überkommener noch manquierender Ammunition und andern Notwendigkeiten uns höchlich befleissen werden, nach Möglichkeit des Orts Rekuperierung quovis modo solches mit Gottes Hilf wird geschehen können, uns lassen angelegen zu sein: als hat uns gebühren wollen EKM. unser Schuldigkeit nach davon Nachricht zu tun, und dieselbe dienstvetterlichen zu ersuchen, dass wir nicht allein in dieser, sondern auch in mehren Occasionen EKM. begehren getreue und willige Dienste zu leisten.

Datum im Feldlager vor Wolfenbüttel, den 14. Julii 1632.

99.

1632 August 22 (September 1) Stockholm.

Herzog Georg von Lüneburg an König Gustav Adolf.

Hannover, Kal. 16. A. 305. — Entwurf.

EKM. werden aus Herrn Steinbergen getanen Relation sonder allen Zweifel ausführlicher Nachricht empfangen haben, wasmassen EM. General-Kommissarius Herr Erich Andersohn Trana genannt gefangen und in Wolfenbüttel gebracht worden. Wann wir nun ab einem Schreiben, so der Kommandant in gedachter Festung, der von Geleen, getan, ersehen, dass er wohl dahin inkliniert gegen wohlgedachten Herrn General Kommissarium Andersohn den Obristen Gramb los zu machen, wofern der Feldmarschall Pappenheim, an welchen ers zuvor gelangen lassen müsste (zumaln Erich Andersohn ein General-Person wäre), darin konsentierte: Als hat uns gebühren wollen, EM. solches Mittel dienstvetterlichen an die Hand zu geben, mit fleissiger Bitte, wann EM. dieser Weg gefallen und des von Pappenheimbs Resolution gewierig einkommen sollte, ob ihro dann belieben möchte uns eine Ordre an EM. Kommandanten in Gripswald wegen Befreiung des Obristen Grambs zu erteilen, deren wir uns in diesem Fall zu bedienen hätten und wohlgedachten Herrn Kommissarium zu Beforderung EM. Diensten auch wiederumb liberieren könnten. EM. werden uns ihre königliche Erklärung hierüber erteilen und uns dieserwegen nicht verdenken.

Im übrigen fahren wir mit Blockierung dieser Veste fleissig und emsig fort, und wann alle behufige requisita bei der Hand, werden wir mit höchstem Ernst beflissen sein und sehen, wie wir per forze dieselbe mit Gotts Hilf emportieren mögen.

Datum Stöckheimb am 22. Augusti 1632.

100.
1632 August 25 (September 4) Braunschweig.
Herzog Friedrich Ulrich von Wolfenbüttel an König Gustav Adolf.
Wolfenb. 30 jähr. Krieg III. 1. — Entwurf.

EKW. wolle ab der Anlage[1]) zu vernehmen Ihr belieben lassen, was an uns dero General Leutenant bei der niedersächsischen Armee Wolf Heinrich von Baudissin so gar nachdenklich geschrieben und sich herausgelassen. Wie wir nun nicht absehen können, womit wir es umb ihne verschuldet, dass er sich in allem gegen uns, unsere Lande und Untertanen so sehr widrig erzeiget, also befremdet uns nicht wenig, dass er in seinem postscripto andeutet, er wolle EKW. unsere an ihn ausgelassene scharfe Schreiben in originali zufertigen. Wir haben anders nicht von uns geschrieben, als was unseres eigenen status und landesfürstliche Hoheit äusserste Noturft und Rettung unserer ruinierten Untertanen jedesmal erfordert. Dahero wir gar wohl leiden können, dass EKW. und männiglich alle unsere Schreiben, wie auch bishero geführte actiones bekannt und zu wissen gemacht werden mögen. Und haben demnach zu deroselben das freundvetterliche feste Vertrauen gesetzt, sie werde durch sein blosses An- und Vorbringen sich zu keinem widrigen Gedanken gegen uns bewegen lassen, sondern uns vorerst darüber freundvetterlich vernehmen. Wir getrauen mit Bestande und dem selbstredenden Augenschein darzutun, dass wir zu EKW. und des gemeinen evangelischen Wesens Besten alles gerne übernommen, was nur immer zu erheben gewesen, wollen auch noch ferner mit Gottes Hilf also beständiglich kontinuieren, wenn uns nur nicht an allen Orten, wie bis dahero geschehen, die freie Disposition über das Unserige behindert wird.

EKW. verbleiben wir wohlgefällige freundvetterliche Dienste zu erweisen jederzeit willig und tun dieselbe etc.

Datum in unser Stadt Braunschweig den 25. Augusti Anno 1632.

---

[1]) Baudissin an H. Friedrich Ulrich, dd. bei Paderborn 1632 Aug. 15 (25). [Hann. Kal. 24. C. X. 7, Nr. 93].

101.

1632 Aug. 28 (Sept. 7) Lager bei Nürnberg.

König Gustav Adolf an Herzog Friedrich Ulrich von Wolfenbüttel.

Wolfenb. 30 Jähr. Krieg. III. 1. — Ausfertigung. — praes. Braunschweig 1632 September 18 (28).

Wir haben aus ELb. unterschiedenen Schreiben, sowohl dero an unserm Hof residierenden Agenten Friedrich Franzen von Uslar beschehenen Verträgen, was dieselbe an uns in unterschiedlichen Punkten freundlich gelangen lassen, der Länge nach verstanden. Und wie wir zuvorderist zu freundvetter- und schwägerlichem Gefallen aufgenommen, dass ELbd. zu Ihrer und gemeinen Wesens Bestem und Notnrft, hintangesetzt aller Beschwerlichkeiten sich so weit in Verfassung gestellt, dass sie eine Anzahl Volks zusammengebracht und damit das Bloquement der Stadt Wolfenbüttel aufgefangen haben; so gereicht uns nicht weniger zu freundlichem Behagen, dass ELbd. solch Bloquement unter unserer Offizier Konduit fortzusetzen und Ihr Volk selbigen zu untergeben, benebens fürters zu unterhalten sich erbieten; versichern ELbd., dass wir hierdurch in unser Konfidenz zu ihrem beharrlichen Eifer und Sorgfalt vor gemeine Wohlfahrt merklich gestärkt worden, und also obligiert befunden, deroselben zu Beförderung Ihrer guten Intention hinwiderumb alle möglichste Assistenz zu leisten.

Und nachdem wir ganz gerne bekennen, anch ausser allem Zweifel ist, dass hierzu nichts dienlicheres sein kann, als gedachte ELbd. Soldateska neben den Unserigen unter der Direktion unsers Kommandanten und ex praescripto nostro employieret und vornehmlich zur Ejektion des Feinds aus ELbd. Landen gebraucht werde, angesehen hierdurch dem Feind ein grosser nervus entzogen, hingegen ELbd. und gemeinem evangelischen Wesen zuwachsen sollte, solches aber wie ELbd. höchstvernünftig ermessen uit wohl geschehen kann, wann die Soldateska von unserm corpore avelliert und durch Vielheit der Kommandanten und diversen Respekten, welche anders nichts als Konfusion verursachen, hin und wieder distrahiert bliebe: So sein wir der tröstlichen Hoffnung, ersuchen auch hierumb ELbd., sie werde und wolle Ihr belieben lassen, obberührte Ihre Soldateska unserm General Herzog Georgen zu Braunschweig und Lüneburg Lbd. unverlängert wirklich anzuweisen, damit er sie zu obgedachtem

Ende zu gebrauchen habe, sie versichernde, dass solches das einige Mittel dero Lande dermaleinst die begehrte Ruhe wieder zu schaffen und unser zusammenhabenden Alliance nach zu ELbd. Aufnahmen und Wohlstand zu befördern.

Wir zweifeln aber auch nit, ELbd. werden nit weniger Sorg tragen zu Konservation solcher Truppen und Unterhaltung des angefangenen Bloquements notwendige Fürsehung zu tun, und ob wir wohl glauben können, dass solches dero Landen etwas schwer fallen werde, so hoffen wir jedoch, wann sie die hohe Not und gleichsam extrema, darin das evangelische Wesen steckt, ansehen, sie werde noch Mittel genug finden nit allein solch Bloquement ohne Abgang der in der Alliance uns versprochenen Kontributionen aus ihren Landen zu unterhalten, sondern auch ein mehrers, und gleich der Feind bei diesem Zustand in seinen Erbländern tut, das äusserste beizusetzen. Wie auch uf solchen Fall nichts billigers, als dass ELbd. Landen mit andern Kriegsbeschwerden verschonet, insonderheit die Exorbitantien der Soldaten abgeschafft werden, so lassen wir auch diesfalls es bei unserer allbereit beschehener Erklärung bewenden und sein nochmaln nit gemeint ELbd. über solche Unkosten und uns in der Alliance versprochener Kontribution, welche mit diesem Extraordinari Bloquement-Werk nichts zu tun hat, zu belegen, noch weiters als dero Landen selbst eigene unumbgängliche Not und Feindsgefahr erfordert mit Marschen und Einlagerung zu beschweren.

Wir wollten auch wünschen, dass ELbd. unser Soldateska Insolenz halber ein mehrers ad individuum gehen und durch die Ihrige die Täter bei uns ordentlich besprechen lassen wollten, damit wir Ursach hätten ELbd. unser zu deroselben tragende Wohlmeinung ein klares Dokument, der ganzen Welt aber ein Exempel unsers gerechten Willens und Abschen zu dergleichen Exorbitantien fortzustellen.

Zwar dass es bei der Soldateska, sonderlich wann zwei widerwärtige Läger im Land sein und per vices Meister spielen, alles so richtig zugehen solle können, ist nit wohl möglich; da es aber uns imputiert und da ein oder ander böser Bub, deren auch zu Friedenszeiten das Land nit geübriget, aus Unwissenheit ungestraft blieb, solches stracks der Alliance zuwider angezogen oder die ganze Armee darumb blamiert werden sollte, daran geschähe uns ebenso ungütlich, als wenig uns zugemutet werden kann.

dass wir unsere aus allerlei Volk zusammengeraffte Soldateska ohne richtige Bezahlung, so wie sichs behört, reguliert halten und noch darzu die Unkosten und ELbd. Lands Defension aus unserm Beutel ausrichten sollten.

Soviel die Defension ELbd. Landen betrifft, werden dieselbe Ihrem hohen Verstand nach selbsten für nötig erachten, dass solches aus dem judicio unserer darin befindlichen Generaln dependieren und moderiert werden muss. Als wir dann für diesmal solches unserm General, hochgedachtem Herzog Georgen Lbd. anvertrauet, und ILbd. wie das Bloquement der Stadt Wolfenbüttel, also des Lands Defension über sich genommen und dem Krieg also fürstehen werden, wie es ELbd. Landen Wohlfahrt, zuvorderist aber des Hauptwerks Noturft erfordert. Und ersuchen ELbd. freundschwägerlich, sie wollen ILbd. hierunter ihrem hohen Vermögen nach unter die Arme greifen und ihren fürstlichen Eifer welters dahin employieren, damit wann gleich des Kriegs Noturft nach jewellen etwas den Landen beschwerlichs vorgehen möchte, solches nit als Betrug oder Eingriff in dero fürstliche Hoheit angezogen, sondern der unumbgänglichen Nezessität beigemessen und zu dem bono publico als unserm Hauptscopo gelenket werde.

Insonderheit aber wollen wir der zuversichtlichen Hoffnung leben, ELbd. hochgedachtem Herzogen Lbd. nit verdenken, wann sie ein und andern Ort, an denen vielleicht dem gemeinen Wesen gelegen, mit unserm Rat, jedoch ohne Präjudiz ELbd. landsfürstlichen Hoheit besetzen, oder ebenso wenig als wir raten können, dass ELbd. ihre Häuser Steinbrück, Peine, Kalenberg, Neustadt, Syke, Stolzenau, Erichsburg u. dergl. rasieren sollen, dieweil unsere und ihres Ermessens solche Plätze zu dieser Zeit vielmehr zu bauen, als niederzureissen sein, damit auf den Fall der Not zum wenigsten das umbliegende Gut darein salviert und der Feind solche Plätze zu belagern Zeit spielen müsse; Insonderheit weil die Unterhaltung und Defension solcher Plätzen das Land wenig oder nichts kostet und selbige mit Landvolk leichtlich besetzet werden können.

Wir sein aber weder in diesen noch andern ELbd. zu präjudizieren gemeint, und da schon unser Volk in die Festungen gelegt werden müsste, können wir doch wohl geschehen lassen, dass der Kommandant für sich und im Namen der Soldateska ELbd. auf die Alliance anlobe und alles nach derselben konfirmiert werde.

Wollen auch nit hoffen, dass solcher zuwider von den Unserigen grosses vorgenommen sein solle. Im Fall aber etwas fürgangen, ist doch solches ohne unser Wissen und Willen geschehen, allermassen wir uns keiner Donation, die wir Herzog Georgen Lbd. über ELbd. Lande und Güter getan haben sollten, zu erinnern wissen und diesfalls uns SLbd. ihren praetensionibus verhoffentlich nicht vorschützen werden. Wollten wir ELbd. zur Wiederantwort nit verhalten und befehlen etc.

Datum in unserm Feldlager bei Nürnberg den 28. Augusti Anno 1632.

102.

1632 August 28 (September 7) Lager vor Nürnberg.

König Gustav Adolf an Herzog Christian von Zelle.

Hannover, Zelle 11, 99. — Ausfertigung. — praes. Zelle 1632 September 19 (29). — Gedruckt v. d. Decken II. no. 99. — Auszug.

Der König rühmt die Willfährigkeit des Herzogs und versichert ihn seiner Affektion, auch dass er ihm und seinem Hause die aufgewandten Kosten reichlich vergelten werde. Wenn das Hauptwesen nur einen glücklichen Ausgang gewinnt, wird es ihm (dem Könige) nicht an Gelegenheit fehlen dem Herzog zu willfahren, und was demselben in specie wegen der Stadt Duderstadt etwa abgeben möchte, zu ersetzen.

103.

1632 August 28 (September 7) Lager vor Nürnberg.

König Gustav Adolf an Herzog Georg von Lüneburg.

Hannover, Kal. 10. A. 305. — Ausfertigung.

Uns ist unterthänigst gerühmet worden, welchermassen ELbd. sowohl bei unserer Armee unlängst mit Fournierung Proviants und Mittel aus dero Herzogtumb Grubenhagen das Ihrige willig getan, als auch sich die Verstärkung ihres unterhabenden corporis dergestalt eiferig angelegen sein lassen, dass sie mit demselben die Blockierung Wolfenbüttel absonderlich sich nunmehr unternommen, mit beständigem Vorsatz bei uns und guter Sach welters alles aufzusetzen. Wie nun dieses ELbd. und dero ganzem Haus zu immerwährendem Ruhm durchgehend gereichet, uns aber in der von ELbd. und dero zu gemeinem Wesen tragendem Eifer gefassten sonderer estime und zu ihr gesetzten vertraulichen Affektion extraordinari bekräftigt: Also tun wir auch derselben hierunter freundlichen Dank sagen und versichern wir ELbd., dass gleich wie unsere allerseits Mühe und Arbeit anderst nit als zu Erbauung und Aufnahm dero fürstlichen Hauses gedeihen kann, also wir uns auch hinwiederumb zu allen Begebenheiten gerne angelegen sein lassen wollen, diejenige Mittel zu ergreifen, wordurch wir dero ausgestandene Mühe, Kosten und Schaden reichlich vergelten, und deroselben auch ganzem Haus wie wir sie allerseits mit Freundschaft meinen, wirklich mögen erweisen. Wir haben uns sonsten obgedachte Blockierung, auch dass deroselben ein so glücklicher Anfang gemacht, ganz wohlgefallen lassen, befinden auch nochmaln vorträglich, dass ELbd. mit Zuziehung des Generalmajor Lohausens dieselbe mit allem Ernst fortsetze, darbei aber Ihre Achtung nit weniger auf den von Gronsfeld schlage, damit sie denselben amusieren und allem Schaden, so etwan von ihme zu gewarten sein möchte, in Zeiten vorbiegen möge. Wie wir es gänzlich ELbd. Kapazität und tapferem Eifer vertrauen, also haben wir zu des Allmächtigen Güte unsere feste Hoffnung gesetzet, derselbe nit allein dieses Werk zu gewünschtem Ende bringen, sondern auch bei uns dem Hauptwesen einen solchen Ausschlag mächtiglich verleihen werde, dass wir seiner Allmacht ewiges Lob zu sagen haben werden.

Datum in unserm Feldlager vor Nürnberg den 28. Augusti Anno 1632.

Ebendaselbst befindet sich der Schluss eines weiteren königlichen Schreibens an N. N. (Lohausen? v. d. Heyden?) von demselben Datum, worin der König ebenfalls seine Billigung ausspricht, dass Herzog Georg „sambt Euch" die Blockade von Wolfenbüttel vorgenommen habe; sie sollen sie mit Ernst fortsetzen, aber auf Gronsfeld Acht geben.

104.
1632 September 1 (11) Braunschweig.
Herzog Friedrich Ulrich von Wolfenbüttel an König Gustav Adolf.

Wolfenb. 30. Jahr. Krieg. III. 1. — Ausfertigung.

Wir wollen guter Hoffnung leben, es werde nunmehr EKW. zukommen und darauf gewierige Resolution erfolget sein, was wir unter dato Braunschweig am 12. Augusti jüngsthin an dieselbe gelangen lassen. Wir können zwart ohnschwer ermessen, dass EKW. in facie hostilis exercitus mit hochwichtigen Obliegen allstündlich angehäufet werden, wollten sic derowegen ganz ungern mit weiterm behelligen, wann nit die äusserste Noturft und betrübter Zustand unser Lande solches erforderte.

Bitten derowegen des vielfältigen Molestierens uns freundvetterlich entschuldiget zu halten und auf angeregtes Memorial, welches wir nochmals beilegen wollen, erspriessliche Erklärung und zureichende Ordinanz ohnverlängt zu erteilen. Verlassen uns dazu gänzlich und empfehlen etc.

Datum in unser Stadt Braunschweig am 1. Septembris Anno 1632.

PS. Wir vernehmen auch ab den relationibus unsers bei EKW. Hof residierenden Agenten, dass etwas Zweifel verfallen wolle, ob auch die von uns geklagte vielfältige Exzess, welche sowohl von denen Krieges-Offizierern gegen unsere landesfürstliche Superiorität als von der gemeinen Soldateska gegen unsere Untertanen unaufhörlich verübet werden, im Werk also vorgehen sollen. Nun wollen EKW. uns sicherlich bei unserm fürstlichen Wort getrauen, dass solches nit allein vorgangen, sondern wir auch den zehnten Teil der Partikular Insolentien niemals berühret, wir sehen auch selber wohl, dass man alles nicht verhüten könne. Was aber wider unsere landesfürstliche Hoheit in Austreibung unser Garnison, Vorenthaltung unserer Städt und Festung, Anlegung der Kontribution, eigentätigen Assignierung neuer Laufplätze von den hohen Kriegsoffizierern, sonderlich aber General Baudiss und Sekretär Grubben ohne unser Vorwissen vorgehet, solches hätten sie gar wohl einstellen können. Wir bitten EKW. höchlich, sie wolle ab beiliegendem Schreiben der Stände und unsres commissarii in unser Grafschaft Honstein vernehmen, wie kläglich daselbst gebahret wird. EKW. haben uns durch dero allhie residierenden Ambassadeur unter anderm das Amt Peine einräumen lassen; solches Amt hat gedachter General Bandiss und Sekretär Grubbe einem Obersten, Brüneck genannt, zum Lanfplatz assigniret; derselbe hat 18000 T. Werbgelder gefodert, muss über das vor sich, seine Offizierer und wenig aufgebrachte Soldateska unterhalten werden, lebet a principe, presset und plaget die armen Leute dergestalt, dass es einen Stein erbarmen möchte; hat unlängst unsern Amtmann daselbst in Arrest gelegt und endlich so traktieret, dass er davongehen und sich allhie in unser Stadt Braunschweig bis diese Stunde halten müssen. Inmittels lässet der Obrister Brüneck unsers Amts Getreide ausdreschen und allhie in Braunschweig und anderer Örter verkaufen. Einem Major Königsmarck genannt ist zu Aufbringung 1000 Dragoner unser Amt Steinbrück und andere viel Plätze unser ganz unersucht vom General Bandiss und Sekretär Grubben assigniert worden. Derselbe fodert von unsern Untertanen viel Tausend Taler Werbegelder, lässet mittlerzeit sich neben seinen Offizierern stattlich verpflegen und wird dennoch wenig Volk zusammen gebracht. Summa es werden uns alle Mittel überall entzogen die Blockierung zu kontinuieren. Die dazu gebrachte Soldateska leidet allbereit Not, haben ausserhalb des Proviants weder Geld, weder eins oder keins. Wir hatten Anstalt gemachet, dass monatlich an die 12000 T. von den Orten, so nit in Feindes Handen, behuf gerührter Blockierung aus unsern Landen aufgebracht werden sollten und könnten, solches ist aber durch die angelegte neue Werbung und unnötige Garnison in unsern Städten Göttingen, Northeimb, Häuser und Festung Kalenberg, Steinbrück und Peine ganz gehemmet und hinterzogen, und helfet nichts, dass wir vielfältig vor Augen gestellet, EKW. und gemeinem evangelischen Wesen geschähe daran lauter Undienst, die Reduzierung unser Festung Wolfenbüttel tate ad summam rerum mehr, als wenn 10 oder mehr neue Regimenter auf die Beine gebracht werden möchten. Dieses und andere mehr Erinnerungen haben lauter keine Wirkung; der General Bandiss machet alles seines Gefallens, gleich wäre er Herr in unsern Landen, traktieret uns auch sonsten sehr unfreundlich; wie er mit unser Stadt Göttingen gebahret, solches werden EKW. allbereit vernommen haben.

EKW. versichern wir bei unserm fürstlichen Wort nochmals, dass wir es mit derselben und gemeinem evangelischen Wesen getreulich meinen, wollen auch dabei unser äusserstes Vermögen wirklich aufsetzen. Bitten und suchen dagegen nichts mehr, als dass EKW. sich wolle belieben lassen, dero hohen Kriegs Offizierern eines vor allos ernstlich zu befehlen, dass sie uns in unserm landesfürstlichen Superiorität und Hoheit nicht gravieren, sondern der christlichen, wohlerwogenen zwischen EKW. und uns getroffenen Alliance wirklich geleben mögen. Sollten EKW., wie wir doch nimmermehr hoffen wollen, an uns oder an dem, was wir bishero geklaget, einigen Zweifel tragen, so bitten wir EKW. wolle unparteiische Leut deputieren, alles in Erkundigung zu ziehen: sie werden gewiss befinden, dass wir die lautere Wahrheit bishero geschrieben und berichtet. Es würde auch gewiss keine Anzeig unser Benevolenz und getreuen Affektion sein, wenn wir EKW. Armeen mit unerfindlichen Auflagen zur Ungebühr gravieren sollten. EKW. allhie residierender Ambassadeur lässet an fleissigen Ermahnungen nichts erwinden, hat aber bei den Kriegs Offizierern wenigen Respekt, und obschon EKW. demselben unlängst befohlen, er sollte die Sachen also disponieren, dass die Alliance ihres Inhalts gehalten würde, so hat er zwart solches den Kriegsoffizierern notifizieret, aber bis jetzo nit die geringste Folge gehabt. Wir meinen es gewiss mit EKW. getreulich, aufrichtig und wohl, auch soll an alle dem kein Mangel erscheinen, was nurt in unserm Vermögen sein wird wirklich zu effektuieren. EKW. hiemit nochmals dem starken Schutz des Allerhöchsten befohlend.

105.

1632 September 2 (12) Hamburg.

Johan Salvius an Herzog Franz Karl zu Sachsen-Lauenburg.

Hannover, Kal. 16. A. 314. — Abschrift.

Demnach der durchlauchtigste Fürst und Herr, Herr Franz Karl Herzog zu Sachsen etc. schriftlich an mir begehren lassen, ich sollte auf übergebene puncta meine Meinung auch schriftlich aufsetzen, so habe IFG. zu Gefallen ich solches hiermit verrichten wollen.

1) Erstlich und in genere beschweren sich alle Stände, wo IFG. Soldateska immer gewesen, dass die Unterassen alldar ruinieret; das klaget des Herrn Erzbischofs FG. und ein E. Rat zu Lübeck über dem Stift Lübeck, das klagen die Holsteiner nur

über dem bewussten achttägigen Quartier, das klaget Ratzeburg, Lauenburg, Schönberg und Lüneburg und ist niemand von ihnen in contrarium.

2) Secundo klagen sie in genere, dass nun der Sommer ist und Pappenheimb Westfalen erlassen, auch alle andere Truppen sich employieren lassen, da man was gutes verrichten sollte und könnte: so gehen IFG. Truppen allein in die Quartieren, die Gemeine liegen den Bauren zur Last, die Offizierers reisen in die Städte, verlustieren sich dar mit allerlei Voluptäten und solches aus der Ständen Schweiss und Blut und ob es wohl für einer Refraischierung ausgedeutet wird, so nur of zwei Monaten währen soll, halten sie es doch dafür, es sei nur ein Prätext die Quartieren zu occupieren, die Bauren auszuklauben, die Privatbeutel zu specken und also über den Winter darinnen zu verbleiben und mit guten Tagen den Krieg durchzubringen, bevorab sie nicht erachten wollen, dass wer jetzt bei Sommerzeit ausm Feld in die Quartieren gehet, dass derselbe über zwei Monat und also im Novembri wieder aus den Quartieren zu Feld zu gehen Lust haben solle.

3) Was aber in specie die übele Traktierung des Bauers und Wandersmann betreffen tut, darf ich keine exempla weit suchen; dann seither ich alle diese Klagten IFG. vor ein paar Tagen referieret, erinnern sich IFG., was Herr Lessle gestern von Winsen, was ich auch gestern von Schönberg IFG. schriftlich gewiesen habe, wie jämmerlich die Leute dort gehauen und geschlagen werden.

4) Wie hoch nur die Städte, Stände und Handelsleute auch empfinden, dass der niedersächsische Kriegszöllner (wie er sich schriftlich in allen Briefen und Quittungon tituliret) an der Elbe verordnet, und also nicht alleine wider den Accord, so IKM. mit erwähnten Städten geschlossen, sondern auch wider ihre der Ständen vermeinte Gerechtigkeit, ein Reichsregale usurpieret wird, und also des Wandersmann ohne das magere commercia dadurch noch mehr geschwächet und gehemmet, das habe IFG. ich auch mit ihren eigenen schriftlichen Klagten und des Zöllners Hand untertänigst erwiesen.

5) Der Sachsen-Lauenburgischen vorigo Beschwerde darf ich nicht repetieren, zumal sie mir selbst berichtet, dass IFG. sich deswegen mit ihrem Herrn Brudern verglichen.

6) Wer aber die dem Stift Ratzeburg erteilte salva guardia violieret, das darf ganz keines Fragens. Ich habe IFG. eigene Hand aufgewiesen, dass sie ihren Herrn Brudern FG. und respective Obristleutenanten dahinein mit 2 Kompanien zu Fuss und 2 Kornet Reutern, so noch darinnen liegen, kommandieret. So habe ich auch IFG. des Tumbkapitels und der Regenten daselbsten Briefe gezeiget, dass Sprenger ist derselbe, so da saget, er achtet die salva guardia nicht; und erinnern sich IFG., da sie das vorige Mal bei IKM. waren, brachten sie mir selbst ein königlichen schriftlichen Befelch herunter, ich sollte des alten Herzog Augusti zu Lüneburg FG. Land ein wenig verschonen; solches habe ich nun allererst vor 14 Tagen anfangen können und IFG. Untertanen im Stift Ratzeburg erwähnte salva guardia, doch gegen eine summa Geldes darauf erteilet. Dass nun IFG. bemelte 4 Fahnen auf diese salva guardia hinein geleget, was ist das anderst als die salva guardia violieren lassen? Und da der Knechte nicht über 150 Mann und die Reuter nur 80 Pferde zusammen und zum höchsten sein, wie die Beambte anhero schreiben, so haben sie doch dem Stift selbst auferleget ihne wöchentlich 1295 Rt. zu geben, welches tut monatlich über 22 Rt. auf die Person durch die Bank, ohne Service. Ist das nicht die salva guardia violieret, die Leute gepresset und IKM. Ordre übertreten, so verstehe ich die Sachen unrecht.

7) Was im Herzogtumb Lüneburg vom 1. Aprilis bis 2. Augusti auf IM. Truppen in specie unter IFG., so darinnen nominieret, aufgegangen, das setzen die lüneburgischen Gesandten auf 81969 Rt. 4 Pfg. und beweisen solches mit einem Konvolut Nr. 3. Darinnen mag nun wohl nit alles mit Quittungen (wie wohl ichs gleichwohl nicht weiss) dargetan werden können, wer, von weme, wann er solches alles gehoben. Aber die Bauren und Bedienten beklagen sich, es werden ihnen mehrenteils keine Quittunge gegeben, und was an Pferden und Viehe aus dem Lande weggeführet, darauf haben sie zum wenigsten keine Quittung. Zudeme damit des Herzogess zu Zelle FG. eigene Ambtshäuser, davon sie und ihre Herrn Brüder allein zu leben, neben den adellichen Häusern nicht der Soldateska, sich daran ihres Willens und Gefallens zu erholen (wie sie öffentlich gedreuet), übergeben werden sollten, haben sie, nachdeme ihre Offerten wegen Speisung der Soldateska oder auch Darreichung der Gelder wann das Volk ausm Lande geführet, nicht angenommen

werden wollen, endlich auf 68000 Rt. an Gelde über die Einlogierung des Volks sich einlassen müssen; da sie doch deswegen allein sich dem Leipziger Konvent accomodieret, damit sie solcher Beschwer enthoben, und müssen doch itzo von ihren Defensorn ärger als vom Feinde selbst ichtmals geschehen, traktieret werden (ich schreibe ihre eigene formalia). Wie nun diese summa mit IKM. Ordre übereinstimmet, oder wie sie gegen IFG. kleiner Truppen geproportioniert, das lasse IFG. Ich selbst erwägen.

8) Herzog Christians FG. eigenes Schreiben habe ich zwar an der Hand, wie oben lautet, ich zweifele aber sehr, ob ich es übergeben kann, zumal alle klagende Stände insgemein besorgen sich nichts höhers, als dass die Soldateska solch Klagen erfahren und sie darnach dessenwegen ärger wie vorhin traktieren sollen. Welches als die einzigste Ursach vorgeschützet, warumb ich bis dato alle Spezialrechnungen aus den Quartieren nicht bekommen können, auch schwerlich bekommen werde, so lange die Soldateska darinnen logieret.

9) Da nun IFG. viel ein mehrers kriegeten und die Werbungen desto besser fortsetzeten, wäre solches IKM. nicht alleine nicht zuwider, sondern auch sehr angenehm; als dero nichts nützlichers sein kann, als dass sie mit Volk und Werbungen immer gestärket werden (da es nur mit Ordre und nach Billigkeit geschähe). Dass aber IFG. ausm Land zu Hadeln 8000 Rt., von Dr. Drebbern 12000 Rt., aus Schönberg 10360 Rt., auch 68000 Rt. ausm Land zu Lüneburg und also zusammen 98360 Rt. an barem Gelde (auf diese kleine Handvoll Volks und diese 2 Regimenter) allein haben und die anderen Truppen, ja die ganze Armee nichts bekommen sollte, das weiss ich nicht, wie IFG. selbst billigen können; insonderheit da sie noch darzu und darüber Ostfriesland auch allein für sich behalten wollen und nichts fast übrig, woraus die andern Truppen leben und sich stärken sollen.

10) Dem allen aber sei wie ihm wolle, und darf ich keinen Vormünder der Stände agieren, wollte auch viel lieber schweigen und mir gleich gelten lassen, wie es daher ginge, wann nicht mein allergnädigster König so hoch darinnen interessieret. Weil aber nicht allein IFG., sonder auch IKM. selbsten mächtig hierdurch blamiert werden, als die keine Ordre oder justitia halten, als die da viel ärger als der Feind ihre Freunde traktieren, IKM. mir auch oft und vielfältig darauf Achtung zu geben und nach Möglich-

keit zu remedieren anbefohlen: als halte ich dafür, ich tue IFG. vielmehr einen Dienst daran, als dass ich sie (da mich Gott vor behüte) offendieren sollte, dass ich solches offenbare. Bevorab da den Ständen meistenteils IFG. eigener Persons Gütigkeit über die Massen rühmen und nur dero unterhabende Soldateska das meiste zuschreiben, so solches IFG. ohnwissentlich tun solle.

Betreffend aber die remedia ist meine Meinung diese: erstlich ist IKM. Volk in diesem Kreise (ohne die Garnisonen zu Wismar, Warnemünd, Dömitz, Magdeburg, Halberstadt, Winsen, Buxtehude, Stade, Verden, Hildesheim, Hannover und was mehr ist) vor Wolfenbüttel 8000 Mann stark, auf den Laufplätzen dort oben in den Stiftern über 5000 Mann, hierunter im Lüneburger Land, Stift Bremen und Verden bei 3000 Mann. Diese alle haben hier im Kreis wenig zu tun, nur allein dass sie den Evangelischen selbst auf dem Hals liegen und dieselben ganz ausmergeln, da doch ganz Westfalen eine geraume Zeit (nachdem Pappenheimb daraus gezogen) blos und offen gestanden, General Baudissin darin allein Meister gespielet, man ihn billig sekundieren, molem belli in hosticum transferieren und sich allda festen, unterhalten und stärken, diesen Kreis aber afm Rücken frei und allein Geld geben lassen sollte. Derowegen habe ich geraten und rate noch, Erstlich dass man ordne dem Obristen Kaggen bei Magdeburg so viel Volks zu, dass er die Contree nebest dem Havelstrom dort oben versichern könne; zum andern dass man lasse des Herzogs von Braunschweig FG. mit ihrem eigenen Volk dero Begehren nach allein Wolfenbüttel blockieren, und Herzog Georgs FG., so sie wollen, dabei bleiben; tertio dass General Lohausen mit all dem Übrigen an und über die Weser dort oben an Baudissin stosse; quarto dass Herzog Franz Karls FG. hierunter mit ihren eigenen, des Herrn Erzbischofen FG., Herrn Leasles, Brunemans, Kriechbaums, Stralendorfs und was schottische Truppen neu ankommen die Hoye fasse, eine Brücke dort über die Weser schlage, sich von daraus auf Wilshausen, Vecht, Meppen und so fort elargiere. Dadurch wird dieser niedersächsischer Kreis ganz und gar von allen Werbungen entfreiet und kann nur Geld allein kontribuieren; welches höchst nötig ist, weil wir aus Schweden oder anders worher keinen einzigen Heller sonsten zu gewarten haben, sondern müssen uns mit Kleider, Kraut, Lot, Lunten, Artillerie und Sold aus diesen beiden Kreisen selbst und allein unterhalten. Hierdurch wird dem Feinde verhoffentlich ganz

Westfalen benommen und uns selbst behalten, und werden wir uns daraus allein unterhalten, auch merklich stärken können; bevorab da wir auch Geld aus diesem niedersächsischen Kreis daraus bekommen. Hierdurch werden den feindlichen Garnisonen an der Weser die vivres und Mittel auch benommen, dass sie sich desto weniger endlich halten können. Tun wir aber das nicht bald, sondern werden hier im Kreise lange liegen bleiben, so wird sich der Feind ganz Westfalen wieder impatronieren, uns darnach hier im Kreise durch die Weser innen berlegeln, allwo wir, da hier alles ausgezehret, endlich uns und unsere Freunde ruinieren müssen. Wollen nun IFG. dem allgemeinen Wesen einen Dienst tun, IKM. blasme abwenden, selbst Reputation, Liebe und Affektion bei diesen Ständen und jedermänniglichen erlangen, so ersuche ich sie zum untertänigsten, sie geruhen die Sache mit Herrn Generalmajor Lesale (deme IKM. sonsten das Kommando hierunter aufgetragen, er aber wegen seines Unvermögens noch nicht verwalten kann) in Deliberation zu ziehen und gemelte entreprinse je ehe je lieber ins Werk zu richten.

Habe etc.
Hamburg den 2. Septembris Anno 632.

106.
1632 September 3 (13) Lager bei Fürth.
König Gustav Adolf an Herzog Christian von Zelle.
Hannover, Zelle 11. 99. — Ausfertigung. — praes. Zelle 1632 September 19 (29).

Nach der Hand, als uns ELbd. fürstlicher Eifer und bei dem evangelischen Wesen bisher unverdrossen zugesetzte Treu von unsern ministris höchlichen gerühmbt, wir auch deshalben uns gegen ELbd. allbereit danknehmig vernehmen lassen, liefert uns ELbd. Agent Bodo von Hodenberg dero Schreiben vom 25. Maji, daraus wir die merita mit mehrerm und der Länge nach ersehen. Bedanken uns gegen ELbd. deshalben nochmaln, und wie uns nichts widerlickers sein könnte, als wann durch eingeschlichene Unordnung solch ELbd. trengemeinte Affektion verkränkt, oder durch unerträgliche Auflagen beschwert werden sollte: So wollen wir hoffen, die Zeit und unser Soldateska Abmarschierung werde, da etwas ungereimbtes fürgeloffen, solchem remediert und alles in bessern Stand gesetzt haben. Wir wollen jedoch nichts desto weiniger unserm und unserer Reiche Rat, Kanzlern und gevollmächtigtem Gesandten bei den Armeen und an die Kur-, Fürsten und Stände des ober- und niedersächsischen Kreises, besonders lieben und getreuen, dem wohlgebornen Herrn Axel Ochsenstirn Freiherrn etc. Befehl geben, diesfalls die Noturft vorzunehmen und ELbd. Wohlstand ihme höchstes Fleisses angelegen sein zu lassen; zu dessen Gott geb ehistem Anlangen wir alles verschieben und ELbd. inmittelst und allezeit zu fürstlichem Wohlergehen den Gnaden Gottes empfehlen.

Datum in unserm Feldlager bei Fürth, den 3. Septembris Anno 1632.

107.
1632 September 13 (23) Braunschweig.

Herzog Friedrich Ulrich von Wolfenbüttel an König Gustav Adolf.

Hannover, Zelle 72. Syke Nr. 19. — Entwurf.

EKW. Schreiben vom 20. Julii die Transportation unsers Hauses Syke uf den General Lentenambt Bandissin betreffend, ist uns den 31. passato allererst überreichet. Gleich wir nun von Herzen begierig EKW. alle wohlgefällige Behaglichkeiten äusserstes unsers Vermögens zu erzeigen, solches auch für eine hohe Ehre schätzen und halten, also zweifeln wir nicht, dieselbige unsere nachfolgende Resolution und einverleibte übertragende Motiven in königlicher Diskretion und Sanftmut ganz gerne vernehmen werden.

Berichten derowegen EKW. in schuldigem dienstlichem Fleiss, dass wir diese Sache vermöge der von uns teur beschwornen Erbverträgen an unsere sämptliche Gevettere, die Herrn Herzogen zu Braunschweig und Lüneburg schon vor diesem gebracht und derselbigen Einrat hierunter gebeten. Welche sich daruf derogestalt hinwieder resolvieret, wie es die fünf angelegte Abschriften mit mehrem nachführen. Und werden EKW. dero hocherleuchteten Verstand nach gewisslich selbst befinden, dass uns aus solchen juratis pactis familiae zu treten allerdings nicht geziemen könne, bevorab da unsere freundliche liebe Vettere denselbigen ebenmässig festiglich inhärieren und dabei bestehen.

Zudeme ist dies unser Haus und Ambt Syke zwart keine Festung, auch nicht dazu anzurichten, jedoch an dem Weser eine

Vormauer unser Lande, dieselbe auch continue daran gehen, greinzet mit dem Erzstift und Stadt Bremen, Fürstentumb Lüneburg, Grafschaft Oldenburg und Delmenhorst, und dessen Distrikt über zwo Meilen lang und breit, darin vor dem Kriege die Mannschaft bei 900 stark gewesen, dahero wir umb so viel mehr dasselb in frembde Hände kommen zu lassen, hohes Bedenken haben.

Über das hat der General Leutenambt Baudissin sich schon eigenmächtig wider unsern Willen solchen unsers Hauses und Ambts Syke de facto unterzogen, unsere Diener darvon verstossen und lässet daselbst mit Niederfällung des Holzes und sonsten also gebahren, sambt wäre selbiges allbereit sein freies Eigentumb worden.

Wir wollen itzo länglich nicht anführen, wasmassen Zeit währenden Kriegskommando des von Baudissin unsere Fürstentumb, Land und Leute dergestalt hart und unerträglich gepresset und gedrücket worden, dass es niemals härter und unerträglicher geschehen. Wollen uns deswegen und wasgestalt er unser landesfürstlichen Hoheit und der zwischen EKW. und uns ufgerichteten Alliance vielfältig entgegen gehandelt auf unsere hievorige memorialia, die EKW. wir dienstliches Fleisses allbereit mehrmals übergeben lassen, geliebter Kürze [halber] gezogen haben.

Was es auch der königlichen dänemärkischen Zession und von dem Tilly landfriedbrüchiger Weise an uns verübten Prätension halber vor eine wahre Beschaffenheit habe, und dass wir keinem Teile das geringste an unsern Landen geständig, solches ist EKW in unserm vom dato den 20. Junii ausgelassenen Schreiben der Gebühr allbereit freundvetterlich und dienstlich fürgetragen worden, welches wir anhero dieselbige nicht weiter zu behelligen, repetieren und erholen.

Bitten dem allem nach EKW. wir in höchstdienstlichem Fleiss, sie wolle uns ja nicht verdenken, dass wir mehrgedachten General Leutenambt Baudissin in seinem Anmuten nicht willfahren können, sondern solches aus angeregten erheblichen Motiven im besten vernehmen, auch mehrgedachtem dem von Baudissin dahin mit dero königlichen hohen Autorität bedeuten, dass er von erwähnter eigenmächtiger unbefugten Detention unsers Ambts Syke sobald abstehen, sich dessen gänzlich enthalten und uns und unsere Bediente damit hinfürter gewähren lassen, in unser landesfürstliche Hoheit ferner nicht eingreifen und die grossen Pressuren unser armen

träuenden Untertanen zumal ohnverzüglich einstellen und uns und
sie fürters damit unbelästigt lassen möge.

EKW. seind wir ungespartes unsers Leib und Lebens sonstet
alle behägliche Dienste zu erzeigen wie schuldig als auch willig;
dieselbe etc.

Datum in unser Stadt Braunschweig am 13. Septembris
Anno 1632.

108.
1632 September 15 (25) Windsheim.
König Gustav Adolf an Herzog Georg von Lüneburg.

Hannover, Kal. 10. A. 305. — Ausfertigung.

Wir werden aus einkommenden aviso für gewiss berichtet,
dass Pappenheim, nachdem er wieder über Rhein passiert, bei
Geylskirchen rendezvous gehalten und in der Marsch begriffen sein
soll. Nu halten wir unzweiflich dafür, es werde sein Dessein
dahin gerichtet sein, dass er unsern Staat am Rhein- und Mainstrom turbieren und in Gefahr setzen möge. Derhalben wir dann
zu Verhütung dessen, in Abwesen unsers Feldmarschalls dem
General Leutenant Baudissin anbefohlen ein wachendes Aug hierauf zu haben; und damit unser Staat des Orts umb so viel mehr
gesichert sein möge, haben wir ihm Ordre erteilet, dass er mit
seinen unterhabenden Truppen sich ehistes nach der Wetterau begeben und derselben sowohl, als des Rhein- und Mainstroms Versicherung ihm angelegen lassen sein soll. Daneben aber haben
wir gut befunden, dass der Herr Landgraf zu Hessen Lbd. in dero
Lande verbleibe, ihre desbandierte Truppen ralliiere und ihres Orts
auf des Feinds Dessein fleissig Achtung gebe. Weil aber SLbd. allein
gegen dem Feind nicht bastant, und dennoch uns sowohl, als dem
gemeinen Wesen an SLbd. Lande und dero Soldateska Konservation
fast mehr, denn an dem wolfenbüttelschen blocquement gelegen:
Als ersuchen wir ELbd. hiemit freundschwägerlich, sie wolle alle
dero Truppen zusammenziehen, mit gedachtes Landgrafen Lbd.
fleissig korrespondieren und deroselben nach aller Möglichkeit
assistieren, damit also dem Feind conjunctis viribus desto besser
Widerstand geschehen und durch die Distraktion das gemeine
Wesen nit in Gefahr geraten möge; gestalt wir dann nit zweifeln,
ELbd. dero bekanntem Eifer nach hierein so willfährig sich

bezeigen werden, als es der Sachen unumbgängliche Notnrft erfordert.

Datum in nnserm Hauptquartier zu Winsheimb den 15. Septembris Anno 1632.

109.

1632 Oktober 1 (11) Braunschweig.

Herzog Friedrich Ulrich von Wolfenbüttel an König Gustav Adolf.

Wolfenb. 30 jähr. Krieg. III. 1. — Entwurf.

EKW. geben wir mit wenigem zu vernehmen, dass der ligistische Feldmarschalk Pappenheim ohngefähr vor 12 Tagen die Weser passieret und folgends den 25. Septembris sein Marsch auf unser Festung Wolfenbüttel fortgestellet, ohngefähr 1500 Mann teils aufgeschlagen teils gefangen und getrennet, die Blockierung gänzlich aufgehoben und sich sofort auf die Stadt Hildesheimb gewendet, dieselbe berennet und wie itzo gewiss verlauten will, gestern durch Accord erobert. Weil nun durch diesen betrübten Verlauf unsere und alle niedersächsische Lande bis an die Elbe in des Feindes Hand geraten, unsere Stadt Hannover und Braunschweig in äusserste Gefahr gestürzet und, falls nit schleuniger ungesäumbter Succurs erfolget, der Total-Untergang vor Augen schwebet, so haben wir nit umgeben können, EKW. solches angesichts zu notifizieren, freundvetterlich und höchstes Fleisses bittend, dieselbe wolle ihro belieben lassen, die unverlängte, unfehlbare Anordnung zu machen, dass diese Lande mit zulangender Rettung nicht mögen gelassen werden. Wir verlassen uns dazu gänzlich und ohngezweifelt und verbleiben EKW. zu allen wohlgefälligen Diensten jederzeit bereit, dieselbe etc.

Geben in unser Stadt Braunschweig den 1. Octobris Anno 1632.

110.

1632 Oktober 2 (12) Braunschweig.

Herzog Georg von Lüneburg an König Gustav Adolf.

Hannover, Kal. 16. A. 305. — Entwurf. Arkiv II. no. 840. — Das Datum lautete im Entwurfe ursprünglich 26. September. — Auszug.

Herzog Georg meldet dem Könige, dass Pappenheim Wolfenbüttel entsetzt habe, und übersendet einen ausführlichen Bericht über alle Vorgänge. (Der Bericht ist auch gedruckt bei v. d. Decken II. Nr. 100.)

111.

s. d. [1632 ca. Oktober 2 (12) Braunschweig].

Herzog Georg von Lüneburg an König Gustav Adolf.

Hannover, Kal. 16. A. 305. — Abschrift.

Dass nunmehr EKM. aus dem allgemeinen Geschrei, wo nicht sonst in einer partikularen Relation, dannoch durch Schreiben vielleicht ungleich gnug der Verlauf des unvermutlichen Überfalls und darauf erfolgten Zertrennung zweier Regimenter, als des Kingischen und Mitzschefallischen, bei Blockierung der Vesten Wolfenbüttel mag vorgekommen sein, dass auch EKM. darüber in etwas zur Alteration geraten, daraune können dieselbe wir nicht verdenken; damit nun aber der Verlauf des ganzen Werkes nicht unter der Gewalt der Unwahrheit (wie sonsten nicht ungewöhnlich und wir dessen mehr verschmerzen müssen) unterdrückt bleibe, als hat uns gebühren wollen EKM. den ungezweifelten Bericht des Werkes zu notifizieren, auch damit EKM. dienstlichen zu ersuchen, dass sie königlich geruhen wollen, uns in diesem sowohl in anderen nicht alleine königlich zu vernehmen, besonderen auf Befindung auch allemal königliche Assistenz zu leisten, damit wir Ursache haben mügen, mit Freuden EKM. fernere Dienste zu leisten und uns dero königlichen Faveur jederzeit zu versichern.

Der Verlauf aber des ganzen Werks ist kürzlich dieser, dass wir für etlichen Wochen im Anfang des Augusti nach einhelligem Schluss deren nebens uns in diesem Kreis kommandierten Generalspersonen und nach siegreicher Eroberung der Stadt Duderstadt, uns mit der uns anvertrauten Armee zerteilet, und wir mit einem Teil an wenigen Regimentern die Blockierung für Wolfenbüttel angestellt, Herrn Bandissin aber mit der force der Armee in Westfalen gehen lassen; wir auch uf begebene nuzweifelhafte tägliche Kundschaft es so weit durch Gottes Gnade gebracht, dass in kurzer Zeit solcher mächtiger und von hoher Importanz, auch diesen Landen sehr schadhafte Ort hätte sollen durch Mangel vieler Requisiten debelliret und also in EKM. Handen gebracht worden sein. Aber da kombt unvermutlich diese widerwärtige Post, dass der von Pappenheim mit der Macht wieder revoltieren, den Weserstrom zu näheren sich unterwinden und konsequenter unser aller Intention wieder infringieren solle; derowegen wir auf Begehren und Gutachten Herrn Bandissin uns in etwas

Beilage 111.

koangustiert und die angefangene Posten in die Enge gezogen, damit wir zu Hilf der in Westfalen unter Herrn Baudissin schwebenden Armee mit Volk assistieren möchten, auch derowegen Herrn Generalmajeur Lohausen mit etlichen Regimenten dahin gesandt, in Hoffnung beizeiten seinen Zweck zu erreichen. So soln uns bei währender seiner Marsche allerhand Leibsungemächlichkeiten zugefallen, dass wir bei leidender Zeit umb besseren Pfleg uns in die Stadt begeben in Hoffnung, wenn die Armada uns gleich zur Vormaur, auch mit Succurs bekräftiget, es würde in unseren Posten, weil wir darinne gute Provision gemacht und untadelhafte Anordnung geschafft, kein widerliches zufallen. Derowegen am 24. zu Abends, nachdem wir keiner Anmarsche advertieret, uns wieder in Braunschweig begeben und EKM. bestallten Obristen und Kriegsrat dem von Heyden an unsere Statt im Quartier hinterlassen, mit solcher Abrede, da in einem und andern was unvermutlich vorgehen sollte, dass er in allem EKM. Dienste befodern wollte. Und indeme wir nun eben zu Ungelücke uns nicht (das doch wider unsere Gewohnheit) bei der Post nicht befinden, kombt dem von der Heyden Botschaft ein, als marschiere der Feind gegen Wolfenbüttel mit starker Kavallerie. Derowegen er verursachet an alle Posten, insonderheit zuerst an die Veste, als (sic!) diese unglückliche Anmarsche in Notifikation zu tuen und dabei zu avisieren, dass es Not bolzeiten zu retirieren und mit Manier das Volk abzuführen, als in Gefahr ohne Succurs die Plätze zu maintenieren. Wobei er es dann bei dieser Post, weil sie weit abgelegen, bewenden lassen und inmittelst trouppes kommandiert, umb bessere Nachricht gegen des Feindes Marsche zu nehmen, unterdessen aber in allen anderen und nächsten Posten in gute Bereitschaft zu halten. So kombt ein Bericht über die anderen, dass viele an Kavallerie in Wolfenbüttel gerücket. Derowegen er der von der Heyden die Infanterie von den anderen Posten an die Hauptposten gezogen, mit guter Ordre selbige konjungiert und die Posten gleich mit der Renterei bewahren lassen, auch so lange in der Hauptpost stehend gehalten, dass es so weit an den Tag kommen, dass die Tore in Braunschweig geöffnet und wir wieder hinein kommen, in Hoffnung mit den übrigen von der einen Post auch uns zu versamblen. So haben wir nichtes erfahren können, als dass wir von weitem das Quartier in Feuer stehend gesehen. Derowegen wir uns allerhand besorget, so man auch hernacher mit Schaden erfahren. Dannenhero verursachet, mit guter Ordre die Quartiere an die Stadt zu logieren und ferner dem Werke nachzusinnen. So erfahren wir doch, dass der Feind von Stund an er in die Stadt kommen, stehendes Fusses hindurch auf selbiges Quartier gesetzet, selbiges umbhanden (!) und endlich nach langem Attackieren sie überwältiget und in seiner Gewalt gebracht.

112.
1632 Oktober 3 (13) Öbisfelde.
Laurenz Grubbe an Herzog Georg von Lüneburg.

Hannover, Kal. 16. A. 315. — Ausfertigung. — Das Datum 3. September ist ein offenbares Versehen.

Ich muss mit grosser Verwunderung vernehmen, wie dass die Soldatesque übel hausen und in diesen Ländern, die doch nicht feindlich sein, mit Rauben, Plündern, Ruinierung der Häuser, Schlagen und Peinigen der Leuten, Brandschatzungen, eigensinnigen Einquartierungen dergestalt prozedieren, dass in Feindes Landen nicht ärger könne gehandelt werden, wie dann jetzund etzliche 100 zu Ross und Fuss auf allen Strassen voraus sein, die alles klar machen und die arme Leute durch das unchristliche Hausieren von dem Ihrigen vertreiben; dardurch dann die folgende Armee mit nichten einiges Proviant bekommen kann und durch solche Insolentien endlich muss zugleich mit den armen Untertanen in Grund ruinieret werden. Alles was gefunden wird, nehmen sie, als gehörte es ihnen zu, hinweg, ruinieren auch darüber, was ihnen nicht nütz ist; wie dann neulich der Rittmeister Landsberg, weil ihm das Quartier hier in der Stadt verweigert, auf den Dörfern keine Insolentien zu verüben unterlassen; auch auf Westerhagen viel Klagten vorgehen. Es ist nicht ohne, weil keine Zahlung folget (die auch nimmermehr, wann solche Disordre geduldet werden, folgen kann), so muss der Soldat seine Nahrung und Unterhalt suchen. Wann aber das ordenlich zuginge und nicht ein jeder seinem mutwilligen Kopf nachfolgte, so könnte nicht allein die ganze Armee ihre Notdrft reichlich genug haben, sondern auch die Leute darbei konservieret werden. Itzund werden alle ordenliche Mittel durch dieses unerhörte Rauben und Stehlen benommen und endlich wird sowohl der Soldat als die Untertanen zu Grunde gehen. Und ist am meisten zu besorgen, dass wie

Gottes Wort gewiss sein, so möchte auch von Gott ein schwere Straf hierauf erfolgen, wie dann für Augen ist, dass umb solcher Ursachen willen diese Truppen bishero wenig Glück gehabt haben, dagegen der Feind, der allhier in Feindes Landen eine viel stärkere Armee haltet, mit Ordre leben kann, und da uns alle Affektion sowohl auf dem Land als in den Städten vergehet, wünschen die Leute zu Gott und bitten für ihn, dass er herrschen und wir vergehen mögen. Ich sage nochmals, wann Ordre möchte gehalten werden, wird uns an Proviant und Unterhalt nicht mangeln, wann aber die Disordre nicht abgeschafft wird, muss der Armee und Untertanen Ruin zugleich folgen. Woran wie IKM. und dem gemeinen Wesen bedienet, können EFG. ohne mein Erinnerung wohl judizieren. Es steht bei EFG. als wohlverordnetem Herrn Generaln dieser Armee viel zu remedieren und ich zweifle an EFG. gutem Willen durchaus nicht, als der da EFG. hochrühmblichen Eifer in diesem Fall gnugsamb verspüret hat, denselben ich auch gegen IKM. und jedermänniglichen Ursach habe für mein geringe Person zu loben und zu rühmen; hoffe aber EFG. werden diese meine Erinnerung in Gnaden vermerken und bitte untertänig EFG. wollten sich belieben lassen, nochmals auf öffentlicher, allgemeiner rendez-vous proklamieren und verbieten zu lassen, dass solche Insolentien und das unordenliche Vorauslaufen bei Leib- und Lebensstrafe eingestellet werden möge. Damit auch die indisziplinierte Leute sehen mögen, dass es ein Ernst sei, so wäre gut, dass der Generalgewaltiger allezeit voranritte und ihme ernstlich befohlen würde sonder einigen Respekt auf solche Plünderer und Vorausläufer zu exequieren, und dass sein Leutenant hintenan gleichergestalt prozediere. Könnte auch einiger Rumormeister bestellet werden, der die Strassen hin und wieder battlerete, möchte man hoffen, dass die Kriegsdisziplin durch die Schärpfe der Strafe etwas könne restaturieret und die unerhörte, unleidenliche Exzesse removieret werden. Vor mein Person soll ich allen Fleiss anwenden, dass das Proviant zu der Armee kommen möge; verhoffe auch, wann die Plünderung nicht alle Leute verjaget, dass nichts daran mangeln soll. Damit aber soviel ordenlicher damit zugehe, bin ich der Meinung, dass die Infanterie in Neu Alsleben, bis wir gewisse Kundschaften erlangen, verbleibe, und will ich mich des Amptes Gelegenheit erkundigen und meine Meinung schreiben, wie ich halte, dass die Reuter darüber quartieret werden können, aus welchen Quartieren keiner auch sich sonder Ordre begeben möchte. Auf den andern Ämptern darnach vermeine Ich, dass der Unterhalt ordenlich soll können gezogen werden, und dass die Disordre könne vorgebauet werden, möchte der Gewaltiger in den magdeburgischen Landen auch die Strassen helfen battieren, der die Beutemacher oder Ausreisser, so sich ausser den adsignierten Quartieren befinden, aufwarten und dieselbe bestrafen könne. Welches EFG. verhoffentlich sich werden belieben lassen und an dero hohen Ort die Autorität gebrauchen, dass durch solche und andere Mitteln einige Disziplin möge gerichtet und die vorgehende Exzessen sistieret werden.

Aus Oessfeld den 3. Septembris Anno 1632.

113.

1632 Oktober 11 (21) Braunschweig.

Herzog Friedrich Ulrich von Wolfenbüttel an König Gustav Adolf.

Wolfenbüttel, 30jähr. Krieg III. 1. — Entwurf.

Wir wollen guter Zuversicht leben, EKW. werde nunmehr ab unserm jüngsten Schreiben de dato 1. Octobris vernommen haben, wasgestalt die angestellte Blockierung unser Festung Wolfenbüttel den 25. Septembris gänzlich aufgehoben, folgends die Stadt Hildesheimb vom ligistischen Feldmarschalk Pappenheimb erobert auch die gesampte Länder zwischen Elbe und Weser in äusserste Gefahr und Feindes Gewalt gestürzet. Wir haben, seithero mit EKW. wir in Bündnus getreten, jederweil getreulich geraten, man möchte die Truppen zusammenziehen, ein beständiges corpus formieren, damit über die Weser in Westfalen gehen und daselbst des Feindes Werbungen, Musterplätze und andere Mittel hindern und aufreiben. Wir haben auch mit unablainlichen Ursachen vor Augen gestellet, dass die neue landsverderbliche, unzuträgliche Werbungen unterlassen, die unnötige Garnisonen abgeführet, und wir zu unsäglicher Ruinierung unser Länder nit behindert werden möchten, die geringe Festung oder Bicoquen Steinbrück, Kalenberg, Peine und Syke zu demolieren. Wir waren entschlossen behuf des gemeinen evangelischen Wesens 3000 zu Fuss und 500 Pferde anzubringen, anfangs unsere Festung Wolfenbüttel zu blockieren und fürder nach Befreiung unser Lande EKW. Armeen laut der Alliance zuzuordnen. Wir seind aber unser landesfürstlichen Hoheit und Superiorität zuwider in unsern eignen Landen überall behindert. Der General Leutenant Baudiss und Secretarius Grubbe haben ihres Gefallens ohn unsern Konsens und Vorwissen fast unsere gesammte Lande mit Muster- und Laufplätzen beleget und darin etzliche 50000 T. Werbegelder assigniert. Die Offizierer haben sich mittlerweil stattlich verpflegen lassen, auch mit eigenmächtigen Exaktionen und andern fast unerhörten Exorbitantien unsere Untertanen gänzlich ersogen und zu Boden getrieben. Man hat mit uns ausserdem, wenn wir etwas hergeben sollen, überall nichts kommuniziert, sondern die Kriegsoffizierer haben unsers Erinnerns, Suchens, Bittens und Remonstrierens unerachtet alles ihres Gefallens angeordnet und sich also gubernieret, dass endlich der itziger kläglicher Zustand dieser Länder erfolget. Inmittels seind unsere Lande ohne einiges operae pretium zu Grunde gerichtet, des gemeinen Mannes affectio, so nurt auf die praesentia siehet, wird durch die unaufhörliche Exzess minuiret, auch ist ohnzweifelhaft durch Gottes Verhängnis dieser betrübte Ausgang erfolget. Hätten die Kriegsoffizierer uns mit Blockierung unser Festung Wolfenbüttel gewähren lassen und conjunctis viribus über die Weser dem Feinde entgegen gangen, wäre itziger Zeit unser Festung allbereit in unsern Händen und Hildesheimb allem Ansehen nach nit übergangen. Die neuen Werbungen haben unsern Landen über 100000 T. geschadet und seind dennoch über 600 Mann nit aufgebracht. Wir haben vor Augen gesehen, auch den Kriegsoffizierern vorgebildet und hell erwiesen, dass unser Stadt Braunschweig, Hannover und Hildesheimb auf einmal gleichsam blockieret und das ganze platte Land in des Feindes Disposition durchaus gesetzet sein würde, wann der General Pappenheimb einbrechen und seinem Wohlvermögen nach angeregter Bicoquen sich wiederumb bemächtigen würde; daraus dann eine solche Ruin und Zerrüttung dem gemeinem Wesen und unsern Landen unausbleiblich erwachsen müsste, die kein Mensch ersetzen könnte oder wollte. Aber es ist sowohl in diesem wie allem andern unser Erinnern, Remonstrieren, Suchen und Bitten lauter vergebens gewesen. Endlich haben die Offizierer nach vielfältigem vergeblichen Sollizitieren mit uns einig sein müssen, dass nützlich und nötig, erwähnte Bicoquen zu rasieren, haben auch endlich derobehuf Ordre, aber zu spät, erteilet, weil der Feind allbereit im Anzuge und keine Zeit übrig die Demolition

zu effektuieren. Itziger Zeit seind dieselbe mit etwa 20 oder
30 Mann besetzet, die sich bei der vorgangenen Verderbnng unser
Lande weder mit Proviant oder Munition versehen; und weil
Hildesheimb übergangen, stehen selbige Örter sämtlich in Feindes
Gewalt, können leichtlich occupieret werden.

Wie Duderstadt erobert, haben wir unser Gesandte an die Kriegsoffizierer abgefertiget und nochmals gesuchet, dass die gesammte
Völker beisammenbleiben, über die Weser dem Feind opponieret
und diesseits belegene Länder versehret (!), auch mehrgerührte
Blockierung unser Festung Wolfenbüttel unverrückt fortgestellet
werden möchte. Dabei wir dann mit Anführung vieler wahrhaften
Umbstände angeführet, dass eine pur lantere unmögliche Sache die
Blockierung nach Wunsch hinauszuführen, wenn der Feind nit
jenseits der Weser vom Entsatz abgekehret, die neue schädliche
Werbunge kassieret, und die Mittel unserer Lande behuf itzerwähnter Blockierung unser Hauptresidenz Wolfenbüttel ver-
branchet würde. Gleichergestalt haben Herzog Christians zu
Braunschweig-Lüneburg und Landgraf Wilhelms zu Hessen LLbd.,
wie auch EKW. allhie residierender Ambassadeur, Ehrn Jakob
Steinberg, Alexander Lessle und Salvius neben uns gleiche consilia
geführet und unter andern auf die Konjunktion der Armeen gedrungen.

Es hat aber auch diese unsere getreue Erinnerung so wenigen
Respekt gehabt, dass man so bald die Armee geteilet und . .
Herzog Georg zu Brannschweig-Lünebnrg sich neben Obersten
Wachtmeister Lohausen und Obersten Heyden nacher Wolfenbüttel,
der General Leutenant Bandiss aber sich über die Weser in das
Stift Paderborn gewendet. Als nun der ligistische Feldmarschalk
Pappenheimb mittlerweil von Manstricht den Rhein wieder passieret
und über die Weser anhero gerücket, hat sich Baudiss nach Kassel
retirieret, und ob man wohl vor Wolfenbüttel den Feind entweder
bestehen oder die Völker inzeiten salvieren können, so hat man
doch unsere wie auch die Kingische und Kaggische Truppen teils
aufgeschlagen, teils zertrennen, fahen und ruinieren lassen. Dasselber
ist Hildesheimb vom Feinde unvermuthlich eingenommen und unser
Stadt Hannover allschon zweimal aufgefordert. Die restierende
Völker haben sich an die Elbe und itzo nacher Halberstadt, Baudiss
aber nacher Kassel begeben, dass also das platte Land zwischen
Weser und Elbe alles in Feindes Händen begriffen. Und sollte

kein schleuniger Succurs erfolgen und die übrige Völker konjungieret, auch die Sachen in diesen Landen besser als bishero geschehen gefasset und dirigieret werden, sehen wir des Unglücks kein Ende und den Totalruin dieser herrlichen Lande vor Augen. Könnten EKW. mit einer Armee anhero auf eine Zeit exkurrieren, wäre durch göttliche Assistenz den Sachen ohnschwer zu raten. EKW. werden ohn unser Erinnern dero königlichem hohen Verstande nach hochvernünftig ermessen, was deroselben Erbkönigreich an Erhaltnng und einmütiger freundlicher Konjunktion der ober- und niedersächsischen Landen gelegen, auch fürder nit verstatten, dass durch unaufhörliches Exorbitieren und eigentätiges Beginnen dero Kriegsoffizierer die Landen gänzlich evertieret und die Gemüter von EKW. abgewendet werden.

Wir meinen es gewiss mit EKW. getreulich und gut, wollen auch bei deroselben in rechtschaffener beständiger Freundschaft unausgesetzt beharren, auch ihro mit äussersten unserm Vermögen beistehen. Wir können aber vor dem gerechten Gott, auch unsern Land und Leuten nit verantworten, dass wir unsern fürstlichen statum, landesfürstliche regalia, jura, vitam et fortunas subditorum, wie bishero geschehen, der Kriegsoffizierer Disposition und arbitrio ergeben sollten. Wir seind nochmals gewillet zwei oder drei Regiment so bald immer möglich zu werben und auf die Beine zu bringen, auch so bald unsere Lande befreiet, EKW. Armee laut der Alliance zu adjungieren. Wir können bei unsern Werbungen dem Landmann Schutz halten und alles nach Gelegenheit der Untertanen proportionieren, auch mit 1000 T. mehr Völker zur Hand schaffen, als die eigenmächtigen Werber, so nurt ihren Vorteil suchen und ohn einige Fruchtschaffung die Länder ruinieren, mit 10000 aufbringen mögen. Der Oberst Brüneck und Major Königsmarck haben auf Verordnung des General-Leutonants Bandiss und Secretari Grubben fast unsere ganze Länder, so nit in Feindes Handen, mit Werbegelder und Lanfplätzen ausgesogen und zum höchsten nurt 600 Mann insgesampt aufgebracht.

Ersuchen demnach EKW. hiemit nochmals höchstes Fleisses bei dero Kriegsoffizierern die zureichende Verfügung zu tun, dass wir fürderhin in unsern fürstlichem statu nit beeinträchtiget, die berührte schädliche Werbung ohnverlängt abgestellet, in unsern Landen ohn unser Vorwissen und Konsens nichts verordnet und alles nach Anweisung mehrbesagten Bündnisses administrieret werde.

Wir haben den Verlauf und Zustand dieser Lande von Zeiten zu
Zeiten EKW. notifizieret, kommen aber fast in den Gedanken, dass
deroselben nit alles der Gebühr vorgetragen sein müsste. Uns ist
der Zustand unser Lande am besten bekannt, die Kriegsoffizierer
seind derohalben wenig besorget; bitten derowegen höchlich unser
Anbringen und Noturft Ihro forderlich vortragen zu lassen und
schleunige zureichende Resolution erengenden Dingen nach zu erteilen. Allsolches ist an ihm selbst billig, gereichet EKW. zu
königlicher Aufnehmen und Glori, auch zu Erhaltung guten Ver-
trauens; die Gemüter werden dadurch wiederumb gewonnen, die
hochbedrängte Länder erquicket nud die Armeen selber konservieret. Widrigenfalls müssten die Völker wegen mangelnder Lebens-
und anderer nötigen Mittel zergehen und verlaufen und die
ruinierte Länder dem Feinde zu Teil werden. Wolltens EKW.
erheischender äusserster Notwendigkeit nach zu wahrhafter beständiger Nachrichtung in freundschwägerlichem Vertrauen also
vermelden, dieselbe dem starken Schutz des Allerhöchsten befehlend.
Geben in unser Stadt Braunschweig, 11. Octobris Anno 1632.
PS. Auch können wir nit umbgehen EKW. zu vermelden,
dass der ligistische Feldmarschalk Pappenheimb nunmehr nach
Proviantierung unser Festung Wolfenbüttel und gänzlicher Aus-
leerung der Stadt Hildesheimb seine Marsche auf unser Stadt
Osterode und fürder entweder durchs Eichsfeld oder unser Grafschaft Honstein richten tue, allem Ansehen nach sich mit dem
Herzog zu Friedland zu konjungieren und also conjunctis copiis
sich Thüringen zu bemächtigen, auch fürders ein nachteilige
Imprese gegen Kursachsen fürzunehmen. Wir seind sehr besorget,
es möchte bei dem jetzigen Zustand der separierten Armeen eins
oder andern Orts Unglück vorgehen, oder auch wenn dieselbe
schon zusammengeführt werden könnten, unter sich selbst in er-
spriesslichem directorio discreplieren. Wir zweifeln gar nit EKW.
werden ohn unser wohlgemeintes Erinnern die Beschaffenheit er-
wegen und allem erspriessliche Ordnung gegeben haben, auch
unsere getreue Sorgfältigkeit im besten vermerken. Sollten die
kursächsische oder auch EKW. Völker in Sachsen, Thüringen oder
angelegenen Orten dem Feinde aufstossen und durch Gottes Verhängnis Abbruch erleiden, würde dadurch der verhoffte Wohlstand
des evangelischen Wesens merklich geschwächet und unsers Ermessens der Abgang schwerlich zu ersetzen sein. Die Weser und

das platte Land bis an die Elbe seind allschon in Feindes Handen und hat derselbe allbereit uf 5 Regimenter zu Ross und Fuss patenta ausgetellet, in Meinung dieser Ends eine neue Armee zu formieren, dadurch der Elbstrom merklich periklitieren und gewiss der ganze status in ausserste Gefahr gesetzet werden könnten. Weil derowegen die feindlichen Armten allen ereugenden Umbständen nach in Thüringen oder der Orter zusammenrücken und in einem mächtigen corpore etwas wichtiges gegen die evangelische Armeen tentieren möchten, wollten EKW. Präsenz wir von Herzen wünschen und setzen ausser Zweifel, es würde alsdann durch Gottes gnädige Assistenz alles zu erwünschtem Ende hinausschlagen.
Ut in literis.

114.
1632 Oktober 22 (November 1) Zelle.
Herzog Christian von Zelle an König Gustav Adolf.

Hannover, Zelle 11. 99. — Entwurf.

Ab EKW. sub dato den 9. Septembris an uns abgangenen und den 19. ejusdem recht eingelieferten Schreiben seind wir nicht wenig erfreuet, indeme wir daraus vernommen, welchergestalt sie nicht allein unser gegen EKW. und dem gemeinen evangelischen Wesen bishero erwiesene Treu und wohlgemeinte Dienste ihro wohl gefallen lassen, sondern auch den von uns geklagten gravaminibus und andern Mängeln nach Möglichkeit zu remediieren und zu dem Ende dero hochansehnlichen Rat und Reichskanzler in diesen Kreis abzuordnen entschlossen. Nun wollten EKW. wir zwar weiter ohngern behelligen, es zwinget uns aber die äusserste Not EKW. den üblen Zustand dieses Kreises und die grosse Gefahr, darinnen wir itzo schweben, zu entdecken. Und wird EKW. allbereit wissend sein, welchergestalt, nachdem der Generalleutnant Baudissin von den übrigen in diesem Kreis verbliebenen Truppen sich separieret, über die Weser in Westfalen mit seiner Armee gangen und von dem von Pappenheimb überfallen und zum Teil an Volk eingebüsset und getrennet, besagter Pappenheimb darauf mit seiner in Westfalen nicht wenig gestärkter Armee herwärts über die Weser gerücket, etlich Volk vor Wolfenbüttel geschlagen und gefangen genommen, die Besatzung in besagtem Wolfenbüttel proviantiert, die Blockierung dissolvieret und demnächst der guten Stadt Hildesheimb zu grossem seinem Vorteil und des ganzen Kreises sondern Schaden und Nachteil sich bemächtiget, also in diesem Kreise sich je länger je mehr firmieret. Dabei es dann nicht verblieben, sondern allbereit an Hannover geschrieben, dass sie sich accomodieren oder seiner Heimbsuchung gewärtig sein sollen. Als dann uf des von Pappenheimbs Ankunft die von EKW. Armee dieses Orts übrig gebliebenen Truppen, sich zweifelsohn gegen des Feindes Macht nicht bastant befindende, an etwas weit abgelegene Orter gewichen, so brechen jene in diesem fast von aller Defension bloss gelassenen und gleichsamb des Gegenteils Raub exponierten Kreis je weiter und weiter ein. Also das zu besorgen, wo deme nicht vorgebauet (darzu dann noch zur Zeit wenig Apparenz vorhanden) dass die Stadt Hannover zu ohnwiederbringlichem Nachteil dieses Kreises auch emportieret, nicht weniger uf diese unsere Residenzstadt und Festung Zelle eine Impresa vorgenommen werden möchte. Das Haus Peine, dessen Demolition gar nötig gewesen und wir nebenst Herzog Friedrich Ulrichs Lbd. vorlängst ganz gerne zu Werke gerichtet gesehen hätten, ist nunmehr vom Gegenteil belagert, und zu besorgen, dass in Mangel des Entsatzes es auch übergehen möchte. Unsere zunächst den widrigen Besatzungen gelegene Ämpter und deren Untertanen werden in schwere Kontribution gesetzet; unserer uns mit Gewalt entzogener Länder, als des Fürstentumbs Grubenhagen (so in Neulichkeit zu Grunde ausgeplündert), item des Stifts Minden, Grafschaften Hoya und Diepholz bleiben wir nach wie vor entsetzet.

Dessen alles und dass wir keines Entsatzes oder Rettung versichert, ganz ohnerachtet wird uns auch von unsern Freunden mit allerhand Zunötigung, Abforderung der Proviant, Kontribution und dergleichen zum allerstrengsten zugesetzet. Wie dann Herzog Franz Karl uns dahin angenötiget, dass zu Enthebung des in unserm Land SLbd. von EKW. Gesandten Herrn Salvio assignierten Sammelplatzes und Werbegeldern, wir deroselben 68000 Rt., davon SLbd. allbereit 20000 erlegt, versprechen müssen, ohngeachtet wir dawider unsere höchste Beschwerung und dass wir über 200000 Rt. uf EKW. Armee verwendete Spese allbereits liquidieren könnten beweglich eingewandt.

Ersuchen demnach EKW. zum allerfleissigsten und beweglichsten, sie wollen dieses notleidenden Kreises, an dessen Konser-

vation ihro selbst nicht wenig gelegen, so viel immer tunlich mit Hülf und Rettung sich annehmen, auch der uns obliegender ohnerträglicher Beschwerungen uns zum förderlichsten in etwas Linderung widerfahren lassen. Dessen tun zu EKW. uns zuversichtlich getrösten und verbleiben etc.
Datum 22. Octobris 632.

115.
1632 Oktober 22 (November 1) Zelle.
Herzog Christian von Zelle an König Gustav Adolf.
Hannover, Zelle 11. 09. — Entwurf.
Kreditif für Johann von Drebber Dr. jur.

116.
1632 Oktober 23 (November 2) Arnstadt.
König Gustav Adolf an Herzog Georg von Lüneburg.
Hannover, Kal. 16. A. 305. — Ausfertigung. — praes. Torgau den 30. Oktober (9. November).

Wir vernehmen ganz gern, dass ELbd. Ihre Truppen wiederumb rekolligiert und ein ziemblich corpus beisammen haben. Nun wäre zu wünschen, wenn der Feind gegen Hall zu gehen solle, dass besagte Truppen daselbsten einen posto formato, bis wir zu ihme stossen könnten, fassen und die Stadt, damit sie nit in des Feindes Hände verfalle, versichern möchten. Derowegen ELbd., da der Feind der Stadt nit zu nahe wäre, also dass sie noch Zeit hätten ein Retrenchement darumb zu ziehen, Ihre Armee dahinführen und die posto ergreifen, sich alda firmieren, und bis zu unserm Entsatz, welcher ohngefähr innerhalb 6 Tagen geschehen könnte, halten. Welches wir jedoch ELbd. nit als ein Ordr, sonder nur consiliiweis, weiln wir den eigentlichen Zustand des Feindes und ELbd. nit wissen, an die Hand geben und ELbd. Diskretion kommittieren, die sich mit dem Generalmajor Lohausen hierüber beraten und was praktikabl fortsetzen kann. Im Fall aber die Stadt wider Verhoffen übergangen wäre, werden ELbd. ihr angelegen sein lassen, sich mit der Armee die Hand gegen dem Eichsfeld schwingen und ihren Weg auf Aderslehen, durch die Grafschaft Stolberg auf

Langen Salz zu nehmen und also Mittel suchen, sich mit uns zu konjungieren. Es will aber eine Noturft sein, dass ELbd. uns eilfertigst avisiere, was sie diesfalls vorzunehmen gedenken, und wie sie vermeinen, dass wir uns zum füglichsten konjungieren möchten, damit wir unsere marche danach richten können. Erwarten solches auf dem Weg nacher Erfurt, dahin wir in vollem Marsch soin und werden von da aus alsdann ELbd. unsere consilia mit mehrerm eröffnen.

Sonsten so befinden wir, dass ELbd. die zurückgelassene Garnisonen und sonderlich die in Braunschweig ziemblich stark gemacht haben. Weiln aber für diesmal an nichten höher liegt, als dass wir im Feld stark werden, stellen wir zu ELbd. Bedenken, ob und was sie von besagten Garnisonen leichten und zu sich in das Feld ziehen wolle, damit das corpus umb so viel mehrers ergrössert und wir bastanter werden, unsere Intention gegen dem Feind durchzudringen. Im übrigen wollen sich ELbd. müglicher Kundschaft befleissigen und mit uns embsig korrespondieren damit wir, was der Feind vorhabe, wissen und unsere actiones darnach richten mögen.

Datum Arnstadt den 23. Octobris 632.

PS. Auch hochgeborner Fürst etc. hätten ELbd. sich bei Anstellung ihres Marsches ja fürzusehen, dass sie dem Feind nit zu nahe kommen und diesfalls sich wohl auf die rechte Hand zu halten. Im Fall aber Pappenheimb auf Meissen gezogen wäre, könnten alsdann ELbd. ihren Weg so viel desto mehr in die Richte nehmen, welches alles wir jedoch dero hohen Diskretion kommittieren.

Datum ut in litteris.

117.
1632 Oktober 26 (November 5) Arnstadt.
König Gustav Adolf an Herzog Georg von Lüneburg.

Hannover, Kal. 16. A. 305. — Ausfertigung. — praes. Torgau, den 4 (14) November 1632.

Wir werden von unserm Residenten zu Erfurt, Alexander Esskeu, berichtet, ob sollte ELbd. allbereit bis nacher Wittenberg avancieret sein. Ob wir nun zwar noch zur Zeit keine eigentliche und gewisse Nachricht davon haben, haben wir doch nötig befunden, ELbd. unsere Meinnng anf den begebenden Fall zu eröffnen. Im Fall es sich nun einkommender Zeitung nach verhalten und ELbd. gegen Wittenberg ihre Marsch genommen haben sollte, wollten ELbd. sich unsere vorigen Tags erteilte Ordre nit irren lassen, sondern ihren Marsch fortsetzen und bei Kursachsens Lbd. subsistieren, bis wir mit unser Armee zu derselben stossen können. Wie aber und an was Ort solches am füglichsten geschehen könne, davon wollen wir ELbd. Advis und Meinung per posta erwarten. Sollten aber ELbd. sich noch auf dieser Seiten der Elb befinden und sich füglicher mit uns konjungieren können, alsdann hätten ELbd. unser Ordr nach sich auf die Seiten zu schlagen, von Pappenheim so weit und sicher als möglich abzugehen, und mit erstem zu uns zu stossen. Inmittelst aber wollen sie sich angelegen sein lassen, Kursachsens Lbd. zu animieren und also zu disponieren, damit SLbd. nit changiere, sondern bei der einmal genommenen und bishero in Werk tesmoigniorten tapferen Resolution beständig verbleiben möge. Wir verhoffen nächst göttlicher Hilf mit einer bastanten Armee der Orten in kurzem anzulangen und alles zu redressieren.

Datum Arnstadt den 26. Octobris 1632.

118.

1632 Oktober 28 (November 7) Torgau.

Herzog Georg von Lüneburg an König Gustav Adolf.

Hannover, Kal. 16. A. 305. — Entwurf und 3. Ausfertigung. — Gedruckt Arkiv II. no. 651. — Auszug.

Wir haben EM. berichtet, aus welchen Gründen wir zu Kursachsen gezogen sind. Am Freitag (26. Oktober/5. November) haben wir mit EM. und der sächsischen Reiterei einen Versuch auf den Feind tun wollen, der Feind hat sich aber mit ziemlicher Disordre bei Ellenburg über die Mulde zurückgezogen.

Da es für gewiss verlautet, dass EM. im Anzuge sind, bitten wir um Ordre, wie wir mit unsern und den sächsischen Truppen EM. am besten Dienste leisten können.

119.
1632 Oktober 31 (November 10) Torgau.
Herzog Georg von Lüneburg an König Gustav Adolf.
Hannover, Kal. 16. A. 305. — Entwurf. — Arkiv II. no. 659. —
Auszug.

Wir haben EM. Schreiben dd. Arnstadt Oktober 23 erhalten. Inzwischen ist gestern Arnim persönlich bei uns gewesen und hat solche consilia geführt, wie EM. aus beillegendem Schreiben Grubbes ersehen werden. Unser Schreiben vom 28. werden EM. erhalten haben: wir erwarten, wohin EM. uns begehren, auch hoffen wir unsere Regimenter aus Braunschweig inzwischen zu erlangen und werden dann ungesäumt ausführen, was EM. uns auftragen werden.

120.
1632 Oktober 31 (November 10) Naumburg.
König Gustav Adolf an Herzog Georg von Lüneburg.
Hannover, Kal. 16. A. 305. — Ausfertigung. — praes. Torgau Nov. 2/12
— Gedruckt Droysen, Schriftstücke S. 240. — Auszug.

Wir haben ELbd. Schreiben vom 28. erhalten und sind damit einverstanden, dass Ihr mit der Kavallerie Sachsen succurriert habt; wollten wünschen Ihr hättet die Infanterie auch dort. Da es jetzt durchaus nötig ist, dass wir uns vereinigen und mit vereinter Macht auf den Feind gehen, sollt Ihr sehen wie Ihr zu uns stossen könnt, wenn möglich mit den sächsischen Truppen. Wir wollen uns hier an der Saale firmieren, bis wir über Sachsens Intention und des Feindes Zustand versichert sind.

121.
1632 November 2 (12) Torgau.
Herzog Georg von Lüneburg an König Gustav Adolf.
Hannover, Kal. 16. A. 305. — Entwurf. — Dabei auf einem halben
Bogen von Lohausens Hand der Inhalt dieses Schreibens an
den König aufgesetzt.

EM. Befehl und Ordre unterm dato Naumburg den 31. verflossenen Monats Octobris haben wir heut dato umb 12 Uhr mittags mit Freuden empfangen und dabevor mit Verlangen erwartet.

Wie wohl wir nun bishero in dubio härieret, was uns zu tun sein wollte, so haben wir dennoch alles zur Marsch fertig gehalten, dass wir auch bei uns beschlossen und ehe diese E M. Ordonanz ankommen, morgen Sonnabend [wofern uns heut kein anderer Befehl von EM. kommt][1]) der Ends gegen Magdeburg zu marschieren, umb daselbsten uns mit den Völkern aus Braunschweig und anderen, so präzise Ordre dahin haben, zusammen zu tun, und fürders dahin mit höchstem Ernst und Fleiss zu trachten, wie wir uns zum nächsten und besten mit EM. alsdann in universali konjungieren könnten und möchten. Und welln uns bishero über voriges auch dieses unsern Fortmarsch remoriert hat, dass wir schon längst auf die EM. und kursächsische Zusammensetzung der Kavallerie gegangen. dieselbe auch gesuchet, gestalt dann der Herr Feldmarschall Arnimb uf gepflogene Kommunikation mit uns allhie es bei unsers Herrn Vettern des Kurfürsten Lbd. durchzutroiben versprochen, als erwarten wir solcher kurfürstlicher Resolution bishero mit höchstem Verlangen [werden aber nicht desto weniger unser obigen Opinion inhärieren, morgen aufbrechen und sehen, dass wir unser Schuldigkeit nach bei EM. mit dem ehesten unfehlbar sistieren].[1]) Sonsten ist Herrn Feldmarschalls Arnimbs Intent an unterschiedlichen Orten, sowohl mit EM. als kursächsischem Volke eine Diversion in Böhmen zu machen, umb den Foind in etwas von diesen Landen abzuziehen, welches wir EM. recht zu bedenken, ob solches auch zu praktizieren, freundvetterlich anheimbgeben. Der Allerhöchste gebe von allen Seiten darzu seine väterliche Benediktion und erfülle EM. und aller derjenigen, so von Ihro dependieren, Anschläge und Vornehmben.

Datum Torgau am 2. Novembris Anno 1632.

122.
1632 November 2 (12) Naumburg.
König Gustav Adolf an Herzog Georg von Lüneburg.
Hannover, Kal. 16. A. 305. — Ausfertigung. — praes. ?

Wir haben E.Lbd. zu unterschiedliche Mal freundschwägerlich ersucht, sie wollen ihr angelegen sein lassen, unverlängert mit gesambten sowohl ihren als Kursachsens Lbd. Truppen, oder zum

---

[1]) ( ) wieder weggestrichen.

wenigsten der Kavallerie zu uns zu stossen und ihren Marsch hieber zu nehmen. Ob wir nun wohl willens gewesen, ohnerwartet deren Ankunft dem Feind, welcher sich bei Weissenfels befindet, unter Augen zu gehen und das Glück zu versuchen: nachdeme wir jedoch aus des commissarii Grubben Schreiben verstehen, dass ELbd. mit Kursachsens Truppen in die 8000 stark beisammen und geneigt sein, solche erstes Tages zu uns zu stossen, haben wir nit ratsam befunden, ehe und bevor solche zu uns kommen, etwas anzufangen,[1]) sondern uns resolviert derselbigen allhie zu erwarten; und gelanget demnach an ELbd. unser abermallig freundschwägerlich Sinnen, sie wollen ihr angelegen sein lassen, je ehe je lieber mit allem Volk zu Ross und Fuss, sowohl ihrem als Kursachsens Lbd., im Fall aber unser Fussvolk zu weit zurück wäre, massen wir dann verstehen, dass es den 28. jüngsthin noch zu Magdeburg gewesen, mit den gesambten Reutern und Dragonern und was Kursachsen sonsten von Fussvolk über die notwendige Garnisonen aufbringen kann, aufbrechen und ihren Marsch aufs sicherst und füglichste Leipzig vorbei gegen Altenburg und so herwärts an die Saal nehmen und uns darbei ihre Intention, damit wir auf allen Fall die Konjunktion fazilitieren und die Noturft fortstellen mögen, per posta avisieren. Unser Fussvolk könnte auf solchen Fall von Magdeburg aus durch die Grafschaft Mansfeld über den Harz zu uns kommen. Sonsten finden wir nit weniger eine Noturft zu sein, dass von Kursachsens Lbd. bei Wittenberg 6 oder 700 Pferd, welche kontinuierlich gegen Hall auf den Feind streifen und ihm a tergo infestieren, gelassen; dann auch das Landvolk aller Orten aufgeboten und zu Niederhauung alles was vom Feind ausser dem Lager anzutreffen, ermahnet werden. Welches ELbd. an gehörigen Ort zu befürdern ebenmässig unvergessen sein wollen. Und wir haben solches deroselben bei dieser Gelegenheit freundschwägerlich anzufügen eine Notnrft erachtet.

Datum Naumburg den 2. Novembris Anno 1632.

---

[1]) am Rande von Wernings Hand: „worumb wartet er nicht?"

123.

1692 November 6 (16) Braunschweig.
Herzog Friedrich Ulrich von Wolfenbüttel an König Gustav Adolf.

Wolfenb. 30jähr. Krieg III. 1. — Entwurf.

EKW. allhie residierender Ambassadeur Ehr Jakob Steinberg hat uns vertraulich eröffnet, dass EKW. entschlossen mit einer ansehenlichen Armee heranzurücken und unsere Lande durch gnädige Assistenz des Allerhöchsten aus des Feindes Gewalt zu retten und zu entfreien, dabei dann auch wegen nötigen Proviants und Munition Erinnerung geschehen.[1]) Wie wir nun EKW. glückliche Anherokunft mit sehnlichem hohem Verlangen jederzeiten gewünschet; auch fast aus allen Umständen ersehen, dass ohn derselben höchstrespektierte Präsenz und siegreiche Waffen unsere und andere zwischen Elb und Weser belegene herrliche Länder, darauf der Feind gewiss ein grosses Absehen gestellet, nicht würden errettet und aus Feindes Handen gerissen werden: Also haben wir uns darob zum höchsten erfreuet und leben der festen Hoffnung, der allgütige Gott werde EKW. mit erwünschetem sieghaften Progress ferner gesegenen und felizitieren, damit des Feindes Hochmut gedämpfet und diese nun viel Jahr hero hochbedrängte Lande dermaleins erquicket und in vorigen freien Wohlstand gesetzet werden mögen. Wir wollen unsers Orts unser und unserer Lande äusserstes Vermögen gern herzutragen und bei EKW. williglich ansetzen. Getreides ist Gott sei gelobet noch die Notdurft vorhanden und ob es schon noch zur Zeit grösserenteils in Feindes Händen, so wird doch selbiges ohnschwer herbeizubringen sein, wenn man nurt Meister zu Felde ist. Wir wollen die unverlängte Verfügung tun, dass mittlerwelle in unsern Städten Braunschweig, Göttingen und Hannover, so viel immer zu erreichen, zusammen geschaffet und zu Proviantierung der Armee zugerichtet werden. Könnten EKW., wie wir zu dem Allerhöchsten verhoffen, durch dero gewöhnliche siegreiche Hand sich der Stadt Hildesheim, die gleichsam in meditullio unserer Lande gelegen, durch einen unvermutlichen assalt bemächtigen, so wäre das gesampte platte Land wiederumb in unserer Disposition und würde alsdann an

[1]) Vgl. Gustav Adolf an Steinberg. dd. Duttstädt 1632 Oktober 30 (November 9). Arkiv I. no. 400.

nötiger Verpflegung kein Mangel erscheinen. Die Herbeischaffung nötiger Munition will uns sehr schwer, ja fast unmöglich fallen, zumal unsere Kammergüter und Intraden überall in Feindes Gewalt. Dahero uns dann alle behufige Mittel und Kredit ziemlich entgangen; was vorhanden gewesen, ist bei jüngster Blockierung unser Festung Wolfenbüttel aufgangen. Wir wollen aber nichts desto weniger an äusserster Bemühung nichts erwinden lassen und soviel nort anzubringen zur Hand schaffen. Der allgütige Gott wolle EKW. mit seinem gnädigen Obhalt beistehen und ferner glücklichen Success verleihen.

Geben in unser Stadt Braunschweig am 6. Novembris Anno 1632.

124.

1632 November 13 (23) Braunschweig.

Herzog Friedrich Ulrich von Wolfenbüttel an König Gustav Adolf.

Wolfenb., 30 jähr. Krieg. III. 1. — Ausfertigung. — „Ist aus gewissen Ursachen zurücke gehalten worden. Decretum in consilio, Braunschweig, den 12. Novembris Anno 1632."

So hocherfreulich uns gewesen, wie wir vernommen, dass EKW. mit Zurücksetzung aller Ungelegenheiten sich diesen hochbedrängten Landen nähern wolle, inmassen dieselbe ab unserm vorigen Schreiben freundvetterlich verstanden haben werden, also ist uns mit noch mehrer Freuden aus denen von allen Örtern kontinuierenden Nachrichtungen fürkommen, dass EKW. die überaus stark konjungierte feindliche Armee angetroffen, mit so heroischem unerschrockenem Heldenmut angegriffen, durch Beistand des Allerhöchsten getrennet, geschlagen, die fürnehmbsten Häupter getilget und dadurch nunmehr den rechten Grund und Rettung der wahren Religion und deutscher Libertät mit ihrer stets währender Glori befestiget. Alle evangelische aufrichtige getreue Herzen und Patrioten haben grosse Ursach dem Allmächtigen für solche hohe Gnade und EKW. für dero tapfere Resolution Dank zu sagen, wünschen deroselben hierzu Glück, Heil und noch weiteren sieghaften Progress, wie es denn EKW. so wohl und erwünschet nicht gehen kann, wir sehen und wünschen solches und noch ein mehres von Herzen.

Und als wir nun daneben nicht zweifelen EKW. werden Ihre königliche sorgfältige Gedanken unter andern dahin wenden, wie auch dieser Ort zwischen der Weser und Elbe, daran dem ganzen gemeinen Wesen so gar hoch gelegen, dermaleins wirklich vom Feinde exoneriert werden möge. So haben EKW. wir zu ferner Nachrichtung freundvetterlich entdecken wollen, dass der Graf von Gronsfeld wegen des am Rhein und im Stift Köln glücklichen Fortganges mit den übrigen Regimentern allbereit über die Weser gegangen, in den Garnisonen mehr nichts als die höchste Notarft hinterlassen und das General Rendezvous einbekommenem Bericht nach zu Lemgo halten und wo möglich daselbst eine Armee richten wolle. Stellen derowegen zu EKW. hochvernünftigem Bedenken, obs nicht nunmehr, da der Feind und gemeine Soldat in äusserstem Schrecken, die rechte Zeit, dass sie durch ihre hochrespektierte Präsenz die völlige Entledigung dieser zwischen der Weser und Elbe gelegenen und zu Behuf des Hauptwesens hochimportierenden Örter zu fazilitieren, den Anfang alsofort von Hameln zu machen und dadurch die Tür zu diesen und allen angrenzenden Landen zuzuschliessen, für ratsamb und nötig befinden möchte; zumal weil alles jetzo in Schrecken, keine Entsatzung vorhanden, Hildesheimb sich verhoffentlich leicht wieder herbeitun möchte und wir beständigen Bericht erlangt, dass die wolfenbüttelsche Garnison allbereit den neuen Vorrat angegriffen haben sollen. An Proviant hats Gott Lob ufm Lande noch keine Not; so soll von uns alle Möglichkeit erstattet werden. EKW. dem Allmächtigen zu allem hocherwünschtem Wohlergehen und viktoriousen Progressen getreuestes Fleisses anbefehlend, verbleiben wir deroselben alle wohlgefällige angenehme Dienste freundvetterlich zu erzeigen allstets geflissen und willig.

Datum in unser Stadt Braunschweig den 13. Novembris Anno 1692.

Register.

(Die Zahlen geben die Seiten an.)

A.

Adersleben 141, 507.
Aerzen 111, 478.
Ahlum bei Wolfenbüttel 129, 471.
Albaxen bei Höxter 74.
Alfeld 67, 138, 146, 415.
Altenburg 142, 150, 512.
Altes Land 70.
Altmark 10.
— Vertrag zu (Preussen) 157.
Anderson Traun, Erich 57, 70 f., 82, 83, 95, 107 f., 112 ff., 123, 128, 130, 420, 433, 437, 443, 455, 477.
St. André, Gen.-Quartiermeister 25.
Anhalt, Fürsten von 140, 191.
— Christian 190.
— Ludwig, schwedischer Statthalter in Magdeburg-Halberstadt 26 ff., 35, 37 ff., 45, 48, 49, 52, 76 f., 169, 192 f., 203, 234, 380.
Arnim, Georg v., Feldmarschall 5, 142, 144, 201 ff., 506, 510, 511.
Arnstadt 141, 195.
Aschersleben 140.
Augsburg 131 f.

B.

Badendorf, Hofmeister Herzog Georgs 21.
Bärwalde 163, 204.
Bamberg 132.
Baner, Johann, Feldmarschall 15, 16, 30, 58, 60, 64, 70 f., 73, 75 f., 87, 112, 165, 394, 395, 400, 403, 416, 417, 421, 450, 455.
— blockiert Magdeburg 52.
— in Braunschweig 62 f., 65 ff., 68 f.
— marschiert nach Oberdeutschland 73, 76.
Battalie, Daniel de, schwedischer Oberst 383, 394.
Baudissin, Graf Wolf Heinrich, schwedischer Generalleutnant 17, 57, 76, 428,
440, 443, 444, 455, 456, 457, 462 ff., 468, 472, 474 f., 478, 484 f., 490, 494, 496, 500, 502 f., 506.
— übernimmt das Kommando 79 f., 81 f.
— Zug nach Hildesheim 83 ff.
— Eroberung von Duderstadt 120 ff.
— Zug nach Westfalen 122, 131 ff., 136 ff.
— nach der Wetterau und Rhein 140, 146.
— Verhältnis zu Herzog Georg 81, 105.
— Zwist mit Herzog Friedrich Ulrich 116 ff., mit Steinberg 126 ff.
— begehrt das Amt Syke 103, 110 f., 445 ff., 456 f., 485 f., 474, 492.
Bayern, Kurfürst Maximilian I. 46, 85, 119, 138, 177, 198, 380, 444.
Bawyr, Joh. Christoph v., schwedischer Kriegskommissar 27.
Beedenbostel 83.
Bergius, Dr., Hofprediger in Berlin 200.
Bergmann, kurbrandenburgischer Rat 106, 192.
Bernhard, Kapitän 111.
Bernshausen, Gericht 65, 469.
Beyer, Oberstleutnant 128 f.
Bielke, Sten, Legat in Stettin 214.
Blankenberg, Ernst Adolf, Kapitän 391.
Blankenburg, Grafschaft 2.
Bleckede 11.
Block, Johann, braunschweigischer Sekretär 66.
Blomenau, Amt 67.
Brandenburg, Kurfürst Georg Wilhelm 9, 46, 160, 172, 173, 178 f., 189, 199, 200, 380.
— Kurprinz Friedrich Wilhelm, Eheprojekt mit Christine von Schweden 163 f., 177, 204 ff., 213.
— Allianceverhandlungen mit Schweden 163 f., 165, 178, 181 ff., 190, 301 ff., 308 ff., 311 ff.
— Bayreuth, Markgraf Christian 191.

Braunschweig-Lüneburg.
— Herzog Christian von Braunschweig, Bischof von Halberstadt († 1626) 55.
— Herzog Friedrich Ulrich von Braunschweig
　Reise nach Dänemark 20.
　Übersiedelung nach Braunschweig 27, 388.
　Allianceverhandlungen mit den Schweden in Halle 29 ff., 169, in Frankfurt und Mainz 87 ff., 170, 896, 392.
　Allianceprojekt Nr. 1: 29, 223. — Nr. 2: 29 f., 227. — Nr. 3: 31, 38, 234. — Nr. 4: 88 f., 234. — Nr. 5: 41 ff., 46, 247. — Nr. 6: 48 f., 278.
　Ratifikation 73, 86, 115; von Gustav Adolf verweigert 101 ff., 192, 463; durch Oxenstierna 102, 152.
　Einmarsch der Schweden 65 ff. — Winterquartiere 67.
　Pappenheims zweiter Einfall 73 ff., 412, 415, 422, 432 ff.
　Donation des Stiftes Hildesheim 19; verlangte Rekognition 31 ff., 74 ff., 43 ff.
　Streit mit Herzog Georg 108 ff., 409, 472.
　Streit mit der Generalität 107 f., 110 ff., 116 ff., 478.
　Blockade von Wolfenbüttel 128, 456, 471 ff.; aufgehoben 137, 495 ff.
　Klagen über die Zustände im Lande 147 ff., 401, 416, 419, 426 f., 448 f., 463, 471 ff., 484 f., 500 ff., 502.
— Herzog Heinrich Julius von Braunschweig († 1613) 3.
— Herzog Philipp Sigismund, Bischof von Osnabrück und Verden († 1623) 481.
— Herzog August von Lüneburg, Bischof von Ratzeburg († 1636) 1, 96, 488.
— Herzog Christian von Lüneburg, Bischof von Minden († 1633).
　In kaiserlicher Devotion 3.
　Leipziger Konvent 2.
　Abneigung gegen die Schweden 8 ff., 10 f., 19, 21.
　Alliance mit Schweden 18, 24 f., 234. — 2. Projekt 26 ff., 278. —
　Verhandlungen mit Steinberg 91 ff., 96 ff. — Abschluss verweigert 100.
　Donationen 19, 418.

Braunschweig-Lüneburg.
　gestattet die Werbungen Herzog Georgs 23, 393, 439.
　Verhandlungen mit Pappenheim 59 f.
　Pappenheims Zug nach Stade 73 ff., 98, 412, 422.
　Verlust von Minden und Grubenhagen 74 f., 412, 423, 430 f.
　Unzufriedenheit mit Schweden 91 f., 96, 146 ff. — Werbungen Herzog Frans Karls von Lauenburg 94 ff., 486 ff.
— Herzog Friedrich von Lüneburg († 1648) 96.
— Herzog Georg von Lüneburg († 1641).
　Charakteristik 3 f., 85 f. — erste Verhandlungen mit Schweden 4 ff. — in Würzburg 14 f., 21, 86, 390 f. 393, — schwedischer General 16 f.
　Donationen: Stift Hildesheim 18, 28, 34 ff., 66, 108 f., 396, 451, 464, 470, 479, 482. — Ansprüche auf das Eichsfeld 19, 65, 121 f., 260, 290, 419 f., 462.
　Stellung zu Gustav Adolf 61 f., 104, 143 f., 397, 403, 439 f.
　Dergl. zu Tott 62, 77. — Bandissin 81, 105. — Baner 62 f., 69, 421. — Landgraf Wilhelm 69, 74, 418, 443.
　Zwistigkeiten mit Herzog Friedrich Ulrich 68 f., 72, 84, 106 f., 110 ff., 116 ff., 404, 409, 472.
　Zwistigkeiten mit Steinberg 87 ff., 105 ff., 127.
　Werbungen in Lüneburg 22, 58, 61 f., 69, 91, 393, 403, 404. — in Braunschweig 110 f., 112 f. — übles Verhalten seiner Truppen 106, 498.
　Pappenheims Zug nach Stade 73 ff.
　Zug nach Hildesheim 83 ff.
　vom König nach Süddeutschland gerufen 95, 119, 444, 448 f., 452.
　Eroberung von Duderstadt 120 ff., 467.
　Trennung von Bandissin 122 f., 471, 470.
　Blockade von Wolfenbüttel 100, 107, 122 ff., 127 ff., 471 ff., 476 ff. Aufhebung der Blockade 137, 494 ff.
　Zug an die Elbe 140 ff., 507 ff.
　Stellung zu Sachsen 143 ff.
— Herzog Magnus von Lüneburg († 1632) 91.
— Fürstentum Dannenberg 1, 10, 12, 15, 285, 294.

Braunschweig-Lüneburg.
— Herzog Ernst Julius von Dannenberg
  10, 12, 382.
— Herzog Otto von Grubenhagen, Tarentinus († 1697) 412.
— Herzöge zu Harburg 1, 285, 291.
— Herzog Wilhelm von Harburg 105, 110, 364, 376, 881.
Braunschweig, Stadt 6, 15, 18, 20, 21, 23, 27, 28, 34, 37, 63, 73, 89, 106, 129, 185, 187 ff., 132, 409, 422 ff., 428, 443, 476, 495, 497, 508, 510, 513.
Brakel 132, 134.
Breitenfeld, Schlacht bei 14, 26, 159, 160, 163 f., 169, 215, 329.
Bremen, Erzstift 394, 422.
  Eroberung durch die Schweden 62, 75 ff.
  Pappenheims Einfall 78 ff.
— Erzbischof Johann Friedrich, Herzog von Holstein-Gottorp († 1634) 76, 83, 191, 486, 490.
— Stadt 6, 8, 11, 77, 80.
Bremervörde 82.
Brünech, Abraham, schwedischer Oberst 110 f., 187, 472 f., 485, 503.
Brüssel 86, 213.
Brunnemann, schwedischer Oberst 133, 480.
Bockenem 63, 71, 421.
Bodensee, Amt 237.
Bodenteich, Christoph v., zellischer Hofrichter 10, 11 f., 877, 879.
Bodenwerder 111, 471.
Böhmen 201, 511.
Boethius, schwedischer Generalmajor 83.
Boltzenburg 19, 22.
Bülow, Julius v., zellischer Statthalter 11, 85 f., 72, 96 f.
Burgdorf 74.
Burgsdorf, Konrad v., brandenburgischer Oberst 201, 211, 212, 214.
Buxtehude 76 f., 61, 82, 428, 453, 490.

C.

Camerarius, Ludwig, schwedischer Resident im Haag 121.
— Joachim, Ludwigs Sohn, Sekretär des Königs 332.
Chemnitz, Martin 171.
Cothmann, Joh., Kanzler in Mecklenburg-Güstrow 170, 187 f., 192, 316 ff.
Cramm, Burckard v., braunschweigischer Rat 32, 34.

D.

Dänemark, König Christian IV. 2, 3, 5, 8, 20, 64, 203, 216, 370, 380 f., 453, 440.
— Verhandlungen mit Pappenheim 77, 81.
Dannenberg, Heinrich v., Landdrost in Grubenhagen 65, 105, 109, 110.
Danzig 156, 159.
Dassol 415.
Demmin 11.
Dessau 140.
Diepholz, Grafschaft 4, 92 f., 280, 282 f., 365, 424, 440, 506.
Dömitz 318.
Dortmund 132.
Dransfeld 68.
Drebber, Joh. v., Dr., Kanzler in Harburg 4 ff., 8, 19, 100, 147, 363 ff., 469, 507.
Dresden 79, 110.
Driesen 321.
Dringenberg 132.
Dumony, schwedischer Oberst 22, 285, 356.
Duderstadt 19, 57, 64 f., 67, 84, 111, 120 ff., 237, 113 f., 467, 469, 483, 496, 502.

E.

Ebstorf 61, 84.
Ehlen, v., Hauptmann und Generalquartiermeister Herzog Georgs 109, 451, 462.
Eilenburg a. d. Mulde 141, 509.
Einbeck 9, 60, 68 f., 70 f., 73, 109, 280, 415, 460, 471.
— von Pappenheim erobert 75 f., 422 f., 424 f., 428, 472, 460.
Einsiedel, v., kursächsischer Gesandter 188, 203.
Engelbrecht, Arnold, Dr., braunschweigischer Kanzler 27, 29 f., 84.
Erfurt 84, 33, 101, 888, 508.
Erichsburg 3, 52, 68, 671., 74, 85, 101, 119, 457, 491.
Erskein, Alexander, schwedischer Resident in Erfurt 474, 503.
Esel 83.
Esslingen, Städtetag zu 194.
Eichsfeld 84, 111, 504, 507.
— Ansprüche der Herzöge zu Lüneburg (Grubenhagen) 19, 36 ff., 51, 63, 84, 121 f., 237, 260, 290, 413 f., 460.
— Donation an Herzog Wilhelm von Weimar 40, 65.
— von den Schweden erobert 64 f., 121 f.

F.

Falkenberg, Johann v. 427.
Feuerschütz, Gerd Dietrich 2.

Fischhausen, Vertrag zu 137.
Frankfurt a. M. 18, 19, 28, 34 ff., 37 ff., 40, 48, 53, 59, 60, 64.
Frankfurt a. O. 168, 182, 312.
Fümmelser Teich bei Wolfenbüttel 129, 133, 135 f.
Fürstenwalde 164.
Fulda, Stift 194.

G.

Gallas, Matthias, Graf, kaiserlicher Feldmarschall 142.
Gandersheim 462.
Gartedörfer 237.
Geleen, kaiserlicher Oberst, Kommandant in Wolfenbüttel 120 f.
Gelnhausen 59, 61, 323.
Gelsenkirchen 494.
Generalstaaten s. Holland.
Gernrode, Kloster 237.
Gieboldehausen, Amt 65, 237, 469.
Gifhorn 77, 93, 139, 140.
Görtzke, Oberst 317 f., 320, 334.
Göttingen 3, 66 ff., 74, 87, 111, 413, 421, 473 f., 476, 485, 513.
Götz v. Olshausen, Joachim, braunschweigischer Rat 2, 60 f., 70, 75, 109, 125, 229, 427 f.
Götzen, Sigismund v., brandenburgischer Kanzler 163 f., 168, 192 f., 196, 201 ff., 301, 333.
Goslar 28, 30, 38, 40, 53, 64, 67, 70, 106, 138, 278, 283, 415, 421.
Gottslager vor Wolfenbüttel 130.
Grabow 18.
Gramb, kaiserlicher Oberst 177.
la Grange aux Ormes, französischer Gesandter 170.
Greifswald 315, 477.
Grimma 143.
Gröningen 77, 83, 114.
Gronau 111, 171.
Gronsfeld, Jobst Maximilian, Graf zu, kaiserlicher General 121 f., 129, 132 f., 134, 150 f., 164, 483, 515.
Grotius, Hugo 174.
Grünberg, Peter, schwedischer Faktor in Hamburg 436.
Grubbe, Lorenz, schwedischer Staatssekretär 14, 64, 68, 81, 83 ff., 106 f., 110 f., 119 ff., 117, 120, 127, 180, 139, 142, 144, 148, 150, 161, 190, 196, 823, 401, 430, 447, 455, 473 f., 481 f., 495, 500, 503, 510, 512.
Grubenhagen, Fürstentum 3, 22, 65, 75, 92 f., 280, 282 f., 429, 440, 452, 470, 482.

H.

Hadeln, Land 77, 100, 189.
Halberstadt, Stift 26, 140, 415, 416, 422, 426, 488, 490, 502.
— Ritterschaft 122.
Halchter b. Wolfenbüttel 129 f., 135 ff., 138.
Halle a. Saale 28 f., 45, 47, 70, 141, 507, 512.
Hamburg 4, 18, 51, 77 f., 161, 216, 365 f., 386, 404, 436.
— niedersächsischer Kreistag zu 11, 23, 24, 388.
Hameln 3, 8, 26, 59 f., 64, 83, 84, 86, 113, 123, 125, 427, 434, 448, 460, 515.
Hansa 18.
Hannover 15, 20, 63 f., 71, 74, 76, 83, 84, 90, 106, 137, 138, 139, 422 f., 448, 455 f., 476, 490, 496, 502, 503, 513.
Hansestädte 11.
Harburg 78.
Hardegsen 68.
Hastenbeck 110 f.
Hausbergen b. Minden 75, 412.
Heiligenstadt 64.
Heister, kaiserlicher Oberstleutnant 121, 467.
Helmstedt 28, 70, 112, 426, 456.
Hersfeld, Stift 56.
Herzspruch 84.
Herzberg 4, 14, 22, 864.
Hessen-Kassel, Landgraf Wilhelm V. 11, 13, 16 f., 63 f., 67, 70, 79 f., 70, 82, 84, 111, 119, 132, 169, 172 f., 191, 405, 413, 415, 418 f., 421, 443, 446 f., 451, 454 f., 502.
— Alliance mit Schweden 23, 103, 104, 178, 185, 330.
— hat Minden erobert 30, 39, 41, 65.
Hessen-Kassel, Landgraf Hermann 66.
Hessen-Darmstadt, Landgraf Georg 148, 109 f., 333.
Heyden, v. d., schwedischer Oberst und Kriegsrat 76, 79, 95, 99, 109, 120, 122, 127, 129, 131 ff., 137, 139 f., 409 ff., 420 f., 429, 437, 443, 455, 462, 483, 497, 502.
Hildesheim, Stift 1, 15, 31, 68, 92, 229, 236, 253, 255, 269, 298 f., 304, 396.
— soll von Schweden rekognosziert werden, 82 ff., 376., 50, 97 f.
— Einmarsch der Schweden 63 ff.
Hildesheim, grosses Stift 2, 9, 82, 95, 87 ff., 50.
Hildesheim, kleines Stift 20, 28, 228, 230.
— dem Herzog Georg versprechen 18, 346 ff., 470.
— Streit zwischen Herzog Friedrich Ulrich und Herzog Georg 28 f., 108 f.

Hildesheim, Stadt 15, 26f., 74, 81ff.,
85, 90, 106f., 131, 177, 150, 228, 237,
265f., 284f., 416, 422f., 448, 455, 478,
490, 513, 515.
— Alliance mit Schweden 74, 89f.
— Klerus 102, 109, 427, 460, 472.
— von Pappenheim erobert 138, 495,
500, 502, 506.
Hodenberg, Bodo v., zellischer Agent
bei Gustav Adolf 72f., 432, 491.
Höxter 74, 132, 135f., 415.
Holland, Generalstaaten.
— Succurs wegen Maastricht 122f.
— ihre Verfassung Vorbild für Gustav
Adolf 168, 172, 176, 213.
Holstein 79, 190, 210.
Homburg-obersteinsche Güter 25, 67f.,
257, 266, 286.
Honstein, Grafschaft 1, 2, 38, 40f., 71,
111f., 229, 237, 388, 456, 474, 484,
504.
Horn, Gustav, schwedischer Feldmarschall
122f., 186.
— Dietrich v., Hauptmann 445.
— Fähnrich 445.
Horneburg 75ff., 79.
Horstmann, Hauptmann 111.
Hoya 1, 2, 92f., 184f., 290, 282, 412,
424, 440, 490, 506.
Hund Dr., lüneburgischer Rat zu Osterwalde
22.

I.

Ilmenau 211.

K.

Kagge, Lars, schwedischer Oberst 74,
76f., 82, 93, 108f., 136, 415, 459, 490,
502.
Kalenberg, Hans 3, 52, 85, 107f., 118,
146, 426, 451, 457, 459, 484, 474, 481,
485, 500.
Kalkreuter, schwedischer Oberst 111f.,
473 ff.
Kassel 65, 74, 84, 189, 502.
Kehdingen, Land 76, 79, 82, 83.
Kiepe, Justus, Dr., braunschweigischer
Rat 29, 37, 41.
King, schwedischer Oberst 112, 124 f.,
135f., 187f., 456, 496, 502.
Knesebeck, Levin v. d., brandenburgischer
Rat 184, 201 ff., 306.
Knöstedt 67, 71.
Kayphausen, Dodo v., schwedischer Feldmarschall
67, 150.
Koburg 21, 65, 118, 445.

Kochtitsky, Andreas, schwedischer Oberst
195.
Köln 148, 405, 431, 457, 458, 515.
Königslutter 70.
Königsmarck, Christoph v., schwedischer
Major 110f., 137, 148, 472, 485, 503.
Köpenick 184, 512.
Köthen 27.
Koldingen, Amt 67, 110, 472.
Kreis, fränkischer 121.
Kreis, niedersächsischer 1, 2, 14, 16, 17, 22,
29, 38, 52, 61, 62, 114, 117, 119, 145,
191, 230, 241f., 269, 297, 321.
— Kreistag in Hamburg 11, 23, 24, 39, 389.
— dänisches Direktorium 20, 390 f.
Kreis, obersächsischer 15.
Kreuznach 831.
Krichbaum, schwedischer Oberst 133,
490.
Küstrin 164, 168, 182 ff., 230, 303, 314.

L.

Lampadius, braunschweigischer Rat 28,
34, 37 ff. (in Frankfurt), 49, 54, 216.
Landsberg 162, 812.
Langenhagen, Vogtei 67.
Langensalza 141, 508.
Lappen, Joh., Amtmann zu Marienburg
108.
Larsen, Erich 436.
Lauenburg a. Elbe 22, 383, 385 f.
Lauenförde 415.
Lauenstein, Amt 110, 472.
Leipzig 142, 512.
— Konvent zu 6, 11, 13, 21, 24, 182,
202, 206, 311, 312, 368, 389.
Leitmeritz a. Elbe 142.
Lemgo 515.
Leslie, schwedischer Generalmajor 26 f.
133, 135, 467, 490, 491, 502.
Leuchtmar, Gerhard Romilian von Calcum,
gen. Leuchtmar, brandenburgischer Rat
170, 202, 211, 831.
Libau 157 f.
Lichtenberg, Amt 129.
Linden b. Wolfenbüttel 129f., 133, 135 f.
Lisabonwalde 201, 204 f.
Livland 212.
Löffler, württembergischer Kanzler 333.
Lohausen, Wilhelm v., schwedischer
General-Wachtmeister 76, 81, 120,
122, 128f., 129ff., 131ff., 135ff., 443,
455, 462, 476, 483, 490, 497, 502, 507.
Loisson, Major 334, 339.
Lübeck 156, 189, 199, 327, 370, 386, 486.
Lüdershausen, Haus 22, 388.

Lüneburg, Stadt 6, 61, 83, 385, 386.
Lützen, Schlacht bei 147, 514.
Lutter am Barenberge 67.

M.

Maastricht 86, 122, 172, 512.
Magdeburg, Stift 1, 18, 26 f., 114, 140, 150, 416, 458.
— Administrator Christian Wilhelm 18.
— Fürst Ludwig von Anhalt, schwedischer Statthalter 26, 35, 37 ff., 45, 48 f., 52, 76 f., 159, 192 f., 203, 258, 389.
— Stadt 6, 9, 15, 20, 48, 58, 59, 74, 112, 162, 166, 246, 274, 298, 315 f., 394, 395, 422, 490, 511, 512.
Mainz, Kurfürstentum 19, 38, 40, 63, 159, 204, 237, 260, 290, 321, 414.
— Stadt 15, 34, 37 ff., 40, 41, 48, 53.
Malsburg, Otto v. d., hessischer Generalkommissar 66.
Mandelsloh, Veit Kurt v., braunschweigischer Rat 28, 37, 41, 107, 109 f., 111, 116, 128.
Mansfeld, Grafschaft, 512.
— Ritterschaft 192.
— Wolf Graf von, kaiserlicher Kommandant in Magdeburg 53.
Marienburg, Hans und Amt 2, 19, 29, 84, 107 f., 220, 236, 255 f., 281 f., 450, 452, 464, 460, 471.
Mecklenburg 9, 11, 13, 15, 52, 157, 173, 175, 195, 199, 367.
— Herzog Adolf Friedrich 9, 11, 170, 219, 316 ff.
— Allianceverhandlungen 164 f., 170, 179, 187 ff., 191 f., 316 ff.
Meerrettig, Oberstleutnant 18, 23, 74, 131, 136 f., 137 ff., 381 f., 412.
Mediagen, Amt 25.
Meding, August v. 68.
Meissen u. Kurfürstentum Sachsen.
Melander, Peter Holzapfel gen., holländischer Oberst 122.
Memel 158.
Meppen 490.
Merckelbach Dr., zollischer Kanzler 6, 85, 92, 26.
Merode, Graf Johann, kaiserlicher General 2, 133, 134, 137 f., 423.
Minden, Stift 1, 19, 25, 76, 92 f., 220, 269 f., 412, 429, 440, 506.
— Stadt 5, 8.
Mitschefahl, Jobst, braunschweigischer Oberst 71 f., 90, 128, 131, 135, 137 f., 146, 496.
Moringen 69.
München 75, 79 f., 81.

Münden 9, 26, 30, 34, 41, 52, 65 f., 74, 130, 233, 236, 251 f., 282, 421.
Münster, Stift 405.
— Niederstift 133, 151.

N.

Naumburg 510.
zur Nedden, Simon Gabriel, schweriner Sekretär 176, 200, 316, 340.
Neuhaldensleben 140, 199.
Neustadt a. R. 3, 75, 77, 118, 118, 412, 424, 428, 457, 481.
Nienburg 3, 8, 75, 76, 83, 412, 424.
Nikodemi, schwedischer Sekretär 333, 339 ff.
Northeim 8, 68, 106, 123, 139, 146, 150, 474, 485.
Nowgorod 118.
Nürnberg 171, 190, 196, 200, 214, 412.

O.

Oebisfelde 500.
Oldenburg 81, 139, 159, 190.
Oppermann, Bürgermeister von Hildesheim 91.
Oranien, Prinz Friedrich Heinrich 172, 178.
Oscherslehen 140.
Osnabrück, Stift 405.
— Bischof Philipp Sigismund 430 f.
— Bischof Franz Wilhelm 430 f.
Ostfriesland 133, 151, 190, 489.
Osterode 60, 65, 75, 120 ff., 504.
Osterwieck 85.
Osterwyk, Oberstleutnant 71.
Oxenstierna, Axel, schwedischer Reichskanzler 15, 16, 40, 48, 57, 74, 77 f., 81, 83, 65, 89 ff., 112, 114, 117, 119, 127, 132 f., 138, 170, 145, 147, 149, 150 f., 155 ff., 163, 166, 175, 181, 190, 194 ff., 207, 209 ff., 427, 435 f., 450, 454, 462, 492.
— braunschweigische Allianceverhandlungen 46 f., 54, 101, 102.
— mecklenburgische Allianceverhandlungen 189 f., 323 ff.
Oxenstierna, Gabriel, schwedischer Reichsrat 158, 212.
Oxenstierna, Erik, Sohn des Axel 209, 212.

P.

Paderborn 120, 192, 405, 458, 462.
Pape, Jakob Arnd, braunschweigischer Kommissar 66, 68, 71, 75, 109, 427.

Pappenheim, Graf Gottfried v., kaiserlicher Feldmarschall 12, 62, 64, 67 f., 105, 127, 174, 177, 187, 186.
— Entsatz von Magdeburg 46, 59, 394 f., 396, 455.
— Zweiter Einfall und Entsatz von Stade 73 ff., 412, 415 ff., 422, 439 ff.
— Eroberung von Einbeck und Osterode 75, 422, 424 f., 432.
— Zug an den Rhein (Maastricht) 86, 122, 134 ff.
— Letzter Einfall in Niedersachsen 119, 132, 136 ff., 494 ff.
Pasche v. d. Lahe 318.
Passow, Hartwig v., mecklenburgischer Rat 316.
Peine, Amt 2, 16, 28, 111, 118, 229, 236, 205 f., 284 f., 104, 169, 172, 185.
— Stadt und Hans 52, 85, 107 f., 128, 137, 146, 149, 424, 426, 451, 457, 464, 479, 471, 481, 485, 500, 504.
Petersdorff, Hans v. 9.
Petershagen 75, 412.
Pfalz, Kurfürst Friedrich V., König von Böhmen († 1632) 170, 172, 200.
— Sulzbach, Pfalzgraf August († 1632) 171, 189, 203, 323, 338, 342.
— Zweibrücken, Pfalzgraf Johann Kasimir († 1652) 14.
Pfuel, Kurt Bertram v., kurbrandenburgischer Rat 171, 215 f.
Pillau 158, 207.
Pithan, Oberst 61, 70, 93, 112.
Plato gen. Gehlen, Kurt, Oberst und Landdrost der Grafschaft Diepholz 4, 95, 365, 421, 437, 439.
Plate, Joachim v. 13.
Planitz bei Zwickau 70.
Plesse, Herrschaft 68.
Plumeyer, Asche 71.
Polen 155, 156, 158, 203, 211 ff., 304, 368.
— Waffenstillstand Schwedens mit 155.
— König Sigismund 154.
Pommern 9, 11, 14, 52, 157, 159 ff. 161, 179, 175, 179, 181, 189, 191, 196, 206, 211, 212 ff., 230, 241, 266, 290, 302, 312 f., 327, 367, 389.
— Alliance mit Schweden 159 ff., 305 f.
Ponickau, Kaspar v., kursächsischer Appellationsrat 216.
Poppenburg 109, 110, 472.
Preussen 9, 206, 211 ff.
— Zölle 158.

Q.

Quedlinburg, Abtei 140, 113.
— Vertrag zu (1523) 2, 228, 236, 255, 281.

R.

Ramsey, Oberst 334.
Rasch, Christoph Ludwig, Ritter, schwedischer Abgesandter 1 f., 13, 363 ff., 371.
Ratzeburg, Stift 1, 317, 487.
— Bischof August, Herzog zu Lüneburg († 1636) 1, 96, 422.
Reichardts, Dr., braunschweigischer Rat 82, 84.
Rainstein, Grafschaft 1, 2, 112, 229, 436.
Hethem a. Aller 76, 81, 432.
Reval 157.
Riga 157.
Roermund 132.
Rössing 63, 66.
Rosenburg 27.
Rostock 317, 325, 337, 350.
Rotenburg 81.
Rüdigershagen, Amt 237.
Rügen 164, 181.
Ruhrort 132.
Russen 155 f., 368.
Rustenberg 81.

N.

Sachsen, Kurfürstentum 12, 59, 416, 422, 433 f., 444, 458, 504, 508, 509 ff.
— Kurfürst Johann Georg I. († 1656, 9, 16, 22, 46, 140, 171 ff., 177, 182, 190, 200 ff., 214 ff., 304, 383 f.
Sachsen-Altenburg, Herzog Friedrich Wilhelm 142.
Sachsen-Lauenburg 327, 487.
— Herzog Franz Karl 76, 78, 81, 94 f., 92 f., 104, 132, 140, 437, 439, 449, 465, 480 ff., 490, 506.
Sachsen-Weimar, Herzog Bernhard 10, 56.
— Herzog Wilhelm 18, 19, 40, 59, 70, 73, 76, 86, 119, 121, 400, 403, 413, 418 f., 428, 450, 465, 469, 474.
— — Einmarsch in Braunschweig 62 f., 65 ff., 112.
— — Eroberung von Göttingen 67 und Duderstadt 64 f.
Salbke 62.
Salvius, Johan, Dr., schwedischer Legat 12, 17, 26, 36, 64, 81, 100, 131, 133, 161 f., 179, 320, 324, 375, 377 f., 380, 383, 390, 403, 405, 411, 428, 439 ff., 486 ff., 506.
— Alliance verhandlungen mit Zelle 11, 24 f., 100, 392.
— Alliance verhandlungen mit der Stadt Braunschweig 86, 58.
— Streitigkeiten mit der Generalität 75 ff., 77 f., 78, 80, 94, 134, 133 ff., 412, 502.

Salvius — Steinborg. 523

Salvius, Werbegelder für Herzog Georg 16, 22 f., 58, 61 f., 94.
Salsc b. Magdoburg 140.
Salagitter 84.
Sarstedt, Amt 111, 473.
Sattler, schwedischer Staatssekretär 54, 101 ff., 162, 171, 177 f., 194.
— braunschweigische Alliancerverhandlungen 41 ff., 247 ff., 323, 328.
Schenk von Laningen, Jobst 28, 34, 87 ff.
Schlesien 142, 195, 201, 203, 307.
Schnackenburg 10, 377.
Schönberg (Holstein) 100, 187, 489.
Schwalenberg, schwedischer Staatssekretär 40, 101 f., 133.
Schwarzburg, Grafen 217.
Schwarzenberg, Graf Adam 164, 201 f., 311.
Schweden, Christina von 164, 177, 204 ff.
König Gustav I. Wasa 154.
— König Gustav II. Adolf.
Vorhandlungen mit Herzog Georg 4 ff., 13, 14 f. — territoriale Versprechungen 16, 19, 896, 413, 464, 469 f., 482.
Verhandlungen mit Herzog Christian von Zelle 10 f., 24 ff., 234, 278.
Verhandlungen mit Herzog Friedrich Ulrich von Braunschweig 20 ff., 37 ff., 102 f., 170, 192, 223 ff., 396, 399, 415, 462.
Gesamtalliance mit dem Welfenhause 48, 278 ff.
Verhandlungen mit Kurbrandenburg 153 ff., 195, 181 ff., 190, 200 ff., 301 f., 308 f., 311 f. — Eheprojekt 151 f, 177, 204 ff., 218.
Verhandlungen mit Kursachsen 214 ff.
Verhandlungen mit Karpfalz 170, 172, 210.
Verhandlungen mit Mecklenburg 187 ff., 318 ff., 343 ff.
Verhandlungen mit Schlesien 195.
Ulmer Konvent 195.
Sieg bei Breitenfeld 14, 20, 159, 160, 163 f., 169, 215, 384, erobert Mainz 34.
Unzufriedenheit mit der Kriegführung in Niedersachsen 79 ff., 132 ff. — will Oxenstierna senden 118, 127, 147. — Werbungen Herzog Friedrich Ulrichs 21 f., 421 f., 472. — Im Kampfe mit Wallenstein 103, 119, 120. — ruft Herzog Georg und Landgraf Wilhelm nach Oberdeutschland 95, 119 f., 144, 448 ff., 452 f..

Schweden, Gustav Adolf.
— billigt die Blockade von Wolfenbüttel 127, 482, ändert seine Meinung 139 f., 494. — will selbst nach Niedersachsen 147, 518.
Zug nach Lützen 141 ff.
Motive zu seinem Zuge nach Deutschland 153 ff.
Ostseepolitik 155 ff. — Zölle 157 ff.
satisfactio 48, 49., Pommern 159 ff. jus belli 163, 179 f., 188, 191 f., 213. ratsecuratio 166, 192.
norma futurarum actionum 168, 175.
Umgestaltung der Reichs-Verfassung 83, 169, 170, 192.
corpus Evangelicorum 170 ff.
Kaiserkrone 176 ff.
Alliancepolitik 178 ff., 190 ff.
Huldigungen 192 ff.
Donationen 194.
deutsche Libertät 197 ff.
sein Nachfolger 217.
Königin Marie Eleonore 207 ff., 212.
König Johann III. († 1592) 154.
— König Karl IX. († 1611) 154.
Schweinfurt 22.
Schwerin, Stift 317.
Seehausen, Gericht 65, 469.
Soest 63, 70, 123, 129, 135.
Skytte, Johann, schwedischer Reichsrat 167.
Soest 120.
Solms, Graf Philipp Reinhard, schwedischer Geheimratspräsident 16.
Spandau 11, 26, 184 ff., 201, 310, 313 f.
Spanier 19, 435.
Sparenberg, Oberst, 112, 456.
Sparre, schwedischer Reichsrat 334.
Speyer, Reichskammergericht 48, 195.
Spiring, Brüder 158.
Stade 6, 61, 70, 75 f., 81, 83, 433 f., 430.
Stackbergen 152.
Stahle bei Höxter 74.
Stalmann, Johann Dr., schwedischer Kanzler im Stifte Magdeburg-Halberstadt 27, 29 ff., 45.
Steding, Johann Eberhard, Hofmeister Herzog Georgs 22, 91, 145, 383 f.
Steinberg Dr., schwedischer Ambassadeur 14, 15, 27, 34, 74, 77, 82, 88, 110, 407 f., 415, 416, 456, 464, 472, 502, 513.
Alliance mit Braunschweig 87 ff., 73, 86 f., 418.
Alliance mit Zelle 91 ff., 96 ff., 100.
Verhandlungen mit Hildesheim und Hannover 80, 90.

Steinberg.
　Ambassadeur in Braunschweig 48f., 73, 88f., 398, 407, 408, 418.
　Streitigkeiten mit der Generalität 87ff., 110f., 117, 124ff., 126f., 461.
Steinbrück 85, 107, 110f., 118, 128, 137, 146, 119, 128, 451, 457, 464, 472, 474, 481, 483, 500.
Stettin 6, 162.
Steuerwald, Amt 2, 18, 28, 229, 236, 255f., 394f.
— Haus 52, 74, 84, 107f., 428, 450, 452, 464, 469, 472.
Stöckheim, Klein- b. Wolfenbüttel 129f., 133, 135ff.
Stolberg Grafschaft 141, 307.
— Graf Heinrich Volrad zu Ortenberg 522.
Stolbowa, Friede zu 153.
Stolzenau 75, 119, 412, 424, 457, 481.
Stralendorf, Oberst 183, 490.
Stralsund 7, 16, 156, 161, 168, 181, 183, 207, 367.
Strassburg 340f.
Sunderburg 83.
Syko, Hans und Amt 105, 110f., 119, 445f., 456f., 465f., 474, 481, 492, 500.

T.

Tangermünde 10, 11.
Tanbo, Dietrich v., kursächsischer Oberst 142.
Taubenacker, Kapitän 140.
Taupadel, schwedischer Oberst 12f., 22.
Termo, schwedischer Oberst 128f., 471.
Teutenwinkel b. Rostock 538.
Thiede h. Wolfenbüttel 129, 135f.
Thüringen 20, 84, 85, 458.
Thun, Graf Simon, kaiserlicher Rat 2.
Tiegenhoff, Vertrag zu 157.
Tilly, ligistischer General 2, 8, 12, 20, 28, 59, 67, 148, 446f., 493.
Torgau 140f., 144, 201ff.
Tott, Åke, schwedischer Feldmarschall 15, 16, 17, 58, 62, 63, 68, 74f., 81f., 163, 165, 320, 335, 888, 396, 394f., 413, 417f., 420, 422, 428, 437, 453.
— Eroberung des Stiftes Bremen 73ff.
— schlechte Kriegführung 75ff.
— Differenz mit Salvius 78, 432f.
— legt das Kommando nieder 79.
Trana s. Anderson.
Treskow, Oberst 112, 137, 456.

U.

Ulm 194, 195.
Usedom 164, 169, 350.

Uslar 88.
Uslar, Friedrich Franz v., braunschweigischer Agent bei dem Könige 101ff., 418, 421, 479.
— Thilo, Albrecht v., hessischer, dann braunschweigischer Generalmajor 74, 84f., 147, 151.

V.

Vechta 133, 135, 490.
Vorden, Stift 128, 431.
— Bischof Philipp Sigismund 431.
— Bischof Franz Wilhelm 430f.
Vorden, Stadt 76, 81, 490.
Vitzthum, Oberst 142.
Volkmarsen 85, 132, 443.

W.

Wallenstein, kaiserlicher Generalissimus 2, 8, 85, 119f., 141, 156, 196, 1096., 444, 504.
— Graf Maximilian 2.
Walrode 76, 82.
Walthausen, Syndikus von Hildesheim 90.
Warburg 132.
Warnemünde 158f., 165, 187, 318, 334, 337, 349f., 352f., 361, 490.
Weissenfels 512.
Wense, Georg Hilmar v. d., 10, 11ff., 92, 377, 372.
Werben a. Elbe 11, 12, 22, 25, 376, 378, 379, 883.
Werning, Christian Volprecht, Sekretär des Herzogs Georg 21, 23, 62, 75, 512.
Werthern, Georg v., kursächsischer Rat 188, 201.
Wesel 122.
Westerhagen, Amt 287.
Westphalen, v., Oberst 428.
Wettberg, Oberst des Leibregiments Herzog Georgs 58, 63, 70, 74, 395.
Wotteran 494.
— Grafen in der 191.
Weyhe, Jobst v. 9.
Widan 157f.
Wildeshausen 183f., 490.
Winkel, Oberst 334, 534.
Winsen a. d. Luhe 8, 13, 60ff., 77ff., 82, 93, 95, 370, 490.
Winsen a. d. Aller 89f.
Winss, Dr. 436.
Wismar 58, 75, 156, 158f., 161, 163f., 166, 187, 316f., 325, 334, 337, 349, 352f., 361, 394f., 490.
Wittenberg 140f., 144, 168, 508ff., 512.

Wolfenbüttel 2, 3, 9, 15, 26, 27, 29 f., 59, 94, 96, 111, 225, 229 f., 230, 244, 287, 292, 388, 390, 401, 403 f., 416, 425, 437, 451, 456, 460, 514, 515.
— Blockade 57 f., 63 f., 69, 72, 100, 107, 122 f., 127 f., 471, 474, 475 f., 482 — aufgeschlagen 188, 495 ff.
Wolff, Dr. Hermann, schwedischer Ambassadeur in Kassel 68, 84, 162.
Wolgast 164, 183.
Württemberg 8, 11, 121.
Würzburg 14 f., 16 f., 18, 22, 28, 51, 89, 96, 159, 218, 384, 390, 450, 470.

Wunstorf 76.
Wurmb, Georg Ernst v., Oberstleutnant 63, 74, 139, 420.

Z.

Zelle 3, 5 f., 6 f., 11 f., 17, 21, 23, 25, 27, 32, 34, 90, 58, 60 f., 63 f., 75 f., 76 f., 83, 90, 93, 98, 139, 292, 506.
Ziegenmeyer, Ludwig, Kommissar in der Grafschaft Hoastein 71, 181.

Berichtigungen.

S. 162. Über diese „discursus der conquestierten Güter halber" unterrichtet die Relation Wolffs (dd. Dezember 2./12. — Marburg, Ac. der L. Juliano; vgl. Struck, Wilhelm von Weimar S. 29 ff.), die mir erst nachträglich vorlag, in der Weise, dass Schweden forderte, wenn Baiern und andere Katholische beschnitten oder gar depossediert würden, dass „man IM. gegen ihre Dienste hinwider mit bis sie ihrer Kriegskosten und Prätension befriedigt, dabei manuteniren zu helfen sich vermögen und bemühen wollte". Welches diese Prätensionen waren, ist nicht gesagt: doch hat Schweden später beständig unter dieser Klausel seine Satisfactio d. h. Pommern im Auge gehabt. Von einer Reichstandschaft ist dagegen hier noch nicht die Rede. Das Secretissimum, das diese Territorialerwerbungen behandeln sollte, ist mit Gustav Adolf nicht zu Stande gekommen. Das bei Irmer I, S. 131 erwähnte Protokoll Wolffs ist leider auch jetzt nicht ermittelt worden.

S. 168 muss es heissen 21. Juli statt 20. Juli.

S. 179. Salvius legte den Vertragsentwurf zu Liebenwalde Anfang Oktober (nicht im September) vor. Vgl. Sverges trakt. V. S. 510 und Berlin Rep. 24 c 9 Fasc. 3 und Rep. 30, 22.

www.ingramcontent.com/pod-product-compliance
Lightning Source LLC
Chambersburg PA
CBHW021224300426
44111CB00007B/414